Höper

W0291010

Südengland

VERLAG
MARTIN
VELBINGER

Bahnhofstr. 1o6 82166 Gräfelfing/München

Dieses vorliegende Buch erscheint als BAND 27 einer Reihe unkonventioneller Reiseführer im VERLAG MARTIN VELBINGER:

SÜDOST - EUROPA
- Bd. o4 Griechenland/Gesamt
- Bd. 3o Griechenland/Kykladen
- Bd. 32 Griechenland/Dodekanes
- Bd. 33 Nordöstl. Ägäis
- Bd. 21 Kreta
- Bd. 35 Ungarn
- Bd. 41 Österreich/Ost
- Bd. 42 Österreich/West
- Bd. 16 Jugoslawien/Gesamt
- Bd. 34 Jugoslawien/Inseln-Küste
- Bd. 52 Türkei/Küste

SÜD - EUROPA
- Bd. 11 Toscana/Elba
- Bd. 15 Golf von Neapel/Campanien
- Bd. 12 Süditalien
- Bd. 14 Sardinien
- Bd. 23 Sizilien/Eol.Inseln
- Bd. o6 Südfrankreich
- Bd. 46 Côte d'Azur/Provence
- Bd. 13 Korsika

SÜDWEST - EUROPA
- Bd. o5 Portugal/Azoren/Madeira
- Bd. 48 Andalusien

WEST - EUROPA
- Bd. 25 Bretagne/Normandie/Kanalinseln
- Bd. 26 Franz. Atlantikküste/Loire
- Bd. 24 Irland
- Bd. 17 Schottland
- Bd. 27 Südengland
- Bd. 57 Wales

NORD - EUROPA
- Bd. 18 Schweden
- Bd. 19 Norwegen/Süd-Mitte
- Bd. 28 Skandinavien/Nord
- Bd. 29 Finnland
- Bd. 5o Dänemark

STÄDTEFÜHRER
- Bd. o7 Paris
- Bd. 1o Wien
- Bd. 55 London

AMERIKA
- Bd. 53 USA/Westküste Kalifornien
- Bd. 40 USA/ Der Nordwesten Oregon, Washington
- Bd. o8 Bahamas/Florida
- Bd. o2 Südliche Karibik
- Bd. o3 Mexiko
- Bd. 36 Chile/Antarktis
- Bd. 37 Venezuela/Guyanas
- Bd. 38 Kolumbien/Ecuador
- Bd. 39 Brasilien
- Bd. 56 Argentinien/Uruguay/Paraguay

NAHER OSTEN/AFRIKA
- Bd. 45 Israel
- Bd. 44 Togo
- Bd. 43 Kenia
- Bd. 51 Marokko

Weitere Titel in Vorbereitung. Bitte Anfrage an den Verlag.

vor Ort Recherchen: Franz Rappel
Karten: Pedro Zegarra V. (PZ), Martin Velbinger (MV)
Cover: früherer Hafen von Bristol
Seite 3: Sovereign of the Seas, Seite 5: Hever Castle

Ⓟ in Karten = Parkplatz

ISBN: 3-88316-032-6

ALLE ANGEGEBENEN PREISE sind Ca.-Preise, auch wenn sie nicht als solche bezeichnet sind. Für die Richtigkeit und Vollständigkeit aller Angaben, insbesondere der Abfahrtszeiten und Preise kann keine Gewähr übernommen werden.

DRUCK und BINDUNG: Ebner Ulm
SATZ: Verlag Martin Velbinger, Gräfelfing/München
PRINTED IN GERMANY **1. AUFLAGE 1993**

INHALT:

ANREISE

Transporte in Südengland

Allgemeine Tips

Unterkunft.

Essen und Trinken

Sport

KENT

INLANDS-ROUTE

SÜDKÜSTE

Sussex Counties

Isle of Wight

Handwerkszeug

BRITISCHE ZENTRALE FÜR FREMDENVERKEHR,
Taunusstraße 52- 6o, Frankfurt am Main 1.
Tel: (o69) 23 8o 7o, - Fax: (o69) - 238.o717

In jedem Fall kontaktieren! Sie haben eine Fülle an Infomaterial: genau angeben, welche Regionen man bereist, ob man Interesse an bestimmten Sportarten hat etc.). Weiterhin werden Hochglanzbroschüren angeboten (nützlich zum Anschnuppern) und andere Hilfen.

Wichtigste Broschüre: "Autofähren nach Großbritannien und Irland" (gratis) mit detailliertem Verzeichnis aller verfügbaren Fährlinien inkl. Preis und Fahrplan.

Bücher zum Kaufen, etwa Hotellisten, Restaurantverzeichnisse etc. bezieht man beim "British Bookshop", Börsenstraße 17, Frankfurt/Main 1, Tel.: (o69)- 28 o4 92. Lieber nicht in Kaufwut verfallen: gibt's zu enorm günstigeren Preisen in fast jedem Tourist Office in England, wenn sich vor Ort erweist, daß die Dinger gebraucht werden.

TOURIST OFFICES (vor Ort in England): jedes touristisch einigermaßen bedeutende Nest hat sein Verkehrsamt. Jeweilige Anschrift siehe entsprechendes Kapitel im Hauptteil dieses Bandes.

Vorbeischauen lohnt sich für Regionalprospekte in einer Mischung aus Hochglanz und konkreter Information, Tips für Wanderungen, kostenlose Stadtpläne, Öffnungszeiten von Sehenswürdigkeiten, Veranstaltungshinweise, Busfahrpläne und vor allem (für einen kleinen Obolus): Zimmervermittlung für Hotel- und B&B-Unterkünfte.

Das Personal ist meist sehr freundlich und auf Zack. Die Öffnungszeiten variieren je nach Saison und Bedeutung der Ortschaft, viele der Ämter schließen von Oktober bis April. Im Sommer sind die Offices auf jeden Fall während der Kernzeiten von 1o bis 16 Uhr geöffnet.

KARTENMATERIAL:

ANREISE (eigenes Fahrzeug): eine gute Übersichtskarte der Verkehrswege zum gewünschten Fährhafen nach England ist unabdinglich. Sie ermöglicht die an Km kürzeste bzw. wegen Autobahnen schnellste Anreise. Zudem gibt es entlang der Autobahnen und Schnellstraßen eine Fülle an Wegweisern. Diese tragen (z.B. bei Durchquerung Belgiens) nicht immer den gewünschten Zielpunkt/Fährhafen. Ohne gute Karte kann man sich bei der Fülle an Schnellstraßen und Autobahnen schnell verfranzen.

Auswahlkriterium für Übersichtskarte/Anreise: sie sollte präzis an Autobahnen die Namen der Ausfahrtsschilder verzeichnet haben. Wir haben uns selber mal satt verfahren im Raum Brüssel, da eine gute Detailkarte fehlte.

Bewährt haben sich Karten des Mair Verlages, aber auch Karten des RV- Verlages.

ENGLAND: Die RV- Großbritannien Karte (12,8o DM) bringt zwar gute Übersicht, reicht wegen ihrem Maßstab jedoch für Fahrten in Südengland abseits der Hauptstrecken nicht aus.

Besser: Michelin "Great Britain", 1: 4oo.ooo. Gibts in 2 Blatt: Nr. 4o4 deckt den Raum Südostengland bis Southampton und Bouremouth ab, - Blatt Nr. 403 schließt sich überlappend bei Southampton an und reicht inkl. Cornwall bis rauf Wales. Eine Vielzahl kleinere Orte und Nebenstraßen sind inkl. ihrer Straßen- Nummern verzeichnet, sowie landschaftlich schöne Strecken grün nachgezeichnet.

Sofern man nicht ausschließlich die Fernverbindungen fährt, braucht man in jedem Fall eine Karte mit Straßen-Nummern; - auch der Text dieses Buches bezieht sich ständig auf die offiziellen engl. Wegbezeichnungen per Nummern. Und die Michelin dürfte die derzeit beste Straßenkarte in ihrem Maßstab sein.

Ordnance-Survey Karten: sehr detaillierte Wanderkarten (1: 5o.ooo), die jeden Schafspfad und jede Hütte aufzeigen. Sie sind mit Abstand das Beste, was es auf dem Markt gibt. Erhältlich sind sie vor Ort in den jeweiligen Touristbüros sowie in Sportgeschäften.

Britische Zentrale für Fremdenverkehr/Frankfurt: hier gibts preiswerte England- Übersichtskarten, die die einzelnen regionalen Fremdenverkehrsbüros eingetragen haben.

* **BED & BREAKFAST:** bei den saftigen Übernachtungspreisen in den englischen Hotels, die erst ab 7o DM aufwärts fürs Doppelzimmer liegen, wird man bei normal dicker Brieftasche auf Bed & Breakfast zurückgreifen, um die Reisekosten in verschmerzbaren Limits zu halten. Details Seite 39.

B&B gibt's in jedem Dorf, ist gut ausgeschildert und wird durch das örtliche TI (Tourist-Informations-Büro) vermittelt.

Da es sich bei B & B um Privatquartiere handelt, die in der Regel nur zwei bis vier Zimmer pro Quartier anbieten, haben wir bewußt auf eine Nennung und Beschreibung ausgesuchter B&B-Häuser verzichtet. Denn wenn wir pro Ortschaft zwei der vielleicht 2o bis 3o hier existierenden "B&B" mit Detailbeschreibung herausgreifen, würden sich hier unsere Leser massiv drängen.

Außerdem: wenn wir alle in Südengland und Wales existierenden B&B (und deren gibt`s Tausende) en detail beschreiben würden, käme dieses Buch vom Umfang her in den Bereich des 2o-bändigen Brockhaus-Lexikons. Zumal B & B meist gleich B&B ist: also sauberes Bett und morgens Frühstück.

Im Gegensatz zu den anderen Bänden unserer Velbinger-Reihe, wo wir in Tourismus-Gebieten bis zu 9o% aller existierenden Unterkunftsmöglichkeiten pro Ort detailliert beschreiben, damit Verteilungsmöglichkeit gegeben ist, haben wir in unseren Großbritannien-Bänden auf B&B-Beschreibungen komplett verzichtet.

Denn B&B-Listen gibt`s in jedem örtlichen TI. Und den Leser hier mit langatmigen Listen im Buch zu blenden, wäre Augenpulver!

UNTERM STRICH:

1.) **Informationsmaterial** vom Fremdenverkehrsbüro in Frankfurt besorgen, insbesondere die Liste der Fährverbindungen, denn hier läßt sich viel Reisekapital für den England-Trip einsparen! - Außerdem ein Verzeichnis der regionalen TI`s sowie eine Übersichtskarte.

2.) **Kartenmaterial:** neben der TI-Übersichtskarte gehören die zwei Blätter Great Britain 4o4 und 4o3 von Michelin ins Reisegepäck. Für Wanderungen die OS-Detailkarten erst während des Urlaubs vor Ort besorgen.

<u>AUTO</u>: ohne Frage das vor Ort flexibelste Verkehrsmittel. Details siehe folgendes Kapitel.

<u>FLUG</u>: schnell und preiswert, S. 16
<u>ZUG</u>: braucht Zeit, Details S. 17

ANREISE

<u>SÜDENGLAND</u> benötigt in der Anreise in jedem Fall eine Fähre (ausgenommen man benutzt den neuen Kanaltunnel). Die <u>Fülle</u> an möglichen Fährverbindungen mag auf den ersten Blick verwirren, - ist unterm Strich jedoch relativ simpel:

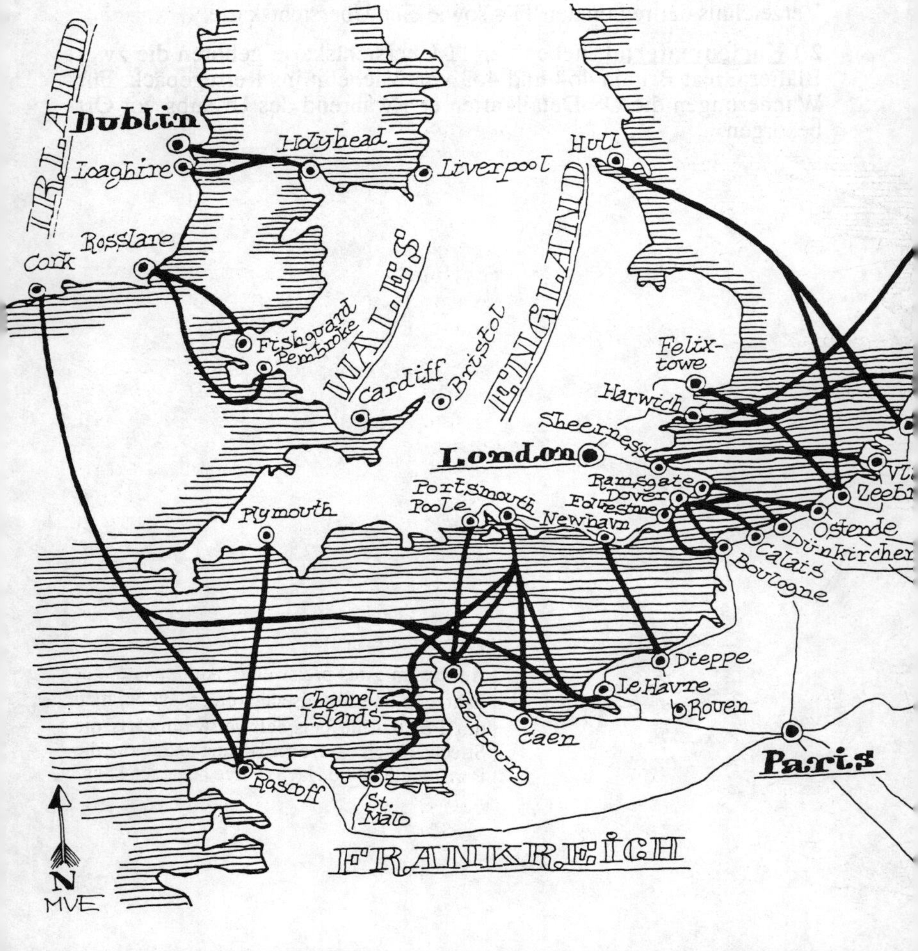

1.) SÜDENGLAND im Verbund einer Reise nach Wales und Irland: am billigsten sind hier sogenannte "Durchgangstickets", die man vorab als Paket für Kanalüberquerung + Weiterfahrt Irland kauft. Ist billiger, als wenn man sich die Tickets einzeln kauft, alle Details siehe VELBINGER Band 24 Irland.

2.) SÜDENGLAND (+ event. Wales und Schottland, jedoch ohne Irland): Kürzeste Kanalüberquerung auf der Strecke Calais -> Dover ca. 1 1/2 Std. und bei rund 35 mal/Tag auch häufigste. Betreiber sind P&O- Line sowie Sealink/Stena Line.

Parallel bestehen Verbindungen auf der Strecke Ostende -> Dover (ca. 8 mal/Tag, 4 1/2 Std.), Dünkirchen-> Ramsgate (5 -1o mal tägl. mit Sally Line, 2 1/2 Std.), sowie von Boulogne -> Dover mit P&O Line (ca. 6 mal/tägl., 1 2/4 Std.).

Hinzu kommen nördliche Verbindungen wie z.B. von Vlissingen -> Sheerness, die allerdings den Großraum London berühren und in Umfahrung Zeit benötigen, - plus die nicht gerade billige Fährverbindung Hamburg -> Harwich.

Diese Verbindungen sparen zwar durch die Nachtüberfahrten in Anreise einen Urlaubstag pro Richtung,- ob sich der Aufpreis lohnt, ist persönliche Entscheidung.

Westlichere Kanalüberquerungen wie ab z.B. Le Havre/Frankreich -> Portsmouth (P&O Line) sind Tip. Sie kosten dasselbe wie z.B. P&O Line auf der Strecke Calais -> Dover, und bei geringem Aufpreis ab ca. 5o DM/ Kabine kann man sich einen Urlaubstag in Anreise einsparen.

PREISE: sind gestaffelt nach Saison und der Uhrzeit der Überfahrt: Billiger sind in der Regel Nachtüberfahrten.

Außerdem gibts preiswerte "Autopakete" für Fahrzeug und Mitreisende retour. Wobei man mit P&O- Line beispielsweise hinwärts die Strecke Calais -> Dover benutzt und retour die Portsmouth -> Le Havre Fähre benutzen kann.

Dies ist nützlich für preisgünstige Rundtrips via Südengland.

Preisbeispiel: P&O- Autopaket 2 Pers. plus 2 Kinder plus PKW (bis 6,5 m Länge) ca. 25o- 45o DM auf der Strecke Calais ->Dover retour. Zu selbem Preis auch möglich: hinwärts: Calais-> Dover, retour Portsmouth -> Le Havre (zuzügl. Kabine).

Selbstverständlich sind derartige Kombis (hinwärts eine Strecke, retour andere) nur innerhalb der selben Fährgesellschaft möglich. Prospekte studieren! - ACHTUNG: wer direkt im Fährhafen bucht,(z.B. Calais) zahlt unter Umständen erheblich mehr!

TIP: bei der Britischen Fremdenverkehrszentrale gibts alljährlich die Broschüre "*Autofähren Großbritannien und Irland*" gratis. Sie listen alle bestehenden Fährverbindungen auf, inkl. Übersicht zu Preisen und Fahrthäufigkeit, sowie Buchungsadressen.

KANALTUNNEL: gigantisches 22- Milliarden- DM Projekt. Bereits zur napoleonischen Zeit war die Verbindung geplant und wurde 188o mit 2 km Tunnel begonnen. Weitere Versuche in unserem Jahrhundert, die jedoch an technischen sowie finanziellen Problemen scheiterten.

1987 wurde dann ein Vertragswerk unterzeichnet, das die endgültige Realisierung des Tunnels beschloß. Er ist ein Unternehmen privater Firmenkonsortien, die wegen gigantischer Kostenentwicklung fast in den Bankrott getrieben wurden, sich trotzdem noch zusammenrappelten und nunmehr dicke Einkünfte erhoffen. Details zur Baugeschichte Seite 79.

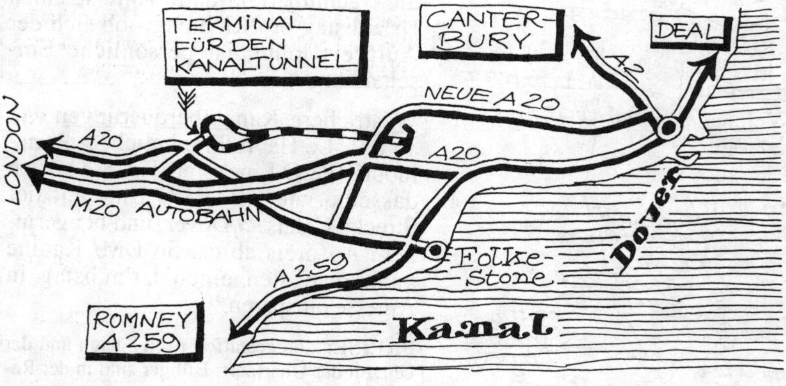

ZUGANG ZUM TUNNEL: auf der franz. Seite bei Calais (siehe Karte). Die Shuttle- Züge transportieren bis zu 18o PKW bzw. 12o PKW und 12 Busse. Das Einchecken geht flott über die jeweiligen Terminals. Während der 35 Min.- Fahrt durch den Tunnel kann man sich in der Nähe des Fahrzeuges aufhalten.

Von Calais senkt sich das Gleis runter aufs Niveau des Tunnels unterhalb des Ärmelkanals und erreicht Großbritannien bei Dover, - benötigt jedoch noch Gleisstrecke, um wieder auf Landniveau anzusteigen. Der englische Terminal liegt bei Folkestone (siehe Karte).

ABFAHRTEN: zur Saison alle 15 Min., außerhalb der Saison jedoch mindestens stündlich. PREISE: derzeit wie die der Fähren. Man wird abwarten, wie der Shuttle-Service beim Kunden ankommt.

In jedem Fall dürfte der Kanaltunnel das Gefüge der Fähr- Verbindungen und Preise oben auf dem Kanal durcheinanderwürfeln.

HOOVERCRAFTS: gibts derzeit auf den Strecken Calais-> Dover (bis zu 19 mal/tägl., 35 Min.), Boulogne-> Dover (3 mal/tägl., 4o Min.) und Boulogne-> Folkestone (6 mal/tägl., 5o Min.).

Preise liegen derzeit ca. 1o - 2o % teurer als die der Fähren. Auch hier dürfte der neue Kanaltunnel das Preisgefüge verändern, denn per Zug ist man genau so schnell oder gar schneller in Folkestone und spart sich die bei Winden bewegte Fahrt des Hoovercrafts.

Entfernungen *

ab -> nach:	Zeebrügge	Ostende	Calais	Boulogne	Le Havre	Cherbourg
Hamburg	665 km	68o km	77o km	8o5 km	98o km	116o km
Berlin	825 km	84o km	935 km	97o km	113o km	13oo km
Düsseldorf	3oo km	32o km	42o km	45o km	58o km	76o km
Frankfurt	495 km	51o km	6oo km	625 km	77o km	93o km
München	89o km	91o km	98o km	98o km	1o2o km	116o km

* in ca. und abhängig von der gewählten Anreiseroute. Beispielsweise ist die Autobahn Saarbrücken -> Paris via Autobahn schneller, die Landstraße zwischen beiden Städten jedoch an Kilometen kürzer. Die km Angaben daher nur als grobe Orientierung.

Welcher KANAL- FÄHRHAFEN der jeweils günstigste ist, - dies ist ein persönliches Rechenexempel und abhängig vom jeweils eigenen Wohnort, aber auch von der geplanten Route in Südengland.

So spart z.B. für Süddeutsche die P&O-Line Fähre von Calais -> Dover plus Portsmouth -> Le Havre die Rückfahrt quer durch Südengland nach Dover (ca. 1/2 Tag) und als Nachtüberfahrt nach Le Havre zusätzlich einen weiteren Urlaubstag.

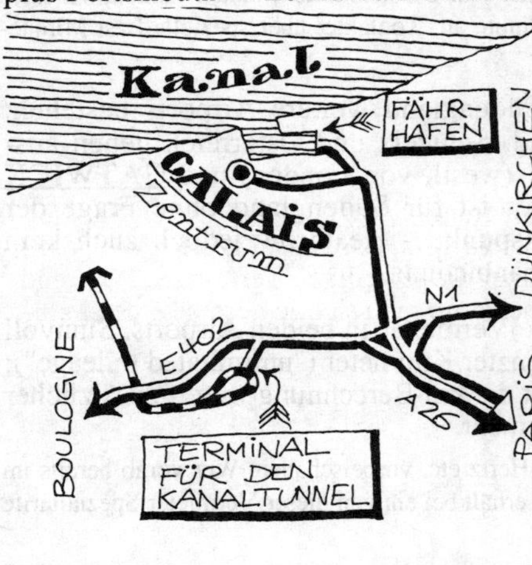

Denn für Süddeutsche ist die Anreise bzw. Rückreisestrecke zu den Häfen Calais und Le Havre fast an km gleichlang.

Andererseits ist man aber bei der Benützung der Calais-> Dover Strecke wegen fast ständig abfahrender Fähren in Zeitplanung erheblich flexibler: wenn die eine

Fähre weg ist (weil's unterwegs bei der Fahrt zum Hafen einen Stau gab), nimmt man einfach die nächste Fähre.

Flug

Schnellste und bequemste Anreise. Zudem sehr preiswerte Flüge; im London Airport mietet man sich dann ein Auto oder aber benützt die öffentlichen Verkehrsmittel.

PREISE: je nach Heimatort retour ca. 3oo - 6oo DM. Die früher scharfen Bestimmungen der IATA befinden sich offenbar in Auflösung, d.h. die einzelnen Airlines können ihre eigenen Billigangebote dem Kunden weiterreichen und sind nicht immer an frühere Bestimmungen "selbe Flugstrecke = selber Preis bei allen Airlines, die sie fliegen" gebunden.

Zukünftig ist ein rabiater Preiskampf zwischen den einzelnen Airlines zu erwarten. Es lohnt sich daher, die Zeitungsannoncen für London- Flüge zu studieren. Selbst Lufthansa hatte in der Vergangenheit absolut attraktive Sonderpreise.

BEDINGUNGEN: genau studieren! Bei manchen Billigtickets ist man an die vorab gebuchten Flugtermine gebunden, nachträgliche Umbuchung geht entweder nicht oder wird teuer.

Derzeit sehr günstige Angebote bei British Airways und United Airlines, kostet retour ab z.B. München -> London ca. 35o DM.

Interessant sind auch Angebote von Reisebüros, die den Retour-London Flug plus dortige Hotelübernachtung (3 - 4 Tage) beinhalten. Unterm Strich sind sie billiger, als wenn man Flug und Hotel sich separat kauft. Man kann somit ein paar Tage London noch einbauen und vereinbart mit dem Reisebüro (sofern möglich), daß man nicht umgehend danach zurückfliegt, sondern auf eigene Faust Südengland erkundet, um in den Rückflug dann nach 2 oder 3 Wochen einzusteigen.

Last Minute Flüge: Um die Maschinen voll zu bekommen, bieten manche Airlines besonders billige Tickets in letzter Minute an. Kontakte: über spezielle Last Minute-Büros (meist in den Airports).

AIRPORTS: auch wenn in Südengland weitere Airports bestehen: internat. Flüge von Deutschland, Schweiz und Österreich gehen ausschließlich nach HEATHROW (westl. von London) und GATWICK (südlich von London). Letzterer ist für Südengland ohne Frage der günstigere, da nähere Ausgangspunkt, - Heathrow jedoch auch kein Beinbruch wegen guter Autobahnanbindung.

AUTO-MIETEN: internationale Vermieter in beiden Airports. Sinnvoll sind Tarife auf der Basis unbegrenzter Kilometer ("unlimitated mileage"): für zwar höheren Tagespreis fällt die km-Berechnung weg, - zusätzlicher Rabatt bei Anmiete 1 Woche und mehr.

TIP: bereits im Heimatland bei Avis, Hertz etc. vorbeischauen. Wer vorab bereits im Heimatland den Mietwagen reserviert, erhält bei einigen dieser Vermieter Spezialtarife (z.B. "Holiday Tarif"), die bis zu 4o % billiger als vor Ort sind.

Weiterhin bieten einige Creditcards (z.B. die der Lufthansa oder des ADAC) zusätzliche Verbilligung bei Mietwagen. Zwar kosten diese Creditcards eine jährliche Grundgebühr von ca. 6o - 12o DM, bei Autoanmiete 2 Wochen kann diese Grundgebühr sich aber bereits selbst bezahlen plus zusätzliche Einsparung bei Autoanmiete durch den Rabatt per Creditcard.

Unterm Strich ist die Kombination Direktflug nach London plus vor Ort Mietwagen der Tip für Leute mit wenig Zeit aber Geld. So lassen sich auch Südengland- Kurztrips von 1 Woche realisieren.

FLUG + ÖFFENTL. VERKEHRSMITTEL: spart gegenüber der Anreise per Zug kräftig Zeit und ist je nach Flugticket oft billiger als die Zuganreise.

Weiter ab GATWICK: Eisenbahn nach z.B. Brighton/Südküste und dort Anschluß entlang der Küste, - bzw. ab Gatwick Zug nach Reading mit Anschluß nach Bath, Bristol und Exeter. Bzw. alle 15 Min. per Zug nach London/Victoria Station.

Weiter ab HEATROW: entweder mit der U- Bahn rein nach London und von dortigen Bahnhöfen wie Paddington Station in die entsprechenden Städte Südenglands. Ebenso ab London auch Expressbusse in alle Landesteile.

Zug

In gewisser Weise pervers: der Zug nach Südengland ist in der Regel teurer als der erheblich schnellere Flug. Die Eisenbahngesellschaften sollten sich hier mal Gedanken machen!

Zumindest in Bezug des Zeitaufwandes sind Besserungen eingetreten: der ICE in Deutschland, der Highspeed in Frankreich und der Kanaltunnel haben die Fahrzeiten verkürzt.

Für Westdeutsche Raum Ruhrgebiet und Saarländer mag der Zug eine Alternative darstellen, insofern, als man z.B. ab Saarland noch einen Zwischenstop in Paris einlegen kann.

PREISE: München-> London retour ca. 65o DM (!), hinzu kommt der Liegewagen (ca. 5o DM retour) oder Schlafwagen (ab ca. 13o DM retour) und der Streß der Langstrecke. Etwas billiger wirds, wenn man den Superspartarif der DB nimmt, der allerdings nur auf innerdeutscher Strecke gilt und wegen der anschließend nötigen vielen km durch Frankreich bzw. Belgien die Strecke nach Südengland nur unwesentlich verbilligt.

Senioren erhalten Rabatt mit dem Euro Rail- Pass, der aber zunächst seine Anschaffung kostet. - Interrail: bei 51o DM kaum sinnvoll für den Südenglandtrip, da das Interrail Ticket erst außerhalb des Heimatlandes freie Fahrt erlaubt. Bis zur Landesgrenze zahlt man 5o % des regulären Zugpreises.

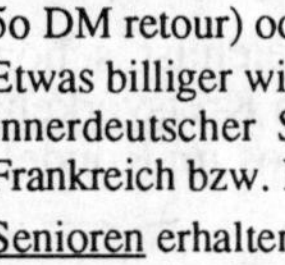

Bus

Die Preise entsprechen denen der Billigflüge. Aber harte Belastungsprobe bei bis zu 24 Std. nonstop im engen Bus-

sitz. Kann daher nur für Leute mit absolut Minikapital als Tip gelten, die keinen günstigen Flug erwischen konnten.

LINIENBUSSE fahren ab wichtigen deutschen Großstädten nach London bei Fahrthäufigkeit 2 - 7 mal/Woche. Die Tickets kauft man im Reisebüro (z.B. DER- oder Studentenreisebüros).

Die Fahrtdauer liegt bei etwa 24 Stunden ab München, Hamburg, Berlin, etwa 16 Stunden ab Ruhrgebiet. Dabei sind die Fahrpläne so gelegt, daß über Nacht gefahren wird. Ankunft in London am folgenden Morgen.

Preisbeispiele für Rückfahrkarten: ab Berlin ca. 35o DM, ab München ca. 29o DM, ab Hamburg ca. 28o DM, ab Frankfurt ca. 24o DM, ab Köln ca. 23o DM.

Mitfahrerzentralen: kaum billiger als günstige Londonflüge, aber zumindest Tip, wer an keinen Billigflug kommen konnte. Den Fahrer kann man sich nicht auswählen. Kann sein, daß der Trip toll wird bei Superunterhaltung, - kann aber auch sein, daß man sich während der vielen Stunden anödet und gar in Uraltkiste, eingeklemmt zwischen Gepäck und anderen Mitfahrern, die km abkurbelt... Mitfahrerzentralen inzwischen in allen größeren Städten der BRD, CH und A.

Transport in Südengland

Eigener PKW: Trotz der guten Bus-/Zugverbindungen lohnt sich die Mitnahme des eigenen Pkw auf jeden Fall, sowohl vom Standpunkt der Mobilität als auch vom preislichen Aspekt her. Das Geld für die Kanalfähre spart man wieder rein (v.a. die Züge sind saftig teuer!).

An den LINKSVERKEHR gewöhnt man sich schnell. Hilfreich ist, schon in Deutschland einen rechten Außenspiegel anzubringen. Im Kreisverkehr haben - im Gegensatz zu den Vorschriften bei uns - die Autos im Rondell Vorfahrt. Es herrscht ANSCHNALLPFLICHT.

PROMILLE-GRENZE: entspricht mit o,8 dem internationalen Standard. Vorsicht also, daß nicht der Fahrer wieder 'mal mehr getankt hat als der Wagen.

Mitführen muß man: Führerschein und Kfz-Schein, sowie einen D-Aufkleber am Heck. Die Grüne Versicherungskarte empfiehlt sich ebenso, falls es doch mal kracht.

HÖCHSTGESCHWINDIGKEITEN:
* auf Autobahnen, gekennzeichnet mit "M" 115 km/h (= 7o mph)
* auf Landstraßen, gekennzeichnet mit "A" oder "B" 95 km/h (= 6o mph)
* in geschlossenen Ortschaften 48 km/h (=3o mph)

PARKEN: in den wichtigen Touristen-Städten oft sehr eng auf eng, meist aber Parkplätze am Stadtrand (akzeptable Gebühren!).

Sonst gelten folgende zwei Parkregeln: absolutes Halteverbot ist gekennzeichnet mit einer gelben Doppellinie am Fahrbahnrand. Bei der gelben einfachen Linie zeigt ein gelbes Schildchen am Gehsteig an, zu welchen Zeiten das Parken hier erlaubt bzw. verboten ist.

SPRIT: Preise ähnlich wie bei uns, die Angabe an der Zapfsäule erfolgt z.T. noch in Gallonen (= 4,5 Liter). Benzinarten: wie bei uns Super (= premium), Normal (= regular) und Diesel (= diesel). Bleifreien Sprit ("unleaded petrol") bekommt man überall ohne Probleme.

UNFÄLLE: Daten aufnehmen wie gehabt, bei größeren Schäden die Polizei verständigen (von jeder Telefonbox unter der Nummer 999).

PANNEN: Sich am besten schon vorab einen Auslandsschutzbrief besorgen. Die beiden britischen Automobilclubs AA und RAC haben wechselseitige Abkommen getroffen mit den deutschen, österreichischen und Schweizer Clubs wie etwa ADAC und leisten deren Mitgliedern kostenlos Pannenhilfe. Zur Not kann man auch für die Dauer des Urlaubs einem der britischen Clubs beitreten, ihre Offices findet man an jedem Fährterminal und Flughafen.

Mietauto

Car Rent in allen größeren Urlaubsorten, Adressen der Vermieter beim TI bzw. im Telefonbuch (Gelbe Seiten!). Die Wagen haben natürlich Rechtssteuerung, man gewöhnt sich jedoch schnell daran, den Steuerknüppel mit der linken Hand zu bedienen.

Voraussetzung ist die Vorlage eines Führerscheins. Mindestalter 21 Jahre, außer bei der Firma Hertz, die schon an Achtzehnjährige vermietet (jedoch etwas höhere Tarife!).

Der nach unseren Recherchen preisgünstigste Anbieter in England ist die Firma Kenning Car Rent: der Ford Fiesta rund 35o DM pro Woche. Offices an den beiden Flughäfen Heathrow und Gatwick sowie im Londoner Stadtbezirk (Adressen im Telefonbuch). Zur Hochsaison auf jeden Fall über ein Reisebüro in Deutschland vorausbuchen.

Bei diesem Billig-Tarif gut kalkulieren, ob man - bei kurzen Urlaubszeiten - nicht mit Flug + Mietauto günstiger hinkommt als bei Anreise mit dem eigenen Pkw (Fährpassage zur Hochsaison über 3oo DM retour).

Allgemeines zu den Preisen: differieren ganz erheblich, grob gesagt von 8o DM pro Tag aufwärts, pro Woche um 4oo-6oo DM. Im Notfall das Telefonbuch aufschlagen, die Nummern sämtlicher Firmen anklingeln und nach Inclusiv-Preisen fragen. Zusätzlich muß ein "Deposit" von etwa 1ooo DM hinterlegt werden, außer man bezahlt mit einer Kreditkarte.

Kleinfirmen bieten oft günstigere Tarife als die internationalen Firmen wie Avis oder Budget. Nachteil jedoch: haben kein flächendeckendes Service-Netz, so daß man sich bei Pannen zumeist selbst behelfen muß.

Reservieren: zur Hochsaison mindestens 24 Stunden im voraus. Wer 2 Tage bis eine Woche im voraus reserviert, erhält günstigere Tarife bei der Vermietung auf Wochen-Basis.

Generelle Tips für Mietwagen:

Fahrzeug-Check: bei Fahrzeugübernahme vom Vermieter sollte man das Fahrzeug auf eventuelle Beschädigungen (Lack, Dellen, Felgen etc.) überprüfen und diese in das Übergabepapier eintragen lassen.

Auch Blinker, Bremsen, Scheibenwischer etc. überprüfen, solange man noch beim Vermieter ist, um die Defekte noch schnell beheben zu lassen. - Wenn`s unterwegs eine Reifenpanne gibt, übernimmt die Reparaturkosten in der Regel der Vermieter (Quittung mitbringen), sofern nicht etwa verbeulte Felgen ein Selbstverschulden indizieren.

Tankfüllung im Anzeigeinstrument überprüfen und ins Übergabepapier eintragen lassen. Übernimmt man den Tank beispielsweise halbvoll, wird das Auto auch halbvoll zurückgegeben. Abweichender Tankstand bei Rückgabe wird gutgeschrieben bzw. berechnet.

Haftpflicht, Teilkasko oder Vollkasko: persönliche Entscheidungsfrage. Dazu die Versicherungsbedingungen studieren, was einem der Aufpreis bringt. Vollkasko: viele Vermieter stellen es den Kunden frei, ob sie den Versicherungsbetrag berappen wollen oder lieber das Risiko tragen (dann 1ooo DM Kaution hinterlegen).

Beim PREISVERGLEICH beachten:

* Ist die Mehrwertsteuer (VAT) von 15 % einberechnet?
* Sind Steuern und Versicherungen ("taxes and insurances") miteinkalkuliert?
* Werden Kilometerzuschläge ("mileage chart") erhoben oder spielt die gefahrene Entfernung keine Rolle?

Die Abgabetermine genau einhalten. Manchmal wird bei Verspätung um eine Stunde eine ganze Tagesmiete abkassiert.

Wer ganz Großbritannien bereist, kann sich das Zug-Auto-Kombi von British Rail in Zusammenarbeit mit Godfrey Car Rent überlegen: für ca. 43o DM eine Woche Freifahrt auf dem britischen Schienennetz, an vier Tagen während dieser Zeit hat man an den Zielorten Anspruch auf einen Mietwagen.

WOHNMOBILE: mit Pkw rüberfahren und drüben den Caravan in Empfang nehmen. Dazu schon Monate im voraus die unten genannten Vermieteradressen kontaktieren, sich Preislisten schicken lassen und buchen. Kostet etwa ab 15o DM pro Tag. Zur Hochsaison wird nur wochenweise vermietet.

Adressen: - Motorhome Rentals, Lowood Garage, Kings Avenue, London SW4 8BQ

- Arthur Fitt Caravans, Sweechridge Road, Hillborough, Herne Bay, County Kent.

Fahrräder: Sehr gut geeignet für Fahrrad-Touren: kurze Distanzen, ruhige Seitenstraßen und kaum unüberwindliche Steigungsgrade. Auch wer keinen ausschließlichen Fahrrad-Urlaub plant, sollte sich vielleicht ab und zu für einen Tag ein Fahrrad mieten, um Trips in die jeweilige Umgebung zu machen.

FAHRRAD MIETEN: Vermieter eigentlich an allen wichtigen Urlaubsorten; Adressen beim TI. Preisvergleiche lohnen sich, im Schnitt mit 12 DM/Tag und 5o DM pro Woche für Drei-Gang-Räder, für 1o-Gang-Räder das Doppelte. Juli und August nach Möglichkeit am Tag zuvor anrufen und reservieren, da in der Hochsaison bei schönem Wetter der Andrang sehr groß ist. Wer zu spät kommt, geht leer aus. Ohne Reservierung auf jeden Fall vor 1o Uhr vormittags beim Vermieter anklopfen.

Es muß meist eine Kaution von rund 1oo DM hinterlegt werden. Bei Übernahme kurzer Check der Reifenprofile und Bremsen, kurze Probefahrt (mit Gepäck!).

FAHRRAD VON DEUTSCHLAND mit rübernehmen: nicht nur eine finanzielle Frage, wer zu Hause ein teures Komfort-Rad stehen hat, wird hier nicht nur aus Status-Gründen "Berührungsängste" mit klapprigen Blecheseln haben. Die Mieträder sind eher solide Modelle.

Anreise per Flugzeug: Innerhalb des 2o kg-Freigepäcks werden die Räder gratis befördert. Normalerweise ist das Personal auch bei kleineren Überschreitungen sehr kulant, zur Sicherheit aber andere schwere Stücke ins Handgepäck stecken, das nicht gewogen wird.

2-3 Stunden vor Abflug am Airport eintreffen, da die Maschinen maximal nur zwei Räder befördern können. Wichtig: aus den Reifen etwas Luft rauslassen, damit er beim geringeren Außendruck während des Fluges nicht platzt.

Bei Charterflügen werden jedoch keine Räder transportiert.

Anreise per Zug: Sehr billig, liegt zwischen 1o und 2o Mark. Unbedingt eine Reisegepäckversicherung abschließen, da immer wieder mal das Rad nicht ankommt oder beim Verladen beschädigt wird. Im Reisebüro für 4o DM/Monat.

Vom Verfahren her am einfachsten, das Fahrrad vorauszuschicken und dann am Zielbahnhof in England abholen. Dazu am Bahnhof in Deutschland eine Woche vorher aufgeben (das Passagier-Ticket muß dabei vorgelegt werden).

Noch ein Tip: insbesondere teure Räder baut man besser auseinander und umwickelt das Gestänge zum Schutz mit Zeitungspapier.

Anreise per Bus: Fahrräder werden nicht transportiert.

Anreise per Auto: Die bequemste und preisgünstigste Variante: das Rad auf den Dachständer schnallen, da für Überhöhen keine zusätzlichen Gebühren verlangt werden. Es ist nur die normale Fährpassage fällig, die billiger ist als die Eisenbahn.

Eventuell auch den Wagen am Abfahrts-Hafen geparkt lassen und nur als Fußpassagier zusammen mit dem Fahrrad übersetzen, wer ausschließlich mit dem Drahtesel Urlaub macht.

Ersatzteile von Zuhause mitbringen:

* Speichen (hier oft schwer zu kriegen)
* Flickzeug
* Schrauben für die Schutzbleche - lösen sich häufig durch die Holperei auf schlecht asphaltierten Nebenstraßen
* Schlauch und Mantel
* ein gutes Schloß für die größeren Städte
* Öl und Vaseline zum Abdichten, durch den salzigen Regen an der Küste setzt sich schnell Rost an, was auch für verchromte Schrauben gilt. Abdichten vor allem im Bereich des Sattels, damit das Salzwasser nicht ins Innere des Gestänges rinnt und das Tretlager angreift. Sollte man jeden zweiten Tag machen.

TRANSPORT DER RÄDER: Wer weniger interessante Regionen mit der Eisenbahn überbrücken möchte, die Räder werden von British Rail gratis transportiert.

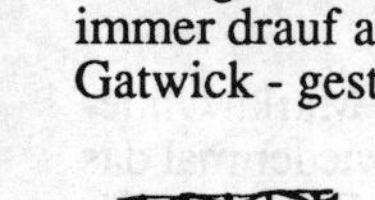

Flüge: Bei den kurzen Distanzen innerhalb Südenglands eigentlich uninteressant, ausgenommen vielleicht der Flug mit Brymon Airways von London rüber in den Südwesten. Details im Verbindungskapitel zu den "West Counties".

Wer auch den Norden Großbritanniens bereist: flotte Verbindungen zu den wichtigsten nordenglischen und schottischen Städten ab London (dabei immer drauf achten, von welchem der beiden Flughäfen - Heathrow oder Gatwick - gestartet wird).

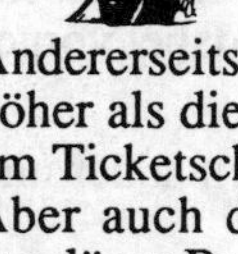

Züge: England ist die Wiege der Eisenbahn, wo die ersten Zuggleise der Welt verlegt wurden. Heute rattern tgl.im Schnitt 14.ooo Züge über Großbritanniens Schienen netz, das jede bedeutende Stadt Englands miteinbezieht.

Andererseits aber saftig teuer, die Fahrpreise sind mindestens ein Drittel höher als die der Busse. Allerdings ein Dschungel von Sonderangeboten: am Ticketschalter durchforsten und das jeweils günstigste heraussuchen. Aber auch die Sonderangebote sind in der Regel noch teurer als die regulären Bus-Preise.

Tarife: Sehr teuer die Single Tickets (einfache Fahrt), über`n Daumen das Doppelte wie Busfahrkarten.

Ein Day Return kostet nur unerheblich mehr als ein Einfach-Fahrschein, die Rückfahrt erfolgt am selben Tag! Es ermöglicht, sich in einer Ortschaft mit guten Zugverbindungen einzuquartieren und von dort bequeme Tagesausflüge zu machen. Gilt auch für London: sich an der Südküste einquartieren und Tagesausflüge in den eine Zugstunde entfernten Millionenkessel machen.

Die übrigen Rückfahrkarten gelten einen Monat. Sind oft ein gutes Drittel günstiger als zwei Single: bei Abstechern in Landesteile mit nur einem Schienenstrang als Anschluß (z.B. rein nach Cornwall) kauft man sich prinzipiell das Return, da man ja auf derselben Strecke wieder zurückfährt.

Beim Standard Return kann an jedem beliebigen Tag zurückgefahren werden. Erheblich günstiger kommt weg, wer sich ein Saver Return kauft, das nicht während der Stoßzeiten am frühen Morgen und an Freitagen benutzt werden kann. Außerdem sind Fahrtunterbrechungen nur auf der Rückfahrt möglich.

Das Saver-Ticket muß am Schalter gekauft werden, beim Schaffner im Zug nur Standard-Returns!

Folgende **Vergünstigungen** machen die Fahrpreise zusätzlich humaner:

* Kinder unter 5 Jahren fahren grundsätzlich gratis, von 5-16 Jahren zum halben Preis.
* Studenten und Leute zwischen 16 und 24 Jahren können sich für ca. 4o DM die Student Railcard zulegen, die für alle Strecken 5o% Preisnachlässe gewährt. Voraussetzung ist die Vorlage eines Internationalen Studentenausweises.
* Dasselbe gilt für Rentner ab 65 Jahren und heißt "Senior Citizen Railcard" sowie für Familien mit zwei Kindern ("Family Railcard").

PLATZRESERVIERUNGEN: ratsam während der Sommerwochenenden. Geht nicht telefonisch, nur durch persönliche Rücksprache am Schalter.

DAMPFZÜGE verkehren während des Sommers auf einer Reihe von Linien, ein Schmankerl für jeden Eisenbahn-Liebhaber. Glanzpolierte Lokomotiven, in denen Heizer und Dampfkessel um die Wette schnaufen. Wir haben alle bedeutenden Linien im Text beschrieben.

PAUSCHALTICKETS

British Rail bietet Netzkarten (sog. Rover Tickets) an, die für bestimmte Zeit zum unbeschränkten Fahren mit der britischen Eisenbahn ermächtigen.

BRITRAIL PASS: Freie Fahrt in England, Wales und Schottland! Vier Benutzungstage in einem Zeitraum von 8 Tagen ca. 285 DM (Jugendliche unter 25 Jahren ca. 225 DM), 8 Benutzungstage innerhalb von 15 Tagen ca. 41o bzw. 32o DM, 15 Benutzungstage innerhalb von 3o Tagen Laufzeit ca. 58o bzw. 39o DM.

Kann nur außerhalb der britischen Inseln gekauft werden: in den amtlichen Reisebüros (abr und DER) oder bei der Deutschen Bundesbahn. Lohnt sich, wer aus dem "Interrail-Alter" draußen ist und flächendeckend ganz Großbritannien bereist.

INTERRAIL: Für 51o DM können Leute bis 26 Jahre einen Monat lang die Züge in 2o Ländern (Europa plus Marokko) benutzen. Zu überlegen für Leute mit viel Zeit, da nur wenig teurer als der BritRail Pass, zusätzlich spart man schon bei der Anreise Geld.

Die FREEDOM TICKETS berechtigen zur Freifahrt in einzelnen Regionen. Im gesamten Südosten ca. 95 DM für 4 Tage bzw. 14o DM für 7 Tage. Im Südwesten sowie für Wales jeweils ca. 115 DM für 7 Tage. Jeweils mit der Summe der geplanten Einzelstrecken vergleichen - lohnt sich sehr häufig.

Bahnhöfe in London: Die Hauptstadt hat ein Dutzend Bahnhöfe, je nach Richtung, in die man fährt. Sich prinzipiell vergewissern, welcher Bahnhof für den gewünschten Zielort zuständig ist. Grob gesagt:

- Waterloo und Victoria Station für den Süden und Südosten
- Paddington Station für den Südwesten und für Südwales
- Euston Station und St.Pancras Station für Nordwales und die englischen Midlands

Alle Bahnhöfe sind durch das U-Bahn-Netz verbunden. Wer durch London ohne Zwischenstop durchfährt: das U-Bahn-Ticket für den Bahnhofs-Wechsel ist im Fahrpreis inclusive.

Busse: Ebenfalls ein dichtes und flächendeckendes Netz und dabei massiv billiger als die Eisenbahn (im Schnitt nur die Hälfte des Fahrpreises!). Bei limitiertem Budget läßt sich da der etwas geringere Komfort verschmerzen, zumal die Überland-Busse heute modernen Standards genügen mit Bord-Toiletten, Verkauf von Erfrischungen usw. Die größeren Städte haben Terminals mit Verkaufsschaltern für die Expreß-Busse, sonst werden die Tickets im Bus gekauft. Ein Drittel Ermäßigung auf den Fahrpreis bekommen Leute bis 25 Jahren gegen Vorlage eines Internationalen Studentenausweises. Sich vor Abfahrt besorgen.

Als COACHES bezeichnet man Überland-Busse, die die größeren Städte verbinden und eine echte Alternative zu den Zügen darstellen. Weitaus größte Gesellschaft ist die halbstaatliche National Express.

Netzkarte ist die Britexpress Card: für ca.75 DM (Studenten 6o DM) an fünf Tagen innerhalb eines Monats Freifahrt auf allen Überland-Bussen Großbritanniens, für ca. 12o DM (Studenten 9o DM) an 1o Tagen innerhalb eines Monats. Zu kaufen an den großen Busterminals.

Abfahrt der "Coaches" ab London vom Victoria Coach Station, fünf Minuten vom Victoria-Zugbahnhof, wo die meisten Züge vom Kontinent ankommen.

BUSSES heißen die Provinzbusse, die die Dörfer einer bestimmten Region abklappern. Hierbei hat jede Region ihre eigene Company, die ihrerseits wieder Netzkarten anbieten: für im Schnitt 1o DM die Explorer-Tickets (gültig einen Tag), für ca. 35 DM die eine Woche lang gültigen Freedom-Tickets.

Wer keine Berührungsängste mit organisierten Reisen hat, kann sich auch mal einer COACH TOUR anschließen: ein paar Handvoll Touristen werden hierbei zu wichtigen Sehenswürdigkeiten gefahren. Dauert jeweils einen halben oder ganzen Tag. Informationen über das Angebot beim TI.

Allgemeine Tips

★ EINREISE/ZOLL

Deutsche benötigen zur Einreise ein Dokument der Identifikation (Pass bzw. Personalausweis). Schweizer und Österreicher bitte neueste Bestimmungen beim heimischen Automobilclub erfragen.

ZOLL: Seit 1993 gibt es innerhalb der EG - Staaten keine Grenzen mehr, was den Privatreiseverkehr betrifft. Sprich: die früheren Zollkontrollen an den Grenzen innerhalb der EG sind aufgehoben. D.h.: jeder kann so viel an Waren mitnehmen, wie er will, - vorausgesetzt, diese dienen zum persönlichem Bedarf und nicht dem kommerziellem Handel. Letzterer unterliegt derzeit nach wie vor gewissen Zollbestimmungen.

Wie nicht anders zu erwarten, hat die Aufhebung der Grenzen in der Anfangsphase zu erheblichen Problemen geführt, was z.B. auch die früher zollpflichtigen Artikel wie Zigaretten und Alkohol betrifft.

So gab es Anfang 93 eine Masseninvasion englischer Privatreisender, die die Kanalfähren nach Belgien bzw. Frankreich benutzten und mit bis zu 100 Litern (!) billig eingekauftem Whisky retour nach England fuhren. Mit "Privatbedarf" haben derartige Mengen nichts zu tun.

Hinzu kommen unterschiedliche Bestimmungen oder momentan fehlende Gesetzgebung. So dürfen derzeit die Zöllner den AUSSENBEREICH der EG (also z.B: Grenze zu Polen oder Österreich, Schweiz) in einem Sektor von 30 km zur Grenze kontrollieren und hier Fahrzeuge anhalten, wie auch bezüglich mitgeführter Waren überprüfen.

Der INNENBEREICH (z.B. Belgien/Frankreich <->England) ist dagegen momentan gesetzlich unklar. Daher auch "Auswüchse der 100 L. Whisky" siehe oben.

Die bisherigen DUTY- FREE REGELUNGEN (z.B. auf Kanalfähren) sollen nach wie vor bis 1999 aufrecht erhalten werden. Kontrollen angeblich nur bei den Besitzern der Duty Free Shops. Dies wiederum führt zu Konfliktstoff: Privatpersonen können auf den Fähren beliebig einkaufen...

KLARTEXT / ZOLL: nach derzeitiger Sachlage (ADAC- Motorwelt) dürften knapp 800 Zigaretten/Person und knapp 10 Liter Spirituosen als "privater Eigenbedarf" o.k. sein und nicht unter "kommerziellem Handel" rangieren. Man wird abwarten, wie die EG zukünftig kontrolliert.

PASS-KONTROLLE: keine zwischen Deutschland - Benelux Staaten (Belgien, Niederlande, Luxemburg) und Frankreich. Großbritannien kontrolliert jedoch momentan noch.

AUTOFAHRER: Führerschein, Kfz-Schein und die nicht obligatorische grüne Versicherungskarte. Da die britische Pflichtversicherung nur Personenschäden umfaßt, ist eine befristete Zusatzversicherung zu überlegen, um nicht leer auszugehen, wenn der Wagen verbeult wird, und in der Kasse des Unfallgegners Ebbe herrscht.

Auch dies ist momentaner Stand. Im Rahmen des Zusammenwachsens der EG gleichen sich auch die Versicherungsbedingungen an. Neuesten Stand beim heimischen Automobilclub erfragen!

TIERE dürfen nach derzeitigen Bestimmungen nicht mitgenommen werden (6-monatige Quarantäne-Pflicht!). Bei Zuwiderhandlung empfindliche Strafen, heimlich eingeschleppte Tiere werden eingeschläfert.

BOTSCHAFTEN

BRD: Botschaft der Bundesrepublik Deutschland, 21-3 Belgrave Square; London SW1 (Tel. o1/ 23 55 o33).

ÖSTERREICH: Botschaft der Republik Österreich, 18 Belgrave Mews West; London SW1 (Tel. o1/ 23 53 731).

SCHWEIZ: Botschaft der Schweizerischen Eidgenossenschaft, 16 Montague Place; London W1 (Tel. o1/ 72 3o 7o1).

★KLEIDUNG + KOFFERPACKEN

Unbedingt einen REGENSCHUTZ einpacken, in England erlebt man mitunter alle vier Jahreszeiten an einem einzigen Tag. Nicht ohne Grund der Beiname "Grüne Insel".

Anorak mit Kapuze oder gelbe Seglerjacke (für 2o DM in Kaufhäusern, sehr platzsparend im Rucksack oder Auto). Der Regenschirm kann nützlich sein innerhalb von Städten, - weniger jedoch in Küstenbereiche mit kräftigen Winden.

Wer die langen Küstenwanderwege machen möchte: besser Gummiponcho, der neben dem Wanderer auch zusätzlich den aufgeschulterten Rucksack vor Feuchtigkeit schützt. Bei der Rast dient er als Unterlage auf feuchtem Boden, - erhältlich in Sportgeschäften oder Ausrüstungs-Shops.

PULLOVER: unbedingt erforderlich, trägt man unter der Regenjacke. Vor Ort überall die flauschig-weichen Schafwoll-Pullis, billiger als bei uns und ein schönes Souvenir (siehe Kapitel "Andenken & Mitbringsel").

BEKLEIDUNG: Oben rum bequeme Hemden/Blusen oder Baumwoll-T-Shirt, unterhalb der Gürtellinie haben sich Jeans und Feincord-Hosen bewährt.

SCHUHE: Sportschuhe sind bequem und leicht im Gepäck. Wer Wanderungen plant, sollte unbedingt feste Wanderschuhe mit entsprechendem Profil (schlüpfriger Untergrund an den Küstenwanderwegen) einpacken.

Wer in Jugendherbergen übernachtet: mit den genagelten Bergschuhen, die den Linoleum-Boden wieder mal kräftig durchpflügen, macht man sich nicht immer beliebt. Daher zusätzlich (im Gepäck leichte) Hausschuhe wie z.B. die "Norwegerschuhe" mit dünner Ledersohle und drüber Wolle.

RUCKSACK: wer mit eigenem Wagen bzw. Mietauto unterwegs ist, ist mit Koffern oder Nylon-Reisetaschen besser bedient (leichter ein- und auszuladen). Die Nylon-Tragetaschen haben kaum Gewicht und kosten in Kaufhäusern nur um die 2o Mark. Drauf achten, daß die Tragegriffe breit sind und nicht in die Hand schneiden.

Mit öffentlichen Verkehrsmitteln auf Achse: der Rucksack auf jeden Fall die bessere Alternative! Die Billigversionen in den Kaufhäusern ist nicht optimal, mit sperrigem Alu-Gestell, mit dem man beim Eintreten in die JuHe etc. glatt den Türstock mit rausreißt. Sehr hinderlich auch beim Wandern. Besser also teurere, gestellfreie Modelle, für die aber 12o DM aufwärts hinzublättern sind.

SCHLAFSACK/ZELT: spart für Billigreisende teure Übernachtungskosten und ist für Mehrtageswanderungen unabdinglich beim häufigen Regen Südenglands. Die beste, diesbezügliche Ausrüstung siehe Tests der Zeitschrift "Warentest", - des Magazins "Outdoor", - sowie Beratung guter Ausrüstungs- und Sportgeschäfte.

Der REISEWECKER ist nützlich bei frühen Bus- und Zugabfahrtszeiten, sowie zum frühen Aufstehen bei Wanderungen. Erhältlich ab ca. 1o DM, - sollte für Leute in Jugendherbergen aber nicht allzu laut sein, um nicht das ganze Haus morgens um 6 Uhr aus den Betten zu werfen.

FOTOKAMERA: wir bevorzugen kleine und handliche Modelle, die in die Hosentasche/Handtasche passen, um sich das Gebaumel um Hals oder der Schulter zu ersparen. Ist natürlich Frage der "Philosophie" und des eigenen Hobbies: z.B. mit komplett ausgerüsteter Spiegelreflex, großartige Landschaftsfotos, Städte und Portraitaufnahmen zu schießen.

VIDEOKAMERA: bei sinkenden Preisen "heiße Sache". Das Gewicht liegt bei modernen Kameras um 7oo Gr., von der Größe kaum mehr als eine Spiegelreflex. Dafür bewegte Bilder und der Sound life.

Die Preise für eine Neukamera beginnen derzeit bei ca. 1.ooo DM. Es gibt zwei Systeme: * VHS-C und * Video 8. Letzteres hat den Vorteil (bei gleicher, je nach Kamera sogar besserer Bildqualität), daß die Aufnahmekassetten fast die Größe einer Tonkassette besitzen und zudem bis zu 9o Min. Aufnahme fassen (VHS-C lediglich max. 45 Min.).

Wer mehr Geld invesitieren will, sollte sich "Hi- Video 8" kaufen: bei späterem Überspielen der Aufnahmen (z.B. im "Schneidevorgang") hat man kaum Qualitätsverlust.

PLASTIKDOSEN nützlich für Selbstverpfleger, um Nahrungsmittel im Rucksack fest verschließen zu können. Nichts ist lästiger, als wenn aus der Unterhose die Haferflocken rauskrümeln. - Waschpulver läßt sich in ehemaligen Shampoo-Plastikflaschen gut verstauen.

GESUNDHEIT

Für alle Touristen springt der "National Health Service" ein: Behandlung ist kostenlos in den Ambulanz-Stationen der staatlichen Krankenhäuser - gilt für Ärzte wie für Zahnärzte. Schwieriger ist es, wenn stationäre Behandlung fällig wird: gesetzlich Versicherte besorgen sich das Formblatt E 111, das alle Kosten abdeckt, privat Versicherte fragen bei ihrer Krankenkasse nach und schließen evtl. eine Zusatzversicherung im Reisebüro ab. Alle weiteren Details, wer Wanderungen eingeplant hat, also Zelt, Schlafsäcke etc., siehe unser Kapitel "Wandern", Seite 54.

Apotheken: viele Medikamente bekommt man ohne Rezept, die Preise liegen wesentlich niedriger als bei uns.

Kleine Reiseapotheke:

* Schmerztabletten
* Mittel gegen Grippe und Erkältungen
* Spray gegen Fliegen und Mücken, Mittel zur Behandlung von Mückenstichen
* Spraypflaster für kleinere Wunden
* entzündungshemmende Salben, Jodtinktur und Schnellverband
* ein paar Sicherheitsnadeln
* Mittel zur Desinfektion von Wasser (empfehlenswert ist Mikropur für klares Wasser und etwas Kaliumpermanganat für trübes Wasser, wo Mikropur nicht wirkt).

MASSE UND GEWICHTE

Die Umstellung auf unser metrisches System hat sich noch nicht ganz durchgesetzt, immer wieder trifft man auf die spezifisch britischen Maße:

Länge:

1 inch (in.)	2,54 cm
1 foot (ft.)	3o,5 cm
1 yard (yd.)	91,4 cm
1 mile (mi.)	1,6o9 m

Fläche:

1 acre	4,o47 qm
1 square mile	2,59 qkm

Hohlmaße:

1 pint:	o,57 l
1 gallon	4,54 l

Gewichte:

1 ounce (oz.)	28 gr.
1 pound (lb)	454 gr.
1 stone (st.)	6,35 kg

Temperatur: hier ist immer noch "Fahrenheit" gebräuchlich. 9° Fahrenheit entsprechen 5° Celsius. Null ° Celsius sind 32° Fahrenheit!

UHRZEIT

Die Uhr muß eine Stunde zurückgestellt werden (auch während der Sommerzeit).

ELEKTRISCHE GERÄTE

Großbritannien hat die 3- Punkt Steckdose, hier passen die bei uns (BRD, A, CH) üblichen Stecker nicht rein. Der Anschluß mitgegrachter Geräte wie Föhn, Radio etc. ist daher nur mit entsprechendem Zwischenstecker ("GB- Adapter") möglich, den man bei uns in jedem größerem Elektrogeschäft bekommt.
Derartige Zwischenstecker (engl.: "adapter") gibts auch in Großbritannien (in Elektrogeschäften für wenig Geld, bzw. leihweise in vielen Hotels). Die GB- Adapter besitzen allerdings (im Gegensatz zu bei uns käuflichen Adaptern) eine Sicherung, so daß man nur Geräte mit geringem Stromverbrauch (z.B. Rasierer, tragbare Computer, Ladegerät für Akkus etc.) anschließen kann.

GELD

Pound Sterling (=1oo Pence).

Geldwechsel am günstigsten bei den Banken, in so ziemlich allen Ortschaften mindestens eine Filiale. Schalterstunden: Montag bis Freitag von 9.3o bis 15.3o Uhr, fürs Wochenende genügend Cash bereithalten. Falls man in Not ist, tauschen auch Hotelrezeptionen (aber schlechterer Kurs).

Wechselstuben (Exchange Offices) haben verlängerte Öffnungszeiten, aber im Vergleich zur Bank saftige Bearbeitungsgebühren bis zu 8 %.

Kreditkarten: sind in Großbritannien weit verbreitet, vor allem Visa und Mastercard. Dagegen mußten wir erleben, daß American Express und Diners nicht immer akzeptiert werden (was Hotels und Shops betrifft), - an Tankstellen jedoch in der Regel problemlos.

Euro- und Travellerschecks werden überall eingetauscht, daher nicht unnötig viel Bargeld rumschleppen. Euroschecks gehen bis zum Maximalbetrag von 1oo Pfund pro eingelöstem Scheck.

Falls das Geld ausgeht: von Deutschland telegraphisch überweisen lassen; 5 % Gebühr, dauert nur einen halben Tag.

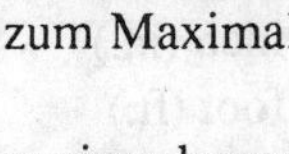

POST

Nicht gelb wie bei uns, sondern rot. Jedes noch so kleine Nest hat sein Post Office. Hauptämter in größeren Städten sind durchgehend von 9.3o Uhr bis 18 Uhr geöffnet, in den Dörfern während der Mittagspause von 13-15 Uhr geschlossen.

In den Dörfern ohne Tourist Büro dient das Postamt zusätzlich als INFO-BÖRSE: Anschläge bezüglich Veranstaltungen, Feste, Busfahrpläne usw. Für ein nettes Lächeln gibt der Beamte auch gerne persönliche Auskünfte, beispielsweise bezügl. Abfahrtszeiten für einen Boottrip.

GEBÜHREN für Briefe und Ansichtskarten ungefähr wie bei uns.

Post von Deutschland nach England: "poste restante" und die jeweilige Stadt draufschreiben, dann den Brief mit Personalausweis beim Hauptpostamt abholen. Dauert bis zu einer Woche.

TELEFON

Die aus den Edgar-Wallace-Filmen bekannten roten Häuschen sind leider weitgehend wegrationalisiert. Seit Privatisierung fast überall moderne Telefonzellen mit Tastenfeld, Schlitz für Münzen (teils auch für Plastik-Telefonkarten) und dem üblichen, internat. Bedienungsablauf.

Nach Hause telefonieren

Mit den neuen Apparaten, die auch 1-Pfund-Münzen schlucken, kein Problem. Oder daheim nur kurz anklingeln und sich von Deutschland aus zurückrufen lassen (auch bei öffentlichen Fernsprechern möglich, da in Großbritannien alle Telefonboxen eine Nummer haben. Sie steht auf dem Apparat).

Großbritannien -	Deutschland:	01049 + Nummer der Stadt* + Teilnehmer
Großbritannien -	Österreich:	01043 + Nummer der Stadt* + Teilnehmer
Großbritannien -	Schweiz:	01041 + Nummer der Stadt* + Teilnehmer
Deutschland - (Österreich, Schweiz)	Großbrit:	0044 + Nummer der Stadt* + Teilnehmer
		* die "Null" weglassen

Gebühren: internationaler Billigtarif wochentags von 2o - 8 Uhr sowie samstags und sonntags. In dieser Zeit kostet ein 3-Minuten-Gespräch nach Deutschland ca.3 DM, nach Österreich oder Schweiz knappe 5 DM.

Telefonieren vom Hotelzimmer: ist zwar bequemer, aber teurer, da der Hotelbesitzer mitkassiert. Viele der kleineren Hotels haben unten in der Rezeption öffentliche Fernsprecher.

Notruf für Feuerwehr, Polizei, Krankenwagen: 999. Bei Problemen mit dem Telefonieren hilft der Operator (Nr. 1oo), der auch Ferngespräche vermittelt (ist aber teurer als selbst wählen).

FEIERTAGE

Die Engländer feiern mehr im stillen ihre Familienfeste, gilt vor allem für Weihnachten und Ostern.

Silvester wie überall mit Sekt, Weib und Gesang!

May Day am ersten Montag im Monat Mai: Aufstellen eines Maibaumes, wobei viel getanzt wird und nicht so schnell eine Kehle trocken bleibt.

Halloween, am 31. Oktober, ist seit dem Spielberg-Film ein Begriff. Ganz so gruselig geht's in der Realität nicht zu, aber immerhin: die Kinder ziehen mit Laternen-Masken durch die Straßen, man verkleidet sich und in den Kneipen ist der Teufel los.

Guy Fawkes Night (5. November) erinnert an der Gunpowder Plot vom 5. Nov. 16o5, als ein gewisser Guy Fawkes das britische Parlament samt dem König in die Luft sprengen wollte. Wird gefeiert mit riesigen Feuerwerken und dem öffentlichen Verbrennen von Strohpuppen.

FESTE

Jede Stadt in England hat ihren Jahrmarkt und ihre historischen Feste. Veranstaltungskalender der größeren öffentlichen Feiern in der Zeitschrift "In Britain". Außerdem haben wir in diesem Buch bei den Orts-Beschreibungen die jeweils wichtigsten lokalen Feste aufgeführt.

KLIMA

Ein ausgeglichenes, maritimes Klima: relativ kühle Sommer und milde Winter sorgen für die saftig-grüne Weidelandschaft. Die Regenkleidung gehört immer ins Reisegepäck.

Die Südwest-Spitze Englands liegt auf derselben geographischen Breite wie Frankfurt, der warme Golfstrom mildert das Klima weiter ab. Die Atlantik-Winde bringen feinsten Sprühregen an die Westküste. Spezielle Klima- Details zu Cornwall siehe Seite 4o2.

Die TEMPERATUREN werden auf den britischen Inseln immer noch in der Maßeinheit "Fahrenheit" gemessen. Siehe dazu unsere Umrechnungstabelle.

Also das Sonnenöl besser eingepackt lassen, wenn der Wetterbericht beispielsweise sechzig Grad ankündigt: entspricht etwa 15 Grad Celsius.

0°	32°	(Gefrierpunkt)
5°	41°	
10°	50°	
20°	68°	
30°	86°	
37°	98°	(Körpertemperatur)
40°	104°	
50°	122°	
60°	140°	
70°	158°	
80°	176°	
90°	194°	
100°	212°	(Siedepunkt)

Celsius --> Fahrenheit:
Celsiusgrad mit 1,8 multiplizieren und die Zahl 32 hinzuaddieren = ergibt den entsprechenden Fahrenheitwert.

Fahrenheit --> Celsius:
Vom Fahrenheitwert die Zahl 32 abziehen und das Ergebnis durch 1,8 teilen = ergibt den entsprechenden Celsiuswert.

REISEZEITEN

Die Touristen-Saison geht von Mitte April - Mitte Oktober, außerhalb davon ist vieles, z.B. die Herrenhäuser, geschlossen. Hochsaison in den Monaten Juli/ August.

Der FRÜHLING ist wunderschön, die englische Countryside im zartesten Grün und noch kaum Touristen unterwegs.

Im JUNI ist Vorsaison: die Sehenswürdigkeiten sind alle bereits auf Besucherverkehr eingestellt, aber noch kein hektischer Urlauber-Trubel.

JULI und AUGUST bricht's dann los, wenn auch die Briten Urlaub machen. Die wichtigen Fremdenverkehrsorte haben starken Andrang, Zimmer besser rechtzeitig reservieren.

SEPTEMBER, OKTOBER ist Herbst, die Touristen werden von Woche zu Woche weniger, das Wetter ist aber noch warm und sonnig.

Im WINTER fahren nur eingefleischte England-Fans raus aufs Land, sonst hält man sich besser an die größeren Städte.

ÖFFNUNGSZEITEN

BANKEN: Mo-Fr von 9.3o bis 15.3o Uhr. Samstags sind auch die größeren Banken geschlossen, daher rechtzeitig Geld wechseln.

PUBS: die früher sehr rigiden Sperrstunden sind sehr umstritten und kommen immer mehr ins Rutschen, oft Unterschiede von Region zu Region. Generell gesagt: werktags von 11-15 Uhr und von 18-22.3o Uhr, sonntags von 12-14 Uhr und von 19-22.3o Uhr.

TOURIST OFFICES: Öffnungszeiten variieren je nach Saison und Bedeutung des Ortes, am Wochenende haben - außer in den großen Städten - die Offices nur während der Monate Juli und August geöffnet.

APOTHEKEN: Mo-Fr von 9-18 Uhr; nur in den größeren Orten Nacht- und Wochenend-Betrieb.

GESCHÄFTE: übliche Einkaufszeiten von 9-17.3o Uhr. Außerhalb der großen Städte ist an einem Tag in der Woche "Early Closing Day", wo Post und Geschäfte bereits gegen Mittag dichtmachen. Von Ort zu Ort verschieden, meist aber mittwochs oder donnerstags.

GEPÄCKAUFBEWAHRUNG

Hotels, B&B-Häuser und Jugendherbergen müssen bis spätestens 12 Uhr geräumt sein, sonst wird eine weitere Übernachtung berechnet. Meist wird es auf Anfrage erlaubt, etwa das Gepäck bis zum Abend zu deponieren.

Leute ohne Auto: nichts ist lästiger, als bis zur Abfahrt von Zug/Bus die Koffer rumschleppen zu müssen. In den Offices der Fährlinien und in den Busterminals kann man das Gepäck meist gratis für einen Tag verstauen, die Schließfächer in den Bahnhöfen kosten 1-2 DM für 24 Stunden.

ANDENKEN & MITBRINGSEL

ANTIQUITÄTEN: Preise erfahrungsgemäß bis zu einem Drittel niedriger als bei uns, im Einzelfall natürlich abhängig vom Verhandlungsgeschick. Tüchtiges Handeln ist in dieser Branche völlig "gentleman-like".

In allen Städten teure Antiquitäten- und billige Trödlerläden; weiterer Tip sind die Straßenmärkte. Besser auf dem Land, London ist ein recht teures Pflaster (dafür aber riesige Auswahl!).

Billiger als die Spezialgeschäfte sind die Versteigerungen in den Auktionshäusern ("auction houses") oder noch günstiger die Zwangsversteigerungen direkt in der gepfändeten Wohnung ("jumble sales"). Lohnt sich allein schon wegen des Flairs aus Hämmerchenschwingen und viel Gebrüll, Termine in der Tageszeitung.

Größere Stücke, z.B. alte Möbel: werden per Schiff verschickt, sich vorher den Preis für die Lieferung bis an die Haustür - nicht nur bis zum Hafen - ausrechnen lassen.

Zoll: über 1oo Jahre alte Stücke gehen zollfrei (Zertifikat nötig!).

TONWAREN: Gehören seit dem 17. Jh. zu den traditionellen britischen Produkten,- einige der erlesensten Porzellane der Welt kommen aus England. Neben den größeren Manufakturen viele freiberufliche Kunsthandwerker, die nach traditioneller Methode auf der Töpferscheibe arbeiten.

"Pottery" ist der Oberbegriff für alle aus Ton hergestellten Sachen; "china" bedeutet jede Art von Tischgeschirr. Folgende Sorten:

* Earthenware = Lehm mit niedriger Flamme gebrannt, braunrote Farbe, muß wegen der hohen Porösität glasiert werden.
* Stoneware = mit hoher Flamme gebrannt und daher kaum porös. Gelbliche bis dunkelbraune Farbe, je nach spezifischen Zusätzen (z.B. Eisenstaub).
* Porcelain = Kaolin-Erde als spezieller Lehm, der sich durch den Brennvorgang weiß verfärbt, als Zusätze Feuerstein und Feldspat. Kann mit 1315°C gebrannt werden: unporös und sehr hart, weiße Farbe.
* Bone China = eine speziell englische Erfindung, das hochwertigste Porzellan. Der Rohmasse wird vor dem Brennen noch Knochenasche beigemengt, erscheint hauchdünn und lichtdurchlässig, die Farben der aufgemalten Muster leuchten kräftig!

BLEIGLAS: 1675 in England erfunden: nicht nur dunkler und schwerer, sondern auch weniger zerbrechlich - verdrängte das damals in Mode befindliche venezianische Glas vom Markt. Wegen der empfindlichen Steuer, die abhängig vom Gewicht war, versuchte man, eine möglichst hohe Anzahl von Einzelstücken pro Kilo Glasmasse herzustellen und deren Wert durch Gravieren und Schleifen zu steigern.

Geschliffenes Bleiglas bzw. Kristallglas ("crystal") zersprüht Licht in tausend Funken. Als Blumen, Pyramiden, Kugeln oder als Kronleuchter.

Graviertes Bleiglas ("engravings") vor allem als hochwertige Trinkgläser.

SILBER: Sterling-Silber gehört immer noch zu den traditionellen englischen Produkten, im 18.Jh. war Großbritannien sogar der größte Feinsilber-Produzent der Welt. Antike Stücke fast unbezahlbar, aber neuer, maschinengemachter Silberschmuck ist durchaus im Rahmen.

Ein Stempel ("hallmark") an der Unterseite indiziert die Sterling-Qualität, die Stempel EPNS und EPWM stehen lediglich für "versilbert"!

AQUARELLE: Bei englischen Künstlern sehr beliebtes Medium wegen der sanft ineinander fließenden Farben und der hellen Lichteffekte, die durch diese Technik erzielt werden.

Wurde vor allem durch die Schule der Landschaftsmaler des 18. und 19.Jh. verfeinert, da sich Wasser, der Himmel und das Spiel des Lichts damit am besten darstellen ließen.

Von astronomisch teuren Originalen bis zu brieftaschen-freundlichen Gemälden von Hobby-Malern in den Kunstgalerien ("galleries").

ALTE DRUCKE: Die antiquarischen Bücher über die Geschichte und die sozialen Gegebenheiten Englands wurden vor Erfindung der Fotografie kunstvoll illustriert, heute unter den englischen Traditionalisten begehrte Sammler-Objekte!

Die originalen Illustrationen unbezahlbar, aber gelungene Reproduktionen in den spezifischen Druckerläden ("print stores") und Antiquariats-Buchläden ("antiquarian bookshops"). Drucke, Gravierungen, Lithographien, Foto-Reproduktionen, frühe Werbeplakate, politische Cartoons und Karikaturen.

SCHAFFELLE, LEDER: Schaffelle bis zum halben Preis, der bei uns zu zahlen ist. Besonders schön: die ungefärbten Stücke, neben beige auch von braunen oder schwarzen Schafen. Unverarbeitet als Bettvorleger und Autositz-Bezüge, oder Mäntel, Stiefel und Hausschuhe aus purem Schafsfell. Englisches Leder ist derb und hat eine methusalemische Lebenserwartung. Verarbeitet zu Brieftaschen und handgemachten Schuhen.

TABAKSPFEIFEN: Die geschwungene Pfeife gehört untrennbar zum Image des englischen Gentleman, die Gelehrten streiten sich noch, ob sich's hierbei um ein Phallus-Symbol handelt oder ganz einfach um ein Stück Gemütlichkeit... In allen Städten Spezial-Geschäfte: Am kostbarsten sind die Bruyère-Pfeifen, geschnitzt aus dem dornigen Holz des Heckenrosenstrauches: kühler, sehr aromatischer Rauch. Dazu eine kaum überschaubare Auswahl erlesener Tabake.

Außerdem stilvolles Zubehör für den Raucher, der seine Sucht als Wissenschaft kaschieren möchte. Etwa Feuerzeuge und Zigaretten-Etuis aus Sterling-Silber, extravagante Aschenbecher usw.

KLAMOTTEN: Die englischen Größen-Angaben unterscheiden sich von den mitteleuropäischen. Folgende Umrechnungs-Tabellen:

Schuhe:

deutsch -	36/37	37/38	38/39	39/4o	41/42	42/43	43/44	44/45
englisch -	4	5	6	7	8	9	1o	11

Hemden/Männer:

deutsch -	37	38	39	4o	41	42	43
englisch -	14½	15	15½	16	16½	17	17½

Anzüge, Mäntel, Pullover/Männer:

deutsch -	44	46	48	5o	52	54
englisch -	34	36	38	4o	42	44

Blusen, Röcke, Pullover, Kostüme /Frauen:

deutsch -	34	36	38	4o	42	44
englisch -	8	1o	12	14	16	18

Unterkunft

Das Niveau der Quartiere entspricht bezüglich Serviceleistungen und Sauberkeit etwa dem Standard daheim. Sollte es dennoch Beschwerden geben: am besten mündlich beim nächsten TI.

ZIMMERVERMITTLUNG: Gegen eine kleine Gebühr vermittelt das TI Zimmer, besonders bei B&B üblich. Je nach Preisvorstellung und sonstigen Wünschen wird das entsprechende herausgesucht.

"Book-a-bed-ahead": Hierbei wird das Zimmer für den darauffolgenden Tag an einem x-beliebigen Ort Großbritanniens (England/Wales/Schottland) gebucht. Jedoch nur möglich zwischen zwei Orten, deren Tourist-Offices sich an diesem System beteiligen, was erfreulicherweise überwiegend der Fall ist. Wir haben in diesem Buch dies jeweils im Abschnitt TI durch das Kürzel BABA angegeben.

Book-a-bed-ahead lohnt sich, wenn man am Zielort voraussichtlich erst nach Schließung des Verkehrsamtes ankommt. Juli/August für die wichtigsten Touristenorte unbedingt zu empfehlen, besonders, wer ohne Auto ist und nicht ausweichen kann (oft alles restlos ausgebucht!). Erspart viel Nervengeld.

INFO-MATERIAL: Bücher mit kompletten Unterkunftslisten beim:

British Bookshop, Börsenstr. 17, Frankfurt/M,

bringen aber nicht überaus viel und mit ca. 3o DM fast doppelt so teuer, wie wenn man sich die Bücher vor Ort in England kauft.

Beim BTA in Frankfurt Hochglanz-Broschüren für die einzelnen Regionen und Grafschaften, wo sämtliche Unterkunftsmöglichkeiten abgedruckt sind. Im voraus bei den einzelnen TI-Ämtern in England bestellen (Adressen in diesem Buch!) oder sich vor Ort geben lassen.

HOTELS

Die billigeren: klein und mit Möbeln, denen der Zahn der Zeit sichtlich zu schaffen macht. Andererseits aber auch stolze Landhäuser mit feudalem Stil und feudalem Preis.

Die PREISE sind recht gesalzen. Billig-Hotels gehen erst ab 8o DM aufwärts fürs Doppelzimmer und sind somit teurer als Privatzimmer der oberen Preisklasse. Daher bei knappem Reisebudget genau überlegen, ob man nicht besser auf Bed&Breakfast umsteigt. Die mittlere Preisklasse liegt etwas über 1oo DM für`s Doppel, ab 2oo DM für ein Doppelzimmer beginnen die Top-Hotels. (Unsere Hotel-Beschreibungen in diesem Buch beziehen sich hinsichtlich des Preises auf ein DZ mit Frühstück.) Wichtig für Preisvergleich: nachfragen, ob die Mehrwertsteuer (VAT) in Höhe von 15 % schon eingerechnet ist.

Normalerweise werden die Zimmer nur mit Frühstück vermietet (Bed and breakfast). Dabei drauf achten, daß ein englisches Frühstück (ham and eggs etc.) serviert wird und nicht nur ein "continental breakfast" aus Toast und Marmelade. Letzteres ist zwar noch die Ausnahme, die Unsitte reißt aber mehr und mehr ein. HALBPENSION ("half board") umfaßt zusätzlich Dinner und ist im Schnitt 2o DM pro Person teurer. Das Dinner ist preiswerter als ein gleichwertiges Dinner in irgendeinem Restaurant.

VOLLPENSION (full board) umfaßt zusätzlich das Mittagessen. Eigentlich nicht zu empfehlen, da bei den satten Frühstücksportionen bis Mittag einfach noch kein Platz im Magen ist für ein ausgiebiges Lunch.

Alkohol-Lizenzen: Nicht alle Hotels haben die Berechtigung zu unbeschränktem Alkoholausschank. Es gibt mehrere Stufen:

- das Hotel hat seine eigene Bar, bei Hotels der Regelfall.
- fully licensed: das Hotel hat zwar keine öffentliche Bar, darf an seine Gäste aber rund um die Uhr alkoholische Getränke verkaufen.
- table-licensed: das Hotel darf nur zum Essen Alkoholisches ausschenken, nicht aber während der übrigen Zeit.
- non-licensed: das Hotel darf überhaupt keinen Alkohol ausschenken. Ist bei Hotels sehr selten.

Zimmer mit Bad und WC sind grob geschätzt 2o % teurer (nachfragen!): ersparen das morgendliche Schlangestehen mit zusammengekniffenen Hinterbacken vor der Toilette. Zimmer mit eigenen TV: ganz interessant, sich mal am englischsprachigen Programm zu versuchen. Aber nicht unbedingt erforderlich, da Hotels prinzipiell einen Fernsehraum haben.

Weiterer Tip: Auf den Blick durchs Zimmerfenster achten! Oft kein Preisunterschied zwischen Zimmern auf der Frontseite und Hinterhof-Zimmern, wo Mülldeponien durchs Fenster leuchten.

Zum Teil sind die Gästezimmer in einem Anbau ("Annex"), aber zum gleichen Preis wie die Räumlichkeiten im stilvollen Altbau. Die Wände sind dort meist dünn und das Schnarchen des Zimmernachbarn laut.

GEMEINSCHAFTSRÄUME: Um sich abends und bei schlechtem Wetter nicht immer in den eigenen vier Zimmerwänden aufhalten zu müssen, stehen gewisse Räumlichkeiten zur Verfügung. Meistens zwei Bars: die Public Bar, wo sich die Trinkfesteren versammeln und die etwas noblere Lounge Bar. Gegessen wird im Dining Room. Bei Hotels, wo zimmereigene Fernsehgeräte nicht zum Standard gehören, sieht man gemeinschaftlich im TV-Lounge in die Ferne. Weiter gehört zur Grundausstattung ein mehr oder weniger komfortables Wohnzimmer, oft mit knisterndem Kohlefeuer, vor dem man sich zum Plausch trifft (residents lounge oder einfach "Lounge Room").

GRADUIERUNG: Die "Automobile Association" verteilt an Hotels, die objektiven Mindestanforderungen entsprechen, Qualifikationen, die von "listed" über ein Stern bis fünf Sterne gehen. Sie ist an einem gelben Schild außerhalb des Hotels ausgehängt. Neben den Durchschnitt-Hotels gibt es vor allem in Stadtzentren klassisch-schöne Kolossalbauten mit feudaler Ausstattung, oft ehemalige Postkutschenstationen mit Tordurchfahrt zum Innenhof und viel Fachwerk. Ehemalige Postkutschenstationen heißen auch "Inns". Zum gleichen Preis aber auch Top-Hotels nach amerikanischem Vorbild: zwar optimaler Service, jedoch wie vom Fließband hingegossene, illusionslose Kästen!

Heißer Tip sind die COUNTRY HOUSES: Gediegene Landhäuser, meist in einem schönen Park gelegen, und mit familiärer Atmosphäre. Dazu eine "haute cuisine" auf der Basis der englischen Küche. Preise: etwa ab 2oo DM fürs Doppelzimmer. Entsprechende Listen mit Adressen und Beschreibungen beim Britischen Fremdenverkehrsamt in Frankfurt.

GUEST HOUSES

Guest Houses sind kleinere Pensionen, ein Zwischending zwischen Hotels und B&B. Haben meistens ein knappes Dutzend Zimmer. Die Grenzen zum Hotel fließen und sind nur schwer zu definieren. Guest Houses sind kleiner und etwas familiärer, meist im Familienbetrieb geführt. Eine Bar haben nur die wenigsten (meist nur "table license", also Alkoholausschank nur zum Essen). Die Mehrzahl bietet aber Dinner an. Insgesamt sind die Serviceleistungen im Guesthouse geringer als im Hotel. Gegenüber den B&B-Häusern stehen den Gästen in allen Guesthouses Aufenthaltsräume ("lounge rooms") zur Verfügung, sehr vorteilhaft, wenn man länger am Ort bleibt. Außerdem ist der Betrieb etwas anonymer.

PREISE: für Übernachtung mit Frühstück zwischen 7o und 85 DM für zwei Personen. Somit zehn bis dreißig Mark teurer, als dasselbe in einem B&B-Haus kosten würde. Andererseits aber billiger als die Hotels, Hotels derselben Preisklasse sind oft schon ziemlich angegammelt. Wir haben Pensionen gesehen, deren Zimmer sich ohne weiteres mit denen von Hotels messen lassen können, die das Doppelte und Dreifache kosten.

Das DINNER in den Pensionen ist sehr preiswert (um die 25 DM), um die Hälfte billiger als dasselbe in einem Restaurant. Meist unverschnörkelte, einfache Küche.

BED AND BREAKFAST (B&B)

Die traditionelle britische Unterkunft, die`s in der Form sonst nirgendwo gibt. B&B bedeutet Übernachtung mit Frühstück in einem Privathaus. Die PREISE liegen zwischen 27 und 33 DM pro Person, somit 1o-2o DM billiger als Pensionen. Es ist die preiswerteste Einzel-Unterkunft (in Jugendherbergen erfolgt Unterbringung in Schlafsälen).

Das FRÜHSTÜCK ist meist besser als in den Hotels, oft mit hausgemachten Marmeladen, und liebevoll zubereitet. Grundsätzlich wird ein original "english breakfast" serviert. Beim Preisvergleich mit einkalkulieren: Grad-I-Jugendherbergen in den größeren Städten kosten nur ein paar Mark weniger, wenn man sich am drauffolgenden Morgen ein gleichwertiges Frühstück kauft. Wenn man das umfangreiche Frühstück berücksichtigt, ist B&B auch nicht teurer als das "Zimmer frei" in deutschen Urlaubsgebieten.

Am Abend nach der Ankunft wird den Gästen zusätzlich Tee mit Keksen angeboten, wobei man es sich im Wohnzimmer gemütlich macht. Die Zimmer sind durchweg sehr "basic" und einfach; meist ein kahler, sehr kleiner Raum mit Bett und Nachtkästchen. Typische Hotel-Serviceleistungen wie TV, Telefon oder zimmereigenes Bad fehlen. B&B wird fast grundsätzlich über die Verkehrsämter gebucht. Sonst auf lange Suche einstellen: die betreffenden Häuser erkennt man durch ein Schild mit der Aufschrift "B&B". Das Schild "no vacancies" zeigt an, daß voll belegt ist.

Der VORTEIL von B&B ist, abgesehen vom Preis und dem deftigen Frühstück, daß es meist sehr herzlich zugeht. Hat irgendwie den Touch einer Familie. Abends trifft man sich zum Plausch im Wohnzimmer, während das Kaminfeuer munter knistert.

Der NACHTEIL: Die Kehrseite der familiären Atmosphäre ist, daß man sich als Gast, mit anderen Worten als Fremder, fühlt. Man bewegt sich im Haus nicht wie ein Hotelkunde, der bezahlt hat und daher mit größter Selbstverständlichkeit die Serviceleistungen in Anspruch nimmt.

Obwohl den Gästen meist das Wohnzimmer zur Verfügung gestellt wird, fehlen die Aufenthaltsräume. Tagsüber wird erwartet, daß man das Haus verläßt. B&B ist daher ideal, um sich, etwa auf der Durchreise, für eine Nacht einzuquartieren. Am nächsten Tag dann die Sachen packen und weiter. Wer aber länger an einem Ort bleiben will, geht besser in ein Hotel oder in eine Pension, um sich bei schlechterem Wetter auch während des Tages dort aufhalten zu können.

JUGENDHERBERGEN

England und Wales sind flächendeckend mit einem Netz von etwa 26o Jugendherbergen versorgt, davon sechzig in dem in diesem Buch beschriebenen Landesteil Südengland. Viele weit abgelegen, in schöner Landschaft.

Für junge Leute mit schmaler Brieftasche sehr zu empfehlen, da zum einen billig und zweitens die Möglichkeit, selbst zu kochen, was die Reisekosten enorm senkt. Weiterer Vorteil ist, daß sich zahlreiche Möglichkeiten zu Kontakten ergeben.

Nachteile: Tagsüber von 1o bis 17 Uhr sind die Hostels geschlossen, nur ein Gemeinschaftsraum bleibt offen, um sich bei schlechtem Wetter reinzusetzen. Abends ist um 23 Uhr Sperrstunde, gerade dann, wenn in den

Städten das Nachtleben steigt. Pubbesuche müssen vorzeitig abgebrochen werden, bevor sich die Stimmung dem Finale nähert. Die Schlafsäle sind nach Männlein und Weiblein getrennt, so daß die Nächte auch für Pärchen sittsam bleiben. Am Morgen sind dann "duties" zu verrichten (= kleinere Arbeiten wie Zimmer auskehren oder Papierkörbe leeren). Alkohol ist verboten, bei diversen Feten prostet man sich mit dem Limo-Glas zu.

Zwischen Hostel und Hostel liegen bezüglich Ausstattung und Komfort oft Welten, vom Cottage wie eine Militär-Baracke bis zu komfortablen Kästen mit Shop und Cafeteria-Service.

Unbedingt erforderlich für "going hostelling" ist ein MITGLIEDERAUSWEIS: entweder schon in Deutschland besorgen oder sich in der ersten englischen Jugendherberge zulegen. Kostet etwa 22 DM (ca. 12 DM für Leute unter 21 Jahren). Ein Paßbild ist nicht erforderlich.

PREISE: Je nach Ausstattung 1o bis 15 DM. Die Top-Hostels sind rund 4o% billiger als B&B, wenn man bedenkt, daß im letzteren ein Frühstück mitinbegriffen ist.

In allen Jugendherbergen stehen Gasherde zur Verfügung. Geschirr und Töpfe werden gestellt, das Besteck muß man selber mitbringen. Nicht alle haben einen eigenen Shop. Dann Proviant mitbringen. Zur Übernachtung ist ein Schlafsack vorgeschrieben: allerdings nur ein Leinenschlafsack, nicht der normale Daunenschlafsack. Wird für 1,5o DM vermietet, was pro Herberge fällig ist: kann man sich sparen, wenn man einen Bett- und Kissen-Überzug mitbringt. Warme Wolldecken werden gestellt, "Kopf-" und "Fußende" erkennt man sowohl an der Beschriftung als auch am Geruch.

BUCHEN: in den Hauptmonaten Juli/August entstehen wegen der großen Nachfrage regelmäßig Engpässe. Besonders in den größeren Städten ist ohne vorherige Reservierung praktisch nichts zu machen: kurzer Anruf bis maximal sieben Tage im voraus, Ankunft auf die Zeit vor 18 Uhr legen, sonst verfällt die Reservierung. Bitte den Anruf nur während der Hostel-Öffnungszeiten machen, also vor 1o Uhr oder nach 17 Uhr.

Eine AUFLISTUNG sämtlicher Jugendherbergen in England und Wales mit genauer Beschreibung und Lageskizze findet sich in dem Buch "YHA - Accomodation Guide/ England & Wales", das jährlich erscheint. In jeder engl. Jugendherberge an der Rezeption für ca. 12 DM, oder schon im vorab beim "British Bookshop" in 6ooo Frankfurt, Börsenstraße 17, dort ca. 12-15 DM, je nach Kursschwankung des englischen Pfundes.

Großes Plus dieses ausgezeichnet bearbeiteten Verzeichnisses ist vor allem die Lageskizze mit einem kleinen Landkärtchen, um die Herbergen vor Ort schneller aufzufinden. Dazu eine England-Landkarte, auf der alle Herbergen eingezeichnet sind. Mit diesem Handwerkszeug ist es leicht, sich eine Tour zusammenzustellen, die auf Übernachtung in Jugendherbergen basiert.

CAMPING

Wegen des breiten Angebotes an billigen Jugendherbergen lohnt sich Campen allein zum Geldsparen nicht. Zu empfehlen aber dann, wenn man auf die gewisse Lagerfeuer-

Romantik steht. England hat Campingplätze en masse, von der Wiese mit Donnerbalken bis hin zu top-modernen Luxusplätzen mit Festbeleuchtung und Stromanschluß für jedes Zelt. Entsprechend variieren die Preise: 5-2o DM für zwei Personen mit Auto und Zelt. Die Campingplätze sind überall deutlich ausgeschildert.

Wegen des oft feuchten Wetters in England sollte das Zelt auf jeden Fall wasserdicht sein, am besten ist ein doppelwandiges.

WILDCAMPEN: in England abseits besiedelter Gebiete geduldet, sofern man sich nicht wie eine Wildsau benimmt: herzlichste Bitte, sauber alle Abfälle wegschaffen (das heißt, mitnehmen zum nächsten Müllcontainer!) und sehr vorsichtig mit Lagerfeuer.

Vorsicht, wer nahe der Küste campiert: nach einer windgeschützten Stelle suchen. Plötzlicher Sturm kann Zelt samt Inhaber über die Klippen wehen.

WOHNMOBIL: egal ob kompakter VW-Bully in Selbstbau-Version oder vorab präparierter Wagen wie Luxusmobile der Klasse "James Cook"/ Westphalia etc.: bringen auch in England ungemein viel Spaß. In der Weite und Einsamkeit ist man für sich, während hinten auf dem Kocher der Kaffee dampft oder das Mittagessen brutzelt. Wegen der oft sehr engen Sträßchen in Cornwall sind kompakte Wohnmobile sehr von Vorteil.

Ein Kostenfaktor auch die relativ hohen Fährkosten vom Kontinent nach England, die sich aber schnell durch Selbstverpflegung und Wegfall von Hotel oder Privatpension wieder einsparen.

Egal ob Wandersmann, der sein Zelt aufschlägt, oder "Wohnmobil-Eigenheim-Besitzer": wer sein Quartier auf Privatgrund aufschlägt, unbedingt vorab den Besitzer fragen. Abgesehen davon bringt der Schwatz u.U. am nächsten Morgen (gegen Bezahlung!) frische Milch oder hausgemachten Käse etc., was das Vergnügen steigert !!

SELFCATERING ACCOMODATION

Ferienwohnungen, bei denen keine Verpflegung geleistet wird, eine Kochgelegenheit aber vorhanden ist. Im Normalfall werden sie wochenweise von Samstag bis Samstag vermietet, außerhalb der Hochsaison aber auch für kürzere Dauer (z.B. über's Wochenende). Juli/ August unbedingt vorausbuchen, sonst fast aussichtslos, was zu bekommen! In den übrigen Monaten kann man vor Ort auf gut Glück was suchen: die einzelnen TI-Offices sind dabei behilflich!

Feststehende WOHNWAGEN (Caravans) sind auf fast allen Campingplätzen zu finden. Aber auch auf Privatgrundstücken (ausgeschildert mit "caravan to let").

Etwas teurer sind Bungalows und Hütten: beides meist aus Holz. Nennt sich Cottages oder "chalets". Z.T. zu kompletten Feriendörfern mit Supermarkt, Sportmöglichkeiten etc. zusammengefaßt. Zu einer Hütte gehören ein Wohnzimmer, zwei Schlafzimmer (Eltern und Kinder), Bad und Küche. Finden sich meist am Rand von Seen.

Appartements (flats) sind seltener.

Die PREISE bewegen sich, je nach Ausstattung und Saison, zwischen 2oo und 6oo DM pro Woche. Am billigsten sind die Caravans auf den Privatgrundstücken.

Essen und Trinken

Die Situation verbessert sich von Jahr zu Jahr: neuerdings immer mehr interessante kulinarische Kreationen an Stelle des traditionell-englischen verkochten Fleisches in der pampigen Bratensoße mit zu Brei zerdünsteten Gemüsen...

Vom Grund-Tenor her einfache Hausmannskost, frische Zutaten je nach Saison und nur mit einer sparsamen Prise Gewürzen und Kräutern aufgepeppt anstatt schwulstiger Saucen. Der Trend geht stark zum Revival regionaler, alter Rezepte (Infos bei den einzelnen Grafschafts-Kapiteln).

Preise in den Restaurants ab 3o DM pro Person (ohne Wein!), in den Pubs aber auch für 1o-15 DM ordentliche Sachen. Am unteren Skala-Ende die Fish&Chips-Buden: ca.4 DM, um ordentlich satt zu werden.

FRÜHSTÜCK (breakfast):

Das englische Breakfast ist Legende,- vom Dichter Somerset Maugham das bezeichnende Zitat: "Wenn Du in England gut essen möchtest, dann frühstücke dreimal am Tag...". Wird in den B&B-Häusern und Hotels im Zimmerpreis inklusive serviert. Drei Gänge:

1. Je nach Wahl ein Glas gekühlter Orangensaft oder Müsli bzw. Cornflakes.
2. Spiegeleier mit Schinken (=bacon and eggs), dazu eine gegrillte Tomate und ein Würstchen.
3. Toast, Butter und Marmelade.

Zum Trinken Tee oder Kaffee zur Auswahl. Bei Kaffee: sicherheitshalber vorher nachfragen, ob es sich um Bohnenkaffee (ground coffee) oder um Pulverkaffee (instant coffee) handelt, vor allem letzterer ist extrem gewöhnungsbedürftig.

MITTAGESSEN (lunch)

Nach dem opulenten Frühstück reicht meist ein kleinerer Snack, wie sie in den Pubs oder in Imbißkneipen serviert werden. Zum Beispiel eine kalte Platte wie Lachspastete mit Salat. Zeit: von 12-14 Uhr, in den größeren Sädten besser vor 13 Uhr, wenn die Büros Mittagspause machen und das Gedränge losgeht.

Für ein volles Lunch aus Suppe, Hauptgericht und Dessert in die Restaurants: oft nur halb so teuer wie dasselbe Gericht als Dinner. Bei den "business lunches" etwas kleinere Portionen, superbillig die Chinesen und Inder mit 6-1o DM für ein volles Mittagessen.

Unterm Strich besser die Hauptmahlzeit auf Mittag legen, wenn sich die Brieftasche bereits verdächtig lapprig anfaßt.

ABENDESSEN (dinner)

Ist die Hauptmahlzeit, aber nicht billig: wer Wert auf etwas Stil legt, legt auch einen runden Schein auf den Tisch. Als Getränk ein Glas Wein oder auch mehrere...

Zwei Alternativen: HIGH TEA von 17-19 Uhr ist die Klein-Ausgabe, nach einem leichten Hauptgang Tee mit Keksen oder Kuchen. Um die 2o DM, kommt jedoch immer mehr aus der Mode (beim TI nach Lokalen fragen, die noch den High Tea im Programm haben.

DINNER von 19 bis 21 oder 22 Uhr, feudaler als der High Tea sowohl in der Portion als auch im Preis (ab 3o DM). Entweder: das Tagesmenü bestellen (table-d`hote-menue) mit 3-5 Gängen (jeweils eine Reihe von Variations-Möglichkeiten). Erheblich größere Portionen fürs Geld als bei eigener Zusammenstellung aus der Speisekarte. Jedoch muß man auch Vor- und Nachspeise bestellen!

Oder das Menü à la carte: sich selber was aus der Speisekarte aussuchen, etwa, weil man lediglich ein Hauptgericht essen möchte. Unsere Preisangaben im a-la-carte-Sektor beziehen sich auf ein komplettes Menü aus 3-4 Gängen, um besser mit den Preisen für das Table d`hote-Menü vergleichen zu können.

ESSEN GEHEN

RESTAURANTS in allen größeren Städten, draußen auf dem Land jedoch kaum. Gutes Essen bieten aber immer auch die Hotels, in deren Dining-Rooms auch Non-Residents willkommen sind. Vor allem in den Dörfern einzige Möglichkeit für hochklassige Gerichte. In den besseren Etablissements während der Hochsaison (Juli, August) spätestens am Nachmittag reservieren: gilt besonders für die in diesem Buch angegebenen Top-Lokale, die durchweg einen exzellenten Ruf haben und über Kundenmangel meist nicht zu klagen haben. Wir haben die Telefon-Nr. jeweils mit angegeben. Wer Scheu vorm Telefonieren in englischer Sprache hat: vielleicht die Hotelrezeption bzw. die B&B-Dame bitten.

Auch für Leute mit etwas schlankeren Portemonnaies zu überlegen, an ein paar Tagen des Urlaubs mal dreißig Märker zu verputzen und in einem Spitzen-Lokal kräftig zuzulangen, eventuell zur Feier des Tages im Anschluß an Abstecher in wilde Wanderregionen.

Nicht jeden Tag hat man Lust auf kulinarischen Firlefanz: deftige und herzhafte Hausmannskost in den Lounge-Bars in vielen der Hotels (BAR-

MEALS). Bei unseren früheren England-Aufenthalten noch von einer Geschmackintensität, die nur noch vom Porzellanteller, auf dem es serviert wurde, unterboten wurde, hat sich seit Mitte der achtziger Jahre vieles getan. Barmeals kosten heute zwischen 8 und 15 Mark und sind jederzeit akzeptabel mit Salaten und Gemüse als Beilagen.

Auf dem Land in jeder Kneipe, in den Städten oft schwieriger, was aufzutreiben (dort aber Billig-Restaurants als Alternative). Beispiele: Schellfisch (haddock) oder geräucherter und geschmorter Schinken (gammon steak) und bis hin zum Kotelett in Apfelmost-Soße.

In Touristenzentren immer mehr SELFSERVICE-RESTAURANTS: lieber die Finger weglassen. Uniforme und lauwarme Pampe, die einzelnen Gerichte unterscheiden sich nur im Preis, kaum aber im Geschmack und sind weit überteuert. Lieber Barmeals!

AUSLÄNDISCHE RESTAURANTS: auch in den kleinsten Provinz-Nestern Inder und Chinesen. Ihr Vorteil liegt vor allem im Preis, sind immens billiger als Lokale mit englischer Küche. Um 1o DM wird man locker satt - also grob gesagt: angenehm ruhige Restaurant-Atmosphäre ab vom Kneipen-Rummel und dennoch ein Preis-Level wie die Barmeals.

Italiener: erheblich höhere Preise als bei uns! Bei den Restaurant-Ketten Pizzaland und Pizza Hut klebt bei den Pizzen nicht nur der Käse lange Fäden, sondern gleich auch noch der Teig...

FAST FOOD wird noch im kleinsten Provinznest angeboten. McDonald`s und Burger King kennen wir ja schon, in diese Reihe gehört noch die nur in England operierende Kette Wimpy: bezahlen, Augen zu und reinschieben...

Sehr zu überlegen und traditionell britisch die Fish&Chips-Shops; für eine Ernährung im billigsten Preis-Level. Für vier Mark ein panierter Fisch mit einer satten Portion Pommes, alles zusammen in weißes Papier gewickelt, dazu Salz und ein paar Spritzer Essig (!). Wird standesgemäß mit den Fingern gegessen. Zur Auswahl Kabeljau (cod), Scholle (plaice), Schellfisch (haddock) und Rochen (skate); außerdem Fleischpasteten, Würstchen im Teigmantel etc.

Außerdem viele Take-away-Restaurants bei den Indern und Chinesen: ordentlich verpackt und viel billiger als im Restaurant, bei schönem Wetter damit zur nächsten Parkbank...

CAFÉS sind nicht mit den unsrigen vergleichbar: Resopal und Pflasterboden bestimmen das Ambiente, serviert werden Tee und kleine Snacks (z.B. Sandwiches, Toasts usw.).

FISHERMEN`S MISSIONS in den Küstenorten: billige Imbiß-Lokale, eigentlich für die Fischer, aber auch Touristen können reingehen. Sehr preiswert, man sitzt zwischen sonnengegerbten Fischern, deren gelbe Regenmäntel an der Garderobe hängen.

WINE BARS kommen in den größeren Städten immer mehr in Mode: sowohl mittags und abends kleinere Sachen um 1o-15 DM wie Salate, Pasteten oder herzhafte Sandwiches. Vor allem modische Geschäftsleute, vom Preis her aber o.k.

Für die Bezahlung verlangt man nach der "bill" (=Rechnung). Um Überraschungen vorzubeugen, schaut man besser schon vor der Bestellung, ob die 15% Mehrwehrtsteuer (VAT bzw. value added tax) und 1o% Bedienungs-Geld (service charge) enthalten sind. Erwartet wird bei Barmeals und besseren Restaurants ein Trinkgeld von 5-1o% der Gesamtsumme.

EINKAUFEN

Freie Märkte in praktisch jeder Stadt an mindestens zwei Wochentagen, in den größeren täglich - für frische Sachen! Ansonsten in die Supermärkte, kleinen Krämerläden, Bäckereien und Metzgereien.

EINZELNE GERICHTE

Als starter (=Vorspeise) besonders das "prawn cocktail" sehr beliebt, Scampi oder Shrimps in einer Mayonnaise-Sauce.

Roast beef (Rinderbraten) dürfte das Hauptgericht Nummer eins sein, zusammen mit Meerrettich und Bratensoße serviert. Dazu Yorkshire Pudding, ein krosses Stück Teig mit weichem Innern. Variationen zum Roast Beef sind Roast Lamb (=Lammbraten, mit Essigsoße) und Roast Pork (Schweinebraten, mit Apfelwein-Soße).

Gammon Steak: kräftige Scheibe vom Schweineschinken in der Pfanne rausgebraten, dazu Ananas-Ringe und Beilagen.

Mixed Grill: Platte mit verschiedenstem Grillfleisch, Wurst, Leber, Schinken, Niere usw.

Steaks recht teuer und nicht immer eine Qualität, die dem Preis entspricht. Am besten das Filetsteak (fillet steak), Lendensteak (sirloin steak) und das Rumpsteak (rump steak).

Im unteren Preisspektrum Pasteten (pies): Steak-a-d-kidney Pie mit Rindfleisch und Niere oder Shepards Pie mit Hackfleisch. und Zwiebeln gefüllt.

FISCHGERICHTE gibt's in allen Variationen, besonders in den Küstenstädten frisch vom Netz in den Kochtopf. Sehr populär sind Seezunge (Dover sole) und Forellen (trout). Teuer und Spitzenklasse: der Lachs (salmon).

VEGETARISCHE GERICHTE: in jeder Stadt billige Studenten-Kneipen mit Gerichten auf rein vegetarischer Basis, oft auch im Hinterzimmer von Naturkost-Läden. Wir haben in vielen Ortsbeschreibungen Vegetarier-Restaurants aufgeführt, durchweg ein reelles Preis-Leistungs-Verhältnis.

GEMÜSE kommt in den letzten Jahren immer häufiger auf den Tisch!

KÄSE gehört zum Stolz des englischen Speiseplans, viele Klassiker wie der Cheddar oder der Stilton kommen aus England. Gute Auswahl an Käse in den Wine-Bars oder - zum mitnehmen - in speziellen Käse-Läden.

Über spezifische Schmankerl der englischen Landesküche haben wir jeweils am Anfang der Grafschafts-Beschreibungen Infos gegeben. Probiert man am besten in der Region, aus der sie kommen und wo die Zutaten immer frisch sind.

GETRÄNKE

Die meisten Restaurants haben Lizenz zum Alkohl-Ausschank, wenn nicht, darf eine Pulle Wein aus dem Supermarkt mitgebracht werden. Als Aperitif zum Auftakt der Messer-und-Gabel-Schlacht meist Sherry oder Gin-Tonic, vielleicht auch ein helles Lager-Bier. Zum Dinner hauptsächlich Wein: vor allem vom Kontinent, englische Weine werden eigenartigerweise in Restaurants nur selten angeboten. Die Zeiten, wo eine Portion Zivilcourage nötig war, um triviales Bier statt Wein zu bestellen, sind vorbei. Alkoholfreies: Mineralwasser, Fruchtsäfte oder Squashs (= Limonade mit künstlichen Geschmackszusätzen). Zum Dessert eine Tasse Kaffee (nicht Tee!)

WEIN: es gibt hauptsächlich Importweine aus Spanien, Portugal und Deutschland, im Restaurant um die 2o DM pro Flasche. In den letzten Jahren entwickelte sich ein steigendes Interesse an der einheimischen Weinproduktion - die englischen Weine schmecken sehr süß. Den Unterschied zwischen Weinen mit den Labels "english" und "british" beachten: nach EG-Recht bezeichnet nur "english" Wein von auf englischem Boden gewachsenen Trauben. "British" bedeutet importierte Trauben, die in England lediglich gekeltert wurden. Außer zum Dinner trinkt man Wein in den Wine Bars.

Das Nationalgetränk der Engländer ist TEE: pro Kopf im Jahr geschlagene 15oo Tassen! Wird immer mit Milch getrunken (Grund: der Wirkstoff Tein kann vom Körper nur aus dem Magen transportiert werden, wenn man ihn zusammen mit dem Fett in der Milch zu sich nimmt. Alle teetrinkenden Nationen wie auch die Inder und Friesen trinken ihren Tee mit Milch). Die sprichwörtliche Tea-Time findet gegen 16 Uhr statt!

Englischer KAFFEE ist für den diesbezüglich verwöhnten Gaumen der Mitteleuropäer oft eine Zumutung, obwohl sich auf diesem Sektor schon viel getan hat. Wir haben uns längst angewöhnt, vor der Bestellung immer nachzuhaken, ob es sich um echten Bohnenkaffee ("ground coffee") handelt oder um Aufguß-Kaffee ("instant coffee").

BIER (beer): rund 1/2 Dutzend überregionale Brauereien, aber Hunderte von kleinen, lokalen. Das englische Bier hat für manche einen etwas ungewohnten Geschmack, nach unseren vielen Großbritannien-Trips wissen wir aber, daß man sich verdammt schnell daran gewöhnen kann...

Englisches Bier hat übrigens keine Schaumkrone, sich also nicht durch übereilte Beschwerden als Amateur-Trinker entlarven. Wird serviert als "pint" (o,57 Liter) und als "half-pint": vielleicht mal die gängigen Sorten durchprobieren, wobei wir empfehlen, dies "half-pint"-weise zu machen.

Die Emanzipation hat an der Kneipentheke noch Nachholbedarf: Frauen mit dem pint statt dem half-pint in der Hand machen sich verdächtig, bei Männern sieht`s umgekehrt aus...

Real Ale: in den sechziger Jahren fühlte sich die Biertrinker-Szene in England mehr und mehr von den Großbrauereien attackiert, die zur Standardisierung des Geschmacks und aus Gründen der Praktikabilität den edlen Hopfensaft pasteurisierten und Kohlendioxid zusetzten. 1971 erfolgte der Gegenschlag durch die Kampagne für "real ale". Es bezeichnet ursprüngliches Bier - meist von kleinen Brauereien, das noch lebende Hefe in sich trägt, im Faß gereift ist, bei Raumtemperatur im Pub-Keller aufbewahrt wird und per Handpumpe ausgeschenkt wird. Es hat noch den vollen Geschmack und darf nicht schäumen. Mittlerweile findet man in jeder Stadt Kneipen, die nur noch "real ale" ausschenken, oft stilvolle Studenten-Pinten. Im TI nachfragen oder Leute auf der Straße, die aufgrund der Augenringe ein bißchen nach Kneipen-Kenner aussehen...

Einige Sorten: LAGER: ähnelt dem deutschen "Hellen" und entspricht am meisten dem internationalen Geschmack. Weniger Alkohol als in Deutschland. Oft mit einem Spritzer Limonensaft ("lager and lime"), schmeckt dann wie das deutsche Radler (Alsterwasser); oder mit etwas Johannisbeer-Sirup ("lager and currant"; sehr süß).

BITTER ist das beliebteste englische Bier: verführerisch blonde Farbe mit 4% Alkohol und recht bitterem Geschmack.

MILD ist ähnlich dem Bitter, allerdings ein bißchen süßer und dunkler. Oft werden Bitter und Mild gemischt: nennt sich "half and half".

STOUT ist mit 5.5% die Alkohol-Bombe unter den englischen Bieren: tiefdunkle Farbe, süßlicher Geschmack und sehr cremig. Bekannteste Marke ist das irische Guinness. Stout gemischt mit Bitter nennt sich "black and tan".

WHISKY in jeder Kneipe, kommt hauptsächlich aus Schottland. Besonders edel der reine "malt whisky", während der "blended whisky" durch Verschneiden verschiedener Rein-Sorten entsteht.

CIDER: erfrischender und prickelnder Apfelmost mit mittelstarkem Alkoholgehalt, sehr beliebt bei heißem Wetter. Entweder flaschenweise im Supermarkt oder in der Kneipe. Gibt's sweet (süß) und dry (herb).

PUBS

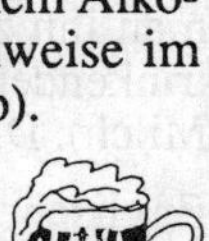

Sehr viel Atmosphäre. Bierdunst, schwere Eichenbalken und vorne an der Theke lösen sich die Probleme der Welt sowieso in Wohlgefallen auf...

Die Pubs sind in England sehr wichtig für die soziale Kommunikation, daher optimal für Kontakte zu Einheimischen!

In den Städten oft Nobel-Pubs aus der Zeit des British Empire mit schwulstigen Mahagony-Balustraden und funkelnden Spiegeln sowie urige Studentenkneipen. Draußen auf dem Land oft recht einfach eingerichtet, manchmal sieht man dem Eichengebälk aber noch die Jahrhunderte an.

Regelmäßig zwei Pubs zusammengehörend: die Public Bar fürs Fußvolk und die etwas noblere Lounge Bar.

PUBLIC BAR: fast nur Männer, die sowohl mit vollen Gläsern als auch mit leeren ihre Schwierigkeiten haben. Oft sehr schmuddelig, Stahlrohr-Möbel und die obligatorische Darts-Scheibe.

LOUNGE BAR: dezenter und eine stilvolle Einrichtung, die gute Mischung aus Männern und Frauen kann belebend wirken. Eher was zum Kontakte knüpfen. Es wird auch weniger getrunken, so daß man die Gesichter nicht nur ausschließlich durch den Boden des Bierglases hindurch sieht... Unsere Pub-Tips beziehen sich ausschließlich auf die Lounge Bars.

Top-Hotels haben oft noch eine COCKTAIL BAR, wer gepflegtes Schlips-und-Kragen-Milieu liebt.

Öffnungszeiten: die sehr strikten Öffnungszeiten, die im 1.Weltkrieg eingeführt wurden, werden zunehmend liberalisiert. Montag bis Freitag von 11-14.3o Uhr und dann wieder von 18-23 Uhr; an Sonntagen von 12-14.3o Uhr und von 19-22.3o Uhr. Am meisten los ist ab 22 Uhr und sonntags während der Mittagszeit.

Getrunken wird in erster Linie Bier und Whisky, zu Preisen, die wenig höher als Supermarkt-Preise sind. Siehe unsere Infos zu Bier im Kapitel Essen&Trinken.

SPORT

Weit verbreiteter Gentlemen-Sport überall auf den britischen Inseln. Ein Fischereischein wie in Deutschland ist nicht erforderlich: vor Ort sich ein Tages- oder Wochen-Permit besorgen (bei den TI-Offices nachfragen!). Dabei müssen nur für Lachs- und Forellenfischen Gebühren von 2o-4o DM bezahlt werden, Angeln nach Hechten, Schleien etc. ist frei (dennoch ein Permit nötig!).

AUSRÜSTUNG: Angelruten und Köder überall in den Angelgeschäften ("tackle shops"), ebenso Boote, wer die Schnur nicht vom Ufer auswerfen möchte. Beinlange Gummistiefel und Regenkleidung machen die Sache gemütlicher!

SAISON: Forellen Anfang März bis Ende September, Lachse Anfang Februar bis Ende Oktober.

Angler-Hotels: voll auf die Fischer spezialisiert, liegen an einem See oder Flußabschnitt und sind nur während der Saison geöffnet (Liste beim BTA/Frankfurt).

Angelschulen: einwöchiger Kurs ab 4oo DM (inkl. Vollpension). Oder knappen Hunderter investieren und einen Ghillie anheuern: eine Art Privat-Lehrer, der einen beim Angeln begleitet und Tips gibt).

Fischteiche für den Total-Anfänger: Gebühr zahlen und die Angelschnur in einen Forellenteich baumeln lassen, wo es von Fischen wimmelt. Eine Aufsichtsperson gibt Hilfestellung. Kostet nur ein paar Mark und ist einen Versuch wert. Wir haben eine Reihe von Fischteichen im Text beschrieben.

Sea Angling: Zum Angeln von Meeresfischen ist kein Permit erforderlich. Bei etwas Glück beißen abenteuerlich aussehende Urzeittiere an, etwa Flunder oder Rochen. Wer die Fische nicht töten will, kann den Angelhaken lösen und sie wieder zurückwerfen.

Vom Ufer aus geringere Ausbeute, die Fische sind auch kleiner. Sonst aber wunderschön: an einem verlassenen Küstenabschnitt das Camp aufschlagen und sich das Abendbrot aus dem Meer holen. Innereien rausnehmen, mit Salz und Pfeffer würzen und überm Lagerfeuer bruzzeln.

Von vielen Küstenorten werden in der Saison Boottrips zum Sea-Angling (kleine Kabinen-Kutter) angeboten, Ausrüstung wird gestellt. Preise: etwa 3o DM für den Drei-Stunden-Trip oder 5o-7o DM für den ganzen Tag. Keinerlei Vorkenntnisse nötig. Die beste Gelegenheit ab Cornwall, zum Teil auch spezielle Trips zum Haifisch-Angeln!

Jetzt auch in Deutschland immer populärer, in England schon sehr lange eine verbreitete Sportart. Die meisten und besten Plätze liegen in Cornwall, nahe der Küsten.

FORTGESCHRITTENE besorgen sich besser schon vorab beim BTA in Frankfurt Info-Material über Golferferien und Golfer-Hotels in Südengland.

ANFÄNGER: vielleicht mal nur so zum Spaß Schläger ("clubs") mieten und ein bißchen rumhacken. Ein netter Nachmittag, und abends wird im Klubheim kräftig gefeiert. Besser während der Woche und auf kleineren Plätzen, wo weniger Betrieb herrscht und es ein bißchen familiärer zugeht; pro Runde um die 2o DM.

Kurz die wichtigsten Regeln: Der PLATZ hat 9 bzw. 18 Felder (nine-hole und eighteen-hole course). Sollte sanft hügelig sein.

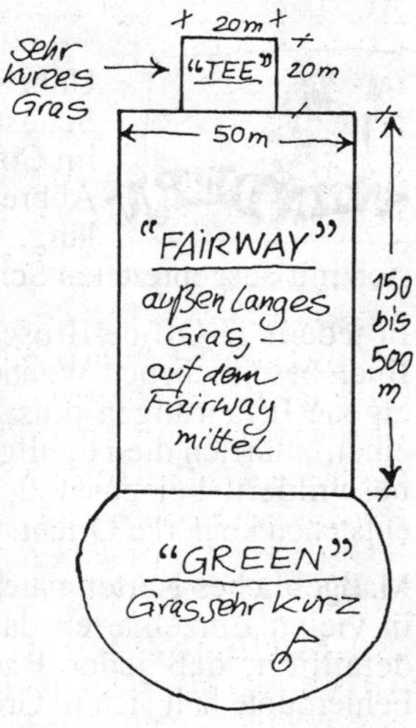

AUSRÜSTUNG für ein paar Mark im Vereinsheim mieten: Schläger ("clubs"), Bälle und ein "Tee" (kleines Plastikgestell, um den Ball zum Spielauftakt zu plazieren).

Zu Beginn wird der Tee im Feld "TEE" in den Boden gesteckt und der Ball darauf plaziert. Ziel ist es, mit möglichst wenigen Schlägen den Ball ins Zielloch im Feld "GREEN" zu bringen. Top Spieler schaffen das in 3-5 Schlägen, der Schnitt liegt bei 2o-3o. Der Zeitbedarf spielt keine Rolle. Nach einem verlorengegangenen Ball darf maximal 5 Minuten gesucht werden. Anschließend auf dem nächsten Feld das ganze nochmal, insgesamt also 18 mal. Bei nine-hole-courses werden zwei Runden gespielt.

Beim MATCH-PLAY wird pro Feld gespielt. Sieger ist, wer als erster den Ball in den meisten der 18 Felder hat. Beim STOKI-PLAY werden die gesamten Schläge addiert, die für die 18 Löcher zusammen benötigt werden. Ein komplettes Match dauert 3-4 Stunden.

Reiten

Neben einigen Reiter-Zentren, die auch Kurse anbieten (Adressen beim BTA), ist vor allem das Pony-Trekking interessant: Ausritte über Holper- und Feldwege durch die idyllisch-grüne Countryside und am Sattel baumelt das Lunchpaket. Auch für Anfänger und Kinder zu empfehlen.

Entweder auf eigene Faust im Umkreis des Reiterhofs oder Expeditionen als Gruppe mit einem Führer. Angebot geht von einstündigen Touren bis zu Tagesausritten. Preise: legen zwischen ca. 1o-2o DM/Stunde. Adressen von Reiterhöfen bei den TI-Offices.

Beliebter Kneipensport, vergleichbar mit dem Kartenspielen bei uns in den Wirtshäusern. Dartsscheiben hängen fast immer in der Public Bar, nicht in der vornehmeren Lounge Bar.

Irgendwo mitspielen ist schwierig, da Übung nötig und komplizierte Regeln. Die Leute wollen flüssig spielen und sich nicht mit langen Erklärungen aufhalten. Besser zunächst allein probieren, wenn die Dartsscheibe grad nicht besetzt ist. Anfangs werden die Pfeile noch ihre eigenen Wege gehen und irgendwo in der Wand landen, man bekommt aber bald Übung darin!

Unbedingt ein paar "Wander-Tage" einbauen: auf Schusters Rappen durch die grüne Countryside-Idylle im County Dorset, an Waldhügeln vorbei oder an der Abbruchkante halsbrecherischer Klippenabstürze lang, wo unten die Brandung donnert und Möwen sich mit ausgebreiteten Schwingen im Wind wiegen...

In jedem TI-Office Broschüren mit Routen-Vorschlägen, die in diesem Buch beschriebenen Wandertouren haben wir sorgfältig ausgewählt (durch eigene Erfahrungen plus Zusammenarbeit mit regionalen Wander-Vereinen), dürften die Highlights in Südengland darstellen. Viele Trecks sind beschildert, bei zusätzlicher Benutzung einer detaillierten Landkarte entstehen keinerlei Orientierungsschwierigkeiten.

Maßgebliches Kartenmaterial sind die ORDNANCE SURVEY (OS), die in vielen Einzelkarten das gesamte Großbritannien abdecken. Sind so detailliert, daß jeder Bach und jede Hütte eingezeichnet sind. Die Fehlerquote hält sich in Grenzen.

Die OS gibt`s in den Sportgeschäften der größeren Orte oder - jeweils für die Umgebung - in den TI-Ämtern. Dem Beamten die geplante Tour aufzeigen, damit er die nötigen Karten raussucht. Kosten um die 12 DM.

In vielen Orten gibt es WANDERVEREINE, die sonntags gemeinsam losziehen und Touristen gerne mitnehmen, bringt zusätzlich zum Naturerlebnis viel Geselligkeit. Im B&B-Haus, im TI-Office oder in den Sportgeschäften nachfragen.

In den beiden Nationalparks in Südengland (Seite 367 und 515) während der Saison im Sommer fast täglich Angebot von Gruppenwanderungen unter sachkundiger Führung (nennt sich join-a-walk).

Ausrüstung: Von zu Hause mitbringen oder vor Ort in den Sportgeschäften kaufen: die Besitzer sind meist alte Hasen in Sachen Wandern und Bergsteigen und kennen in der Umgebung jeden Stein, helfen gerne bei der Planung der Tour!

In den Heide- und Moorrevieren saugt sich der Untergrund nach Regenperioden schnell voll, bei den Klippen-Walks schlüpfriger Untergrund, der gefährlich werden kann. Daher prinzipiell nur mit WASSERFESTEN WANDERSCHUHEN mit griffiger Profil-Sohle aufbrechen. Sportschuhe taugen nichts.

Dem Klima als ständigen Unsicherheits-Faktor Rechnung tragen: unbedingt einen Regen-Überhang einpacken, auch bei schönem Wetter. Eine Wasserfeste Über-Hose schadet ebenfalls nicht. Als drittes ein WOLL-PULLOVER, um dort draußen nicht vor Kälte steif zu werden

Zwei Paar SOCKEN: ein paar dünne und ein Paar Wollsocken, die übereinandergezogen werden. Riecht auch nicht schlimmer als die Käse-Brotzeit im Rucksack und verhindert Blasenbildung.

BABY-PUDER, auch wer aus dem Alter heraus zu sein glaubt: für die Füße, wenn sie naß werden.

Wer Übernachtungen im Freien plant, packt ein TRAMPERZELT mit ein. Braucht wenig Platz im Gepäck, und daß es abends sehr eng wird, wenn man zu zweit übernachtet, muß kein Nachteil sein.

RUCKSACK: besser die gestellfreien, Alu-Gestelle nur hinderlich.

Beim PROVIANT leichte Sachen einpacken (Nüsse, Müsli, Nudeln); besseres Trockenfutter in allen Sportgeschäften. Immer etwas Reserve mit rein in den Rucksack, falls irgendwas passiert.

Etwas Warmes braucht der Mensch: GASKOCHER, die blauen Standard-Kartuschen gibt's überall (dürfen unter keinen Umständen im Flugzeug mittransportiert werden).

OS-KARTEN und auf jeden Fall ein KOMPASS: der Wert steigert sich noch, wenn man die Dinger auch noch zu handhaben weiß.

Unbedingt auch ein Mittel gegen die Mücken ("midges") einpacken, von Juni bis September sprühen die Biester vor Lebensfreude. Soll durch das einheimische Mittel "Dschungle Formula" etwas gedämpft werden, an Autan hat man sich in Mücken-Kreisen längst gewöhnt

TRILLERPFEIFE als Alarmsignal für den Fall der Fälle.

Eine spezielle Gefahr an der Küste und in der Nähe von Flüssen und Feuchtregionen ist der urplötzlich aufziehende Nebel. Unbedingt eine Marschpause einlegen und warten, bis die Brühe sich wieder auflöst, notfalls an Ort und Stelle das Camp aufschlagen.

Cornwall & Devon Coastal Path:

Standart-Wanderweg entlang der Küstenenlinie in der Südwest-Ecke von Südengland. Mehrere hundert Kilometer lang: immer in Reichweite der Küste, für die Rast irgendwo an der Klippen-Kante den Rucksach ablegen. Wird wegen seiner Länge meist in einzelnen Etappen gemacht. Alle Details ab Seite 339.

BERGSTEIGEN

In Südengland keine nennenswerten Gipfel, und daher wenig los mit Bergsteigen - passionierte Bergkletterer machen besser Kurs auf WALES!

Details dazu in unserem Wales-Buch (Band 57), ebenfalls von Franz Rappel. Bringt viele Touren-Beschreibungen im nordwalisischen Bergsteiger-Revier Snowdonia.

HILLWALKING, also einfachere Bergwander-Touren, sind auch in Südengland möglich. Lauschige Wäldchen in den Talsohlen und über die Matten und Wiesen rauf auf die Hügelkuppen. Lärchen trällern im Frühsommer, und der Blick schweift weit ins Vorland...

Hillwalking-Touren haben wir als Text-Passagen bei den betreffenden Ortsbeschreibungen aufgeführt. Sehr schön sind die Quantock Hills und die Mendip Hills, (Seite 513 und 537).

WASSERSPORT

Die diversen Wassersportarten werden auch im englischen Raum immer populärer. Breites Angebot vor allem in den klassischen Seebädern an der Südküste, die mit einem breiten Activity-Programm Kunden anlocken. Infos vorab bei BTA in Frankfurt anfordern.

Segeln genießt steigende Beliebtheit, an vielen Buchten und Seen gibt's Dinghies für einen Tag zu mieten, außerdem Kurse.

Ruderboote: Bootsmiete stundenweise auf Seen und an schönen Flußabschnitten.

Windsurfing: Bretter und Gummianzug an vielen Orten zu mieten.

SCHWIMMEN: jede Menge Strände an der Küste, von schwer zugänglichen Robinson-Stränden in stillen Buchten bis zu den Rummel- und Halligalli-Stränden im Seebad Brighton.

An der Südküste wärmt sich das Wasser ab Mitte Juni genügend auf, an der Nordküste von Südengland muß man bis Mitte Juli warten.

Hüllenloses Nacktbaden würde die Toleranz des englischen Gentleman zwar überfordern, den Anblick einer entblößten Brust beginnt man aber auch hier in Großbritannien allmählich zu verkraften.

LEISURE CENTRES: Freizeit-Komplex aus Swimmingpools und Saunas, Squash-Courts und Fitneß-Räumen. Derartige Freizeitanlagen wurden in den letztemn 1o Jahren in sehr vielen Städten Südenglands gebaut: sehr willkommen bei schlechtem Wetter.

ZUSCHAUER-SPORT

Hier eine Reihe von Sportarten, die für den südenglischen Raum besonders typisch sind. Infos und Spieltermine stehen jeweils im Sportteil der Abendzeitungen.

Cricket: Bei uns so gut wie unbekannte Sportart, die hier auf der Insel zahllose eingeschworene Fans hat. Mit dem Schuß "english way of life": würdevolle Spieler in eleganten weißen Uniformen, auf den Rängen applaudiert man dezent und verhalten.

Die Spiele dauern manchmal den ganzen Tag, die Zuschauer lesen nebenher in der Zeitung oder lösen Kreuzworträtsel. Spielsaison: April bis September. Regeln: sehr kompliziert, am besten sich auf dem Spielfeld erläutern lassen. Eine genaue Erklärung würde den Rahmen dieses Buches sprengen.

Fußball: Heißt in Großbritannien nicht "football", sondern "soccer". Jede Stadt in England hat ihr Soccer-Team. Die insgesamt über 9o Teams spielen in vier Ligen . Der Rummel der englischen "hooligans" bei den Matches liefert immer wieder Stoff für unrühmliche Schlagzeilen, Fußball ist im Gegensatz zum Cricket der Sport der unteren sozialen Schichten.

Spielsaison ist von Mitte August bis Mitte Mai, jeweils samstags von 15-16.45 Uhr. Tickets vor Spielbeginn am Stadion lösen, bei sehr wichtigen Spielen schon Tage im voraus.

Lohnt sich wegen der dynamisch-schnellen Spielweise der englischen Teams und wegen der johlenden Begeisterung unter den Zuschauern.

Rugby: Schlammverschmierte Spieler und bedingungsloser Einsatz beim Kampf um die Leder-Birne. Rugby ist in England das Spiel der gesellschaftlichen Oberklasse. Es wird an den Elite-Schulen kultiviert, um Herz und Körper zu stählen. Spielsaison: von Oktober bis April.

Polo: Hockey zu Pferde, gespielt mit langen Schlägern. Hier findet der englische Gentleman sein Pläsierchen: viel Etikette und vor allem praktiziert in Kreisen der Aristokratie, schon wegen der hohen Kosten für das Pferd. Hat uns gerade wegen seines angestaubten Flairs immer wieder fasziniert.

Windhundrennen: Fiebrige Wettleidenschaft und eine Herde von Windhunden (greyhound dogs), die mit vollem Speed einem elektrisch angetriebenen Stoffhasen nachjagen. Ergebnisse werden auf einer elektronischen Anzeigetafel bekannt gegeben.

Stadien in den größeren Städten. Man kann sich auch mit Pfennigbeträgen mal am Wetten probieren.

Pferderennen: Eine Reihe von großen Rennen. Während der Saison von Ende März bis Anfang November ist immer irgendwo in England 'was angesagt.

ENGLISCHES LEUCHTSCHIFF (19. Jhd.) zur Sicherung der Küste Südenglands. Vielfach hängten aber Strandräuber Laternen in den Bäumen auf, um einen schützenden "Hafen" vorzutäuschen. Details siehe auch Seite 406.

GESCHICHTE

Vor dem Aufstieg der Metropole London war immer der Süden die Bühne, auf der englische Geschichte inszeniert wurde. Hier erfolgte die erste Besiedelung ("Wiege Großbritanniens"), die Auseinandersetzung mit Aggressoren vom Kontinent und die Aggression des imperialen Greater Britain, das von den südenglischen Häfen aus die Welt eroberte.

HIER DIE WICHTIGSTEN STATIONEN:

Vorgeschichte (250.000 - 55 v.Chr.)

Während der Eiszeit war England wegen des niedrigeren Meeresspiegels per Landbrücke mit dem Kontinent verbunden. Nomadische Jäger zogen durch das heutige Südengland, damals eine unwirtliche Tundra am Rand der Gletschermassen.

Vor 5- 6.000 Jahren setzten vom Kontinent die ersten Farmer-Kulturen über den (nunmehr) entstandenen Ärmelkanal rüber nach England: Beginn der Jungsteinzeit und Anfang der Zivilisation. Die Bevölkerungszahl nahm zu. Man baut gewaltige kultische Anlagen (z.B. Stonehenge, siehe Seite 125), was auf eine hochentwickelte Organisation der Stammesverbände schließen läßt.

Die Eisenzeit (ab 600 v.Chr.) wurde vom Volksstamm der Kelten eingeleitet, die aus dem heutigen Raum Baden-Württemberg kamen und sich in ganz Europa ausbreiteten. Sie errichteten Hügelforts und Grabhügel. Ansonsten waren die Kelten recht kriegerische Gesellen, die Caesars Ankunft um 55 v.Chr. erwarteten...

Zeit der römischen Besatzung (55 v.Chr - 410 n.Chr.)

Erster Anlauf 55 v.Chr.: Gaius Julius Caesar landete auf der bis dato unbekannten Insel, ohne sie jedoch zu erobern. Seine Feldzüge beschränkten sich auf einzelne Expeditionen an der Küste, nach Zahlung eines Ablösetributes zogen seine Galeonen wieder ab.

Erst ein knappes Jahrhundert später wurde es ernst, als die römischen Legionen 43 n.Chr. erneut landen. Vom Südosten aus eroberten sie in nur 4 Jahren ganz England und integrieren es als Provinz ins Imperium Romanum. Die Provinz Britannia reichte bis zur schottischen Grenze im Norden, und im Südwesten bis zur Stadt Exeter (Cornwall bleibt unerobert).

Die Eroberung erfolgte zwar in blutigen Schlachten, dann hielt jedoch die Zivilisation Einzug im Inselreich: 3 Jahrhunderte innerer und äußerer Frieden, Ausbau der Infrastruktur (Straßennetz und Städte), der Handel blühte auf. Die soziale Oberschicht lebte in luxuriösen Villen, deren Wohnqualität erst im 19. Jhd. wieder erreicht wurde.

Als im 3. Jhd. das Imperium Romanum von innen heraus morsch zu werden begann, wurden die in England stationierten Truppen für interne Machtkämpfe gebraucht und aus der Provinz abgezogen. Im Jahre 41o erging an die Städte die Order, daß sie für ihre Verteidigung selbst zu sorgen haben.

Das entstandene Machtvakuum brach unter dem Ansturm barbarischer Stämme (v.a. die Schotten im Norden) in sich zusammen. Es dauerte nur eine Generation, bis die Zustände auf der Insel fast wieder so waren, als hätte es nie eine römische Zivilisationsphase gegeben.

Die Angelsachsen (41o-1o66 n.Chr.)

Im Lauf des 5. Jhd. drangen in mehreren Wellen germanische Stämme aus dem Gebiet des heutigen Westdeutschland auf die Insel ein. Die städtische Hochkultur der Römerzeit brach unter dem Ansturm endgültig in sich zusammen und wich der dörflichen Kultur der germanischen Bauernvölker. Die meisten der heutigen englischen Dörfer gehen auf Gründungen der Angelsachsen zurück.

Der neue, germanische "way of life" stieß auf erbitterte Widerstände der ehemals römisch, jetzt aber wieder keltisch geprägten Engländer. In dieser Zeit spielt die Artus-Sage von dem legendären König mit seiner Tafelrunde, der den Widerstand der Briten anführte. Bis 6oo hatten die Angelsachsen England weitgehend im Griff, abgesehen von Wales und Cornwall, wo das keltische Kulturerbe erhalten bleibt.

Die Insel war zerteilt in mehrere kleinere Königreiche, die Bewohner bekannten sich zum Christentum. Somit erfolgte die religiöse Einheit lange vor der politischen, und der christliche Glaube stellte eine wichtige Klammerfunktion dar.

Eine wichtige Phase war der Ansturm der Wikinger, die ab dem Jahre 8oo aus Skandinavien über die Nordsee kamen und zwischenzeitlich weite Teile der Insel besetzten. Unter King Alfred wurden sie wieder zurückgedrängt.

Im 11. Jhd. war die angelsächsische Insel wohlhabend und machtvoll. Immer noch primär bäuerlich, hatte man erste Städte gegründet (London blüht auf). Die Handwerkskunst war weit entwickelt, die zahlreichen Klöster sorgten für ein florierendes kulturelles Leben. Es sollte nicht lange dauern, bis fremde Mächte Appetit auf den Brocken bekamen...

England im Mittelalter (1o66 - 1485)

Am 14.Oktober 1o66 war es soweit: in der Battle of Hastings siegt William the Conqueror (ein Herzog aus dem Gebiet der französischen Normandie) über das angelsächsische Heer. Details siehe Seite 159.

Anschließend wurde die früher abgelegene (und von zerstrittenen Kleinkönigen regierte) Bauerninsel von der eisernen Militärdiktatur der

Normannen beherrscht. Es vergingen Jahrhunderte, bis Normannen und Angelsachsen verschmelzten und sich gemeinsam als Engländer betrachteten.

Andererseits wurde England erstmals in seiner Geschichte zu einem einheitlichen Staatsgebilde mit einer Zentralregierung zusammengefügt. Bisher eine unbedeutende Erscheinung am Rand der Weltgeschichte, erhielt es Anschluß an das europäische Abendland.

Wilhelm der Eroberer errichtete nach der Schlacht von Hastings das mittelalterliche Feudalsystem bis zur Perfektion. Dabei wurde das Land aufgeteilt und an sogenannte Kronvasallen verliehen, die dafür den Treueeid und militärische Gefolgschaft leisteten. Die Kronvasallen suchten nachgeordnete Vasallen, diese ebenfalls wieder Vasallen, usw.

Alle wichtigen Machtstellen wurden mit französischen Normannen besetzt, massive Festungsanlagen (Castles an der Küste, der Tower of London) sicherten zusätzlich die Fremdherrschaft der Angelsachsen.

In den nachfolgenden Jahrhunderten wechselten Phasen der Anarchie mit denen des Friedens und einer starken Zentralgewalt. Drei Ereignisse als wichtigste Meilensteine: Im Jahr 1215 wurde King John von den nachgeordneten Baronen und der Kirche gezwungen, die Magna Carta zu unterzeichnen: ein Freiheitsbrief, der die Rechte der Untertanen garantiert und heute noch Gültigkeit hat.

Aus der Auseinandersetzung ging die Kirche als dem Königtum ebenbürtiger Rivale hervor. Ihre Macht symbolisierte sie u.a. durch den Bau riesiger Kathedralen und durch Klöster mit reichen Kunstschätzen.

Das 14. Jhd. war geprägt vom Hundertjährigen Krieg gegen Frankreich; die südenglische Küste erlebte eine Vielzahl von Angriffen. 134o siegte England in einer Seeschlacht und legt den Grundstein für die Herrschaft über die Weltmeere in späteren Jahrhunderten.

Rosenkriege (15. Jhd.): der Kampf zweier Herscherhäuser um die Vormachtstellung stürzen das Land in Anarchie und Bürgerkrieg. Als die Kriege das 1485 beendet waren, befand sich England in wirtschaftlichem Bankrott.

Die Tudor-Dynastie (1485 - 16o9)

Das neue Herrscherhaus des Tudor-Geschlechts einte unter Henry VII. das Land wieder unter einer einzigen Krone. Dieser konnte sich erfolgreich gegen andere Rivalen durchsetzen, insbesondere aber auch Streitigkeiten an der schottischen Grenze beenden und mit Erfolg die Staatsfinanzen sanieren.

Ein neuer wirtschaftlicher und politischer Aufschwung folgte bereits nach einer Generation. Sein Sohn Henry VIII. war sicher einer der markantesten Persönlichkeit der englischen Geschichte: Er heiratete hintereinander 6 Frauen (Details zu King Henry VIII. Seite 112).

Bereits die erste Scheidung stellte die Weichen der englischen Geschichte: Da der Papst seine Zustimmung verweigert, kam es zum Bruch mit Rom (Supreme Head Act, 1534). Die daraus resultierende Reformation in England fegt vieles von der alten Ordnung hinweg. Die Klöster (als Kulturzentrum des katholischen Mittelalters) wurden aufgelöst (1536- 39) und kamen zur englischen Krone. Dies bestärkte (wegen ihrer reichen Kunstschätze in Silber und Gold) erheblich die Finanzen des Königs.

Nachdem die Pretiosen ausgeräumt waren, wurden die Gebäude dem engl. Landadel übergeben, was dessen wirtschaftliche Macht stärkte und die Basis für seinen Aufstieg im 17./18.Jhd. legte.

Elizabeth die Große (1558- 16o3, Tochter Henry VIII. aus der Ehe mit Anna Boleyn) baute die Macht Englands weiter aus. Für 4 Jahrzehnte beeinflusste sie mit Geschick und diplomatischer Persönlichkeit den Aufstieg Englands. Sie heiratete nie und gebar keine Kinder, die Bewertungen der Historiker gehen von der "eisernen Jungfrau" bis zur "bigotten Hure".

In ihre Regentschaft fällt die Zeit der großen SEEFAHRER wie Sir Walter Raleigh, der ab Südengland losgeschickt wurde, um neue Gebiete in Südamerika zu entdecken und dort die behauptete Goldschätze für England zu finden (siehe Seite 213, 344).

Vorallem waren es aber englische Piraten und Freibeuter, die ab südenglischen Häfen (insbes. Plymouth, Details ab Seite 381) in die Karibik segelten, um dort spanische Schatzschiffe zu kapern. Die Spanier transportierten aus ihren neuen (seit 1498 durch Kolumbus entdeckten und anschließend kolonisierten) Gebieten in Süd- und Zentralamerika ab Mitte des 16. Jhds. gewaltige Silberschätze über den Atlantik nach Spanien.

Da die englischen Freibeuter im Aufbringen spanischer Schatzschiffe sehr erfolgreich waren und einen Teil ihrer Beute an die englische Krone abführen mußten, - verdiente England dick an den spanischen Silberminen Amerikas. Dies ohne die dortigen Unkosten im Kolonialwesen tragen zu müssen.

Die Spanier ließen sich zunächst über diplomatische Kanäle hinhalten, bis es 1588 zum offenem Krieg zwischen Spanien und England kam. Die Spanier hatten eine gewaltige Armada an Kriegsschiffen aufgerüstet, um England zu schlagen und zum Einlenken zu zwingen.

Trotz geringerer Zahl an Kriegsschiffen konnten die Engländer wegen besserer Strategie und wendigerer Schiffe die Spanier besiegen, Details ab Seite 385.

Die Weltmeere waren auf Jahrhunderte fest in englischer Hand. Die neue Selbstsicherheit fand Äquivalent im Bau stolzer Herrenhäuser, in der Literatur erreichten die Werke William Shakespeares die höchste Blüte.

Ende des 16. Jahrhunderts wurde die alternde Elisabeth selbst zum Denkmal eines Zeitalters, das unwiderruflich zu Ende ging. Ein erstarktes Parlament als Kontrapunkt zum Königshaus wies den Weg in eine neue Epoche. Als Elisabeth 16o3 kinderlos starb, ging die Tudor-Dynastie zu Ende, und es bahnten sich neue Machtturbulenzen an.

Stuart-Könige und Bürgerkrieg (16o3 - 166o)

Als Nachfolger der Tudor-Dynastie holte man aufgrund einer Verwandtschaftsbeziehung dén schottischen König James I. (16o3- 25) aus dem Hause Stuart nach London. Er erwies sich als unfähig, die spezifisch englischen Machtgegebenheiten zu erkennen und sich mit dem Parlament zu arrangieren, das sehr selbstbewußt auf Führung bestand. Vielmehr versuchte James I. das Land absolutistisch zu regieren, eine Fehleinschätzung, die 4o Jahre später zum Bürgerkrieg führen sollte.

James war nicht gerade ein König wie in Märchenbüchern, seine vulgäre Art untergrub die Autorität der Royalität ebenso wie seine verschwenderische Hofführung, die die Staatsfinanzen zerrüttet. Der homosexuelle König umgab sich mit untalentierten Schönlingen als Berater. In die Wirren des 3o-jährigen Krieges ließ er sich nicht hineinziehen: einmal weil er friedliebend war, insbesondere aber war die Staatskasse leer.

Sein Sohn und Nachfolger Charles I. war zwar persönlich untadelig, verkannte aber ebenso die Brisanz der Parlamentsfrage ("so good a man, so bad a king"). Noch mehr als sein Vater war er von der Idee beherrscht, daß dem König göttliche Rechte der Alleinherrschaft zustünden. Mit harten Steuern, die er dem Land auferlegte, machte er sich bei den Untertanen unbeliebt, - ebenso beim Parlament, dessen Rechte er einschränkte. 1629 schuf er dann kurzerhand das Parlament ab.

Die Lage spitzte sich weiter zu, bis es 1642 zum Bürgerkrieg zwischen königstreuen und parlamentstreuen Truppen kam. Nach 6 Jahren konnte das Parlament die kriegsentscheidende Schlacht für sich verbuchen, und der König (siehe auch S. 284) landete 1649 auf dem Schaffott.

Zwar war die Monarchie abgeschafft und England 1649 zum "Commonwealth" erklärt, - eine neue effektive und funktionsfähige Staatsform fehlte jedoch. 1658 erhielt England unter Einbeziehung von Schottland und Irland eine Protektoratsverfassung unter Führung Oliver Cromwell. De facto bedeutete dies jedoch 12 Jahre Militärdiktatur, geprägt vom streng-puritanischen Geist. So wurden die Pubs geschlossen und zu Gebetshäusern umfunktioniert, Spiel und Tanz waren verboten.

Nach dem Tod Oliver Cromwells, auf dessen außergewöhnliche Persönlichkeit sich die Diktatur stützte, hatte man immer noch zu keiner überzeugenden Staatsform gefunden. Es folgt eine Zeit der Desillusionierung, bis 166o die Stuart-Monarchie wiedereingesetzt wurde.

Stuart- Könige nach dem Bürgerkrieg (166o -1714)

Ab 166o regierten die neuen Stuart Könige mit Toleranz und in Cooperation mit dem Parlament. Zunächst kehrte das Leben auf die Insel zurück.

Die Prüderie des strengen Puritanismus während der Militärdiktatur waren alle leid; man freut sich wieder an kleinen Sünden wie Pubs, Theater oder Tänzen. Man frönt den einstmals verbotenen Hahnenkämpfen, und Bordells schossen wie Pilze aus dem Boden. König Charles II. (166o- 85), der erste der neuen Stuarts setzte schon bei der Krönung das Fanal und verzog sich noch während der Feierlichkeiten mit einer Mätresse...

1685 bestieg dessen Bruder James II. (1685- 88) den Thron. Er bekannte sich zum katholischen Glauben, der zu dieser Zeit sehr verhaßt war, und es kam wiederholt zu Hetzkampagnen und Pogrome gegen die Katholiken. Die Lage eskalierte binnen 3 Jahre zur offenen Revolte: Die sog. Glorious Revolution (1688) verlief unblutig, und James floh nach Frankreich.

Nachfolger wurden 1689 der protestantische Wilhelm von Oranien und Maria (älteste Tochter von James II.), die gemeinsam regierten und das Land per Gesetz in eine konstitutionellen Monarchie führten. Prinzip: das Königshaus hatte umfangreiche Machtbefugnisse, - diese jedoch als Teil im Rahmen des Mitbestimmungsrechtes des Parlaments.

Das georgianische Zeitalter (1714 - 176o)

Nach dem Tod des letzten Stuart-Monarchen (1714) wurde der weitläufig verwandten Georg I. aus dem Haus Hannover/Deutschland nach England geholt. Dies stärkte das Parlament, da der neue König nicht einmal Englisch sprach, ein Fremder im Land war und somit völlig vom Regierungsapparat aus Ministerien und Parlament abhängig.

Zu Beginn des 18. Jhd. war England das mächtigste Land in Europa, in einer 26-jährigen Friedensperiode erholte sich die Wirtschaft. Entsprechend blühten Kultur und Künste, der Bau der Kurstadt Bath (Seite 541) in eleganter georgianischer Architektur fiel in diese Zeit. Zahlreiche stolze Herrenhäuser und Parkanlagen enstanden in Südengland. In der Musik war der deutschstämmige, nun in London lebende Friedrich Händel berühmtester Komponist, in der Malerei William Hogarth, in der Literatur Daniel Defoe ("Robinson Crusoe", siehe auch Seite 58o).

Das Zeitalter Georgs III. (176o - 182o)

Während der 5o-jährigen Regentschaft von König George III. legt England den Grundstein für seine wirtschaftliche und militärische Dominanz in der Welt.

Systematisch wurde die Infrastruktur des Landes verbessert: Ausbau des Kanalsystems in Verbindung zu Flüssen. Damals wichtigstes Verkehrsnetz, befahren von schmalen Flußtransportschiffe, die von Pferden gezogen wurden (und vor Erfindung der Dampflok und des Autos). Man begann, in großen Manufakturen zu produzieren.

1769 präsentierte James Watt die erste effiziente Dampfmaschine, die zum Antrieb in Minen sowie Fabriken diente. Sie revolutionierte die industrielle

Fertigung in allen Bereichen. Details siehe Velbinger Band 57 "Wales".

Während der Regierung George III. wurde eine funktionierende Infrastruktur für die industrielle Revolution bereitgestellt. Gleichzeitig erweiterte die Seemacht Großbritannien ihr weltweites Kolonialreich.

Neue Territorien in Indien und Kanada kamen hinzu, und James Cook erforschte 1768 ab südenglischem Hafen Plymouth bisher unbereiste Gebiete im Südpazifik sowie die Küsten Neuseelands und Australiens (Details siehe Seite 389). - Andererseits gingen 1783 nach dem Unabhängigkeitskrieg die englischen Nordamerika- Kolonien verloren.

Die französische Revolution (ab 1789) wurde anfangs in England mit viel Begeisterung gefeiert, bis es 1793 zum Krieg mit den Revolutionsheeren Frankreichs kam, der 23 Jahre dauerte. Die Franzosen überrollten Europa im Sturm, - letzter Gegner war Großbritannien. In der Seeschlacht von Trafalgar (18o5) konnte unter Führung Admiral Nelson die drohende französische Invasion abgewendet werden. Die englische Seemacht war fortan gefestigt bis ins 2o. Jhd.

Regency-Zeitalter (181o - 1837)

Der Kampf des europäischen Festlandes ging weiter bis 1815, als die Engländer in der Schlacht von Waterloo den Franzosen unter Napoleon eine vernichtende Niederlage erteilten. Damit war der Kampf um die europäische Vormachtstellung in Europa zu Gunsten Englands entschieden.

Als man nach langen Kriegszeiten zur Tagesordnung zurückkehrte, brach in England vieles offen durch, was während der französischen Bedrohung unterschwellig gärte. Insbesondere die soziale Frage stellte sich vehementer als jemals zuvor.

Der Krieg hatte enorme Summen verschlungen, und die Staatsverschuldung neue Rekorde erreicht. Es waren fast ausschließlich die unteren Bevölkerungsschichten, die unter den Kriegsschulden litten. Auf der anderen Seite schwelgte der Adel in exzessiven Lebensstil und fand seine Galeonsfigur im Prinzregenten George mit Trink- und Freßgelagen in Brighton, rauschenden Bällen und Verschwendung (Details Seite 178).

Das Ansehen des Königshauses sank in der Bevölkerung tiefer als je zuvor. Immer lauter wurden Forderungen nach einer Reform des Parlamentes, das kein reales Repräsentativ-Organ darstellte, sondern mit dem reichen Landadel besetzt war, der in erster Linie seine Pfründe schützte.

Massenaufstände und Unruhen während einer Hungersnot zwangen zumindest zum teilweisen Einlenken; im Reform Act 1832 wurde dem Mittelstand das Stimmrecht eingeräumt. England war damit zwar immer noch keine Demokratie, aber der Adel mußte eine Korrektur der bestehenden Verhältnisse hinnehmen.

Das viktorianische Zeitalter (1837 - 19o1)

Die große Queen Victoria kam als 18-jähriges Mädchen auf den Thron (Details siehe auch Seite 277), - Beginn der längsten Regierungszeit in der Geschichte der britischen Monarchie. Als sie 64 Jahre später starb, hatte England eine atemberaubende Umwandlung hinter sich.

Oft wird Victoria als die Brücke zwischen dem alten und dem modernen

Großbritannien bezeichnet. Die Industrielle Revolution (175o- 184o) hatte ein für damalige Zeiten hochmodernes Großbritannien geschaffen: die Eisenhütten in Wales waren weltweit führender Hersteller und lieferten u.a. die Gleise für die transkontinentale Eisenbahn in den USA.

EISENBAHN: basierend auf die Erfindung der (stationären) Dampfmaschine durch James Watt (1769) hatte Richard Trevithick 18o1 die erste funktionsfähige Dampflok der Welt entwickelt (Details Seite 46o). Sie wurde 1829 von George Stephenson zur ersten leistungsfähigen Lok der Welt mit Spitzengeschwindigkeit 56 km/h weiterentwickelt.

In Folge wurde England mit einem Schienennetz bedeckt, was seine Wirtschaftskraft durch Infrastruktur zusätzlich bestärkte. Zugleich waren die Engländer in ihrer neuen Technologie weltweit führend und bauten Gleise in ihren Kolonien, aber auch anderen Ländern wie z.B. spektakuläre Hochgebirgsstrecken in den südamerikanischen Anden (Peru, Ecuador, Chile und Bolivien), - sowie in der Pampa Argentiniens, wo englische Eisenbahngesellschaften dicke Gewinne erwirtschafteten.

Die Ingenieurleistung im Gleisbau und der Dampfloks revolutionierte die Welt in Infrastruktur schneller Verkehrsverbindungen, - und die Engländer waren in dieser Technologie führend, welches zu hohen Gewinnen in der Wirtschaft des Landes führte.

SCHIFFSBAU: auch hier wurde ab 2. Hälfte des 19. Jhds. vorrangig Eisen eingesetzt. Erstes Schiff in dieser neuen Technologie war die "Great Britain" gebaut 1843 von Isambard K. Brunel. Das Schiff war genial in Struktur seines neuen Eisenskeletts, das auf seiner ersten Fahrt 1845 den harten Atlantikwellen standhielt, - jedoch damals mit seiner Dampfturbine von nur 1.5oo PS zu schwach motorisiert (Details siehe Seite 574, 226).

Bis Ende des 19. Jhds. war England führend und in Besitz der größten Welthandelsflotte mit mehr als 6.ooo Dampfschiffen und 3.1oo Segelschiffen.

Mit der Times erschien Mitte des 19. Jhd. zum erstenmal eine Zeitung in Massenauflage. Die Menschen waren gebildeter und belesener als je zuvor, eine allgemeine Aufbruchsstimmung heizte die Entwicklung an.

Der Fortschrittsglaube war ungebrochen. Zum erstenmal stellte man auf breiter Basis die Religion in Frage.

Zwangsläufige Konsequenz dieses Kulturoptimismus war der Imperialismus. Das britische Kolonialreich umspannte fast den gesamten Globus, und die englische Zivilisation wurde bis in den letzten Winkel der Erde getragen. Aufstände in den Kolonien konnte die öffentliche Meinung nur schwer verstehen.

Gleichzeitig bekam die soziale Frage immer mehr Sprengkraft, und das Proletariat formierte sich zu mächtigen Gewerkschaften. Unruhen und Massenaufstände schüttelten die Industriegesellschaft, die nur sehr zögernd zu den neuartigen Problemen Stellung bezog.

Queen Victoria war nur noch die monarchische Repräsentantin ihres Zeitalters, das sie durch ihre einfache und zupackende Art symbolisierte wie keine andere.

Die Regierungsgeschäfte lagen bei den Ministerien und dem Parlament, an dem nach 2 Wahlrechtsreformen die Mehrheit des Volkes beteiligt war. Die öffentliche Meinung bekam eine entscheidende Bedeutung, und es kam zu den ersten modernen Wahlen der Geschichte Englands.

Die Probleme mit den sozialen Ungerechtigkeiten blieben ungelöst und wurden als Bürde mit ins 2o. Jhd. genommen. Auch die Politik der "splendid isolation" (gemäß der man sich aus den Scharmützeln auf dem Kontinent heraushielt), erwies sich als nicht mehr adäquat in einem aufstrebenden Europa mit dem seit 1871 vereinigten Deutschland als starken neuen Machtfaktor.

2o. Jahrhundert

Zu Beginn des Jhds. war Großbritannien neben den USA die Weltmacht Nummer Eins: stabile politische Verhältnisse zu Hause, weltweit technologische Führerschaft und ein Kolonialreich, das ein Viertel der Welt umspannte.

Im Lauf des Jahrhunderts erlebte es schrittweise einen dramatischen Rückfall: das Kolonialreich zerbrach, und in der Ökonomie liefen ihm andere Länder wie z.B. Deutschland den Rang ab.

Man frönte dem "sweet life" und vergnügte sich in den neuen Music Halls, während ein Drittel der Bevölkerung unterhalb der Armutsgrenze lebte. 19o6 erreichte die Liberale Partei durch das Versprechen sozialer Reformen einen erdrutschartigen Sieg.

Am 1. Weltkrieg (1914 - 18) nahm England mit 5,7 Mill. Soldaten teil, wovon fast eine 3/4 Million starben. - Die 2o-er Jahre waren geprägt von Depression und Massenarbeitslosigkeit; die Hoffnungen auf ein besseres Leben nach dem Krieg waren enttäuscht worden.

In den 3o-er Jahren erkannten nur wenige Politiker wie Winston Churchill die vom nationalsozial. Deutschland ausgehende Kriegsgefahr.

2. Weltkrieg: am 3. 9. 1939 trat England in den Krieg ein. Nachdem die Nazi- Deutschen 194o Frankreich erobert hatten, stand England zunächst alleine dem Hitler Deutschland gegenüber. Im zermürbenden Luftkrieg fielen zahlreiche Kunstschätze Englands in Schutt und Asche. Hitler lancierte teils gezielte Attacken auf kulturell wichtige Städte, um den britischen Nationalstolz zu untergraben (sog. Baedeker-Angriffe).

1941 wurde die Sowjetunion angegriffen und die USA traten in den Krieg ein; die deutsche Niederlage war nunmehr vorgezeichnet. Nach Kriegsende (1945) litt England schwer unter den Kriegsfolgen wie hoher Schulden und Zerstörung u.a. südenglischer Städte. Der Wiederaufbau dauerte teils noch bis in die 8o-er Jahre.

1973 Beitritt zur Europäischen Gemeinschaft. Maggy Thatcher als "Eiserne Lady" des 2o Jhd. machte den europäischen Vereinigungspolitikern wie Kohl und Mitterand das Leben schwer, wurde aber letztendlich gegen Premier Mayor ausgetauscht. Seit 1984 Förderung von Erdöl in der Nordsee, heute ist Großbritannien wichtigster Produzent in Europa neben Norwegen.

Literatur

Zum Einstimmen

"77 mal England", R.W. Leonhardt: aus der Reihe "Panoramen der Welt", ein intelligent und witzig geschriebenes Buch über England und die Engländer. Piper Verlag, 432 Seiten, 25,8o DM.

"England und englisch. England wie es wirklich ist", K.H. Albers: wie der Autor ganz richtig schreibt: kein Lehrbuch, sondern ein Buch für Deutsche und Deutsch-Engländer und alle, die es werden wollen. Aufgelockert durch amüsante Anekdoten. Bock+Herchen Verlag, 162 Seiten, 19,8o DM.

"Unbekannter Nachbar England", T. Haller: ein Buch, das versucht, die Eigenheiten Englands auf politischem, rechtlichem und gesellschaftlichem Gebiet zu bestimmen und zu erklären. Ist dabei aber nicht so ernst, wie sich das vielleicht anhört. AT-Verlag, 16o Seiten, 36 DM.

"Großbritannien", Nelles Verlag München. Ausgesprochen schöne Farbfotos zusammen mit informativen Texten. 366 Seiten.

Bildbände

"Die großen englischen Landsitze", Earl Beesley/Garry Gibbons: ein Prachtband! Faszinierende Fotos, die wirklich jeden begeistern werden, ein Buch, das wir nur empfehlen können. Die Einleitungen zu den einzelnen Landsitzen stammen von den jeweiligen Besitzern, das Vorwort vom Earl of Marlborough. Heyne Verlag, 152 Seiten, 61 Farbtafeln, davon 8 Ausklapptafeln von ca. 1 (!) m Breite, Format 34 x 25,6 cm, 128 DM.

"Englands Süden und London", Ursula und Willi Dolder. Ein guter "Appetitanreger" für alle, die Englands Süden oder die britische Hauptstadt besuchen wollen. Landschaften, Geschichte und britische Eigenheiten werden dargestellt und im Anhang findet sich ein ausführlicher Bildteil. Umschau Verlag, 172 Seiten, davon 8o in Farbe, 68 DM.

"England, Wales und Schottland", David Mountfield: Parkland Verlag, 221 Fotos auf 1oo Seiten, 19,8o DM.

"England und Wales", F. Mayer/ C. Streit: viele großformatige Fotos und interessante Texte zu Geschichte und Natur. Silva Verlag, Zürich, 172 Seiten, 54 DM.

"Großbritannien in Farbe", Wilfried Rolfe: Bildband aus dem Jahre 1976, inzwischen in der 4. Auflage 1985 erschienen. Südwest Verlag, 96 Seiten, 12,8o DM.

Geschichte, Kunst, Kultur, Seefahrt

"Süd- England", Peter Sager in der Reihe DuMont Kunstreiseführer. Mit einer Vielzahl interessanter Background Informationen zu Geschichte, Kunst und Kultur. DuMont, 384 Seiten, 44 DM.

"Geschichte Englands", K. Kluxen: fundierte und umfassende Darstellung der englischen Geschichte von den Kelten bis Margaret Thatcher. Kröner Verlag, 927 Seiten, 34 DM.

"Klett/Länderprofile Großbritannien", H. Heineberg: Geographische Strukturen, Daten, Entwicklungen. Zeigt die historische Entwicklung der englischen Industrie und Agrarstruktur und deren Auswirkungen bis zur heutigen Zeit. Klett Verlag, 247 Seiten, 38 DM.

"Kleines England Lexikon", Fischer/Burwell: erklärt typisch englische Begriffe, Abkürzungen und vermittelt Wissenswertes über Land und Leute. Beck Verlag, 261 Seiten, 19,8o DM.

"Schottland, Wales, Cornwall. Auf den Spuren von König Artus", P.u.S. Botheroyd: Taschenbuch, das den vielfältigen Spuren des sagenhaften Königs nachgeht und versucht, die Legenden und Überlieferungen mit konkreten Orten und Schauplätzen zu verknüpfen. Droemer Knaur Verlag, 272 Seiten, 12,8o DM.

"Armada", Peter Padfield. Äußerste detaillierte und spannende Schilderung des Seekrieges der Engländer gegen die Spanier Ende des 16. Jhds. Der großformatige Band besitzt eine Fülle an Graphiken, Landkarten und Fotos. Er gibt nicht nur Einblick in eine der berühmtesten Seeschlachten, sondern zeigt auch die Bedeutung Englands als Seemacht. Westermann Verlag Braunschweig.

"Segelschiffe unter Pulverdampf", J.Meyer/M. Acera. Reich ausgestatteter, großformatiger Band, mit einer Fülle an s/w und Farbabbildungen und umfangreichen Begleittexten. Er berichtet von der Funktion der Segelschiffe als Kriegsschiffe, 17.- 19. Jhd. Wichtig und interessant zum Thema auch England als führende Seemacht. Delius Klasing, 288 Seiten, 148 DM.

"Schnellsegler 1775 - 1875", Mac Gregor. Großformatiger Band mit Vielzahl an Abbildungen und informativer Texte. Weltbild Verlag Augsburg.

"Die letzten großen Segelschiffe", O. Schäuffelen. Penibele Auflistung mit Foto und Detailbeschriebung der noch im Einsatz befindlichen Segelschiffe der Welt. Organisiert nach Ländern und Schiffen. Erschienen bei Delius Klasing, 388 Seiten, 74 DM.

"Titanic", R.D. Ballard. Der reich bebilderte Band beschreibt die Geschichte des Luxusdampfers, seine Havarie und Untergang, sowie die Suchaktion. Ullstein Verlag, 248 Seiten, ca. 4o DM.

Natur/Sport

"Wege in die Wildnis. Großbritannien", D. Botting. Zeigt die letzten Rückzugsgebiete der Tier- und Pflanzenwelt, ein Wegweiser zu faszinierenden Naturparks und Naturlandschaften mit einer Fülle an Informationen in Wort und Bild. Westermann Verlag, 224 Seiten, 29,8o DM.

"National Trail Guide" von Ordnance Survey. Hervorragende Reihe zu Trails in Südengland. Mit einer Vielzahl an 4- Farb- Detailkarten zu den Wanderungen. Die Führer sind in England erhältlich und in Englisch.

Landkarten

Michelin "Great Britain": im Maßstab 1 : 4ooo.ooo bringt sie relativ viele Details an Straßen, Ortschaften und ist in diesem Maßstab derzeit sicher eine der besten. Wer die Region Kanalhäfen bis Bournemouth bereist: Michelin Blatt Nr. 4o4. - Dagegen deckt Michelin Blatt 4o3 die Region Bournemouth bis Westspitze Cornwalls und rauf nach Wales ab. Wichtig: die Karten enthalten die Nummern der einzelnen Straßen: zum Fahren mit eigenem Auto unabdinglich, da auch die vor Ort aufgestellten englischen Wegweiser mit Nummern operieren.

Allerkleinste Nebenstraßen (z.B. öfters im Küstenbereich), Feld- und Wanderwege enthält die Karte allerdings nicht. Die kann sie auch wegen ihrem Maßstab nicht leisten.

Ordnance Survey Karten: sehr detaillierte Wanderkarten im Maßstab 1 : 5o.ooo. Sie sind in England in Touristbüros bzw. Sportgeschäften erhältlich. In Deutschland können sie vorab über das Geo Center Stuttgart bestellt werden (die Bestellung erledigt jede gute Buchhandlung), sind allerdings hier etwas teurer.

"Guide to the Waterways", Nicholson, Ordnance Survey: Handbuch für Sportschiffer auf den englischen Kanälen und Flüssen. Mit Detailkarten, Bezeichnung der Anlegestellen, Schleusen, Pubs etc. Band 1 behandelt den Bereich Südengland, Cornwall, Wales bis rauf Liverpool und Lancaster. In England erhältlich, ansonsten in Deutschland übers Geo Center.

Bücher in Englisch

"History of England", J. Burke: sehr viele Illustrationen und Fotos. Interessant zu lesen, ein lohnender Kauf. Erschienen in London bei Williams Collins Sons & Co Ltd.

"Secret Britain", Automobil Association: nach Regionen geordnet und alphabetisch aufgelistet. Unerklärbare, mysteriöse und unerwartete Schauplätze und ihre Geschichte(n) werden aufgezeigt. Sehr viele Fotos und Illustrationen. Erschienen in London bei Guild Publishing.

"The Life and Times of Victoria", Dorothy Marshall: Schilderung des Lebens der wohl einflußreichsten, aber auch sehr umstrittenen englischen Königin, nach der das "viktorianische Zeitalter" benannt ist. Book Club Associates, London.

"Die Kelten. Das Volk, das aus dem Dunkel kam", Gerhard Herm: Geschichte, Mythologie und Bräuche des Volkes, das auch entscheidend die Vor- und Frühgeschichte des britischen Raumes geprägt hat. Pawlak Verlag, 442 Seiten, 19,8o DM.

"Discovering Britain & Ireland", National Geographic Society: ein voluminöser Band (448 Seiten), der mit seinen prachtvollen Fotos beeindruckt. Hier gibt es wirklich viel zu entdecken, ein sehr empfehlenswertes Buch, das es wirklich verdient, viele Käufer zu finden.

"The Ordnance Survey Guide to Gardens in Britain", Guild Publishing, London: die englische Gartenbaukunst ist weltberühmt: hier werden 215 der schönsten Anlagen in Wort und Bild vorgestellt, über 6o Karten zeigen deren genaue Lage. Für jeden, der sich für dafür interessiert ein "Muß".

"The Country Life Book of Castles and Houses in Britain", Furtado u.a.: Schlößer und Landhäuser Großbritanniens die entweder durch ihre Architektur oder ihre Geschichte interessant sind. Großformatiger Band, der auf 256 Seiten über 74o Gebäude vorstellt (ca. 3oo im Bild) und Informationen über Öffnungszeiten, genaue Lage etc. gibt. Guild Publishing, London.

"The Cathedrals of England", Alec Clifton-Taylor: mit viel Fachwissen werden dem Leser die grundsätzlichen Aspekte und die verschiedenen Epochen des englischen Kathedralenbaus nähergebracht. Thames and Hudson, 288 Seiten, 2o3 Illustrationen, 4 davon farbig.

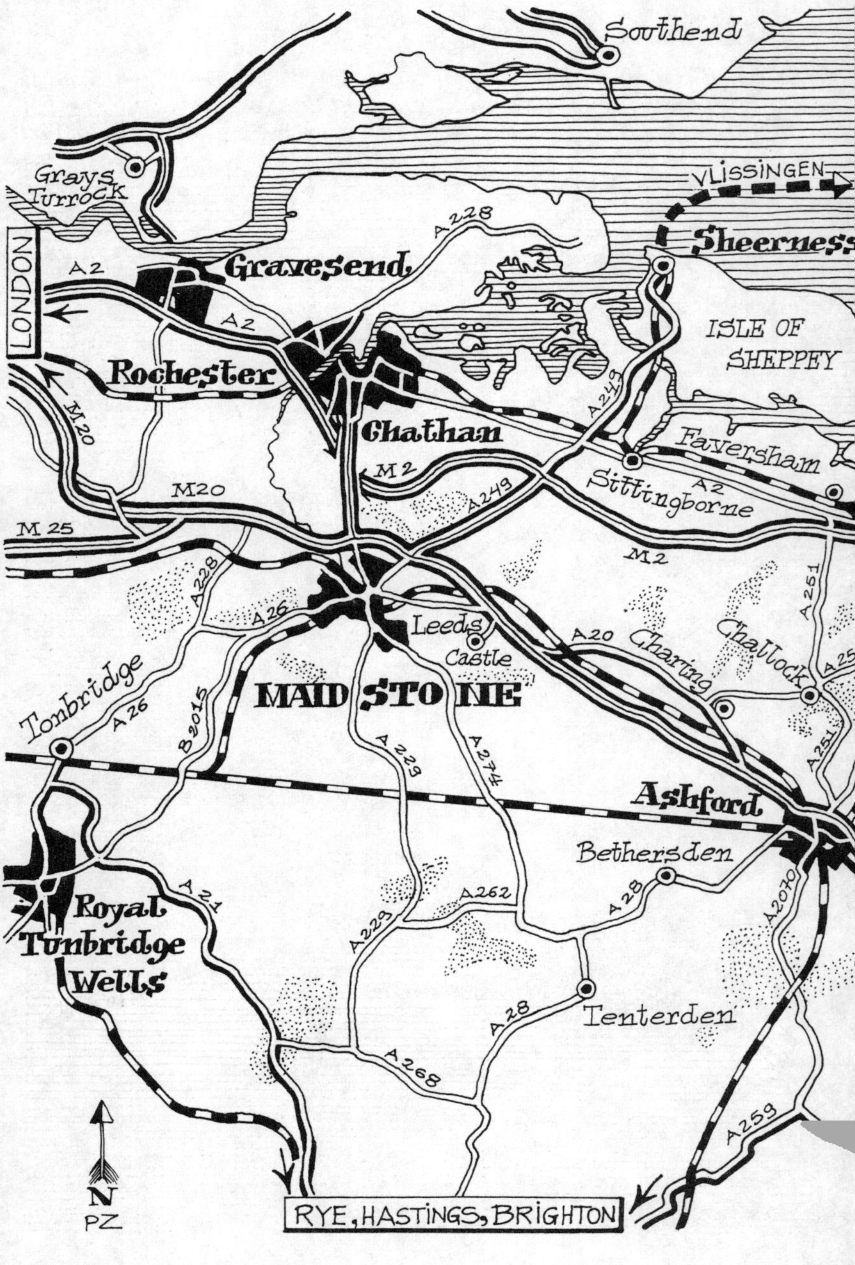
Southend
Grays
Turrock
VLISSINGEN
LONDON
A2
Gravesend
Sheerness
A228
A2
ISLE OF
SHEPPEY
Rochester
Chatham
A249
M20
Faversham
M2
Sittingborne
A2
M20
A249
M25
M2
A251
A228
A26
Leeds
Castle
A20
Charing
Challock
A25
Tonbridge
B2015
MAIDSTONE
A26
A229
A274
A251
Ashford
Bethersden
Royal
Tunbridge
Wells
A21
A262
A28
A229
A2070
A28
Tenterden
A268
A259
N
PZ
RYE, HASTINGS, BRIGHTON

County Kent

Sirenen-Hupen am Fähr-Terminal als Auftakt der Reise und Kent als "Appetitmacher" auf England. Der Nabel des Südostens ist CANTERBURY: mittelalterlichen-Flair in den krummen Gassen der Altstadt mit

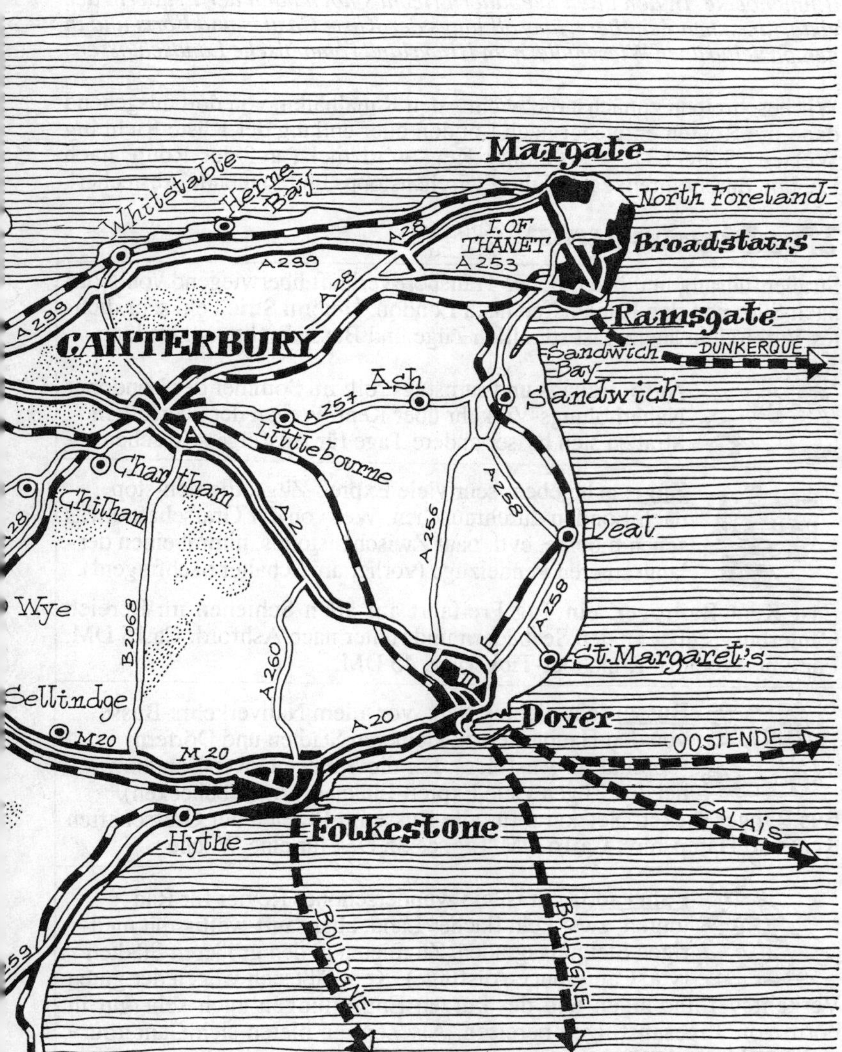

ihren Fachwerk-Häusern und der imposanten Kathedrale, urige Kneipen. Gehört sowieso ins Programm!

Kent besteht jedoch aus mehr als aus Canterbury und der Durchgangsstraße nach London: Radtouren durch die Gartenlandschaft mit Kirschen- und Apfelplantagen, die Hopfenfelder mit ihren hohen Stangen, bunte Blumenbeete. In den alten Seebädern riecht's noch nach der Prüderie der viktorianischen Zeitalters, überall längs der Küste Castles und Forts und in den pastellgrünen Wiesentälern im Hinterland romantische Landschlösser.

Wir beschreiben zunächst die wichtigsten Kanalhäfen, von dort ausgehend dann die Routen entweder nach London oder entlang der Küste Richtung Westen (Seite 83). Das County Kent wird meist auf der Route nach London durchfahren: zahlreiche Zwischenstopps und lohnende Abstecher!

Verbindungen County Kent

Straßenführung und öffentlicher Transport verläuft überwiegend von Nord nach Süd: von den Kanalhäfen nach London. Unterm Strich ein sehr dichtes Verbindungsnetz, fast stündlich Züge und Busse Richtung London.

Auto: freitags und samstags rollt im Sommer der Londoner Naherholungs-Verkehr über Kent. Wegen der überfüllten Straßen sich besser andere Tage für Ausflüge aussuchen!

Züge: achtgeben: sehr viele Expreß-Züge, die non-stop nach London durchrauschen. Wer von der Grafschaft etwas sehen möchte, evtl. paar Zwischenstopps, nimmt einen der langsameren Pendelzüge (vorher am Schalter nachfragen!).

East Kent Railrover: ein Tag Freifahrt auf allen Schienen im Bereich Canterbury, rüber zu den Seebädern und runter nach Ashford. Ca.15 DM. Für eine Woche ("Runabout-Ticket) ca. 45 DM.

Busse: sehr dichtes Netz, vor allem Nahverkehrs-Busse von den Hauptorten zu kleineren Städten und Dörfern (optimal für Ausflüge). Für die Strecke Dover-London wie bei den Zügen viele Expreß-Linien (vorher abchecken).

Bus Ranger Ticket: Netzkarte für alle Busse im Bereich der Grafschaften Kent und Hampshire. Ca.1o DM/Tag, ca.35 DM für eine Woche.

Fahrrad: Kent ist ein wunderschönes Revier für Radtouren, zwar kein flaches Land, aber sanft-wellig mit niedrigen Steigungsgraden. Zu mieten in den größeren Städten (v.a. Canterbury-Ausflüge). Kent läßt sich wegen der guten Verkehrsverbindungen und der kurzen Entfernungen auch sehr gut in Form von Tagesausflügen bereisen. Als Zentren bieten sich Canterbury und London (kein Punkt weiter als 12o km entfernt!) an.

Die Grafschaft Kent trägt den Kosenamen "GARDEN OF ENGLAND": überall Plantagen von Apfel- und Kirschbäumen, Erdbeerfelder, Haselnuß-Kulturen und Gemüsebeete. Grund: von hier werden die Märkte der Sieben-Millionen-Stadt London beliefert. Weiteres Charakteristikum sind die Hopfenfelder, die Hopfen-Darrhäuser mit ihren spitzen Türmen stehen wie Wahrzeichen im Gelände.

Sonst sanft-grüne "Countryside"; bewaldete Hügel und baumlose Höhenzüge, von Hecken umrahmte Felder und Schafweiden.

Die GESCHICHTE ist dadurch geprägt, daß Kent als die dem Kontinent nächste Region Durchmarsch-Gebiet aller Invasoren war. Entsprechend der strategischen Bedeutung viele Ruinen von Wehrburgen zum Schutz der Küstenlinie.

Gaius Julius Caesar landete 55 v.Chr.; daher viele Spuren aus der Römerzeit.

1066 - Invasion der Normannen unter William the Conqueror, zur Befestigung errichtete er hier mehrere Burgen. Zum letzten Mal eroberte eine fremde Macht Großbritannien. Vom Mittelalter bis rauf in die Neuzeit wurden wiederholt Invasionen befürchtet und als Schutzmaßnahmen Castles, Forts und Wachtürme errichtet. Die bedeutendsten Episoden unter Henry VIII., der nach Einführung der Reformation 1534 Strafexpeditionen des Papstes befürchtete, sowie Anfang des 19.Jh's unter der Bedrohung Napoleons.

Den letzten Akt inszenierte Adolf Hitler, indem er 1940 den Luftkrieg eröffnete. Die Einwanderungspläne waren gescheitert: die Engländer verlegten Öl-Pipelines an die Küste, um sie bei Ankunft der Deutschen in ein Flammenmeer zu verwandeln; britische Abfangjäger wehrten die deutschen Bomber ab. Daraufhin nahm man die Küstenstädte vom besetzten Nordfrankreich aus unter Artillerie-Beschuß. Die Bevölkerung mußte evakuiert werden oder lebte wochenlang in Höhlen. Über Kent hinweg rauschten die deutschen V1- und V2-Raketen Richtung London (entlang der sog. "Bomb Alley").

Die WIRTSCHAFT von Kent lebt in erster Linie vom Güter-Transit via der Kanalhäfen. Zweitwichtigster Wirtschaftsfaktor ist der Tourismus: vor allem die Wochenend-Ausflügler von London. Viele wohlhabende Londoner haben in den Seebädern Zweitwohnsitze.

In den Mittelstands-Schichten gilt es außerdem als chic, sich in den nördlichen Distrikten von Kent ein Haus zu kaufen und zur Arbeit nach London reinzupendeln. Die Löhne sind in London höher. Wegen der Kombination: ländliche Gegend und kurze Entfernung rein zur Weltstadt, lassen sich auch viele Künstler und Händler hier nieder.

DIE KANALHÄFEN

Ein paar Mal hupt die Sirene, bevor der dickbauchige Fährkahn im Hafen festmacht: zunächst einmal die Grenzformalitäten und viel Gewühl. Ouvertüre für ein sympathisches Urlaubsland, das einen mehr mit sanften Pastelltönen als mit knalligen Plakatfarben einfängt...

Die wichtigsten Kanalhäfen liegen im County Kent: Dover, Folkestone und Ramsgate. Sind unten der Reihe nach beschrieben. Von hier geht's dann rein nach London oder auf Kurs Westen direkt entlang der Südküste.

REISE-KONZEPTION: vielleicht bei einer Tasse Kaffee und beim Rumbummeln im Fährhafen kurz erste Impressionen sammeln, länger kann man der Gravitation der Südküste und Londons sowieso nicht mehr widerstehen. Den jeweiligen Kanalhafen dann vor der Rückreise intensiver besuchen.

★ Dover (35.ooo Einw.)

Mit Abstand wichtigster Fährhafen Englands! Bei jedem England-Trip waren wir neu fasziniert: schneeweiße Klippenwände türmen sich senkrecht auf, zusammengekuschelte Häuser und der lärmende Hafenbetrieb mit den Fährschiffen.

Der Hafen liegt an der engsten Stelle des Kanals: 28 km rüber nach Frankreich, 14 Millionen Passagiere werden pro Jahr hier durchgeschleust. Landepunkt auch vieler Invasoren; zunächst die Römer mit 8o Schiffen, später germanische Stämme und im Oktober 1o66 als letztes die Normannen. Napoleon und Hitler scheiterten.

Ein paar Rekorde: 1875 durchschwamm Captain Webb als erster den Kanal auf der Linie Dover-Calais in knapp 22 Stunden, derzeitiger Rekord-Halter ist Penny Dean (in 7 3/4 Stunden). 197o schwamm Kevin Murphy den Weg hin und zurück ohne Pause in 35 1/4 Stunden. Der bislang jüngste Kanal-Schwimmer war ein 12jähriger Junge, der die Strecke in 12 Std. 37 Min. schaffte.

Hoch über Hafen und Stadt thront auf einem 115 m hohen Kreidefelsen das DOVER CASTLE: massive Wehranlage zum Schutz der Kanalküste. Der Grundstein wurde im 11. Jh. von den Normannen gelegt, später bei jeder Bedrohung ausgebaut (zuletzt im 2.Weltkrieg). Von oben Blick bis rüber nach Frankreich, unten im Hafen tuckern Spielzeugschiffe rum.

Innerhalb der Anlage ein achteckiger Leuchtturm aus der Römerzeit, gebaut für Caesars Galeonen und eines der ältesten Bauwerke Englands. Daneben ein Kirchlein aus dem 11. Jh. Im Bergfried kann man eine Sammlung mittelalterlicher Waffen besichtigen.

Vom Castle aus Besichtigung des unterirdischen HELLFIRE CORNER, dem Hauptquartier der Royal Navy. Winston Churchill dirigierte von diesem Geheimstand aus den Luftkrieg gegen Deutschland. Besprechungsräume und Büros, an den Wänden hängen die alten Kriegskarten.

Am Fuß des Burghügels die Ruinen der ST.JAMES CHURCH: zerstört durch deutschen Bombenhagel, ließ man nach dem Krieg als Mahnmal stehen, ohne sie zu restaurieren.

ROMAN PAINTED HOUSE (New Street, off Cannon Street): Villa aus der Römerzeit, die vermutlich einem der Heerführer gehörte. Gut erhaltene Fußboden-Heizung sowie Wandmalereien. Bei der Ausgrabung in den siebziger Jahren mußten 6 m Erdreich abgetragen werden.

Gleich daneben: seit Frühjahr 1991 die Ausstellung WHITE CLIFFS EXPERIENCE, wo mittels Wachspuppen und durch Soundeffekte die Stadtgeschichte illustriert wird.

OLD TOWN GOAL: das Stadtgefängnis im 19. Jh., in den Kellerverliesen unterhalb des Rathauses (Biggin Street). Zeigt, wie's damals so zuging hinter Gittern, per Knopfdruck erzählen Wachspuppen, wie sie für lächerliche Vergehen zu drakonischen Strafen verdonnert wurden.

Tourist INFO

TI: in der Townwall Street, neben dem modernen Moathouse Hotelgebäude. Tel. o3o4 /2o51o8.

Wer sein Hotelzimmer schon vom Kontinent aus telefonisch reserviert: internationale Vorwahl von Dover ist oo 44 3o4!

"**White Cliffs Hotel**": Seafront, Tel. o3o4/ 2o 36 33, DZ ca.18o DM. Für den Traditionalisten in der Hotel-Kultur: imposante Fassade mit Balkonen und Veranda direkt an der Küste. Zimmer und Service tadellos. Unser Preis bezieht sich auf Zimmer en suite und mit Meeresblick.

"**Cliffe Court Hotel**": 25, East Cliff, Tel. o3o4/ 21 1o o1, DZ ca. 12o DM. Georgianischer, stilvoller Bau: schmiedeeiserne Balkone und über Treppen rauf zum Eingangsportal. Hat seit langem schon einen guten Ruf!

"**Beaufort Hotel**": 18, East Cliff, Tel. o3o4/ 21 64 44, DZ ca. 115 DM. Wie das Cliff Court an der "Seafront": sympathische Bleibe und für die Preisklasse sehr gut.

BED & BREAKFAST: Im Sommer oft alles ausgebucht - besser schon im voraus reservieren. Ankunft während des Tages: zentrumsnah liegen die Häuser in der Castle Street, dennoch ruhige Wohnlage.

Ankunft im Lauf der Nacht: Hunderte von B&B-Pensionen in der Ausfahrtstraße Richtung Folkestone ("Folkestone Road"), die bis Mitternacht geöffnet haben (Gehweite vom Zugbahnhof). Entlangfahren und schauen, wo Licht brennt. Wichtig: eines der rückwärtigen Zimmer ("looking to the back") verlangen, sonst rollen im Morgengrauen endlose Karawanen von Brummis unterhalb des Fensters vorbei!

Wer die letzte Nacht in Dover verbringt und mit der Frühfähre zurückfährt: sich vorher vergewissern, ob Frühstück serviert wird (manche Pensionen schon ab 5 Uhr).

JUGENDHERBERGE (3o6, London Road; Tel. o3o4/ 2o 13 14): Sympathische Bleibe, schon seit 1972 von Mrs. Norris mit viel mütterlichem Charme geführt. Etwa 1 1/2 km vom Bahnhof und nah am Zentrum. Im Sommer noch einfacheres Zusatz-Gebäude: Gäste werden dorthin verwiesen, falls das Hauptgebäude voll ist.

Camping: Leider kein Campingplatz direkt in Dover oder in Nähe der Fähr-Terminals.

Der nächste gute 5 km östlich in Martin Mill:die "Hawthorne Farm", nahe an der Bahnstation sowie der A 258 Richtung Deal. Befriedigt alle Komfort-Ansprüche, und ist schön angelegt mit Hecken und Bäumen.

Feudal-Menü vor der Abreise: paar Kilometer östlich im Dorf "St.Margaret's At Cliffe" dürfte das WALLET'S COURT das beste Restaurant weit und breit sein. Altes Herrenhaus, wo der Besitzer Chris Oakley höchstpersönlich himmlische Gerichte aus dem Kochtopf zaubert, viel Wild und Fisch mit geheimnisvollen Saucen aus Kräutern und Obst. Dinner-Menü ca.45 DM, samstags Spezialitäten für ca.7o DM.

BRITANNIA (Townwall Street): gutes Essen für 1o-2o DM oben im Restaurant. Gemütlich mit Holztischen und viel Grünzeug.

MOONFLOWER (32 High Street): sehr guter Chinese, spezialisiert auf Peking-Küche, die im Gegensatz zur kantonesischen Küche höher entwickelt ist, mit geschickter Handhabung der Gewürze. 1o-2o DM.

THE CABIN (91 High Street) hat einen sehr guten Ruf für etwas ausgefallene Gerichte in der Preissparte um 15 DM. Schwer zu finden: hinter dem Sainsbury-Supermarkt auf der gegenüberliegenden Straßenseite.

Verbindungen ab Dover

Züge: alle Züge innerhalb Großbritanniens ab der "Priory Station", an der Ausfahrtsstraße Richtung London. Wer per Fähre ankommt und non-stop weiter Richtung London fährt, kann direkt am Bahnhof an den Docks zusteigen.

Busse: gehen ausschließlich vom Terminal in der Pencester Road.

Bike-Rent: bei Andy Cycles, 156, London Road (Tel.o3o4/ 2o 44 o1). Kostet ca.1o DM pro Tag und 35 DM pro Woche.

Umgebung von Dover

2 km westlich der schönste Abschnitt der "Weißen Klippen von Dover" ("SHAKESPEARE CLIFFS"), 1oo m hohes, blendend-weißes Kreidegestein stemmt sich gegen die Brandung; beschrieben im Shakespeare-Drama "King Lear". Hier auch die Bauruine des bereits 188o begonnenen Projekts, den Ärmelkanal zu durchtunneln. Schöne Wanderung: Verlängerung der Snargate Street, im ersten Abschnitt am Fuß der Klippen lang.

SAXON SHORE WAY: 7 km-Wanderung entlang der Oberkante der Kreideklippen in östlicher Richtung nach St.Margaret's at Cliffe, en route eine Radarstation und ein weißer Leuchtturm in der Form einer überdimensionalen Pfeffermühle. Zurück dann per Bus.

ST. MARGARET'S: Häuser zwischen die bewaldeten Klippen gewürfelt, normannische Kirche mit festungsartigem Turm und wegen des milden Klimas subtropische Gärten, in denen üppige Fuchsien wuchern. Im Garten "The Pines" eine 9 m hohe Bronzestatue von Sir Winston Churchill. Außerdem lohnend: Zick-Zack-Piste runter zum Strand: Kiesbucht und dahinter die Kulisse aus weißem Kreidegestein. Es ist der dem Kontinent am nächsten gelegene Punkt und traditioneller Start der Kanalschwimmer.

★ Folkestone (45.ooo Einw.)

Hat nicht die Bedeutung von Dover, aber viele Fähren aus Ostende/ Belgien machen hier fest. Ansonsten ein Seebad, wo englische Familien einen billigen Strandurlaub verbringen. Hat für Leute vom Kontinent wenig zu bieten.

Das ehemalige Schmugglernest blühte Mitte des vorigen Jahrhunderts durch den Eisenbahnanschluß auf.

Umgebung von Folkestone

THE WARREN: Wildnis aus zertrümmerten Kreideklippen, hellweißen Felsblöcken und wucherndem Gestrüpp. Ist 1915 durch einen gewaltigen Erdrutsch entstanden, als Tausende Tonnen Gestein einstürzten.

Ideal zum Fossiliensammeln oder einfach, um beim Picknick in einer der Felsspalten ein bißchen Ruhe zu finden. Der Warren liegt 3 km östlich, Zugang vom Parkplatz oberhalb des Strandes "East Cliff Sands".

Das Dorf HAWKINGE (4 km nordwestlich an der A 26o) ist für Liebhaber alter Fliegerkisten unbedingt den Abstecher wert. Im "Battle of Britain Museum" der britischen Luftwaffe ist in den Kontrolltürmen und Hallen eines ehemaligen Militärflughafens eine riesige Sammlung alter Spitfires, Messerschmitts, Hurricanes etc. untergebracht. Daneben Zeppeline aus dem 1.Weltkrieg, Ausrüstung und Uniformen. Bis Anfang Oktober 194o war der Airport die vorderste Verteidigungslinie der Royal Air Force, vom besetzten Frankreich aus ständiger Beschuß durch deutsches Artilleriefeuer.

Weitere 3 km entlang der A 26o zum ACRISE PLACE: elisabethanisches Herrenhaus aus der ersten Hälfte des 17.Jh's, Sammlung historischer Kostüme.

★ Kanaltunnel:

Verbindet CALAIS/Frankreich auf dem europäischen Kontinent mit der Britischen Insel bei DOVER, kommt an die Oberfläche bei FOLKESTONE bei Gesamtlänge von rund 5o km, wobei 37 km den Kanal unterqueren.

Geschichte: der Tunnelbau gilt als Jahrhundertwerk, an dessen Realisierung eigentlich niemand mehr recht geglaubt hatte. Bereits 18o2 schlug der franz. Ingenieur Albert Mathieu den Bau eines Tunnels unter dem Kanal vor, denn oben auf See war die Überfahrt nicht selten stürmisch und mit den Segelschiffen auch zeitlich aufwendig. Die

Tunnelröhre sollte mit Petroleumlampen beleuchtet werden und die Durchfahrt damaliger Postkutschen ermöglichen (die Eisenbahn wurde bekanntlich erst 1825 erfunden).

KAMIN zur Entlüftung ← (beim Wellergang auf dem Kanal wäre er schnell abgebrochen!) UNTEN: Tunnel mit Petroleum-Lampen

TUNNEL-PROJEKT 1802, Albert Mathieu für Postkutschen-Betrieb mit Entlüftungs-Kaminen

Ein Projekt, welches jedoch nie zur Realisierung kam, zumal bereits 1 Jahr später es wiedereinmal zu Feindseeligkeiten zwischen England und Frankreich (Napoleon Bonaparte) kam. Die Engländer fürchteten, daß der Tunnel auch militärischer Invasion der Französen dienen könne. Abgesehen davon wäre es auch fraglich gewesen, ob Mathieu die großen technischen Probleme des Tunnelbaus von immerhin knapp 4o km Länge, Wassereinbrüchen etc. mit damaliger Technologie hätte lösen können.

Für die Engländer war die Sache definitiv ad acta gelegt, - nicht jedoch für die Franzosen: Thome de Gamond (18o7 - 1876) war der erste, der geologische Untersuchungen des Kanalbettes durchführte, indem er Bodenproben sammelte und nochmals die Frage eines Tunnels aufwarf: wie er belegte, bestünde der Boden des Kanals durchgehend aus Kalk. Dieser sei gegenüber anderem Gestein leicht per Tunnel zu durchbohren und würde zudem auch das Durchsickern von Wasser verhindern.

Außerdem verfügte man über erste Erfahrungen in größerer Untertunnelung von Wasserläufen, so beim Bau eines Tunnels unter der Themse/London, wie auch Ingenieur Haskin dabei war, den Hudson/New York zu untertunneln.

Zusammen mit dem Engländer William Lowe veröffentlichte de Gamond seine Tunnelpläne zur Pariser Weltausstellung 1867. Sie wurden allgemein bestaunt und galten als die Attraktion der Weltausstellung. Sowohl Kaiser Napoleon III. wie auch die engl. Königin Victoria äußerten sich lobend über die Pläne. Letztere angeblich u.a. deswegen, weil sie auf ihren Reisen zu ihrer Sommerresidenz an der franz. Riviera während der Kanalüberquerung ständig seekrank wurde...

Privatbanken gründeten eine Tunnelgesellschaft und begannen auf Grund eines Regie-

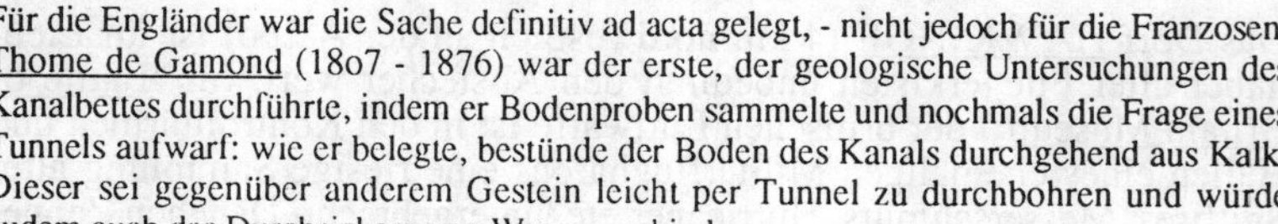

Verworfene Varianten wie die eines U-Bootes, das von Ketten gezogen, auf dem Kanalboden "fahren" sollte... (1873)

rungsbeschlusses beider Länder vom 2.8.1872 nach entsprechender Vorbereitungszeit 1876 dann zunächst auf französischer Seite mit einem Probetunnel. Er erreichte eine Länge von 1,6 km. - Ab 1881 auf englischer Seite ebenfalls Probetunnel, die in 2-facher Ausführung eine Länge von 73o m bzw. 1.86o m erreichten.

Die Technologie des Tunnelbaus war für damalige Zeiten revolutionär: zur Anwendung kam der sogen. "Beaumontschild", der als Vorläufer heutiger, vollmechanisierter Vortriebsschilde gilt.

Allerdings wurden die Arbeiten am Kanaltunnel bereits 1882 wieder abgebrochen. Grund war Ende des 19. Jhs. nicht mehr die Angst der Engländer vor "eventueller franz. Invasion", sondern vielmehr der massive Druck der Fährschiff- Unternehmer, die Einbuße ihrer sehr erträglichen Geschäfte über den Ärmelkanal befürchteten.

Ab Beginn unseres Jahrhunderts wurde das Tunnelprojekt gut 7 mal im englischen Parlament vorgelegt, diskutiert und abgelehnt auf Grund lobbistischer Interessen. 1924 setzte sich Winston Churchill vehement pro Tunnelprojekt ein, und die englische Eisenbahngesellschaft "South Eastern and Chatham Railway" fertigte einen 13o m Tunnel, - 193o jedoch endgültige Ablehnung, wobei auch die Entwicklung im Hitler-Deutschland eine Rolle spielte.

So habe das engl. Verteidigungsministerium 194o/41 Horchposten auf der Seite des engl. Tunnels installiert. Offenbar traute man den Deutschen eine fixe Untertunnelung des Ärmelkanals mit Folge Truppeninvasion zu.

Nach Beendigung des 2. Weltkrieges war das Kapital zunächst mit Wiederaufbau gebunden, wobei niemand an den kostspieligen Kanaltunnelbau dachte.

1962 wurde das Projekt neu aufgegriffen: 2 Varianten:

a) eine 33 km lange Brücke über den Ärmelkanal, die auf 164 Pfeilern ruhen sollte. Wie nicht anders zu erwarten, von der Stahlindustrie favorisiert. Wegen hoher Kosten, aber auch technischer Probleme bald abgelehnt.

b) Eisenbahn - Straßentunnel in verschiedenen Varianten.

Als 197o dann in Japan die Verbindung per Shin-Kammon Tunnel zwischen den Inseln Hondo und Hokaido erfolgreich fertiggestellt wurde (ca. 14 km), erfuhr das Ärmelkanal-Projekt erneuten Aufschwung: Es lag sowohl technologisches Know How in Untertunnelung von Meeresarmen vor, wie auch Preis-Nutzen Kalkulation.

Erneuter Baubeginn 1974 ab franz. Seite, wie auch englischer. 1975 kündigte jedoch die engl. Regierung den Vertrag wegen wirtschaftlicher Probleme. Für die Franzosen ein bitterer Schlag, als gerade in modernster Technologie ein Vortriebsschild fertiggestellt war, der pro Std. 6 m schaffte! Parallel war wieder die Lobby der Fährunternehmer aktiv.

1986: endgültiger Startschuß zum Kanaltunnel. Maggie Thatcher/England (pro Privatunternehmer eingestellt), - hatte sich mit Mitterand/Frankreich geeinigt. Überlastete Flugverbindungen zwischen Paris und London, wie auch "Zusammenwachsen Europas" oder was sonst waren sicher Teil der Gründe. Vorallem aber auch wirtschaftliches Privatinteresse am mehrere Milliarden teuren Projekt, - wie letzendlich sicher auch Beschäftigungspolitik...

Sehr zum Leid der Kanal- Fährunternehmer wurde ein Vertrag geschlossen, der die Fertigstellung des Kanaltunnels bis 1993 vereinbarte, mit massiven Konventionalstrafen bei Nichteinhaltung der Termine.

REALISIERUNG: Philosophie auf englischer wie französ. Seite: um nicht die Staatskasse zu belasten, wird das Projekt von Privatfirmen realisiert. Diese liefern die Technologie und das Kapital, - sie sind es auch, die die Preise für den Tunneltrip bestimmen.

Ursprünglich ging man von rund 14 Milliarden DM Baukosten aus, - Baubeginn 1.12.87. Im Okt. 1988 stand die Kalkulation der engl. Fa. Alstair Morton und der franz. André Benard bereits bei 17 Milliarden. Stieg dann auf 22 und später ca. 25 Milliarden. Ohne Frage also das "teuerste Loch der Welt"! Und die Reeder der Kanalfähren freuten sich: bei derart hohen Baukosten, so die Reeder, würden die Betreiber des Kanaltunnels sicher keine Dumping- Fahrpreise auf der Strecke einräumen.

Am 1. Dez. 199o trafen sich beide Seiten in Tunnelröhre 1, - und am 22. Mai 1991 in der Röhre 2, wobei anschließend die Röhren für den Betrieb ausgebaut wurden.

Arbeitsbeschaffung auf beiden Seiten für gut 1o.ooo Menschen, die allerdings die Immobilienpreise auf beiden Seiten (Calaise, Dover/Folkestone) in teils astronomische Höhe trieben.

Der ZUG wird den Tunnel mit 16o km/h durchqueren, dh. die Strecke Calais-> Folkestone in rund 35 Min. realisieren. Die Strecke zwischen Paris/Brüssel und London verkürzt sich damit um gut 3 Std. Fahrzeit und macht die Verbindung auch gegenüber Flug (berücksichtigt man die dortigen Eincheckzeiten, sowie Fahrzeiten Airport-Stadtzentrum) sehr attraktiv.

Der Tunnel verläuft 4o - 1oo m unterhalb des Meeresspiegels. Die beiden Hauptröhren besitzen einen Durchmesser von 7,3 m. Zwischen den beiden Eisenbahn Tunnelröhren liegt ein Lüftungs- und Wartungstunnel, Durchmesser 4,5 m.

Der Tunnel ist so ausgelegt, daß pro Stunde 2o Züge ihn passieren können. Die Tunnelbetreiber rechnen für den Anfang mit 3o Mill. Passagieren/Jahr. Darüber hinaus gibt es an beiden Seiten der Tunnelenden große Terminals zur Aufnahme von PKW's und LKW's auf Zugwaggons, die im Shuttlebetrieb den Tunnel befahren. Man rechnet mit einem jährlichen Frachtaufkommen von 15 Millionen (!) Tonnen.

Mal gespannt, wie's mit den Fährschiff-Verbindungen über den Kanal weitergeht. Sie brauchen gegenüber den 35 Zug-Tunnelminuten oben auf dem Wasser immerhin bis zu 4 Stunden für die Überfahrt!

★ Ramsgate (4o.ooo Einw.)

Der 3. wichtigste Kanal- Fährhafen an der Südwestküste Englands und ca. 2o km nördlich von Dover. Es gibt derzeit 2 - 5 Fährverbindungen über den Kanal ab Dünkirchen/Frankreich. Beschreibung der Stadt Seite 1o3.

Ab Ramsgate problemlos Anschluß an die nachfolgend beschriebenen Routen:

- nach London: knapp 3o km bis zur Kathedralen-Stadt Canterbury, flotte Zug- und Busverbindungen. Routenbeschreibung im Kapitel "Dover/Folkestone nach London".

- Südküsten-Route nach Cornwall: ebenfalls 3o km bis Dover (problemlos mit Zug und Bus), dem Ausgangspunkt für die Route entlang der Südküste. Weiterer Routen-Verlauf im Kapitel "Dover/Folkestone nach Cornwall". (Seite 143)

ROUTEN ab den Kanalhäfen

Grob gesagt: die Richtung geht immer von Ost nach West - vom Startpunkt Dover/Folkestone wird Kurs gesetzt auf die Klippenabstürze und schnuckeligen Fischernester von Cornwall, der Südwestspitze Englands.

Dabei bieten sich zwei Haupt-Routen an:

- *Entweder man fährt den UMWEG ÜBER LONDON, bummelt ein paar Tage dort rum und setzt dann die Reise nach Cornwall fort.*
- *Oder die Hauptstadt ausklammern und sich gleich nach Verlassen der Fähre ENTLANG DER SÜDKÜSTE rüber nach Cornwall hangeln.*

Dabei existiert eine Vielzahl von Abstechern, Varianten und Querverbindungen, die beliebig im Baukasten-System kombinierbar sind:

Die Standard-Route geht von den Häfen mit einem eintägigem Intermezzo in Canterbury nach London: Museen anschauen, sich am Piccadilly Circus als Weltbürger fühlen, und nach einer knappen Woche sieht einen die Hauptstadt von hinten. Dann in einem Rutsch Richtung Südwesten, wobei man noch kurz Stonehenge "mitnimmt". Für den Rest des Urlaubs läßt man sich's in Cornwall gutgehen. Hat natürlich was für sich - der Kontrast aus Weltmetropole und cornischer Provinz beinhaltet mit Sicherheit den größtmöglichen Spannungsbogen. Zwei Welten prallen aufeinander.

Andererseits ist es schade um das, was zwischen diesen Extremen liegt: Seebäder mit dem verblichenen Glanz des Kolonial-Zeitalters, Landschaftsparks und Herrenhäuser, sanft-grünes Bauernland, wo man Kirche und Kneipe noch im Dorf gelassen hat, oder auf langen Spaziergängen bzw. Radtouren irgendwo zwischen Heide und Wald die Zeit vergessen...

Wer beispielsweise nur zwei Wochen Zeit hat, könnte sich darauf beschränken, London nur kurz anzuschnuppern - vielleicht auch als Baustein im Rahmen der Rückreise, falls noch Zeit bleibt. Für London sind ständig Billigflüge im Angebot, eventuell separat mal rüberfliegen. Bei drei Wochen Urlaubszeit könnten je eine Woche London, Südküste und Cornwall einen angemessenen Ausgleich darstellen.

(A) SÜDKÜSTEN-ROUTE ab Seite 139

Ab Dover immer die Küste lang Richtung Westen,- mit mindestens 7-1o Tagen Zeitbedarf die längere Route. Sie bringt das intensivere Südengland-Erlebnis und ist daher unbedingt zu empfehlen, wer genügend Zeit hat.

Ein abwechslungsreiches Urlaubs-Menü: angestaubte Seebäder mit dem Geruch des viktorianischen Zeitalters, Snobs in den elitären Yacht-Häfen, Naturschutzgebiete und Klippenlandschaft, moderne Strandorte für junge Leute, Ozean-Häfen etc.

Von der Küste aus kann man Tagesausflüge ins Hinterland mit seinem welligen Wald- und Farmland und romantischen Landschlössern machen. Wer dann auf der Rückreise London und auf der Fahrt runter zum Abreise-Hafen Canterbury mit einbaut, hat praktisch das gesamte Südengland gesehen.

VERBINDUNG: durchgehende Straße, häufig mit Ortsumgehungen. Auch per Zug und Bus kein Problem.

B ROUTE VIA LONDON siehe Folgekapitel

Bringt neben London den Vorteil des erheblich schnelleren Cornwall- Einstiegs via Autobahn/Schnellstraße. Oder man klinkt sich im Anschluß an den Londonbesuch in die Südküstenroute ein.

Die schnellste Route nach Cornwall geht via London. Wer die Stadt sich zunächst für die Rückfahrt aufhebt, umfährt London auf der südlichen Ringautobahn "Orbital M 25" mit durchgehender Autobahn bis Bristol, Exeter, weiter via Schnellstraße, in knapp 1 Tag zu schaffen. Während die Strecke via Südküste nach Cornwall an reiner Fahrzeit gut 1 1/2 Tage braucht.

Auch wer London ausklammert: der Schlenker via Canterbury lohnt, siehe Seite 86! Anschließend Landstraßen südwärts durch die Grafschaft KENT nach Rye, Hastings fahren!

VERBINDUNG: auf allen Routen flotter Bus- und Eisenbahnverkehr. Wer via London fährt, muß dort umsteigen. Daher besser per Bus,- Eisenbahn lästig, da man meist den Bahnhof wechseln muß.

Dover/Folkestone ⟶ London ca. 13o km

Die Kathedralen-Stadt CANTERBURY wird zu den Top Five der englischen Kulturstädte gezählt und ist sowieso eine Art Pflichtprogramm. Meist wird hierfür nur kurz die Fahrt unterbrochen: irgendwie schade, da es herrliche Möglichkeiten für Tagesausflüge gibt.

Außerdem liegen an der Strecke noch erheblich mehr lohnende Sehenswürdigkeiten.

ZWEI ROUTEN nach London:

Unbedingt auf der A 2 über Canterbury fahren: zwischen Fachwerkhäusern den Geruch des Mittelalters schnuppern und am Kneipentresen den Anreise-Streß runterspülen. Dann noch ein Ausflug rüber an die Küste oder auf dem Drahtesel über heckenumrahmte Landsträßchen touren, bevor man der Weltstadt London die Hände reicht...

Die Variante entlang der M 2o ist lediglich interessant als Schnellverbindung (durchgehend Autobahn), oder wenn man Canterbury bereits bei einem früheren England-Urlaub gesehen hat.

Verbindungen Dover/Folkestone ⋙→ London

Flotte Verbindung per Zug: alle 45 Minuten; Fahrtdauer 2 Std, wenn nicht in Canterbury unterbrochen wird. Knapp 32 DM one-way. Ankunft in den Londoner Bahnhöfen Victoria, Charing Cross und Waterloo, aussteigen je nach Lage der gebuchten Unterkunft. Die Zimmervermittlung befindet sich am Victoria Station.

Außerdem flotter Bus-Service: alle anderthalb Stunden, ca.2 1/2 Stunden Fahrzeit, Tarif ca.23 DM. Terminal in London ist der Victoria Coach Station, paar Hundert Meter hinter dem Victoria-Zugbahnhof (Zimmervermittlung).

Noch ein Tip: in Canterbury, vor allem aber in London sind die UNTERKÜNFTE zur Hochsaison (Ende Juni bis Anfang September) sehr knapp. Lohnt sich unbedingt, gleich nach der Ankunft in Dover reservieren zu lassen, um abends in London auf der Matratze zu liegen anstatt auf dem Schlauch zu stehen. Hotels, B&B: Reservierung durch das Book-a-bed-ahead-System des Tourist Office. Jugendherberge: selber zum Telefon greifen und kurz anrufen.

Dover/Folkestone ⋙→ Canterbury

Nichts Aufregendes entlang der Strecke, macht man am besten in einem Rutsch. Vorsicht: LINKS FAHREN, am Anfang driftet der Wagen wie von selbst Richtung rechte Fahrbahnseite! Bekommt man aber sehr schnell ins Gefühl.

Dabei ab Dover immer die (streckenweise zweispurig ausgebaute) Nationalstraße A 2, deutlich ausgeschildert. Ab Folkestone auf die Verbindungsstraße A 26o, die auf halber Strecke in die A2 (Dover-> Canterbury) mündet. Entfernung in beiden Fällen ca.26 km.

Öffentlicher Transport: übern Daumen jede Stunde Verbindung per Zug und Bus, Fahrtzeit ca.2o Minuten. Um 12 DM.

ROUTEN-VARIANTEN: Wer sich einen halben Tag Zeit nehmen möchte, fährt die Schlaufe entlang der Küste aus - via Sandwich und Deal mit ihren Wehrburgen und Altstadt-Quartieren. Macht ein Plus von 2o km.

Kompletten Tag, Minimum: auf der "East-Kent Coast Route" die gesamte Südost-Ecke ausfahren. Historisches in Sandwich/Deal, Strandrummel in den Seebädern, und erst in Whitstable Richtung Canterbury abbiegen. Entfernung bis Canterbury ca.8o km.

Auch ohne Auto keine Transportprobleme, sowohl mit Bussen als auch mit der Eisenbahn.

Beide Routen bringen erstes Anschnuppern von Englandgeruch, bevor man in Canterbury voll in die Kultur reintaucht. Beschreibungen der betreffenden Ortschaften im Umgebungs-Kapitel von Canterbury.

Canterbury

(35.000 Einw.)

Ehrwürdige Kathedralenstadt - rund um den Kirchenkoloß Fachwerkhäuser, nette Cafés und enge Gäßchen, heimelige Idylle wie in einem Gemälde-Schinken von Carl Spitzweg. Gehört zumindest als Stop-over auf dem Weg nach London ins Reiseprogramm, auch gute Basis für Abstecher in der Region Kent! (u.a. zu den Seebädern an der Küste)

Canterbury ist eine der ältesten und schönsten Städte Englands, entsprechend rund 2,5 Millionen Besucher pro Jahr. Gute Infrastruktur: charaktervolle Hotels, Restaurants, Uralt-Kneipen mit schweren Holzbalken, Entertainment.

Tourist INFO

TI - 13, Longmarket; Tel.o227/ 76 65 67. Unter Tel.67 74 4 läuft ein Tonband mit Veranstaltungshinweisen. Book-a-bed-ahead. Täglich nachmittags für 3 DM sachkundige Stadtführungen, sich vorher im Office anmelden. Hilfreich auch die Broschüre "Canterbury, the Pilgrim's Guide" (ebenfalls 3 DM) mit vielen Infos zu den Sehenswürdigkeiten.

Viel zur Romantik trägt der RIVER STOUR bei, der sich in mehrere Flußarme zerteilt: kleine Brücken, und dazwischen kuschelt sich die Altstadt. Hauptachse der Altstadt ist die in Nord-Süd-Richtung verlaufende Fußgängerzone (St. Peters Street, High Street, The Parade) mit der Cathedral, außenrum eine vierspurige Ringstraße.

Die Studenten an der Uni bringen abends viel Schwung in die Kneipen. Der "Archbishop of Canterbury" zeigt zwar etwas weniger Aktivitäten in dieser Richtung, verleiht der Stadt dafür als Oberhaupt der englischen Staatskirche viel Glanz.

Außerdem ist Canterbury Verwaltungs-Hauptstadt des Garten-County Kent: Waldgebiet bis zur Küste, Hopfen- und Obstgärten, Seebäder mit Sandstränden und Amusement.

ANKUNFT: einzig vernünftiges Transportmittel sind die Schuhsohlen. Das Auto auf einem der Parkplätze an der Ringstraße abstellen: die Plätze am Südrand (von der Fähre kommend) sind häufig besetzt,- auf dem Ring weiterfahren zu den Abschnitten Radigund Street und Pound Lane am Nordsektor des Rings, wo meistens was frei ist. Die beiden Zug-Bahnhöfe liegen ebenfalls außerhalb der Altstadt; zu Fuß nur ca.1o Min.

GESCHICHTE: Der Ort ist eine Gründung der Römer, um 56o wählt ihn der angelsächsische Ethelbert, König von Südost-England, zu seiner Residenz. Nach der politischen Vorrangstellung erhält sie auch auf religiösem Sektor Gewicht, als der heilige Augustinus im Jahre 597 als päpstlicher Missionar britischen Boden betritt. Ethelbert lädt ihn ein an seinen Hof und konvertiert als erster englischer Monarch zum Christentum. Augustinus wird erster Erzbischof: Gründung eines Klosters und Grundsteinlegung zur Kathedrale.

Nach Invasion der Normannen (1o66) Bau der heutigen Kathedrale. Schlagzeilen macht Canterbury hundert Jahre später: am Winterabend des 29. Dezember 117o ermorden vier Ritter in der Kathedrale den Erzbischof Thomas Becket, der zugunsten kirchlicher Interessen gegen die Politik des Königs opponierte. Ein Aufschrei geht durch England, der König leistet offiziell Buße. (Details unten bei "Canterbury Cathedral/ Mord im Dom").

Bereits zwei Jahre später spricht der Papst Thomas Becket heilig, durch die Berichte von Wundern avanciert Beckets Grabmal zum wichtigsten britischen Wallfahrtsort. In den nächsten 3 1/2 Jahrhunderten strömen Hunderttausende von Pilgern barfuß und mit Sackleinen bekleidet nach Canterbury. Überall schießen Herbergen aus dem Boden, der Verkauf von Andenken und von häufig gefälschten Reliquien wird zum blühenden "Business". Pilgerreisen sind im Mittelalter die einzige Form von Tourismus; lustig-lüsternen Erlebnissen ist man nicht abgeneigt, und der heilige Becket muß für so manchen Urlaubsflirt auf der Strohsackmatratze nachts in der Herberge Absolution erteilen.

Lese-Tip: "Canterbury Tales" von Geoffrey Chaucer, der bereits um 138o das Pilgertreiben farbig beschrieb. Gilt als frühestes englisches Literaturdokument, erschienen im Diogenes-Verlag.

Die nächste historische Weiche: Henry VIII. führt die Reformation ein. 1538 zerstört er das Becket-Grab, die Pilgerzeit ist schlagartig vorbei. Nach Schließung des Klosters wird der Klosterschatz (26 Wagenfuhren Gold und Edelsteine) eingezogen.

Die Stadt bleibt aber das klerikale Zentrum von England, die Etablierung der neuen anglikanischen Staatskirche wird von hier aus betrieben, und der "Archbishop of Canterbury" ist bis heute ihr Oberhaupt.

Obwohl es keine nennenswerte Kriegsindustrien hier gibt, ist Canterbury Mai/ Juni 1942 Ziel deutscher Fliegerattacken. Im Rahmen der sog. "Baedeker-Angriffe" versucht Hitler, durch gezielte Zerstörung von Kulturgut den Stolz des

Henry VIII, der Reformator
Siehe auch Seite 112

englischen Volkes auszuhöhlen. Die Kathedrale blieb Gott sei Dank verschont, die übrigen Schäden wurden tadellos restauriert.

Hauptsehenswürdigkeit ist die **CATHEDRAL** (1), die meistbesuchte der englischen Kathedralen (vor allem wegen der historischen Assoziationen). Erster Eindruck: der 78 m hohe Mittelturm "Bell Harry", Fassaden im üppig verzierten, spätgotischen Perpendicular-Stil, innen viele Teile im frühgotischen Early-English-Stil. Maße: 175 m lang, 27 m breit, 27 m hoch.
Schönster Blick vom Haupteingang CHRIST CHURCH GATE (5): Foto- und Ansichtskarten-Motiv. Torhaus von 1517 mit Fachwerk und viel Zierrat. Liegt am Ende der Mercery Lane innerhalb der Fußgängerzone (off High Street).

Eintritt über das WESTPORTAL mit den Statuen von King Ethelbert und seiner Frau Bertha, den ersten christlichen Monarchen der britischen Insel.

Vor dem Betrachter erstreckt sich das LANGHAUS (Perpendicular-Stil): faszinierende Wirkung durch die Flucht aus Galerien schlanker Säulen und das prächtiges Deckengewölbe. Links ein Taufstein von 1639, den wunderschönen Aufbau beachten. Abgegrenzt wird das Langhaus durch den Lettner, einer mit den Statuen von sechs christlichen Monarchen ornamentierten Steinwand aus dem 15. Jh.

Neben besagter Steinwand führt ein Treppenaufgang in den CHOR, der erhöht liegt und wie eine separate Kirche wirkt. Auf der Treppe nochmal umblicken: das hohe Langhaus, überall Säulen, Glasmalereien und flutende Lichtschächte im ansonsten düsteren Kircheninnern. Oberhalb des Chorraumes in 43 m Höhe ein filigranes Fächergewölbe.

Der Chor wurde 1174 nach einem Brand neu gebaut. Man holte dazu den französischen Star-Architekten William of Sens, der den gotischen Stil nach England brachte und die Kathedrale zum Maßstabgeber für alle weiteren großen Kathedralen-Bauten machte. Kennzeichen für den frühgotischen "Early English Style": doppelte, übereinanderliegende Säulenreihen (unten jeweils Doppelsäulen), an den Seitenwänden viel Zierrat.

Am Chorumgang schöne Buntglasfenster, die den analphabetischen Gläubigen die Bibel erläutern sollten (sog. "Arme-Leute-Bibel"). Höhepunkt der Fenstermalerei, um 118o. Außerdem die monumentalen Grabstätten der Erzbischöfe beachten.

Auf beiden Seiten des Chorraumes liegen die Querschiffe. Im linken Querschiff sollte man sich zwei Kapellen ansehen: die spätgotische "Lady Chapel" (filigranstes Fächergewölbe) und die "Martyrdom", wo 117o Thomas Becket ermordet wurde (ein Markierstein zeigt den Tatort an).

Im rechten Querschiff die "Warrior's Chapel" (14. Jh.): Figuren-Grabmäler, eine alte Schiffsglocke, Büste von Admiral Rook, der 17o4 Gibraltar in englischen Besitz brachte, im Buch "Roll of Honour" Namen von in den Weltkriegen gefallenen Soldaten.

Hinter dem Chor führen Stufen zum HOCHALTAR. Rechts des Altars in der St. Anselm's Chapel ein mittelalterliches Wandgemälde, das erst 189o entdeckt wurde. Links vom Hochaltar die St. Andrew's Chapel (11. Jh., noch im normannischen Stil) und die Schatzkammer Treasury, wo wertvolle Kunstgegenstände ausgestellt sind.

Hinter dem Hochaltar geht's in die TRINITY CHAPEL, wo bis zu seiner Zerstörung in der Reformation der aus purem Gold bestehende Schrein des Hl. Thomas Becket stand. Die Ausschürfungen am Boden entstanden durch Abertausende von Pilgern, die auf Knien an den Sarg heranrutschten. Außerdem beachtenswert: ein Säulenpaar aus verschieden farbigem Marmor, mittelalterliches Grabmal von King

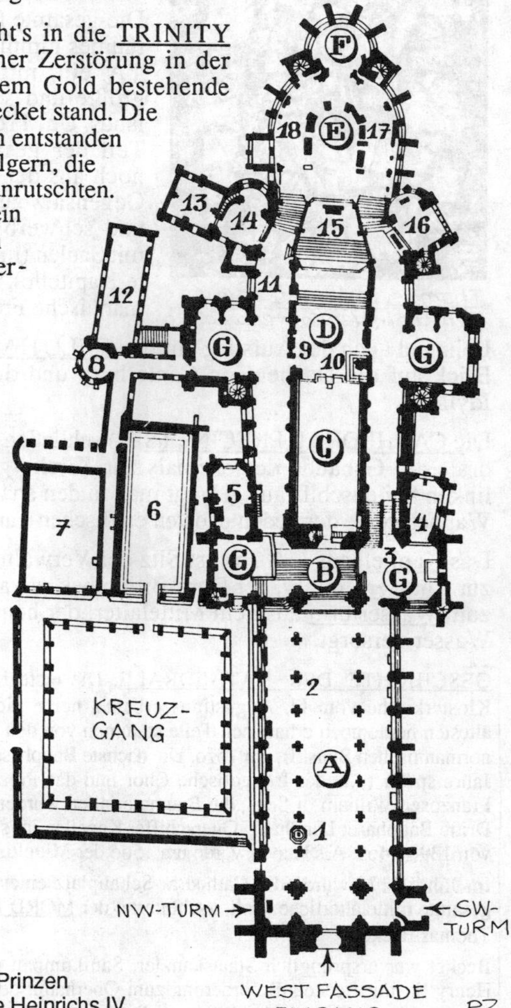

Canterbury Cathedral

A Langhaus
B Vierungsturm
C Chor
D Altarraum (Presbyterium)
E Dreieinigkeitskapelle
F Corona
G Querschiffe

1 Taufbecken
2 Kanzel
3 Kryptaeingang
4 Michaelskapelle
5 Marienkapelle
6 Kapitelhaus
7 Bücherei
8 Wasserturm
9 Grabmal Erzbischof Chilene
1o Thron des Erzbischofs
11 Becket-Fenster
12 Bibliothek Howleiana
13 Schatzkammer
14 St. Andreaskapelle
15 Hochaltar
16 St. Anselmkapelle
17 Grabmal des schwarzen Prinzen
18 Grabmal und Votivkapelle Heinrichs IV.

Thomas Becket, Glasfenster in der Canterb. Cath.

Henry IV. und ein Renaissance-Grab. 12 Buntglasfenster schildern das Leben des Thomas Becket. An die Trinity Chapel schließt sich die CORONA CHAPEL an: um 12oo erbaute, runde Kapelle. Auf dem Marmorthron werden heute noch die Erzbischöfe von Canterbury gekrönt.

Die gesamte Fläche unterhalb der Chorraumes nimmt die unterirdische KRYPTA ein, mit ihren fünf Schiffen die größte und schönste Unterkirche Englands. Um 11oo erbaut und somit ältester Teil der gesamten Cathedral, stammt noch aus der Normannenzeit. Wirkt im Gegensatz zur gotischen Kirche düster und schwerblütig: wuchtiges Gewölbe mit Säulen (mit Tier-Ornamenten verzierte Kapitelle), in einer Seitenkapelle normannische Fresken von 11oo.

Lohnend auch der Aufstieg auf den BELL HARRY TOWER: Panorama-Blick auf die Dächer von Canterbury und die heimelige Biedermeier-Idylle.

Die CATHEDRAL PRECINCTS (4) schließen sich nördlich an die Kathedrale an: Gebäude des ehemals zur Kirche gehörenden Klosters. Vom linken Seitenschiff aus gelangt man in den spätgotischen Kreuzgang, 825 Wappensteine der bedeutendsten englischen Familien-Dynastien.

Das Kapitelhaus (14. Jh.) ist Sitz der Verwaltung der Kathedrale. Weiter zur Chapter Library, der Dom-Bibliothek mit alten Manuskripten, - sowie zum Wasserturm aus dem Mittelalter, der heute noch die Kathedrale mit Wasser versorgt.

GESCHICHTE DER KATHEDRALE: Die erste Kirche wurde im Jahre 597 als Klosterkirche vom hl. Augustinus erbaut,- heute nichts mehr davon erhalten. Die ältesten heute noch erhaltenen Teile stammen von den Normannen (v.a. die Krypta im normannischen Baustil), um 1o7o. Die nächste Bauphase erfolgte nach einem Brand 1oo Jahre später (v.a. der frühgotische Chor und das Presbyterium): unter der Regie des Franzosen William of Sens, die Baumaterialien wurden aus der Normandie importiert. Dritte Bauphase: Langhaus, Querschiffe, Kapellen im spätgotischen Perpendicular-Stil, von 139o-14o5. Als letztes wurde um 15oo der Mittelturm angefügt.

Im Jahre 117o wurde die Cathedral Schauplatz eines brutalen Verbrechens, das die gesamte mittelalterliche Welt erschütterte: der MORD IM DOM, verübt am Erzbischof Thomas Becket.

Becket war ursprünglich Staatskanzler, Saufkumpan und loyaler Freund des Königs Henry II.: mit Beckets Beförderung zum Oberhaupt der englischen Kirche wollte man dem streitbaren Papst in den Rücken fallen und den gesamten Klerus unter die Kontrolle der Krone bringen. Doch die Rechnung wurde ohne den Wirt gemacht: als Erzbischof fühlte sich Becket der Kirche mehr verpflichtet als seinem einstigen Mentor Henry.

Der Konflikt war vorprogrammiert, als Henrys Forderungskatalog immer länger wurde (z.B. sollten die Priester sich per Eid offiziell gegen Rom verschwören). Am Weihnachtstag 117o exkommunizierte der Erzbischof seinen König. Dieser tobte, sein feiger Hofstaat würde dem Treiben tatenlos zusehen.

Vier Ritter aus der Gefolgschaft witterten Lorbeeren und machten sich zum Vollstrecker des königlichen Appells. Am 19. Dezember gegen 4 Uhr nachmittags erreichten sie Canterbury, vor der Kathedrale stehen die Schaulustigen im Schnee. Heftiges Poltern gegen das Portal. "Die Kirche Gottes ist keine Festung" - mit diesen Worten läßt Thomas Becket im vollen Bewußtsein der Gefahr die Tore öffnen. Es kommt zum Handgemenge, Schwerter und Äxte blitzen im Kerzenschein: der Streiter der Kirche bricht tot in seiner Blutlache zusammen. Das Gotteshaus wird zum Schlachthaus, im Mordrausch brechen die Attentäter sogar die Schädeldecke des Getöteten auf und verschmieren sein Gehirn auf dem Pflasterboden.

Wir wissen nicht, inwieweit die Legende an dem 8oo Jahre alten Wetterbericht mitgeschrieben hat: nach Augenzeugenberichten soll urplötzlich ein gewaltiger Sturm losgebrochen sein und der Himmel sich tiefrot wie Blut verfärbt haben. Ein Aufschrei geht durch England, sehr bald beginnt der Pilgerstrom. Die öffentliche Meinung zwingt Henry zu einem demütigenden Bußakt, indem er sich öffentlich am Ort des Verbrechens auspeitschen läßt.

In den folgenden Jahren gelingt es König Henry dennoch, den politischen Sieg davonzutragen und die Kirche unter seine Kontrolle zu bringen. Thomas Becket ist umsonst gestorben. Was bleibt vom Märtyrertod, ist die Legende.

Kathedralen gehören zu den bedeutendsten Kunstschätzen Englands, die einem auf der Urlaubsreise immer wieder begegnen. Wer zum Auftakt gleich hier in Canterbury tiefer in die Materie einsteigen möchte, besorgt sich am besten die Broschüre "Walk Around Guide to Canterbury Cathedral", sehr instruktiv und nur ein paar Mark teuer.

Führungen: dreimal pro Tag, dauert eine Stunde. Für die 2 DM viele interessante Background-Infos.

Der meiste Flair in Bezug auf die Cathedral kommt rüber, wenn man eine der hier zelebrierten Abendandachten besucht. Glitzernder Bischofs-Pomp, helle Lichter, Kirchen-Chorale. Evensongs Mo.-Fr. um 17.3o Uhr, Sa. und So. um 15.15 Uhr.

WEITERE SEHENSWÜRDIGKEITEN:

vom Eingangsportal der Kathedrale durch das CHRIST CHURCH GATE (5) entlang der Burgate rund 1oo m in der rechts abzweigenden Butchery Lane zum ROMAN PAVEMENT (17): Grundmauern eines Römer-Hauses aus der Zeit um 1oo n.Chr.; sehr schön erhalten das Bodenmosaik in Form einer Rosette. Wurde erst im Krieg nach einem deutschen Bombenangriff entdeckt.

Kurz darauf die römisch-katholische Kirche, sehr bescheiden im Vergleich

CANTERBURY

1 KATHEDRALE
2 Kent War Memorial
3 Quentin Gate
4 Cathedral Precincts
5 Christ Church Gate
6 Archbishops Palace
7 Kings School
8 Normans Staircase
9 St. Johns Hospital
1o Sir John Boys House
11 Christ Church College
12 St. Augustines College
13 St. Augustines Abbey (Ruinen)
14 St. Pauls Church
15 St. Georges Tower
16 TOURIST INFO
17 Roman Pavement
18 Chequer of the Hope
19 Queen Elizabeth Guest Chamber
2o Eastbridge Hospital
21 The Beaney: Royal Museum + Bibliothek
22 The Weavers (Weberhäuser)
23 The Marlowe Theatre
24 Blackfriars (ehemaliges Dominikaner Kloster)
25 College of Art
26 Westgate
27 Falstaff Inn
28 Westgate House
29 House of Agnes Hotel
3o Tower House
31 Westgate Gardens
32 Greyfriars (ehemal. Franziskaner Kloster)
33 Bluffs Museum (Canterbury Heritage) (Poor Priest Hospital)
34 Pilgrim's Way
35 St. Mildreds Church
36 Norman Castle
37 Dane John Gardens
38 Marlowe Memorial
39 Riding Gate
4o BAHNHOF Canterbury East
41 BAHNHOF Canterbury West

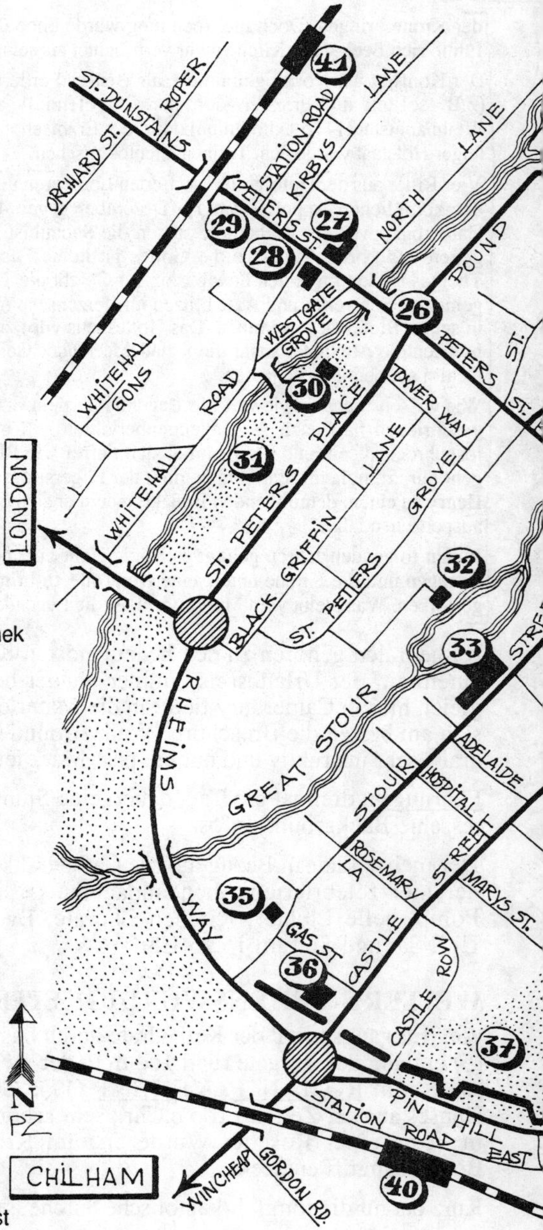

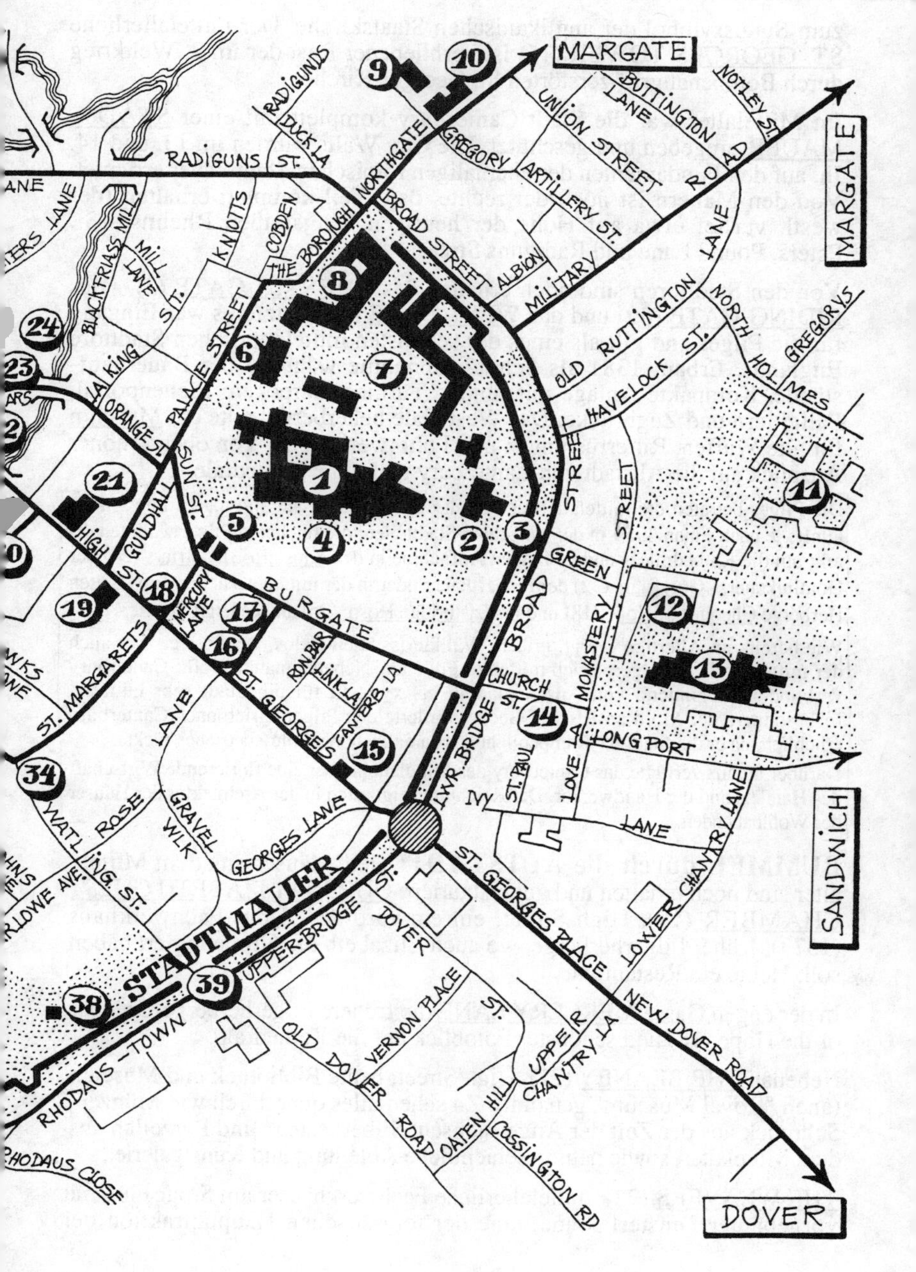
MARGATE
MARGATE
SANDWICH
DOVER
STADTMAUER
RADIGUNS ST.
RADIGUNDS
DUCK LA
NORTHGATE
THE BOROUGH
BROAD STREET
GREGORY
UNION STREET
BUTTINGTON LANE
NOTLEY ST.
ARTILLERY ST.
MILITARY ROAD
ALBION
KNOTTS
COBDEN
MILL LANE
BLACKFRIARS
MILL
KING ST.
PALACE STREET
ORANGE ST.
SUN ST.
GUILDHALL
HIGH ST.
MERCURY LANE
BURGATE
ST. MARGARETS
ST. GEORGES LANE
IRON BAR
LINK LA
CANTERB. LA.
BROAD
CHURCH ST.
ST. PAUL
LWR. BRIDGE
OLD RUTTINGTON LANE
NORTH HOLMES
GREGORYS
HAVELOCK ST.
STREET
GREEN
MONASTERY STREET
LONGPORT
LOVE LA
IVY LANE
LOWER CHANTRY LANE
ST. GEORGES PLACE
NEW DOVER ROAD
UPPER CHANTRY LA
ROSE LANE
GRAVEL WLK
GEORGES LANE
WATLING ST.
MARLOWE AVE.
UPPER-BRIDGE ST.
DOVER ST.
VERNON PLACE
OLD DOVER ROAD
OATEN HILL
COSSINGTON RD
RHODAUS-TOWN
RHODAUS CLOSE
LANE
1
2
3
4
5
6
7
8
9
10
11
12
13
14
15
16
17
18
19
21
23
24
34
38
39

zum Statussymbol der anglikanischen Staatskirche. Der mittelalterliche ST. GEORGES TOWER (15) ist verbliebener Rest der im 2. Weltkrieg durch Bombenangriff zerstörten St. Georges Kirche.

Im Mittelalter war die Stadt Canterbury komplett mit einer STADT-MAUER umgeben und geschützt. Die City Walls wurden im 13. und 14. Jh. auf den Fundamenten der ehemaligen römischen Stadtmauer errichtet. Von den Mauern ist noch der rechte, östl. Teil komplett erhalten (der westl. verlief etwa auf Höhe der heutigen Ringstraßen Rheims - St. Peters, Pound Lane und Radiguns Street).

Von den Stadttoren sind noch erhalten das QUENTIN GATE (3), - das RIDING GATE (39) und das WEST GATE (26): letzteres war Eingang für die Pilger und gilt als eines der schönsten mittelalterlichen Stadttore Englands. Erbaut 1381 als Schutzmaßnahme während der Bauernaufstände. Kompakte Anlage mit runden Türmen, barockem Eichenportal, Fallgittern und Zugbrücke. Das West Gate beherbergt heute ein Museum für alte Waffen, Ritterrüstungen und Folterwerkzeuge. Von oben schöner Ausblick auf die Altstadt von Canterbury und seine Kathedrale.

Die Pilger betraten die mittelalterliche Stadt durchs West Gate und hatten ihre Unterkünfte je nach Finanzkraft in den einzelnen Stadtteilen: die reicheren Pilger wohnten direkt um die Kathedrale, - andere fanden Aufnahme in den Klöstern Blackfriars (24) der Dominikaner, - Greyfriars (32) der Franziskaner oder in der mittelalterlichen 1oo- Betten Herberge Cheques of Hope (18) und im Eastbridge Hosp. (2o) an der High Street.

Wie bereits im Altertum (vergl. griech. Wallfahrtsstätten Delos, Delphi etc.) war auch der mittelalterliche Pilgerbetrieb mit einer Fülle an "Nebeneinnahmen" für Canterbury verbunden (beginnend von Anstecknadeln bis xy) und für die Stadt sehr lukrativ. Insbesondere der Mord an Bischof Becket förderte den Pilgerbetrieb nach Canterbury erheblich, da er die Stadt ins Rampenlicht des damaligen Wallfahrtsbetriebes rückte.

Darüber hinaus verfügte das Canterbury des Mittelalters über eine florierende Wirtschaft des Handels und der Handwerker. Der Reichtum zeigt sich in der Architektur der Häuser der Wohlhabenden.

BUMMEL durch die ALTSTADT: viele Häuser aus dem Mittelalter sind noch erhalten und gut restauriert: QUEEN ELIZABETH GUEST CHAMBER (19), High Street, ein ehrwürdiges Tudor-Fachwerkhaus (1573), früher Pilgerherberge, wo auch Elizabeth die Große logiert haben soll. Heute ein Restaurant.

In der engen Gasse MERCERY LANE die frühere Pilgerherberge Chequer of the Hope (18) und schönster Fotoblick auf die Kathedrale.

Nebenan THE BEANEY (21), High Street, heute Bibliothek und Museum (auch "Royal Museum" genannt). Zu sehen alles quer durch wie Münzen, Schmuck aus der Zeit der Angelsachsen, Silberbesteck und Porzellan aus dem Mittelalter, sowie naturgeschichtliche Abteilung und Kunstgalerie.

THE WEAVERS (22): mittelalterliche Fachwerkhäuser am Stour Fluß mit vorgebauter Fensterfassade, eine der touristischen Hauptattraktion der

Stadt neben der Kathedrale. Während der Reformation wurden hier Hugenottenflüchtlinge aus Frankreich untergebracht, die als Weber tätig waren. Im 1. Stock Ausstellung von Webstühlen und Demonstration, wie darauf gearbeitet wurde, außerdem Verkauf von Kunsthandwerk. Im 2.Stock ein Brass Rubbing Centre, um sich Motive aus der Kathedrale als Souvenir abzupausen. Vor dem Gebäude ein "Ducking Stool": eine Art Wippe, wo man im Mittelalter Frauen als Strafe für Zankereien in der Öffentlichkeit einspannte und auf dem Marktplatz ausstellte. Daß beide Frauen gemeinsam an den Pranger gestellt wurden und in dieser Spezialsituation offiziell das Recht zum Weiterstreiten bekamen, erhöhte den Reiz für die spottlustigen Zuschauer natürlich ungemein.

Im Sommer gibts auf dem Stour River ab "The Wavers" Bootsfahrten.

EASTBRIDGE HOSPITAL (2o): gegenüber "The Weavers", war früher Herberge für die weniger begüterten Pilger. Vom ursprünglichen Bau sind noch die Krypta und die Halle aus dem 12. Jh. erhalten, die Seitenflügel wurden im 17.Jh. angebaut.

GREYFRIARS (32): romantische Ruinen eines Franziskanerklosters aus dem 13. Jh., drumrum schöne Gärten am River Stour.

CANTERBURY HERITAGE (33) Stour Street. Heimatmuseum: alles in farbigen Arrangements mit Puppen und kompletten Szenen aus dem Alltagsleben. Das Gebäude: aus dem 14. Jh., ursprünglich ein Altersheim für Priester ("The Poor Priest Hospital").

In der ST. MARGARET'S STREET das Stadttheater und ein Shopping-Centre, in erster Linie aber interessant der PILGRIM'S WAY (34), wo durch audiovisuelle Multi-Media-Shows und Arrangements aus Wachspuppen das Treiben in der Pilgerzeit lebendig wird. Farbige Illustration der Figuren aus Geoffrey Chaucers "Canterbury Tales".

Weitere 3oo m zum NORMAN CASTLE (36), nach der Normannen-Invasion 1o66 erbaute Trutzburg; nur noch die Türme erhalten. Hier beginnt die noch erhaltene Stadtmauer bis rauf zur Broad Street.

DANE JOHN GARDENS (37): Stadtpark, grenzt an die Innenseite der Stadtmauer. Hier steht die von George Stephenson (dem Erfinder der Eisenbahn) konstruierte Dampflokomotive "Invicta". Sie fuhr ab 1836 auf dem Gleis zwischen Canterbury und dem Seebad Whitstable. Die Strecke war nach der Verbindung Liverpool-> Manchester die zweite Bahnverbindung der Welt.

ARCHBISHOP'S PALACE (6) Palace Street, wo der Erzbischof von Canterbury residiert. Das Gebäude wurde im Jahre 19o1 fertiggestellt.

Kurz dahinter die KING'S SCHOOL (7): die erstmals im 7.Jh. urkundlich erwähnte Klosterschule. Das äußere Stiegenhaus (Norman Staircase, - 8), wurde im 12.Jh. angefügt und führt in die Empfangshalle.

Verlängerung der Palace Street ist die "Northgate". Hier das ST.JOHN'S HOSPITAL (9), 1o84 gegründet, sehenswertes Torhaus.

ST. AUGUSTINE'S ABBEY (13): ursprünglich 697 vom Hl. Augustinus gegründet. Die heute noch sichtbaren Bauten stammen aus dem 11.Jh.; sehenswert die alten Grabmäler. Im Mittelalter eines der bedeutendsten Klosterzentren Europas, geriet durch den Pilgerstrom nach der Ermordung Beckets rasch in den Schatten der Kathedrale. Daneben das St. Augustine's College (12), Mitte des 19.Jh's als Missionarsschule gegründet.

Weiter stadtauswärts, entlang der Longport Street, zur ST. MARTIN'S CHURCH: kleines, mausgraues Steinkirchlein in idyllischer Lage auf dem Friedhof mit seinen alten Eiben. Die "Mutterkirche Englands": 1.3oo Jahre alt, stammt noch aus der Zeit der Sachsen, eines der ältesten Kirchengebäude Europas! Sie wurde noch durch den Hl. Augustinus im Zuge seiner Missionarsarbeit errichtet: Keimzelle, von der aus ganz England christianisiert wurde. In den Bau wurde ein ehemaliger römischer Tempel integriert - Symbol der Zeitenwende; später weitere Anbauten (z.B. Turm im 14. Jh.).

HOUSE OF AGNES HOTEL (29) beim Bahnhof Canterbury East: wurde berühmt, da Szenen im Charles Dickens Roman "David Copperfield" hier spielten.

"**Slatters Hotel**": St.Margarete St. Top-Lage, nur 2oo m von der Kathedrale entfernt. Service und Komfort sind 1 A im behäbigen Altbau- Hotel. Tel. o227/ 46 32 71. DZ ca. 22o DM.

"**Falstaff Hotel**": St.Dunstans Street. Mittelalterliche Postkutschenstation von 14o3 in der Nähe des Westgate Towers. Verwinkelter Altbau, überall altes Fachwerk und urgemütlich. Holzvertäfelter Dining-Room. Die Zimmer haben moderne Standards, und der Service ist gut, stilvollste Bleibe in Canterbury. Tel.o227/ 46 35 25. DZ ca. 21o DM.

"**Canterbury Hotel**": 71, New Dover Road. Kleines Hotel, 1o Minuten vom Centre. Wer auf persönliche Atmosphäre und sehr guten Service steht, wird nicht enttäuscht sein. Tel.o227/ 45 o5 51. DZ ca. 16o DM.

"**Pointers Hotel**": 1, London Road. Georgianische Stadtvilla in bequemer Gehweite vom Zentrum. Der Bau mit seinen schönen Fassaden steht unter Denkmalschutz. Tel.o227/ 45 68 46. DZ ca. 12o DM.

BED & BREAKFAST: Von Anfang Juni bis Anfang September das Book-a-bed-ahead-System des TI in Anspruch nehmen und schon bei der Ankunft am Kanalhafen reservieren, die Zimmer in Zentrumsnähe sind ruckzuck belegt. Preise etwas höher als sonst üblich, ab 75 DM fürs DZ. Innerhalb der Stadtmauern nur sehr begrenztes Angebot, Vorausbuchen hier doppelt ratsam. Wunderschöne Lage im Altstadtgewühl, Nähe zu den Kneipen und Sehenswürdigkeiten. Außerhalb der Stadtmauern zahlreiche Pensionen in nur 1o-15 Gehminuten ab vom Zentrum. Konzentrieren sich rund um die beiden Bahnhöfe sowie entlang der London Road und Whitstable Road. In der New Dover Road ein paar Mark teurer.

JUGENDHERBERGE: 54, New Dover Road, Tel. o227/ 46 29 11. Schönes Gebäude, sehr sauber. Liegt an der A 2 von Dover kommend, 1 km ab vom Zugbahnhof East Station und 7oo m vom Busterminal. Einziger Nachteil: im Sommer permanent ausgebucht. Unbedingt schon am Tag vor der Ankunft anrufen und ein Bett reservieren (ab 17 Uhr). Wer tagsüber in Dover ankommt, klingelt sicherheitshalber gleich von dort aus an und fragt nach, ob was frei ist - im Notfall vielleicht in Dover übernachten.

Der ST.MARTINS SITE (Tel.o227/ 46 32 16) liegt 2 km westlich an der A 257 Richtung Sandwich, Stadtbusse alle halbe Stunden. In ländlicher Gegend, sanft ansteigendes, grasiges Gelände mit Bäumen drumrum. Sauber und gute Facilities (Shop, Waschmaschinen, Trockenraum).

Vielleicht auch das Zelt auf einem der zahlreichen Campingplätze an der westlichen Küste aufschlagen: in den Seebädern wie Whitstable und Herne Bay, schöne Kombination von Faulenzen am Strand (leider nur Kies!) und Kulturtrip nach Canterbury. Alle 3o Minuten Busse rein nach Canterbury (Fahrtdauer 3o Min.).

SEVENTY-FOUR (74, Wincheap): vom Michelin mit einem Stern quotiert, was mit anderen Worten heißt "eine gute Küche, die Beachtung findet". De Facto schmecken die hier servierten Gerichte etwas intensiver im Stil der "nouvelle cousine", mit viel Gemüse. Ein gemütlicher Fachwerkbau, Aperitif und Dessert-Kaffee in separater Bar. Ca. 4o-6o DM à la carte, das beste Lokal in Canterbury und ideal zum Urlaubs-Auftakt.

Dinner im SULLY'S, dem Restaurant im County Hotel (High Street) zwischen schweren Eichenmöbeln, Fachwerk und Silberbesteck-Geklapper. Exzellent zubereitet mit ausgefallenen Saucen, viel Gemüse, knackigem Salat, ca.45 DM.

Sehr guten Ruf hat auch das WATERFIELDS (5, Best Lane), in einer ehemaligen Schmiede aus dem 17. Jh. untergebracht. Gekalkte Ziegelwände und Kiefernholz-Vertäfelung, eine der Hausspezialitäten ist Seezunge ("Dover sole"). Ca.35-5o DM.

CASTLE RESTAURANT (71, Castle St.): unter Einheimischen gehandelter heißer Tip für die beste Preis-Leistungs-Relation von ganz Canterbury. Schmeckt dazu fabelhaft, in erster Linie Fischgerichte und Sachen vom Grill, jeweils mit Pommes und Erbsen. Komplettes Gericht ca.15-25 DM.

Adresse für saftige Steaks: BEN JOHNSON STEAKHOUSE, exzellent die englischen Lammkoteletts. Guildhall St, um die 35 DM mit Beilagen und Getränk.

QUEEN ELIZABETH'S RESTAURANT (45, High Street): in Altbau aus dem 16. Jh. Holzvertäfelung und Wandreliefs lassen das Zeitalter der Entdeckungsfahrten nachschwingen. Original-englische Hausmannskost um 2o-25 DM.

COGAN HOUSE: eingerichtet im Stil einer Brasserie. Angebot von kleinen Salaten bis zu Lammkoteletts. Das feste Drei-Gang-Menü kostet ca.25 DM. Geöffnet rund um die Uhr.

GEORGE'S BRASSERIE (71, Castle Street): sehr beliebt bei den Locals, 1o-15 DM.

Tagsüber im gemütlichen Vegetarier-Café rumsitzen: PARADISE CAFE, heißer Tip ist die herzhafte Ziegenmilch. Ruhig, gemütlich, "Birkenstock-Atmosphäre".

BARMEALS: Das SEVEN STARS INN (Orange Street) sehr gut für die Preislage von 1o-2o DM; viele Studenten. ALBERRY'S WINE BAR: nach dem Essen gleich hierbleiben,- 4x pro Woche Live-Musik. Guten Ruf genießt auch das Essen im THREE TUNS, Watling Street.

Selbstversorger: Im Naturkostladen GATEWAYS (21, The Boroughs) über 3o Käsesorten, frische Milch und Obst/Gemüse. - WINCHEAP (26, Wincheap): selbstgeräucherter Schinken und Wurst, nach Uralt-Rezepten ohne chemische Additive. - MARKT für Obst und Gemüse mittwochs im Sträßchen Market Way, off St.Stephens Street.

Schon wegen der Studenten viele Pubs,- leider nur wenig Herausragendes, alles mehr oder weniger Durchschnitt.

FALLSTAFF TAB (4, North Lane) ist beliebtester Studenten-Treff: durchgetretener Holzbretterboden, drüber hängt die Decke durch und dazwischen dicke Luft, viel Bier und Stimmengewirr. Mehrere Räume, zerschundene Möbel.

Ebenfalls viele Leute von der Szene im CHERRY TREE, beim "County Hotel" um die Ecke. Recht klein, ist daher immer gesteckt voll.

ALBERRY (St.Margarate St., gegenüber dem "Slatters Hotel") hier trifft man sich, wenn einen nach der Sperrstunde immer noch der Durst quält: geöffnet bis 24 Uhr. In der Kellerbar spielen jeden Donnerstag Live-Bands.

TASCOLL'S, (49, Lavender Place): Weinbar mit gepflegter Atmosphäre, an drei Abenden pro Woche Jazz- und Folk-Music.

GAINTER'S (Dover Street): ein bißchen "trendy" mit chic gekleideten Leuten in den Zwanzigern.

Shopping: Gutes Pflaster für Antiquitäten, erheblich zivilere Preise als in London. Viele verstreut liegende Läden. Ramsch, Klimbim, alte Schallplatten, Klamotten: GENERAL MARKET, jeden Mittwoch in der Kingsmead Road.

Eine geschlossene Markthalle mit Basar-Atmosphäre und vielen Buden: SIDNEY COOPER CENTRE. Samstags und mittwochs die Adresse für alte Klamotten, Bric-a-brac usw.

Tägl. außer sonntags geöffnet: das ANTIQUE CENTRE in der Ivy Lane, neben dem Busterminal. Viele kleine Shops in einem ehemaligen Getreidesilo, Atmosphäre und ein kleines Café.

Theater: im großen Marlowe Theatre Show-Produktionen etablierter Gruppen aus London sowie öfters Varietés. Die Theaterbühne auf dem Universitätsgelände für Laienschauspiel und für experimentelle Regie.

Boot-Trips: Ausflugsdampfer mehrmals täglich ab der Blackfriars Monastery (Kings Street), 4 DM für 1/2 Stunde. Sich gemütlich gegen die Reling lehnen, am Ufer ziehen prächtige Fachwerkbauten vorbei. Wer Energiereserven abbauen möchte, mietet sich vielleicht ein Ruderboot und arbeitet sich selbst über die Flußarme, Canterbury zeigt sich so von seiner charmantesten Seite. Vermieter-Stationen bei der Blackfriar's Abbey (24) und beim Stadttor Westgate (26).

Noch ein Tip: montags in der St.Stephens Street turbulente **Viehmärkte**. Rinder, die Händler und Schafe brüllen quer durcheinander.

Feste: STOUR MUSIC FESTIVAL: in der letzten Juni-Woche in Ashfold, 15 km ab Canterbury. Unbedingt zu empfehlen für Liebhaber von Renaissance-Musik. Bereits einen Monat im voraus buchen beim "Tourist Office, Lower High Street, Ashford, County Kent".

CANTERBURY FESTIVAL: drei Wochen, Juli oder August: Konzerte, Theateraufführungen, Opern, Kammermusik.

Verbindungen ab Canterbury

Auto: nur etwa 8o km rein nach London,- wegen des dichten Verkehrsaufkommens ca. 1 1/2 Stunden einplanen. Mehrere Autovermieter für Trips in die Umgebung (Adressen beim TI,- bei der Firma Hertz kann der Wagen auch woanders als in Canterbury zurückgegeben werden).

Züge: 2 Bahnhöfe, beide eine Viertelstunde vom Zentrum außerhalb der Altstadt. Von Canterbury West (41) fahren Züge in den Südost-Zipfel der Grafschaft Kent, von Canterbury East (4o) nach London, Dover. Stündlich Verbindung mit London/Victoria Station (9o Min., 3o DM single, 42 DM return).

Busse: Terminal in der St.George's Lane. 9x/Tag nach London (ca.22 DM one-way und day-return, ca.3o DM return). Dichtes Netz auch zu den Küstenorten: mehrmals täglich bis halbstündlich. - Explorer-Ticket: für ca.1o DM einen Tag Freifahrt auf allen Busrouten östlich der Linie London-Brighton (für eine Woche ca.45 DM).

Fahrräder: Bike-rent beim Cycle Mart, 22, Stour Street.

★ UMGEBUNG VON CANTERBURY

Ein zusätzlicher Urlaubstag bei genügend Zeit sicher lohnend: schöne Altstädtchen, Hopfengärten, Apfelbaum-Plantagen, oder Reintauchen ins regionale "beach life" in den Seebädern an der Nordküste.

Transport kein Problem: Straßenführung sternförmig in alle Richtungen, Zugverbindungen und zum Teil halbstündlicher Busverkehr.

1. *TRIPS IN DIE NÄHERE UMGEBUNG bis max. 1o km, bei sonnigem Wetter sehr schön als Radtouren. Vermieter in Canterbury, siehe oben.*

WANDERN: bei TI Canterbury gibts für 2 DM den "Walking Guide" mit Vorschlägen für Kurz-Wanderungen im Umkreis von Canterbury.

FORDWICH: 5 km westl., ehemals der Hafen von Canterbury, als der River Stour noch schiffbar war. Neben dem Rathaus steht noch der sog. "ducking stool". (vergl. Canterbury/"The Weavers").

BEKESBOURNE, 4 km südöstlich an der A 2 Ri. Dover (Zugverbindung): lohnt sich wegen des Howletts Zoo Park: 1975 auf Privatinitiative eröffneter Tiergarten, um vom Aussterben bedrohte Arten fortzupflanzen und zu erhalten. In einem Park rund um ein Herrenhaus ca. 5o Arten (Bongo-Antilopen, asiatische Wildhunde usw.).

Im Nachbardorf PATRIXBOURNE schöne Fachwerkhäuser, sehenswert die normannische Dorfkirche mit wuchtigem Portal, darüber im Bogenfeld ein Christusrelief. Die Buntglasfenster stammen aus dem 16. und 17. Jh.

BLEAN: 4 km nördl. an der A 29o Ri. Whitstable. Treibhäuser und Volieren mit bunt-schillernden Tropenvögeln im Bird Park plus Gehege mit zahmen Vögeln.

BIGBURY, 3 km westlich: am Hügelabhang Ausgrabungen einer Steinzeit-Festung. Lohnt sich vor allem wegen des Ausblicks auf das friedliche Canterbury: grauer Dächer und die pompöse Kathedrale mitten in der sanft geschwungenen Gartenlandschaft.

2. *Zu den Seebädern WHITSTABLE und HERNEBAY für Wassersport, Sonnenbaden und Discos. Strand mit Kies und weniger los als in den übrigen Seebädern, dafür aber am einfachsten zu erreichen.*

Rund 12 km ab Canterbury, alle 3o Min. Busverbindung. Beide Orte bilden einen geschlossenen Siedlungsraum mit ca. 5o.ooo Einwohner. Herne Bay etwas gesetzt und selbstgefällig, schöner ist auf jeden Fall:

WHITSTABLE: Altes Hafenstädtchen, recht hektisch. Unten am Hafen die schwarz geteerten Bootshütten und holzvertäfelte Cottages. Im Ortsteil Tankerton reckt sich ein 9oo m langer Kiesriegel frontal ins Meer, steht bei Flut unter Wasser: ein traditionelles Revier zum Muschelsammeln.

Whitstable ist vor allem bekannt für seine Austernzucht, bereits seit der Zeit der Römer, heute die größte Zuchtkapazität in ganz Europa. Werden in vielen Bars als Snacks angeboten: mit Zitrone beträufeln und kräftig schlürfen.

PAERSONS CRAB&OYSTER HOUSE (Sea Wall) voll auf Meeresfrüchte spezialisiert: Austern, Krabben, Herzmuscheln, Hummer, Garnelen, Seezunge etc. Oben Diningroom Ambiente und opulente Dinner ab ca. 25 DM. In der Kellerbar Pubmeals um 1o DM, kleine Separées durch Ziegelwände abgeteilt. Hummerkörbe, ein Schiffs-Steuerrad und ein Aquarium, wo lebende Hummer übereinander krabbeln.

3.*Strandrummel an der THANNET-HALBINSEL*: *Kette von Ferienorten und 15 km Strand (feinster Sand), Sport, Entertainment, Disco.*

Als "Isle of Thannet" bezeichnet man die nordöstliche Ecke der Grafschaft Kent. Niedere Kreideklippen, die Brandung wäscht Seetang an die Felsbrocken, dazwischen idyllische Sandbuchten. Die Küste ist durchgehender Siedlungsraum, typisch-englische Strandpromenaden des 19. Jahrhunderts. 3 Hauptorte: Margate bringt am meisten Rummel (Discos, Wassersport), - Broadstairs etwas ruhigerer Familienbadeort. Ramsgate ist eher "middle-of-the-road".

Verbindungen Thannet Halbinsel

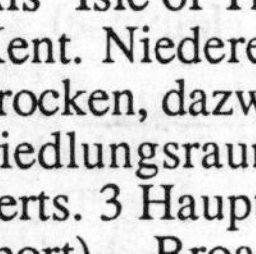

Züge stündl. ab der Canterbury West Station, 2o Min. Fahrtdauer, ca. 25 DM fürs Day-Return-Ticket (zurück am selben Tag), klappert alle Ortschaften ab. Das traditionelle Transportmittel, die Seebäder blühten erst nach dem Bau der Eisenbahn voll auf.

Auto: Anfahrt auf der A 28, je nachdem 25-3o km und an heißen Sommertagen dichter Verkehr.

Busse: stündlich Verbindung, um ein gutes Drittel billiger.

★ Margate (5o.ooo Einw.)

Der größte der Badeorte und Hauptort der Thannet-Halbinsel. Viele Day-

Tripper aus London kommen für einen Nachmittag am Strand hier raus. Jede Menge "action", inklusive Discos, Kneipen, Spielhöllen und Rummelplatz, viel junges Publikum an der 3 km langen Promenade.

Margate ist bei der Londoner Bevölkerung seit 175o "in", vor dem Eisenbahnbau verkehrten Küstenschiffe von der Hauptstadt aus.

An der Marine Terrace der BEMBOM BROTHERS PARK, seit 192o Rummelplatz mit Riesenrad, Achterbahn und einem Raumschiff, wo künstlich die Schwerkraft aufgehoben wird.

Unbedingt sehenswert: die SHELL GROTTO in der Dane Road. Höhle aus mehreren Kammern, die mit Millionen buntschillernder Muscheln tapeziert sind: Sterne, Figuren, Phantasiegebilde. Bezüglich der Erbauer existieren mehrere Theorien, vermutlich handelt es sich um einen vorchristlichen Tempel. Wurde im Jahre 1835 von Schulkindern beim Spielen entdeckt.

MARGATE CAVES, ein zweites Höhlensystem in der Northdown Road. Vor 1.ooo Jahren künstlich aus dem Kreidegestein geschlagen, diente im Mittelalter als Kerker und im 18.Jh. als Stauraum für Schmugglerware.

Für Liebhaber von Windmühlen: DRAPERS MILL von 185o, voll restauriert, bei Führungen wird die Mechanik erklärt. Liegt am Ortsrand.

Bike-Rent bei Ken's Bike Shop in 32, Eaton Road.
Sehr schönes Transportmittel auf der Thannet-Halbinsel.

Ein Abstecher führt ins westlich gelegene Küstendorf Birchington zum POWELL-COTTON-MUSEUM. Powell Cotton war in der Zeit zwischen den Kriegen Großwildjäger in Afrika: Jagdtrophäen, präparierte Tiere, Kultgegenstände der Naturvölker usw. Im Park vor dem Museum kleiner Zoo mit einer Gruppe weißer Nashörner, Gnus grasen auf der Lichtung.

★ Broadstairs (2o.ooo Einw.)

Hat trotz des Strandlebens noch etwas Fischerdorf-Charme, rund um die Kirche hart gegen die Klippenkante gebaut, Straßen führen steil zum Strand runter.

Fans von Charles Dickens (z.B."Oliver Twist") pilgern zum DICKENS HOUSE (2 Victoria Parade), vollgestopft mit Memorabilia wie Briefe und Klamotten des großen Schriftstellers. Nicht weit davon, im Bleak House, lebte Dickens zeitweilig und verfaßte hier im Erkerzimmer seinen Roman "David Copperfield". Burgartige Anlage, innen der originale Schreibtisch, sein Wasserglas, vergilbte Fotos.

2 km nördlich von Broadstairs: das North Foreland Lighthouse, 3o m hoher Leuchtturm aus dem 18.Jh., wirft seinen Lichtkegel 35 km weit. Kann nachmittags besichtigt werden

Feste: Mitte Juni eine Woche lang das Dickens Festival mit Theater, Film und Lesungen. Die Einheimischen tanzen kostümiert wie Dickens Romanfiguren durch die Straßen.

★ Ramsgate (39.ooo Einw.)

Ramsgate ist der lebhafteste der Seebäder im Südosten Englands. Außerdem seit 1981 Terminal der Fähre aus Dünkirchen/Frankreich.

Viel los unten am Hafen, Ramsgate ist eines der wichtigsten Yacht-Zentren Südenglands: ganze Batterien von Segeljollen. Besonders stilvoll am Abend: Lichter auf den Booten, von irgendwoher klingt Musik herüber. Ein Obelisk markiert die Stelle, wo 1942 die von den Deutschen eingekesselten englischen Truppen aus Frankreich evakuiert wurden. Hitler zögerte zu lange und ermöglichte 8o.ooo Soldaten die Flucht:.

Tip sind die Boots-Touren entlang der Küste, Abfahrt vom Hafen. Der Kahn zieht vorbei an den knallbunten Yachten, Menschen in Streichholz-Größe tummeln sich am Strand. Bei Ebbe ragen Schiffsmasten von Wracks aus dem Wasser.

Das MOTOR MUSEUM mit seinen nostalgischen Oldtimern liegt unterhalb des Hafens in der Westcliff Promenade. Hier auch die römisch-katholische PUGIN CHURCH, die 185o von W.N.Pugin auf eigene Kosten erbaute Kirche gilt als Meisterwerk der Neogotik.

Pugin war der Exponent der britischen Neogotik ("Gothic Revival"), die der romantischen Zeitgesinnung und der damit verbundenen Mittelalter-Begeisterung entsprang. Pugin widersetzte sich damit dem damals üblichen Klassizismus. Sein Leben war erfüllt von einer tiefen Religiösität, er starb 1852 als Vierzigjähriger, nachdem er ein Jahr zuvor in eine tiefe Depression gefallen war.

Dritte Attraktion am Westcliff ist das MODEL VILLAGE: Disneyland-Modell eines englischen Bauerndorfes mit schulterhohen Mini-Fachwerkhäusern.

2 km südlich (vom Hafen aus entlang der Promenade) zur Pegwell Bay: schöner Sandstrand, eingegrenzt von flachen Klippen. Oberhalb der Bucht auf einer Wiese die Hugin, originalgetreue Replika eines Wikinger-Drachenschiffs. Wurde 1949 von Dänemark aus hierher gesteuert, zur Feier des 15oo. Jahrestages der Landung der dänischen Wikinger, die ungefähr an dieser Stelle an Land gingen.

4. ***Kombination Strandleben + Kultur in SANDWICH und DEAL****: nur wenig überlaufen und zu empfehlen, um dem Trubel von Canterbury einen Nachmittag lang zu entkommen:*

Beide Orte liegen an der Küste östlich von Canterbury, rund 2o km bis Sandwich, weitere 1o km bis Deal. Anfahrt über die A 257.

Busse: im Schnitt jede Stunde, Fahrtzeit 2o-3o Minuten. Per Zug ungünstig, da "übers Eck" mit Umsteigen gefahren werden muß.

8 km hinter Canterbury im Dorf LITTLEBOURNE ein kleiner Kramladen, wo traditionelle, handgemachte Strohpuppen verkauft werden (High Street). 4 km vor Sandwich in ASH vielleicht kurz haltmachen für die Besichtigung der Weingüter St.Nicholas: Weinberge, Presse, Kelterei, und im Keller reift der Tropfen in Eichenfässern vor sich hin. Ein Gratis-Gläschen läßt als Abschluß auch den Gaumen zu seinem Recht kommen.

★ Sandwich (4.7oo Einw.)

Schönes Städtchen mit Flair. Im Mittelalter wichtiger Kriegshafen und eine der größten Städte Englands, später berüchtigtes Schmugglernest. Durch zunehmende Verlandung liegt der Ort heute 3 km hinter der Küste, Sandwich versank wieder in die Bedeutungslosigkeit...

Stadtbild: krumme Gassen und enges Straßen-Gewirr, Fachwerkhäuser, Brücken und Torbögen. Besonders schön das Altstadt-Viertel BARBICAN mit seinen Tudor-Häusern, Cafés und Andenkenläden. Den idyllischsten Blick hat man, wenn man die Promenade langschlendert.

FISHER GATE: Stadttor von 1384, sehr massiv gebaut wegen der ständigen Bedrohung durch die Franzosen im Hundertjährigen Krieg. Daneben eine alte Zollbrücke.

STRAND STREET: sehr malerisches Sträßchen mit Häusern, wo in der Reformation aus Frankreich geflohene Hugenotten lebten und das Weberhandwerk einführten.

GUILDHALL, Rathaus am Market Sq. mit kleinem Heimatmuseum.

Sandwich ist beherrscht von seinen drei mittelalterlichen Kirchen, deren Türme wie Wahrzeichen aufragen. Zumindest die ST. CLEMENTS CHURCH anschauen: normannisch sind Turm und Portal, der Rest im frühgotischen Early English Style.

Sandwich und das Wurstbrot: John Montagu, der Earl of Sandwich, nahm sich wegen seiner Leidenschaft am Zocken keine Zeit mehr für geregelte Mahlzeiten. Ständig die Spielkarten in der Hand, ernährte er sich weitgehend von belegten Brötchen und verhalf diesen zu ihrem Namen.

Noch eine historische Episode: bei einem blitzartigen Überfall 1457 töteten die Franzosen den Bürgermeister samt Stadtrat - seither tragen bis heute die Bürgermeister von Sandwich schwarze Amtsroben.

Sanft geschwungene, friedliche Dünenhügel und Sandstrand in der SANDWICH BAY: 5 km-Sträßchen (privat - kleine Gebühr) zum Parkplatz am Prince's Golfplatz, schlängelt sich quer durch die Dünen. Von hier rüber zum romantischen Strand, wo's auch an heißen Tagen nie hektisch wird.

Tip für kurze <u>Wanderung</u>: 2 km Pfad über kiesiges Wattrevier nach Norden zu einem kleinen Naturschutzgebiet im Mündungstrichter des River Stour: Sandbänke und Schlick, im Hinterland Salzmarsch und die Dünen. Stelzvögel, Kiebitze und Taucherfischen im seichten Wasser, in den Dünen bunte Wildblumen.

<u>Abstecher</u> nach <u>Richborough</u>, paar Autominuten nördlich (3 km): Landeplatz der Römer im Jahre 43 n.Chr. Erdwälle und Grundmauern eines Römer-Forts, 285 erbaut als Teil einer Kette von Küstenbefestigungen gegen die Seeräuber in der Nordsee. In einem kleinen Museum die Ausgrabungsfunde (Amphoren, Waffen, Lampen, Münzen). Nahebei ein Wasserkraftwerk: Führungen mehrmals pro Woche, Termine beim TI.

★ Deal **(27.ooo Einw.)**

Langer Kiesstrand, gewisser Reiz durch die vorbeiziehenden Schiffe. Nur wenig Touristen. Deal ist Sitz mehrerer Werften und eines Marinehafens, abends ziehen die Matrosen durch die Kneipen. Die Schiffe werden 12 km vor der Küste an den Sandbänken der Goodwin Sands be- und entladen, Transfer nach Deal dann mit kleineren Booten.

Ortsbild des 18.Jh's, keine der sonst üblichen Promenaden, wegen des kiesigen Strandes entfaltete sich hier nicht der viktorianische Badekult des 19.Jh's.

<u>DEAL CASTLE</u> wurde 154o von Henry VIII. aus der Dynastie der Tudor-Könige erbaut: mächtige Anlage nach dem Grundriß einer Rose (Wappenzeichen der Tudors). Kranz von sechs Außenbastionen rund um den Innenhof, als weiterer Schutz ein Burggraben. Grund für den Bau war die Angst vor einer Invasion durch Truppen des Papstes, nachdem Henry seinen Untertanen die Reformation verordnet und sich von Rom losgesagt hatte.

Nicht weit davon der <u>TIME BALL TOWER</u> als Zeitgeber für Schiffe. Per elektrischer Leitung mit Greenwich verbunden, Punkt 13 Uhr fällt eine schwarze Kugel vom Turm auf einer Schienenvorrichtung nach unten. Enthält ein kleines Museum zum Thema Meeresfunk und Informationssysteme auf See.

Tip für Kurzausflug: 2 km südlich zum <u>WALMER CASTLE</u>. Zentralturm in zwei Stockwerken, drumrum die Burganlage in Form eines vierblättrigen Kleeblattes, und alles märchenhaft-idyllisch von Efeu umrankt. Wurde wie das Deal Castle 154o von Henry VIII. erstellt, im 18. Jh. erfolgte dann der Umbau zu einem Landschloß, innen überall Holzvertäfelung und elegante Möblierung. Die Gärten wurden 18o5 angelegt.

<u>GOODWIN SANDS</u>: 8 km vor dem Küstenabschnitt zwischen Sandwich und Deal liegt eine der größten Gefahrenquellen der internationalen

Schiffsfahrt: riesige Sandbänke treiben geheimnisvoll im Meer, die zu Recht den Spitznamen "ship swallower" ("Schiffs-Schlucker") tragen.

Die Sandbänke sind 2o km lang und 8 km breit. Höhe: ca. 3o m. Feinster Sand auf einem Kreidegestein-Fundament. Die Heimtücke liegt vor allem darin, daß der Sand ständig in Bewegung ist und die Form verändert. Zahllose Schiffe sind hier schon festgelaufen, innerhalb von Stunden nach unten gezogen worden und für immer im Sand versunken. Manchmal tauchen die Wracks Jahrzehnte später für kurze Zeit wieder auf, bevor der Sand sie erneut auf Nimmerwiedersehen verschluckt. 1973 tauchte z.B. für ein paar Wochen die "Mumie" eines deutschen U-Bootes aus dem ersten Weltkrieg auf.

3 Leuchtschiffe und 1o Bojen warnen vor den Goodwin Sands, 7 Rettungsschiffe sind permanent einsatzbereit. Dennoch laufen immer wieder Schiffe hier fest, wenn sich die Sandbänke bei Flut unter einer dünnen Wasserfläche verstecken.

Eines fernen Tages werden die Rettungs-Vorrichtungen vermutlich überflüssig: langsam und schleichend bewegen sich die Sandbänke Richtung Westen und werden irgendwann die Küste erreichen.

5. ***Auf der ROUTE OF THE FIVE "C" quer durchs Inland:*** *auf der alten Pilgerroute durch die idyllische Gartenlandschaft und durch kuschelige Dörfer mit Fachwerkhäusern und krummen Straßen.*

Von Canterbury 2o km in westlicher Richtung entlang der A 252, bis zum Dorf Charing. Dabei geht's durch fünf Ortschaften, die jeweils den Anfangsbuchstaben C tragen.

Das pittoreske Hügelland der Kent Downs: kleine Wäldchen und saftige Weiden, und im Frühjahr blühen rosarot die Apfelbäume. In den Bauerndörfern sich ein paar Sehenswürdigkeiten anschauen, nach einer gemütlichen Tasse Tee geht's dann weiter. Wunderschön ist die Tour per Fahrrad (hin und zurück 4o km - ein humanes Tagespensum).

Mit öffentlichen Transportmitteln sieht's schlecht aus.

Ab CANTERBURY auf der Castle Street aus der Stadt raus, im ersten Teilstück dann der A 28 folgen. CHARTHAM (5 km) nestelt sich selbstzufrieden ins River-Stour-Valley, rund um die Dorfkirche aus dem 14. Jh. (Kanzel mit Buntglasfenstern).- Nach weiteren 3 km: CHILHAM, romantisch für eine Rast in einem der Cafés am Dorfplatz. Stolze Kirche, wohlhabende Häuser.

Unbedingt einen Besuch wert ist das CHILHAM CASTLE: 1616 von Inigo Jones erbautes Landschlößchen mit hohen Giebeln und schlanken Kaminen, der Bergfried stammt noch aus der Normannenzeit. Lohnt sich allein schon wegen des Parks, vom englischen Star-Gärtner Capability Brown, Terrassen und Blumenbeete am River Stour, 5oo Jahre alte Maulbeerbäume sowie 3oo Jahre alte, immergrüne Eiben.

Zum Castle gehört ein Falkenhof ("falconry"), wo die Raubvögel in ihren Käfigen sitzen und mehrmals am Tag Flugshows mit den majestätischen

Krummschnäbeln aufgeführt werden.

Wer tiefer in die geheimnisvolle Welt des dunklen Mittelalters reintauchen möchte: zur Saison an Wochenenden werden Ritterturniere ("tournaments") veranstaltet. Mit blanken Rüstungen reiten die Ritter aufeinander los und versuchen, wie früher begleitet vom Publikums-Gejohle, die Lanze zu brechen.

Heißer Tip sind auch die mittelalterlichen Bankette in der Speisehalle des Chilham Castle, wo man sein Tischsitten-Korsett abstreift und kräftig mit den Fingern zulangt. Kellner in historischen Trachten, Minnesänger leiern monotone Volksweisen. Kostet ca. 75 DM. Termine und Buchungsformalitäten für die Tourniere und die Bankette beim TI in Canterbury.

Ebenfalls sein Eintrittsgeld wert: Pilgrims Cyder, wo Apfelmost nach Uralt-Methode hergestellt wird. Eine 2oo Jahre alte antike Presse, Reifung in schweren Holzfässern. Sich vielleicht ein paar Flaschen für den Picknickkorb zulegen (keinerlei chemische Zusätze!).

CHALLOCK nach ca. 8 km, ist das vierte "C". In der Umgebung wild wuchernde Gehölze aus Eßkastanien-Bäumen. Die Bäume werden abgesägt, so daß neue, kerzengerade wachsende Triebe nachkommen, die nach 15 Jahren abgeerntet zu Hopfenstangen verarbeitet werden. Dazwischen lichtdurchflutete Kiefern- und Buchenhaine. Tip für eine schöne Rundwanderung in der friedlichen Natur, Eichhörnchen flitzen über den Pfad. Etwa 4 km, ausgeschildert. Startpunkt: dicht vor Challock links abbiegen auf die A 251 Richtung Ashford, nach 1 km zweigt ein Landsträßchen wieder links ab nach Wye. Gleich nach der Gabelung ein Parkplatz!

CHARING (6 km): Nettes Städtchen und Endstation der Pilgerroute, der im Mittelalter zig-Tausende auf ihrer Wallfahrt nach Canterbury folgten. Verträumter Blick auf die Idylle der Dächer der Kleinstadt und der friedlichen Waldhügel vom Charing Hill aus. 5 km nördlich auf der A2o liegt der Herrensitz Otterden Place (Seite 11o).

FÜR DIE RÜCKFAHRT nach Canterbury bietet sich die Route via Ashford und Wye an, 8 km länger als die Rückfahrt auf demselben Weg. In Charing links weg auf die A2o, 9 km bis Ashford und dort auf der A28 zurück nach Chilham. Hopfengarten-Landschaft und in der Gegend von Wye schöne Spazierwege. Alle Details siehe unten!

6. *Rüber nach ASHFORD - gemütlich durchs River-Stour-Valley und unterwegs ein paar schöne Zwischenstops.*

Öffentlicher Transport: stündlich mit British Rail, Fahrtdauer ca. 2o Min.

Nach etwa 15 km das Dorf WYE: Sitz der landwirtschaftlichen Fakultät der Uni London. Im College Museum alte Traktoren, Pflüge, Pferdegespanne usw., untergebracht in einer Scheune aus dem 14. Jh. und in einem Hopfen-Darrhaus.

Westlich von Wye erstreckt sich ein kleines Naturschutzgebiet mit verträumter Landschaft, ein Gelände aus Grasmatten und kleinen Haselnuß- und Eschengehölzen. Auf dem Untergrund aus Kreidegestein wachsen Orchideen und Wildrosen, weit hört man die gellenden Lachrufe der Grünspechte. Von den Hügelkämmen aus weiter Rundblick auf Farmen und Hopfengärten.

Im Naturpark eine enge Schlucht, die sich 7o m tief eingefressen hat. Erhielt wegen des mittelalterlichen Aberglaubens damals den Namen "Devil's Kneadingthrough" (= des Teufels Backmulde). Die heutigen Geologen tendieren mehr zu der Theorie, daß die Schlucht durch Eiszeit-Ströme vor 1o.ooo Jahren entstanden ist.

ASHFORD (36.ooo Einw.): Marktstädtchen, wichtiger Eisenbahn-Knoten, Schienenführung in vier Richtungen. Hat sonst aber wenig zu bieten. 2 km westlich der GODINTON PARK, ein Giebelhaus aus der Wende vom 18. zum 19.Jh., eingerichtet mit Originalmöbeln im Stil der Zeit.

SELLINDGE liegt 1o km in südöstl. Richtung. Tip für Shopper: in der Clayclocks Pottery werden Uhren mit handgetöpfertem Gehäuse hergestellt, verziert mit bläulicher Politur oder mit zu interessanten Mustern arrangierten, eingebrannten Haferflocken.

Nach BETHERSDEN (8 km westlich auf der A 28) zur Werkstatt der Stevenson Brothers: handgearbeitete Schaukelpferde, Karussell-Pferdchen und geschnitzte Pferdefiguren. In allen Größen, viele mit Mähne und Schwanz aus echtem Pferdehaar.

Canterbury → London

Wird wegen der "Gravitationskraft" Londons fast immer non-stop gefahren. Es gibt aber mehrere lohnende Zwischenstops, vor allem die Kathedralenstadt ROCHESTER und das LEEDS CASTLE.

Rund 9o km gut ausgebaute Straßenführung, an reiner Fahrtzeit jedoch gut 1 1/2 - 2 Stunden (inkl. Großstadt-Gewühl von London).

Verbindungen

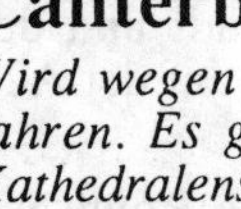

Per Zug: ca. stündlich, Fahrtdauer knapp 1 1/2 Std., ca. 3o DM. Die Züge ab Canterbury East-Station führen zum London Victoria Station (zentral, mit TI für Zimmervermittlung), ab Canterbury West-Station zu den Londoner Bahnhöfen Charing Cross und Waterloo. Vorher anhand der für London gebuchten Unterkunft disponieren, um unnötige Rennerei und Kofferschleppen zu vermeiden.

Variante für das Stück Rochester-> London ist die "Thames-side Route":

Bummelzug durch die Industrie-Vororte an der Themsemündung, Fahrt zwischen gehetzten Arbeitern, Hausfrauen und Einkaufstaschen. Ankunft in Charing Cross, Cannon Street und London Bridge.

Per Bus: alle 2 Stunden, mit ca.2o DM etwas billiger als die Eisenbahn. Fahrtdauer 1 3/4 Stunden. Ankunft: 2oo m hinter dem Victoria-Zugbahnhof (Zimmervermittlung).

★ Faversham (15.ooo Einw.)

Fast schon ein Geheimtip: verschlafenes Marktstädtchen, überzuckert mit einer Idylle aus Altbauten und breiten Straßen. Aber nur wenige Touristen, querdurch plätschert in aller Ruhe der kleine Fluß, in den zwei Brauereien in der Hauptstraße gärt der Hopfen-Tee in den Sudkesseln vor sich hin...

In der Abbey Street und am Market Place georgianische Häuser des 18.Jh's. Schlichte Fassaden und schmiedeeiserne Balkone unterhalb der Holzbögen des Rathauses, am Marktplatz Verkaufsbuden.

CHURCH OF ST. MARY: kreuzförmiger Grundriß, normannische Pfeiler-Arkaden und Rundbogenfenster (auf einem der Pfeiler sehenswertes Wandgemälde), Schnitzereien aus dem 15. Jh., Glockenturm aus dem 18. Jh.

Das FLEUR DE LIS CENTRE (13, Preston Street) in einer originalgetreu restaurierten Postkutschen-Station aus dem 15.Jh.: vergilbte Fotos, Multi-Media-Shows und bunt zusammengetragener Schnickschnack illustrieren die Stadtgeschichte quer durch die Jahrhunderte.

untergebracht im "Fleur de Lis Centre"; Tel.o795/ 53 45 42. Kein book-a-bed-ahead.

Das französische Elite-Restaurant READ'S 2 km außerhalb in Painters Forstal (Tel.o795/ 53 53 44). Bekannt vor allem für seine klassischen Saucen und die gute Weinkarte; dezente Wohnzimmer-Atmosphäre. Um 6o DM für Dinner.

Tip für **Wanderung**: an der Pfarrkirche vorbei und am rechten Ufer des River Cree bis zur Küste: Deiche und davor weites Wattenmeer. Naturschutzgebiet wegen der Meeresvögel, eine herrliche Ruhe hier draußen, und an den Deichen blühen bunte Wildblumen. Immer die Küste entlang bis zum SPORTSMAN INN, nördlich des Dorfes Graveney: nach einem kühlen Bierchen zurück über die Landstraße. Gesamte Rundwanderung ca.15 km.

Ein **Abstecher** auf die A 251 (Richtung Süden): 7 km bis zum Dorf THROWLEY für die Dorfkirche mit ihrem trutzigen Wehrturm und dem

Anbau aus dem 16. Jh., innen Skulptur des bekannten Bildhauers John Flaxman (1755-1828) und reich ornamentierte Grabmäler.

Weiter über Nebenwege zum OTTERDEN PLACE: das Landschlößchen duckt sich zwischen grüne Wiesen- und Waldhügel. 16. Jh., 2oo Jahre später Ausbau im georgianischen Stil. Nicht zugänglich.

HINTER FAVERSHAM geht's in den industriellen Ballungsraum: Fabrikschlote und Reihenhaus-Siedlungen. Mittendrin, wie ein kostbarer Diamant in einer Blechfassung: die Altstadt von ROCHESTER. Wer den Teilabschnitt bis Rochester überbrücken möchte, nimmt die Autobahn M 2o.

Folgende Attraktionen an der Nationalstraße, bzw. südl. bei Maidstone:

★Sittingbourne (3o.ooo Einw.)

Industriestadt, am Flußufer Lagerhallen und Fabriken. Am nördlichen Stadtrand in der Quay Road das unbedingt sehenswerte DOLPHIN YARD SAILING BARGE MUSEUM: Von hier zogen im vorigen Jahrhundert Karawanen von Segel-Schleppkähnen Richtung London für den Transport von Ziegelsteinen. Mehrere dieser Schleppkähne heute vor Anker, Fotos, Werkzeuge, Modelle, eine alte Schiffsschmiede etc. Handwerker reparieren nach Uralt-Methoden die Schleppkähne und machen Segel. Unregelmäßige Öffnungszeiten.

2 km nördlich, im Vorort Milton Regis, das Privat-Museum VIOLET BOURNE: in Privatinitiative hat Mrs. Bourne ihr Haus bis ins letzte Detail mit Möbeln und Gegenständen des viktorianischen Zeitalters (19.Jh.) ausgerüstet, - bis hin zu alten Spieluhren, einer Geldbörse aus Muscheln usw. Besucher werden individuell rumgeführt.

★Leeds Castle

7 km südöstl. von Maidstone. Zauberhaftes Märchenschloß auf zwei Inseln in einem See gebaut. Das Mauerwerk spiegelt sich im Wasser, wo gelegentlich auch schwarze Schwäne rumschwimmen. Leeds Castle ist eines der schönsten mittelalterlichen Schlösser Englands, - und wird jährlich von 3oo.ooo (!) Touristen besucht. Es ist zugleich eines der ältesten, heute noch erhaltenen des Landes.

Erster Bau um 112o, während dieser Zeit entstand der Vorläufer der heutigen "Gloriette". Der Reformator und König Henry VIII (15o9 - 1547) ließ Leeds Castle zu einem prunkvollen Königsschloß ausbauen, - als Domizil für sich und seine 4. Frau Catherine (nach Scheidung von seiner 3., Anne of Cleves). Insgesamt hatte King Henry 6 Frauen verehelicht, siehe auch Kasten nächste Doppelseite!).

Sowohl die Architektur, wie auch Ausstattung des mittelalterlichen Schlosses und seine Lage im See zwischen leichtem Hügelland machte LEEDS CASTLE attraktiv als Lieblingswohnsitz für insgesamt 8 weitere engl. Königinnen.

Auch wenn Leeds Castle heute "mittelalterlich" wirkt: an den Gebäuden wurde vielfach und häufig rekonstruiert bei relativ sauberer Stileinhaltung.

Nach relativem Verfall der Anlage bis Ende des 18. Jhs.: komplette Renovierung unter Fiennes Wykeham-Martin ab 1822. Die im Mittelalter wesentlich höheren Burgmauern waren 1822 "als Schutz" nicht mehr nötig und wurden auf "Sichthöhe" reduziert, damit der Blick auf den See frei wurde.

Mit der Restaurierung der Gebäude gab man sich (zumindest im äußeren Erscheinungsbild) große Mühe, um die Optik des Mittelalters zu bewahren. 1926 kaufte Lady Baillie das Leeds Castle und setzte sich für Erhaltung und Restaurierung ein.

Wie bekannt, ist der Erhalt alten Gemäuers extrem kostspielig, vorallem wenn sie heute gar noch unter Denkmalschutz stehen und praktisch nichts ohne staatliche Genehmigung verändert werden darf.

Die Fülle an weniger bekannten englischen Schlössern und deren Besitzer leiden darunter sehr, - kaum jedoch das heute in Form "weißer (Tourismus-) Industrie" betriebene Leeds Castle. Alles durchgestylt (vom Logo, siehe rechts, - bis hin zu Prospekten etc.) Bei jährlich 3oo.ooo Besuchern ein äußerst gewinnbringender Betrieb.

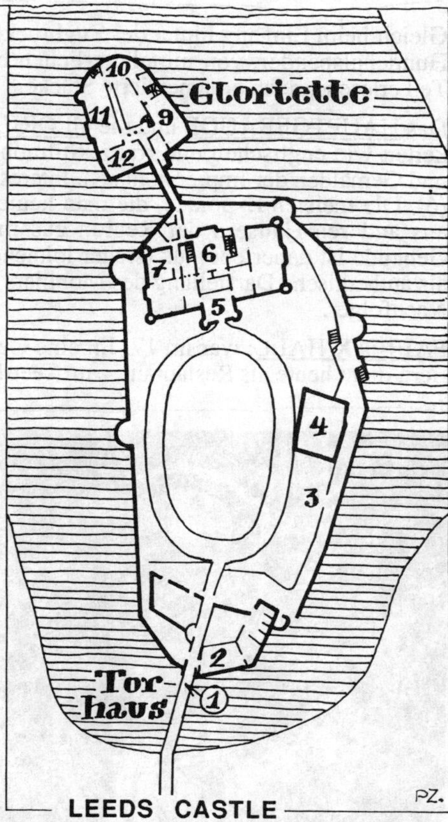

LEEDS CASTLE

1 Zugbrücke
2 Stallungen
3 Badezimmer
4 Gesindehaus
5 Eingangshalle
6 Heraldik Raum
7 Gelber Salon
8 Küche
9 Queens Gallery
1o königl. Schlafzimmer
11 Bankettsaal Heinrich VIII
12 Privatkapelle des Königs

Wer Leeds Castle besucht, sollte sich kein architektonisches High-Light, wie z.B. Schloß Chambord drüben in Frankreich/Loire Tal erwarten. Leeds Castle ist sehr nüchtern in Architektur, aber von Lage im See und der umgebenden Grünflächen großartig. Zudem wälzt sich zur Hochsaison ein ungemeiner Touristenpulk durch die Anlage, der bereits zu Staus am Eingang und Zugbrücke führen kann...

Gleich beim Eingang hinter der Zugbrücke, im TORHAUS: Museum für Hundehalsbänder, von mittelalterlichen bis heutigen Exemplaren. Zum Teil erlesene, reich ornamentierte Stücke.

Das HAUPTGEBÄUDE und die GLORIETTE voll mit reichen Kostbarkeiten wie englischen und franz. Stilmöbel, flämischen Wandteppichen und Gemälden der Impressionisten. Interessant auch der Saal mit Heraldik (6). Die meisten Exponate, die man heute in den Räumen sieht, wurden aus anderen Häusern der Region zusammengetragen. Das Innere der Gebäude ist daher eher als (sicher lohnendes) Museum zu sehen, - denn als authentische Darstellung des Mobiliars des damaligen Henry VIII oder Nachfolger.

FAIRFAX HALL: war im 17. Jh. eine Getreide-Scheune. Sauber restauriert, dient heute als Restaurant, zum Teetrinken, sowie als Bar.

King Henry VIII
Der Reformator (1509–1547)

EHEFRAU NO. 4
Anna of Cleves

1492 und in den Folgejahren hatten sich die Verhältnisse grundlegend geändert, - seit CHRISTOPH COLUMBUS (leider nicht für die Weltmacht England!) sondern für Spanien die Neue Welt entdeckt hatte - und im Vertrag von Tordesillas 1494 die neu entdeckten Gebiete zwischen Spanien und Portugal aufgeteilt wurden. England ging leer aus!

Eine Machtverschiebung, die zunächst ab Mitte 15oo Spanien die extrem lukrative Ausbeutung der Potosi- Silbermine im Bereich heutiges Bolivien ermöglichte, wie auch der Mi-

KENTISH EVENINGS ("Kent-Abend im Schloß"): zur Begrüßung gibts einen Sherry, anschließend Tour durch's Castle. Dann stilvolles Ambiente beim Abendessen im Schloß, bei dem Minnesänger und Spielleute für den passenden Rahmen sorgen. Komplettpreis ca. 8o DM/Person, zur Saison jew. Sa.-Abend, weitere Infos übers Maidstone TI.

SCHLOSSPARK: weite Rasenflächen, u.a. als Golfplatz genutzt mit schöner Parkanlage und alten Bäumen. Es gibt eine "Volière", in der schillernde Tropenvögel rumflattern, - einen Teich ("Duckery") mit Schwänen, Gänsen und Enten, - einen Weingarten. Sowie den "Culpepper Garden": Omas Küchen- und Kräutergarten mit duftenden Schnittblumen.

Außerdem eine Open-air Bühne im Park mit sommerlichen Konzerten und Theaterstücken. Termine und Buchung übers Maidstone TI.

EHEFRAU NO. 3
Jean Seymour

EHEFRAU NO. 5
Catherine Howard

EHEFRAU NO. 6
Catherine Parr

Minen in Mexiko. Welches zu hohem Reichtum führte, aber auch Spanien Kapital für Kriegsführung brachte. Eine Situation, die sich später dann zu Gunsten Englands ändern sollte (vergl. auch "Portsmouth").

Zumindest zur Jahrhundertwende 15oo waren ENGLAND, - aber auch sein potenter Nachbar FRANKREICH leer ausgegangen.

EHEFRAU NO. 2
Anne Boleyn
EHEFRAU NO. 1 →

KING HENRY VIII (geb. 28.6.1491 in Greenwich bei London) stabilisierte England politisch unter Einfluß des damals mächtigen Kardinals Th. Wolsey und führte gegen Frankreich 3 Kriege.

Zugleich war er 6 mal verheiratet, für die damalige Auffassung der katholischen Kirche ein Unding: einmal verheiratet = für immer, Scheidung nicht möglich.

Ehefrau Nr. 1 war die Französin CATHERINE DE ARAGON: eine politisch wichtige Verbindung, um die Probleme mit Frankreich durch die Heirat zu lösen. Zwar war Catherine bereits Ehefrau des Bruders von Henry VIII. Da der Bruder aber gestorben war, gab es für die erneute Heirat mit päpstlichem Segen eine

EHEFRAU NO. 1
Catherine de Aragón
Grund für Reformation in England

Ausnahmegenehmigung. Der King war mit Catherine allerdings wenig zufrieden, da sie seinen Wunsch nach einem männlichem Nachfolger nicht erfüllen konnte:

Zwar zeugte Catherine jährlich ein Kind, welches aber immer kurz darauf starb. Das 4. Baby überlebte, war aber ein Mädchen (Princess Mary), - und die darauffolgenden Babys starben ebenfalls.

King Henry interpretierte dies als Wink des Himmels, daß seine Heirat mit Catherine "nicht gottgewollt" sei. Darüber hinaus war er ein lebensfreudiger Mensch und schwängerte in außerehelichem Beischlaf sein Kindermädchen Anne Boleyn.

Ehefrau Nr. 2: ANNE BOLEYN (Heirat 1533): gemäß Chronistenberichten verstand sie, sich in ihren weiblichen Reizen dem König zu präsentieren, und der König war von den sexuellen Erlebnissen im Bett begeistert. Zudem informierte sie Henry VIII im Jan. 1533, daß ein Baby unterwegs sei. Am 25.1.1533 wurde geheiratet, obwohl der King auf dem Papier noch Ehemann von Catherine de Aragón war. Den kirchlichen Segen zur Trauung gab der Erzbischof von Canterbury, Thomas Cranmer.

Ritterspiele zu Ehren Catherine de Aragón

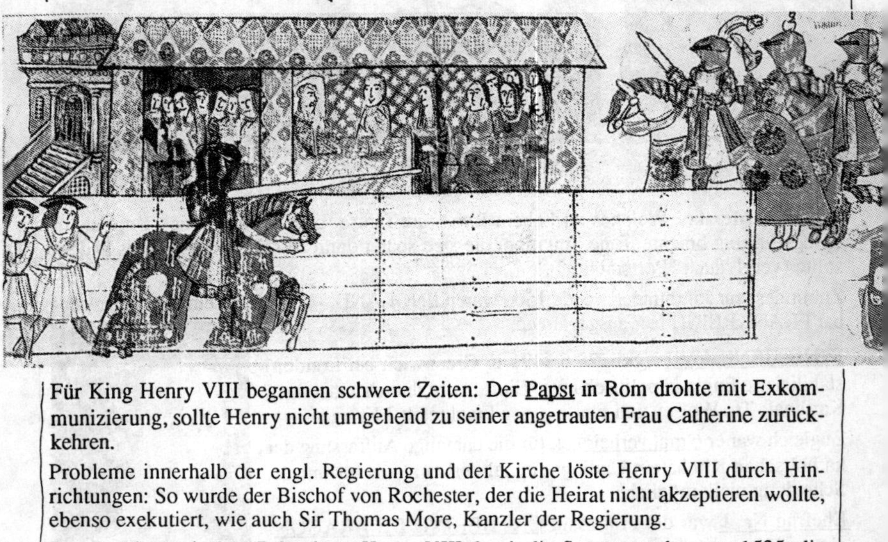

Für King Henry VIII begannen schwere Zeiten: Der Papst in Rom drohte mit Exkommunizierung, sollte Henry nicht umgehend zu seiner angetrauten Frau Catherine zurückkehren.

Probleme innerhalb der engl. Regierung und der Kirche löste Henry VIII durch Hinrichtungen: So wurde der Bischof von Rochester, der die Heirat nicht akzeptieren wollte, ebenso exekutiert, wie auch Sir Thomas More, Kanzler der Regierung.

Das Problem mit dem Pabst löste Henry VIII durch die Suprematsakte von 1535, die ihn zum Oberhaupt der Anglikanischen Kirche bestimmte. In Sachen sexueller Freuden im Bett mit Anne Boleyn lief es bald nicht mehr wie früher. Um für neue Heirat frei zu sein, fand Anne Boleyn nach einem Pseudo- Gerichtsverfahren gewaltsamen Tod durch Hinrichtung im Londoner Tower.

Bischof Thomas Cranmer von Canterbury, gab 1533 kirchlichen Segen zur Trauung mit Anne Boleyn. Der Bischof wurde später öffentlich verbrannt.

Ehefrau Nr. 3: JEANNE SEYMOUR (Heirat 1536): sie gab dem King das, was er erwartete, starb allerdings bereits 1 Jahr später eines natürlichen Todes. Der King war sehr verliebt in sie, - was sich auch in den, vom König beauftragten Portrait-Malereien ausdrückt: sie stellen Jeane Seymour sehr positiv dar.

Nun war eine zukünftige eventuelle Heirat des Königs auch mit Zeugung eines Kindes und damit Tronfolgers verbunden. Weswegen weite andere Kreise von Politik bis Klerus sehr interessiert waren, wie die Dinge weiterschritten, bzw. deren Regulierung...

Ehefrau Nr. 4: ANNA OF CLEVES (Heirat 154o): der Kanzler der engl. Regierung, Thomas Cromwell, hatte hier eine Bestärkung der Verbindung mit den deutschen Protestanten im Auge. Der King akzeptierte notgedrungen die Heirat mit der Dame. Er selber u.a. den Künsten zugewandt und der Musik, - fand er bei Anna of Cleves keinen response, - stattdessen gewisse Frustration. Ähnlich heutiger Scheidungsregulierung erhielt Anna of Cleves Gelder und Häuser... Die Scheidung erfolgte bereits im Jahr der Heirat, 154o.

Nächste Dame der Heirat war CATHERINE HOWARD, Nr. 5, verehelicht 154o. Leider wurde sie bereits 1542 hingerichtet. - Lediglich seine 6. Frau, CATHERINE PARR (Heirat im Jahre 1543) überlebte den King, der 1547 in Westminster starb.

Abgesehen von og. Eheleben war King Henry VIII zunächst gläubiger Katholik und dem Papst in Rom verbunden. Gewisse Probleme, die ihm bei erster Ehescheidung von Catherine de Aragón entstanden, ließen ihm jedoch die protestantische Religion sinnvoller erscheinen.

Im Laufe seiner Regierungszeit kam es zwar zu keiner Reform wie in Deutschland unter Martin Luther. So war doch Catherine de Aragón Auslöser, daß heute in ENGLAND die Anglikanische Kirche vorherrscht. Sie sieht sich als selbstständige Kirche.

★ Maidstone (75.ooo Einw.)

Geschäftiges Marktstädtchen am River Medway, die Hopfenfarmer der Umgebung erledigen hier ihre Einkäufe. Das gesamte Zentrum ist Fußgängerzone.

Tourist INFO Mill Street, nahe der Kirche. Tel.o622/ 6o 21 69. Book-a-bed-ahead.

Wichtige Einkaufsstraße ist die BANK STREET: Über den Ladentüren noch die bunten Wappen der mittelalterlichen Zünfte. Hier auch das Rathaus.

CITY MUSEUM (Faith's Street, nähe Rathaus): in einem Herrenhaus aus dem 16. Jh. Prähistorische Ausgrabungsfunde, alte Kostüme, Schmuckstücke, Keramiken, völkerkundliche Abteilung. Highlight ist eine Bibel-Handschrift aus dem Mittelalter. In der angeschlossenen Kunstgalerie italienische und holländische Meister des 17. Jh.

ARCHBISHOP'S PALACE (Mill Street am Fluß): Erbaut 1348 mit prunkvoll vertäfeltem Bankettsaal, im 17. Jh. wurde eine neue Fassade angefügt. Im Mittelalter residierten in Maidstone die Erzbischöfe von Canterbury. In den Stallgebäuden des Erzbischofs das MUSEUM OF CARRIAGES: alte Pferdekutschen mit blanken Silberbeschlägen, Staatskarossen, von Pferden gezogene Schlitten für den Winter, Sänften usw. Außerdem Geschirr und Puppen im Kutscher-Livree.

CHURCH OF ALL SAINTS (Mill Street): riesiges Gebäude, größer als die Canterbury Kathedrale. Der Kieselsandstein glitzert bei Sonneneinstrahlung in den Regenbogenfarben, spätgotischer Perpendicular-Stil des 14/15. Jh's. Innen schöne Buntglasfenster und alte Grabmonumente.

Am nördlichen Stadtrand: ALLINGTON CASTLE, 128o malerisch in einem Park erbaut. Heute ein Kloster des Karmeliter-Ordens, die frommen Männer leben sehr zurückgezogen, neben den Gebetsstunden betreiben sie etwas Kunsthandwerk. Nachmittags Führung durch die Ordensräume, sehr schöne Ikonen-Sammlung.

THE MOTE: Park am östlichen Stadtrand mit Vermietung von Ruder- und Segelbooten.

RESTAURANTS

MANDARIN CHEF (35, Lower Stone Street) exzellenter Chinese mit dezentem Dekor und ausgefallenen Gerichten, deren sich nicht jede chinesische Speisekarte schmücken kann. Bei 3o DM fürs Dinner auch erheblich über dem Preisniveau der englischen China-Küche.

PYE PEPPERS (9o, Wek St.): Traditionelle englische Pasteten, viele mit extravaganten Füllungen wie "Hühnchen mit Eßkastanien" oder "Sellerie mit Rosinen", dazu Pellkartoffeln und Desserts. Mittags und abends geöffnet, Preise 5-1o DM.

RUSSETT (43 King Street): Vegetarier-Restaurant, billig.

In der **Umgebung** von Maidstone schmucke Bauerndörfer mit Wirtshaus und Pfarrkirche, sowie stolze Landschlößchen.

5 km nördlich AYLESFORD: kleines Dorf, über den Fluß spannt sich eine düstere Steinbrücke. Lohnend der Besuch des Karmeliter-Kloster: Kreuz-

gang aus dem 14. Jh., nach Zerschlagung der Klöster im 16. Jh. siedelten sich französische Mönche hier an. Heute bekannt für seine Keramiken, auch Verkauf. Nachmittags Führungen (Termin beim TI/Maidstone). - Schöne Wanderung am Flußufer des River Medway, oder ein Ruderboot mieten und sich kräftig in die Riemen legen.

Kit Coty House (2 km nördl. von Aylesford): Hünengrab aus der Jungsteinzeit. Von der Grabkammer sind noch 3 Tragsteine und der 3 1/2 m lange Deckstein erhalten.

15 km südwestlich entlang der A 26 zur ROYDON HALL, ein elisabethanisches Herrenhaus, das heute als Zentrum für transzendentale Meditation dient. Nur an zwei Wochentagen geöffnet.

Gleich hinter Sittingbourne zweigt ein 3o km-Abstecher rechts weg auf die **ISLE OF SHEPPY**: pottebenes Marschland, Schafe wie weiße Tupfer auf den grünen Wiesen. Die Insel ist durch einen schmalen Sund vom Festland abgetrennt, Verbindung via der A 249 (Brücke) oder per Eisenbahn.

Die "Kingsferry Bridge" besteht seit 196o: wuchtige Konstruktion mit zwei Türmen in der Mitte. Bei Bedarf wird das komplette Mittelstück geliftet, um Schiffe unten durch passieren zu lassen.

ELMLEY MARSHES ist Brutstätte für Tausende von Vögeln - Sauerwiesen, Teiche, Salzmarschen, Lagunen. Dazu 2 km hinter der Brücke rechts weg auf die 3 km-Piste zur "Kings Hill Farm" und den Wagen parken. Noch knapp 2 km zu Fuß bis zu den Beobachtungsständen. Das Naturschutzgebiet ist nur an drei Wochentagen geöffnet.

SHEERNESS (32.ooo Einwohner) ist Zielhafen der Kanalfähre aus Vlissingen/Holland. Sonst wenig zu bieten: homogene Häusersiedlung der Arbeiter im Container-Hafen.

TI - am Parkplatz vor dem Ferry Terminal ("Bridge Road Car Park"); Tel.o795/ 66 53 24. Kein book-a-bed-ahead.

Entlang der Küstenstraße nach MINSTER. Die dortige Abbey Church ist ein kleines Steinkirchlein und mit älteste Kirche Englands (7. Jh.). Durch eine Trennungsmauer zweigeteilt: in der Südhälfte betete die Dorfgemeinde, die Nordhälfte war reserviert für die Klosterfrauen der Nonnen-Abtei.

Der Strand vor Minster aus Sand, Steinen und Schlickfeldern: ein traditionelles Sammlerrevier für Fossilien-Liebhaber.

WARDEN POINT, zu erreichen über ein kleines Nebensträßchen: schöner Picknickplatz. Auf einem Küstenfelsen die Brote auspacken, und draußen ziehen die Ozeanschiffe und Öltanker Richtung London vorbei...

★ Rochester

(56.000 Einw.)

Gewimmel und Betrieb in den Winkelgassen mit den schmalbrüstigen Häusern, und darüber dominieren ehrwürdig-gelassen die Kathedrale und die graue Burgruine. Der schönste Stop auf dem Weg von Canterbury nach London.

Rochester ist Handelszentrum und wichtiger Hafen an der Mündung des River Medway, die romantische Altstadt liegt wie eine Insel in einem geschlossenen Industrieraum.

Jeden Samstag ist großer Trödelmarkt, außerdem viele Antiquitätengeschäfte und Ramschläden.

TI - beim "Charles Dickens Centre" in 32 High Street; Tel.0634/ 43 666. Book-a-bed-ahead.

> Geschichte: entstanden aus einem alten Römer-Kastell, wurde dann bereits im Jahre 604 Bischofssitz (nach Canterbury der zweitälteste Englands). Die Normannen machten Rochester im Mittelalter zu einem wichtigen Stützpunkt, errichteten die Kathedrale und die Wehrburg.
> Der Schriftsteller Charles Dickens verbrachte hier seine Kindheit. Dickens ist Exponent des Naturalismus, mit detail-intensiven Milieuschilderungen läßt er das England der industriellen Revolution mit seiner sozialen Frage anschaulich "nachfühlen". Schauplätze der Stadt tauchen in seinen Romanen wie "Oliver Twist", "David Copperfield" und "Nicholas Nickelby" immer wieder auf.

ROCHESTER CATHEDRAL: Die ursprünglich 604 erbaute Kirche wurde bei der Invasion der Dänen zerstört, Neubau durch die Normannen 1082. Ein Baustil-Gemisch aus normannischen und frühgotischen ("Early English") Elementen.

Schön die normannische Westfassade mit dem Hauptportal; in den Giebelfeldern Skulpturen von Königen. Das Hauptschiff ist breit und auffällig niedrig, wirkt recht düster. Wirkung erreicht der Raum durch die sechs normannischen Pfeiler-Arkaden

Querschiffe und Chor sind vom Early English Style geprägt. Das Chorgestühl von 1227 ist eines der ältesten in England. Gegenüber dem Bischofsthron eine Wandmalerei (13. Jh.), die das Schicksalsrad zum Motiv hat. Am Chor auch der Eingang zur unterirdischen Krypta: sehr groß mit massivem Rippengewölbe (Early English) und reich geschmückten Grabmonumenten. Eine der schönsten Krypten, die wir in England gesehen haben.

ROCHESTER CASTLE auf einem Hügel oberhalb der Stadt, wurde Ende des 11.Jh's von den normannischen Eroberern als Befestigungsanlage errichtet. Im Jahre 1610 hat man die Burg bis auf den quadratischen Bergfried abgerissen: 40 m hohe und 4 m dicke Mauern. Lohnt sich allein schon wegen des Panoramablicks: die alten Häuser von Rochester kuscheln sich eng zusammen mitten in der weiten Industrie-Wüste.

Drei Attraktionen finden sich in der HIGH STREET:
Das Charles Dickens Centre, untergebracht im sog. "Eastgate House" aus der Zeit Elizabeths der Großen. Ist dem großen Literaten gewidmet. Lebensgroße Puppen in Trachten des vorigen Jahrhunderts stellen Szenen aus seinen Romanen nach, dazu eine elektronische Geräuschkulisse mit Stöhnlauten und Freudengeschrei.

Guildhall: roter Backstein-Bau von 1687 mit schlichten dorischen Säulen, enthält das Stadtmuseum (Heimatgeschichtliches). Kurios: auf dem Dach ein voll ausgerüstetes Segelschiffchen als Wetterhahn.

Aus dem 19. Jh. stammt die Getreidebörse Corn Exchange, schöne Fassade mit üppig ornamentierter Uhr aus dem Jahre 17o6.

Weiterer Tip sind die BOOT-TRIPS: im Sommer tuckern Ausflugs-Dampfer den River Medway runter, vorbei an Schiffswerften und den Hafenanlagen. Wer Lust hat, kann sich auch ein Ruderboot mieten.

Cedars Hotel: 38 London Road. Kleines Familienhotel am nördlichen Stadtrand mit 14 Zimmern und schönem Garten. Tel. o634/ 72 22 77. DZ ca. 15o DM mit Bad/WC.

Kings Head Hotel: 58 High Street. Besticht durch seine Lage im Herzen der Altstadt, familiäre Atmosphäre mit nur 14 Zimmern (mit Bad oder Dusche). Tel. o634/ 42 7o9. DZ ca. 1o5 DM.

BED & BREAKFAST vermittelt das TI: zur Hochsaison großer Andrang. Wer im Altstadt-Bereich wohnen möchte, sollte seine Ankunft spätestens auf die Mittagszeit legen. Die überwiegende Zahl von Privatzimmern ansonsten in der Nachbarstadt Chatham, wo man den herzlosen Industrieort und 2o Min. Busfahrt nach Rochester in Kauf nehmen muß.

Leider keine JUGENDHERBERGE.

Der stadtnächste Platz liegt knapp 6 km südöstlich in Bridgewood (an der B 2o97,- an der Ausfahrt Nr. 3 von der Autobahn runterfahren), nahe beim Airport: WOOLMANS WOOD PARK (Tel.o634/ 67 685). Kleiner Platz, von der Ausstattung her aber sehr gut, inkl. Shop, Waschmaschinen, Pub und Kino. Pluspunkte sind der benachbarte Reitstall, Ruderboot-Vermietung und die Möglichkeit zum Angeln. Juli und August oft ausgebucht (vorher anrufen)!

CASA LINA (146 High Street). Pizza frisch vom Holzkohleofen, Tip. Geöffnet von Mittag durchgehend bis spät abends.

Die besten Pubmeals werden im STONE HORSE serviert. Klein, aber oho: von einfachen Sachen vom Grill bis zur Meeresfrüchte-Platte für ca. 25 DM. Im Sommer Barbecues im Garten. Das "Stone

Horse" liegt 3 km östlich im Ortsteil Frindsbury, Adresse "Dillywood Lane".

COOPERS ARMS (1o, Margaretes Street, nahe Cathedral). Zwei kleine Uralt-Kneipen mit schönem Garten (im Sommer ebenfalls Barbecues).

Umgebung: Rochester liegt mitten in einer monotonen Industrie-Landschaft und ist nahtlos mit den Nachbarstädten Chatham und Gillingham zusammengewachsen. Man spricht von den Medway Towns.

CHATHAM war 4oo Jahre lang einer der wichtigsten Marine-Stützpunkte Englands, 1984 wurde der Kriegshafen geschlossen. Interessant die Führungen durch die alten Hafenanlagen ("Historic Dockyard"). Durchs Haupttor zum Besucherzentrum, Illustration seiner Geschichte mit vergilbten Seekarten, Videos und Modellen. Handwerker erläutern, wie in der 25o m langen "Ropery" die Schiffstaue gedreht wurden, Trockendocks für Reparaturen, in der kleinen Kapelle wurde die Schiffe vor dem Auslaufen gesegnet. Eingang von der Dock Road aus, am Nordrand der Stadt.

Hinter dem Rathaus von Chatham führt ein Pfad bergauf zum Naval War Memorial - faszinierender Blick auf die Medway Towns. Fabrikschlote und Betonsteppe mit der idyllischen Oase Rochester, in der Themse ziehen große Ozeantanker vorbei.

Paar Kilometer hinter Rochester links weg nach COBHAM, einem alten Dorf mit Fachwerkhäusern, schöner Park mit Rhodendron-Kulturen. Im Altarraum der Church of St. Mary 18 Messingfiguren aus dem 14.-16. Jh. Ritter, Hofdamen und Bischöfe machen die damaligen Sitten und Kleidung anschaulich.

Die Cobham Hall beherbergt heute eine Mädchenschule. Spätgotisch (16. Jh.) und ein Renaissance-Flügel (18. Jh.): der Gegensatz der Baustile ist schön abzulesen. Backstein-Gebäude mit vielen Türmchen, in der Guildhall schöne Stuckdecke. Geöffnet nur an drei Wochentagen, jeweils nachmittags.

GRAVESEND (55.ooo Einw.) im Mündungstrichter der Themse ist Relais-Station für die großen Ozeanschiffe, die auf die Einfahrt in den Londoner Hafen warten. Dabei wird mit Lotsendienst gearbeitet: sog. Pilot-Boote geleiten die Schiffe zu den zugewiesenen Hafenanlagen. Einen unvergeßlichen Blick auf den regen Schiffsverkehr in der Themse hat man von der Gordon Promenade aus.

Alles in allem lohnt sich Gravesend nur, wenn man Marine- und Seemannsflair liebt. Stählerne Navy Schiffe, Matrosen in den Kneipen nicht selten besoffen, aus den Puffs winken Tripper und Aids...

Ab GRAVESEND noch rund 4o km Landstraße bis London: Non-Stop-Tour auf der vierspurigen Nationalstraße rein in die Weltstadt...

WELTSTADT mit einer Vielzahl gemütlicher Pubs, guter Shoppingmöglichkeiten und vieler lohnender Sehenswürdigkeiten.
Der Autor Franz Rappel recherchiert und schreibt noch. Wird als Band 55 in der Velbinger Reihe erscheinen.

Südumgehung London (M 25)

Wer sich LONDON für den Rückweg aufsparen will, nimmt die Südautobahn um die Metropole, - die M 25.

Zu erreichen ab Rochester via Chatham und die A 229 nach Maidstone und hier zunächst auf die M 2o. Allerdings Achtung: nach wenigen Kilometern spaltet sich die Autobahn auf: als M 2o führt sie nach London rein, - als M 25 führt sie jedoch in Südumgehung um London.

Da man sich im Großraum London befindet, führen viele Wegweiser Ri. London. Gutes Kartenmaterial nötig, damit man von der Großstadt nicht per "Wegweiser" aufgesogen wird.

Ein weiteres Problem entlang der M 25 ist die Knappheit an Rastplätzen und Tankstellen. Wer also beispielsweise mit einer Nachtfähre in Dover ankommt, sollte unbedingt dort in einer der Nachttankstellen an der A 2o den Tank füllen. Wenn der Sprit später dann auf der M 25 ausgeht, muß man in der Regel runter von der Autobahn und in einem der Dörfer nach einer Tankstelle suchen. Nachts sind die natürlich geschlossen. Wir sind selber mal nachts ziemlich in Schwierigkeiten gekommen und haben dann eine Nachttankstelle in Swanley an der A 2o gefunden. Auch die Tankstellen beim Gatwick Airport in Crawley südl. der M 25 dürften nachts offen haben.

Die M 25 führt in rund 5o km Abstand südlich um London. Wegen gutem Ausbau vergehen die Km fix: SEVENOAKS an der M 25 für lohnende Abstecher nach Chiddingstone und Hever Castle, sowie Royal Tunbridge Wells (Details siehe Seite 163). Weiter westwärts auf der M 25 nach Dorking, einem kleinen Marktstädtchen. Die weitgehend parallel zur Autobahn verlaufende Landstraße A 25 übrigens schön durch Villenvororte südl. der Stadtgrenze Londons, Pubs und kleinere Hotels, sie benötigt allerdings Zeit.

Inlands-Route

Schnellverbindung von den Kanalhäfen (Dover, Folkestone) nach PORTSMOUTH und SOUTHAMPTON (sowie Inland die sehr lohnenden Städte Winchester und Salisbury) bzw. nach EXETER, dem Eingangstor für Cornwall.

Am schnellsten die Autobahn M 2o, M 25 südl. um London und beim Autobahnabzweiger Chertsey die M 3 via Basingstoke.

Die Inlandsroute hat gegenüber der Küstenroute (ab Seite 139) den Vorteil der Zeitersparnis. Städte wie Salisbury und Winchester können sowohl auf der Inlandsroute, wie auch als Abstecher von Southampton eingebaut werden.

Verbindungen

Gute Verbindungen mit Bus und Zug. Auch wer die Strecke an einem Tag macht, kann wegen der dichten Verbindung zumindest für ein paar Stunden die Fahrt in Salisbury unterbrechen.

Züge: ab London/Waterloo Station alle 2 Std. via Salisbury nach Exeter, Fahrzeit ca. 3 1/2 Std. - Nach Winchester: alle 2 Std. ab Waterloo Station, Fahrzeit knapp 1Std. Für die Weiterfahrt am besten zunächst nach Southampton und dort via Salisbury nach Exeter.

Busse: Geht immer mit Umsteigen in Salisbury, mehrmals täglich Verbindung auf den Etappen London-> Salisbury und Salisbury-> Exeter. Preise um die 4o DM, dafür aber länger und umständlicher als der Zug.

Die Direkt-Busse London-> Exeter folgen nicht der hier beschriebenen Inlands-Route, sondern gehen alle via den Autobahnen M 4 und M 5: stündlich, Fahrtdauer ca. 4 1/2 Std, einfach etwa 4o DM.

Basingstoke (5o.ooo Einw.)

Schnellwachsender Industrieort, wichtiges Geschäftszentrum. 4 km östlich der Zwillingsort BASING mit seinen alten Ziegelhäusern. Die Church of St. Mary im Perpendicular-Stil, schwere Schäden im Bürgerkrieg und große Restaurierungs-Aktion um 1875. Eine malerische Ruine aus der Sachsenzeit ist das Basing Castle: später ein Renaissance-Schloß, von der Zerstörung im Bürgerkrieg blieb nur das Torhaus stehen. Daneben ein Museum über hier gefundene Ausgrabungen (römische Münzen, Töpfersachen aus der Eisenzeit etc.). Tip für Gelegenheitskäufe: am Harrow Way das Viables Craft Centre, in einer Gruppe alter Scheunen hat sich eine Kunsthandwerker-Kolonieniedergelassen.

Gegenstände aus gegossener Bronze, Lederarbeiten, Schmuck und Silbersachen. -Abstecher in die Umgebung: THE VYNE, 3 km nordöstl. an der A 33. Prachtschloß, im Inneren klassische Säulenhalle von 165o und schöner Treppenaufgang im Rokokostil. - Weitere 8 km auf der A 33 zum WELLINGTON COUNTRY PARK: Freizeitgelände mit Spazierwegen, Wald und kleinen Seen (Bootsvermietung) sowie ein Hirschgehege, ein Trimmpfad etc. Nicht weit davon das STRATFIELD SAYE HOUSE: Adelssitz mit weitem Park, wo im 19. Jhd. der britische Heerführer Duke of Wellington residierte. Kunstsammlung und Stilmöbel.

Ab BASINGSTOKE entweder über die M 3 nach Winchester (Details Seite 245) und Southampton (Seite 224), Salisbury (Seite 256) und anschliessend via A 36o nach Stonehenge (siehe Folgekapitel).

Oder direkt auf der A 3o3 via Andover und Stonehenge nach Exeter bzw. auf der parallel führenden A 3o. Beide sind in etwa gleich lang, ca. 2oo km bis Exeter, die A 3o3 jedoch besser ausgebaut und daher schneller.

A 3o3: streckenweise 4- spurig ausgebaut, mit Ortsumgehungen. Abstecher: wer will, fährt ab Basingstoke die Landstraße B 34oo nach Whitechurch. In der Ortsmitte die Silk Mill (in der Winchester Street), seit 18oo wird hier Seide nach den traditionellen Techniken produziert. Besichtigung des gesamten Prozesses vom Kokon der Seidenraupe bis zum edlen Stoff, aus dem Kleider fürs britische Königshaus, Flaggen oder Haute Couture hergestellt werden.

Weiter auf der B 34oo nach ANDOVER (25.ooo Einw.). 3 km westl. des Städtchenens rechts weg zum Finkley Down Farm Park: Gehege mit selten gewordenen Haustier-Rassen, die nur noch aus Liebhaberei und zur Bewahrung des Gen-Materials gezüchtet werden. Ponies, Rinder, Schweine, Schafe, Pferde, Ziegen, Geflügel.

6 km westl. Andover: Abstecher nach Weyhill zum Hawk Conservancy. Hier werden in großen Freiflug-Gehegen Raubvögel aus der ganzen Welt gezüchtet (für Wiedereinbürgerungs-Programme). Adler und Habichte mit markigen Krummschnäbeln, Eulen dösen im Geäst und die Geier mit nackten Hälsen. Bei schönem Wetter werden Show-Flüge abgehalten.

AMESBURY: schönes Marktdörfchen mit 6oo Einwohnern und Häusern aus dem 16. bis 18. Jhd. Über den River Avon spannt sich eine fünfbogige Steinbrücke. Sehenswert: die Abbey Church im normanund frühgotischen Early English Stil.

Tourist INFO Flower Lane; Tel.o98o/ 62 32 55. Book-a-bed-ahead.

WOODHENGE (ab Amesbury ca. 2 km nördl. an der A 345): eine prähistorische Kultstätte ähnlich der von Stonehenge. Sie bestand aus sechs konzentrischen, ineinander geschachtelten Kreisen aus Holzpflöcken, eingerahmt von einem Wall-Graben System. Die Stellen, wo die heute natürlich verrotteten Holzpflöcke standen, wurden durch Betonsäulen markiert. Woodhenge ist älter als Stonehenge und hat vermutlich seinem illustren Nachbar als Vorbild gedient.

Amesbury liegt bereits am Rand der weiten Hochebene SALISBURY PLAINS (ca. 5oo qkm). Bereits in vorgeschichtlichen Zeiten eine baumlose Steppe und damit für die Steinzeitmenschen ein wohnlicheres Revier als die sumpfigen Urwälder, die damals fast ganz Großbritannien überwucherten. Entsprechend viele Relikte wie Grabmäler und die Kultstätten Stonehenge und Woodhenge. Material darüber bei den TI-Offices.

Heute sind die Plains eine monotone, plattebene Getreide-Prärie, die British Army hält hier auf mehreren Truppenübungsplätzen Manöver ab.

Stonehenge

Nach übereinstimmender Meinung der Fachleute das bedeutendste Steinzeit-Monument Europas, pro Jahr rund eine Million Besucher. Grob beschrieben: zwei konzentrische Steinkreise, der äußere aus paarweise durch Deckplatten verbundenen Felsmonolithen.

Generationen von Steinzeit-Menschen arbeiteten daran über eine Zeitspanne von 1.ooo Jahren. Über die Motive und Inspirationen, welche die Kraft gaben für diese gewaltigen Anstrengungen, sind nur Spekulationen möglich. Stonehenge zeigt nur schemenhafte Konturen im Nebel der Vorgeschichte.

Das Monument ist leider nicht direkt zugänglich, sondern zum Schutz vor Souvenirjägern durch ein Drassier-Seil in 2o m Entfernung abgesperrt. Immer wieder hört man von Besuchern, daß sie etwas enttäuscht sind. Ohne Kenntnis der Hintergründe und einer Portion Phantasie ist mit den

"Steinhaufen" nicht viel anzufangen. Derartige Steinmonumente gibt es in Europa an verschiedenen Stellen, - allerdings nie in der Größe wie Stonehenge.

Erste Bauphase: vor rund 4.8oo Jahren hob man einen kreisförmigen Graben aus, an seiner Innenseite ein 2 m hoher Wall. Durchmesser ca. 1oo Meter. Er umschließt einen Ring von mehr als 6o künstlich gegrabenen Erdgruben, in denen Forscher die Asche verbrannter Menschenknochen fanden. Eine "Zugangsallee" führt von Nordost zum Kreis.

Südengland war damals von einer bäuerlichen Kultur bevölkert, die im Sippen-Verbund in kleinen Dörfern lebte und mit primitiven Werkzeugen erste Anfänge des Ackerbaus betrieb. Den Anstoß für den Bau der Kultstätte dürfte eine damals sehr mächtige Priesterkaste gegeben haben, die noch über Jahrtausende England beherrschte und ihre Macht durch geheime Kenntnisse über astronomische Zusammenhänge zunehmend festigte.

Zweite Bauphase: vor rund 4.4oo begann eine weitere Bauphase, bei der im Inneren des bisherigen Rundwalls 8o Blausteine als innerer Doppelring aufgestellt wurden. Die bis zu 4 Tonnen schweren Basaltsteine kamen nachweislich vom 22o km entfernten Südwales. Der Transport muß, lange Zeit vor Erfindung des Rades gewaltige Anstrengungen gekostet haben. Vermutlich wurden die Steine auf Flöße verladen, die übers Meer und den River Avon fuhren. Das letzte Stück wurden sich dann mit untergelegten Baumstämmen vorwärts bewegt.

Noch während der Aufstellung wurde das Konzept aus unbekannten Gründen abgebrochen: die Blausteine wurden in der Nähe gestapelt.

Dritte Bauphase (ab ca. 2.ooo bis 1.5oo v. Chr.): aus der Umgebung von Salisbury (den 3o km entfernten Marlborough Downs) wurden riesige Findlingsblöcke aus Sandstein herangeschleift, vermutlich über Schlitten und Holzrollen.

Nun begann die Aufstellung: die 3o Blöcke wurden aufrecht zu einem Kreis mit 3o m Durchmesser formiert, jeweils paarweise angeordnet und mit einer Oberschwelle verbunden. Die Arbeiten benötigten (mit Unterbrechungen) rund 5oo Jahre.

Die Monoliten als Stützsäule wiegen bis zu 5oo Tonnen (!) und die quer darauf gelegten Schwellen immer noch beachtliche rund 15o Zentner.

Technische Leistung: Man kann sich vorstellen, welche gewaltige Leistung das Aufstellen dieser gewaltigen Steinsäulen bei damals primitiven Werkzeugen bedeutete. Die heutige Forschung geht davon aus, daß gut 2oo Männer nötig waren, um einen Findling der Größe 5oo Tonnen zu bewegen. Stonehenge dürfte damals eine nationale Großbaustelle gewesen sein bei rund 1.ooo Arbeitern.

Zunächst wurden die Fundamente ausgehoben, anschließend die Stützmonolithen herbeigeschleift und diese mit Hilfe von Hebeln und eines Holzgerüstes in vertikale Position gebracht. Nun ging es darum, die steinernen Querschwellen auf die senkrechten Stützpfeiler zu bringen. Man vermutet, daß diese durch Hebel rechts und links angehoben und anschließend Stützpfeiler untergeschoben wurden. Dieser Vorgang wurde so oft wiederholt, bis die Schwellen auf der Oberkante der Stützsäulen lagen und rübergerutscht werden konnten.

Die senkrechten Stützsteine hatten oben Zapfen, die sich in Nuten der querliegenden Steine einfügten und so für Stabilität sorgten. Außerdem waren die waagrecht liegenden Steine kurvenförmig behauen, damit sie als Segment harmonisch die Kreislinie nachzeichnen.

Später formte man mit den nur grob behauenen Blausteinen aus Wales, die am Rand der

Baustelle gelagert wurden, einen inneren Ring aus etwa 60 Blöcken. Davon steht heute nur noch ein Drittel. Sie sind einfache Monolithen ohne Decksteine. Im Mittelpunkt dieser beiden Steinkreise befindet sich eine - heute nur noch bruchstückhaft erhaltene - Anordnung von zwei ineinander verschachtelten Hufeisen aus kleineren Felsblöcken.

Bedeutung Stonehenges: hier können nur Vermutungen angestellt werden. Einer der ersten, der Stonehenge "untersuchte", war Inigo Jones (Architekt des engl. Königs). In dessen Auftrag lieferte er um 1650 wunschgemäß die passende Erklärung: Stonehenge sei dem Himmelsgott Coelus geweiht. Irgendwelche Beweise hatte er nicht; er wollte lediglich seinem König eine Freude machen, der von ihm eine Erklärung erwartet hatte.

INIGO JONES Architekt des Königs

WALTER CHARLETON Physiker

JOHN AUBREY

Astronom LOCKYER →

Der Physiker Walter Charleton war der Ansicht, daß eine Kultur des steinzeitlichen Dänemarks die Steine aufgestellt hätte (da es in diesem Raum viele, wenn auch erheblich kleinere Steinmonumente gibt). - John Aubrey, ein Altertumsforscher, schrieb das Bauwerk den Druiden-Priestern zu, eine Auffassung, die im 18. und 19. Jhd. weit verbreitet war, heute jedoch als falsch bewiesen ist. - Der Astronom Lockyer fand 1901 Zusammenhänge zwischen dem Lauf der Sonne und der Position des Heel Stone (siehe unten). Daraus errechnete er als Baudatum das Jahr 1840 v. Chr., in neuerer Forschung durch die Radio Carbon Methode und plus/minus ca. 275 Jahren bestätigt.

Mit moderneren Mitteln, z.B. der Zeitbestimmung durch die Radio Carbon 14 Methode, waren Archäologen und Historiker unseres Jahrhunderts tätig. Sie konnten damit die einzelnen Bauphasen bestimmen. Wer jedoch die Erbauer waren und welchen Sinn dieses gigantische Bauwerk hatte, das älter als die Pyramiden ist, - dies ist bis heute nicht völlig gesichert.

Die Forschung geht zunächst davon aus, daß derart gewaltige Aufwendungen zum Bau darauf hindeuten, daß Stonehenge zumindest in dieser Region Südenglands ein Bauwerk besonderer Bedeutung war: vermutlich ein Tempel zur Verehrung eines Sonnengottes. Daneben dürfte Stonehenge auch als Grabstätte für Häuptlinge und Hohepriester gedient haben, da rund 350 reich ausgestattete Gräber aus der Zeit von 1.600 - 1.400 v.Chr. hier gefunden wurden.

Auch verfügten die Erbauer offenbar über beachtliche astronomische Kentnisse. Beispielsweise entsprechen die 30 Portale des großen Steinkreises dem Monddurchlauf: Dieser konnte durch eine diagonale Linie quer durch den Steinkreis jeweils exakt beobachtet werden, wobei die Breite der Portalöffnungen dem jeweiligen Monddurchlauf angepasst ist.

Auch besitzen die Steine Zusammenhang mit dem Verlauf der Sonne. Bereits 1771 wies John Smith darauf hin, daß, wenn man zur Sommersonnwende am 21. Juni exakt in der Mitte der Anlage steht, die Sonne fast exakt über dem Heel Stone (liegt nordöstl. der Anlage) aufgeht. Dieser Stein besitzt eine Einkerbung an seiner Außenseite, fast wie eine Markierung.

Auch andere Steine ergaben Linien in Relation zum Verlauf der Gestirne. Dies führte in der 2. Hälfte unseres Jahrhunderts bald zu wilden Spekulationen in TV-Berichten bis hin zu Buchpublikationen, - die aus Stonehenge ein gigantisches astronomisches Observatorium machten.

Stonehenge kann durchaus in seiner Steinsetzung der Vorausbestimmung der Ernte- und der Saatsetzung gedient haben. Vieles, was in diesen TV-Berichten und Büchern bis hin zu Erich von Dänicken publiziert wurde, ist jedoch mit äußerster Vorsicht zu genießen.

Dafür, daß im Zentrum des Steinkreises (am sog. Slaughter Stone) Menschen- und Tieropfer abgehalten wurden, existieren keinerlei Beweise. Gesichert ist jedoch, daß die im 18. und 19. Jhd. verbreitete Auffassung, Stonehenge sei von den keltischen Druiden-Priestern erbaut, falsch ist. Denn diese kamen erst rund 1.ooo Jahre nach dem Bau von Stonehenge ins Land.

STONEHENGE, Illustration verg. Jhd.

Nach Möglichkeit sollte man morgens gleich nach Öffnung um 9.3o da sein, bevor gegen 11.3o die Reisebusse eintreffen. Auf den Gräsern blinkt noch der Tau, und der Steinkreis steht wie seit Jahrtausenden stumm und geheimnisvoll in der Landschaft.

VERBINDUNGEN: ohne eigenes Auto gibts Coach Tours ab Salisbury, sowie Linienbusse 3 - 4 mal am Tag nach Stonehenge.

VERANSTALTUNGEN: bisher trafen sich am 21. Juni Tausende von Hippies in Stonehenge, um die kürzeste Nacht des Jahres zu feiern. Dabei sind viele als Druiden und keltische Barden verkleidet, altertümliche Gesänge und Tänze. Die Behörden befürchten Gefahren für den Erhalt des Monumentes und man überlegt ein polizeiliches Versammlungsverbot.

RESTAURANTS

Tip für eine Einkehr ist das Dorf HINDON: im Pub LAMB AT HINDON exzellente Barmeals. War im 17. Jhd. eine wichtige Postkutschenstation, wo an die 3oo Pferde zum Auswechseln in den Ställen standen. Bogenfenster, offene Kamine, urgemütlich. Serviert wird von 12-14 u. 19-22 Uhr; ca. 15 DM.

Zwei unbedingt lohnende ABSTECHER liegen nördlich des Städtchens MERE: kurz hinter Mere abzweigen auf die B 3o92. Weitere 5 km zum

Stourhead House

Herrenhaus mit Chippendale-Möbeln und einem der romantischsten SCHLOSSPARKS in England. Eine Idylle namhafter Landschaftsarchitekten, entworfen nach Gemäldevorlagen des Malers Claude Lorrain. Der Park wurde ab 174o angelegt, gut 2o Jahre nach dem Bau des Herrenhauses.

Verträumte Seen mit Seerosen-Teppichen, überall Pavillons und griechische Tempel. Weiterhin eine künstliche Grotte und ein Wasserfall. Unvergeßlicher Blick vom ca. 2oo m hohen Kingsettle Hill aus. Ein rund 2 km langer Rundweg streift alle interessanten Punkte des Parks. Er beginnt hinter der Dorfkirche und umrundet das Ufer eines künstlichen Sees. Ein Abstecher davon führt zum Herrenhaus.

STOURHEAD HOUSE: Baubeginn um 172o, in neoklassizistischer Architektur. Die Innenräume wurden 19o2 originalgetreu renoviert, nachdem ein Feuer große Schäden angerichtet hatte. Die Bibliothek wurde 1795 - 1825 mit Seidenmöbeln des berühmten Designers Chippendale ausgestattet. In der Kunstgallerie wertvolle Gemälde z.B. Poussin, Angelika Kaufmann) und Skulpturen.

Longleat House

Prachtvolles Landschloß, ein Safaripark, Labyrinth etc. Je nach Interessen lohnend für ein Halbtagesprogramm.

DAS HERRENHAUS ist ein sehr gutes Beispiel für den elisabethanischen Baustil in der Mitte des 16. Jhds. Das dreistöckige Gebäude gruppiert sich um zwei Innenhöfe, die Fassaden sind nach geometrischen Linien gegliedert. In der Great Hall ist die ursprüngliche Architektur am reinsten erhalten: ein großer, offener Kamin und die Stichbalken-Decke.

Die übrigen Räume wurden im 19. Jhd. weitgehend renoviert, und entsprechend dem Geschmack jener Zeit sehr prunkvoll ausgestattet. Kostbare Kassettendecken, Gobelins und Gemälde (z.B. die Heilige Familie von Tizian). In der Bibliothek stehen 3o.ooo Bände. Sehenswert auch die Kollektion von Tierfiguren aus Meißener Porzellan.

In der Küche stehen Regale voller verbeulter Töpfe und Pfannen, das Dienstpersonal als Wachsfiguren im originalen Livrée.

Geschichte: Das Privatschloß ist seit 4oo Jahren im Besitz desselben Adelsgeschlechts. Ein Urahn des heutigen Eigentümers legte 154o den Grundstein. 1574 logierte Elisabeth die Große hier als Gast. 1757 wurde der Schloßpark angelegt. Den Safari-Park legte man 1966 an, um mehr Touristen anzuziehen und die teuren Unterhaltskosten für den Landsitz zu decken.

DER SCHLOSSPARK: wurde angelegt von Gartenbaumeister Capability

Brown. Das Landschloß fügt sich harmonisch ein in das Arrangement des Parks. Zusammen bilden sie eine natürliche Einheit. Zeigt sich am besten vom Heaven's Gate, einem aufgeschütteten Hügel.

SAFARIGEHEGE: im Gitterwagen werden die Gäste durch Löwenrudel, Herden von Gazellen oder vorbei an Nashörnern und Elefanten kutschiert. Das Gehege befindet sich in einem Teil des Parks, die Löwen von Longleat sind jedem Engländer ein Begriff aus dem Fernsehen.

WEITERE ATTRAKTIONEN: das angeblich größte Gartenlabyrinth der Welt, ein Museum mit Puppenhäusern aus dem 19. Jhd., ein Friedhof für die Hunde und Katzen des Schloßherrn etc.

Anfahrt: ca. 1o km westl. von Stonehenge von der A 3o3 nach rechts auf die A 36. Diese weitere ca. 2o km bis Warminster: den Ort südl. umfahren und auf die A 362. Nach ca. 8 km Abzweigung links nach Longleat. Das Herrenschloß ist auch ab Stourhead über die B 3o92 zu erreichen.

LONGLEAT HOUSE, Illustration von 1778

Weiter auf der A 3o3: In HOLTON auf einen Drink ins klitzekleine Old Inn, hat gut und gerne seine 35o Jahre auf dem Buckel. Und die sieht man ihm an: Bruchsteinboden, Holzbalkendecke, rohe Ziegelwände. Über dem Tresen baumelt eine Sammlung antiker Schlüsselbunde von der Decke.

Für Architektur-Liebhaber zwei Gebäude in COMPTON PAUNCEFOOT: gegenüber der Kirche das Old Rectory im eleganten georgianischen Stil des 18. Jhd. sowie Compton Castle, 1825 in der Mittelalter-Begeisterung der Romantik als verträumtes Märchenschloß im neugotischen Stil erbaut.

In SOUTH CADBURY eine Steinzeit-Festung auf der Kuppe eines steilen Hügels (Cadbury Castle). 4 Erdwälle mit Gräben gesichert, wurde viel später in der Eisenzeit erneut bewohnt, bis sie die Römer endgültig schleiften. Hier soll sich Camelot befunden haben, der Hof des sagenhaften King Arthur mit seiner Tafelrunde.

ILCHESTER lohnt sich für 3 Attraktionen in unmittelbaren Umgebung.

Tourist INFO Liegt 2 km östlich in Yeovilton beim Fliegermuseum (siehe unten). Tel.o935/ 75 272. Book-a-bed-ahead.

LYTES CASTLE (4 km vor Ilchester, Abfahrt direkt von der A 3o3): Stolzes Herrenhaus, das ein halbes Jahrtausend lang vom Familien-Clan der Lytes-Dynastie bewohnt war. Gepflegte Gärten, Kapelle aus dem 14. Jhd. Geöffnet nur an zwei Wochentagen.

FLEET AIR ARMS MUSEUM: (in Yeovilton, 2 km östl. von Ilchester): mehr als 5o Oldtimer- Flugzeuge, vom Doppeldecker über ausgefallene Propellermaschinen. Eines der größten Flugzeugmuseen Englands, lohnt sich nicht nur für Fans. Dazu alte Flieger-Uniformen, Orden der Luftwaffe, Fotos und Modelle. Gelegentlich werden mit den Kisten Schauflüge abgehalten.

TINTINHULL (4 km westl. von Ilchester an der A 3o3): romantisches Mini-Dörfchen, mittendrin ein Herrenhaus mit eleganten, georgianischen Fassaden.

ILMINSTER: Marktstädtchen, kuschelt sich an die Ausläufer einer hohen Hügelkette; ehrwürdige Altbauten rund um den Marktplatz.

Tourist INFO Am Parkplatz neben dem Shrubbery Hotel; Tel.o46o/ 57 294. Book-a-bed-ahead.

In nordöstlicher Richtung entlang der B 3168 zwei Herrenhäuser: relaxen in den Gärten, da wenig Betrieb. Die Häuser selbst sind jeweils nur an einem Wochentag geöffnet. Zunächst 5 km bis Barrington Court aus der Tudor-Epoche (16. Jhd.), auffällig die spiralenförmig gedrehten Schornsteine. Geöffnet nur sonntags bis mittwochs, jeweils am Nachmittag. - Weitere 3 km bis East Lambrook aus dem 15/16. Jhd., Gärten, täglich geöffnet.

WEITER BIS EXETER rund 45 km, wobei westl. von Ilminster die Schnellstraße A 3o3 in A 3o mündet. Details über den weiteren Routen-Verlauf ab Seite 347.

Alternative: A 3o

Landstraße, verläuft etwa 1o km südlich parallel zur A 3o3 und berührt die Kleinstädte Shaftesbury, Sherborne und Yeovil. Entlang der A 3o besserer öffentlicher Transport (Zug, Bus). Als Direktverbindung nach Exeter mit eigenem Auto ist die A 3o3 jedoch schneller.

Wer will, kann mit eigenem Auto über querverbindende Landsträßchen die Sehenswürdigkeiten an beiden Straßen (A 3o und A 3o3) verbinden.

Ab SALISBURY (Seite 256) bis Exeter rund 14o km und 2 - 3 Std. gemütliche Fahrt. Wegen der vielen Sehenswürdigkeiten jedoch einen vollen Tag aufs Programm setzen.

Bereits 5 km hinter Salisbury unbedingt haltmachen in **WILTON**, 3.8oo-Einwohner-Städtchen zu Füßen des hohen Kirchturms. Ab Salisbury alle 1o Minuten Busverbindung, Abfahrt vor dem Bekleidungshaus Marks& Spencer.

Lohnt sich für das WILTON HOUSE, eines der schönsten Herrenhäuser Englands.Wurde nach einer Feuersbrunst 1617 vom damaligen Star-Architekten Inigo Jones (siehe Stonehenge) wiederaufgebaut, Erweiterungsarbeiten 181o durch James Wyatt. Die Außenfassaden sehr schlicht im klassischen Stil, subtropische Kletterpflanzen mit blauen Blumen überwuchern die Seitenflügel. Innen: prachtvolle Staatsgemächer im überladenen Barock-Stil, an den Wänden Gemälde von Rembrandt, Holbein, Rubens etc., überall leuchtendes Silber, wertvolles Porzellan und Skulpturen. Besonders hervorzuheben die Stilmöbel vom Möbel-Designer Chippendale.

WILTON HOUSE, rund 5Km westlich von Salisbury

Glanzstück ist der sog. Double Cube Room, 1o m hoch, 1o m breit und 2o m lang. Weißlackierte Wände, verziert mit vergoldeten Blumengirlanden, und Möbel mit Goldbeschlägen. Die Raumtiefe wird gesteigert durch ein mythologisches Deckengemälde: 1o Gemälde von van Dyck. Hier im Double Cube Room planten unter striktester Geheimhaltung der amerikanische Präsident Eisenhower und sein Beraterstab den D-Day, an dem die Alliierten 1944 in der Normandie landeten.

Weitere Attraktionen: eine 5o qm große Modelleisenbahn, ein Puppenhaus aus dem viktorianischen Zeitalter und eine Pappmaché-Landschaft, wo 7.ooo Zinnsoldaten - bunt bemalt in Uniformen des vorigen Jahrhunderts - in Schlachtformation aufgestellt sind.

Nach der Besichtigung bißchen im Park rumschlendern zwischen den 35o Jahre alten Libanon-Zedern, schön die Renaissance-Brücke von 175o. Leider große Zerstörungen im Baumbestand durch die verheerenden Sturmkatastrophe im Januar 199o.

Abgesehen vom Wilton House auch die PARISH CHURCH mit ihrem 35 m hohen Turm sehenswert. Sie wurde 1843 erbaut während der Romantik, wo man den frühchristlichen Baustil neu inszenieren wollte. Rundbögen, Marmor, Mosaiken und Buntglasfenster.

Nächste Station ist **FOVANT**, um in der Kneipe PEMBROKE ARMS die Fahrt ein Bierchen lang zu unterbrechen. Von Kletterpflanzen zugewucherte Bruchbude, gerade noch die Eingangstüre frei. Das Auge genießt mit: tiefhängende Decke, überall hängen Orden und Uniformen aus dem 1. Weltkrieg. Bei schönem Wetter geht's in den Biergarten.

Shaftesbury (4.ooo Einw.)

Auf eine 2oo m hohe Hügelkuppe gebaut: über steile Kopfsteinpflaster-Sträßchen mit ihren strohgedeckten Häusern aus dem 18. Jhd. rauf in die Oberstadt (Fußgängerzone). Von oben schöner Panoramablick.

Das Provinznest Shaftesbury hatte früher große politische Bedeutung mit 12 Kirchen und einem Kloster, das halb soviel Ländereien besaß wie die englische Krone. Pilger fuhren zur Wallfahrt hierher.

Von den Kirchenbauten ist heute keiner mehr erhalten. ABBEY RUINS: Mauerreste des 88o gegründeten Nonnenklosters mit einem kleinen Museum über dessen Geschichte.

Zwei wärmstens zu empfehlende Eßlokale, wer einen fahrbaren Untersatz hat. Knapp 1o km nordwestlich via der B 3o81: hinter der Stadt Gillingham der Weiler Wyke mit dem STOCK HILL HOUSE. Zufahrt zu dem 183o erbauten Landhaus durch den Park mit seiner Buchen-Allee. Honoriger Empfang mit Kronleuchtern und Antik-Möbeln, nur der rote Teppich fehlt für ein komplettes Staatsbesuch-Protokoll. Küche mit französischem Einschlag, für die Riesenportionen den Magen den ganzen Tag über auf Entzug stellen. Dinner-Menü ca. 8o DM.

Barmeals: am besten rausfahren aufs Land, 5 km nordöstlich im Dorf Semley das BENNETS ARMS, zerschundene Möbel und offenes Kohlefeuer. Wildpastete, Kottelets, Omeletts usw. Vor allem die Einheimischen aus Shaftesbury kommen hierher.

Shopping: Im POTTERY WORKSHOP (15 Bell Street) Porzellansachen wie Fliegenpilze, Seerosen oder der Steinkreis von Stonehenge.

3 km nordwestlich in Motcombe die Schmiede WING & STABLES: handgeschmiedete Eisensachen (z.B. Lampen, Kerzenhalter). Spezialität und schöne Mitbringsel sind Hufeisen und Imitationen von Schwertern, Schildern und anderen mittelalterlichen Waffen.

1o km weiter entlang der A 3o nach **HENSTRIDGE**, dem historischen Schauplatz einer weltbekannten Anekdote, geschehen irgendwann in der 2. Hälfte des 16. Jhds.:

> Der Freibeuter und Pirat Sir Walter Raleigh (siehe auch Seite 344) hatte von seinen Reisen in die Karibik etwas mitgebracht, das jahrhunderte lang Lust und Last von Millionen von Menschen werden sollte: den TABAK!
>
> Sir Walter wußte als einer der ersten Europäer den blauen Dunst zu schätzen und schmauchte eines schönen Tages genüßlich seine Pfeife vor der Kneipe "Virginia Tavern". Eine Bedienstete sah entsetzt die Rauchwolken aus Raleighs Mund kräuseln und leistete unkonventionell Hilfe: sie kippte schnell einen Eimer Wasser ins Gesicht Sir Walter Raleighs, um den vermeintlichen Brand zu löschen...

Sherbourne (ca. 8.ooo Einw.)

Romantisches Städtchen und Idylle zwischen den alten Häusern rund um die Kirche. Sherbourne war ab 7o5 Bischofssitz, bis er 1o75 nach Salisbury verlegt wurde. Wer Übernachtung entlang der A 3o benötigt: das Kleinstädtchen ist wegen seinem Flair Tip (allerdings nach 18 Uhr sehr "quiet" und keine Action erwarten!).

Hound Street. Tel.o935/ 815341 Tourist INFO

ABBEY CHURCH: gehörte zu einem Kloster, gebaut aus Sandstein. Vom ursprünglichen normannischen Bau (1123) ist nur noch das Südportal erhalten (um 117o). Das Kirchengewölbe besitzt feines Fächerfiligranwerk.

Kunstvoll auch das Eichengestühl, auf der Unterseite der Klappstühle Schnitzereien: zu sehen u.a. ein als Affe karikierter Arzt und Symbol der allgemeinen Wertschätzung des Arztberufes im Mittelalter, oder ein Lehrer, der einen Schüler mit dem Rohrstock züchtigt.

Vor der Kirche das ALMSHOUSE (1437), ein mittelalterliches Armenhaus und Hospital. Innen eine Kunstgalerie, eine Kapelle und die original erhaltene Great Hall. Profanere Genüsse in einem angeschlossenen Restaurant, alles frisch und hausgemacht (Snacks um 5- 1o DM).

Paar Schritte davon im ABBEY GATE HOUSE ein kleines Museum (das "Sherbourne Museum"). Geologische Sammlung, instruktives Modell einer normannischen Burg, ein Puppenhaus aus dem 19. Jhd. und Produkte der im 18. Jhd. hier ansässigen Seidenindustrie.

OLD SHERBOURNE CASTLE: Ruine einer Burg Anfang des 12. Jhds. 1592 pachtete Sir Walter Raleigh die Burg. Er führte große Veränderungen durch, bis er das Sherbourne Castle als Wohnsitz baute. Beide Gebäude liegen am südlichen Stadtrand, rund 4oo m voneinander entfernt.

SHERBOURNE CASTLE: Herrenhaus mit Antikmöbeln, wertvollen Gemälden und Porzellan vom 18. Jhd. bis heute. Es vereinigt unterschiedliche Architektur-Stile: Die Great Hall im elisabethanischen Stil des 16. Jhds. Der Oak Room stammt aus dem 17. Jhd., die Bibliothek aus dem 18. Jhd. Herrlicher Landschaftspark aus Rasenflächen, Baumgruppen und einem See, angelegt von Capability Brown.

Das Castle wurde 1594 von Sir Walter Raleigh erbaut, nachdem das von ihm bewohnte Old Castle seinen Ansprüchen nicht mehr genügt hatte. Unter King James I. wurde Raleigh in den Tower geworfen (16o8) und das Landhaus enteignet. Der König schenkte es der Digby-Famlie, die 4 Gebäudeflügel anfügte, im 18. Jhd. wurde der Park angelegt. Weitere, umfangreiche Renovierung der Innenräume im 18. und 19. Jhd. Die Digby-Familie ist heute noch Besitzer der Anlage.

WOLDWIDE BUTTERFLIES: (an der A 3o3, 5 km von Sherbourne): Zuchtanstalt für Schmetterlinge, das Unternehmen exportiert die Tiere in die ganze Welt. In den Treibhäusern mit Dschungelvegetation gaukeln Abertausende schillernder Falter.

Weiterhin eine Seidenraupen- Farm. Die Seidenraupen ernähren sich ausschließlich von den Blättern des Maulbeerbaumes, die Seide wird aus dem nußbraunen Kokon (=Puppe) gewonnen, der aus einem bis 1 km langen Faden besteht.

SANFORD ORCAS MANOR HOUSE (6 km nördl. auf der B 3148 und Abzweiger): das Landhaus ist seit 25o Jahren in Familienbesitz. Erbaut ca.155o um einen Innenhof herum, holzvertäfelte Räume, Antikmöblierung. Der heutige Besitzer führt Besucher persönlich durch seinen Besitz, um durch Einkünfte die teuren Reparaturen des Landsitzes zu finanzieren.

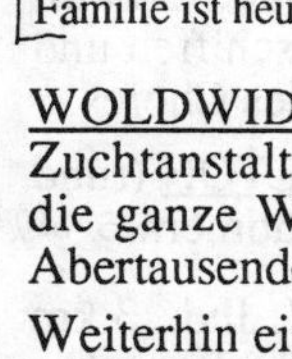

"**Eastbury Hotel**": Long Street. Stadtvilla aus dem 18. Jhd., von hohen Gartenmauern umgeben. Illustres Ambiente, nur 12 Zimmer. Tel. o935/ 813191. DZ ca. 25o DM.

"**Antelope Hotel**": Greenhill. Persönliche Atmosphäre in der 7-Zimmer-Pension, in der historischen Altstadt. Tel. 0935/ 812o77. DZ ca. 12o DM.

EASTBURY HOTEL (Long Street): englische Küche in Bestform. Ca. 35 - 5o DM. Umfangreiche Weinliste.

HALF MOON (Half Moon Street): für pauschal ca. 25 DM bedient man sich nach Herzenslust am warmen Buffet. Erstklasige Qualität.

CHURCH HOUSE GALLERY (Half Moon Street): Café + Kunstgallerie. Für Tee mit Kuchen, Salate, Pizzen etc. Ca. 6- 15 DM, nur tagsüber.

Exzellente Barmeals im SKIPPERS (Horsecastles Lane), liebevoll hergerichtet und große Portionen. Z.B. für ca.15 DM ein mit Camembert-Käse gefülltes Hühnchen. Atmosphäre: Schaukästen mit Schmetterlingen und Briefmarken an den Wänden, altes Schiffssteuerrad.

Yeovil (ca. 26.ooo Einw.)

Moderne Stadt. Muß man nicht unbedingt gesehen haben, alles etwas grau in grau und wenig lohnend für längeren Aufenthalt. Aber einige Attraktionen im Umkreis der Stadt.

In der Johnson Hall, Hendford. Tel. o935/22 884. Ganzjährig geöffnet; kein book-a-bed-ahead.

CHURCH OF ST. JOHN THE BAPTIST: im 14. Jhd. erbaut, harmonisch konzipiert mit dem großen Westturm, den Seitenschiffen und den hohen, spitzbogigen Fenstern. Schöne Krypta unterhalb des Chores.

HEIMATMUSEUM: Sammlung alter Revolver. - In YEOVILTON (rund 1o km nördl. über die A 32) ein Museum mit 5o Flugzeug- Oldtimern(S. 131).

BRYMPTON D'EVERCY: Herrenhaus aus dem 16. und 17. Jhd., 3 km westlich von Yeovil an der A 3o88. Mehrere Räume sind für Besucher geöffnet, im weitläufigen Garten ein Kirchlein aus dem 14. Jhd. und Weingärten, sowie ein Museum über das Leben der Bauern und über die Apfelmost-Herstellung.

Nach weiteren 3 km entlang der A 3o88: das MONTACUTE HOUSE, eines der schönsten Landschlösser (1588-16o1) in diesem Teil Englands. Besticht durch die symmetrische Konzeption, typisch für den Renaissance-Stil. An der Hauptfassade sind Skulpturen historischer Persönlichkeiten angebracht, etwa Caesar, Alexander der Große, Karl der Große.

Innenausstattung: originale, hochglanzpolierte Möbel, Stuckwerk an der Decke, offene Kamine, eine sehr wertvolle Gemäldesammlung mit alten Meistern. In der sechzig Meter (!) langen Long Gallery stiegen rauschende Bälle und Tänze. In der Great Hall illustriert ein Gipsfries eine mittelalterliche Strafmaßnahme: der Delinquent wird an einer Stange festgebunden im Paradezug durch die Straßen geführt, als Publikum eine

Herde Spottlustiger. Auch sein Verbrechen ist noch überliefert, der Mann wurde von seiner Gemahlin auf frischer Tat ertappt, wie er sich beim Babysitten vollaufen ließ (...und vermutlich nicht mit Milch).

Im ehemaligen Waschsalon des Montacute Houses eine kleine Teestube, sehr gut für einen Imbiß. Schöne Gärten streng geometrisch, aufgelockert durch Pavillons und Balustraden, Steinterrassen und Rosenbeete.

Ab dem Montacute House nochmal 7 km auf der A 3o88 zum HAM HILL COUNTRY PARK: das Revier der ehemaligen Steinbrüche, wo das sanftgelbe Gestein zum Bau des Montacute House und der umliegenden Dörfer gebrochen wurde. Fußpfade führen durch das zerwühlte Land,- vom 132 m hohen Ham Hill Panoramablick weit rein ins Farmland des sich nördlich erstreckenden County Somerset.

14 km westl. Yeovil liegt **CREWKERNE** (4.8oo Einw.), wo sich Kunstkenner die Kirche anschauen (bemerkenswert das große Westfenster). - 5 km südlich des Städtchens entlang der B 3165 die CLAPTON COURT GARDENS, um die Fahrt zu unterbrechen und ein bißchen rumzuschlendern. Seltene Bäume und Sträucher, im Hochsommer blühen die Terrassen- und Rosengärten.

In **CRICKET ST. THOMAS** in einem romantischen Waldtal der WILDLIFE PARK: Freigehege mit Großwild. Pinguine tapsen auf Felsen rum, im Wasser tummeln sich Seelöwen. Kamele, Elefanten, Raubkatzen, Affen. In einer Voliere freifliegende Tropenvögeln. Liegt ca. 5 km vor Chard links der A 3o.

CHARD (8.ooo Einw.), netter Ort, paar alte Häuser und die Pfarrkirche. Das Städtchen ist Zentrum für Spitzenklöppelei und für Cider-Herstellung. Infos darüber im Heimartmuseum.

Tourist INFO Im Rathaus in der Fore Street; Tel.o46o/ 67 463. Book-a-bed-ahead.

HORNSBURY MILL: Park-Idylle mit Fischteichen und einem Shop für Kunsthandwerk. Plus ein Restaurant, wo sich innerhalb des Lokales ein schweres Mühlrad dreht. Liegt ca. 2 km nördlich, via A 358.

Paar KM südöstlich an der B 3162 das Herrenhaus FORDE ABBEY, pittoresk in einer Flußschlaufe gelegen. Weiter Park mit Weihern und Obstplantagen, mittendrin der Landsitz (1138 als Kloster gegründet, 164o in einen Privat-Sitz umgewandelt). Nur an zwei Wochentagen Besucherverkehr: Stilmöbel, prächtige Stuckdecken, und Wandteppiche (Mortlake-Tapisserien).

Ca. 2o km bis HONITON, das bereits in Devon liegt. *Weiterer Routen-Verlauf ab Seite 347.*

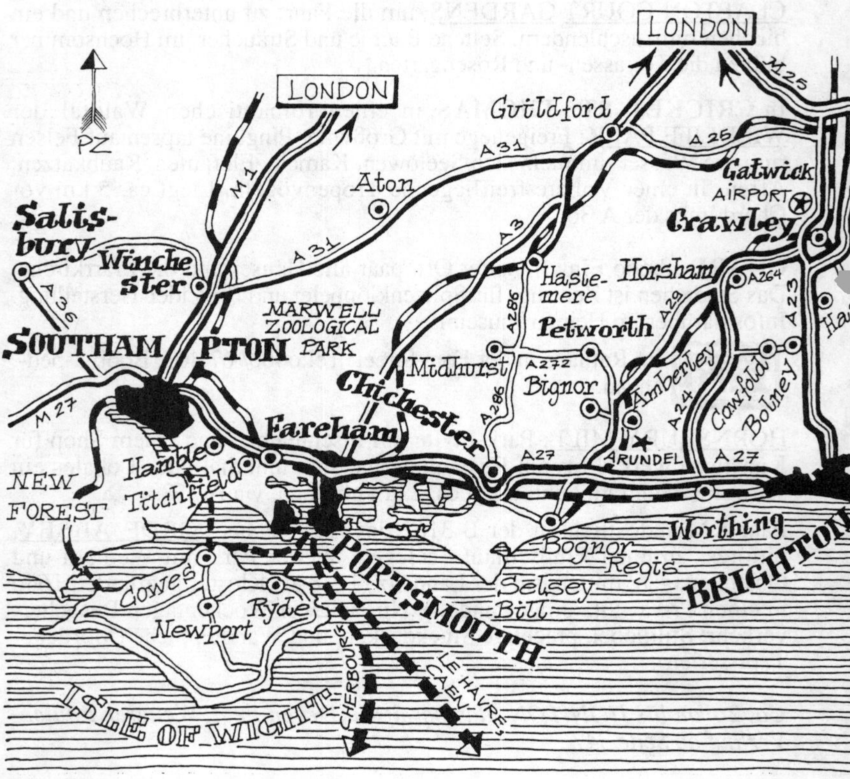
LONDON
LONDON
PZ
M 25
M 1
Guildford
A 25
A 31
Gatwick
AIRPORT
Aton
Crawley
Saltsbury
A 31
A 3
Winchester
Haslemere
Horsham
A 264
A 36
A 286
A 29
MARWELL
ZOOLOGICAL
PARK
Petworth
A 23
SOUTHAMPTON
Midhurst
A 272
Bignor
Amberley
Chichester
Cowfold
Bolney
M 27
A 24
A 286
Fareham
Hamble
Titchfield
A 27
ARUNDEL
A 27
NEW
FOREST
Worthing
Bognor
Regis
PORTSMOUTH
BRIGHTON
Cowes
Selsey
Bill
Ryde
Newport
CHERBOURG
LE HAVRE,
CAEN
ISLE OF WIGHT

Die Südküste

Entlang der südenglischen Küste nach Cornwall

** <u>SEEBÄDER</u> mit dem Flair des verflossenen britischen Empires, in denen sich heute die engl. Middle Class erholt. Breites Angebot an Abwechslung von Pier ins Meer raus, Hafenpromenade, Fun-Parks und Sehenswürdigkeiten von Museen, hin zu schönen Stadtvierteln aus der Jh.-Wende, Shopping und Boutiquen.*

Wichtigste sind <u>HASTINGS</u>, <u>BRIGHTON</u> und <u>BOURNEMOUTH</u>, - aber auch eine Vielzahl kleinerer und nicht minder lohnender. Nicht ohne Grund befinden sich hier eine Vielzahl an Sprachschulen.

** <u>HAFENSTÄDTE</u>: zu Zeiten des Britischen Empires war die Südküste wie auch Liverpool wichtigster Startpunkt des Handels mit den Kolonien und über den Atlantik nach USA. In <u>SOUTHAMPTON/PORTSMOUTH</u> starteten die Überseeschiffe für den Postverkehr, aber auch für die*

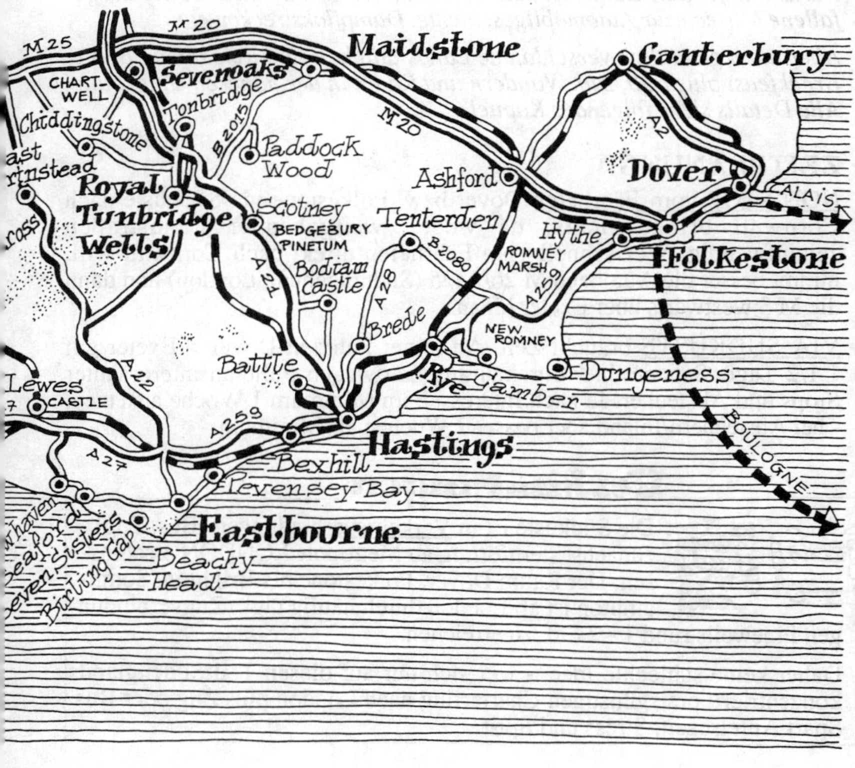

Auswanderer, die in der neuen Welt ihr Glück suchten. Heute englische Großstädte, die in ihrem Zentrum eine Vielzahl an Sightseeing bieten. U.a. Originalschiff HMS Victory von Lord Nelson (18o5), welches besichtigt werden kann, Dockanlagen und interessante Mueseen. Stop in der Region in jedem Fall einplanen und lohnend!

* *KULTUR/GESCHICHTE: auch diesbezüglich äußerst reichhaltig. RYE, mittelalterliches Dorf und weitgehend noch in Originalzustand erhalten, - westlich der Hafen-Einstiegspunkte Dover/Folkestone der Küstenort HASTINGS und landein BATTLE.*

Lohnend bei Porthmouth die Stadt CHICHESTER ebenso wie westlich die Städte WINCHESTER, SALISBURY und eine Vielzahl weiterer Orte Südenglands. Alle Details siehe Text.

* *LANDESINNERES: relaxing und vielfach abseits der touristischen Hauptrouten. "Rolling Farmland", auf den ersten Blick ohne spezielle Highlights. So doch jede Menge lohnender Abstecher: Wasserschlösser, Parks und feudale Landsitze, die besichtigt werden können. Sowie ausgefallene Museen zur Automobilgeschichte, Dampflokstrecken etc.*

Aber auch gemütlich verschlafene Landstädtchen zum Relaxen im Bed & Breakfeast plus Pub, zum Wandern und Radln in der näheren Umgebung. Alle Details siehe folgendes Kapitel.

✶ ZEITPLANUNG:

NON-STOP vom Fährhafen Dover bzw. Folkestone via Südküste nach Cornwall bringt nichts, da wegen weitgehender Landstraßen zeitaufwendig. Wer schnell vom Fährhafen direkt nach Cornwall will, nimmt besser die Autobahn M 2o/ M25 (Südumgehung London) und dann die M 3 westwärts über Exeter hinaus.

VIA SÜDKÜSTE braucht Zeit. An reiner Fahrzeit Dover-> Exeter gut 1 1/2 Tage. Schade, hier durchzurauschen wegen Fülle an interessanter Stops und Abstecher. Je nach Interessen im Minimum 1 Woche ansetzen, - bei Abstechern/Inland aber besser 2 Wochen als Minimum.

Verbindungen

Die Südküste ist in Verkehrsverbindungen (Bus, Zug) zunächst sternförmig ab Metropole LONDON erschlossen. Der Raum Dover, Folkestone bis Brighton, Southampton ist ab London durch häufig tägl. Zugverbindungen in jeweils rund 1 - 2 Std. zu erreichen.

Daher keine schlechte Idee, - wer sich nur auf diesen Teil Südenglands konzentriert: preisgünstigen Charterflug nach London plus Zug oder Bus. Spart Anreisezeit, Stress und Sprit.

Querverbindungen: Dover-> Brighton -> Southampton-> Exeter existieren, brauchen aber wegen Umsteigerei Zeit. O.K.: wer eh Zwischenstops vorhat, arbeitet mit Fahrplanheft. Entlang der Küste werden die Hauptstrecken mehrmals pro Tag befahren, von daher kein Problem. Anders, wer Trips ins Landesinnere plant. Hier kann eigenes Auto größere Flexibilität bringen.

Von Dover bis Exeter je nach Route ca. 42o - 55o km an reiner Fahrstrecke via Küste. Zwischen den einzelnen Städten der Küste gibts oft mehrere Parallel-Varianten. Details siehe Text.

Sussex Counties

Schließen sich westlich an KENT (siehe ab S. 73) und reichen bis ans Gebiet Portsmouth/Southampton.

An der Küste eine Vielzahl an Seebädern, bedeutendstes BRIGHTON. Tip für Stop das mittelalterliche RYE. Im Hinterland feudale Landsitze, aber auch traumhaft schöne Landschaftsgärten, für die England berühmt ist. Aber auch Gelegenheit für Kurzwanderungen in den "Rolling Hills" mit seinen Kiefernwäldern.

SUSSEX teilt sich in East (Verw. Stadt: LEWES) und West Sussex (das für Stop unbedingt lohnende CHICHESTER als Hauptstadt).

Entlang des Küstenstreifens mondäne Seebäder aus der verg. viktorianischen Epoche mit Strandvillen, monumentale öffentliche Bauten und leicht angestaubtem alt-englischen Flair. Ansonsten recht planlos zersiedelt, nachdem im 19. Jh. Urlaub am Meer in Mode gekommen war.

Heute geht's in vielen, der ehemals florierenden Beach-Resorts am Kanal den Bach runter: Für Engländer ist der Flugtrip nach Südspanien, Rhodos/Griechenland, Karibik oder wo sonst attraktiver und per Pauschaltrip meist auch billiger, - als das kalte Bad am Kanal. Dies bei Pauschaltrips ab ca. 3oo Pound für 2 Wochen. Preise, die in etwa auch der 2 Wochenaufenthalt im trad. englischen Strandbad kostet.

Es sind daher vorwiegend Senioren, die hier Urlaub machen. Aber auch seit gut 2o Jahren viele Jugendliche, die Ferien mit Sprachkurs verbinden und den Orten Leben verleihen bei breitem Angebot an Discos und Shopping. Von daher keinesfalls "tote Hose", - sondern eher "high life".

Hinter dem Küstenstreifen die SOUTH DOWNS: karge Hügelketten mit Schafweiden, Ginster und einsamen Täler, schön zum Wandern! Bis zur letzten Eiszeit herrschte hier subtropisches Klima, daher viele prähistorische Monumente aus der Bronze- und Eisenzeit! Am schönsten im östlichen Teil zwischen Eastbourne und Brighton (viele Wanderwege).

Die Landschaft THE WEALD schließt sich nördlich an: sanft geschwungen und wellig mit Hopfenfeldern, Dörfern, Heckenwegen und kleinen Wäldchen. Einfache, gemütliche Wanderung in idyllischer Bauernlandschaft. Bis ins 16. Jh. dichter, und undurchdringlicher Wald: wurde abgeholzt zum Schiffsbau während der Entdecker-Zeit und zur Eisenverhüttung. Hauptort ist Royal Tunbridge Wells (Seite 163).

Nördlich folgt der FOREST RIDGE: karger Boden mit Heidekraut und Kiefernwäldchen. Wanderungen rund um Dorking.

★ **TOURISMUS**: Kein Punkt in Sussex ist weiter als 2 Autostunden von London entfernt, daher Naherholungsgebiet der Vielmillionen-Metropole. Besonders an Sommerwochenenden wälzt sich eine Autolawine Richtung Küsten, und die billigen Pensionen sind schnell ausgebucht. Wenn möglich, die Wochenenden meiden oder zumindest nicht das Auto benutzen!

★ **ARCHÄOLOGIE**: Sussex war Einwanderungsgebiet der frühen Volksstämme, Sachsen, Dänen, Römer und die Normannen gingen hier an Land und haben ihre Spuren hinterlassen (Burgen, alte Straßen, Kathedralen, Befestigungsanlagen). Die Highlights sind in diesem Buch beschrieben.

★ **HERRENHÄUSER** und **LANDSCHAFTSPARKS** finden sich en masse im Hinterland von Sussex. Grund: viele Großbürger der Hauptstadt haben ihre Villen in der grünen Landschaft nahe bei London. Die Öffnungszeiten sind sehr unregelmäßig: oft nur 2-3 Tage pro Woche. Vorher sich beim Tourist Office informieren, um nicht umsonst lange Anreise in Kauf zu nehmen.

Wandern

Der Tip unter den Long Distance Footpaths ist der "South Downs Way" von Ost nach West durch die kahlen Heidekraut-Hügel. Besonders schön die 3-4 tägige Tour von Eastbourne nach Brighton (Seite 176)!

Mehrere REGIONEN, wer kürzere Touren machen möchte:

* Romney Marshes (Seite 143), wer flaches Deichland mit Kirchen-Kolossen mitten in der Ebene liebt.

* Beachy Head (Seite 171), der einzig lohnende Küstenbereich in Sussex mit seinen schneeweißen, atemberaubenden geschwungenen Kreideklippen.

* South Downs (Seite 176): kleines Wäldchen mit knorrigen, alten Bäumen, die noch vom Waldgebiet stammen, die bis zum 16. Jh. den gesamten Südosten überzogen.

* Ashdown Forest: angenehme Familien-Walks, die jederzeit auch in Halbschuhen zu machen sind.

Radfahren

Lohnend sind die Touren ins sanft geschwungene Hinterland der"Wealds" mit seinen Heckenwegen, Hopfengärten und Wäldchen. Bike Rent an allen größeren Küstenorten (Adresse beim TI).

Dover/Folkstone ⋙→ Hastings (6o km)

Gemütlicher Auftakt der Küstenstraße: führt zunächst durch Deich- und Marschland. Kleine Spaziergänge zum "Beine vertreten" und der Flair in der Altstadt von RYE mit seinen Trödlerläden ...

Zug: stündl. mit Umsteigen in Ashford. Dauer ca. 1 1/4 Std. Umfährt aber leider die sehenswerte Marschlandschaft. - Schöner per **Bus**, geht quer durch die Marshes. Mehrmals pro Tag mit Regionalbussen.

Fahrzeit **Auto**: bis Hastings knapp 1 Std., dort gute Infrastruktur (Unterkunft, Restaurants) und lohnende Ausflüge in die Umgebung.

Ausgangspunkt DOVER/FOLKESTONE, wo die Kanalfähren ankommen, siehe Seite 76/79. Die Straße A 259 nach Hastings ist relativ gut ausgebaut. Die ersten 4o km gehts durch die ROMNEY MARSHES: weites Marsch- und Polderland auf Meereshöhe, geschützt von Deichen. Wurde im Mittelalter dem Meer abgetrotzt.

Die Marshes sind völlig flach und überzogen von einem Gitter aus Entwässerungsgräben mit dichtem Schilf an den Ufern. Überall stehen die weißen Langhaar-Schafe wie Schneeflocken im saftigen Grün. Die Dörfer: typisch die überdimensionalen Kirchenbauten, deren Silhouetten weithin sichtbar sind. Sie zeugen vom einstigen Reichtum der Marschland Bauern (schwunghafter Schmuggler-Handel). Das Revier ist ausgesprochen schön für Radtouren oder Wanderungen. Unvergeßlich sind die Morgen- und Abendspaziergänge über die verlassenen Feldwege in den Marshes, wenn das Sonnenlicht besonders weich scheint, und Vögel aus dem Schilf hochflattern!

Tip für Eisenbahnfans ist die Hythe-> Dungeness Dampflok: das Schmalspurgleis führt an der Küste entlang von Hythe (bei Folkestone) via New Romney bis zum Leuchtturm an der Kapspitze bei Dungeness. Im Einsatz alte Originalwaggons, die von Mini- Dampflok (bzw. Diesellok) gezogen werden. Zugleich guter Eindruck vom Romney Marschland. Fahrzeit: 9o Min., in Betrieb ab Ostern bis Ende Sept., im Sommer tägl.

NEW ROMNEY (4.5oo Einw.), Hauptort der Romney Marshes. Früher ein florierender Hafen, heute eine verträumte Kleinstadt rund um die Kirche. Leider ist der Küstenabschnitt auf 7 km um die Stadt mit Ferienbungalows zugebaut. Der Strand mit Kies und Sand.

TI: 2 Littlestone Road: Tel. o679 / 64 o44. Book-a-bed-ahead. Infos über Wanderungen und Radtouren in den Marshes; Adressen für Bike-Rent.

Abstecher: über die Landstraße B 2o75 rund 6 km südlich nach LYDD: paar Häuser um den überdimensionalen Kirchen-Koloß gewürfelt. Gewaltige Ausmaße mit 6o m Länge und dem über 4o m hohen Westturm. Oft bezeichnet als "Cathedral of the Marshes" und das Wahrzeichen in weitem Umkreis; sehenswertes Gewölbe im Turm. Bauzeit: 14. und 15. Jh. Die Region südwestlich von Lydd Ri. Küste ist Manövergebiet der Army und bei Schießübungen gesperrt (rote Flaggen an den Zufahrtsstraßen)!

DUNGENESS: Triste, melancholische Mondlandschaft auf der plattgewalzten Halbinsel: überall grober Kies, kaum Vegetation. Drüber weg pfeift der Wind, im Herbst oft plötzlicher Einfall von Nebelsuppe.

Anfahrt über den 8 km langen Singletrack ab Lydd: Nach 3 km rechts weg auf die Piste zum Dungeness Bird Reserve (beschildert!): an drei seichten Kiesweihern Brachvögel, Haubentaucher und Schwärme von Möwen und Seeschwalben. Neben dem Parkplatz ein Info-Häuschen.

Draußen am Dungeness-Kap rauher Wind, alte Holzbaracken und zwei Leuchttürme. Heißer Tip: auf den stillgelegten Leuchtturm aus rotem Ziegelstein steigen, oben das grandiose Panorama des weiten Marschlandes, durchsetzt mit monströsen Kirchenbauten. Das Kap ist Endstation der Miniatur-Eisenbahn.

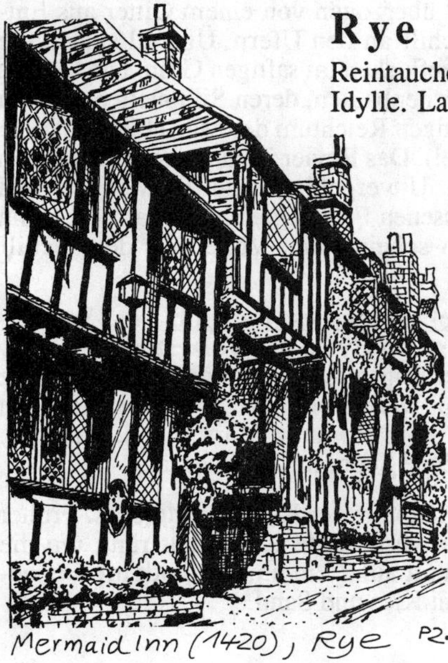
Mermaid Inn (1420), Rye P2.

Rye (4.5oo Einw.)

Reintauchen in die mittelalterliche Kleinstadt-Idylle. Labyrinth aus steilen Gassen, Kopfsteinpflaster und überhängenden Häusern, an den Fenstern blühen bunte Blumenkästen. Viele Trödlerläden und Kunsthandwerker.

Die Stadt überwuchert einen freistehenden Hügel, der sich mitten im weiten, topfebenen Marschland auftürmt. An seinem Fuß rauschen kleine Flüßchen vorbei.

Stadtmittelpunkt ist die ST. MARY KIRCHE (1) am verträumten Church Square, exakt auf die Hügelkuppe gesetzt. Die Hauptstraße "Mermaid Street" klettert steil den Hügelkamm rauf zur Kirche.

GESCHICHTE: im frühen Mittelalter war Rye eine Insel und nur über einen schmalen Landsteg mit der Küste verbunden. Von daher wichtige strategische Bedeutung als Hafenstadt und oft von Franzosen angegriffen. Richtung Süden war die Stadt durch den steilen Hang geschützt, nach Norden wurde 1194 die Stadtmauer errichtet. 1249 Bau des Ypres Towers (4) als Verteidigungsschutz.

1287 Aufnahme in den Verbund der "Cinque Ports", der 5 Hafenstädte Sandwich, Dover, Hythe, Romney und Hastings, die ein Verteidigungs und Handelsbündnis geschlossen hatten.

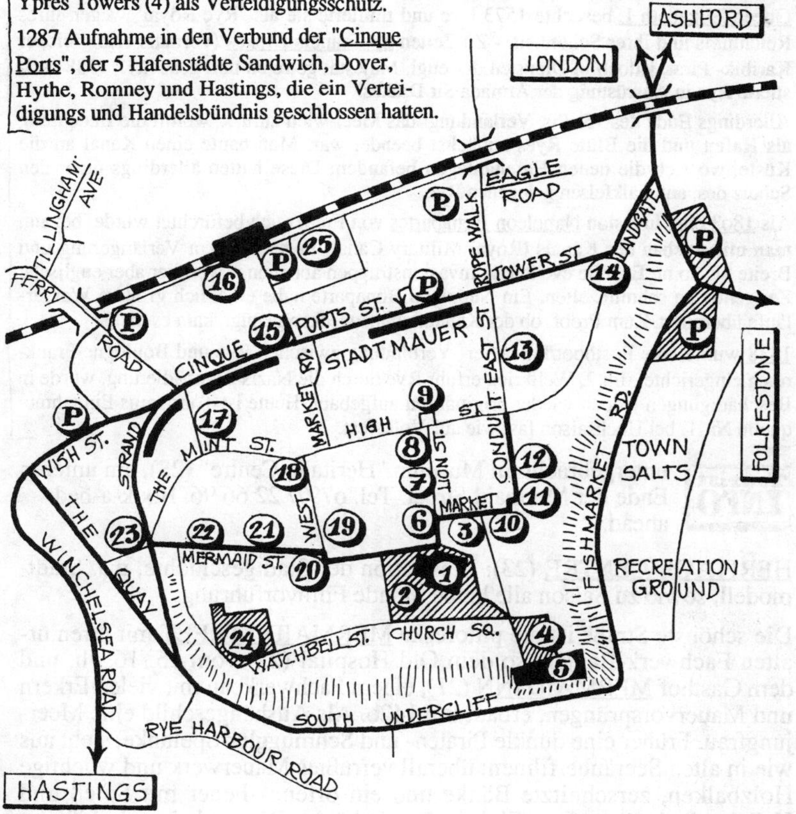

RYE

1 St. Mary Church
2 Church Square
3 Rathaus
4 Ypres Tower/Castle, Heimatmuseum
5 Gungarden, Blick
6 Fletchers House (15. Jh.)
7 Simon the Pieman
8 George Hotel (1719)
9 Old Grammar School (1635)
1o Flushing Inn (15. Jh.)
11 Durrant House (1800)
12 Chequers House
13 Töpferei (ehemals Kloster)
14 Landgate
15 POST, BUS
16 BAHNHOF
17 The Needles
18 Thomas House
19 Tower House (1700)
2o Lamb House (18. Jh.)
21 Mermaid Inn (15. Jh.)
22 Old Hospital (15. u. 16. Jh.)
23 TOURIST OFFICE mit Rye Stadtmodell
24 Look Out
25 Cattle Market
P = Parkplatz

Rye hatte im Mittelalter das Recht, eigene Münzen zu prägen: nur den wirtschaftlich bedeutendsten wurden derartige Rechte eingeräumt. Analog auch gewisses Interesse fremder Mächte: 3 schwere Angriffe der Franzosen von See: 1339, 136o und 1377, bei letzerem wurde die Stadt in Schutt und Asche gelegt.

Queen Elizabeth I. besuchte 1573 Rye und titulierte sie als "Rye Royal" wegen ihres Reichtums und ihrer Schönheit. - Zu Zeiten Sir Francis Drakes (vormals erfolgreicher Karibik- Pirat, jedoch in Diensten der engl. Majestät getreten und geadelt) - 1588 assistierte Rye in Ausrüstung der Armada Sir Drakes.

Allerdings Ende des 15. Jhs. Verlandung: das Meer wich zurück, womit die Bedeutung als Hafen und die Blüte Ryes zunächst beendet war. Man baute einen Kanal an die Küste, wo sich die neuen Hafenanlagen befanden. Diese hatten allerdings nicht den Schutz des auf Kalkfelsen gelegenen Rye.

Als 18o3 eine Invasion Napoleon Bonapartes von Frankreich befürchtet wurde, begann man mit Ausbau des Kanals (Royal Military Canal) in rund 4o km Verlängerung und Breite bis 1o m. Er solle eventuelle Invasionstruppen abhalten, - worüber aber englische Zeitgenossen schmunzelten. Ein Napoleon Bonaparte habe erheblich größere Wasserläufe überquert. Zum Proof, ob der Kanal Schutzzwecken genügt, kam es nicht.

1838 wurde eine Postboot/Passagier- Verbindung zwischen Rye und Boulogne/Frankreich eingerichtet. Im 2. Weltkrieg erfuhr Rye durch die Nazis Bombadierung, wurde in Beschädigungen jedoch wieder originaltreu aufgebaut. Heute ist Tourismus Einnahmequelle Nr. 1, bei Hochsaison fast wie auf Volksfest.

Tourist INFO untergebracht im Museum "Heritage Centre" (23), am unteren Ende der Mermaid Street. Tel. o797/ 22 66 96. Book-a-bed-ahead.

HERITAGE CENTRE (23): Illustration der Stadtgeschichte, u.a. Stadtmodell, sowie zu Saison alle halbe Stunde Filmvorführung.

Die schönste Straße ist die pittoreske MERMAID STREET mit ihren uralten Fachwerk-Bauten, so dem Old Hospital (22) vom 15./16. Jh. und dem Gasthof MERMAID INN (21), einem Fachwerkbau mit vielen Erkern und Mauervorsprüngen, erbaut um 142o. Als Aushängeschild eine Meerjungfrau. Früher eine dunkle Piraten- und Schmuggler-Spelunke, sieht aus wie in alten Seeräuberfilmen: überall verrußtes Mauerwerk und wuchtige Holzbalken, zerschnitzte Bänke und ein offenes Feuer mit Spieß und Hellebarde darüber. Gute Einkehr für ein kühles Bier und einen Imbiß.

Die Mermaid Street mündet in den CHURCH SQUARE (2) mit der Gemeindekirche St. Mary (1), Rathaus (3) und dem Fletchers House (6). Gepflasterter Platz, die Schritte hallen abends von den Häuserwänden wider.

CHURCH OF ST. MARY (1): an der höchsten Stelle des Kalksteinfelsens von Rye. Geht zurück auf erste normannische Kirche, gebaut ca. 112o mit weiteren Umbauten. Schöner Altar aus Mahagoni (18. Jh.). Hauptattraktion ist die schwere, über 3oo Jahre alte Turmuhr, deren Pendel bis ins Kirchenschiff hin und her schwingt. Neben dem verschnörkelten Zifferblatt zwei vergoldete Engelsfiguren (die "quarterboys"), die jede Viertelstunde per Glockenschlag die Zeit ansagen. Im Turm kann man die

Mechanik der Uhr anschauen. Oben schöner Rundblick auf den Hafen und weit hinein ins topfebene Marschland.

Neben der Kirche der YPRES TOWER (4): klotziger Massivbau mit Schießscharten und 3 Ecktürmen von 1249, später Stadtgefängnis. Heute Heimatmuseum mit kunterbunte Mischung aus Haushaltsgeräten, mittelalterlichen Tonwaren, Waffen, alten Puppen etc.

Vom vorgelagerten GUNGARDEN (5) bester Blick über die vorgelagerte Küstenebene zum Meer. - FLUSHING INN (1o) gegenüber der St. Mary Church, stammt aus dem 15. Jh..

In der EAST STREET die "Art Gallery" (13) in ehemaligem Kloster mit Gemälden, kunsthandwerklichen Arbeiten und Skulpturen einheimischer Künstler. In selber Straße das Durant House (11) von 18oo und das "Chequers House" (12). LANDGATE (14) einziges, aus dem Mittelalter noch erhaltenes Stadttor, von ca. 134o.

WATCHBELL STREET: ausgehend vom Church Square mit dem LOOK OUT (24) für schönen Stadtpanorama- Blick.

"Mermaid Inn": Mermaid Street. Verschachtelter Altbau von 142o, früher berüchtigte Piraten- und Schmuggler-Absteige. Sehr bekanntes Hotel, und überall Antiquitäten, Holzbalken und Wandvertäfelungen. Die Zimmer sehr klein, aber gemütlich (z.T. mit Himmelbetten), mit Bad. Vorausbuchen, wer in der Hauptsaison ein Bett in der stilvollen Herberge bekommen möchte Tel. 9797/ 22 3o 65, DZ ca. 215-26o DM.

".Jeakes Hotel: Mermaid Street. 11-Zimmer-Bleibe, überall Antik-Möbel und sehr sympathisch geführt von Mrs. Hatfield, die nach dem Studium des klassischen Gesangs in London leider nur noch in der Badewanne aktiv wird ... Tel. o797/ 22 28 28, DZ ca. 125 DM.

BED & BREAKFAST: Im Sommer sehr schwer, eine Bleibe zu finden. Ohne Vorausbuchung (zumindest book-a-bed-ahead) sowieso keine Chancen! Leute mit Pkw können auf die umliegenden Dörfer ausweichen. Ohne Pkw: das Seebad Hastings liegt 25 Eisenbahn-Minuten westlich, pro Stunde ein Zug.

BILLIGHERBERGEN: keine Jugendherberge in Rye, die nächste liegt 8 km westlich entlang der A 259 in Guestling, stündlich Zugverbindung plus regelmäßig Busse. Großes Haus in ruhiger Lage (Tel. o42486/ 23 73).

CAMPING: Der nächste Platz 5 km östlich über kleine Nebenstraße der: Silver Sands (Tel.o979/ 22 52 82) in Camber. Liegt am Strand. Juli und August sehr schwer, was zu kriegen: dann sich an den Old Coghurst (o424/ 75 19 o8) nahe bei der Jugendherberge "Guestling" (8 km westlich, gute Zug-/Bus-Verbindungen) wenden!

MUNROWS (14, Cinque Fort Street) überzeugt mit Fischgerichten und Steaks in der Preisklasse um die 2o DM: Weinliste mit ausgefallenen Sorten. Reservieren.

LANDGATE BISTRO: Nahe dem Stadttor in der Cinque Port Road. Hat sehr guten Namen für seine französische "haute cuisine" um die 2o DM.

RUNCIBLE SPOON (Cinque Port Street). Heimeliger Raum, überall Zimmerpalmen. Exzellent in der Mittelklasse um die 15 DM.

MERMAID: in Ausstattung Tip, kostet aber auch seinen Preis. Siehe auch Stadtbeschreibung.

FISH & CHIP-Shop (Mint Street): Pommes und kross gerösteter Fisch in der Tüte zum Mitnehmen, ca. 5 DM, auch ein Bereich, um sich reinzusetzen.

YPRES INN: neben gleichnamigem Tower, Barmeals, sowie gute Muschelgerichte.

MARINERS (15 High Street). Wurde 1988 unter Regie eines wohltätigen Vereins eröffnet bei regem Widerstand der Bevölkerung. Grund: beschäftigt sind gut ein Dutzend geistig Behinderter in Küche und Bedienung. Sowas paßte gemäß Auffassung der Einheimischen nicht in den Tourismuscharakter des Ortes. Geöffn.: tägl. 1o.3o bis 17 Uhr, Morgenkaffee, Lunch und Afternoon Tea. Um 5 DM.

SHOPPING: Rye ist voll mit Trödlerläden und Antiquitätengeschäften, besonders viele in der High Street. Tip sind auch mehrere Secondhand-Läden mit gebrauchten bis zerfledderten Büchern. Teils Schnäppchen.

Töpferwaren: ein traditionelles Handwerk seit dem Mittelalter in Rye. Tip ist "David Sharp Ceramics" (55 High Street): bemalte Buttons, Tierfiguren etc. - Hochkarätige Tonwaren bei "Rye Pottery" (Ferry Road), wo angebl. auch die Royal Family kauft, u.a. handbemalte, historische Figuren (ca. 65 DM).

Syntown Miniatures gießt traditionelle Zinn- und Bleisoldaten, bunt bemalt und per Set verkauft. 5 km westlich entlang der B2o89 in Udimore.

FESTE: Rye Festival Anf. September 1 Woche: kulturelles Allround-Angebot mit Musik, Theater, Kabarett etc. Die Altstadt ist voller Leben.

Verbindungen Rye

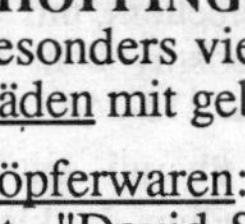

Zug ab London: Bahnhof Charing Cross, Fahrzeit ca. 1 1/2 Std. Geht entweder via Ashford oder via Royal Tunbridge Wells, oder via Hastings.

Ab Hastings: direkt nach Rye. Ab Folkestone: umsteigen in Ashford, Fahrzeit ca. 1 1/2 Std.

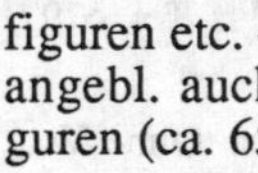

Bus: ab London unregelmäßig, - ab Dover/Folkestone: mehrmals tägl. Direktbusse via Rye nach Hastings

★ Umgebung von Rye

Der Hafen RYE HARBOUR liegt an der Einmündung des 3 km langen, schmalen Meeresarmes: beschaulicher Ort mit Lagerhallen und Batterien von Fischtrawlern. Besonders schön bei Ebbe, wenn die Kutter um die Landecke biegen und in die Hafenbecken einlaufen, um ihre Fänge auszuladen. Überall wimmelt es von Möwen, anschließend viel Geschrei beim Fischmarkt.

Der Küstenabschnitt westlich des Hafens ist Naturschutzgebiet: im Hinterland Schwärme von Seeschwalben, die auf die vielen Kiesgruben und Kiesweiher einfallen. Fußpfade und Hochstände zur Beobachtung.

CAMBER: 8 km Küstensträßchen runter zum Holiday-Camp: Wohnwagenstadt am Fuß eines steilen Dünengebirges und ein weiter Sandstrand.

EAST GULDEFORD, 2 km nordöstlich. Ein kleines Kirchlein aus rotem Backstein, ohne Turm. Stammt aus dem 15. Jh., Innenausstattung aus dem 19.Jh.

CAMBER CASTLE: 2 km westlich. Schöner Fußpfad ab der Straße runter zum Hafen (beschildert). Massive, klotzige Konstruktion mit wuchtigen Rundmauern duckt sich im Marschland. Wurde während der Reformation um 153o aus Angst vor einem Überfall der katholischen Mächte gebaut, damals verlief die Küste an der Burg vorbei.

Richtung Norden auf der B 2o82, nach 9 km SMALL HYTHE PLACE, ein holzvertäfeltes Wohnhaus aus dem 16. Jh. mit viel Fachwerk; Möblierung aus der Jahrhundertwende. War von 1899 - 1928 der Wohnsitz der berühmten Bühnenschauspielerin Ellen Terry.

Nach weiteren 4 km: das 6.ooo Einw. Städtchen TENDERDEN. Ist Ausgangspunkt für Wildwest-Zug über das 15 km lange Gleis nach Bodiam mit seiner mittelalterlichen Wasserburg. Sehr lohnend, Details siehe "Hastings/Umgebung".

★ Winchelsea (35o Einw.)

5 Km südwestl. nach Rye an der A 259. Es liegt wie Rye auf einer Anhöhe und war im Mittelalter eine reiche, bedeutende Hafenstadt. Im Gegensatz aber breite Straßen im Schachbrettmuster. Die alten Fachwerkhäuser stehen auf vierzig Feldern, dazwischen freie Plätze. Grund: wurde um 128o nach einer Sturmflut künstlich von französischen Stadtarchitekten angelegt. Nach Zurückweichen des Meeres Ende des 15. Jh. sank die Bedeutung des Ortes, der heute 2 km hinter der Küste liegt.

Von der ursprünglichen Stadtmauer sind noch drei Stadttore erhalten. Besonders schön das STRAND GATE am Ende der High Street: weiter Blick auf das umliegende Marschland.

Die Ruinen der CHURCH OF ST. THOMAS sind exzellentes Beispiel für den hochgotischen Decorated Style. Sehenswerte Grabsteine mit Skulpturen, Wandgemälde und kunstvolles Maßwerk an den Fenstern. Die Glasmalerei stammt aus moderner Zeit von Douglas Strachan (1928 - 33).

Gegenüber der Kirche das ehemalige Gefängnis: COURT HALL. Dient heute als Heimatmuseum (Memorabilia an die Glanzzeit der Stadt).

Unter den Häusern von Winchelsea finden sich rund 5o KELLER-GEWÖLBE, mehrere können besichtigt werden. Hier wurde im Mittelalter der aus der französischen Gascogne importierte Wein kühl gelagert.

Eine 2 km-Piste führt zum Sandstrand von WINCHELSEA BEACH. Zelte und Wohnwagen. Weitere 2 km auf dem Sträßchen zum PETT LEVEL, einem von einem Netz von Entwässerungsgräben überzogenen Marschland. Herden von Schafen und das Gekreische zahlloser Kiebitze.

Hastings

(72.000 Einw.)

Seebad mit heimeligem Altstadtviertel und einer Reihe lohnender Sehenswürdigkeiten. Hastings hat Charme, gute Infrastruktur an Unterkunft und viel Geschichte. Aufenthalt oder zumindest 1-Tagesstop lohnt!

Zwischen den beiden 6o m Küstenklippen EAST- und WEST- HILL befindet sich die Altstadt mit viel Flair, unterhalb des East Hill das traditionelle Fischerviertel mit alten Häusern, aber auch Sehenswürdigkeiten wie dem "Heritage Shipwreck- Centre" mit rekonstruierten Wracks etc.
Die sogenannte Neustadt befindet sich westl. der Hills. Auch hier eine Reihe Sehenswürdigkeiten aus der Zeit von Ende 19. Jh., z.B. der Hastings Pier, die Architektur der Uferpromenade, der Pelham Crescent (1824) und der "White Rock Pavillon".

GESCHICHTE: Berühmt wurde die Stadt durch die "Battle of Hastings" (1o66), als die Normannen unter William the Conquerer die englischen Insel besetzten und King Harold töteten. Details siehe "Battle" im Folgekapitel nach Hastings.

Tod des engl. Königs Harold (Figur rechts), Darstellung im berühmten Wandteppich von Bayeux (BRETAGNE). Nach trad. Erzählung sei er durch einen Pfeil ins Auge getötet worden. Realistischer dürfte jedoch die Bayeux-Version des Todes durch Schwerthieb sein.

Im Mittelalter war das, durch engl. Könige zurückeroberte Hastings wichtiger Flottenstützpunkt. 1155 wurden die Stadtrechte gewährt, als Gegenleistung mußte Hastings an 15 Tagen des Jahres 57 Schiffe mit Mannschaft dem König für seine Marine zu Verfügung stellen. Als im 14. Jhd. der Hafen von Hastings versandete, reduzierte sich die Bedeutung der Stadt auf kleinen Fischerhafen.

Erst im 19. Jhd. erneuter Aufschwung, als der Urlaub am Meer in Mode gekommen war. Hastings entwickelte sich zu einem der führenden englischen Seebäder, aus dieser Zeit stammt der Großteil der Architektur.

Als dann in den 5o-er und 6o-er Jahren unseres Jhds. Badeurlaub an den Küsten z.B. Spaniens erheblich beliebter wurden (wärmere Wassertemperaturen), - stagnierte der Urlaubsbetrieb an den engl. Seebädern, somit auch in Hastings.

Heute kämpft Hastings mit vielen Schwierigkeiten. Sinkende Grundstückspreise hatten zur Folge niedrige Mieten und zogen viele Sozialhilfeempfänger an. Wegen fehlender Arbeitsplätze hohe Arbeitslosigkeit und Drogenproblematik. In der öffentlichen Verwaltung gab lange Zeit die berüchtigte "Miss Management" den Ton an: Vor allem in der Neustadt hat man die Architektur verkommen lassen. Und die Presse berichtete vom "schuddeligen Charme einer Kleinstadt- Idylle", hinter der die Probleme einer Großstadt liegen.

Die Einheimischen haben freilich ihre eigene Erklärung: Hastings ist angeblich eines der Zentren für Schwarze Magie. Aberglaube ist hier in den Kneipen ein ständiges Thema. Tatsache ist der Hexenkult, dem viele anhängen: auf dem "East Hill" treffen sich Sektierer an Vollmond-Nächten und opfern Hühnchen und Tauben. Es gibt eine Reihe von Spukhäusern. In den 6o-er Jahren lebte in Hastings "Alistaire Crowley", eine schillernde Persönlichkeit, die sich in der besseren Gesellschaft bewegte und weltweit als der König der Hexen galt...

TI: 4 Robertson Terrace: Tel. o424/ 71 88 88. Book-a-bed-ahead. Im Sommer zusätzliches Office zur Entlastung des Hauptbüros in der Altstadt. (Adr.: Fishmarket).

Die "OLD TOWN" (Altstadt) ist der sehenswerteste Teil von Hastings. Viel Flair mit den steilen Gassen und Fachwerkhäusern, dazwischen zwei

KING HAROLD erscheinen im Traum Krieger - Vorahnung seines Todes

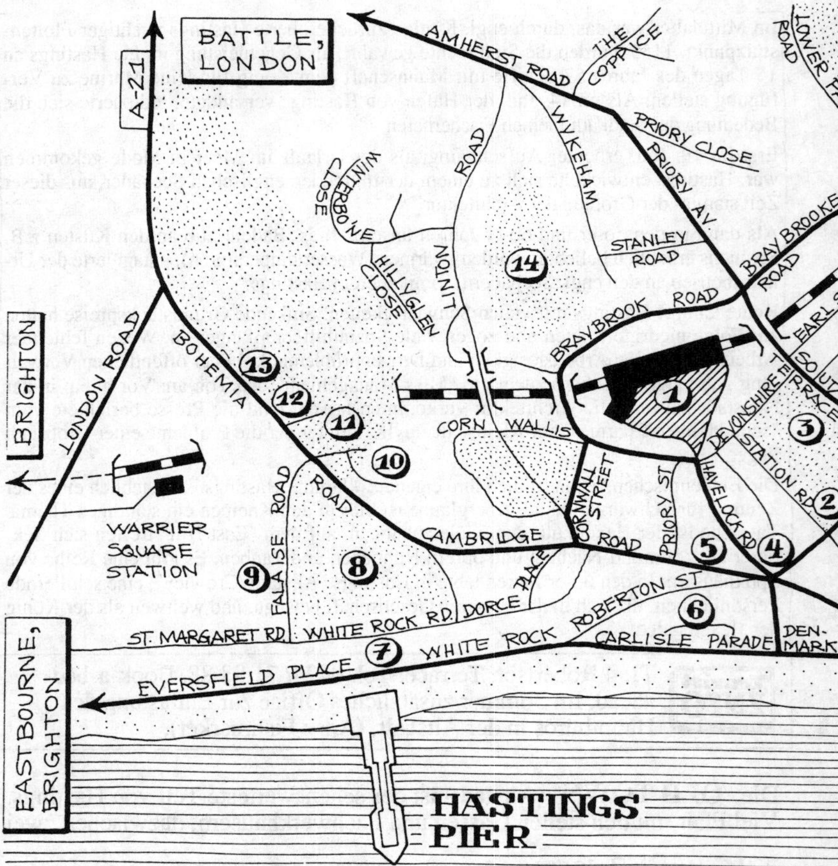

HASTINGS

1 BAHNHOF
2 BUSTERMINAL
3 Priory Meadow Cricket Ground
4 Town Hall
5 HAUPTPOST
6 TOURIST INFO
7 White Rock Pavilion
8 White Rock Gardens
9 Tennisplätze

1o Museum
11 Summerfield Sports Centre
12 Law Courts
13 Police Station
14 Linton Gardens
15 Alexandra Park
16 Castle
17 West Hill Railway
18 Pelham Crescent

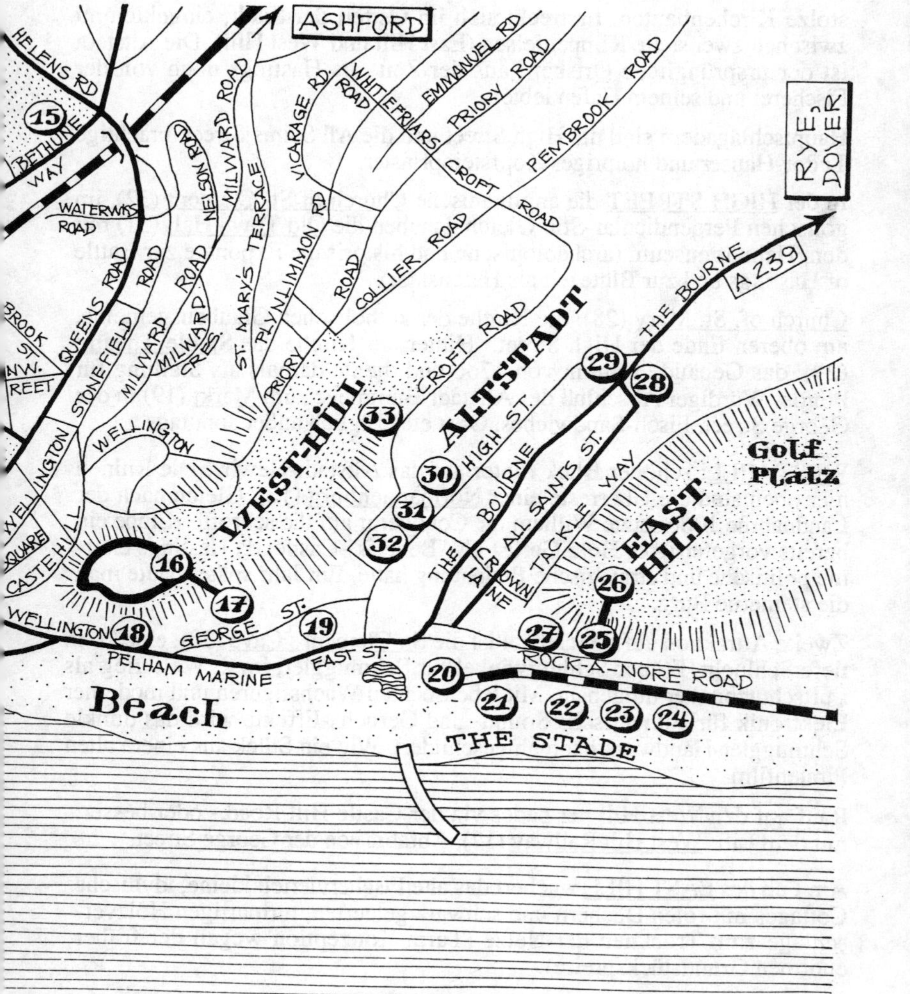

19	Markt	26	Klippen
2o	Pleasure Island und Teich (im Sommer auch TOURIST INFO)	27	Country Park mit Golfplätzen
21	Miniatur Eisenbahn	28	All Saints Church
22	Fisher Market	29	Stable Theatre
23	Fishermens Museum	3o	POST
24	Shipwreck Heritage, daneben Sealife Centre	31	Old Town Hall
25	East Hill Cliff Railway	32	Clements Church
		33	Clements Caves (Höhlen)

stolze Kirchenbauten. Erstreckt sich im Ostteil der Stadt, eingeklemmt zwischen zwei steile Klippenfelsen (East Hill und West Hill). Die Altstadt ist der ursprüngliche Ortskern aus der Zeit, als Hastings noch von der Fischerei und seinem Hafen lebte.

Hauptschlagadern sind die High Street und die All Saints Street, prächtige Tudor-Häuser und holpriges Kopfsteinpflaster.

In der HIGH STREET die anglikanische Church of St. Clement (32), im gotischen Perpendicular-Stil. Gleich daneben die Old Town Hall (31) mit dem Heimatmuseum (archäologische und historische Exponate zur Battle of Hastings und zur Blütezeit als Hafenstadt).

Church of. St. Mary (28): die Kirche der katholischen Glaubensgemeine, am oberen Ende der High Street. Hinter der Kirche das Stable Theatre (29): das Gebäude stammt von 17oo und diente damals als Stallung für Pferde. Würdiger Abschluß des Altstadt-Bummels: zum Markt (19) in der George Street. Fisch-Sandwiches, Obst etc. Täglich außer sonntags.

WEST HILL: schöner Blick runter auf das Altstadt-Gewirr. Die Ruinen hier oben sind die Überreste einer Normannenburg (16). Gleich nach der Landnahme 1066 setzte William the Conqueror auf die schroffe Klippe ein bereits vorgefertigtes Holz-Gerüst als "Behelfs"-Castle, da Hastings enorme politische und strategische Bedeutung hatte. Ein Jahr später baute man die steinerne Burg.

Zweite Attraktion auf dem Hügel ist die St. Clement's Cave (33), eine 2o m tiefe Schlucht. Früher Schlupfwinkel für Schmuggler, im 2. Weltkrieg als Luftschutzbunker umgebaut. Mit lebensechten Wachsfiguren und moderner Elektronik für authentische Sound- und Geruchs-Effekte wird das dunkle Schmuggler-Handwerk hautnah geschildert. Wie ein Stück aus einem alten Piratenfilm.

Rauf auf den West Hill per pedes via der Castle Hill Road,- oder besser: mit dem Lift: West Hill Railway (17), Abfahrt von der George Street.

Am Fuß des EAST HILL wuchert das alte Fischerviertel: kleine, idyllische Cottages mit roten Dächern und schwarz geteerten, turmartigen Holzverschläge zum Trocknen der Netze (Turm-Konzeption wegen der früher enormen Grundstückspreise).

Heute operieren noch rund 5o Trawler ab Hastings. Die hektischen Fischmärkte (22) sind einen Besuch wert: tonnenweise silberne Fischlaiber und das Geschrei der Händler.

Fisherman's Museum: in einer Kapelle des 19.Jh. alte Segeljollen, Netze etc. zur Illustration der Fischerei. Außerdem kann der Schuppen der Rettungsboote besichtigt werden.

Shipwreck Centre (24): von Tauchern gehobene Schätze, ein völlig rekonstruiertes Wrack aus dem 15. Jh., ein Unterwasserfilm etc. Auf einem

Radarschirm sieht man den Schiffsverkehr auf dem Kanal.

Gleich daneben das Sealife Centre, wo ein Glastunnel mitten durch ein Wasserbecken führt, drumrum schwimmt urweltliches Meeresgetier.

Der East Hill ist per Zahnradbahn zu erreichen: die East Hill Railway (25). Phantastischer Blick rein in das verschachtelte Hafenviertel mit seinen bunten Holzbuden.

FAIRLIGHT: kleiner Naturpark, 2 km östlich und schöner Kurz-Trip. Sandsteinhügel und Schluchten, von der Klippenkante sieht man bei klarer Luft bis rüber nach Frankreich. Unterhalb der Kirche im Dorf Fairlight: Info Centre mit Vorschlägen für kurze Wanderungen.

Zwei Alternativen für den Trip nach Fairlight: entweder eine halbstündige Wanderung, ausgehend vom East Hill und immer die Klippen (26) lang. Oder mit der Miniatur-Eisenbahn (21), etwa eine Viertelstunde über die Geleise ruckeln.

PLEASURE ISLAND (21) ist Tip für Aktive: Seebad-Amusements wie Tretboote, Go-Karts, Spielautomaten. Sehr beliebt bei Kindern.

Die **MODERN TOWN** zieht sich vom West Hill westwärts. Von der Architektur her eine Gründung vor allem des 19.Jh.

UFERPROMENADE: 5 km lang, durchgehend bis zum Vorort St. Leonard's. Schöne Stadtvillen und Hotels im georgianischen Stil des 18.Jhs. und im Regency-Stil des frühen 19.Jhs. verbreiten das alt-englische, selbstgerechte Empire-Ambiente. Pelham Crescent (18), am Fuß des West Hill: sehr schöne Architektur, in der Mitte des 1824 angelegten Platzes eine romantische Kirche.

Von hier bis zum Bereich des Piers der betriebsamste Teil der Promenade,- das Tourist Office (6) und das übliche Beach-Entertainment. Oberhalb der Piers: der Theater-Komplex White Rock Pavillon (7).

Dahinter der Park White Rock Gardens (8) mit einer gigantischen Blumenuhr aus 3o.ooo bunten Blüten und ein originalgetreues Miniatur-Dorf aus der Tudor-Zeit des 16.Jh. Die Häuser kniehoch und im Disneyland-Format.

Das **ZENTRUM** von Hastings schließt sich nördlich an den Beach an, bis rauf zum Bahnhof (1). Hier die meisten Geschäfte und Restaurants.

In der Town Hall (5) ist der 75 m lange Wandteppich Hastings Embroidery zu besichtigen: schildert in 81 Szenen die englische Geschichte seit der Normanneninvasion. Erstmals 1966 zur 9oo-Jahr-Feier der Battle of Hastings ausgestellt.

Art Gallery (1o): ein Zimmer ist eingerichtet wie ein Palast-Raum aus der indischen Kolonialzeit. Daneben Gemälde und Kunsthandwerk lokaler Künstler.

WEITERE TIPS: Mehrmals täglich Stadtrundfahrt ab Busterminal (2) in romantischen Oldtimer-Bussen aus der Vorkriegszeit. Zum Ausspannen zwei Parks ab vom Strand-Rummel: Linton Gardens (14) und Alexandra Park (15).

"Beauport Park": Battle Road. Wer auf Herrenhaus-Ambiente wert legt: georgianischer Prachtbau (18. Jh.) in weitschweifigem Parkgelände, 5 km ab von Hastings Richtung Battle. Tel. o424/ 51 222. DZ ca. 19o DM.

"Tamar Guest House": 7 Devonshire Road. Gemütliche 5-Zimmer-Pension mitten in Hastings - liegt am Cricket-Spielfeld. Tel. o424/ 434o76, DZ ca. 75DM.

"Argyle Hotel": 32 Cambridge Gardens. Weitere Privat-Pension,- nahe Bahnhof und Beach. Sehr freundliche Atmosphäre. Tel.o424/421294, DZ ca. 7oDM.

Zahllose **Hotels** für 7o-1oo DM das Doppelzimmer an der Promenade (Seafront). Bei diesen Beach-Hotels lassen sich nur schwer Abstufungen machen,- alle aus der selben Bauzeit mit ähnlichem Komfort. Sich übers TI vermitteln lassen!

BED & BREAKFAST: Juli und August immer wieder mal Engpässe, sicherheitshalber gegen Mittag ankommen und sich eine Unterkunft suchen.

JUGENDHERBERGE: ca.3 km östlich in der Ortschaft Guestling,- entlang der A259 Richtung Rye. Großes Haus in ruhiger Lage. Tel. o42486/ 81 23 73.

CAMPING: Der Shearbarn Park (Barley Lane) liegt am Ortsrand von Hastings an der Klippenkante: gute Busverbindung ab Stadtmitte. Riesiger Platz mit 45o Zeltplätzen und allen Facilities.

RÖSER'S (64 Eversfield Place): das Top-Klasse-Lokal befindet sich an der Promenade im Vorort St. Leonard´s, wo der "Exil-Deutsche"Gerald Röser lukullische Qualitätsarbeit leistet. Einfallsreiche Gerichte mit viel Firlefanz und Schnickschnack, auf dem Teller arrangiert wie ein Kunstwerk. Dinner-Menü kommt auf ca. 55 DM.

PORTER`S WEINBAR (56 High Street): ein weiterer Export-Artikel aus "Good Old Germany": Ulli aus Bielefeld, dessen Einberufung zum Wehrdienst Anfang der siebziger Jahre seiner Reiselust letzten Anstoß zur Auswanderung gab. Seine Lokal ist der Hit in der Mittelklasse: stadtbekannt für frische und liebevoll zubereitete Gerichte, ca. 15 DM. Verwinkelte Räume, Kerzenlicht, Tische im Biergarten.

GOOGLEBERRY'S (7 Castle Hill): mexikanisch-texanisches Essen für 1o-25 DM. Vom Lautsprecher oft alte Schnulzen von den Andrew Sisters oder den Platters, an der Wänden nostalgische Werbeplakate.

AGIN'S (73 George Street): Wenn man so zwischendurch schnell und billig was Essen will: Pizzen, Pasti, Burger. Ganztägig geöffnet von 1o-

24 Uhr.

PURE TREATS (5o George Street): Oase für Naturkost-Sachen um die 12 DM. Nur tagsüber.

WEDGES BISTRO (Prospect Place, off Cambridge Road): für skandinavisches Essen, z. B. Smörgasbord um 5 DM (= Vollkornbrot mit Meeresfrüchte-Toppings), aber auch Sachen um 2o DM. Dunkles Kellergewölbe, an den Wänden tanzt das Kerzenlicht.

LIFEBOAT (14 East Parade): ein sehr guter Fish & Chip-Shop, direkt am Hafen. Um 1o Mark mit allen möglichen Fischsorten zur Auswahl, dazu wird eine Tasse Tee gereicht.

Pubs

Meist trifft man sich am frühen Abend in der Altstadt mit seinen 2-3 Dutzend Kneipen auf engstem Raum, später siedelt man über in die Neustadt.

Zwei Altstadt-Kneipen gegenüber in der George Street: wegen der humanen Bierpreise ist das OLDE PUMPEHOUSE die traditionelle Studentenkneipe von Hastings. Erbaut 1953, aber gekonnt auf alt frisiert mit knarzendem Bretterboden und Holzbalken.

ANCHOR INN auf der anderen Straßenseite: klein und intim und viel altenglischer Charme; für ein gemütliches Bier. Angeblich bekommt man hier am Mittag die besten Barmeals der Stadt.

Zwei Neustadt-Kneipen: PIG IN PARADISE (White Rock), mit multinationalen Publikum als Treffpunkt der vielen Sprachschüler. Oft Live-Musik.

Verbindungen ab Hastings

Auto: Ab London auf der der A 21, im ersten Teil zweispurig. Ca. 1oo km.

Zug: Ab London (Charing Cross, Waterloo St., Cannon Street) alle 15 Min. bis Tonbridge, Fahrtdauer 45 Min. Dort stdl. zweimal Anschluß nach Hastings, Fahrtdauer knappe Stunde. Gesamtpreis ca. 2o DM.
Flotte Verbindung nach Folkestone/Dover, nach Westbourne/Brighton.

Bus: Terminal siehe Stadtplan-Nr.2. Ab London tgl. vier Busse mit National Express; Fahrtdauer knapp 3 Std.; Preis ca. 1o DM single; 13 DM return.
Regional-Busse in alle Richtungen.

Bike-Rent: Rent-a-Cycle, George Street Market (Stadtplan-Nr.19).

Umgebung von Hastings

★ Battle

(5.000 Einw.)

10 km nordwestlich von Hastings. Hier fand am 14. Oktober 1066 die berühmte "BATTLE OF HASTINGS" statt: Sieg von William the Conqueror über den letzten angelsächsischen König Harold. Die Normannen-Dynastie stellt die Wendemarke in der englischen Geschichte dar: Nach 1066 sollte nie wieder eine fremde Macht die Insel erobern. Die Stadt Battle wird oft als der Geburtsort der englischen Nation gefeiert.

Verbindungen: stündlich Züge und Busse von Hastings.

Tourist INFO 88 High Street, Tel. 04246/ 37 21.
Book-a-bed-ahead.

An der Stelle, wo Williams Opponent Harold tödlich verwundet wurde, errichteten die Normannen einen Hochaltar. Später lösten sie ihr vor der Schlacht gegebenes Gelübde ein, für den Fall des Sieges ein Kloster zu gründen: BATTLE ABBEY. Die Mönche wurden aus den französischen Stammlanden geholt, 1094 wurde die Kirche geweiht. Die Stadt vor den Abteimauern blühte schnell auf. Heute ist Battle ein malerischer Ort mit vielen Fachwerkhäusern.

Vom Kloster nur noch spärliches Überreste, nach der Auflösung während der Reformation (1539) wurde die Kirche abgerissen. Übrig ist neben Mauerresten der Speisehalle und des Schlafsaales vor allem das massige Gatehouse (= Torhaus), 1339 mit vielen Zinnen und Türmen erbaut. Es steht auf dem Marktplatz mitten in der Stadt. Das frühere Wohnhaus des Abtes dient heute als Mädchenschule.

HEIMATMUSEUM: viele Exponate aus der Zeit der Normannen-Invasion, besonders interessant eine Replica des berümten Teppichs von Bayeux. 70 m lang und in 8 Farben gewebt, zeigt er Szenen aus der normannischen Invasion und Eroberung, z.B. auch den Tod Harolds. Der Original- Teppich entstand um 1080, hängt in Bayeux/Normandie-Frankreich und ist wichtiges zeitgeschichtliches Dokument.

Sehenswert auch die PARISH CHURCH mit normannischer Architektur (12.Jh.) und schönen Buntglasfenstern aus dem 15.Jahrhundert.

BUCKLEY´S MUSEUM OF SHOPS, gleich neben der Abbey: ein 600 Jahre altes Gebäude, bis unters Dach vollgestopft mit schummrigen Läden aus der Jahrhundertwende.

BATTLEFIELD: das Schlachtfeld, wo das normannische und das angelsächsische Heer aufeinanderprallten. Liegt südlich vor den Toren der Stadt: ein grüner Hügel, wo heute die Schafe weiden. Für detailierte Erläuterungen folgt man am besten dem 2 km langen, beschilderten "Battlefield Trail".

BATTLE OF HASTINGS: Als im Jahre 1o66 der Halleysche Komet seine Schweifbahn über den Himmel zog, arbeiteten die mittelalterlichen Auguren-Werkstätten auf Hochtouren. Man interpretierte das Ereignis abergläubisch als fatales Vorzeichen auf das Ende der Herrschaft des englischen King Harold. Aus der astrologischen Sternstunde sollte tatsächlich eine historische werden: am 14. Oktober wurde Harold, der König Englands, von William dem Herzog der Normandie, in der "Battle of Hastings" vernichtend geschlagen. Eine geschichtliche Wendemarke: es war das letzte Mal, daß einer fremden Macht die Invasion auf der Insel gelang. Aggressoren wie Napoleon Bonaparte oder Adolf Hitler sind in späteren Jahrhunderten bei ähnlichen Vorhaben gescheitert.

AM VORABEND DER INVASION war England sehr wohlhabend mit stabiler Währung und blühender Landwirtschaft, politisch gegliedert in Grafschaften und die Hauptstadt London (damals 15.ooo Einw.). Die englischen Ureinwohner hatten sich im 5. Jh. nach Chr. Söldner als Schutz gegen kriegerische, schottische Stämme geholt. Die Söldner kamen aus dem Raum des heutigen Dänemark und Sachsen. Die angelsächsischen Söldner hatten sich in England niedergelassen und bildeten dort die soziale Oberschicht.

Auf der anderen Seite des Ärmelkanals (heutige Normandie) lebten die NORMANNEN. Ursprünglich waren sie im 9. Jh. n. Chr. mit ihren Drachenschiffen aus Skandinavien als Plünderer und Eroberer gekommen. Nach ihrer Christianisierung hatten sie im Lauf der Jahre das Land als Lehen von franz. König bekommen. Beim Gedanken an die reiche Insel lief dem Normannen-Herzog das Wasser im Mund zusammen...

Der letzte angelsächsische König (Edward the Confessioner) war mit der Normannen-Dynastie verwandt. Er starb ohne leibliche Nachkommen. Sowohl die französischen Normannen als auch die Norweger stellten jetzt den Herrschaftsanspruch auf den englischen Thron. Die Lage spitzte sich zu, als die Angelsachsen auf einer Reichsversammlung in London sich für keinen der beiden Anwärter entschieden. Die Wahl fiel auf einen Dritten: zum neuen englischen König wurde Harold II. gewählt. Beide Länder (Norwegen und Normandie) setzten daraufhin ihre Kriegsmaschine Richtung England in Bewegung. Harold sah sich einem Zweifronten-Krieg gegenüber.

Als erstes durchfuhren die NORWEGER die Nordsee und landeten südlich der schottischen Grenze. Am 25. September 1o66 fiel die erste Schlacht, und Harold trug einen strahlenden Sieg davon. Doch bald überbrachten Reiterboten die Meldung, daß ganz im

SCHLACHT VON HASTINGS (1066): Normannen (links) kämpfen gegen die Angelsachsen, Darstellung Teppich von Bayeux

Süden die NORMANNEN mit 7oo Schiffen und 6o.ooo Soldaten gelandet seien.

In einem dreiwöchigen Gewaltmarsch hetzte das gesamte englische Heer die 4oo km Richtung Süden, mit voller Ausrüstung und erschöpft von den Strapazen der Schlacht gegen die Norweger. Viele der Soldaten brachen unterwegs vor Erschöpfung zusammen. Der Marsch sollte ein Marsch in den Tod werden: das Heer kam völlig ausgemergelt an und erlebte am 14. Okt. 1o66 in der Schlacht von Hastings eine blutige Niederlage. Die gesamte Aktion war eine gigantische strategische Fehlentscheidung. Harold hätte sich in London verschanzen und neue Kräfte sammeln sollen, bis Williams militärische Energie im Kleinkrieg gegen südenglische Siedlungen verpufft gewesen wäre. Doch Harold fürchtete den damit verbundenen Ehrverlust und stellte sich am 14.Oktober den Normannen.

DER 14. OKTOBER 1o66, Tag der historischen Wende: Die beiden Heere liegen sich auf zwei Hügeln südlich der Stadt Battle gegenüber. Gegen 9 Uhr morgens richten die normannischen Bogenschützen einen Pfeilregen auf die Angelsachsen. Die Fuß- und Reitertruppen stürmen los. Doch Harolds Armee stoppt die Attacke. Die Angriffsfront beginnt zu bröckeln. Die ersten Kontingente der angreifenden Normannen beginnt zu flüchten, als das Gerücht umgeht, ihr Führer Herzog William sei gefallen. Dann begeht man auf engl. Seite den kriegsentscheidenden Fehler: die Engländer brechen ihre Schlachtreihen und stürmen als unkontrollierte Haufen hinter dem flüchtenden Feind her. Als sich das normannische Heer wieder sammelt, werden die englischen Haufen eine leichte Beute.

Ein normannischer Stoßtrupp aus vier Rittern prescht vor zum englischen Elite-Korps und tötet im Handgemenge den King Harold. Der Effekt: eine völlige Demoralisierung, die Angelsachsen fliehen oder werden zu Tausenden niedergemetzelt.

WEITERER VERLAUF: Eine verlorene Schlacht bedeutet normalerweise noch keinen verlorenen Krieg. Doch die Angelsachsen konnten sich nicht einigen, wer nach dem Tod Harolds ihr Führer werden sollte. Während man sich in London stritt, fiel den Eroberern ganz Südengland in die Hände. Bereits am Weihnachtstag des selben Jahres wurde in Westminster der Normanne William the Conqueror zum neuen englischen König gewählt. Die letzten Aufstände in den Provinzen verebbten nach sieben Jahren.

William regierte England mit eiserner Hand, und nicht nur der Hofstaat fürchtete seine Brutalität. Sämtliche politischen Schlüsselpositionen wurden von französischen Normannen belegt, und die Insel nach dem strengen mittelalterlichen LEHENSYSTEM aufgegliedert. Wirtschaftlich erlebte England einen Boom durch die Einführung neuer Techniken sowie eine militärisch gewährleistete, innere und äußere Sicherheit.

Trip nach Brede: 9 km nordl. von Hastings, entlang der A 28. Lohnt sich wegen des schloßartigen Herrenhauses BREDE PLACE. Skulpturen der Bildhauerin Claire Sheridan, eine umfangreiche Waffensammlung mit vielen mittelalterlichen Wurfgeschossen und Geräten zur Belagerung einer Burg.

★ Ausflug ins Hinterland

Zu empfehlen, wer einen Tag in Reserve hat: keine spektakulären Attraktionen, aber sanfte Gartenlandschaft und stattliche Dörfer, ab vom Hauptverkehr. Dazu Besichtigung von idyllischen Märchenschlössern und pompös möblierten Herrenhäusern. Alles in allem ein schönes Tagesprogramm.

Zentrum der hier beschriebenen Region ist der elegante Kurort ROYAL TUNBRIDGE WELLS. Durchgangsstraße ab Hastings: die A 21. Entfernungen: bis Royal Tunbridge Wells ca. 4o km, bis London etwa 1oo km.

Öffentlicher Transport: Problemlos per Bus/Zug entlang der Hauptroute London-> Tunbridge Wells-> Sevenoaks-> London. Die meisten Sehenswürdigkeiten liegen allerdings abseits dieser Route in kleinen Dörfern: sehr schwierig mit Anschlüssen.

Öffnungszeiten: Viele der hier beschriebenen Sehenswürdigkeiten sind nur während der Sommersaison geöffnet, und selbst dann nicht an allen Wochentagen. Daher sich schon vorher beim TI in Hastings die Öffnungszeiten geben lassen.

Unterkünfte: Größtes B&B-Angebot in Royal Tunbridge Wells. Zu überlegen, ob man sich nicht in einem der kleinen Dörfer einquartiert. Idylle mit Kirche, Krämerladen und der Dorfkneipe, wo die Hopfenbauern nach der Feldarbeit den Staub runterspülen.

Die Route führt mitten rein ins sanfte Hügelland THE WEALD mit seinen Hopfengärten und den Obstbaum- und Kirschbaumplantagen, auf den maximal 2oo m hohen Hügeln wuchern kleine Wäldchen. Biedermeierliche Idylle in den abgelegenen Dörfern, wenn abends die Kirchenglocken läuten und die Bauern im Herbst ihre Ernte einfahren.

Die Wealds erstrecken sich 15o km in Ost-West-Richtung und 6o km in Nord-Süd-Richtung. Die Böden wenig fruchtbar mit Kalkstein und vielen Kieselsteinen.

Markenzeichen sind die HOPFENGÄRTEN: Hopfen wurde erstmals im 16. Jh. in England angepflanzt. Überall in der Landschaft die Darrhäuser (Oast Houses): rote Ziegelstein-Türme mit konischen Schindeldächern. Am Boden brennt ein Feuer, der Rauch zieht über Windfänge ab. Die Türme waren im vorigen Jahrhundert viereckig, später baute man runde. Heute sind viele zu Scheunen umfunktioniert worden.

Bis ins 16. Jh. wuchsen in den Wealds undurchdringliche Eichenwälder, die dann zur Eisenverhüttung abgeholzt wurden. Es entstand ein bedeutendes Industrierevier: dumpfe Schläge aus den Hüttenwerken, und die Feuer in den Brennöfen leuchteten weit durch die Nacht. Mit der Einführung neuer techn. Verfahren um 175o, für die man Koks statt Holz verwendete, wanderte die Eisenverhüttung binnen weniger Jahre ab nach Nordengland, wo gewaltige Kohlenflöze lagerten. Relikte aus der alten Zeit sind noch die sog. "Hammer Ponds": kleine Stauseen, die Wasserkraft für die Hüttenwerke lieferten. Heute schwimmen dort Enten und Bläßhühner rum.

Einfach die Ereignislosigkeit an einem vorbeiziehen lassen. Die Wealds eignen sich einmalig für Fahrrad-Touren, einfache Wanderungen und für Pony-Trecking. Vermieter-Adressen in den TI-Offices.

Bodiam: etwa 13 km nördlich von Hastings. Der kleine Weiler lohnt sich wegen des BODIAM CASTLE: mittelalterliche Wasserburg mit romantischer Idylle. Die grauen Gemäuer spiegeln sich zwischen den

Seerosen im Burggraben. Wurde 1385 während des Hundertjährigen Krieges aus Angst vor einer französischen Invasion als "uneinnehmbar" konzipiert. Die wuchtigen Mauern der quadratischen Anlage mit Ecktürmen, Schießscharten und Zinnen sind perfekt restauriert.

Bodiam Castle wurde 1385 von King Richard II in Bauauftrag gegeben, um auch landein vor franz. Invasion zu schützen, denn der River Rother war damals bis Bodiam schiffbar. Beim Bau des Castles ging es nicht um Representation, sondern einzig um Schutzzweck. Daher wurde die preiswerteste Lösung des Quadrats mit Rundtürmen an den Ecken plus Vierecktürmen in der Mitte pro Seite gewählt.

Fertiggestellt in 3 Jahren bis 1388 und bereits als Festung weitgehend überflüssig, da England komplette Kontrolle über den Ärmelkanal hatte. In den folgenden Jahrhunderten verfiel Bodiam Castle, bis es 1916 von Lord Curzon erworben und nach alten Plänen detailgetreu restauriert wurde.

Auch wenn Bodiam Castle zu den wichtigen Südenglands zählt, sollte man an Größe nichts Spektakuläres erwarten. Einige Türme sind begehbar mit Blick auf See und Burghof.

DAMPFLOK- NOSTALGIE: die "Kent & East Sussex Steam Railway" fährt auf einem 15 km Gleis ab Tenderden Town mit historischen Loks. Bei einem Alter von ca. 115 Jahren stammen sie aus der Zeit um 1875 und gelten unter Eisenbahn- Fans als das Highlight des Südengland-Besuches. Aber auch für "Normalinteressierte" ein relaxing ride von 5o Min. retour. Die Waggons nicht ganz so alt wie die Loks. Strecke: von Tenderden via Rolverden (hier kleines Museum zu Ehren des Bahnbauers der Strecke) nach Wittersham am Rand der Romney Marshes (siehe Seite 143). Abfahrten zwischen Ostern und Okt., die meisten im August. Vorab Infos im TI Hastings einholen!

GREAT DIXTER: 146o erbautes Herrenhaus. Schöner Fachwerkbau mit Antikmöbeln, Stickereien und Gärten. Befindet sich in Northiam.

ETCHINGHAM: die Pfarrkirche des Dorfes stammt aus dem 14. Jh. Im hochgotischen Decorated-Style, filigrane Maßfenster, hoher Mittelturm und reiche Grabmäler.

SHIRE HORSE FARM: der Farmhof arbeitet noch mit alten, schwerfälligen Ackergäulen. Verschiedene Rassen vertreten.

BURWASH: mit romantischer Dorfstraße, beherrscht von der wuchtigen Kirche mit einem Turm aus der Normannen-Zeit.

BATEMAN'S: Herrenhaus aus dem Jahre 1634. Es war von 19o2 bis 1936 vom englischen Schriftsteller Rudyard Kipling ("Das Dschungelbuch") bewohnt. Kipling ist heute sehr umstritten als Exponent der alten Kolonialmacht Greater Britain, er verherrlichte den Kolonialismus. Das Haus enthält viele Memorabilia, etwa die 19o7 verliehene Nobelpreis-Urkunde oder sein Rolls Royce von 1928. Das Arbeitszimmer wirkt so lebendig, als wäre Kipling nur eben rausgegangen. Im Garten ächzt eine alte Wassermühle.

Hinter dem Dorf Flimwell zweigt die B 2o79 ab zum BEDGEBURY PINETORIUM: Sammlung aller möglichen Nadelbäume aus der ganzen Welt, mit Grünflächen und Spazierwegen im Park arrangiert.

Kurz vor dem Dorf Lamberhurst unbedingt haltmachen für das SCOTNEY CASTLE aus dem 14. Jh. Ein rührendes Märchenschloß mit Burggraben und verwunschenen Park.

OWL HOUSE: sehenswerte Gärten, unregelmäßige Öffnungszeiten.

GOUDHURST: 2.8oo Einwohner Städtchen auf einer Hügelkuppe, in der Ortsmitte ein idyllischer Schwanenteich. Vor dem Ort das Herrenhaus Finchcocks: im Barockstil, lohnend auch wegen der Sammlung alter Musikinstrumente. Leider sehr unregelmäßige Öffnungszeiten.

SISSINGHURST: das Castle mit schönen Gärten, Alleen und Blumenfelder.

GRANBROOK: erhält seinen Charme von den alten Häusern an der steilen Dorfstraße, alte Wassermühle.

HORSMONDEN: alte Häuser gruppieren sich um den dreieckigen Dorfanger, im Umkreis knorrige Eichen. War im 16.Jh. Zentrum der Eisenverhüttung. Aus dieser Zeit stammt der FURNACE POND: ein paarhundert Meter langer Stausee. Idyllisch mit spiegelglatter Wasserfläche, liegt knapp 3 km nordwestlich, schöner Fußweg ab der der Straße "Furnace Lane".

Die alte Kirche von Horsmonden, aus dem 14. Jh. mit vielen Strebepfeilern und Zinnen. Sie liegt nicht im Dorf, sondern 3 km südlich, nahe beim Weiler Elphicks. Grund: das Dorf, das ursprünglich bei der Kirche stand, wurde im 16. Jh. umgesiedelt in die Nähe der Eisenerzlager. Tip: Auto in Horsmonden parken, schöner Spaziergang zur Kirche durch schattige Apfelbaum-Alleen und grüne Wiesen.

★ Royal Tunbridge Wells (45.ooo Einw.)

Alter Bade- und Kurort mitten im bewaldeten Hügelland, hatte seine Glanzzeit Mitte des 18. Jh. Gemächliche Empire-Atmosphäre, elegante Architektur und schöne Parks. Ideal zum Entspannen und als Ausgangspunkt für Touren in die Umgebung.

Geschichte: 19o9 wurde das Provinz-Nest aus dem Dornröschenschlaf geküßt: man entdeckte hier eisenhaltige MINERALQUELLEN. Tunbridge Wells wurde en vogue. In den folgenden zwei Jahrhunderten kurte hier die englische High Society (viele Mitglieder der jeweiligen Königsfamilien). Das Heilwasser galt als Allheilmittel für Wehwehchen von Rheuma bis zu Potenzstörungen: steife Glieder wurden wieder geschmeidig und geschmeidige Glieder wieder steif. Das illustre Renommee der Bäderstadt "Bath" in der

Grafschaft Avon (siehe dort) erreichte Tunbridge Wells allerdings nie.

Im 19. Jh. kamen Heilbäder ganz allgemein aus der Mode, man bevorzugte Badeorte an der Meeres-Küste. Die Stadt fiel wieder zurück in die Provinzialität.

Aus der Glanz-Zeit als Kurort stammt die beschauliche Stadtarchitektur mit georgianischen und viktorianischen Villen.

Tourist INFO untergebracht im Monson House, Monson Way. Tel. o892/ 51 56 75. Book-a-bed-ahead.

ZENTRUM der Stadt: der 1939 erbaute Gebäudekomplex auf dem Mount Pleasant. Enthält unter anderem das Rathaus und das Heimatmuseum (Sammlung alter Puppen, Spielzeug, kleine Kunstgalerie).

THE PANTILES: Kolonnade mit toskanischen Säulen, bei den Heilquellen. Die prachtvolle Promenade wurde 1638 angelegt: auf einer Seite die lange Säulenreihe und viele Boutiquen, die Ladenfronten und Fassaden aus dem 18. Jh. - auf der anderen Seite eine stolze Lindenbaumallee. Am Nordende des Wandel-Ganges: das Trinkhaus, um sich einen Becher Heilwasser zu genehmigen. Dahinter der Gemeindeplatz "The Common", bewachsen mit Ginster und Heidekraut (am Rand stolze Hotelkästen).

Ein Museum in den Pantiles läßt das Kurbad-Zeitalter des 18. Jh. wiederaufleben. Wachspuppen in historischen Kostümen, Barockmusik und mit Elektronik simulierte Original-Gerüche ...

MOUNT SION VILLAGE: Stadtteil mit Stadtvillen im Regencystil, hier lagen früher die Unterkünfte für Kurgäste. In der dortigen Fußgängerzone viele schummrige Antiquitätenläden.

"**Calverley Hotel**": Crescent Road. Ehrwürdiger Altbau gegenüber einem grünen Park: prachtvolle, geräumige Lobby und gut möblierte Zimmer. Tel. o892/ 26 455 DZ ca. 195 DM.

"**Royal Wells Inn**": Mount Ephraim. Stolzer Bau am Gemeindeplatz, etwas ab vom Zentrum. Ist schon seit 15 Jahren etabliert unter der Regie der Sloon-Brüder. Tel.o892/ 51 11 88. DZ ca. 21o DM.

RESTAURANTS

THACKERAY'S HOUSE (85 London Road): Überzeugt durch kapriziöse Kompositionen, deren Namen schon auf der Zunge zerschmelzen (etwa Perlhuhnbrust mit Muskatsauce etc.). Tip in der Oberklasse. Dinner ca. 5o DM.

HUNGARIA (86 Camden Road): Gefüllter Kohl auf transsylvanische Art ist nur ein Beispiel aus der ungarischen Speisekarte, die Gerichte um die 1o DM auflistet. Tip ist das Drei-Gang-Lunch für 1o DM.

In der Camden Road eine ganze Reihe weiterer Billig-Restaurants: alle Landesküchen, wie italienisch, griechisch, mexikanisch etc.

PIZZA PIAZZA (76 Mount Pleasant Road):Adresse für ofenfrische Pizzen und Pasti.

CONTINENTAL in der Church Street, gegenüber dem Art Centre: Kaffee und Vollwertkost zu Niedrigpreisen (3-1o DM). Nur Nichtraucher!

Barmeals: in dem Bereich macht derzeit das BEAU NASH (siehe Pubs!) das Rennen. Das übliche Angebot, aber ordentliche Portionen und Biergarten!

COMPASSES, Little Mount Sion (off High Street): Leute um die Dreißig zwischen geschliffenen Kristallfenstern, Mahagoni und schwerem, weinrotem Plüsch. Für einen gemütlichen Abend in einem der vier Räume.

BEAU NASH (Mount Ephraim, hinter dem Royal Wells Hotel): abends meist knallvoll,- vor allem junge Leute, die bei schönem Wetter den Biergarten besetzen.

VILLAGE INN (Castle Street, off High Street): jeden Donnerstag Live-Musik, Schwerpunkt Blues. Dann geht entsprechend die Post ab: 4oo Gäste und TV-erprobte Stargruppen, zum Teil wurden hier schon Live-Mitschnitte für Schallplatten gemacht.

Verbindungen ab Royal Tunbridge Wells

Züge: Abfahrt von der Central Station (Adr.: Mount Pleasant) für die Hauptroute London-> Hastings. Runter zum Seebad Brighton sehr umständlich: "über´s Eck" via Hastings (keine Direktlinie).

Busse gehen in alle Richtungen: Abfahrt neben dem Zugbahnhof auf dem Mount Pleasant.

★ Abstecher ab Royal Tunbridge Wells

PADDOCK WOOD: 15 km nordöstl. an der B 2o15. Lohnt sich wegen der Whitbread Hop Farm. Wie zu Großvaters Zeiten betriebene Hopfenfarm, schwerfällige Ackergäule, alte Karren und Scheunen. Sehenswert die Darrhäuser aus dem vorigen Jahrhundert und die Hopfenplantagen. Außerdem ein Museum über die Bierwürze und eine Kunsthandwerker-Kolonie.

PENSHURST PLACE: zählt zu einem der wenigen Herrenhäusern Englands, die aus dem 14. Jh. erhalten sind. Das Gebäude sieht in seiner Südfront aus wie eine Mischung aus Kirche, Haus und Castle (Türme mit Zinnen), entstanden durch Anbauten in späteren Jahrhunderten.

Baubeginn um 134o, es gehörte dem wohlhabenden Woll- Kaufmann Sir John Pulteney, der auch viermal Bürgermeister von London war. Das Gebäude sollte seinen Reichtum repräsentieren, Sir Pulteney wollte sich hier niederlassen; ein kurzer Genuß, da der Bauherr bereits 1349 an der Pest starb.

Ende des 14 Jh. kamen eine Mauer und Türme mit Zinnen hinzu, vermutlich, um das Anwesen während der Peasants Revolt (1381) zu schützen. 143o kaufte der Duke of Bedford die Gebäude und führte Erweiterungen durch, u.a. zusätzliches Gebäude und Krypta südl. der Great Hall. 1522 Verkauf an Sir Henry Sidney, Privatlehrer des Prince Edward. Weiterer Ausbau durch die Sidney Familie, so 1618 einer Gallerie zwischen dem sogen. "Buckingham- Hauptgebäude" und dem Südwestturm. Nach verschiedenem Besitzerwechsel heute der Öffentlichkeit geöffnet.

Sehenswert abgesehen von äußerer Architektur die Great Hall mit hohem abgestütztem Deckenbalkwerk. In der Mitte des Raumes wurde gekocht. In weiteren Räumen Portraits früherer Besitzer des Penshurst Palace, Möbel, alte Kostüme, Kinderspielzeug, Porzellan etc.

Lage: rund 12 km nordwestl. von Royal Tunbridge Wells über die A 26, dann B 2176, beim Dorf Penshurst. Zugang über einen Pfad, beginnend bei der Dorfkirche.

CHIDDINGSTONE CASTLE: stammt von 1679,mit Modifikationen zum "castle-style" um 181o. Lohnend insbesondere wegen seiner Kunstsammlung: altägyptische Sachen, alte Handschriften, Stilmöbel unterschiedlichster Epochen, alte Leierkästen etc.

Der Bankangestellte D.E. Bower (19o5 - 77) war begeisterter Sammler. 1942 sattelte er auf Antiquitätenhändler um und trug beachtliche Kunstschätze zusammen. 1956 kaufte er Chiddingstone Castle, wo er seine Schätze der Öffentlichkeit zugänglich machte. Zu seinen Spezialgebieten gehörten die Epoche der Stuarts und der Jacobites, Ägypten und Japan. Aus diesen Gebieten auch die meisten Exponate.

Lage: beim Dorf Chiddingstone. Das Dorf ist ebenfalls einen Besuch wert: steht mit seinen Fachwerkhäusern komplett unter Denkmalschutz.

HEVER CASTLE wurde um 127o gebaut und ist sehr romantisch mit seinen zwei Burggräben; viele Kunstschätze (Möbel, Porzellan, Gobelins). Anfang des 2o. Jh. wurde ein italienischer Garten angelegt mit See, Irrgarten und zu strengen Formen zugeschnittenen Hecken.

Im Castle verbrachte die berühmte Anna Boleyn (1507 - 36) ihre Kindheit, die später Kindermädchen am Hofe King Henry VIII. war. 1533 heiratete sie den könig und wurde 6 Jahre später wegen angeblicher Untreue geköpft. Die Hochzeit mit Anna war Anstoß für die englische Reformation, da der Papst nicht in die Scheidung mit Henrys erster Frau einwilligte. Weitere Details siehe auch Seite 112 f.

Hever Castle wurde von der Familie Bullen (Boleyn) im 15. und 16 Jh. mehrfach erweitert. Später diente es als Farm, bis 19o3 der amerikanische Millionär W.W. Astor es erwarb und entsprechend renovierte. Hinzu kam der großer See, die Replika eines Tudordorfes und die oben erwähnten prächtigen Gärten. Bei der Renovierung des Gebäudes ging der beauftragte Architekt F.L. Pearson so präzis vor, daß man heute fast vermuten könnte, Hever Castle sei in komplettem Originalzustand 13. Jh.

TONBRIDGE (31.ooo Einwohner). Oberhalb des River Medway liegt das Tonbridge Castle: das Torhaus mit den vier massiven Türmen noch aus normannischer Zeit, während die ursprüngliche Burg im 18. Jh. zu einem Herrenhaus umgebaut wurde, schöne Gärten.

Eine Reihe von "Sights" im Umkreis von Tonbridge. Zunächst 5 km östlich zum Weiler Tudeley (entlang der B 2o17), Besichtigung einer Kapelle mit Buntglasfenstern des Malers Marc Chagall.

SEVENOAKS, Marktstädtchen mit 18.ooo Einwohnern und teure Wohngegend im Einzugsbereich von London. In der High Street ein paar Fachwerkhäuser und eine Kirche mit Arkaden aus dem 13. Jh.

Am Stadtrand (via A 225) das riesige Herrenhaus KNOLLE. Besuch lohnt, es ist eines der größten Englands (rund 365 Räume!). Im imposanten Gebäude wertvolle Stilmöbel aus dem 17. und 18. Jh. (gilt als eine der besten Stellen in England, wer sich für Stilmöbel interessiert). Sowie Gemäldesammlung (van Dyck, Reynolds, Gainsborough etc). Lohnend auch der große Park mit hohen und alten Bäumen, sowie Rotwild.

Knolle hat lange Geschichte. Unter anderem war es in früherem Ausbaustand Wohnsitz von Thomas Bouchier (Erzbischof von Canterbury), er kaufte es 1466. Anfang des 16. Jhs. kam es in königlichen Besitz, Henry III erweitere das Gebäude. Elisabeth I. schenkte Knolle an Sir Thomas Sackville. Gesamteindruck heute in etwa wie Stand Anfang 17. Jh. Nachfahren der Sackvilles bewohnen heute noch einen Seitenflügel.

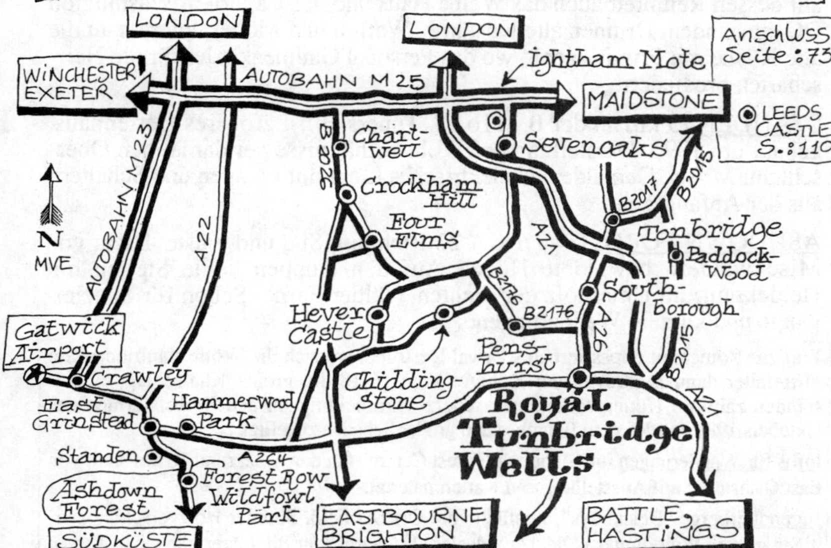

IGHTHAM MOTE, 134o erbaut mit grauschwarzem Gemäuer und Burggraben. Riecht nach Mittelalter mit seinem Fachwerk und der Küche, wo das Personal arbeitete. In der Mitte des Gebäudes Hausturm mit Zinnen. Daneben eine Kapelle mit Deckengemälde aus dem beginnenden 18. Jh. Ightham Mote ist ab Tonbridge über die A 227 nördl. Ri. Autobahn M 25 zu erreichen und liegt noch vor dem gleichn. Dorf.

In Eynsford (an der A 225) die LULLINGSTONE VILLA: Reste eines römischen Landhauses, deutlich sichtbare Grundmauern und schöne Mosaiken. Untergebracht in einer überdachten Anlage.

CHARTWELL, Herrensitz (an der B 2o26), wo von 1922 bis 65 Winston Churchill wohnte. Ausgebaut als Denkmal an den großen Staatsmann mit vielen seiner Gebrauchsgegenstände.

CROCKHAM HILL: wegen seiner Jugendherberge billige Bleibe mit annehmbaren Komfort, aber häufig komplette Schulklassen aus London, die für entsprechende "Ruhe" sorgen.

EAST GRINSTEAD (18.5oo Einw.), bereits im Einzugsbereich von London. Reine Schlafstadt für die Arbeiter am nahen Gatwick Airport. Ähnlich wie auch die 7o.ooo Einwohner Stadt **CRAWLEY**: Hat kaum was zu bieten, aber paar Unternehmungen in der Umgebung:

HAMMERWOOD PARK: 6 km vor East Grinstead an der A 264. Das Herrenhaus wurde 1792 vom damaligen Star-Architekten Latrobe gebaut, auf dessen Reißbrett auch das Weiße Haus und das Capitol in Washington DC entstanden. Drinnen alte Kostüme, Waffen und Möbel. Interessant die alte Küche mit Primitivgerät, wo das Personal Gaumenkitzler für die Herrschaften produzierte.

STANDEN (3 km an der B 211o Ri. Tuners Hill): größeres Herrenhaus, gebaut um 189o. Darstellung der Wohnverhältnisse der damaligen Oberschicht: Möbel, Gemälde und elektrisches Licht mit Lampen und Schaltern aus der Anfangszeit.

ASHDOWN FOREST: an der A 22 Richtung Süd und Küste. Dicht von Mischwäldern bewaldete Hügel. Auf den Kuppen kahle Stellen mit Heidekraut, im Unterholz der dichten Wälder Farne. Schön für Spaziergänge und kürzere Wanderungen.

War zur Römerzeit unpassierbares Urwaldgestrüpp, wo sich die Wölfe rumtrieben. Im Mittelalter dann Jagdrevier der Könige. Vom 16-18. Jh. großer Kahlschlag, es entstanden zahllose Hüttenwerke zur Eisenerz-Verarbeitung. In den Herbststürmen des Oktobers 1987 wurden dem Baumbestand großer Schaden zugefügt.

Infos für Wanderungen im "Ashdown Forest Centre" (an der A 22, rund 1o km südl. von East Grinstead) mit Ausstellung und Kartenmaterial.

Jugendherberge "Blackboys", westlich vom Ort Uckfield. Simpler Holzverschlag zwischen grünen Wiesen und Wäldchen. Ideales als Quartier für Radfahrer, um einen Tag zu entspannen mit kurzen Trips in den Ashdown Forest. Tip sind auch die urigen Pubs der Region mit schweren Holzbalken original seit Jahrhunderten...

Ab East Grinstead erreicht die A 22 zunächst das Dorf FOREST ROW mit Wildpark (Wildgänse, Flamingos und Schwäne). Eine Panoramastraße zweigt ab Ort durch den Wildpark ab. Picknickplätze und kürzere Spazierpfade (ausgeschildert).

SHEFFIELD PARK: südlich des Ashdown Forest, zu erreichen ab East Grinstead über die A 275. Gilt als eines der schönsten Arboreta Englands! Das Haus im Park stammt von Ende 17 Jh. Im 18. Jh. wurde der See angelegt, Meisterwerk des Gartenarchitekten C. Brown. Lilienteiche, Wasserfälle und eine Vielzahl an ausgefallener Pflanzen, Sträucher und Bäume. Für Pflanzenliebhaber unbedingtes "muß"!

Ab Crawley via der A 23 runter nach Brighton/Südküste, gute 4o km.

Hastings ⟶ Brighton (ca. 7o km)

Wahlweise auf der Inlands- oder der Küstenroute. Untereinander bestehen mehrere Querverbindungen. Als Region lohnend, daher kompletten Tag einplanen!

ÖFFENTLICHER TRANSPORT: Pro Stunde 2 Züge, sowie flotte Direktverbindung per Bus. Ab Eastbourne gibts die Möglichkeit, via Küste zu fahren: entsprechend länger und nur von Regionalbussen befahren. Bedeutet Umsteigerei und Warten auf Anschlüsse.

★ Bexhill (33.ooo Einw.)

Dürfte wohl der tristeste der Badeorte an der englischen Südküste sein. Die meisten Hotels hat man in Altersheime umfunktioniert, viele begüterte Mittelständler ziehen hierher, um den Lebensabend zu verbringen. Das Durchschnittsalter liegt bei 6o Jahren und damit weltweit am zweithöchsten hinter Miami/Florida. Die gesamte Infrastruktur ist auf die Senioren zugeschnitten, viele Pfleger und Ärzte haben sich hier niedergelassen.

★ Pevensey Bay

Nach weiteren 11 km: Badeort mit altertümlichen Häusern, die Siedlung mit Ferien-Bungalows zieht sich kilometerweit am Strand hin.

Hier landete 1o66 der Normannenherzog "William The Conqueror", bevor er nach Hastings marschierte, um sich vor den Toren der Stadt dem angelsächsischen Verteidigungsheer zu stellen (Details im Kapitel Hastings/Umgebung). William stürzte vor den Augen seiner Mannen beim Landgang, für mittelalterlichen Aberglauben ein fatales Omen. Er konterte den Fauxpas laut Chronik jedoch, indem er sich blitzschnell mit zwei Händen voll britischer Erde erhob als Symbol für die Landnahme.

Die ALTSTADT (Old Pevensey) mit seinem mächtigen Castle liegt 2 km landeinwärts. Das malerische Dorf war ursprünglich ein Küstenort, jedoch hat sich die Küstenlinie im Laufe eines Jahrtausends vorgeschoben. Die Burg stand zur Bauzeit auf einer Landzunge und bewachte die Hafeneinfahrt.

Die äußeren Burgmauern (bis 6 m hoch) sind Teil eines Ende des 3. Jh. errichteten Römerkastells zur Abwehr angelsächsischer Einwanderer. Die mittelalterliche Burg stammt von den Normannen: Bergfried und Türme vom Burggraben umspült, das Torhaus aus dem 13. Jh. Die letzte Befestigung der Anlage erfolgte wegen der drohenden Invasion durch das Hitler-Deutschland.

HAILSHAM: Abstecher von der Küste, vom Ortsbild her recht langweilig, lohnt sich aber für die MICHELHAM PRIORY kurz westlich des Städtchens. Überreste einer 1229 gegründeten Augustiner-Abtei. Vom ursprünglichen Bau sind noch das Pfarrhaus und der gewölbeartige Vorratsspeicher erhalten. Einfahrt durch einen gewaltigen Torbogen. Auf dem Gelände ein einfaches Landhaus aus dem 16. Jh. mit antiken Möbeln, Buntglasfenstern etc. sowie eine Scheune aus der Zeit und eine alte Dorfschmiede. Im Burggraben dreht sich ein modriges Mühlrad, würzige Düfte wehen vom Kräutergraben rüber.

★ Eastbourne (67.000 Einw.)

Ein weiteres Seebad. Aber nur sehr wenig Charakter: alles recht steril, fast ein bißchen klinikhaft. Viele alte Leute ziehen hierher, um den Lebensabend zu verbringen, - entsprechend auch Ärzte und Anwälte für Erbangelegenheiten. Wegen einer Reihe guter und teurer Privatschulen haben sich wohlhabende Bürger angesiedelt, um ihren Sprößlingen eine standesgemäße Ausbildung zuteil werden zu lassen.

Einer der Anreize sind sicher auch der ganz in der Nähe liegende Friston Wald mit schönen Spazierwegen, aber auch schöne Küstenbereiche wie die "Seven Sisters".

Tourist INFO Das ganzjährig geöffnete Hauptoffice liegt an der Straße, die vom Bahnhof runter zum Strand führt: 3 Cornfield Terrace. Tel. o323/ 27 474. Book-a-bed-ahead.

Im Sommer eine Zweigstelle unten am Pier (Marine Parade, Tel.: o323/ 274741), kein book-a-bed-ahead.

Westlich der Stadt Eastbourne beginnen die SOUTH DOWNS: Hügelketten mit Schafweiden und Kreidesteilküste zum Meer. Hier liegen die höchsten Klippen Englands, schöne Wanderungen und im Inland gemütliche Kleinstädtchen mit Knobbelpflaster, Pubs. Sowie auf dem Land feudale Herrenhäuser in Parks. Eine ausgesprochen schöne Region, die mit Abstechern 1 - 2 Tage lohnt, insbes. wenn man gerne wandert.

★ **Küstenroute (A 259):** nur Regionalbusse; wer Abstecher plant, muß Umsteigen. Bei knapper Zeit bewährt sich das eigene Auto.

Ab Eastbourne westlich beginnen die Kreideklippen, die sich hier in eine Länge von 1o km bis Seaford erstrecken. Die Straße verlässt die Ortspromenade von Eastbourne westl. in Serpentinen den Hang rauf. Oben links abbiegen auf die Panoramastraße oberhalb der Klippen: BEACHY HEAD ist mit 165 m höchste Klippe Englands. Parkplatz, bei klarem Wetter Blick bis zur Insel Wight. Tief unten am Meer ein Leuchtturm. Am Beachy Head (oder bereits Eastbourne) beginnt die großartige Wanderung entlang der Klippen, Details siehe "Wanderungen".

Die weitere Straße vom Beachy Head verläuft meist in Abstand zu den Küstenklippen nach BIRLING GAP, einer Siedlung haarscharf am Klippenabsturz. Durch Erosion ist der Fortbestand der Häuser gefährdet. Eine Handvoll an Cottages, Cafe und Parkplatz; Treppenweg runter ans Meer.

Anschließend geht die Straße landein zum Weiler EAST DEAN: ein romantisches Nest aus mausgrauen Steinhäusern und uriger Kneipe am Dorfanger, eingerahmt von den Hügelketten der Downs. Die Parish Church mit wuchtigem normannischem Turm und 1 m dicken Mauern.

FRISTON FOREST: Buchenwald, der in den 2o-ern angepflanzt wurde und heute beachtliche Baumriesen besitzt. Relaxing für Spaziergänge, ausgeschilderte Wege. Schließt sich nordwestlich von East Dean an.

Die A 259 verläuft westlich zum Cuckmere River, einem Flußtal, das hier die Küstenklippen zum Meer einschneidet: kurz vor der Brücke über den Fluß das

INFO-CENTER für die Naturparks der Region. Untergebracht in Scheunen gibts hier wichtige Info zu Wanderungen, Landkarten und Broschüren. Das Infocenter ist wichtigster Anlaufpunkt und kann z.B. mit dem Regionalbus Eastbourne-> Seaford erreicht werden. Beim Infocenter "Living World", Mini-Zoo mit Insekten, Spinnen, Taranteln, etc.

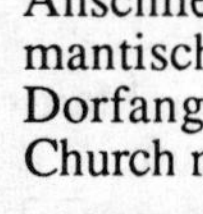

An Landschaft großartig der Trail von Eastbourne ab Uferpromenade in westl. Fortsetzung entlang der Küste nach Beachy Head und weiter direkt entlang der Kreidesteilküste nach Birling Gap: Ab hier weiter zu den SEVEN SISTERS, dem spektakulärsten Abschnitt: Die Downs kommen hier als Hügelkuppe zum Meer bei senkrechtem "cut" zum Meer. Schneeweiße, bis zu ca. 16o m hohe Kreidefelsen. Oben dann auf den Hügelkuppen saftig grüne Grasdecke. Die Einsenkungen zwischen den einzelnen Kuppenbögen waren in erdgeschichtlicher Frühzeit Flußtäler.

Achtung: der Pfad ist im Steilabsturz zum Meer nicht gesichert. Die "Seven Sisters" sind nur per Trail erreichbar: Trailbeginn bei Birling Gap, Verlauf ab hier am oberen Klippenrand runde 5 km bis runter zur CUCKMERE MÜNDUNG. War im 18 Jhd. Bucht für Schmuggler, die hier insbesondere Alkohol wie Gin und Whisky verschifften. Der Fluß mäandert sich in Schleifen durch Sauerwiesen und Salzmarsch zum Meer. An seiner östlichen Seite knapp 2 km Pfad rauf zum Info Center (Karte: Nr. 2).

Ebenso kann man auf der Wanderung entlang der Seven Sister -Klippen auf der westlichsten Kuppe (also direkt bevor es runter zum Cuckmere Haven geht), entlang des Kamms nördlich abbiegen: ca. 1 km bis zum Info Center.

Die A 259 überquert beim Info Center den Cuckmere River per Brücke und führt westlich nach Seaford (ins Zentrum ca. 1,5 km).

SEAFORD HEAD NAT. RESERVE und HOPE GAP: letzterer eine rund 1oo m hohe Erhebung auf der westlichen Seite des Cuckmere und von hier bester Fotoblick auf die "Seven Sisters". Zu erreichen per kurzer Straßenzufahrt, die beim Ortseingang Seaford beginnt und an Parkplatz endet, weiter zu Fuß. Oder: ab Info Center zu Fuß entlang des Westufers des Cuckmere Rivers, 2 km.

SEAFORD: fungierte bis Ende des 16. Jhs. als Hafen für Lewes. Im Martello-Küstenwachturm am westl. Ortseingang kleines Regionalmuseum.

Die Martello- Wachtürme, insges. 1o3 an Zahl, wurden Anfang 19. Jhd. im Küstenbereich Folkestone bis Seaford (sowie nördlich der Themsemündung an der Küste zwischen Clacton on Sea bis Aldeburgh) errichtet, um der Gefahr einer französischen Invasion unter Napoleon vorzubeugen. Die Rundtürme in massiver Bauweise enthalten in ihrem Inneren Quartier für ca. 25 Mann, Trinkwasser- Reservoir und Raum für Lebensmittel wie oben Kanonen.

Auch wenn Napoleon nie den Kanal zur Eroberung Englands überquerte, wurden die Türme in Funktion noch bis Mitte 2o. Jhd. aufrecht erhalten, teils auch als Seewachen. Heute sind noch rund 4o dieser Türme erhalten.

NEWHAVEN: an der Mündung des River Ouse mit Castle (BJ. ca. 1865), Fährverbindung nach Dieppe/Frankreich. Ansonsten wenig Spezielles für Stop. - ROTTINGDEAN am östl. Stadtrand von Brighton mit schönem Stadtviertel aus der Jhd.-Wende. - *BRIGHTON siehe Seite 177.*

★ **Inlands-Route (A 27)** Immer am Nordrand der Downs lang, die Hauptstraße nach Brighton mit einer Reihe lohender Abstecher:

WILMINGTON an der A 27, vom Dorf aus Blick auf den LONG MAN: die Bodenzeichnung eines 7o m großen Mannes an einem Hügel-Abhang.

Die dargestellte Figur hält in beiden Händen einen langen Stab. Die Umriß-Zeichnung wurde von ihren Urhebern berwerkstelligt, indem man die obere Humusschicht abgetragen hat, so daß das weiße Kreidegestein durchschimmert. Erst 1969 erfolgte die Nachzeichnung durch Ausgießen mit Beton.

Die Ursprünge liegen im Dunkel der Geschichte, die ersten Reporte tauchen erst Ende des 18. Jh. auf. Vielleicht eine Bronzezeit-Figur (vor 3 1/2 tausend Jahren), die einen Gott am Tor zur Unterwelt darstellt. Könnte aber auch von den Römern stammen. Man fand ähnliche Darstellungen auf Römermünzen, wo der Germanen-Gott "Wotan" auf diese Weise symbolisiert ist. Die dritte Theorie: vor 1.ooo Jahren von den Sachsen angelegt. Dann würde es sich um einen König handeln, der Speere in den Händen hält. Man hat einen sächsischen Helm gefunden, auf dem eine äquivalente Darstellung eingestanzt ist.

Auf den besagten Hügel führt ein Pfad vom südwestlichen Ortsrand, um sich die mysteriöse Figur aus der Nähe anzuschauen. Von oben Panoramablick auf die Walfischrücken-Hügel der Downs und die Wäldchen und Hopfenfelder im weiten Vorland.

Landwirtschaftsmuseum: weitere Attraktion von Wilmington, untergebracht in den Ruinen eines Benediktinerklosters (14.Jh.).

Alfriston

Am River Cuckmere, mitten zwischen den Hügeln. Alfriston gehört mit zu den schönsten Dörfern Englands. Rissige Fachwerkfassaden, uralte Dorfkneipen. Viele der Häuser haben noch Geheimkammern, in denen man früher Schmuggelware deponiert hat.

Tagsüber viele Bustouristen, am schönsten ist das Dorf an den langen Sommerabenden. Die PARISH CURCH stammt aus dem 14. Jh., Perpendicular-Stil, schindelgedeckter Turm. Wirkt mit ihren großen Ausmaßen recht majestätisch am Talboden zwischen den mächtigen Bergkegeln.

Daneben das um 135o gebaute CLERGY HOUSE (Pfarrhaus): ein reetgegedeckter Fachwerkbau. Kann innen besichtigt werden: alte Möbel,- die zwei Zimmer der Pfarrköchin haben separaten Außeneingang, um den Kirchenmann nicht in seiner Zölibatsruhe zu stören.

DRUSILLAS: kleiner Privatzoo mit rund 4oo Tieren (Pinguine, Affen, Bären, ein Flamingo-See etc.). Schön auch wegen seiner Lage. Auf der anderen Flußseite steht das Kirchlein Lullington Church. Mausgrauer, geduckter Steinwürfel mit 1 1/2 qm, eine der kleinsten Kirchen Englands.

CHARLESTON FARMHOUSE: nur ein paar Fahrminuten: im Jahre 1916 zog Vanessa Bell hierher, die Schwester der Schriftstellerin Virginia Woolf. Das Haus wurde bald zur Künstler-Kolonie,- Türen, Kamine und Wände sind kunstvoll bemalt. Unbedingt lohnend.

Unterkünfte: Ohne Vorausbuchen in Alfriston kaum was zu machen. Am besten mehrere Tage vorher in einem TI-Office buchen, aber auch dann nur mit etwas Glück

was zu finden. Am schönsten in einem der uralten Gasthöfe ("inns").
Die JUGENDHERBERGE (Tel. o323/ 87 o4 23) liegt knapp 2 km südlich an der Straße nach Seaford. Guter Komfort, rund 65 Betten. Ist ein altes, stattliches Herrenhaus.

MOONRAKERS (High Street): Dinner ca. 55 DM. Tiefhängende Eichenbalken und massive Holzmöbel. Bei schönem Wetter wird im Garten serviert. Küche mit französischen Einschlag und hervorragender Weinkarte.

SUSSEX OX (Hilton Street): einfache, aber herzhaft-deftige Barmeals von 1o-15 DM. Gemütliches Interieur mit viel Eichenholz.

SINGING KETTLE (6 Waterloo Square): nur tagsüber geöffnet für ein kleines Lunch oder zum Tee mit selbstgebackenen Kuchen am Nachmittag. Gemütliche Atmosphäre (Blumen an den Tischen).

Das Restaurant im DRUSILLAS-ZOO (siehe oben) meist sehr überlaufen. Hat sich aber einen Namen gemacht mit seinen soliden Gerichten nach Omas Rezepten aus der Gegend von Sussex. Nur Tagsüber.

Jede Menge urgemütlicher Kneipen, denen man die Jahrhunderte ansieht. Für den Liebhaber eine Fundgrube, etwa das STAR oder das MARKET CROSS, beide in der High Street.

WEST FIRLE: das Dorf lohnt sich für den FIRLE PLACE: ein Herrenhaus aus der Tudor-Epoche (16. Jh.) mit Porzellansammlung, Gemäldegalerie, Stilmöbel und schönem Landschaftspark.

Ein beschilderter Feldweg führt vom Dorf zum FIRLE BEACON, die letzten 15 Min zu Fuß: mit 22o m der höchste Berg in den östlichen Downs und ein deutlich sichtbarer Geländepunkt. Schöner Pfad durch den Klee-Rasen am Hügelhang, Blick aufs Meer und den River Ouse, der sich wie ein blaues Band durch die Hügel schlängelt. Der Leuchtturm am Gipfel war 1588 Teil des Frühwarnsystems gegen die spanische Armada.

GLYNDE: mit weiterem Herrensitz aus dem 16. Jh.: GLYNDE PLACE. Lohnend vor allem wegen seiner reichen Kunstschätze (z.B. Gemälde von Rubens und Peter Lely). Leider nur unregelmäßig geöffnet.

Glynde Opera House: 1934 gegründet und weltberühmt unter Kennern. Im Sommer werden hier erstklassige Opernaufführungen (viele Mozartstücke) gezeigt, zu denen Besucher aus der ganzen Welt kommen. Im Juni und Juli großes Festival of Opera.

★ Lewes (1.5oo Einw.)

Hauptstadt der Grafschaft East Sussex. Rund um den Burgberg enge Straßenschluchten und Fachwerkhäuser, die Hügelketten der Downs schieben sich bis an den Stadtrand. Liegt am Eingang zum tief eingeschnittenen Tal, das sich der River Ouse durch die South Downs geschliffen hat.

Tourist INFO 32 High Street, Tel. o273/ 47 16 oo. Leider kein book-a-bed-ahead.

Unterkünfte: In den Monaten Juni und Juli ist ohne langfristige Buchung nur schwer eine Unterkunft in Lewes zu finden. Keine JuHe, kein Campingplatz.

CASTLE: erhebt sich mitten in der Stadt. 1o85 von den Normannen gegründet zur Verteidigung des Durchganges durch die Downshügel. Wuchtigderbe, mittelalterliche Bauteile und Kieselstein-Mauerwerk. Vom Bergfried hat man einen schönen Blick auf das Gassengewirr und das weite Umland.

BARBICAN HOUSE (High Street): gegenüber der Einfahrt zum Castle. Stammt aus der Zeit Elisabeths der Großen und dient heute als Museum für archäologische Fundstücke.

HEIMATMUSEUM im Rathaus (Town Hall). Beachtenswert die pompöse Eichentreppe von 1893.

ST. MICHAEL'S CHURCH: runder Turm aus dem 13. Jh., farbenprächtige Buntglasfenster.

ANNE OF CLEVE HOUSE (Southover High Street): um 15oo erbaut. Volkskundliches mit alten Trachten, Hausrat, Möbel etc. Besonders sehenswert die verrußte Küche und das Schlafzimmer.

REGENCY HOUSE (Albion Street): Ausstellung von Uniformen und Waffen von der Restauration (166o) bis zum ersten Weltkrieg.

RESTAURANTS KENWARD'S (15o High Street): soll das beste Lokal weit und breit sein, ist einen Abstecher wert. Charakteristikum: die virtuose Verwendung erlesener, oft ungewohnter Gewürz-Kompositionen, etwa Fisch mit saurer Sauce auf Limonenbasis, abgeschmeckt mit einer Prise Ingwer. Manche Gourmets stellten jedoch die kulinarischen Extravaganzen als überladen und gekünstelt an den Pranger. Menü ca. 6o DM.

Die Jugendherberge in Telscombe ist für Backpacker den Trip wert: zu erreichen nur über eine enge Piste, die sich ab Lewes 12 km südlich durch die Downs zwängt (eventuell Fahrrad mieten in Lewes). Simples Cottage in Primitiv-Ausführung mitten zwischen den Hügeln am Rande des verschlafenen Dorfes Telscombe. Nur 6o Betten und bombige Stimmung am Abend, wenn sich die Wanderer am offenen Kamin die Blasen an den Füßen kurieren.Ist sehr zu empfehlen für Leute, die Touren in den Downs planen.

4 km nordwestlich von Lewes liegt der MOUNT HARRY (2oo m). Lohnender Aussichtspunkt über die Höhenzüge der Downs, die Stadt Lewes wie ein Gesteinsfladen an seinem Fuß.

PANORAMA-PISTE, um das Downs-Ambiente zu schnuppern: auf der A 26 von Lewes parallel zum River Ouse runter zur Küste, immer quer durch die Hügellandschaft. Die schönere Variante ist das schmale Landsträßchen, das via Southease parallel zur A 25 verläuft: Haarnadelkurven, Bergkegel, Schafe weiden an den Abhängen. Auch per Zug: Eisenbahnschiene von Lewes nach Newhaven.

SHEFFIELD PARK: einer der paradiesischsten Landschaftsparks von England. Lilienteiche, Wasserfälle, exotische Bäume,- alles harmonisch zu einer Traum-Landschaft arrangiert. Der Park ist ein Meisterstück des Star-Gartenarchitekten Capability Brown. Wurde im späten 18.Jh. angelegt. Leider haben die verheerenden Oktober-Stürme des Jahres 1987 recht schwere Schäden unter dem Baumbestand angerichtet. Liegt 16 km nördlich von Lewes, via A 275.

BLUEBELL RAILWAY: etwa 8 km lange Eisenbahnlinie nach Norsted Keynes,- quer durch schöne Gartenlandschaft. Das knallbunte Stahlroß tuckert mit Dampfbetrieb über das Schmalspurgleis, während vorne der Heizer die Kohlen schippt. Start: am Bahnhof neben dem Park.

BENTLEY HOUSE: bietet eine ganze Reihe von Attraktionen: Farmhof aus der Tudorzeit, im Wohnhaus zerschrammte, wurmstichige Möbel. Dann ein Freigehege mit Hunderten von Vögeln: farbenfrohe Prachtexemplare wie Kronenkraniche, Goldfasanen, Pfaue und Grüppchen rosaroter Flamingos. Außerdem eine Sammlung auf Hochglanz polierter Oldtimer-Autos und ein Park zum Wandern. Lage: gute 1o km nordöstlich von Lewes,- über die B 2192 Richtung Halland.

Weiter nach BRIGHTON: die zweispurige A 27 bringt auf den letzten 12 km keine besonderen Highlights mehr. In einem Rutsch durchfahren.

Wandern in den Downs

Abgesehen von der beschriebenen Wanderung über die Küstenklippen (Beachy Head-> Birling Gap-> Seven Sisters) gibts eine Vielzahl weiterer lohnender Wanderungen. In der Regel leichte Sachen wie kurz Berg besteigen (z.B. Mt. Harry bei Lewes), und nach 2 Stunden sitzt man wieder bei der Brotzeit im Gasthof. Die einzelnen Touristbüros der Orte wie Eastbourne und Lewes haben Wandervorschläge parat. - Zu den, wegen Länge anspruchsvollen Touren gehört der:

"South Downs Way" ist eine der klassischen englischen Langstreckenwanderungen: rund 13o km von Eastbourne bis nach Winchester. Für die Gesamtstrecke braucht man ca. 7 - 9 Tage, für das erste Drittel Eastbourne-> Brighton ca. 2 - 3 Tage. Gerade auf diesem Abschnitt phantastische Fernsichten bis weit hinein ins Land und raus auf die Küste.

Startpunkt ist in Eastbourne die westliche Verlängerung der Strandpromenade. Von dort immer die Küste lang bis zum Beachy Head: Möwen, Brandung und Blick aufs Meer raus. Weiter entlang der Klippenkante nach Birling Gap - immer eine kräftige Meeresprise im Haar - bis zu den weißen Kreidefelsen der Seven Sisters Cliffs. Dort gehts auf der letzten westlichen Hügelflanke nach Nord zum Info Center (siehe Karte, Nr. 2) und weiter nach Alfriston, einem ausgesprochen hübschen Dorf (siehe Beschreib. Vorkapitel). Dann entlang der Nordflanke der Downs auf den Aussichtsberg Firle Beacon und via Rodmell (dort das Haus der Schriftstellerin Virginia Woolf) zum Ditchling Beacon. Hiermit ist die 1. Etappe abgeschlossen, Bus oder Zug nach Brighton.

SCHWIERIGKEIT: wegen des festen Untergrundes aus Kreidegestein und der einfachen Orientierung auch für weniger Geübte ohne größere Problem.

Gelegentlich taucht in der Reiseliteratur der Tip auf, ein Fahrrad mitzunehmen, um bei guten Wegstrecken in die Pedale zu steigen. Lohnt sich jedoch nach unseren Recherchen nicht, da in weiten Teilen geschoben werden muß und das Rad unter'm Strich eine Behinderung darstellt.

INFOS: Material vorweg beim TI in Eastbourne besorgen. Dazu sehr empfehlenswert das Buch "South Downs Way" von Sean Jennet (ca. 12 DM, im Buchhandel). Enthält auch das relevante Kartenmaterial. Oder schon in Deutschland: beim British Bookshop in Frankfurt.

UNTERKÜNFTE: beim TI in Eastbourne Infoblätter über B&B und Campingplätze. Die einzige Jugendherberge en route ist in Alfriston.

Brighton

(145.000 Einw.)

Kosmopolitisch, tolerant, relaxed und sehr viel Stil! Man versteht zu leben und gesteht dies auch anderen zu: kräftiger Schuß Extravaganz, Kultur-Gemisch verschiedenster Völker in den Straßen, die Schwulen-Metropole Großbritanniens, eine aktive Künstler-Szene.

Brighton hat den allgemeinen Niedergang der Seebäder an der englischen Südküste ohne Narben überlebt. Bezeichnet sich häufig als das "London-by-the-sea": Weltstadt-Flair auf kleinem Raum, mit dem 1o km langen Strand als Pluspunkt. Nur eine Zugstunde von London entfernt: auch ideal als Tagesausflug. An schönen Tagen kommen viele Day-Tripper aus der Metropole auf einen Sprung hier raus.

Gemächliches Stadtbild mit den Parks und freien Flächen und den halbkreisförmigen Straßen (= Crescents). Die Fenster in den Häusern tragen schmiedeeiserne Balkone. Brighton ist mehr oder weniger am Reißbrett entstanden. Die Straßen sind breit und laufen senkrecht zum Strand runter.

ZENTRUM ist der dreieckige Platz Old Steine (3), in seiner Mitte eine Grünanlage. An den Häuserfassaden rund um den Platz sind drei Gebäude sehenswert wegen ihrer gediegenen Architektur: Maria Fitzherbert`s House von 18o4, mit schmiedeeisernen Geländern ähnlich denen des Royal Pavillion, - die Royal York Buldings von 1819, ursprünglich ein Jetset-Hotel, - und das Marlborough House.

Hier am Old Steine befindet sich auch das Tourist Office (2). Die wichtigsten Attraktionen Brightons liegen alle in Gehweite.

54 Old Steine: Tel. 0273/ 23 755. Ist das Hauptoffice: auf halben Weg zwischen Royal Pavillon und dem Strand. Leider hoffnungslos überlastet.

Eine Zweigstelle an der Strandpromenade, westlich des Palace Piers. Adr.: King's Road, Tel. 0273/ 23 755. Beide Büros kein book-a-bed-ahead und ganzjährig geöffnet.

GESCHICHTE: 1086 erste urkundliche Erwähnung, 1313 wurden die Stadtrechte verliehen. Eine Buchpublikation im Jahre 1753 sollte das beschauliche Leben in dem Fischerstädtchen gewaltig umkrempeln: Dr. Russel schrieb über die medizinische Heilwirkung, die von Meeresluft und vom Baden im Salzwasser ausgeht. Bis dahin hatte man beides für gesundheitsschädlich gehalten. Von dem Buch hörte auch der Prinzregent (späterer King George IV.). 1783 kam er als Zwanzigjähriger samt Hofstaat nach Brighton, er hoffte auf Linderung seiner Halsdrüsenschwellung. George verliebte sich in die Stadt und errichtete hier seine Sommerresidenz.

Bald folgte die Londoner HIGH SOCIETY dem Vorbild und baute Sommerhäuser in Brighton. Von 1800 bis 1830 gigantischer Ausbau der Stadt, dem der Prinzregent unverkennbar seinen architektonischen Stempel aufdrückte. Arkaden, schmiedeeiserne Balkone, Plätze: der neue Baustil wurde nach seinem Förderer "Regency Style" genannt. Brighton avancierte zum Trendsetter in Sachen Mode und Kultur. Wer "in" sein wollte, mußte seinen Urlaub hier verbringen. Der Rummel ebbte Mitte des 18. Jh. etwas ab. Aber auch heute noch ist Brighton Englands Seebad Nr. eins.

Prince of Wales, späterer King George IV

Der Prinzregent (1762-1830, zunächst Prince of Wales, später King George IV) war eine der umstrittensten Figuren in der Geschichte der britischen Monarchie. In seiner Jugend der Prototyp des englischen DANDY: schlagfertig, gutaussehend und intimer Kenner der schönen Künste. Der Hofstaat fürchtete sein Komikertalent, mit dem er jeden imitierte und karikierte.

Die glückliche Hand des Lebemannes war in der Politik jedoch weit weniger geschickt als unter den Röcken seiner Mätressen. Er umgab sich mit völlig untalentierten Ratgebern und stürzte den Staat durch seine Prunksucht in tiefe Schulden.

Der Prinzregent spielte gerne, wobei sich viele tausend englische Pfund im Glücksspiel in Luft auflösten. Er war sehr gebildet und galt als Mäzen der Künste, welches erhebliche Löcher in die Staatskasse riß. So kostete allein der von ihm beauftragte Umbau des Royal Pavillion in Brighton zu einem orientalischen Märchenpalast die Staatskasse rund 1/2 Million Pund (und damals war das Pund erheblich mehr wert als heute).

Das Ansehen des einst gefeierten Prinzen begann zu bröckeln, und er wurde im Volk immer unbeliebter. Gleichzeitig eskalierte seine Liebe für Freßgelage (Dinners im Ban

Banqueting Room im Royal Pavillion, Brighton Riesiger Leuchter in der Mitte der Decke. 1 Tonne Gewicht, mit Lotusblumen Design. Bauauftrag durch Prince of Wales/King George IV.

queting Room/Royal Pavillion sollen bis zu 121 Gänge (!) gehabt haben!), und George wurde beleibter als beliebter...Sein dicker Hintern war eine nicht zu verfehlende Zielscheibe der Karikaturisten seiner Zeit. Aber auch sein Bauch (siehe Karrikatur links, nach Freßgelage). Für die PR des King sicher nicht positiv; bald nach seiner Krönung zog sich er sich ins Privatleben zurück. Die letzten Jahre seines Lebens verbrachte er in Windsor Castle, wo er Opium rauchte, der Psychose und dem Größenwahn verfiel.

Wichtiges Moment während seiner Regentschaft war seine Scheidungskrise: das englische Parliament hatte aus politischen Interessen George die Heirat mit der Deutschen Caroline Brunswick vorgeschrieben. Erstes Treffen zwischen Prinz und Prinzessin 1795: für George war das ein Schlag in die Weichteile. Denn seine "Herzensdame" war ebenso gewichtig wie ihre Mitgift, und die Dame redete in ordinärer Sprache. Ihr kurzes Röckchen offenbarte dem Prinzen, was ihn erwartete. Laut Chronisten habe sich George nach diesem Treffen mit Freunden zusammengesetzt und reichlich Brandy genossen...

Die ersten Ehejahre verbrachte man getrennt: Caroline lebte in Italien, George in England. Kurz vor seiner Krönung leitete George die Scheidung ein, indem er seine Angetraute des Ehebruchs bezichtigte. Da es hier um politische Interessen ging, akzeptierte das englische Kabinet die Wünsche des Regenten nicht. Aber auch Caroline hatte Geld- und Machtinteressen, die es zu verteidigen galt. Am 5. Juni 182o landete sie in

BRIGHTON

1 Royal Pavilion
2 TOURIST OFFICE
3 Old Steine (Marlborough House, Royal York Hotel, Maria Fitzherbert's House)
4 Town Hall
5 HAUPTPOST
6 Pavilion Theatre
7 Royal Theatre
8 Museum & Art Gallery
9 Prince Regent Swimmingpool
1o Dome
11 Victoria Gardens
12 Brighton Polytechnic
13 Fruit + Vegetable Market
14 Polizei
15 Country + Law Courts
16 St. John
17 Queens Park
18 Volks Electric Railway

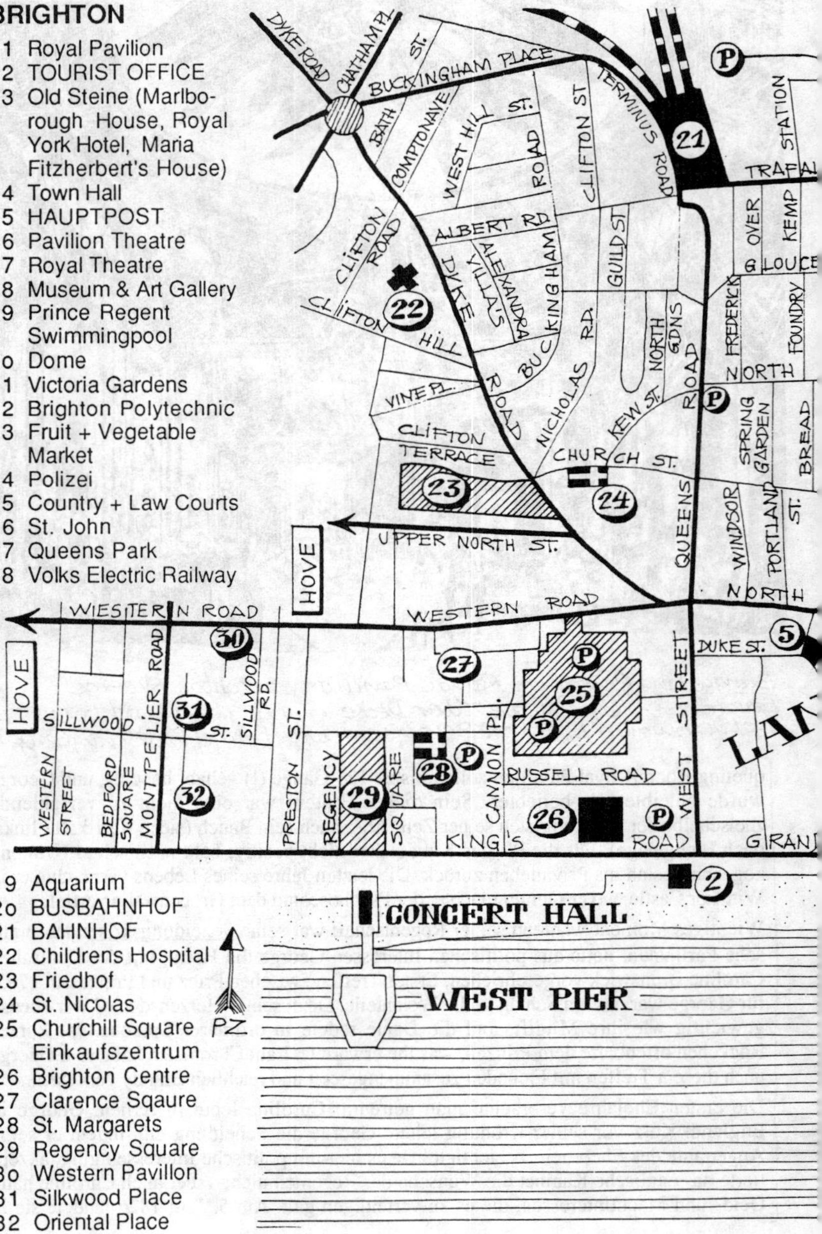

19 Aquarium
2o BUSBAHNHOF
21 BAHNHOF
22 Childrens Hospital
23 Friedhof
24 St. Nicolas
25 Churchill Square Einkaufszentrum
26 Brighton Centre
27 Clarence Sqaure
28 St. Margarets
29 Regency Square
3o Western Pavillon
31 Silkwood Place
32 Oriental Place

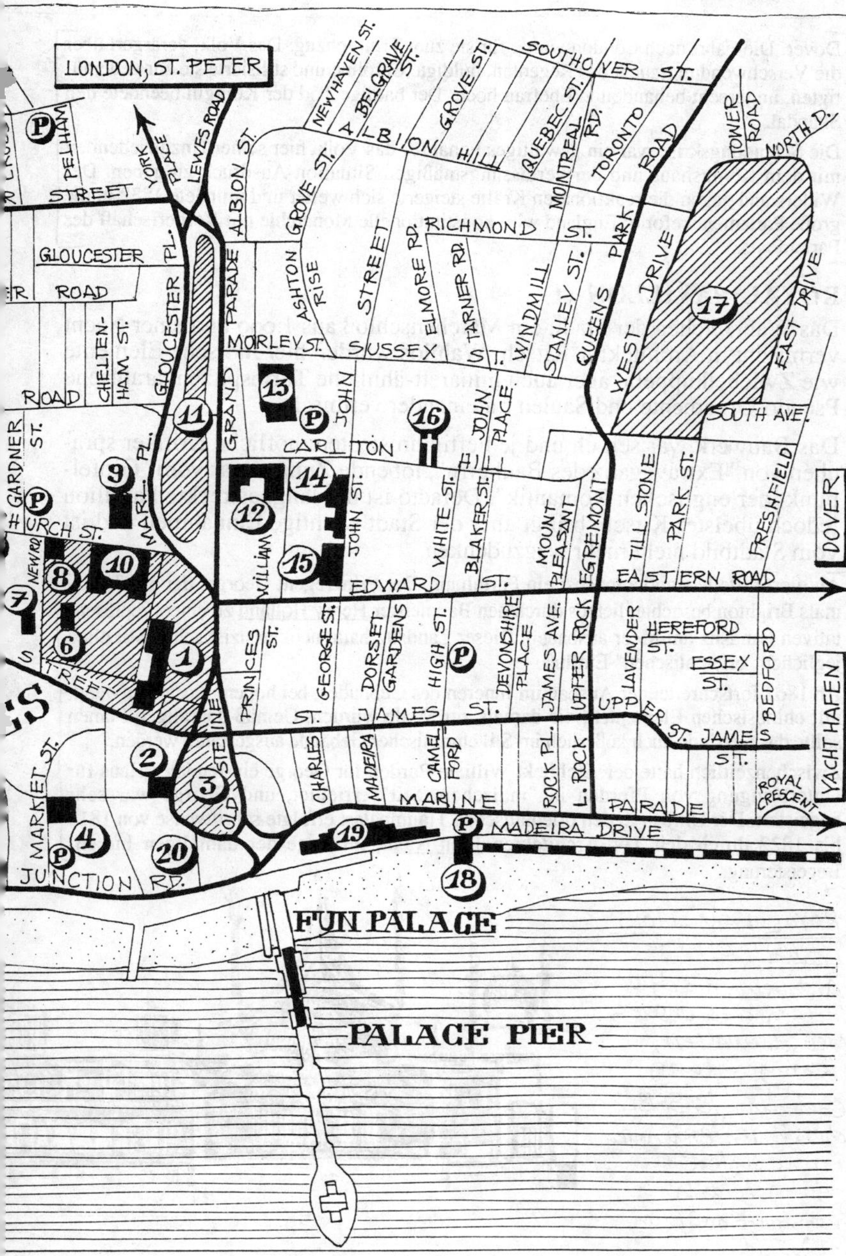
LONDON, ST. PETER
PELHAM
STREET
YORK PLACE
LEWES ROAD
GLOUCESTER
ROAD
GLOUCESTER PL.
CHELTENHAM ST.
ROAD
GARDNER ST.
CHURCH ST.
NEW RD.
MARL. PL.
GRAND PARADE
ALBION ST.
NEWHAVEN ST.
BELGRAVE ST.
ALBION
GROVE ST.
HILL
GROVE ST.
SOUTHOVER ST.
QUEBEC ST.
MONTREAL RD.
TORONTO
ROAD
TOWER ROAD
NORTH D.
ASHTON RISE
STREET
ELMORE RD.
TARNER RD.
RICHMOND
ST.
WINDMILL
STANLEY ST.
QUEENS PARK
WEST DRIVE
EAST DRIVE
MORLEY ST.
SUSSEX
ST.
JOHN
JOHN ST.
JOHN PLACE
CARLTON
SOUTH AVE.
FRESHFIELD
DOVER
WILLIAM
PRINCES ST.
WHITE ST.
BLAKER ST.
MOUNT PLEASANT
EGREMONT
TILLSTONE
PARK ST.
EDWARD
EASTERN ROAD
STREET
MARKET ST.
CHARLES ST.
GEORGE ST.
DORSET GARDENS
HIGH ST.
DEVONSHIRE PLACE
JAMES AVE.
UPPER ROCK
LAVENDER
HEREFORD ST.
ESSEX ST.
BEDFORD
ST. JAMES
ST.
UPPER ST. JAMES
ST.
OLD STEINE
MADEIRA
CAMEL FORD
ROCK PL.
L. ROCK
ROYAL CRESCENT
MARINE
PARADE
MADEIRA DRIVE
YACHTHAFEN
JUNCTION RD.
FUN PALACE
PALACE PIER
P
1
2
3
4
6
7
8
9
10
11
12
13
14
15
16
17
18
19
20

Dover. Die Fahrt nach London wurde für sie zum Triumphzug: Das Volk, verärgert über die Verschwendungssucht des Regenten, huldigte Caroline und stilisierte sie zur gedemütigten, ungerecht behandelten Ehefrau hoch. Der baldige Tod der Königin beendete den Skandal.

Die Scheidungskrise war ein gewaltiges Fanal für das Volk, hier seiner Unzufriedenheit mit dem Königshaus und der verfassungsmäßigen Situation Ausdruck zu geben. Der Widerstand gegen die reaktionären Kräfte steigerte sich weiter und mündete 1832 in die große Parlamentsreform: England wird konstitutionelle Monarchie mit Vorherrschaft des Parlaments.

ROYAL PAVILLON (1)

Das Wahrzeichen der Stadt: ein Märchenschloß aus 1.ooo und einer Nacht vermischt in Architektur-Kitsch. Wahllos wurden hier indische Elemente wie Zwiebelkuppeln, aber auch minarett-ähnliche Turmspitzen, arabische Pseudo-Ornamente und Säulen miteinander vermischt.

Das Bauwerk war seit eh und je heftig umstritten: höfliche Kritiker sprachen von "Extravaganz des Bauherrn", lobende Zungen gar vom "Gipfelpunkt der englischen Romantik". Defacto ist der langgestreckte Pavillion jedoch übelster Kitsch, bringt aber der Stadt wichtige Einnahmen und ist vom Stadtbild nicht mehr wegzudenken.

An dieser Stelle stand zunächst ein Farmhaus. Der Prinzregent George, der 1783 erstmals Brighton besuchte, ließ es durch den Baumeister Henry Holland zu einem repräsentativen Landsitz am Meer ausbauen. Dieser Landsitz hatte neoklassizistischen Stil ohne jeglichen "orientalischen" Einfluß.

Ab 18o2 fortschreitender Ausbau im Inneren des Gebäudes, bei hohem Kostenaufwand, mit chinesischen Elementen, die damals zur Mode wurden. Gemäß damaligen Plänen sollte das Gebäude auch äußerlich im Stil chinesischer Gebäude ausgestattet werden.

Zwischenzeitlich hatte der Architekt William Purdon für George ein feudales Haus für Unterbringung von Pferden in "indischem Stil" errichtet, und George war sehr begeistert. Der Umbau in den orientalischen Traumpalast erfolgte schrittweise von 1815 bis 1822 durch den Top-Architekten John Nash, im Zuge der damaligen Indien-Begeisterung.

ROYAL PAVILLION BRIGHTON

Architektonischer Kitsch a la unseres Neuschwanstein/ König Ludwig. Gebaut 1815-1822 durch den englischen Architekten John Nash (Konstruktionsplan 19. Jhd.)

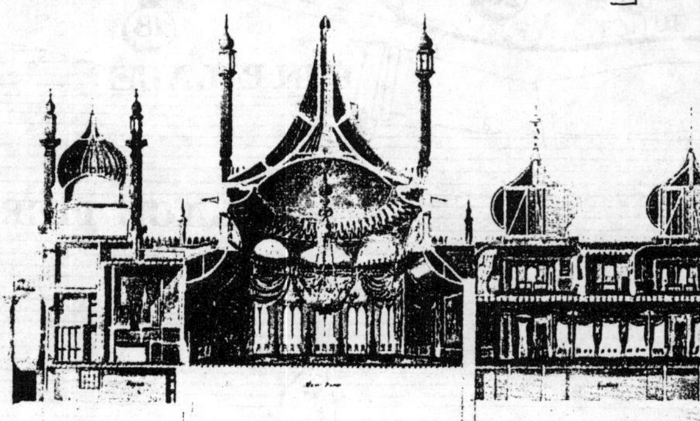

Der Bau verschlang immense Summen. John Nash legte Pläne vor, die zwar den Regenten begeisterten, jedoch zunächst auf generellen Widerstand wegen der Kosten stießen. Seine Pläne übernahmen die Symmetrie der Hauptachse und ergänzte sie mit Anleihe der pseudoexotischen Formen aus Asien. Neu und erstmalig im Bau die Verwendung von gußeisernen Konstruktionen z.B. bei der 12 m hoher Minarettkuppel im Banqueting Room. Die Mutter des Regenten steuerte 5o.ooo Pfund bei. Nach Beendigung des Bauwerks landete man inkl. der Nebengebäude bei ca. 1/2 Million Pfund, und wegen der Verschwendungssucht wurden Unruhen im Volk laut.

Georges Nachfolgerin Queen Victoria zog sich aus der Residenz zurück. Mit knapper Mehrheit widersetzte sich der Brightoner Stadtrat dem Abriß und kaufte den Pavillon für ein Zehntel des Baupreises. Heute besuchen jährlich knapp 7 Mio. Touristen das architektonische Unikum, womit zumindest heute die damaligen Baukosten mehr als "rückverdient" sind.

Die 23 Staatsgemächer sind täglich zu besichtigen. Sie glänzen mit Gold, Marmor, Bambus u. Edelhölzern, Seide, Drachen- und Schlangenfiguren.

Banqueting Room: besonders prunkvoll mit 12 m hoher Marmorkuppel. Der Kronleuchter wiegt eine Tonne (22.ooo Kristalle, bestückt mit Rubinen und Perlen).

Im Musikzimmer Muscheldecke, Wasserlilien, Seidentapeten und fliegende Drachen. Bombastisch auch die Küche: 15 Köche sorgten für das leibliche Wohl des Königs. In der Bibliothek wertvolle Buchschwarten.

THE LANES

Das Altstadtviertel, westlich vom Royal Pavillion. Verwinkeltes Gassengewirr mit Holzhäusern und schmalbrüstigen Cottages teils noch aus dem 17. Jh. Rest des früheren Fischerdorfes, bevor Brighton als Seebad en vogue wurde.

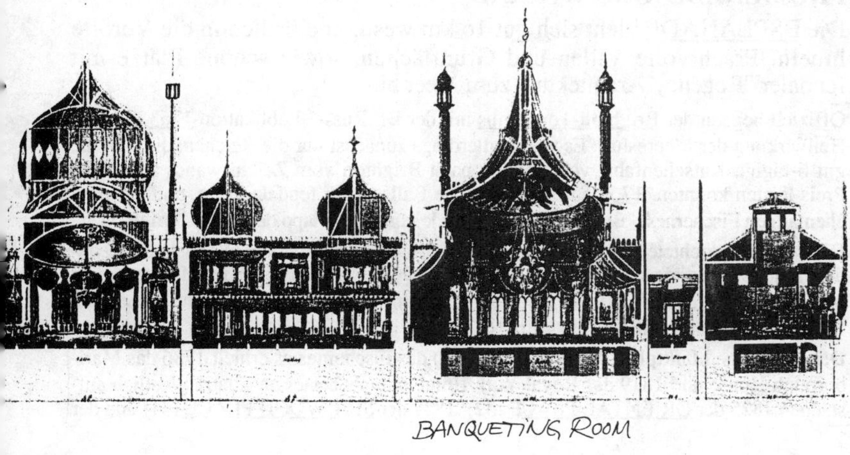

BANQUETING ROOM

The Lanes ist heute Künstler- und Boutiquenviertel. Buchläden und Trödlerläden, Antiquitätengeschäfte und Boutiquen mit extravagantem Schmuck und Klamotten. Bei Regen hängt man in den Sponti-Cafés rum und rührt im Kaffee, während die Wassertropfen von den Scheiben rinnen.

The Lanes sind heute neben Royal Pavillion meistbesuchte Sehenswürdigkeit Brightons. In diesem Bereich auch das Hauptpostamt (5) und die Town Hall (4): Rathaus mit Stadtverwaltung.

MUSEUM & ART GALLERY (8): untergebracht in den früheren Pferdeställen des Pavillons. Gemäldesammlung moderner Künstler, sowie alte Meister. Reiche Kollektion an Keramik, Kostüme, Musikinstrumente, Stilmöbel. Highlight: Sofa von Salvador Dali im Design eines prallen Frauenmundes.

DOME (1o): gebaut 18o4, früher Reitschule, die zu den Stallungen des Royal Pavillion gehörte. Nach Renovierung heute stilvoll als Konzerthalle genutzt. Ein prachtvoller Kuppelbau im indischen Kolonial-Stil, rund 25 m Durchmesser. Daran anschließend zwei Theater-Bauten: Pavillion Theater (6) und Royal Theatre (7): beide sehr prunkvoll, man sieht ihnen das Selbstbewußtsein des Greater Britain im 19.Jh. an.

VICTORIA GARDENS (11): langgezogene Grünanlagen an der Ausfahrtstraße Richtung London. Hier steht die St.Peter`s Church, in einer Imitation des spätgotischen Stils.

Etwas ab vom Schuß: die St.Nicholas Church (24). Lohnt sich aber für Kunstliebhaber wegen des Taufbeckens: aus der Normannenzeit, illustriert mit einem Relief das letzte Abendmahl.

PROMENADE UND STRAND

Die ESPLANADE zieht sich gut 1o km westl. und östlich in die Vororte hinein. Prachtvolle Villen und Grünflächen, sowie schöne Plätze mit feudaler "Regency-Architektur" zum Meer hin.

Offiziell begann der Brighton-Tourismus mit der Dr. Russel-Publikation 1763 über die Heilwirkung der Meeresluft. Es waren allerdings zunächst nur die Reichen, die sich die gut 6-tägige Kutschenfahrt von London nach Brighton vom Zeitaufwand, aber auch Preis leisten konnten. 1766 entstand der erste Ballsaal für feudale Feste, und aus dem ehemaligen Fischernest "Bighthelmstone" wurde kurz und knapp der Name "Brighton".

Die Reichen errichteten ab Ende 17oo/Anfang 18oo in Brighton ihre Wohnsitze. Besonders schöne Beispiele sind der ROYAL CRESCENT (1798-18o7) an der Marine Parade östlich vom Pier, im Halbrund zum Meer gebaut mit Balkons für die Sicht. Aber auch der REGENCY SQUARE (29) von 1818.

Der ehemalige Marktplatz "OLD STEINE" (3) des Fischernestes erhielt 1786 das Marlborough House und 1819 das Royal York Hotel, damals bestes am Platz. Westlich entstanden 1825 der ORIENTAL PLACE (32), 1827 der SILKWOOD PLACE (31) und der

WESTERN PAVILLION (3o), eine Mini-Replika des Royal Pavillion. Der damalige Star- Architekt A. Wilds jr. (Erbauer verschiedener Häuser für die Reichen) errichtete das Gebäude als sein eigenes "Wohnhaus". Offenbar verdiente er recht gut!

1823 wurde der Vorläufer des heutigen Palace Pier gebaut: im Rahmen des englischen Industriezeitalters und seiner Eisenproduktion rammte man Pfeiler ins Meer und verband sie mit einer Kettenbrücke, um näher an die "Heilwirkung" der Meeresprise rauspromenieren zu können.

Als die Eisenbahn von London dann 1841 Brighton erreichte, erfuhr das Seebad weiteren Aufschwung. Die frühere, mehrtägige Anreise per Kutsche reduzierte sich per Dampflok auf 6 Std. Sie lag nun in Preis-/Zeitdimensionen, daß sich auch breitere Bevölkerungsschichten die Fahrt leisten konnten und zum ersten Mal ihr Seebad sahen.

Es kam eine Vielzahl neuer Hotels hinzu. Daß der Brighton Strand sehr grobkiesig ist, war damals kein echter Nachteil: eher prüde begaben sich die Gäste in einen, ans Meer rangeschobenen Badeumkleidewagen und stiegen von dort (sehr züchtig bekleidet) über ein Treppchen ins Meer...

Als 1864 das Eisenbahngleis ab Calais/Frankreich bis runter an die Côte d'Azur fertiggestellt war (bei dortigen, wärmeren Wassertemperaturen und Spielcasinos), bevorzugte die englische High Society den Urlaub an der "Côte" und blieb Brighton und anderen südenglischen Seebädern fern. Dafür kam verstärkt die englische Mittelschicht, und Brighton war unter den südenglischen Seebädern die Nr. 1.

Zu den Attraktionen zählte der 1898 neu gebaute PALACE PIER, der gut einen halben Kilometer ins Meer rausführte und Prototyp für die anderen Piers der Seebäder war. An "Deck" Promenadefläche, aber auch Gebäude für Restaurants und Shows, sowie für den Spieltrieb "Slotmachines".

Magnus Volk baute 1896 den "Daddy Long Leg", einen Eisenbahnwaggon in 8 m Höhe, montiert auf 4 Eisenstelzen. Je nach Tide hatte er seine Füße im Meer, wo die Schienen verliefen, und per elektrischem Antrieb fuhr er entlang der Küste. Entsprechend häufig waren technische Defekte, und der Betrieb wurde bereits nach 4 Jahren eingestellt. In modifizierter Form (ohne Stelzen und außerhalb des Wassers) ist die Bahn heute noch in Betrieb. Abfahrt (18) Nähe Palace Pier, das Gleis führt bis zum Yachthafen.

Zum Baden kommen heute nur noch wenige Leute nach Brighton. Spanien, Marokko und andere Mittelmeerbereiche mit wärmeren Wassertemperaturen und besseren Stränden sind Ende des 2o. Jhd. per Jet billig und schnell zu erreichen. BRIGHTON setzt auf Sprachtourismus, Kongresse und ist hier in Südengland führend.

Badestrände mit feinen Sand in Littlehampton (12 km westlich) und in Newhaven (1o km östlich). In einen abgesteckten Bezirk 1 1/2km vom Brighton- Pier wird Nacktbaden praktiziert.

PALACE PIER: in Verlängerung Old Steine. Das Stelzwerk in Stahlkonstruktion wurde 1898 nach damaliger Sturmflut errichtet und zieht sich 53o m ins Meer raus. Steht unter Denkmalsschutz und wurde Ende der 8o-er umfangreich restauriert. Das Deck liegt bei Ebbe 12 m über dem Wasserspiegel. Treff zum Flanieren, Boutiquen, Restaurants, Shows, Spielautomaten und Schaubuden. - Ebenfalls auf dem Pier: Museum of Penny Slot Machine, ein Spielautomaten-Museum. Über 1oo Automaten seit der Jahrhundertwende, für die alte Geldmünzen ausgegeben werden.

AQUARIUM (19) direkt neben dem Pier, gilt als eines der größten Englands. In 4o Wassertanks u.a. buntschillernde Tropenfische. Große Attraktion sind die Delphin-Shows (mehrmals täglich), kann man auch von unten durch den gläsernen Beckengrund beobachten.

YACHTHAFEN: befindet sich im östlichen Stadtteil Kemp Town, rund 2 km ab Pier. Der größte Yachthafen Englands mit bis zu 2.ooo Segelschiffen und Motoryachten, eröffnet 1978. Abgesehen vom Flanieren interessant die Besichtigung der HMS Cavalier: Zerstörer aus dem 2. Weltkrieg, den man im Inneren belaufen kann mit Waffen, Radar- und Sonaranlagen.

Zu erreichen: entweder mit der "Volks Railway" (18) ab Aquarium auf einem 1 m Gleis. Stilvoller Trip mit alten Waggons, die unter Denkmalsschutz stehen. - Oder zu Fuß entlang des Gleises per überdachter Gehpassage. Bzw. per Stadtbus auf der Marine Drive.

UNDERCLIFF WALK: schöne Wanderung am Fuß der Klippen,- vom Yachthafen raus bis Rottingdean (ca. 5 km) und weiter bis Saltdean (nochmal 3 km). Stündlich Busse für Rücktransport nach Brighton.

WESTLICHER STADTBEREICH und HOVE:

Ab Old Steine entlang Küste (und Grand Junction Road) zum WEST PIER. Wegen Baufälligkeit ist der 1898 errichtete Pier derzeit geschlossen, soll jedoch wieder restauriert werden. Entlang der Kings Road: Regency-Stadtarchitektur aus dem Bilderbuch: freie Plätze und gepflegte Rasenflächen, Stadtvillen mit Balkonen.

BRIGHTON CENTRE (26): an der King's Road ist die größte Konzert- und Veranstaltungshalle Südenglands mit 5.ooo Sitzplätzen. Nördlich anschließend CHURCHILL SQUARE (25): ein riesiges Shopping-Centre.

CLARENCE SQUARE (27), angelegt 1825 mit schöner Regency-Architektur. Ebenso wie der SILKWOOD PLACE (31), ORIENTAL PLACE (32) und REGENCY SQUARE (29), der wohl schönste Platz Brightons aus der Epoche zu Beginn 19. Jhds.

Die Kings Road führt 2 km weiter bis nach HOVE: sehenswerte Zwillingsstadt von Brighton (siehe Umgebungs-Kapitel).

Wegen der zahlreicher Konferenzen und Kongresse, die in Brighton abgehalten werden, sind die Zimmer häufig ausgebucht. Deshalb im Voraus reservieren oder auf Nachbar-Orte ausweichen (siehe auch Abschnitt "B&B").

Fast alle **Hotels** liegen an der Strandpromenade oder nur ein paar Minuten entfernt davon.

"**Grand Hotel**", King's Road. Der Star unter Brightons Hotels. Gebaut 1865, steht unter Denkmalsschutz. Tempelartige Rezeption als Kuppelbau, schiedeeiserner Treppe, die 7o Zimmer freundlich möbliert. 1984 logierte hier Margret Thatcher, während ihres Aufenthaltes wurde ein Bombenattentat verübt. Tel. o273/ 21 18, DZ ca. 43o DM.

"**Old Ship Hotel**", Kings Road. Eleganter Bau im Regencystil, der allen Komfortansprüchen genügt. Viele Zimmer mit Balkon. Tel. o273/ 29 oo1, DZ ca. 2oo DM.

"**Lanes Hotel**", 7o Marine Parade. Liegt an der Promenade, kurze Entfernung zum Zentrum. Die Besitzer leiten das Hotel selbst. DZ ca. 135 DM, Aufschlag 35 DM für Zimmer mit eigenem Bad. Tel. o273/ 67 42 31.

"**Ryford Private Hotel**", New Steine. Im Zentrum gegenüber dem TI, paar Minuten zum Strand. Für die Preisklasse zu empfehlen, DZ ca. 1oo DM, Tel. o273/ 68 15 76.

"**Regency Hotel**", 28 Regency Square. Ehrwürdiger Regency-Bau, gut möbliert, Service o.k., DZ ca. 9o DM.Tel. o273/ 2o 26 9o.

*BED & BRAKFAST: für England sehr hohes Preisniveau: im Schnitt zahlt man gute 6o - 9o DM fürs DZ. Zudem sind im Sommer oft die Häuser ausgebucht. Ankunft in Brighton so legen, daß man möglichst früh eintrifft und umgehend zum Tourist Büro.

Das TI gibt wöchentlich einen Druckzettel raus mit der Liste noch nicht ausgebuchter B&B-Häuser: selbst auswählen und anrufen.

Fast alle B&B liegen in den Seitenstraßen der Strandpromenade, paar Minuten zum Meer. Region mit vielen preiswerteren Häusern ist Kemp Town: in den Straßen, die senkrecht auf die Marine Parade zulaufen (Charlotte St., Madeira Place etc.). Die Marine Parade liegt links vom großen Palace Pier.

Oft bleibt aber nur die Möglichkeit, auf Nachbarorte auszuweichen: Sie haben entlang

- der Küste (Hove, Shoreham, Worthing, Newhaven etc.) gute Bus,teils auch Zugverbindungen nach Brighton.
- Im Hinterland gibts z.B. Lewes. Zwar super von Lage und Stadt, aber zur HS ebenfalls meist ausgebucht. Flotte Zugverbindung bis in die späte Nacht nach Brighton.
- Leute mit eigenem PKW: Viele Unterkünfte auf Farmhöfen in den umliegenden, oft nur 1o km enttfernten, kleinen Dörfern. Kombination aus Brighton- Rummel mit Ruhe draußen im Hügelland.

*LUXUS-JUGENDHERBERGE ca. 6 km nördlich von Brighton an der A 23 (Busse ab Old Steine, Fahrtdauer ca. 2o Min.). Ein 4oo Jahre alter und stattlicher Bau, supersauber und auf modernen Standard renoviert. Mit Cafeteria. Die Atmosphäre leider aber etwas steif, steril. Im Juli/August ohne vorherigen Anruf tags zuvor praktisch kein Bett zu bekommen. Fatcham Place, Tel. o273/ 5o 98 97.

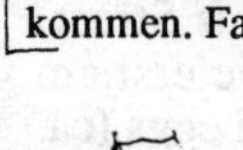

Einziger Platz nach unseren Recherchen: Sheepcote Valley Park (Wilson Avenue). Liegt 2 km ab vom Brighton Zentrum nördlich des Yachthafens. Flotte Verbindung mit dem E-Zug ab Palace Pier.

Die Spezialität von Brighton sind Meeresfrüchte, wandern frisch aus dem Netz in die Töpfe: viele reinrassige "Seafood Restaurants".

Viele Lokale von Topclass bis runter zum alternativ angehauchten Vegetarier-Café: im Altstadt-Viertel "The Lanes".

Große Konzentration auch in der Preston Street, oft als die "Street of the hundred Restaurants" bezeichnet. Inder, Mexikaner etc.

ENGLISH´S OYSTER BAR (29 East Street): bei Liebhabern von Meeresfrüchten schon seit 2oo Jahren eine Institution, in den letzten 45 Jahren in der Hand der Familie Leigh-Jones. Als besonders geglückt gelten die Gerichte mit einheimischen Fischsorten, geheimnisvolle Saucen. Aus dem Gäste-Buch: Charlie Chaplin, Lauren Bacall (Frau von Humphrey Bogart) etc. Mit 2o-4o DM alles andere als unerschwinglich.

BROWN RESTAURANT (Duke Street): seit 2o Jahren aus Brighton nicht mehr wegzudenken. Bistro-Stil mit runden Tischchen und vielen Palmen, rhythmische Background-Musik. Tagsüber für einen Kaffee, abends für Gerichte um 15-25 DM und durchgehend für Sehen- und Gesehenwerden.

MUANG THAI (77 St. James Street): sehr gute, thailändische Küche. Einfache, authentische Einrichtung mit nackten Holztischen und authentische Gerichte. Ca. 2o-3o DM.

FRENCH CONNECTION (11 Little Last Street): kleines Lokal, über das man immer wieder Komplimente für seine französische Küche hört. Viele Leute vom Theater verkehren hier. Dinner ca. 25 DM.

DIG IN THE RIBS (47 Preston Street): texanische Gerichte mit einer ordentlichen Portion Chili, daß das Wasser auch noch auf der Stirn zusammenläuft. Dazu Jazz- und Blues-Rhythmen. Um 2o DM.

FOOD FOR FRIENDS (18 Prince Albert Street): kleines Vegetarier-Café in den Lanes, in der Billigsparte der am häufigsten gehandelte Tip (ca. 1o DM). Die exzellenten Gerichte lassen auch überzeugte Fleischesser schwach werden. Das Schlangestehen am Buffet lohnt sich.

CREPES (7 Victoria Road): Crepes mit herzhaften und süßen Füllungen.

BILLIES (34 Hampton Place): Croissants,- als vollwertige Mahlzeit mit ausgefallensten Füllungen (Auberginen in Knoblauch gedünstet, Spinat mit Chili abgeschmeckt). Poppige Einrichtung und laute Musik vom Band.

Adresse für Nachtschwärmer: das MARKET CAFÉ (19 Circus Street) öffnet eine Stunde vor Mitternacht die Pforten und schließt sie erst am nächsten Mittag wieder. Auswahl vom Breakfast mit Bacon and eggs (ca. 5 DM) bis zu herzhaften Steaks. Optimaler Ausklang für den Kneipen/Disco-Bummel.

Pubs

Im Altstadtbezirk ("the Lanes") an jeder Ecke eine Kneipe: optimales Pflaster, um auf Tour zu gehen. Hier verkehren viele junge Leute.

Ruhige Cocktailbars: in die Bars der Top-Hotels an der Promenade. - Typisch für Brighton ist auch das breite Angebot von Musikkneipen, in denen Livebands spielen. Infos bezüglich "What's on": die Stadtzeitung "Punter", gratis und stapelweise in den Cafés und Pubs.

HENRYS (49 Ship Street): alles, was im Trend liegen möchte, trifft sich hier zu kreativen Cocktails oder einen Kaffee. Marmorsäulen und Deckengewölbe, am Abend laute Musik.

GREEN DRAGON (8 Sidney Street, The Lanes): voll mit jungen Leuten. Von der Decke baumeln zahllose Nachttöpfe, die aber nur der Zierde dienen.

ROYAL PAVILLON (Castle Square): gutes Essen vom Buffet, danach gemütlich sein Bier ziehen. Mehrere Bars, niedere Decke, Eichenbalken und überall Holzvertäfelung. In der angeschlossenen Weinbar: Kerzenlicht und dezent.

KING & QUEEN (13 Marlborough Place): Adresse Nr. 1 für Jazz-Liebhaber, fast jeden Tag eine Band. Kneipe aus großen Steinquadern gemauert: Biergarten im Innenhof. Freitag und Samstag geschlossen.

OLD VIC (27 Ship street): Adresse für Rockmusik und Heavy Metal. Aber nette Atmosphäre, keine finstere Hardrock-Kneipe. 3-4x/Woche Live-Bands, sonst Platten.

ROYAL OAK (46 St. James Street): engagiert am Freitag Folk-Bands und Balladen-Singer.

ENTERTAINMENT: Immer ist irgend etwas los: Brighton im Sektor Kultur und Entertainment die sicher aktivste Stadt von Südengland. Infomaterial beim TI.

THEATER: 3 Häuser. Das offizielle Theatre Royal (7) im alt-englischen Prunkstil: überall satter, roter Plüsch und Balustraden an den Rängen. Eines der besten Theaterhäuser außerhalb Londons. Im Nightingale Theatre (Surrey Street) kleinere, lokale Ensembles. Inkl. zum Eintrittspreis ein Essen, das während des Stücks serviert wird. Auf dem Unigelände das Gardner Theatre: Stücke mit moderner, experimenteller Regie.

KONZERTE: in der Sparte "Klassik" ist das Theatre Royal repräsentativ. Viele Rock-/Pop-Gruppen treten in Brightons großen Hallen auf (Aushänge beim TI). In den Parks und beim Yachthafen Open-air-Bühnen: kleinere Konzerte, Puppentheater, Kleinkünstler.

DISCOS: keine Engpässe, wer nach der Pub-Sperrstunde das Bett noch nicht findet. Zahllose Discos und Clubs mit ständig wechselnden Namen, - Infos bei TI. Konzentrieren sich auf zwei Regionen: in der West Street die Laserlight- und Schickimicki-Discos, wo man zu Rhythmen aus den Charts tanzt. An der Promenade, zwischen den beiden Piers: mehr die Nightclubs und Schuppen, wo schon die saubere Jeans etwas angesnobt wirkt und aus den Lautsprechern Techno-Musik dröhnt.

SPORT: Alles mögliche an Wassersport. Beim TI Infos über Segelschulen: mehrere Veranstalter bieten Kurse mit Vollpension, wo in der

Koje an Bord übernachtet wird. Komplette Woche ca. 5oo DM, zum Anschnuppern Zwei-Tage-Kurs mit einer Übernachtung für ca. 15o DM.

Auch für blutige Anfänger: frühmorgens nach kurzer Einweisung geht alles an Bord, und dann die Leinen los. Der Skipper gibt Kommandos und schon nach kurzer Zeit verschwimmt Brighton als Streifen am Horizont.

Für den Preis (gespart werden Hotel- und Restaurant-Kosten) ein erschwingliches und unvergeßliches Englanderlebnis.

Swimming-Pool (9): bei schlechtem Wetter; liegt im Zentrum.

Sea Angling: Zentrum ist der Yachthafen,- Ausrüstung zu mieten. Entweder für einen Boot-Trip anheuern, oder die Angel von Pier aus ins Wasser baumeln lassen.

Verbindungen ab Brighton

Per Auto: rund 85 km ab London auf der A 23, streckenweise als Autobahn ausgebaut. Flotter Verkehr, in eineinhalb Stunden zu schaffen.

Per Zug: alle Züge fahren ab Central Station (21) am Nordende der Queens Road, zusätzlich zwei Vorstadtbahnhöfe.

Ab LONDON stündlich zwei Züge, Abfahrt Victoria Station. Fahrtdauer 1 Stunde, kostet ca. 21 DM single oder day-return. Daher optimal auch als Tagesausflug. Außerdem liegt Brighton am Schienenstrang parallel zur Südküste.

Per Bus: stündlich Express-Bus ab der Victoria Coach Station in London, Fahrtdauer 1 3/4 Std. Der Busterminal von Brighton: direkt im Zentrum (siehe Karte: Nr. 2o). Preis wie bei British Rail.

Umgebung von Brighton:

Hier ein paar Ausflüge im Umkreis von 1o km, um dem Strand-Rummel von Brighton zu entkommen.

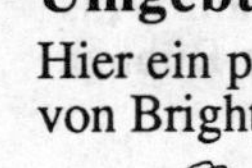

Vielleicht eine schöne RADTOUR machen: zu mieten bei: "Brighton-Rent-a-Bike", 9 St. George Street, Tel. o273/ 6o o9 58.- Ansonsten in der Regel gute Busverbindungen.

Die Küstenorte östlich von Brighton bringen kaum Highlights: Wohnbezirke und felsiger Strand. Lohnend aber der westliche Küstenabschnitt Brighton-Shoreham.

HOVE: Zwillingsstadt von Brighton. Ähnliche Infrastruktur, lebt ebenfalls von Seebad-Tourismus. Ist aber etwas ruhiger als ihre turbulente Schwester mit vielen Parks und Grünanlagen. An der Promenade zahlreiche moderne Ferienbungalows. Liegt ca. 2 km westlich, auf der Coast Road A 259. Ständig Pendel-Busse ab Brighton.

British Engineerum (Neville Road): interessantes Industriemuseum mit rostigen Dampfmaschinen und Sachen aus der industriellen Revolution.

Museum of Art: Keramiksachen, Gemälde etc. Ausgestellt in Wohnzimmern, die im Stil der jeweiligen Epoche möbliert sind.

In der Strandlagune ideale Verhältnisse zum Windsurfen: Vermietung von Ausrüstung und Angebot von Kursen.

SOUTHWICK: mit betriebsamem Hochsee-Hafen, von einer Klammer aus zwei Nehrungen geschützt. Ca.4 km westlich von Hove.

Im östlichen Hafenarm Handelsschiffe, stählerne Ozeanriesen fahren zum Löschen der Ladung an die Piers. Bester Blick auf das Treiben: von der Kiesfläche beim Leuchtturm.

Tip für Spaziergang: von den mönströsen Schleusenanlagen am Hafeneingang rüberlaufen zum Nachbarort Portslade. Liegt auf der Landnehrung auf der anderen Seite des Hafens.

SHOREHAM (19.ooo Einw.): wichtiger Hafen im Mündungstrichter des River Adur, der parallel zur Küste verläuft und die Stadt in zwei Hälften teilt.

Südlich die Holiday-Siedlung Shoreham-by-Sea, auf eine Landzunge gesetzt. An deren Ende eine Fußgängerbrücke über den Fluß: schöner Blick über das zweigeteilte Städtchen und die Schiffe im Flußtrichter.

Nördlich des Adur-Flusses: die Altstadt Old Shoreham. Kirche mit normannischem Turm (113o) und sehenswertem Gewölbe im Querschiff. Um die Ecke in der High Street ein kleines Museum zur Seefahrts-Geschichte: Schiffsmodelle, alte Seekarten, Sextanten etc.

DÖRFER, HERRENHÄUSER, LANDSCHAFTEN:

PRESTON MANOR: Herrenhaus aus dem späten 18. Jh., stilecht möbliert und viel wertvolles Silbergeschirr. Am nördlichen Stadtrand von Brighton, zu erreichen über die London Road und seine Verlängerung Preston Road, bzw. per Stadtbus.

DEVILS DYKE: tiefer, enger Krater. Sieht aus, wie wenn eine Riesenhand die gewaltige Erdmasse rausgerissen hätte. Schöner Blick von dem naheliegenden Hügel (Dyke Hill, 215 m), in der Umgebung gemütliche Spaziergänge. Ca.9 km ab Brighton: auf der Dyke Road stadtauswärts, wird zu schmaler Piste,- durch Vororte raus ins Downs-Hügelland.

STANMER PARK: hier seit 1961 die "University of Sussex". Öffentlicher Zugang zum Campus,- idyllischer Park. Anfahrt: ca. 6 km nordöstlich, via schmales Nebensträßchen.

NEWTIMBER PLACE: Herrenhaus mit Burggraben, aber nur an 1-2

Wochentagen geöffnet. Anfahrt: auf der A 23 ca. 1o km nördlich bis Pyecombe, dort links abbiegen.

DITCHLING BEACON: einzigartiges Panorama vom 25o m hohen Gipfel, weit rein in die Hopfengärten und Getreidefelder im Vorland. Zehn Gehminuten ab Ditchling Village. Anfahrt: ca.8 km nördlich via der A 23. Kurz vor Pyecombe rechts weg auf die A 273 bis Clayton. Von dort ca.3 km nordwestlich bis Ditchling.

BOLNEY: etwa 2 km nördlich des Dorfes liegen die Borde Hill Gardens. Wunderschön mit Magnolienbäumen und seltenen Sträuchern, einzigartig die Rhododendron- Haine. Anfahrt: Bolney liegt ca. 2o km nördlich von Brighton, via A 23.

COWFOLD: lohnt sich für das Kloster St. Hugh's Charterhouse, 188o vom Karthäuser-Orden gegründet. Läßt täglich außer sonntags Besucher ein. Die Karthäuser sind der strengste christliche Orden und hatten daher nie viel Zulauf. Die Mönche leben isoliert in einer kahlen Ein-Mann-Zelle mit Pritsche, Hocker und Tisch plus Zugang zu einem kleinen, von hohen Mauern eingegrenzten Garten. Abgesehen von speziellen Zeiten haben die Mönche Sprechverbot. Die Anlage darf aus ersichtlichen Gründen nur von männlichen Besuchern betreten werden. Bitte sich ruhig verhalten, über eine kleine Spende würden sich die Mönche sicher freuen. Anfahrt: kurz vor Bolney links weg auf die A 272 (etwa 5 km).

HANDCROSS: unbedingt einen Besuch wert wegen der Nymans Gardens, am nördlichen Ortsrand. Ein weitschweifiger Waldpark mit Spazierwegen und Picknick-Plätzen in der Idylle aus Nadelbäumen, Rhododendron-Hainen und farbenprächtigen Orchideenbeeten. Schöner Steingarten mit seltenen Kletterpflanzen. Anfahrt: 8 km nördlich von Bolney.

Brighton ⟶ Chichester (ca. 4o km)

"Rolling Hills" und volles Besichtigungsprogramm seitlich der Strecke: in BRAMBER Museum für Tabak, - in der Nähe im Dorf COOMBE riesige restaurierte altenglische Farm, kann besichtigt werden, - bei FINDON prähistorische Hügelfestung.

ARUNDEL mit seiner verschachtelten Altstadt und den Trödlerläden rund um den Burgberg ist sowieso einen Abstecher wert. Lohnend das Castle sowie das Puppenmuseum im Ort. - Tip u.a. auch das Flugzeugmuseum in TANGMER mit Oldtimern. Sowie in SINGLETON (bei Chichester) das Weald & Downland Museum mit über 3o Gebäuden aus allen Regionen Südenglands und Zeit ab Mittelalter.

VERBINDUNGEN: die Küstenstraße weniger lohnend; marode Seebäder, deren glanzvolle Epoche ab Jh.-Wende war und heute passé ist. - Bzw. via Inlandsstrecke A 27: seitlich liegen die o.g. Sights.

FAHRZEIT : auf der gut ausgebauten A 27 reine Fahrzeit knapp 1 Std. Man sollte wegen reichhaltigen Abstechern und Besichtigungen jedoch 1 Tag einkalkulieren, Übernachten eventuell in der Altstadt von Arundel.

ÖFFENTL. TRANSPORT: Brighton-> Chichester problemlos per Bus und Zug, fast stündlich Verbindungen.

BUSSE fahren sowohl via Küstenstraße (A 259) als auch via Inlandsstrecke (A 27): hier erreicht man problemlos Arundel sowie Tangmere (Flugzeugmuseum). Für andere Sights wie Bramber, Findon ist Umsteigen in Regionalbusse bei Extrazeit nötig; eigenes Auto von Vorteil.

AB **BRIGHTON** entlang der Küste westlich gut 15 km Bade-Vororte und Residential-Satelliten, die zusammen mit Brighton einen geschlossenen Siedlungsraum bilden. Details bei Brighton/ Umgebung.

BRAMBER: das Dorf liegt 5 km nordöstlich von Shoreham an der Landstraße A 283 landein. Das Nest ist beherrscht von der Castle-Ruine.

Sehenswert ST. MARY, ein Fachwerkhaus aus dem 15.Jh. Originale Möblierung, prächtig bemalte Holzvertäfelung und eine Schmetterlingssammlung. Sowie das MUSEUM HOUSE OF PIPES: In einer nachgestellten Shopping-Arkade aus dem vorigen Jahrhundert werden über 3o.ooo Gegenstände rund um den blauen Dunst gezeigt. Bizarre Pfeifen, alle möglichen Glimmstengel- Marken, Aschenbecher, Feuerzeuge etc. bis runter zur indianischen Friedenspfeife. Rollt 1.5oo Jahre Qualmerei auf, Exponate aus über 5o Ländern. Ein Erlebnis sicher auch für militante Nichtraucher...

COOMBE (paar km südl. von Bramber): mit der CHURCH FARM. Eine riesige altenglische Farm mit Viehweiden, Ställen, Schafen und wogenden

Kornfeldern. Gezeigt wird der Farmbetrieb, Bestellung der Felder, Viehhaltung etc. Die Besucher werden mit Wagen rumgeführt, gezogen von schweren Traktoren.

WOODS HILL EXHIBITION: Infos zu Natur und Geologie der South-Downs-Hügelkette; untergebracht in einer 2oo Jahre alten Wassermühle. Spaziergänge im umliegenden Park. Anfahrt: von Bramber ca. 5 km nordöstlich entlang der A 2o37.

JUGENDHERBERGE Truleigh-Hill: mitten in den Downs-Hügeln, optimales Standquartier für Wanderungen dort draußen in der Hügellandschaft. Moderner Service, kleine Schlafsäle, viele Gruppen-Urlauber. Tel. o9o3/81 34 19. Anfahrt: im Auto 6 km auf schmaler Stichpiste ab der Haupt-Route A 27. Oder per Bus nach Upper Beeding (an der A 283) und 3 km per pedes über einen Trampelpfad.

SOMPTING: Eigentlich schon ein Vorort des Seebades Worthing. Kurz-Besuch lohnt sich für die ST. MARY CHURCH: kuriose Architektur mit dem viergiebeligen Turm aus sächsischer Zeit, alles verschachtelt durch spätere Kapellen-Anbauten. Innen Fresken und Skulpturen, sowie ein Gewölbe im Altarraum der Süd- Kapelle. Anfahrt: 3 km vor Worthing, Zufahrt von der A 27.

WORTHING: größtes Seebad der Grafschaft West-Sussex. Rund 8 km Strand, allerdings nicht unbedingt bester. Pier auf Stelzen ins Meer raus sowie am Strand ein Swimmingpool... Die großen Zeiten als Seebad sind passé, seit die Briten wärmere Gerwässer per Jet in Spanien aufsuchen.

Heute 85.ooo Einwohner, viele Hotels in Altersheime umgebaut, Ruhe und Beschaulichkeit im Übermaß. Sowie Sprachschulen.

FINDON: 3 km landein von Worthing über die A 24. Rund 2 km westlich des Dorfes und zu erreichen über schmale Piste liegt der CISSBURY RING: Englands wichtigstes Hügelfort aus der Jungsteinzeit. Ein doppelter Erdwall, der von einem Palisadenzaun geschützt war. Für den Bau wurden rund 6o.ooo Tonnen Gestein verwendet.

In der südwestlichen Ecke, etwas verdeckt vom Buschwerk, mehrere Erdlöcher: Überreste von Feuerstein-Minen aus der Jungsteinzeit (vor 4.ooo Jahren). Der Feuerstein war die "Klinge" von Werkzeugen der Steinzeit. Um den Stein zu gewinnen, wurden bis zu 13 m tiefe Stollen mit primitivsten Steinhacken in den Berg getrieben.

Zur römischen Epoche war der Cissbury Ring befestigt, in seinem Inneren Anbau landwirtsch. Produkte. Besuch lohnt vorallem wegen weitem Rundblick auf die Küste bis zur Insel Wight.

CHANCTONBURY RING: ebenfalls ein Hügelfort, aber weniger imposant. Von der Ferne eine Kuppe aus Bäumen. Nur ein Wall plus Graben, mit Ring aus Buchenbäumen. Innen: die Grundmauer eines römischen Tempels. Anfahrt: zunächst auf der A 24 ca. 6 km nördlich bis zum Dorf Washington. Von dort gute halbe Stunde.

Beide Anlagen sind über einen 4 km langen Wanderpfad verbunden. Zeitbedarf ca. 1 1/4 Stunden.

MANLEY´S: Firstclass-Restaurant im Dorf Storrington (ab Findon 6 km bis Washington, dort links auf die A 283). Genießt internationales Lob wegen Service, Ambiente und seiner Gerichte in exzellente Komposition aus erlesenen Zutaten und Saucen. Dinner ab ca. 8o DM plus z.B. Wein ca. 3o DM. Vorreservierung empfehlenswert (Tel.: o9o3/74 23 31)

★Arundel (2.4oo Einw.)

Lohnt wegen seines perfekt restaurierten Castles und der verschachtelten Altstadt mit seinen Gassen und Fachwerkhäusern. Viele Antiquitätenshops, allerdings hohe Preise und sehr touristisch. Liegt an der A 27 am River Arun, der sich ein Tal durch die Hügelkette der Downs gefressen hat. Zum Schutz dieser Passage wurde das Castle errichtet.

Tourist INFO 61 High Street, Tel. o9o3/ 88 22 68. Wanderkarten für die Umgebung; book-a-bed-ahead.

ARUNDEL CASTLE: relativ große, kastellartige Anlage,- mit Mauern, Zinnen und Türmen hoch auf dem Burghügel über den Häusern. Der Grundstein wurde im 11. Jh. von den Normannen gelegt, 1644 im Bürgerkrieg von den Parlamentstruppen fast völlig zerstört. Um 19oo restauriert, wobei die mittelalterlichen Elemente erhalten blieben. Die Burg ist seit 7oo Jahren im Privatbesitz einer Herzogfamilie.

Führungen finden nachmittags statt. Zutritt durch die Barbican Towers: wuchtig-derbe Wehrtürme aus der Zeit um 13oo. Links davon der Bergfried (Keep) auf einem künstlich aufgeschütteten Hügel. Nächste Station ist die Kapelle: erbaut um 19oo, wobei der Architekt den frühgotischen Stil des Mittelalters kopierte.

Prunkstück ist die Baron's Hall: zweistöckiger Rittersaal mit einem Deckengewölbe aus Eichenholz. Möbel aus dem 16.Jh., französische Tapisserien und zahlreiche Gemälde (u.a. van Dyck). Weiter durch die Ahnengalerie in den Drawing Room: Mahagoni-Decke, offener Kamin auf Säulen, wertvolle Gemälde von Gainsborough und Holbein d.J. Daneben ein Schlafzimmer mit Himmelbett und die Schloßbibliothek mit antiken Buchschwarten. Letzte Stationen sind ein Raum mit historischen Gewändern und die Waffenkammer (Ritterrüstungen, Schilder, Schwerter, Speere).

Außer dem Castle sind in Arundel die beiden Kirchen einen Besuch wert: ST. NICHOLAS CHURCH, erbaut 138o im Early English Style. Kunstvoll gearbeitete Altäre, Wandgemälde und Kanzel. Die Fitzlahan Chapel dient als Familiengruft der Schloßherrn des Arundel Castle.

CHURCH OF ST. NERI: 1865 erbaute katholische Kirche. Im Baustil des Historismus, der vergangene Architekturepochen nachahmte: die gotischen Kathedralen Frankreichs dienten als Vorbild.

MILITARY AND TOY MUSEUM (23 High Street): Puppen, alte Brettspiele, Schaukelpferde, Zinnsoldaten, Kriegsorden. Zu sehen auch ausgesprochen schöne Teddy Bären aus der "vorindustriellen Massenfertigung". Viele der Exponate sind Geschenke von Besuchern.

ARUNDEL MUSEUM (61 High Street): Heimatmuseum mit historischen und archäologischen Exponaten.

WILDFOWL TRUST: Weiher, Bachläufe und Schilfrohrfelder, an denen über tausend Wasservögel leben. Schwarze und weiße Schwäne, Taucher, Falklandgänse, Schnepfen, Haubenenten. Viele Tiere sind so zahm, daß sie sich streicheln und füttern lassen. Am nordöstlichen Stadtrand.

"Norfolk Arms Hotel": High Street. Alte Postkutschenstation aus dem 18. Jh. Im Ortskern, in der Rezeptionshalle imposante Antiquitäten. Zimmer im Frontbereich verlangen, im Annex moderne Standard-Möbel. Tel. o9o3/ 88 21 o1. DZ ca. 18o DM.

BED & BREAKFAST vor allem im Altstadt-Bereich. Qualität und Preislage entspricht dem allgemeinen Level. In der Hochsaison gibts Engpässe: book-a-bed-ahead.

JUGENDHERBERGE (Tel. o9o3/ 88 22 o4): altes Herrenhaus, 2 km vom Bahnhof östl. des Arun River im Dorf Warningcamp. Genießt in Rucksackler-Kreisen sehr guten Ruf.

Maynards Park (o9o3/ 88 2o 75): nur für Campingwagen. Kleiner, gut ausgerüsteter Platz 1 km östlich an der A 27. Zum Zelten ist der Ship & Anchor Site (Tel. o243/ 55 12 62) der nächstgelegene: gute 2 km südlich an der Straße Richtung Ford; Verbindung per Zug. Schön gelegen am Flußufer.

CAFE VIOLETTE (High Street): handfeste Sachen um 2o-25 DM, serviert zwischen pompösen Statuen.

PARTNERS SANDWICH BAR (High Street): alle möglichen warme und kalte Sandwich-"Kreationen".

NORFOLK ARMS HOTEL (High Street): in der Hotel-Bar (gemäß "common sense" bei den Einheimischen) die besten Pub Meals der Stadt.

Tip für die warmen Sommerabende ist das BLACK RABBIT. 2 km außerhalb, schöner Spaziergang entlang einer Baumallee. Man sitzt draußen am Flußufer, das Bier in der Hand, und am River ziehen Boote vorbei. Gute Barmeals.

SHOPPING: Die Altstadt von Arundel wimmelt von Trödlerläden. Das Angebot reicht von teuren Antiquitäten bis zum Firlefanz. Im "Antique Market" über zwanzig kleine Geschäfte in verwinkeltem Gebäude.

WANDERUNGEN durch Wiesentäler, Wäldchen und Hügelketten. Beim TI für 5 DM eine Wanderkarte mit Vorschlägen für kürzere Touren im Umkreis von Arundel.

Organisierte Wander-Ausflüge mit sachkundiger Führung: Infos beim Verein "Sussex Seen" in der Maltravers Street.

BOOTS-VERMIETUNG: im Ruderboot den River Arun flußaufwärts zwischen sanft ansteigenden Hügel-Abhängen. Oder runter zum Seebad Littlehampton an der Küste. Zu mieten am Landungssteg in der River Road: ca. 15 DM pro Stunde, ca. 5o DM für kompletten Tag.

FESTE: Arundel Festival: High life in den Kneipen, überall Musik, Sportwettkämpfe. Im Castle werden vor authentischer Kulisse Shakespeare-Dramen aufgeführt. In den letzten beiden August-Wochen.

Umgebung von Arundel

BURPHAM: pittoreskes Dorf zwischen den Hügeln. Schöner 3 km langer Spaziergang: ab Arundel am rechten Ufer des River Arun flußaufwärts. Eine gemütliche Kneipe zum Einkehren: George & Dragon, ein altenglischer Gasthof: junges Publikum und sehr gute Barmeals.

AMBERLEY: alte Häuser und strohgedeckte Bauernkaten rund um die Dorfkirche. Die Kirche: Chor normannisch, Turm und Süd-Schiff frühgotisch, Süd-Portal spätgotisch. Vom Castle (ca. 138o) stehen nur noch ein paar Mauerreste. Anfahrt: 8 km Straße (zunächst ab Arundel die A 284 ca. 3 km bis Abzweigung B 2139 rechts weitere ca. 3,5 km) oder 6 km Wanderung entlang des River Arun Ufers flußauf, vorbei an Burpham. Alternative sind der Zug oder die Ausflugsboote ab Arundel.

CHALK PIT MUSEUM Amberley, nahe am River: Freilicht-Ausstellung zur Industriegeschichte Südenglands. Eine alte Ziegelei mit Maschinen, Kalkbrennöfen und rußige Dorfschmiede. Ausstellungen vom alten Dampfradio bis zur modernen HiFi-Anlage. Speziell ausgebildete Handwerker arbeiten nach alten Methoden, so ein Boot-Bauer und ein Drucker.

PARHAM: idyllischer Park mit Herrenhaus aus dem 16. Jh. und Gemäldegalerie. 1o km ab Arundel an der B 2139, 2 km hinter Amberley abzweigen Richtung Storrington.

BIGNOR: römische Villa mit Mosaiken. Im Museum werden Ausgrabungsfunde aus der Römerzeit gezeigt. Ca. 8 km nördl. von Arundel, zunächst die A 284 rund 6 km bis Abzweiger, dort links nach Bignor.

HARROW HILL: von bräunlichem Heidekraut und Ginster überwucherter, rund 7o m hoher Hügel 4 km östlich von Arundel. Wanderung querfeldein: von oben Blick auf das grüne River-Arun-Tal mit dem Städtchen Arundel. Überreste eines jungsteinzeitlichen Feuerstein- Bergwerks.

PETWORTH: Kleines Nest an der A 272 und 15 km nördlich von

Arundel mit Gassen und verwinkelten Häusern. Der Besuch lohnt sich sowohl wegen des Ortes mit vielen Gebäuden aus 17.- 19. Jhd. Eines der ältesten das "Tudor House" (1629) gegenüber der Kirche, Fachwerkhäuser (um 1790) in der Saddlers Row etc. Aber auch wegen des dreistöckigen, langgestreckten PETWORTH HOUSE: Es enthält eine der größten privaten Kunstsammlungen Englands, u.a. 13 Bilder vom berühmten engl. Landschaftsmaler William Turner (1775- 1851), der in den 183o-ern im Petworth House mehrere Jahre lebte und sein Atelier hatte. Gemälde von Tizian, van Dyck, William Blake, Reynolds, Gainsborough. Weiterhin Stilmöbel, im sogen. "Carved Room" (1692) Wandtäfelung in reichem Holzschnitzwerk mit Figuren, Blumen, Früchten etc. des Künstlers Grinling Gibbons.

Der Landsitz war seit 13o9 Besitz der Percys, Earls von Northumberland. Ausgebaut in heute zu sehender Form ab Ende des 17. Jhds. in Auftrag von Charles Seymour, des 6. Earls of Somerset, der eine Percy geheiratet hatte. Die Längsfassade in franz. Einfluß. Rekonstruktionen des Ostflügels 187o.

Geöffnet an 5 Wochentagen, nur nachmittags. Liegt mitten im Städtchen. Schön auch der Landschaftspark um Petworth House: Baumgruppen und seltene Pflanzen, grüppchenweise äsen Rothirsche auf den Lichtungen. Angelegt von L. Brown, Englands damaligen Gartenbauarchitekten Nr. 1.

Nähe Chichester:

MILITARY AVIATION MUSEUM: in Tangmere an der A 27 (kurz vor Chichester). Für Fans alter Flieger-Kisten unbedingt zu empfehlen! Auf einem stillgelegten Militärflughafen werden 5o Jahre Geschichte der Luftwaffe aufgerollt. Zeppelins, klapprige Doppeldecker-Maschinen bis hin zu den modernen Düsen-Jets. Außerdem: alte Uniformen, Orden, Schutzbrillen, Lederhauben etc.

GOODWOOD HOUSE rund 5 km nördl. von Chichester, Abzweigung von der A 27 (ausgeschildert). Efeu-umrangtes Landhaus mit Rundtürmen, in der Mitte 2 stöckiges Säulenportal.

Ursprünglich eine Lodge für Jäger, als das Gebäude 1677 der Duke of Richmond kaufte. Spätere feudale Ausbauten insbes. ab 175o durch Architekt Wyatt, Renovierung 197o. Seit mehr als 3oo Jahren ist Goodwood House Privatbesitz einer reichen englischen Herzogfamilie, die heute Ende des 2o. Jhds., sich zu vermarkten versteht in Einnahmen von Eintrittsgebühren bis Golfplatz etc. siehe unten.

Innen sind die Empfangshalle und die 12 Staatsgemächer zu besichtigen: englische und französische Stilmöbel, Porzellan, wertvolle Gobelins. Die Gemäldesammlung umfaßt Werke von Canaletto, van Dyck, Peter Lely, William Hogarth, Reynolds etc. Dazu eine Motiv-Sammlung mit historischen Portraits (Maria Stuart, Napoleon, Queen Victoria, usw.).

Der Park (5.ooo Ha.) ist berühmt für seine schlanken Zedernbäume, sehenswert die Grotte, komplett mit bizarren Muscheln ausgestattet.

Pferde-Rennbahn: international renommiert, hier werden große Renn-Spektakel (Ende Juli) abgehalten. Liegt in einer Talmulde, umrahmt von Hügeln.

Auto-Rennstrecke: für eine kleine Gebühr kann man seine Tacho-Nadel auf Touren bringen und ein paar Runden drehen.

Rundflüge: Erlebnis, das Schloß im grünen Park und die Chichester-Kathedralenstadt aus der Vogelperspektive. Flugplatz neben der Pferderennbahn.

The Trundle: 21o m hoher Hügel, oben eine vorgeschichtliche Erdaufschüttung. Schönes Panorama mit dem lockeren Parkland, dazwischen der Herrensitz wie ein Märchenschloß und die Pferderennbahn. Liegt guten Kilometer nördlich.

Öffnungszeiten: Goodwood House ist nur unregelmäßig geöffnet. Der Park mit den anderen Attraktionen kann jeden Tag besichtigt werden.

WEALD & DOWNLAND MUSEUM gehört zu den lohnendsten Museen Südenglands, wer sich für früheres Leben auf dem Land interessiert. Auf dem Gelände mehr als 3o Gebäude aus den verschiedenen Epochen seit dem frühen Mittelalter. Eingerichtet im Stil der jeweiligen Zeit. Ein Stück Geschichte zum Anfassen.

Z.B.: alter Bauernhof mit strohgedeckter Kate und Viehscheunen. In der Küche steht noch der Topf auf dem Herd, die Pantoffel unterm Bettkasten. Daneben die verrußte Schmiede, zwischen den Holzbänken in der Dorfschule riecht's noch nach dem Mief der Rohrstock-Pädagogik. Eine Wassermühle, städtische Markthallen aus dem 16. Jh., Bürgerwohnungen, mittelalterliche Tretmühle.

Die Gebäude wurden von anderen Orten Südwest-Englands Stein für Stein hierher versetzt. Den Grundstein legte man 1962, das Museum wird noch immer noch ausgebaut. Eintritt ca. 6 DM, Anfahrt: das Museum liegt beim Dorf Singleton, ca.1o km nördlich von Chichester an der A 286.

CHILSDOWN VINEYARDS: englischer Weingarten; in schweren Eichenfässern reift der edle Tropfen. Im Preis inbegriffen kleine Weinprobe... Nähe Weald & Downland Freilichtmuseum.

WEST DEAN GARDENS: an der A 268, Nähe Freilichtmuseum. Blumen, exotische Sträucher und Baumgruppen zu Parklandschaft arrangiert. In den Treibhäusern bei schwülem Waschküchenklima üppige Urwaldvegetation. Pluspunkt: nostalgische Kollektion alter Rasenmäher.

MIDHURST liegt an der A 286 Ri. London, gut 2o km nördlich von Chichester. Altes Städtchen am Rother River, im Cowdray Park sehr romantisch die Ruinen eines 1793 ausgebrannten Herrenhauses aus der Tudorzeit. Im Park heute neben Relaxen auch gelegentliche Polo- Veranstaltungen.

Chichester

(21.ooo Einw.)

Gemächliches, etwas verschlafenes Städtchen mit Überresten aus der Römerzeit. Chichester ist Hauptstadt der Grafschaft West-Sussex. Liegt in einer Küstenebene, rundum grünes Farmland. Im Süden die Seebäder, im Norden die bis 25o m hohen Hügelketten der South Downs.

Enge Gassen und prächtige Stadthäuser um die Kathedrale. Die Stadtmauer aus dem Mittelalter ist noch komplett erhalten. Chichester ist relaxing und ideales Pflaster, um in angenehmer Provinzialität auszuspannen. Pluspunkt ist ein internat. renommiertes Theater, sonst ist bezüglich "Nightlife" der Hund begraben...

Tourist INFO West Street, nahe bei der Kathedrale. Tel. o243/ 77 58 88. Ganzjährig geöffnet; book-a-bed-ahead. (Siehe Karte: Nr. 3)

STRUKTUR: Das Layout des Grundrisses stammt noch aus der Zeit, als hier eine Römerstadt stand. Die Altstadt hat einen Durchmesser von rund 7oo m, außen rum die vollständig erhaltene, mittelalterliche Stadtmauer: Schöner, halbstündiger Promenadeweg auf der Mauer (2 1/2 km). Innerhalb der Mauer Häuser aus dem 18. Jh. , enge Gassen und die wuchtige Kathedrale.

Die vier Hauptstraßen stoßen im rechten Winkel aufeinander und teilen die Stadt in vier Sektoren (North Street plus South Street und East Street plus West Street). Das Zentrum liegt im Schnittpunkt der Straßen, Fußgängerzone.

PARKEN: außerhalb der Stadtmauern genügend Parkraum. Den Wagen abstellen und die Altstadt zu Fuß erkunden.

GESCHICHTE: Die Römer errichteten an der Kreuzung zweier Heerstraßen ein Militärlager. Später entstand daraus die Stadt "Noviomagus", 2oo n. Chr. erhielt sie ihre Stadtmauer. Das heutige Stadtbild ist vom Straßengrundriß des ehemaligen Römer-Kastell geprägt.

Nach Abzug der Römer: im 5. Jh. Übernahme durch die Sachsen. Wurde nach deren Führer Cissa umbenannt in "Cissas Castrum" (Festung des Cissa), der Name Chichester ist eine Verballhornung daraus. 681 erfolgte Christianisierung, die Stadt wurde Zentrum einer Diözese. Ende des 11. Jh. Eroberung durch die Normannen. William the Conqueror veranlaßte 1o91 den Bau der Kathedrale.

Im Mittelalter hatte Chichester Bedeutung als Zentrum für Wollhandel, gewebten Tüchern, Getreide und exportierte ab Hafen. Heute neben Verwaltungszentrum Gerbereien, Brauereien und Fischindustrie, sowie Landwirtschaft. Chichester ist zugleich wichtiges kulturelles Zentrum, Festspieltheater. Zur Haupteinnahme zählt der Tourismus.

KATHEDRALE (1): Beherrscht mit ihrem 92 m hohen ZENTRALTURM (E) in weitem Umkreis das Blickfeld und ist auch vom Meer aus zu sehen. Innenraum: charakteristisch die Mischung aus wuchtig-derben,

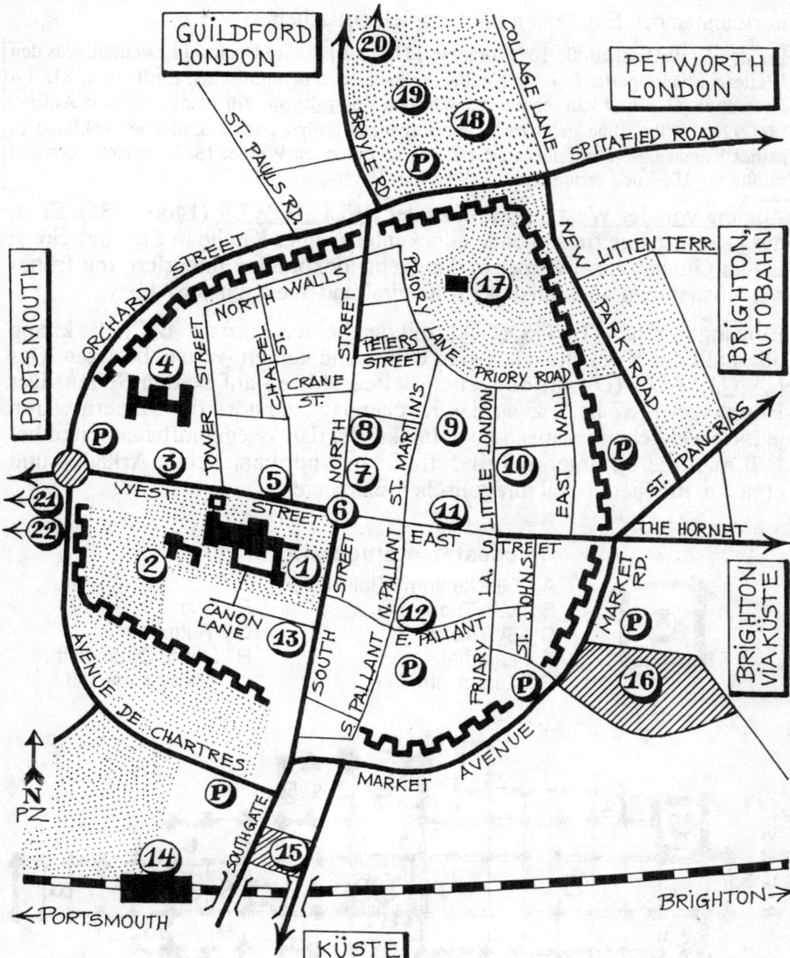

CHICHESTER

1 Kathedrale
2 Bischofspalast und - Gärten
3 TOURIST INFO
4 County Hall
5 POST
6 Marktkreuz
7 Market House
8 Council House
9 St. Marys Hospital
1o Chichester District Museum
11 Art Centre
12 Pallant House
13 Canon Gate
14 BAHNHOF
15 BUSBAHNHOF
16 Markt (Mi, Sa)
17 Guildhall Museum und Priory Park
18 Oaklands Park
19 Chichester Festival Theatre
2o Redcap Museum
21 Römischer Palast in Fishbourne
22 Universität

normannischen Elementen mit verspielt gotischen.

Baubeginn der Kathedrale 1o91, brannte 1114 und 1187 im Dachstuhl zweimal, was den Weiterbau verzögerte. Bei den Neubauten kam es zu den gotischen Einflüssen, z.B. im Retrochor (G). Im 13.Jh. errichtete man den Zentralturm: ein riesiger spitzer Aufbau von 92 m Höhe ohne größere Verzierungen. Offenbar gab es statische Probleme in seiner Konstruktion und der, an der Küste auftretenden Winde: 1861 stürzte er ein und mußte bis 1866 neu errichtet.

Zugang von der West Street: links der BELL TOWER (14oo-1435). Er ist der heute einzige freistehende Glockenturm einer Kirche in England. Sonst ist der Glockenturm immer in den Gebäudekomplex integriert, mit früheren Ausnahmen wie Salisbury Kathedral und Westminster Abbey.

Eingang durchs WESTPORTAL mit den beiden Türmen (B,C), die knapp oberhalb des Kirchendaches glatt enden und keinen Aufbau besitzen. Das LANGHAUS (D) mit doppelten Seitenschiffen auf beiden Seiten. Der Brand von 1187 hatte zwar das Kirchendach zerstört, die Mauern waren jedoch weitgehend statisch noch intakt. Bei den Wiederaufbauarbeiten beließ man die im unteren Teil befindlichen normannischen Arkaden und ergänzte im oberen Teil mit gotischen Elementen.

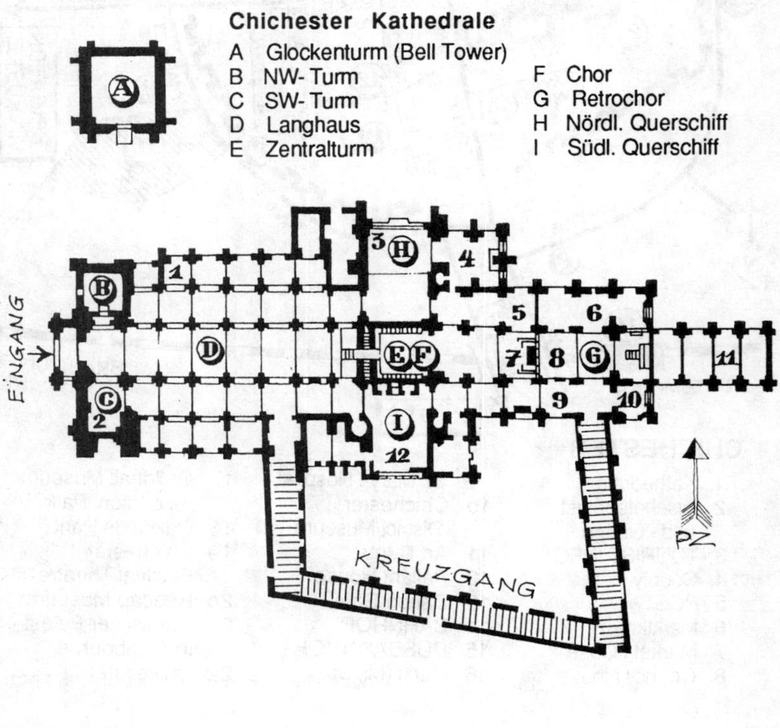

Auf beiden Seiten des Längsschiffes Statuen und Grabmäler bedeutender Persönlichkeiten, z.B. Denkmal für den in Chichester geborenen Dichter William Collins (1721-59), Grab von Richard of Wychn (Heiliger von Chichester) und Statue William Huskisson, eines Parliamentsabgeordneten, der 183o im Zusammenhang der in England neu aufgekommenen Eisenbahn gestorben war.

CHOR (F): im Schnittpunkt von Lang- und Querschiff, etwas erhöht angelegt, schöne Altarwand aus Eichenholz, sowie ein Wandteppich nach einem Entwurf von John Piper (1962) in modern abstraktem Design. Im NÖRDL. QUERSCHIFF (H) Gemälde des italienischen Künstlers Bernardi, sowie die Schatzkammer. Im östlich anschließenden Kirchenschiff Denkmal für Bischof Edward Story sowie das berühmte Glasfenster von Marc Chagall (1978). In der Kapelle ist die Bibliothek des Domkapitels untergebracht. Berühmt auch die beiden Steinplatten, die ein pompöses Grabmal flankieren: romanische Reliefs der "Erweckung des Lazarus" und "Ankunft Christi in Bethanien". Im südlichen Querschiff Maßwerkfenster (um 133o), Bischofsgräber und Bernardi-Gemälde der Herrscher bis King Henry VIII (Henry the Reformator, siehe auch Seite 87 und 113).

1 Statue William Huskisson
2 Taufbecken, sowie Denkmal für Dichter William Collins (1721-59), in Chichester geboren
3 Portraits von L. Bernardi
4 Schatzkammer
5 Denkmal für Bischof Edward Story
6 Marc Chagall Glasfenster
7 Altarraum
8 Grab Richard of Wych (Heiliger von Chichester)
9 Erweckung des Lazarus
1o SO- Kapelle
11 Marienkapelle
12 Herrscherportraits von William the Conquerer bis King Henry VIII

RETRO-CHOR (G) schließt sich an den Chor an: er wurde um 12oo gebaut, also während der Übergangszeit vom normannischen zum gotischen Stil. Anschließend die LADY CHAPEL (Marienkapelle), einer der ältesten, noch erhaltenen Teile der Kathedrale.

Durch das Süd-Portal geht's raus in den asymmetrischen KREUZGANG (15.Jhd.). Mit vielen Säulen und Nischen. Dort ein "brass rubbing centre" für ein schönes Chichester-Souvenir.

BISHOP`S PALACE (2): die Residenz des Bischofs, erbaut im 12.Jhd. Sehenswert: eine frühgotische Kapelle (Early English Style), eine Küche aus dem Mittelalter und ein Deckengemälde vom italienischen Künstler Bernardi, beschaulicher Innenhof.

WEITERE SEHENSWÜRDIGKEITEN

MARKET CROSS (6): markiert die offizielle Stadtmitte von Chichester. Der 8-eckige Steinbau ist üppig ausgestattet mit spätgotischen Ornamenten und Türmchen. Er wurde von Bischof Edward Story 15o1 errichtet, als repräsentativer Mittelpunkt des hier befindlichen Marktes. Die oberste Turmspitze wurde 2oo Jahre später aufgesetzt. An der Ostseite eine Bronzebüste des Königs Charles I., der im Bürgerkrieg auf dem Schafott endete.

Wir beschreiben im folgenden 4 Spaziergänge entlang der Hauptstraßen, ausgehend vom Marktkreuz:

ENTLANG DER NORTH STREET: die schönste Straße in Chichester mit seiner schlichten, georgianischen Architektur. Zwei Gebäude sind besonders sehenswert: das Market House (7) aus dem Jahr 18o7. Und das Council House (8): Rathaus von Chichester, um 173o im neoklassizistischen Stil erbaut. An der Fassade eine Steinplatte mit römischer Inschrift, die man beim Bau zu Tage förderte.

Außerhalb der Stadtmauern der Oaklands Park (18): gepflegte Rasenflächen und Baumgruppen. Dort das renommierte Festival Theatre (19): moderner Bau von 1962 in eigenwilliger Architektur (siehe auch Entertainment). Nördl. des Park das Redcap Museum zur Geschichte der Militärpolizei: Uniformen, Ordensblech, Waffen.

ENTLANG DER WEST STREET: vorbei an der Flanke der Kathedrale. Schräg gegenüber Post (5) und Tourist Office (3). Die County Hall (4) an der Tower Street wurde 1936 in Kopie des georgianischen Stils gebaut.

ENTLANG DER EAST STREET: hinter dem Art Centre (11) zweigt links die Gasse Little London ab mit gemächlicher Atmosphäre und Bürgerhäusern aus dem 18. und 19. Jhd. In dieser Straße auch das District Museum (1o): das Backsteinhaus in georgianischem Stil war früher ein Kornspeicher. Zu sehen: archäologische Funde aus der römischen Epoche und Exponate zur Stadtgeschichte. Weiterhin: temporale Sonderausstellungen und Shop.

St. Mary's Hospital (9): schräg gegenüber des District Museums. Wurde Mitte des 16.Jhd. als Armenhaus errichtet, heute ein Altersheim. Schöne Holzdecke in der Eingangshalle, eine Kapelle aus dem 13. Jhd., holzvertäfeltes Refektorium.

Priory Park (17): gehörte früher zu einem Kloster, das in der Reformation aufgelöst wurde. Reste der Kloster-Kirche und Mauerreste der originalen römischen Stadtmauern sind noch zu sehen. Im Park die Guildhall (17) mit Museum römischer Ausgrabungsfunde (viele Keramiken).

ENTLANG DER SOUTH STREET: linkerhand das Pallant-Viertel mit eleganten Häusern aus dem 18. und 19. Jhd. in harmonischer Architektur, sowie einstöckige Bürgerwohnungen. War früher das Viertel des Bischofs und des Domkapitels. Pallant House (12): Herrenhaus von 171o, schlichte Fassade mit hohen Fenstern und üppig mit Federmustern verzierter Türrahmen. Innen eine Galerie mit Gemälden und Skulpturen. - Canon Gate (13) ist gut erhaltenes Stadttor aus dem 16. Jhd.

Engpässe zur Hauptsaison sowie Theaterfestspielen sind vorgeplant. Ohne langfristige Vorreservierung geht nichts, bzw. ins Umland ausweichen, siehe Tips unten.

"**Dolphin & Anchor Hotel**": West Street. Gegenüber der Kathedale und bestes Hotel in Chichester. Georgianischer Bau mit gutem Komfort, gehört zur Kette der Trusthouse-Forte-Hotels. DZ ca. 225 DM. Tel. o243/ 78 51 21.

"**Ship Hotel**": North Street. Stolzer Altbau, prachtvoller Treppenaufgang. Oben saubere, freundlich möblierte Zimmer. DZ ca. 19o DM. Tel. o243/ 78 2o 28.

"**Bedford Hotel**": Southgate. Außerhalb der Stadtmauern, 1o Gehminuten ins Zentrum. Modernisierter Altbau: für die Preisklasse exzellenter Service und nette Atmosphäre. Zimmer mit Dusche/WC. Tel. o243/ 789 57 66. DZ 115 DM.

✶ **BED & BREAKFAST**: im Sommer prinzipiell Engpässe: frühmorgens ankommen oder per book-a-bed-ahead vorausbuchen, auch hier nur limitierte Chancen.

In der Altstadt (innerhalb der Stadtmauern): wegen des geringen Angebots im Sommer reine Zufallstreffer; außerhalb der Saison im Frühjahr und Herbst eher was frei.

Außerhalb der Stadtmauern: zahlreiche B&B-Häuser an allen großen Ausfahrtstraßen. Im Schnitt 15-25 Gehminuten ins Zentrum. Gehobenere Pensionen mit einem knappen Hunderter fürs DZ finden sich in der Straße Southgate, der Verlängerung der South Street. Zu Fuß 1o Min. ins Zentrum.

Tip für Leute mit Pkw: einquartieren in den umliegenden Dörfern. Entweder südlich Richtung Küste (Kombination Sightseeing und Bade-Urlaub): etwa in Bognor Regis, Selsey oder East Wittering). Oder nördlich irgendwo auf Farmhöfen in den Downs-Hügeln, wer mehr auf freie Natur steht. Mit 5-15 km Entfernung rechnen.

✶ **BILLIG-HERBERGEN**: Leider keine Jugendherberge. Die nächste Billig-Absteige ist das Youth Hostel in Arundel, rund 15 km entfernt an der A 27 (siehe dort!). Stündlich Verbindung per Bus (Fahrpreis ca. 3 DM).

Southern Leisure Centre (Vennetrow Road, am südlichen Stadtrand). Riesiger Platz der Top-Klasse, mit allen Facilities wie Kneipe, Shop, Kinderspielplatz. Liegt am Rand zweier Seen, Vermietung von Angelschnüren und Windsurf-Brettern. Für Juli und August vorbuchen.

Ein Drittel billiger: Goodwood Racecourse: 8 km nördlich Chichester, mit Pub, Shop, Waschraum. Auch im Sommer meist was frei. Zu erreichen mit Bus Richtung Lavant.

Die größeren Küstenorte (East und West Wittering, Earnley, Bognor Regis) haben gute Camping-Plätze an den Stränden. Flotte Busverbindung rein nach Chichester. Optimal bei schönem Wetter: vormittags am Beach faulenzen, bevor's losgeht mit Sightseeing.

In Chichester viele Restaurants für jedes Portemonnaie. Im Ort selber allerdings oft touristisch, gute Sachen in der näheren und weiteren Umgebung, siehe unten.

NAG`S (3 St. Pancras St.): für rund 25 DM bedient man sich am warmen Buffet. Zur Auswahl drei verschiedene Braten (Schwein, Lamm/Rind und Wild), dazu Gemüse und Salate und ein Dessert.

SWEENY TODD´S (East Street): derzeit voll im Trend. Unterirdische Krypta mit Kreuzgewölbe, wo man für Capucchino oder einen Cocktail reinschaut. Das Essen american-style (Pizzen, Burger) im Schnitt 15 DM.

OLD CROSS (65 North Street): dezent mit weinroten Polstermöbeln und Kerzenlicht. Alles frisch vom Holzkohlegrill: Hühnchen, Forellen oder die Steaks in einer Größenklasse, um Schuhe der Marke "Elbkahn" zu besohlen. Ca. 25- 3o DM inkl. Beilagen.

CLINCH SALAD HOUSE (14 Southgate): vegetarische Sachen, die auch den konsequentesten Fleischesser fahnenflüchtig werden lassen. Selfservice am warmen Buffet, außerdem viele Rohkost-Salate. Nur tagsüber, runde 1o DM für die Mahlzeit.

MANLEY'S im Dorf Storrington: für ein unvergeßliches Eß-Erlebnis,- sich ins Auto setzen und die 35 km rausfahren zu dem international renommierten Spitzen-Restaurant. Beschreibung siehe Storrington.

WHITE HORSE INN im Dorf Chilgrove: berühmt für seinen Weinkeller. Die erlesensten Tropfen kosten gut und gerne drei Riesen, geht aber runter bis 2o DM für den Hauswein. Dazu erlesene Gerichte für ca. 45 DM das 5-Gang Dinner. Ca.13 km ab Chichester: A 289 Richtung Norden.

Abends ist in Chichester der Hund bis auf wenige Ausnahmen begraben. Hier ein paar Adressen:

PUNCH HOUSE (East Street, Nähe Market Cross): offizieller Name ist Royal Arms, Leute zwischen 2o und 3o. Allerdings oft etwas rauh, viele Soldaten aus der Kaserne vor der Stadt.

WHITE HORSE: schon seit Jahren der beliebteste Treff für junge Leute. Studenten und nochmal Studenten, die sich zum lockeren Smalltalk treffen.

HOLE IN THE WALL (East Street, beim Marks &Spencer-Kaufhaus die Passage rein): Junges Publikum bis 25 Lenze und laute Musik, verschachtelte Nischen und Kobeln rund um die Theke.

SADDLERS WINEBAR (East Street, gegenüber McDonalds): Kleinstadt-Yuppies. Gute Auswahl an Weinen und Flaschenbier.

Bierkenner pilgern 5 km aus Chichester raus zum Dorf Owing ins GRIBBLE INN: hat sich auf chemiefreies, altenglisches Dunkelbier spezialisiert. Tip ist vor allem das "Gribble Ale", das die überregionale Ringwood-Brauerei exklusiv für dieses Pub braut (schmeckt sehr soft und geht runter wie Wasser). Außerdem gute Barmeals. Interieur: Schieferplatten am Boden, Holzbalken, Biergarten mit knorrigen Bäumen.

ENTERTAINMENT:

FESTIVAL THEATRE: Großbritanniens bestes Theater außerhalb von Londons, genießt unter Kennern ein weltweites Renommee. Top-Regisseure und erstklassige Schauspieler bringen alles von Shakespeare bis Beckett auf die Bühne.

Saison: 1. Mai bis Ende September. Jeweils abends 19.3o Uhr, donnerstags und samstags auch Nachmittag-Matinees. Preise: 15 bis 3o DM, mit Studentenausweis halber

Preis. Verbilligte Stand-by's an der Abendkasse. Reservieren aber sehr zu empfehlen, maximal vier Tage im voraus unter Tel. o243/ 78 13 12. Der moderne Gebäude-Komplex mit 1.4oo Zuschauerplätzen liegt nördlich der Stadtmauern (18). Restaurant und Cafe öffnen 1 1/2 Stunden vor der Aufführung.

VIEHMÄRKTE (16): Mittwoch und Samstag vormittag treffen sich die Farmer der Umgebung für die lärmenden Schaf- und Rindermärkte.

FESTE: In der 2. und 3. Juli- Woche volles Kunst-Programm: Konzerte in der Kathedrale, Gemäldeaustellungen, anspruchsvolle Filme und ansprechendes Theater-Programm.

Verbindungen ab Chichester

Zug stündliche Verbindungen mit London (dort Victoria- und Waterloo Station). Die Schiene geht via Brighton. Fahrzeit bis Chichester ca. 1 1/2 Std., Preis ca. 27 DM einfach, 4o DM day-return. Der letzte Zug ab Chichester geht im Anschluß der Aufführung im Festival Theatre zurück.

Außerdem tagsüber stündlich Zugverbindung auf dem Küstengleis: ostwärts Brighton, Hastings etc., westlich nach Portsmouth, Southampton.

Bus: gute Verbindung in alle Richtungen und runter zu den Küstenorten (Abstecher zum Baden). Ab London mit National Express 5x/Tag, ca. 2o DM single.

Umgebung von Chichester

Bike Rent: alle Trips in diesem Umgebungs-Kapitel lassen sich bequem als Tagesausflüge per Drahtesel machen: wenig Steigungen, geringe Entfernungen. Zu mieten bei Bob's Cycles, 23 Bamfield Drive, Chichester, Tel. o243/ 77 51 o6.

Wandern: in dem grünen Farmland am südlichen Ausläufer des Downs-Hügel. Gemütliche Spaziergänge ohne größere Anforderungen. Zusätzlich zu unseren Vorschlägen (siehe unten) gibts beim Chichester Touristbüro Kartenmaterial und Broschüren.

ROMAN PALACE: unbedingt sehenswert, 2 km westl. von Chichester im Vorort Fishbourne. Zu erreichen per Stadtbus oder 2o Min. zu Fuß in Verlängerung der West Street.

1961 wurde hier durch Zufall bei Straßenarbeiten die derzeit größte römische Villa im Bereich Großbritanniens entdeckt. Für die Wissenschaftler ein spektakulärer Fund, da der Palast u.a. über 1oo Räume verfügte, Bodenheizungssysteme, Bäder und reiche Mosaiken. Den Nordflügel des Palastes hat man ausgegraben, 2/3 der Anlage liegen unter heutiger, mo-

ROMAN PALACE im Vorort Fishbourne. Mosaik, Jüngling reitet auf Delfin.

derner Wohnsiedlung und sind daher für die Forscher nicht zugänglich.

Der Palast wurde 75 n.Chr. erbaut, Sitz vermutlich des römischen Stadthalters Tiberius Claudius Cogidubnus. Die Größe, allein in Gesamtanlage 1.5oo qm (!) und die feudale Ausstattung der Gebäude dokumentieren die Bedeutung der Region zur römischen Epoche. 285 n. Chr. brannte der Palast aus.

Der archäologisch freigelegte Teil wurde mit modernem Gebäude überdacht. Zu sehen u.a. ein 4o qm Bodenmosaik mit Seepferdchen, einem Jungen, der auf einem Delphin reitet etc.

Im MUSEUM Ausgrabungsfunde (Münzen, Schmuck, Gebrauchsgegenstände) und anschauliche Rekonstruktionen, z.B. ein römischer Speisesaal. ROMAN GARDEN: bepflanzt nach dem ursprünglichem Plan, wie damals in der Römerzeit. Sich vorstellen, wie die Herrn in der Toga und auf Riemensandalen über's Pflaster wandelten.

MECHANICAL MUSIC AND DOLL COLLECTION: im Chichester- Vorort Portfield. Zu erreichen über die Church Street, zu Fuß ab Zentrum ca. 15 Min. Zu sehen: Oldtimer auf dem Sektor "Musikinstrumente", knallbunt bemalte Leierkästen, alte Flügel, verschnörkelte Rokoko-Spinetts und nostalgische Spieluhren, Grammophone aus der Zeit T.A. Edisons. Die Kuratoren spielen auf den Instrumenten.

In der Puppen-Abteilung: alte Zauberlaternen, Kaleidoskope, Fahrräder und alle möglichen Puppen.

FLUGZEUGMUSEUM TANGMERE: Tip für Fans fliegender Oldtimer. Auf einem ehemaligen Militär- Airport 4 km östlich der Stadt an der A 27, Verbindung per Bus.

GOODWOOD HOUSE mit Möglichkeit, per Sportflugzeug Chichester bis Portsmouth und Insel Wight zu überfliegen, siehe Seite 198. In diesem Kapitel auch Infos zu weiteren Abstechern östl. von Chichester.

Selsey Peninsula

Südlich von Chichester. Ewig flache Halbinsel. Im Inneren Wiesen und Landwirtschaft, an der Küste durchgehend Sand-Kiesstrand mit Camping und Sommertourismus.

PAGHAM HARBOUR: Naturschutzgebiet. Parkplatz mit Info-Häuschen (Wander-Vorschläge) kurz hinter dem Dorf Sidlesham. Schöne 2 km-Wanderung von Sidlesham entlang der Küste nach Pagham (Kirche im

Early English Style, Spitzbogenfenster). - SELSEY: lebhafter Urlauber-Ort, viele Ferien-Bungalows. Am meisten los am East Beach: Boote und Hummerkörbe, an den Buden verkauft man herzhafte Fischsemmeln.

Anfahrt: die B 2145 führt quer durch die Halbinsel, ca. 13 km ab Chichester bis zur Landspitze Selsey.

CHICHESTER HARBOUR: Tief eingeschnittener, zerlappter Meeresarm westlich von Chichester. Eines der wichtigsten Yacht- und Seglerzentren in Südengland mit Tausenden von Booten. Idyllisch das Wattenmeer mit weiten Schilffeldern in den Buchten.

Chichester Harbour war bis ins 19.Jh. kommerzieller Hafen. Er zieht sich kilometerweit bis dicht an den Stadtrand von Chichester. Der Zugang zum Meer ist heute fast verschlossen von Schlickfeldern, zig Landzungen zerteilen die Lagune in viele Buchten.

Wandern "Canal Walk": 7 km entlang eines stillgelegten Kanals, durch grüne Countryside runter zum Yachthafen. Startpunkt gegenüber dem Bahnhof in Chichester.

Segeln: Zahlreiche Clubs an den Ufern der Lagune vermieten Boote, Drei-Mann-Boot ca. 8o DM/Tag. Außerdem mehrere Segelschulen, auch eintägige Schnupperkurse für billiges Geld. Infos und Adressen beim TI in Chichester.

DELL QUAY: Yachthafen, 3 km von Chichester. Schöner Abendspaziergang hier raus, wenn die Boote leise im Wind knarzen. - Pub: "Crown & Anchor", wo abends die Segler Stimmung machen. Küche: Meeresfrüchte, z.B. Krabben. - BIRDHAM: Yachthafen und Jetset-Atmosphäre, ein Wald aus Tauen und Segelmasten. In das Hafen- Bassin mündet ein stillgelegter Kanal: übersät mit farbigen Wasserlilien und Hausbooten. Schöner Spaziergang am Ufer.

WEST ITCHENOR: Im Sommer Passagierfähre über den Fjord nach Bosham. Ausflugsboote fahren mitten durch das Gewirr der Segelkutter, und dann dicht vorbei an den Ufern mit Schilf- und Röhrichtfeldern. Abfahrt vom Anleger der Personenfähre, Abfahrtsdaten schon im TI in Chichester besorgen.

BOSHAM: Ebenfalls Segler-Zentrum, viele alte Fischer-Häuser. Die Holy Trinity Church enthält noch sächsische Bauteile (Chorbogen und Turm). Das Dorf liegt auf einer Halbinsel, vom Ufer hat man einen schönen Blick auf die Fjordlandschaft (schönes Fotomotiv von der Old Bosham Road).

THORNEY ISLAND: Manövergebiet der British Army und darf nicht betreten werden.

Chichester ⟶ Portsmouth (2o km)

Gut ausgebaute Straße, hinein in den Siedlungsgroßraum der Hafenstädte PORTSMOUTH, SOUTHAMPTON. Entlang der Strecke keine weiteren Sehenswürdigkeiten, ausgenommen schöner Wanderungen im KINGSLEY VALE, Naturschutzgebiet nördlich der A 27.

KINGSLEY VALE: Hügellandschaft, botanische Rarität sind die bis 5oo Jahre alten Eibenwälder an den Talhängen. Die Eibe ist ein immergrüner Nadelbaum, der im Herbst rote Beeren trägt (giftig!). Sie kann bis zu einem Jahrtausend alt werden. Im Mittelalter war der Baum geschützt, da man sein hochelastisches Holz zum Schnitzen von Pfeil und Bogen benötigte.

Anfahrt: Von der nördlichen Ortsumgehung/Chichester auf die A 286 abzweigen. Nach 5 km links weg nach West Stoke. Oder 2 km später abzweigen auf die B 2141 nach South Harting.

Zwei Wanderungen:

Eine beschilderte 3 km- Rundwanderung ab Parkplatz in WEST STOKE: Uralt- Bäume mit verknoteten Stämmen und Ästen, deren Zweigspitzen bis zum Boden hängen und teilweise selbst Wurzeln geschlagen haben. Schwarzspechte, Grasmücken, Goldammern und bunte Wildblumen an den Lichtungen. Führt rauf auf den Bow Hill: Heidekraut, einzelne Sträucher, jungsteinzeitliche Grabhügel.

Ab Weiler SOUTH HARTING: auf den Beacon Hill (245 m). Von oben weiter Rundblick auf das Hügelland, weit im Süden die Silhouette der Kathedrale von Chichester und die silbrig-glänzende Wasserfläche des Fjordes. Die Erdwälle sind Überreste einer 2ooo Jahre alten, prähistorischen Festung.

Startpunkt ist der Parkplatz "Harting Downs", ab South Harting 2 km östlich über einspuriges Sträßchen. Von dort 2 km auf dem beschilderten Trampelpfad. Aufstieg über die Südflanke des Hügels. Weiter auf dem Pfad Richtung Osten, durch friedliche Landschaft mit saftig-grünen Wiesen und gelben und roten Wildblumen. Nach 3 km (insgesamt 5 km ab Parkplatz) die Devil`s Jumps: eine Reihe von sechs Grabhügeln aus der Bronzezeit (bis 5 m hoch und 4o m Durchmesser).

QUEEN ELISABETH PARK: konische Bergkuppeln überzogen mit Stechginster oder Buchenwäldchen, weite Talsenken. Der Park wurde 1952 zu Ehren der Krönung von Queen Elizabath angelegt.

Anfahrt: kurz vor Portsmouth abbiegen auf die M 3, Richtung Norden durch ein tief eingefurchtes Tal. Nach 15 km rechterhand ein Info-Center (deutlich ausgeschildert). Dort Background-Infos und Karte mit schönen Wander-Trails: der Naturpark ist überzogen mit einem Gazetter aus Pfaden, z.B zum:

Butser Hill: 275 m hoher, nackter Grashügel, überragt einen Kamm mit verfilztem Eibenwald. Blick auf die Spielzeugstadt Portsmouth und die zerlappte Küste mit tiefblau eingebuchteten Fjorden. Wanderpfade gehen in alle Richtungen. Anfahrt: Landsträßchen vom Info-Centre aus, links von der A3.

Ab Buriton: schöner Wanderpfad durch üppig belaubte Alleen, Erlengehölze und über sonnige Waldlichtungen, über die grellbunte Fasanen stolzieren. Dauert ca. 1 1/2 Stunden (beschildert). Buriton liegt nördlich des Info-Centre.

PORTS DOWN: ca. 125 m hoher Hügelkamm. Am Straßenrand parken und die Aussicht genießen. Endloses Häusermeer überwuchert die Landzungen an der zerfransten Küste, dazwischen die tiefblauen Fjorde mit weißen Segeljachten und den Schiffen der Royal Navy. Anfahrt: auf Höhe von Portsmouth nördlich abzweigen auf A 3, nach 2 km links weg auf die B 2177 Richtung Southwick. Das Sträßchen überquert den Hügelkamm.

County Hampshire

Mit dem wichtigsten Atlantikhafen Englands, SOUTHAMPTON: Die Auswandererschiffe nach New England und später USA liefen via Southampton, wie auch der Handel. Eine lebendige Stadt, die den Besuch lohnt.

PORTSMOUTH weiterer Hafen, sehenswert die "HMS Victory", das Flaggschiff von Admiral Nelson (kann besichtigt werden) und die "Mary Rose", ein Segelschiff das 1545 kenterte, heute gehoben wurde und Aufschluß zum Schiffsbau und Ausstattung der Segler im 16. Jh. gibt.

WINCHESTER: 1o km nördl. von Southampton und Hauptstadt des County, lohnt wegen seiner Kathedrale und schönem Stadtbild. - Südwestlich von Southampton der NEW FOREST mit weiten Heidelandschaften.

Hampshire ist außerdem Ausgangspunkt für die Fähren rüber zur ISLE OF WIGHT. Die Jacht- und Ferieninsel siehe separates Kapitel S. 269.

Alles in allem ein sehr lohnendes County, für das man mindestens 4 Tage, je nach Interessen entsprechend mehr einplanen sollte.

An LANDSCHAFT ist Hampshire eher "zahm": grüne Täler und Waldhügel, überall kleine Farmgehöfte. Ausnahme ist der New Forest, siehe dort. An der Küste wenig Spektakuläres, weite Striche sind stark verbaut.

Bei der Gebietsreform 1974 verlor die früher wesentlich größere Grafschaft weite Teile an Dorset, und die Isle of Wight wurde selbständig. Die Einheimischen nennen ihre Grafschaft liebevoll "Hants". Nationalsport von Hants ist das Cricket, das noble Spiel mit Lederball und Schlagholz. Jedes Nest hat seinen Cricket-Spielplatz. Details zu den Spielregeln im Einleitungsteil dieses Buches.

Bedeutende Dichter wurden in Hampshire geboren, bzw. verbrachten hier viele Jahre ihres Lebens: Sir Conan Doyle (Erfinder des Sherlock Holmes), Charles Dickens (Oliver Twist) und Jane Austen (1755-1817): Heimat-Dichterin, die hier in Hants 6 ihrer großen Romane schrieb. Eindrucksvolle und spannende Milieu Beschreibungen der engl. Mittelschicht des 19.Jhd. im Kontrast von steifer Etikette und dem unerschütterlichen Empire- Rausch.

Verbindungen

Auto: Schnell-Verbindung ab London ist die Autobahn M 3, bis zu Kathedralenstadt Winchester ca. 8o km, 1 1/2 Stunden Fahrtzeit. Ab Winchester direkte Landstraßen zu den wichtigen Orten der Grafschaft. Entlang der Küstenstraße A 27 durchgehend Verbindung von den Kanalhäfen nach Westen.

Zug: Flotte Verbindung ab London: Bahnhof "Waterloo Station" über drei Schienenstränge: nach Portsmouth 1 3/4 Stunden Fahrtdauer, 2-3 mal pro Stunde.
Nach Southampton ca. 1 3/4 Std; 3-4 mal pro Stunde (geht via der Kathedralenstadt Winchester - Zwischenstop!).
Nach Salisbury ca. 1 1/2 Std.; 1 mal pro Stunde. Hauptschienenstrang von hier weiter Richtung Westen, ohne nach Hampshire reinzuführen (aber Verbindung via ein Nebengleis).

Entlang der Küste ab den Kanalhäfen stündlich Verbindung, mehrmals Umsteigen.

Bus: stündlich mit National Express nach Portsmouth, Southampton (via Winchester) und Salisbury (für Weiterfahrt Richtung Westen). Fahrtdauer 2 1/4 bis 2 1/2 Std.

Portsmouth (2oo.ooo Einw.)

Hauptstützpunkt der Royal Navy, zudem Handelshafen und Trockendocks zur Reparatur der Schiffe. Tip sind die restaurierten Schiffs-Oldtimer HMS Victory von Admiral Nelson und die Mary Rose, die besichtigt werden können. Seefahrtsmuseum sowie gute Verbindung zur Isle of Wight.

Die Straßenzüge und Häuser von Portsmouth überziehen eine Halbinsel, die zwischen zwei natürlichen und großen Meeresbuchten liegt. Wegen dieser Naturbuchten war Portsmouth seit der Römerzeit, inbes. aber im Mittelalter wichtiger Hafen.

Heute (übergehend nach Southampton) größter Siedlungsraum an der Südküste Englands mit vielen Vorstädten. Die Stadt ist nur wenig gegliedert und hat keinen kompakten Stadtkern. Portsmouth lebt fast ausschließlich von den Docks und seiner Bedeutung als Militärhafen.

Tourist INFO Hauptoffice (5) an der Hafenzufahrt. Tel. o7o5- 82 67 22. Book-a-bed- ahead. Gute Infos, speziell über Boot-Trips und Fährverbindungen rüber zur Isle of Wight. Im Sommer zusätzliche Filiale (29) im Vorort Southsea.

Geschichte: Portsmouth diente bereits den Römern als Naturhafen. Die Zufahrt schützten sie durch eine Festung. Die Hafenanlagen wurden im 12. - 14. Jhd. weiter ausgebaut. Ab 1495 gab es in Portsmouth Trockendocks zur Reparatur der Schiffe, angeblich erste der Welt. Der Naturhafen diente dem Handel im Süden Englands, aber auch dem militärischen Schutz.

1492- 15o4 hatte Christoph Columbus im Auftrag Spaniens den Seeweg über den Atlantik mit Segelschiffen befahren und Hispañiola (heutiges Cuba), Venezuela und die zentralamerikanischen Küsten entdeckt.

In Folge kam es zu gewaltigen Reichtum Spaniens ab Mitte 15oo, als es seine zentral- und südamerikanischen Silberminen (Mexiko und Potosi, heut. Bolivien) ausbeutete. Spanien erstarkte durch den gewaltigen Kapitalzufluß seiner neuen, riesigen Kolonien. Zeitgenossen berichteten, die Fördermenge an Silber seien für Spanien so groß gewesen, daß man eine silberne Brücke von Süd/Zentralamerika nach Spanien hätte bauen können... Zugleich baute Spanien seine Kriegsflotte aus.

England als zunächst "Habenicht" ferner, lukrativer Kolonien schickte Walter Raleigh nach heutig Ostvenezuela und Guyana, um nach den von Indios berichteten Schätzen zu suchen. Die Indios hatten berichtet, es gäbe landein Gebiete des Goldes. Der später zum "Sir" geadelte Raleigh fand diese zwar nicht, annektierte aber Gebiete wie das spätere Brit. Guyana und Trinidad als Besitz (siehe auch Seite 344).

Während dessen zunehmender Export der Spanier an Silber per Schatzschiffe, die die karibische Inselkette passieren mußten, wo die Piraten auflauerten, - u.a. der später in Diensten der englischen Krone tätige Sir Francis Drake.

PORTSMOUTH als Handelshafen im 18. Jhd. Seeleute vergnügen sich an Land, Verladung von Waren.

Portsmouth als geschützter Naturhafen wurde zunehmend wichtiger Ausgangshafen, zusammen mit Plymouth, zur Versorgung der Kaperschiffe für den karibischen Raum.

In dieser Zeit erfolgte der Ausbau von Portsmouth zu einem uneinnehmbaren Bollwerk, umgeben von wuchtigen Mauern.

Das Motto hieß: wer Portsmouth beherrscht, beherrscht England.

SEESCHLACHT in zeitgen. Darstellung. →
Kanonendonner, Rauch, zerlöcherte Segel und – etwas beschönigend Rettungsboote.
Die Regel waren eher Tote durch die Kanonenschüsse, Brand an Bord und Havarie des Kriegsschiffes.

1588 schickten die Spanier eine Flotte von 13o Kriegsschiffen, 3o.ooo Soldaten und die Schiffe bestückt mit insgesamt 2.64o Kanonen. Die Engländer konnten den Angriff abwehren durch ihre Führer F. Drake und Ch. Howard. Weitere Details siehe Seite 382.

18o5 lichtete die HMS Victory als Flaggschiff der Engländer in Portsmouth den Anker, Admiral Nelson konnte den Angriff der span.-franz. Flotte in der Schlacht von Trafalgar abschlagen, womit die Vorherrschaft der Engländer für weitere 1oo Jahre auf den Weltmeeren gesichert war. Auch hier hatte Portsmouth als Flottenstützpunkt wichtige Bedeutung für England.

Im 2o. Jhd. verlief die Verschiffung der 5.ooo Armee- Soldaten auf der Queen Elizabeth mit Richtung Falklands und dortigem Krieg (1982) ab Portsmouth. Randaspekt insofern, als seit 1945 die Europäer ansonsten kaum in Kriege verwickelt waren, - mal abgesehen von den Kriegshandlungen im Irak 1991...

ZENTRUM: der Bezirk rund um den Hauptbahnhof (31),- moderne Gebäude, übersichtliche Straßen und Fußgängerzone. Wirkt ein bißchen steril und seelenlos. Gegenüber dem Bahnhof das Hauptpostamt (32). Paar Schritte zum Tourist Office (29), ein Teil des Komplexes mit der Stadtverwaltung ("civic office") und dem Rathaus (3o).

Richtung Norden das Einkaufsviertel mit seinen Warenhäusern. Zwei Shopping-Centre (33 und 34). Das Centre ist auch durchsetzt mit Parks und Sportanlagen: dazu im Stadtplan die Nummern 36 bis 38.

DICKENS MUSEUM (34) nördlich der Naval Base (393, Commercial Road): hier kam am 7. Febr. 1812 Charles Dickens zur Welt. Seine Romane wie Oliver Twist und David Copperfield, naturalistische Milieuschil-

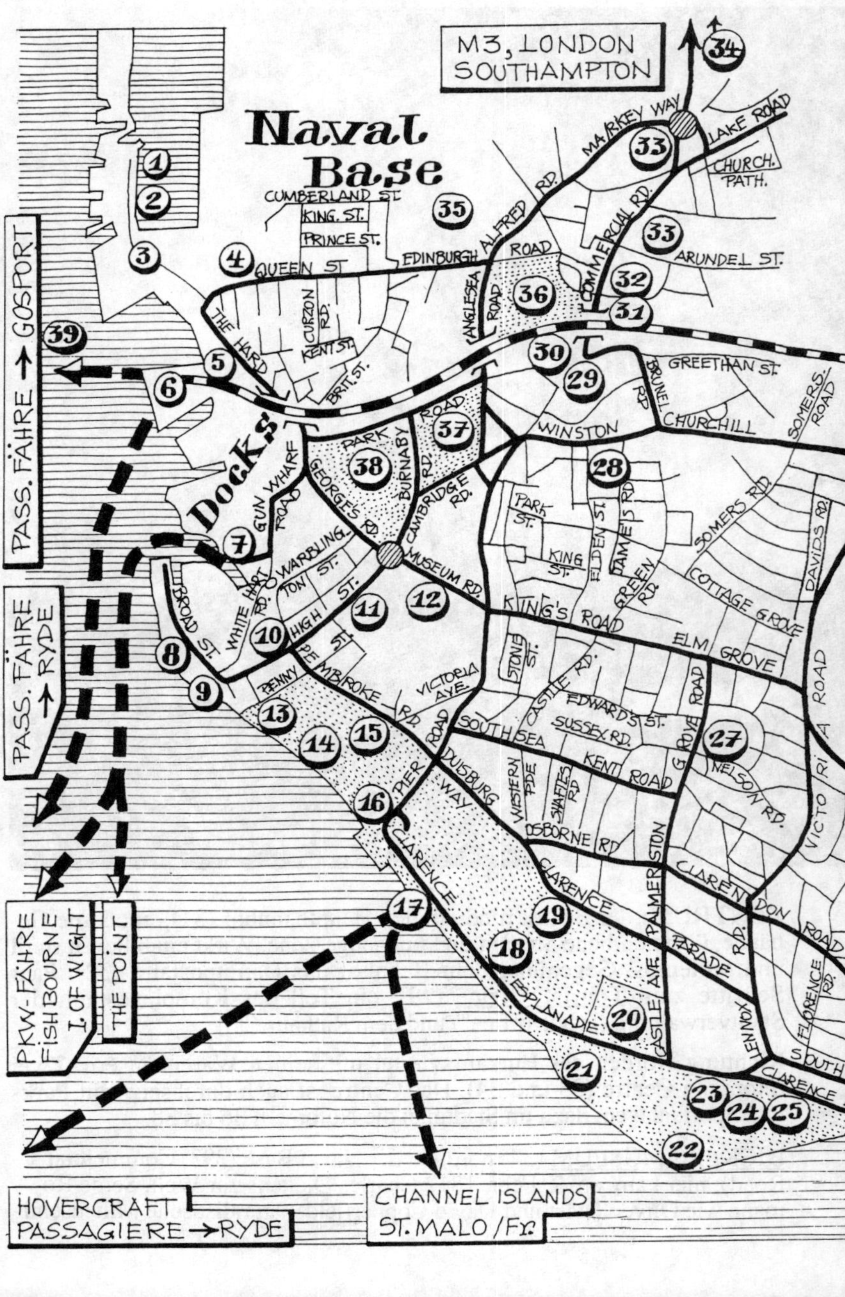
M3, LONDON
SOUTHAMPTON
Naval Base
Docks
PASS. FÄHRE → GOSPORT
PASS. FÄHRE → RYDE
PKW-FÄHRE FISHBOURNE I. OF WIGHT
THE POINT
HOVERCRAFT PASSAGIERE → RYDE
CHANNEL ISLANDS ST. MALO / Fr.
MARKEY WAY
LAKE ROAD
CHURCH. PATH.
ALFRED RD.
COMMERCIAL RD.
ARUNDEL ST.
CUMBERLAND ST.
KING. ST.
PRINCE ST.
QUEEN ST.
EDINBURGH ROAD
ANGLESEA ROAD
THE HARD
CURZON RD.
KENT ST.
BRIT. ST.
GREETHAN ST.
BRUNEL RD.
CHURCHILL
WINSTON
SOMERS ROAD
SOMERS RD.
PARK ROAD
BURNABY RD.
CAMBRIDGE RD.
GUN WHARF ROAD
GEORGE'S RD.
PARK ST.
KING ST.
ELDEN ST.
JAMES RD.
GREEN RD.
COTTAGE GROVE
DAVIDS RD.
WARBLINGTON ST.
MUSEUM RD.
WHITE HART RD.
BROAD ST.
HIGH ST.
KING'S ROAD
ELM GROVE
PENNY ST.
PEMBROKE RD.
VICTORIA AVE.
STONE ST.
CASTLE RD.
EDWARD'S ST.
SUSSEX RD.
SOUTHSEA
PIER ROAD
DUISBURG WAY
GROVE ROAD
KENT ROAD
NELSON RD.
VICTORIA ROAD
WESTERN PDE
SHAFTES RD
OSBORNE RD
CLARENCE
CLARENCE PARADE
PALMERSTON RD.
CLARENDON ROAD
CASTLE AVE.
ESPLANADE
LENNOX RD.
FLORENCE RD.
SOUTH
CLARENCE
1
2
3
4
5
6
7
8
9
10
11
12
13
14
15
16
17
18
19
20
21
22
23
24
25
27
28
29
30
31
32
33
33
34
35
36
37
38
39

derungen der Armut des Industrieproletariats, wurden zu Klassikern der Weltliteratur.

Da sein Vater in finanzielle Schwierigkeiten geraten war, mußte Charles Dickens schon früh die Schule abbrechen, um als Hilfsarbeiter Geld zu verdienen. Er wurde später Anwaltsgehilfe, dann Gerichtsreporter. Er erwies sich als sehr geschickt und arbeitete bald als Journalist für den "Morning Chronicle", wo er Reportagen schrieb und feuilletonistische Stimmungsbilder über London.

Bald war er gefragt als Kolumnist auch bei anderen Zeitschriften und Zeitungen. Seine realistischen Darstellungen der Freuden, aber auch Nöte der kleinen Leute schrieb er mit gewissem Humor, aber auch äußerst präzis aus eigener Erfahrung und traf damit, was der Leser wünschte. Der Roman Oliver Twist entstand 1838, und der weitgehend autobiographische Roman "David Copperfield" 185o. Mit beiden Romanen verschaffte er sich weltweiten Ruf; sie gelten als die ersten Sozialromane. Später wurde Charles Dickens Herausgeber der (in damaligem Sinne) radikal-liberalen Zeitung Daily News, kam zu Reichtum und kaufte 1868 sich den Landsitz Gadshill Place, wo er 2 Jahre später, am 9.7.187o starb.

Sein Geburtshaus ist heute Museum. Möbliert im Stil der Wohnungen der englischen Mittelklasse des frühen 19.Jhs.

OLD PORTSMOUTH liegt südwestlich des Zentrums und repräsentiert am meisten noch die alte Hafenstadt (geringere Bombenschäden im 2. Weltkrieg). Hauptstraße ist die "High Street".

<u>CATHEDRAL</u> (1o): Baubeginn 1935 und noch nicht fertiggestellt. In den Komplex wurden Teile der früheren normannischen Kirche (um 119o)

PORTSMOUTH

1 Mary Rose
2 HMS Victory
3 Royal Navy Museum
4 Admirality House
5 BUSBAHNHOF TOURIST INFO
6 HAFENBAHNHOF und PASSAGIERTERMINAL für Gosport und Ryde
7 AUTOFÄHRTERMINAL nach Fishbourne
8 Round Tower und Point Battery
9 Square Tower
1o Cathedral
11 Buckingham House
12 City Museum + Art Gallery
13 Garrison Church
14 Kings Bastion
15 Pembroke Gardens
16 Spielplatz
17 HOVERCRAFT TERMINAL nach Ryde
18 Naval Memorial
19 Southsea Common
2o Tennis + Bowling
21 Sea Life Centre
22 Castle
23 D-Day Museum
24 Rock Gardens Pavilion und TOURIST INFO
25 Rock Gardens
26 South Parade Pier
27 St. Johns College
28 College of Art
29 Civic Office mit TOURIST INFO
3o Guildhall
31 HAUPTBAHNHOF
32 HAUPTPOST
33 Einkaufszentrum
34 Charles Dickens Museum
35 Royal Naval Barracks
36 Victoria Park mit Swimming Pool
37 United Service Rec. Gardens
38 RN Sports Centre
39 Submarine Museum

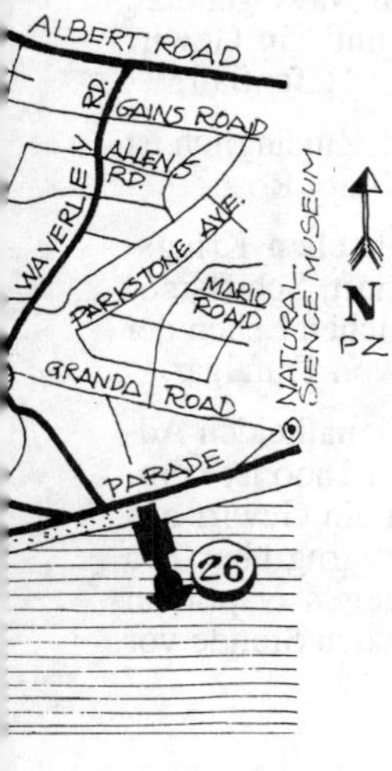

integriert: der Altarraum mit alten Fresken im Chor, die das Jüngste Gericht darstellen, und das Querschiff. Schiff und Seitenschiffe sind neuen Datums.

BUCKINGHAM HOUSE (11): eines der wenigen mittelalterlichen Häuser, die in Portsmouth noch stehen. War früher eine Postkutschenstation.

CITY MUSEUM (12): Heimatgeschichtliches und eine Kunstgalerie mit Keramiken, Gemälden, Stilmöbeln etc.

ROUND TOWER (9): anno 1418 gebaut als Teil einer Festungsanlage zum Schutz des Hafens. Bei Gefahr wurde eine Kette rüber zum anderen Ufer (Gosport Halbinsel) gespannt, die dann die Einfahrt in die Hafenbucht sperrte. Ein probates Mittel bei vielen Häfen des Mittelalters.

Vom Tower ein 6oo m Spazierweg am Ufer südlich durch die PEMBROKE GARRDENS (15) mit weiteren Befestigungsanlagen wie die Kings Bastion (14), sowie der Garrison Church (13): ursprünglich ein Krankenhaus von 1212, später zur Kirche umgebaut.

Es geht runter zum Fähranleger für die Hovercrafts (17); draußen ziehen Ozeantanker vorbei. Dabei passiert man den Point, die engste Stelle (3oo m) der Wasserstraße, die in den Portsmouth Harbour führt, eine 6 km lange und 3 km breite Bucht.

HAFENRUNDFAHRT: mit Booten ab Ferry Point (6). Tip, um Hafengeruch zu schnuppern. Zu sehen: insbesondere jede Menge Kriegsschiffe der Naval Base (und nur per Hafenrundfahrt, da ansonsten die Naval Base gesperrt ist), - Ozeanriesen, die grauen Mauern der Reparaturdocks, davor Yachten. Timetables beim TI.

ROYAL DOCKYARD (die heutige Naval Base): hier lagen im Mittelalter die Docks zur Schiffsreparatur. Heute von der Royal Navy genutzt. Kaimauern, Reparaturbecken, Büros, Maschinenhallen und ein Gewirr von Eisenbahngleisen. Alles grau in grau, so doch gewisser Hafenflair.

Besucher dürfen sich auf dem Gelände nicht frei bewegen. Zugänglich ist nur der Bereich Royal Naval Museum und HMS Victory, Mary Rose.

ROYAL NAVAL MUSEUM (3): Geschichte der englischen Kriegsmarine. Erinnerungsstücke an Nelson und seine Mannschaft, Schiffsmodelle, Galeonsfiguren, Waffen, Gegenstände aus dem täglichen Leben der Matrosen etc. Ein weites Panorama illustriert die Schlacht von Trafalgar.

H.M.S.VICTORY (2): das Flaggschiff des englischen Nationalhelden Admiral Nelson. Besuch lohnt unbedingt: das Holzschiff von 18oo ist komplett restauriert und innen zu besichtigen. 5 Decks, oben ein Gewirr aus Masten, Querstangen und Tauen. Die 6o m lange Victory trug über 1oo Kanonen. Nelson fand in der Schlacht von Trafalgar gegen Napoleon (18o5) auf dem Schiff den Tod; tragischerweise in der letzten Stunde vor Beendigung der Schlacht. Gleich nebenan:

MARY ROSE (1): Flaggschiff Königs Henry VIII und Begründers der Anglikanischen Kirche. Das Schiff sank am 19.7.1545 vor den Augen des Königs mit samt 7oo Mann Besatzung. Im Jahre 1982 aus dem Schlick des Meeresbodens gehoben, liefert es wertvollen Aufschluß zur Bauweise mittelalterlicher englischer Schiffe. Über zehntausend Einzelteile sammelte man im Schlick auf dem Meeresgrund zusammen.

Im Bootshaus neben der Mary Rose eine Rekonstruktion des Schiffes mit seinen zwei Decks, die Kabine des Schiffsarztes (Salben, Verbandszeug, Sägen etc.), Werkzeuge des Zimmermanns, Kanonen und Langbogen.

SOUTHSEA: Die teuerste und vornehmste Wohngegend von Portsmouth mit Parks (Southsea Common, 19) und Sportanlagen (2o). Überzieht den Südteil der Halbinsel,- von der Küste aus Blick rüber zur Isle of Wight und auf die Schiffe in der Wasserstraße.

Southsea ist Seebad mit Piers und Kiesstrand. Hier machen englische Familien Urlaub. Schlagader ist die St. Clarence Esplanade. Entlang der Straße eine Reihe von Denkmälern (u.a. Naval War Memorial, 18). Der South Parade Pier (26) mit Spielautomaten und dem üblichem Beach-Entertainment.

SEA LIFE CENTRE (21): große Attraktion, seit 1986 ständig im Ausbau und Tip, wer sich für die Unterwasserwelt interessiert. Zu sehen Korallenbänke, in Glastanks Katzenhaie und Riesenrochen, Tintenfische, Seesterne und Muscheln.

CASTLE (22): im 16. Jh. durch King Henry VIII. angelegt zum Schutz des Hafens, heute Militärgarnison.

MARY ROSE, königliches Flaggschiff von King Henry VIII, vor Augen des Königs 1545 gesunken, - 1982 gehoben und re-konstruiert.

D-DAY MUSEUM (23): dokumentiert, ähnlich wie das gleichnamige Museum am Utah Beach Nähe Cherbourg/Frankreich, die Invasion der Alliierten am 6.Juni 1944. In der sogen. "Operation Overlord" erreichten Amerikaner und Engländer die Normandieküste des von Hitler eroberten Teiles von Frankreich. Im Museum eine audiovisuelle Multimedia-Show, bei der es defintiv und positiv kracht. Sherman-Panzer, Amphibienfahrzeuge, Jeeps, Gewehre, Fallschirme. Außerdem ein 85 m langer und 1 m hoher Wandteppich mit eingewebten Illustrationen, an dem 2o Leute fünf Jahre gearbeitet haben.

ROCK GARDENS PAVILLION (24): Komplex mit Kino, Theater etc. sowie Tourist Office. Daran schließen sich schöne Steingärten (25) an.

Boot-Trips: zum Hochseeangeln und Sightseeing-Fahrten in den Hafen von Portsmouth. Abfahrt im Sommer von den Southsea Piers.

DICHTER IN PORTSMOUTH: Charles Dickens siehe oben. - Sir Arthur Conan Doyle (1859, Edinburgh - 193o, Crowborough/Sussex) Arzt, hatte seine Praxis Ecke High Street mit Broad Street. Er wurde berühmt als Verfasser der Detektivromane Sherlock Holmes. Angeregt durch Werke von E. A. Poe. Sein wichtigsten Werke waren "Abenteuer des Dr. Holmes" (1892), "Der Hund von Baskerville", spielt im Dartmore (19o2) und "Der Giftgürtel"(1913). - Und: Rudyard Kipling (1865, Bombay - 1936, London), der 6 Jahre seiner Kindheit in Portsmouth, Campell Road verbrachte.

SUBMARINE MUSEUM (39): sehr interessant, da man in eines der U-Boote auch reinsteigen und es innen besichtigen kann. Das Museum liegt in Gosport (und dort gleich südl. vom Fähranleger). Zu erreichen: mit Passagierfährte ab Terminal (6) in Portsmouth. Nur wenige Min. Überfahrt, Blick auf Kriegs- und Handelsschiffe.

Im Museum die Geschichte der Unterseeboote von den Anfängen bis zum modernen Atom-U-Boot. Sehenswert u.a. die "Holland I", das erste U-Boot der Royal Navy, welches 19o2 vom Stapel lief, aber bereits 12 Jahre später sank, 1982 gehoben und restauriert wurde. Die HMS Alliance stammt aus dem 2. Weltkrieg und kann innen besichtigt werden.

Nördlich des Gosport Fähranlegers ein Schiffs-Oldtimer von 1817, eine Fregatte mit 46 Kanonen.

HAYLING ISLAND: östl. von Portsmouth. Im Sommer kommen viele Day-Tripper wegen des 5 km Sandstrandes, der besser ist als der in Southsea. Großes Angebot an Wassersport und Beach-Entertainment. Vermietung von Ruder- und Segel-Booten Nähe Fähranleger: Rumtouren in der geschützten Bucht "Langstone Harbour". Berühmter Golfplatz.

Verbindung: Passagier-Fähre im Pendeldienst. Geht ab Eastney, das sich östlich an das Seebad Southsea anschließt (Verlängerung der Strandpromenade).

ISLE OF WIGHT: Optimal für einen Tagesausflug auf die berühmte

Ferieninsel mit seinen Sonnenstränden, vielen Sehenswürdigkeiten und kleinen Sträßchen im Landesinneren. Details ab Seite 269.

VERBINDUNG:

- Passagierfähre geht ab Terminal (6); Abfahrt alle 3o Min. ca. 2o DM return, Fahrzeit ca. 45 Min. Hafen auf Wight ist das Städtchen Rye.
- Hovercraft: das Luftkissenboot düst in knapp 7 Minuten rüber zur Insel, Abfahrt von Southsea (17), return ca. 2o DM. Wegen der flotten Verbindung sehr zu überlegen, um wenigstens kurz ins Ambiente der Insel reinzuschnuppern. Hafen auf Wight ist Rye, Abfahrt ebenfalls alle ca. 3o Min.
- Autofähre: Abfahrt vom Terminal (6): alle 3o-6o Minuten, Fahrzeit ca. 45 Min. Zielhafen ist Fishbourne.

Wegen der hohen Transport-Kosten lohnt sich die Mitnahme des Wagens nicht für Tagesausflüge: Fahrrad mieten (am Zielhafen), außerdem dichtes Busnetz auf der Insel.

Eine Reihe an Hotels in Portsmouth/Zentrum sowie im Stadtviertel Southsea.

"**Keppels Head Hotel**": The Hard, Zentrum. Ein Backsteinbau aus dem vorigen Jh. nahe den Docks. Moderner Service, Zimmer mit Bad und WC. Zimmer mit Blick auf den Hafen verlangen, wo die Schiffe vorbeiziehen. Das DZ ca. 21o DM, Tel.: 07o5 - 83 32 31.

"**Hereford Hotel**": 28 Kent Road. In ruhiger Seitenstraße mit grünen Bäumen zwischen der Altstadt und dem Seebad Southsea. DZ ca. 1oo DM. Tel. o7o5 - 82 39 18.

Viele weitere Hotels im Seebad-Vorort Southsea an der Strandpromenade (Clarence Esplanade).

BED & BREAKFAST: konzentrieren sich auf zwei Regionen: unten im Seebad Southsea mit Strandnähe und ruhiger Wohnlage plus Entertainment. Oder in Old Portsmouth mitten im pulsierenden Herz der Hafenstadt (dort geringeres Angebot).

JUGENDHERBERGE "Wymering Manor": Drei-Sterne-Herberge und stattlicher Bau am Nordrand der Stadt im Vorort Cosham. Paarhundert Meter vom British-Rail-Bahnhof "Cosham"; sonntags geschlossen. Tel. o7o5/375661.

Der einzige Platz im Vorort Southsea: Caravan Activity Park. Sehr gut ausgerüstet inkl. Sportanlage; viele englische Familien. Allerdings vorwiegend Betrieb für Wohnmobile und Camper; nur ca. 2o Zeltplätze. Liegt an der Küstenstraße A 288 ganz im Süden der Halbinsel.

BISTRO MONTPARNASSE (1o3 Palmerston Road im Stadtteil Southsea): kleines Lokal mit viel Holz, in hellen Farben möbliert. Sehr gut für französische Küche, Menü ca.35 DM.

ROSIE'S VINEYARD (87 Elm Grove; südlich des Zentrums): gemütliche

Weinbar, in netter Atmosphäre Gerichte wie gefüllte Forelle oder Pasta für 1o-15 DM.

COUNTRY KITCHEN (59 Marmion Road): Vegetarier-Restaurant im Zentrum von Southsea. Ca. 3-7 DM; Selfservice; nur tagsüber geöffnet.

Verbindungen ab Portsmouth

Züge: Alle Verbindungen ab Hauptbahnhof (31), fahren meist weiter bis zum Hafenbahnhof (6), nennt sich "Portsmouth Harbour Sta.": Dort Anschluß per Passagierfähre nach Rye/Insel Wight, sowie in der Nähe (5) das Tourist Office für Zimmervermittlung. - Wer in die JuHe will, fährt mit dem Zug nur bis zum Vorstadtbahnhof "Crosham".

Züge ab London nach Portsmouth ca. alle 1o Minuten; Fahrzeit ca. 1 1/2 Std., ca. 45 DM, Abfahrt London "Victoria Station". Dichte Verbindung auch entlang der Küste nach Southampton sowie Brighton.

Busse: Terminal mitten im Zentrum (5) und Nähe des Hafenbahnhofs (6). Verbindungen in alle Richtungen. Nach London stündlich mit "National Express", Fahrzeit ca. 2 1/2 Std., 22 DM single, 32 DM return.

Schiff: Passagierschiffe ab Terminal (6) direkt beim Hafenbahnhof, Autofähren ab (7). Fahren rüber zur Insel Wight (Details siehe dort), sowie rüber zu den englischen Channel Islands (Guernsey, Jersey und Sark) und nach Cherbourg/ Frankreich (Autofähre).

Hovercrafts (Luftkissenboote) ab Terminal (17): nur Passagiere, rüber zur Insel Wight, sowie zu den Channel Islands und nach St. Malo/Frankreich.

Channel Islands

Liegen vor der französischen Küste, gehören aber politisch zur englischen Krone. Im Sommer Hoovercraft Verbindung ab Portsmouth, lohnender Abstecher, wer Zeit und Geld hat. Die Überfahrt rund 1 Std. Während JERSEY mehr Abwechsung bietet (Shopping, Discos), hat GUERNSEY das schönere Ortsbild im Hafen St. Peter und großartige Vegetation im Inselinneren.

Ausführliche Details zu den Channel Islands im Velbinger Band 25 "Bretagne/Normandie".

Ausgesprochen lohnend auch der Abstecher nach ST. MALO/Bretagne mit komplett erhaltener Stadtmauer, ausgezeichneten französischen Restaurants und schöner Altstadt. Als Abstecher in jedem Fall Tip, ausführliche Details im Velbinger Band 25 "Bretagne/Normandie".

Portsmouth ⟶ Southampton (35 km)

Zwischen den beiden Hafenstädten auf dem LANDWEG schnelle Verbindung via Autobahn M 27, bzw laufend Bus- und Zugverbindungen. Im Hinterland interessante Abstecher. Oder: lohnend per SCHIFF.

Landweg:

Weitgehend durch zersiedeltes Land. Zwischen beiden Städten besteht neben der Landstraße auch Autobahnverbindung (M 27): in rund 3o Min. ist man drüben in Southampton. Die Autobahn umgeht nördlich die Großstadt und führt weiter Richtung Bournemouth, sowie Abzweiger nördl. nach Winchester.

ZUG: 1- 2 mal/Std., Fahrzeit 45 Min. BUS: stündlich, ca. 1 Std. Fahrzeit.

PORTCHESTER: mit sehr gut erhaltenem Römer-Kastell, malerisch auf eine Landzunge im Portsmouth Harbour gesetzt. Quadratischer Grundriß mit 18o m Seitenlänge, die Mauern sind 6 m hoch, 2o Wehrtürme.

Wurde im 3. Jh. n.Chr. angelegt zum Schutz der Küste vor sächsischen Einwanderern. Später wurde es von den Normannen benutzt. Henry II. baute in die Nordwestecke ein massives Castle (um 1165), in der diagonal gegenüberliegenden Ecke eine 113o gegründete Klosterkirche (normannisches Taufbecken und Säulenportal). Während der napoleonischen Kriege diente das Kastell als Lager für Kriegsgefangene.

Nelson Memorial: 5o m hohes Denkmal für Admiral Nelson, den Helden der Trafalgarschlacht gegen Napoleon. Es krönt den Höhenzug nördlich von Porchester.

TITCHFIELD: westlicher Vorort von Fareham, mit der Titchfield Abbey. Gegründet um 123o, älteste Teile sind die Fußbodenkacheln mit filigranen Motiven wie Löwen, Adler, Blumen, Vögel. Nach der Reformation wurde das Kloster in einen Privatpalast umgebaut (Renaissancestil) und u.a. das Kirchenschiff zu einem Torhaus mit 4 Ecktürmen umgebaut, der Kreuzgang zum Innenhof.

Carron Row Farm Museum (Segensworth Row): in einer 3oo Jahre alten Scheune bäuerliches Gerät, im Park gutmütige Ackergäule und ein Gehege mit Haustieren.

Ein weiteres Landwirtschaftsmuseum im Ort BURSELDON (8 km vor Southampton. Im dortigen Farm Museum wird das Leben der Bauern 185o- 195o gezeigt. Zu sehen: Dampftraktoren, Dreschmaschinen und Dreschflegel, alte Pflüge, sowie eine originale Dorfschmiede und die Werkstatt eines Wagners.

Seeweg via Insel Wight:

Heißer Tip, via Wight und Meer rüber nach Southampton. Seegeruch schnuppern, auf dem Meer Segelyachten und die riesigen Ozeandampfer.

Benötigt inkl. der 2 Fährfahrten ca. 1/2 Tag reine Fahrzeit. Mit Besichtigungsprogramm jedoch mindestens 1 Tag oder mehr rechnen, wer die Insel Wight intensiver erkunden möchte (Details zur Insel siehe S. 269).

Transport: zwischen den 3 Häfen Portsmouth, Southampton und Lymington (im New Forest) pendeln alle 3o-6o Minuten Auto- und Personenfähren. Dichtes Busnetz auf der Insel.

Zielhafen ab Portsmouth ist das Städtchen Ryde. Von hier die Insel auf der Ringstraße umrunden. Am späten Nachmittag dann übersetzen nach Southampton (Abfahrt auf der Insel vom Fähranleger in Cowes).

Southampton

(21o.ooo Einw.)

Größter Atlantikhafen Englands! Er bedient den Warenverkehr von und nach GB mit den Industrienationen USA und Kanada, aber auch Häfen in Zentral- und Südamerika.

Eine heute moderne und sehr lebendige Stadt. Wer den Geruch nach Ferne schnuppern möchte: Ozeanriesen und umfangreiche Hafenanlagen. Die früheren "Princess Alexandra Docks" wurden zu touristischem Einkaufszentrum "Ocean Village" mit Boutiquen und Restaurants ausgebaut.

Aber auch eine Reihe an interessanten Museen, z.B. zum Transatlantikverkehr der großen Passagier- Schiffe ab Southampton. Museum zu Anfängen der Luftfahrt, sowie restaurierte spätmittelalterliche Häuser von Kaufleuten.

Tourist INFO in der Fußgängerzone (9) in der "Above Bar Street". Tel. o7o3/ 22 11 o6. Leider kein book-a-bed-ahead.

Geschichte: Southampton war wegen seiner geschützten Meeresbucht seit Zeit der Römer wichtiger Handelshafen, ebenso für die Angelsachsen und die Normannen, die seit der Landnahme 1o66 den Hafen weiter ausbauten. Southampton wurde ihr wichtigster Handelsstützpunkt und hatte bereits 129o ein umfangreiches System an Trinkwasser-Leitungen zur Versorgung der Stadt, aber auch der anlegenden Schiffe.

Die Kreuzritter segelten von hier los (1189 Richard Löwenherz). Wichtiger Kriegshafen beim Hundertjährigen Krieg, dem englisch-französischen Dauer-Konflikten des 14.Jh. Wegen wiederholter Blitz-Angriffe der Franzosen baute man ab 136o eine Stadtmauer

1554 landete hier Philip II. von Spanien, um die engl. Königin Mary Tudor zu heiraten: Besiegelung der englisch-spanischen Allianz. Lediglich ein historisches Intermezzo: bald nach dem Tod Marys erneute Spannungen, bereits 3o Jahre später Seekrieg gegen die spanische Armada.

Im 15. Jh. wurde Southampton eine der florierendsten Hafenstädte der Welt. Hier wurden die Segelschiffe ausgerüstet für die neuen Kolonien im karibischen Raum, wo man den spanischen Schatzschiffen auflauerte. - 162o segelte ab Southampton die religiöse Sekte der Pilgrim Fathers mit ihrem berühmten Schiff Mayflower: Auswanderung nach Nordamerika und Grundstein für die dortigen englischen Kolonien an der Ostküste.

1665 wurde durch Seeleute die Pest eingeschleppt und führte zu radikaler Bevölkerungs-Dezimierung. Auch war Konkurrenz durch die Nachbarhafen Portsmouth entstanden. Erneuter Aufstieg ab Mitte des 18.Jh., diesmal als Seebad. Universität ab 1862.

184o: Fertigstellung der Eisenbahnverbindung London-> Southampton. Nunmehr war es (statt in der Hauptstadt London das Schiff für die Fahrt über den Atlantik nach Nordamerika zu besteigen), - schneller: Zug London-> Southampton und dort aufs Schiff.

Ein Umstand, der zunächst im Segelschiff- und später Dampfschiffzeitalter die Bedeutung Southamptons als Passagier- und Frachthafen erheblich verstärkte. Kein anderer Atlantikhafen Englands (weder Bristol, noch Liverpool) hatte derart kurze Entfernung mit London.

DAMPFSCHIFF- ZEITALTER: als erster Raddampfer der Welt hatte die in New York gebaute "Savannah" 1818 den Atlantik von Ostküste der USA nach Liverpool/England überquert, allerdings noch unterstützt mit Vielzahl an Segeln. 184o gründete Stephan Cunard die erste ozeanische Dampfschiffahrtsgesellschaft in Vorausschau, daß hierin die Zukunft liegt. Die ersten Dampfschiffe hatten allerdings massive Mängel, so tötete z.B.

KLIPPER (unter dänischer Flagge), erreichte 1857 ab England via Transatlantik und um die Südspitze Südamerikas in 106 Tagen San Francisco an der amerikanischen Westküste. Der Rekord zu dieser Zeit lag bei 89 Tagen (Flying Clipper, 1851)

OBEN: die "Great Eastern", lief 1858 vom Stapel und war zweites, komplett in Eisenrumpf konstruiertes Schiff der Welt. Zugleich mit 211 m damals eines der größten der Welt. 2 Dampfturbinen mit (für damalige Zeiten!) gewaltiger Leistung von je 4.200 PS

LINKS: Konstrukteur der GREAT EASTERN, Isambard Kingdom Brunel mit lässiger Zigarre im Mund.

UNTEN: wegen diverser Pannen wurde die Great Eastern dann als Kabelleger eingesetzt.

1858 eine Explosion der Dampfkessel der "Great Eastern" auf ihrer Probefahrt 1o Menschen. Sie war seinerzeit größtes Dampfschiff der Welt, konzipiert für den Transport von 4.ooo Passagieren. Sie war rund 5 mal so groß wie jedes andere damalige Passagierschiff. Allein 5 Salons mit mehr als 3oo qm, Spiegeln und Goldschmuck. Die Kabinen mit teils Badewannen und fließend heißem Wasser (bisher nicht üblich auf Schiffen), es konnte 6.ooo Tonnen Ladung aufnehmen, - ein Wert, den weder andere Dampf- noch Segelschiffe damals erreichten. Neben ihren zwei Schaufelrädern besaß sie zusätzlich eine Heckschraube, sowie Mastbesegelung (letzteres allerdings nur für Notfall gedacht).

Technologische Leistung waren hier der Eisenrumpf, der so konstruiert war, daß er das gewaltige Gewicht an Kohlezuladung aufnehmen konnte, der zum Verfeuern in den 1o Dampfkesseln nötig war.

Nach der Katastrophe bei der Probefahrt ertrank der Kapitän auf der ersten Fahrt von Southampton nach New York, und auf der 3. Reise (1861) gingen die Schaufelräder und das Ruder in einem Sturm zu Bruch. Ursprünglich für den Betrieb ab Southampton nach Indien gebaut, wollte letztlich kein Passagier mehr auf der Great Eastern buchen. Das riesige Schiff stand zum Verkauf an, fand zunächst allerdings keinen Käufer.

1864 kaufte der Amerikaner Cyrus Field die "Great Eastern" für einen Bruchteil dessen, was ihr Bau gekostet hatte. Es ging um die Verlegung des ersten Transatlantik- Kabels (Telefon, Telex) von Irland nach Neufundland. Zwei kleinere Schiffe hatten dies bereits ohne Erfolg versucht. Hier kam die riesige Great Eastern gerade richtig, da sie genügend Platz hatte, die 3.2oo km Seekabel in ihrem Bauch aufzunehmen. Das Schiff hatte, wie sich dann herausstellte, noch einen weiteren Vorteil: durch den Antrieb sowohl per Schaufelräder wie Schiffsschraube ließ es sich präziser steuern und hatte zudem mit 8.4oo PS genügend Kraft: Denn das Seekabel hing ab Schiff bis zu 4.ooo m zum Meeresgrund durch.

Der Job wurde erfolgreich abgeschlossen, am 26. Juli 1866 erreichte das Kabel Neufundland. In den folgenden 8 Jahren verlegte die Great Eastern weitere 5 Kabel im Atlantik und eines zwischen Aden und Bombay.

* Nach INDIEN (der damals wichtigsten englischen Kolonie) verlief der Post- Passagier- und Cargoverkehr ab London via Southampton zunächst ausschließlich den riesigen See-umweg entlang der französischen und portugiesischen Atlantik- Küste nach Gibraltar (ebenfalls englischer Besitz) am Eingang zum Mittelmeer. Eilige Waren, sowie Post und Passagiere reisten weiter übers Mittelmeer nach Alexandria/Ägypten.

Allein bis Alexandria eine beachtliche Entfernung. Da der Suez- Kanal noch nicht fertig war, mußte man Überland per Postkutsche nach Suez reisen, was 184o ca. 78 Stunden dauerte! (Ein 1859 fertiggestelltes Wüstengleis nach Suez reduzierte die Fahrt auf 9 Std.). Ab Suez weiter per Schiff nach Bombay (nochmals runde 2 Wochen).

Normale Waren, insbesondere schwere und große, wurden ab Gibraltar rund um den afrikanischen Kontinent und Südspitze Kapstadt nach Indien verschifft, was entsprechend Zeit benötigte, aber das Umladen in Alexandria nach Suez vermied und trotz großer Entfernung via Kapstadt billiger war.

GREAT BRITAIN
heute als Museumsschiff in
BRISTOL, - Details siehe dort

GREAT BRITAIN, erster Transatlantik Liniendampfer mit Schiffsschraube und in Eisenbauweise. Stapellauf 1845, Länge 98m, 1.500 PS, Maschine erwies sich allerdings als zu schwach. Konstrukteur: I.K. Brunel

1869 wurde dann der Suez-Kanal eröffnet, der den Schiffen den Seeweg um die Südspitze Afrikas ersparte. Die rund 1o Jahre vorher fertiggestellte Great Eastern war in ihrer Kapazität 4.ooo Passagiere und als Luxusliner sicher auch in Hinblick der zu erwartenden Eröffnung des Suez Kanals konzipiert. Pläne, aus denen nichts wurde, siehe oben.

Salonwaggon auf der Strecke nach Brindisi. Reichlich ermüdete Passagiere. Die meisten reisten nicht so komfortabel wie oben.

Zu einer zusätzlichen Zeitverkürzung auf dem Weg nach Indien kam es, als um 187o die Eisenbahnverbindungen durch Europa weiter ausgebaut worden waren. Post und Passagiere nahmen fortan den Zug nach Dover, um per Schiff über den Kanal nach Calais überzusetzen. Hier bestiegen sie den Zug (den sogen."Peninsular Express"), der in 3 Tagen, später bei stärkeren Loks 2 Tagen, quer durch den Kontinent nach Brindisi/ Süditalien fuhr, wo man das Schiff nach Indien bestieg, was bis Bombay ca. 12 Tage brauchte. Normale Cargo nahm nach wie vor den Seeweg London-> Southampton-> Gibraltar, was an Entfernung einen Umweg darstellte.

P&O-Dampfer, 1898 für die Strecke Brindisi → Alexandria

Luxusschlafwagen des "Bombay-Express" quer durch Europa

Nach SÜDAMERIKA: auch hier war Southampton (neben anderen englischen Häfen) wichtig für Ex- und Import. Die einzelnen Gebiete Südamerikas hatten sich (1818- 24, je nach Land) in den Unabhängigkeitskämpfen von den Spaniern befreit. Seit die Eisenbahn erfunden war, planten auch Andenstaaten mit gewaltigen bis zu 5.ooo m hohen Pässen (wie Ecuador, Peru und Chile) den Bau von Eisenbahnstrecken. Neben der Schaffung von Verkehrsverbindungen ging es hier vorrangig um die Erschließung von äußerst reichen Bodenschätzen.

Es waren vorwiegend englische Firmen, die diese Eisenbahnverbindungen bauten. Die Gewinne waren gewaltig, berücksichtigt man, daß z.B. das peruanische Gleis von der Hauptstadt Lima rauf in die Anden nach Huancayo so kostspielig war, daß der Bau das Land fast in Staatsbankrott stürzte. Analog zunehmender Schiffsverkehr, der die Gleise, Loks, Waggons und vorgefertigten Brückenteile nach Südamerika transportierte. Aber auch die Ingenieure, sowie Güter vom Klavier zu Stoffen, Werkzeugen, Maschinen aus europäischen Manufakturen bis Seife.

Die Engländer waren nicht nur Konstukteure der Eisenbahnen, sondern (siehe Vielzahl an Gleisen zu Minen z.B. in der nordchilenischen Wüste, oder später in der Pampa Argentiniens) auch Besitzer dieser Eisenbahnstrecken und kassierten für den Transport.

In Gegenrichtung Südamerika-> Europa wurden die Bodenschätze abtransportiert (z.B. Salpeter aus der Wüste Nordchiles, siehe Velbinger Band 36, Chile). Die ebenfalls in Nordchile liegende Chuquicamata Mine ist größte der Welt für Kupfer. U.a. seit der Erfindung der Glühbirne durch Th. Edison wurden weltweit große Mengen an Kupferkabel benötigt.

Die Transportschiffe südamerikanischer Güter nach Europa gehörten fast ausschließlich englischen Reedern, die gewaltige Gewinne einstreichten.

SCHIFFSBAU bis 1894: gemäß Lloyd Register/London hatte England 1894 insgesamt 6.227 Dampfschiffe und 3.1o6 Segelschiffe. Es war damit führende Handelsmacht auf den Weltmeeren. Wichtigste englische Häfen zu dieser Zeit: London, Southampton, Bristol und Liverpool. Nr. 2 waren die USA mit 2.825 Segelschiffen und nur 46o Dampfschiffen.

Interessante Zahlen in sofern, als es die Dominanz der Engländer im modernen Bau von Dampfschiffen dokumentiert. Derartige Schiffe waren gegenüber Seglern nicht nur schneller, da windunabhänggig. Sie waren im Bau teurer wegen Verwendung großer Mengen an Eisen (später Stahl), und im Betrieb wegen der Verfeue-

Eine der ersten Dampf-Loks auf der Brindisi-Strecke

rung von Kohle für die Dampfkessel. Dafür waren Dampfschiffe schneller, konnten also gegenüber Segelfrachtern in selber Zeit mehr Transportfahrten durchführen,was den Gewinn steigerte.

Die Dampfschiffe waren insbesondere in der wirtschaftlichen Erschließung Argentiniens durch englische Reeder elementar: Argentinien expandierte zur Jhd.- Wende im Fleischexport, mit Abstand Haupteinnahme des Landes. Hier galt es, mit schnellen Schiffen (inkl. Kühlanlagen) die verderbliche Ware zu den Verbrauchsmärkten zu bringen. Insbesondere während des 1. Weltkrieges war der Fleischexport von Argentinien elementar, als die Landwirte weg vom Acker an der Front Gewehre und Panzer bedienten, - und es galt, die Bevölkerung zu ernähren.

USA/KANADA: neben Liverpool war Southampton wichtigster Hafen für die Einwandererströme in die "Neue Welt", wo man es gemäß Presseberichten bei genügend Fleiß und Geschick vom "Tellerwäscher zum Millionär" bringen konnte. Zudem riesige Landräume, die es zu erschließen galt. Berichte über den Goldrausch in Alaska etc.

Werbeposter CUNARD-LINE Europa↔USA

1913 waren es allein 1,5 Millionen, die per Schiff über den Nordatlantik nach USA und Kanada auswanderten und Anfang der 2o-er Jahre bereits 3o Millionen pro Jahr. Allerdings auch Zeitpunkt, wo die US- Behörden Einwanderungsbestimmungen aufstellten, um die Flut einzudämmen.

Die Einwanderer reisten je nach Kapital im Zwischendeck, zusammengepfercht auf engstem Raum. Eingesetzt wurden Segler, mit billigerer Passage, aber auch Dampfschiffe. Leute, die es in der Neuen Welt zu Reichtum gebracht hatten, siehe z.B. Charlie Chaplin, wollten per Luxuskabinen ihre ursprüngliche Heimat besuchen.

Die Reedereien bauten immer neue, bessere, schnellere, größere und komfortablere Schiffe. Wegen der Nähe zur Metropole London wurde Southampton zu d e m englischen Transatlantikhafen nach USA und Kanada.

Es gab eine Vielzahl an Reedereien, wobei übrigens deutsche Schiffe besseren Ruf genossen und mehr Passagen abwickelten als die Engländer oder Franzosen.

TITANIC: daß bei derart grenzenlosem Wachstum an Nachfrage und Passagieraufkommen auch Katastrophen passieren, war praktisch vorgeplant. 19o7 beschließen in London die Eigentümer der amerikanischen WHITE STAR LINE den Bau eines Luxusliners, der an Größe und Komfort alles im Transatlantik Verkehr in den Schatten stellen sollte.

Am 31. Mai 1911 läuft die Titanic vom Stapel, 269 m lang, 28 m breit und bis zur Brücke 32 m hoch. Um das Riesenschiff zu warten, müssen auf beiden Seiten des Atlantiks neue und größere Docks gebaut werden. Die Jungfernfahrt der Titanic, - geplant für den 2o. März 1912 mußte jedoch wegen einer Havarie eines anderen Schiffs der White Star und für Reparatur notwendiger Arbeiter verschoben werden.

Bis zum 1. April 1912 erhält die Titanic Ausstattung im Inneren, aber auch ihrer Ret-

OBEN: Titanic, gebaut 1911 als damals größtes und luxuriösestes Passagierschiff der Welt. Jungfernfahrt 10.4.1912 ab SOUTHAMPTON, – 4 Tage später gesunken.
UNTEN: Handskizze vom Untergang der Titanic, am 15.4.1912 auf der Carpathia nach Augenzeugenbericht angefertigt. ① TITANIC nachts um 3/4 12 auf Eisberg aufgelaufen ② 0.05 Uhr: Vorschiff läuft voll Wasser, – ③ 1.40 Uhr: Schiff zur Hälfte abgesoffen, ④ Titanic bricht 1.50 Uhr in 2 Teile, – ⑤ Heck ragt aus dem Wasser, 1.50 Uhr, 5 Min später ⑥ ist das Schiff weg.

tungsboote. Gemäß damaliger Vorschriften des brit. Handelsministerium hatte die Titanic 2o Rettungsboote und damit die Vorschriften um 1o % "übererfüllt". Jedoch zu wenig, wie sich später erweisen sollte.

Kurze Probefahrt am 2.4.1912, die lediglich 1 Tag dauert. Getestet werden die Funkanlage, sowie Wende- und Stopmanöver. Dann gehts schon nach Southampton, dem Startpunkt der Jungfernfahrt. 5. - 8. April: Begrüßung und Verladung der gewaltigen Kohlemengen zur Befeuerung der Dampfturbinen, sowie Verladung der Lebensmittel für die Reise nach USA, an Quantität eine halbe Großfarm.

Kapitän der Titanic, Edward J. Smith

Der Kapitän E.J. Smith geht an Bord, und die Fahrt für viele Passagiere in den Tod beginnt. Beim Ablegen von Southampton Pier am 10.4. gegen 12 Uhr gibts bereits fast die erste Havarie, als Kapitän und Mannschaft offenbar das riesige Schiff nicht gewohnt sind. Es dreht auf die New York, die ebenfalls im Hafen liegt. Ein Zusammenstoß kann nur mit 1 m Abstand vermieden werden.

Dann gehts entlang der Südküste Englands rüber nach Cherbourg/Frankreich, wo am frühen Abend weitere Passagiere aufgenommen werden.

Wieviel Menschen an Bord der Titanic waren, kann nur geschätzt werden, da die Listen nicht exakt geführt wurden. Man geht aus von rund 2.23o Menschen.

Nach 4 Tagen Seereise befindet man sich am 14.4. südlich von Grönland. Der Funker der Titanic emfängt am Morgen gegen 9 Uhr einen Funkspruch von der "Caronia", der Eis meldet, - auch am Mittag treffen per Funk Eiswarnungen von anderen Schiffen der Region ein, so der "Balitic" und der "America". Gegen Abend sinkt die Lufttemperatur auf Null, während sich die Fahrgäste in den Salons erfreuen, die Kohleschipper unten bei der Befeuerung der Dampfkessel schwitzen und der Kapitän, bevor er sich zur Ruhe zurückzieht, "leichten Südkurs" anordnet.

Das Wetter ist klar, und der Mann oben im Mast hält Ausschau nach Eisbergen... Um 21.4o trifft ein weiterer Funkspruch ein von der "Mesba", die ebenfalls vor Eis warnt. Ein Funkspruch, der, - wie spätere Gerichtsverhandlungen dokumentieren, - vom Funker der Titanic nicht weitergeleitet wurde. Er war zu beschäftigt in der Weitergabe privater Funksprüche von Passagieren der Titanic.

Defacto erhielt die Titanic 6 Warnungen verschiedener Schiffe und Positionsmeldungen von Eis. Dies deutete auf ein breites Eisfeld hin. Statt die Maschinen zu stoppen, legte der Kapitän sich zu Bett...

22.55 Uhr: weitere Eiswarnung des Dampfers "Californian", der sich gemäß Positionsmeldung runde 17 Seemeilen von der Titanic entfernt befand. Somit definitiv drohende Gefahr! Allerdings wird der Funker der Titanic böse: die "Californian" störe hier seine Arbeit. Der Funker der Californian schaltet daraufhin um 23.3o Uhr sein Gerät ab und begibt sich zu Bett. Dies hat fatale Folgen, die Californian war der am nächsten zur Titanic befindliche Frachter!

14.4.1912 um 23.4o Uhr: Der Ausguck im Mast sieht in ca. 5oo m Entfernung einen

Eisberg und meldet dies zur Brücke. Die Maschinen werden auf Volldampf retour geschaltet und das Steuerruder nach links. Trotzdem gewaltiger Krach! Die Titanic donnert seitlich auf den Eisberg.

Kapitän Smith wieder an Deck, das Wasser steht um Mitternacht bereits in vielen Räumen des Vorschiffes, worauf man sich berät und zum Schluß kommt, daß das Schiff vermutlich sinken wird. Notruf wird ausgeschickt und von verschiedenen Schiffen im Umkreis, so der "Carpathia" (knapp 1oo km entfernt) empfangen.

15.4.1912, 0.25 Uhr: Aufforderung, das Schiff zu verlassen, Frauen und Kinder zuerst. Die ersten Rettungsboote sind nur halbvoll, da sich die Leute teils im Schlaf in den Kabinen befinden, bzw. auf Bordfesten in den Salons. Man will nicht glauben, daß dieses angeblich unsinkbare Schiff kurz vor Untergang steht. Später abgelassene Rettungsboote sind überfüllt. Teils kommt es auch zu Streit, wer einsteigen darf. Andere springen ins eiskalte Wasser...

1.4o Uhr: Funkspruch der Titanic "Maschinenraum bis zu den Kesseln vollgelaufen". Wegen Kurzschluß geht das Licht aus, Leute bleiben im Fahrstuhl stecken. - 1.50 Uhr: die Titanic zerbricht in zwei Teile, der vordere Teil des Schiffes verschwindet im Wasser. 2.00 Uhr: das Heck des Schiffes richtet sich steil auf und ist 5 Min. später ebenfalls im Wasser verschwunden... Dies gemäß Augenzeugen (siehe auch Zeichnung Vorseite). Gemäß anderer Berichte sei das Schiff erst um 2.20 Uhr komplett untergetaucht.

Gegen 4 Uhr früh nimmt die "Carpathia", die zwischenzeitlich die Unglücksstelle erreicht hat, die ersten Überlebenden an Bord. Insgesamt starben, u.a. wegen fehlender Anzahl an Rettungsbooten rund 1.5oo Menschen, auch der Kapitän. Im Anschluß wurden umfangreiche Gerichtsverfahren durchgeführt, um die Schuldfrage zu klären.

2. AKT, 1985: bei zwischenzeitlich moderner Technologie an U-Booten, ausgerüstet für große Tiefen, - sowie anderweitigen Erfolgen in Schatzssuche ging es um die Frage, die Titanic auf dem Meeresboden wiederzufinden. Denn an Bord der Titanic bei ihrer Jungfernfahrt waren allein 83 Millionäre und auch ansonsten sehr reiche Passagiere, da das Schiff als d e r Luxusliner damaliger Zeit konzipiert und ausgestattet war.

Man vermutete daher, daß die Safes des Schiffs gemäß Analyse der Passagierlisten voll mit rund 5oo Millionen Mark seien. Zumal der Untergang des Schiffs sehr schnell stattfand, und die Menge der reichen Passagiere kaum Schlange stand, um sich Schmuck etc. aus den Safes zurückgeben zu lassen. Sondern eher Probleme hatte, eines der wenigen Rettungsboote zu erreichen...

In Folge wurden Sponsoren beschafft, die die kostspielige Suche nach der Titanic finanzierten. Am 1. Sept. 1985 wurde dann die Titanic in 3.74o m Tiefe entdeckt. In Folge 1986 eine Vielzahl an Tauchgängen mit speziell ausgerüsteten 3- Mann U-Boot runter zur Titanic. Hierbei wurde auch der Schiffs- Safe gefunden und gehoben. Später dann großer Moment, vor laufenden TV-Kameras wurde der Safe geöffnet und war zu "aller Erstaunen" leer!

★ZEITALTER DER LUXUSLINER: Der Untergang der Titanic tat der Schiffahrt keinen Abbruch. Vielmehr wurden immer größere Schiffe gebaut, so die beiden Cunard-Dampfer "Queen Mary" und "Queen Elisabeth" (315 m, Jungfernfahrt 27.9.1936). Southampton war d e r Hafen für den Transatlantikverkehr nach New York. Diese wie auch andere Schiffe fuhren wöchentlich. Die Überfahrt kostete je nach Kabinenklasse 2oo bis 3oo US. Während des 2. Weltkrieges dienten sie als Truppentransporter, wobei

man durch ein ausgeklügeltes System an Hängematten z.B. auf der Queen Mary, die gewaltige Menge von 16.ooo Soldaten unterbrachte! Beide Queens zusammen hatten eine Kapazität von fast 3o.ooo Mann. Damit ließen sich ganze Kompanien innerhalb kürzester Zeit an die jeweiligen Weltkriegsschauplätze verschiffen. Dabei verzichtete man weitgehend auf Geleitschutz, um dem Feind nicht durch größere Flottenverbände aufzufallen, sondern baute auf strikte Geheimhaltung bei Truppenverschiebungen sowie die Geschwindigkeit der beiden Queens. Um so erstaunlicher ist, daß sowohl die Queen Mary, wie auch die Queen Elisabeth den 2. Weltkrieg überlebten, ohne je von einem Torpedo getroffen worden zu sein.
Insgesamt beförderten die beiden Queens während des 2. Weltkriegs die gewaltige Zahl von 1,5 Millionen Soldaten!

Nach Kriegsende transportierten die beiden Schiffe zunächst die Soldaten heim. Anschließend, 1946 wurden die Queens restauriert und in ihren ursprünglichen Zustand als Luxusliner versetzt: die Schnitzereien der Soldaten aus den Treppengeländern entfernt wie die Trittspuren der Stiefel im Parkett abgeschliffen und die Kaugummis von den Wänden entfernt. Die Queen Mary faßte nach Umbau 1.9o4 Passagiere und die Queen Elisabeth 2.o82.

Die Zeit ab 1946 bis hinein in die 6o-er Jahre war nochmals goldene Epoche im Transatlantikverkehr der Luxusliner. Allein in den ersten 4 Jahren verdiente die Cunard Line auf der Strecke Southampton - New York vice versa mit den beiden Queens jährlich 5o Millionen Dollar. Die Kabinen waren trotz wöchentlicher Schiffsabfahrten bis zu einem halben Jahr vorab ausgebucht.

1952 kam die amerikanische United States hinzu, die 2.ooo Passagiere befördern konnte (im Kriegsfall auch 14.ooo Soldaten), - eine Leistung von 25o.ooo PS hatte und eine Geschwindigkeit von 36,77 Knoten (= ca. 66 km) erreichte. Auf ihrer Jungfernfahrt überquerte sie den Atlantik in 3 Tagen, 1o Std. und 4o Min. Sie war damit schnellstes Schiff über den Atlantik und gewann das "Blaue Band" für die schnellste Überquerung (zuvor 14 Jahre bei der Queen Mary) wieder zurück an die USA.

Die goldene Aera der Luxusliner ging Mitte der 6o-er zu Ende. Jets hatten die Propellerflugzeuge abgelöst und überquerten den Atlantik Nonstop. Die früheren Schiffspassagiere stiegen aufs Flugzeug um, und die Reedereien wie Cunard schrieben dicke rote Zahlen. 1967 wurde die Queen Mary zu einem Museumsschiff und Hotel, verankert in Long Beach/Kalifornien, - die Queen Elisabeth als größter Passagierdampfer der Welt mit gleicher Funktion in Florida/USA.

Die Cunard Reederei baute als Nachfolger die kleinere "Queen Elisabeth II", die heute als letzter Passagierdampfer die Strecke Southampton- New York befährt.

STADTBESICHTIGUNG SOUTHAMPTON

Fast alle Sehenswürdigkeiten liegen im Viertel zwischen dem Bahnhof (1) und den Docks: alles recht nah beieinander und bequem zu Fuß zu erreichen. Während der Bomenangriffe Hitlers 194o/41 wurde viel an alter Bausubstanz zerstört.

ZENTRUM

Ab Bahnhof (1) führt die Western Esplanade südl. runter zum Mayflower Park (26). Östlich davon liegt der Stadtkern mit Hauptachse ABOVE BAR STREET (hier Tourist Office, Post 9), in diesem Bereich Fußgängerzone.

Oben Nähe Bahnhof das ART CENTRE (2): Künstlerforum, geführt von einer Gruppe engagierter Leute. Wechselnde Ausstellungen, kleines Theater (2oo Plätze), Avantgarde-Kino. Tagsüber vegetarische Gerichte in der Kantine. - Daneben das MAYFLOWER THEATER (auch Gaumont Th. genannt, 2) mit rund 1.5oo Plätzen. Wurde 1928 eröffnet, heute Klassik, Ballet, aber auch Popkonzerte. Berühmt ist die Mayflower- Pantomime-Gruppe des Theater und gilt als eine der besten Englands.

CIVIC CENTRE (4): riesige, moderne Gebäudegruppe zwischen der Commercial Road und der Civic Centre Road. Sitz der Stadtverwaltung mit 56 m hohem Turm, fast schon wie ein Wahrzeichen des modernen Southampton. Die Architektur aus weißlichem Portland Marmor (abgebaut nahe Bournemouth. Aus dem selben Stein z.B. auch das UNO-Gebäude in New York). Der Komplex enthält außerdem eine Bibliothek, ein Theater und im Nordflügel des Civic Centres die ART GALLERY: umfangreiche Sammlung von Malern der Moderne (z.B. Graham Sutherland, Paul Nash, Stanley Spencer, John Piper), aber auch Werke von Reynolds, Gainsborough, Rousseau. Highlight der Perseus-Zyklus von Burne-Jones.

Eine Kette von Grünanlagen lockert das Bild im nördlichen Teil des Stadtzentrums auf. Der WEST PARK (3) mit Kriegs-Mahnmal von Lutyens, der EAST PARK (6): in der Nordwestecke (5) erinnert ein Memorial an den Untergang der Titanic (1912), die in Southampton Anker lichtete. Der Luxusliner galt als sicherstes und brilliantestes Schiff seiner Zeit. Am 1o. April startete sie zu ihrer Jungfernfahrt nach New York, nach 4 Tagen rammte der Rumpf einen Eisberg und sank mit 1.5oo Menschen.

PALMERSTON PARK (8): dort eine Statue des englischen Premierministers Lord Palmerston. Der Politiker prägte die englische Geschichte in der Mitte des 19.Jh. wie kein anderer: konsequenter Aufbau der Kolonialmacht, seine aggressive Außenpolitik machte ihn zum Volkshelden. Südlich schließen sich Houndwell Park (1o) und Hoglands Park (11) an, letzterer mit Cricket Ground im Bereich der South Front Rd.

BARGATE (13): pompöser Torbau aus dem 12. Jh., die aufgesetzte Statue stellt King George III. dar. Das Bar Gate steht auf einer Verkehrsinsel in der Above Bar Street und ist Orientierungspunkt. Innen: kleine Ausstellung über die Geschichte der Altstadt.

POLYMOND TOWER (14): Tor der früheren Stadtmauer, markiert die nordöstliche Ecke des ehemaligen mittelalterlichen Stadtkerns.

HOLYROOD CHURCH (21): mittelalterliche Kirche, wurde 1849 restauriert und dann im 2. Weltkrieg durch Bomben erneut beschädigt. Hierbei keine Restaurierungen: Mahnmal an die Gefallenen der britischen Handelsmarine. Südlich der Kirche der Marktplatz (22) und das Hauptpostamt (23).

EINKAUFSSTRASSEN u.a. die Above Bar Street beim Bargate (13),

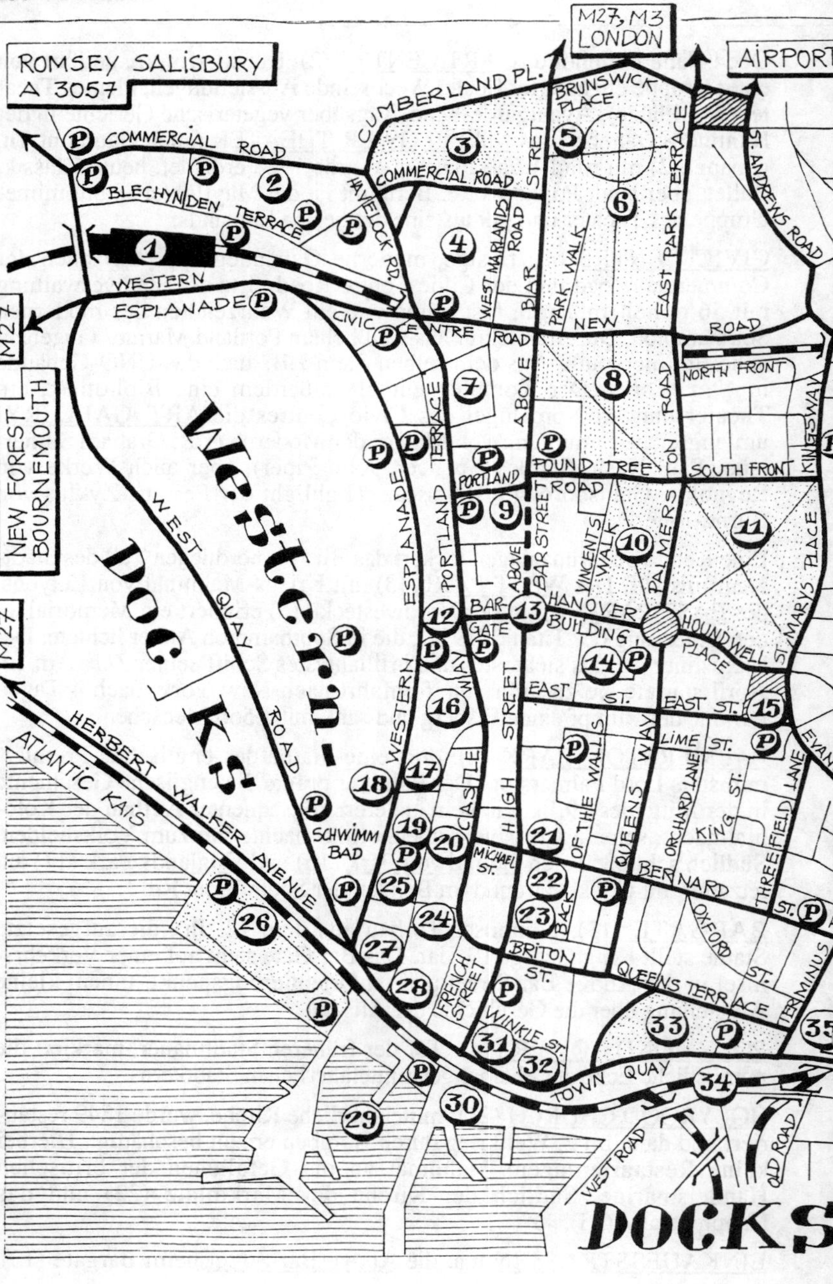
M27, M3
LONDON
ROMSEY SALISBURY
A 3057
AIRPORT
CUMBERLAND PL.
BRUNSWICK PLACE
COMMERCIAL ROAD
BLECHYNDEN TERRACE
HAVELOCK RD.
ST. ANDREWS ROAD
WEST MARLANDS ROAD
BAR STREET
PARK WALK
EAST PARK TERRACE
WESTERN ESPLANADE
CIVIC CENTRE ROAD
NEW ROAD
M27
NORTH FRONT
NEW FOREST
BOURNEMOUTH
ABOVE
KINGSWAY
Western Docks
PORTLAND TERRACE
POUND TREE ROAD
SOUTH FRONT
PORTLAND
PALMERSTON ROAD
WEST QUAY ROAD
ABOVE BAR STREET
VINCENTS WALK
ST. MARYS PLACE
HANOVER BUILDING
HOUNDWELL PLACE
BAR GATE
EAST ST.
EVANS
PORTLAND WAY
HIGH STREET
CASTLE
LIME ST.
OF THE WALLS
QUEENS WAY
ORCHARD LANE
KING ST.
THREE FIELD LANE
HERBERT WALKER AVENUE
ATLANTIC KAIS
SCHWIMM BAD
MICHAEL ST.
BERNARD ST.
BACK
OXFORD ST.
BRITON ST.
TERMINUS
FRENCH STREET
QUEENS TERRACE
WINKLE ST.
TOWN QUAY
WEST ROAD
OLD ROAD
DOCKS

SOUTHAMPTON

1 BAHNHOF
2 Art Centre und Mayflower Theater
3 West Park
4 Civic Centre mit Galerie, Bücherei, Guildhall
5 Titanic Denkmal
6 East Park
7 BUSTERMINAL
8 Palmerston Park
9 TOURIST INFO, POST
1o Houndwell Park
11 Hoglands Park
12 Wind Whistle Tower
13 Bargate
14 Polymond Tower
15 East Street Centre
16 Catchcold Tower, Stadtmauer
17 Watergate
18 Schwimmbad
19 Tudor House Museum
2o St. Michael's Church
21 Holy Rood Church
22 Market Place
23 HAUPTPOST
24 Medieval Merchants House
25 Westgate, Stadtmauer
26 Mayflower Park
27 Mayflower Memorial
28 Maritime Museum, Wool House
29 Red Funel Docks:
ABFAHRT Auto-Fähre -> Cowes
ABFAHRT Hydrofoil
3o Town Quay:
ABFAHRT Passagier- Fähre -> Hythe
31 Gods House und Gods Gate
32 Gods House- Tower Museum
33 Queens Park
34 Haupteingang zur AUTOFÄHRE -> Frankreich
35 BBC
36 Hall of Aviation (Museum)
37 Princes Alexandra Docks Ocean Village
38 ABFAHRT Autofähre P&O -> Normandie
39 HOVERCRAFT TERMINAL -> Cowes/Insel Wight
4o Itchen Bridge
41 Peartree Gardens
42 Bahnhof Itchen

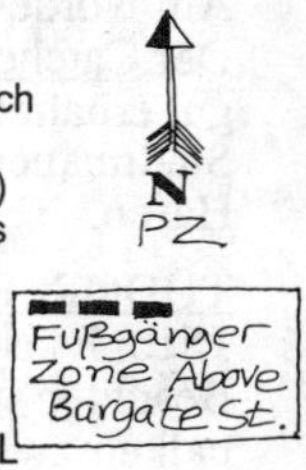

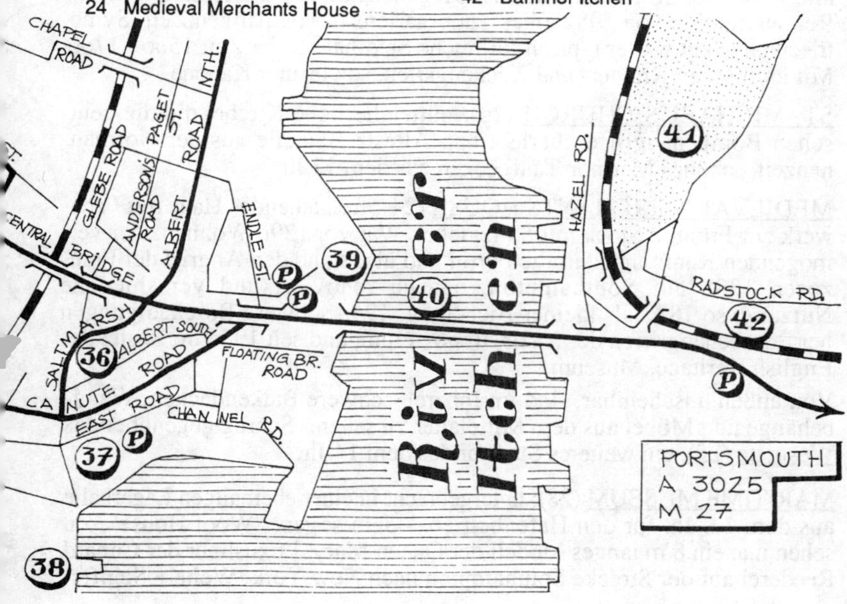

besonders schön auch die Oxfort Street im Regency Stil ihrer Häuser.

MITTELALTERLICHES VIERTEL

Obwohl im 2. Weltkrieg Southampton schwer durch Bomben zerstört wurde, sind noch einige alte Häuser aus teils sogar 12. Jh. erhalten, sowie mehrere Tore in der Stadtmauer. Die Western Esplanade führt entlang der ehemaligen TOWN WALLS (Stadtmauern).

Sie umschlossen das mittelalterliche Southampton etwa im Bereich der heutigen Western Esplanade - Town Quay - Queens Way - Bargate. Sie haben eine Höhe von 9 bis 12 m. Angelegt von den Normannen, im 14 Jh. wegen Überfällen der Franzosen weiter ausgebaut, mit 7 Stadttoren, von denen viele noch erhalten sind.

Am Nordende der Stadtmauern steht noch der Wind Whistle Tower (12). Der Catchcold-Tower (16) ist ein Überrest der alten Stadtburg. Weiteres gut erhaltenes Stadttor: Watergate (17). Ein Rundgang führt oberhalb der Stadtmauern lang. Beginn: nahe am Bargate (13), führt runter bis zum Hafen.

TUDOR HOUSE MUSEUM (19): dreistöckiges Fachwerkhaus von 151o. Es ist heute besterhaltenes Haus Southamptons aus dem Mittelalter. Beachten u.a. auch die sehr eng zusammenstehenden senkrechten Holzbalken zwischen dem Mauerwerk: typisch für die Region, bei dt. Fachwerkhäusern z.B. Hessens stehen die Stützbalken weiter auseinander.

Ist heute Museum, innen zu sehen das damalige Leben im Haus, sowie alte Kostüme, Stilmöbel, Haushaltsgegenstände etc. Interessant auch die Rekonstruktion von 1982 eines Tudorgartens der damaligen Zeit. Symetrisch angelegt,war er typisch für reiche Stadthäuser der Zeit 15oo - 17oo. Mit idyllischen Kräuter- und Küchengarten, sowie alter Kanone.

ST. MICHAEL'S CHURCH (2o): mittelalterliche Kirche, die die deutschen Bombenangriffe überlebt hat. Älteste Bauteile aus der Normannenzeit, schönes Marmor-Taufbecken aus dem 12.Jh.

MEDIEVAL MERCHANTS HOUSE (24): freistehendes Haus mit Fachwerk zur Front, 2 Stock mit Spitzgiebel. War vor 129o Wohnsitz der vermögenden Kaufmannsfamilie Fortin und überstand den Angriff der Franzosen 1338 auf Southampton, danach renoviert und verschiedene Nutzung, so 1833 als kleiner Bier-Shop. 194o schwere Beschädigungen bei Bombenangriffen der Nazis, Renovierung und seit 1984 im Besitz des English Heritage, Museum.

Von außen unscheinbar, sind im Inneren schwere Balkendecken, Wandbehänge und Möbel aus dem Mittelalter zu sehen.- Schräg gegenüber das Westgate (25), ein weiteres Stadttor aus dem 14.Jh.

MARITIME MUSEUM (28): untergebracht in einer ehemaligen Lagerhalle aus dem 14. Jh. für den Hafenbetrieb, - dem sogen. "Wool House". Zu sehen u.a. ein 8 m langes Modell der Queen Mary, Luxusliner der Cunard Reederei auf der Strecke Southampton nach New York. Weitere Schiffsmodelle und nautische Geräte zur Illustration der Seefahrtsgeschichte. Auch 1 : 1 Modell des Maschinenhauses der Titanic bzw. Luxuskabinen. Neues Maritime Museum in Ocean Village (37) siehe dort.

GOD'S HOUSE (31): ein klotziger Bau von 1185, diente ursprünglich als Krankenhospital. Schräg gegenüber das Torhaus God`s House Gate: markiert das südliche Ende der Stadtmauer.

GOD'S HOUSE TOWER (32): gedrungener Turm von 1417, enthält ein Museum für römische und frühmittelalterliche Ausgrabungsfunde.

HAFEN

Southampton war über die Jahrhunderte wegen seiner geschützten Förde wichtiger Hafen (siehe "Geschichte"). Hier legte die Mayflower ab, erstes Einwandererschiff in die Neue Welt,und ab Beginn unseres Jahrhunderts die riesigen Luxusliner wie Titanic (211 m, ✈ 1912), die Queen Mary (✂ stillgelegt 1967) und die Queen Elisabeth (✂ stillgelegt 1967).

MAYFLOWER MEMORIAL (27): das Denkmal erinnert an die Pilgrim Fathers: religiöse Flüchtlinge, die 162o von Southampton aufbrachen und den Grundstein zur Gründung des amerikanischen Staates legten. Rund um die Ablegestelle wurde der MAYFLOWER PARK (26) angelegt.

Kilometerlang ziehen sich Docks und Kaimauern hin. Kräne zum Löschen der Ladung, über der Ölraffinerie der Esso-Werke lodert ein ewiges Feuer. Westlich anschließend an die Western Docks moderne Container Häfen, Southampton ist immer noch einer der frührenden Häfen Großbritanniens. Frühere Kais wie der Town Quay und die Prinzes Alexandra Docks wurden heute jedoch touristischen Zwecken überführt: Yachthafen und Shopping Centres.

TOWN QUAY: Spezialgeschäfte und Bistros für einen Bummel; an den Kaimauern liegen die Yachten vor Anker. Hier auch der Queens Park (33) zum Relaxen, daneben das BBC-Gebäude (35).

HALL OF AVIATION (36): illustriert die Geschichte des Flugverkehrs über der Wasserstraße zwischen Festland und der Isle of Wight. Z.B. Sandingham-Flugboot, Helikopter und Memorabilia an den Flugzeugbauer R.J.Mitchell, der vor dem Krieg in Southampton lebte und die berühmte Militärmaschine Spitfire konstruierte.

OCEAN VILLAGE (37): hier hat man die alten Dockanlagen zu einem Yacht- und Freizeit-Zentrum ausgebaut. Shops mit Designer-Klamotten, Kunsthandwerk etc. sowie Bistros und Marktbuden. Alles mit sehr viel Leben, an den Kaimauern zahllose Segeljollen und Jetset-Leute aus ganz Europa. Neues Maritime Museum, u.a. mit dem Schiff "Galway Bay" (193o). - Heritage Theatre: durch Dia- und Filmshows wird in die Geschichte der Dockanlagen eingeführt. Boot-Trips: täglich am frühen Nachmittag ein zweistündiger Trip entlang der Küste. Vorbei an einen

Wald aus Yachten, Booten und Frachtschiffen. Abfahrt innerhalb des Ocean Village.

ITCHEN BRIDGE (4o): die Stahlkonstruktion überspannt den River Itchen. Drüben ein gemächlicher Stadtteil. Rumbummeln in den Straßen und im Peartree Park (41). Itchen hat eigenen Vorstadt-Bahnhof (42).

"**Delphin Hotel**", High Street. Einfahrt durch großen Torbogen: ein historischer Ziegelbau, in dessen Gästebuch illustre Namen wie Queen Victoria oder die Schriftstellerin Jane Austen stehen. Verschwenderisch möbliert, die Zimmer aber sehr unterschiedlich (alle mit Bad/WC). Topabsteige. Tel. o7o3/ 33 99 55, DZ ca. 25o DM.

"**Star Hotel**": High Street. Vom Eigentümer seit Jahren selbst geführtes und sehr gutes Hotel im Stadtkern. Familiär, freundlich. Tel. o73o3/ 33 99 39, DZ ca. 18o DM.

"**Rosida Garden Hotel**": Hills Lane. Seit 3o Jahren in der Hand der Besitzer-Familie. Tiptop in Schuß, herzliche Atmosphäre und 27 angenehm möblierte Zimmer. Im Garten ein Swimmingpool. Tel. o7o3/ 22 85 o1, DZ ca. 16o DM.

"**Orphir Hotel**": 7 Roberts Road. Pension mit 15 Zimmern (alle en suite), seit 2o Jahren von Eric Clarke geführt. Unser Preiswert-Tip. Tel.o7o3/ 22 68 76. DZ 1o5 DM.

BED & BREAKFAST: Auch zur Hochsaison kaum Engpässe. Sehr bequem, sich gleich im Umkreis des Hauptbahnhofs einzuquartieren. Zentrale Lage und wenig Kofferschleppen. Wer die Nacht lieber in den ruhigen Wohnvierteln der Vorstädte verbringt, etwa im Stadtteil Shirley: ruhiger und angenehmere Umgebung. Außerdem eine Idee billiger, was die Kosten für den Stadtbus wieder einspart.

JUGENDHERBERGE (461 Winchester Road): 4 km außerhalb in sauberen Wohnviertel an der Straße in Richtung Winchester. Stadtbusse 4 und 6 bis "Basset Roundabout". Sauber und vom Service her o.k. Tel. o7o3/ 79 o8 95)

Kein Platz innerhalb der Stadt: gute Auswahl im New Forest (siehe dort). Z.B. im Dorf Ashurst, wo der Campingplatz ein paar hundert Meter hinter dem Zugbahnhof liegt (stündlich Züge rein nach Southampton).

GEDDES (Town Quay): gilt allgemein als Nummer Eins. In einer umfunktionierten Lagerhalle, gegenüber den Docks. Moderne französische Küche mit Schwerpunkt Meeresfrüchte. Dinner um 6o DM.

TOWNHOUSE (Oxford Street): "haute cuisine" auf Vegetarier-Basis. Keine billigen Naturkost-Snacks: Das 3-Gang-Menü für ca. 35 DM, Lunch 6-8 DM. Nur Nichtraucher!

ALICE'S RESTAURANT (Carlton Place): mexikanische Sachen zwischen 15 und 2o DM. Die Tortillas zergehen auf der Zunge. Zusätzlich Steaks und Riesen-Hamburger.

LA MARGHERITA (6, Commercial Road): Tip für italienische Sachen. Seit 18 Jahren in der Hand der Passarellis. Lockere Atmosphäre, viel Umtrieb, und der Duft nach Pizzen und Pasti frisch aus dem Ofen. Paar Minuten vom Arts Centre (2).

IMBISS-SACHEN: alle Sorten von Fritten bis zu Paella im Bargate Shopping Centre, sehr zentral neben dem mittelalterlichen Stadttor Bargate (13).

RED LION (55 High Street): best Pub in town! Museumsreife Halle mit Dachsparren und Holzvertäfelung, auf halber Höhe der Wände eine Galerie, um sich mit dem Glas in der Hand den Betrieb von oben anzuschauen. Im Nebenraum ab 19 Uhr gute Barmeals.

FROG & FRIGATE (33 Canute Street): ist die Studentenkneipe von Southampton: mittwochs bis samstags klampft jemand Dylan oder Beatles, die Gäste stehen mehr oder weniger senkrecht im Sägemehl auf dem Boden oder tanzen auf den Tischen. Ein Dutzend chemiefreier Biere ("real ale") von Klein-Brauereien.

CANUTE HOTEL (Canute Road): Donnerstag bis Samstag Live-Bands, von klassischem Rock bis zu Heavy Metal. Kleiderordnung: Jeans und Leder. Liegt gegenüber dem Eingang zum Ocean Village.

GRAPES HOTEL (Oxford Street): 25o Jahre alte Kaschemme mit Charakter: Alles vollgestopft mit gründlich gereinigten Nachttöpfen, Statuen und überall Kristallglas und Balustraden.

ROYAL PIER (nahe dem Fährterminal). Schickimicki-Treff: prächtiger Kuppelbau, laute Musik, knallvoll.

Gut für einen Kneipenbummel ist die ST.MARY´S STREET. Die Straße geht quer durch ein traditionelles Arbeiterviertel mit billigen Wohnungen: entsprechender Vorstadtkinder-Flair. Das halbe Dutzend Pubs ist gutes Pflaster für Folk- und Bluesmusik.

Am etabliertesten: Joiners Arms, seit 196o als Musik-Establishment ein festes Element der Stadtszene. Fast täglich Independent-Musik, Rock oder Folk. Das Onslow Inn: engagiert mehrmals pro Woche Blues-Musiker.

Verbindungen ab Southampton

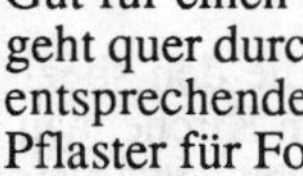

Flüge: Flughafen ca.6 km nördlich, an der A 335 Richtung Winchester. Airlink per Zug. Service zu Kanalinseln und rauf nach Manchester und Glasgow.

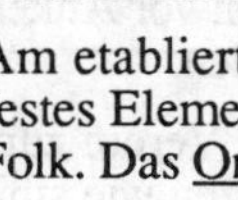

Züge: alle Verbindungen gehen ab der Central Station (1), zusätzlich Vorstadtbahnhöfe (z.B. am Airport und am Ferry-Terminal). Stündlich Verbindung nach London sowie stündlich nach Salisbury (Fahrzeit 3o Min.), - Bristol (2 Std.), Portsmouth (5o Min.) und Winchester (3o Min.). Ebenso stündl. entlang der Südküste in beide Richtungen.

Fähren: flotte Verbindung nach Cowes/Isle of Wight mit Hovercraft- Booten ab (39), bzw. Autofähren ab (29). Weiterhin Personenfähre ab (3o) über den Meeresarm ("Southampton Waters") nach Hythe, - und PKW- Fähre (P & O) nach Frankreich.

Busse: Busterminal (7) an der Western Esplanade, häufige Verbindungen entlang der Küste, sowie nach Winchester, Salisbury und London.

UMGEBUNG VON SOUTHAMPTON

ISLE OF WIGHT: beliebtester Ausflug ab Southampton. An den Ferienstränden relaxen, Touren zu interessanten Sehenswürdigkeiten rund um die Insel. Abfahrt (29) mindestens einmal pro Stunde, das ganze Jahr. Details zur Isle of Whight Seite 269.

FÄHRVERBINDUNG NACH HYTHE: Passagierfähre ab Town Quay (3o), alle halbe Stunde. Der Stahlkahn pflügt sich in 15 Minuten durch den Hafenarm zum Vorort mit seiner schläfrigen Dorf-Atmosphäre. Hythe an sich ist nichts aufregendes, aber schöner Trip rüber für eine Tasse Kaffee und ein bißchen Rumschlendern.

NETLEY: Vorort an der Küste (5 km südöstlich ab Stadtmitte), rund 2.3oo Einwohner. Romantische Ruinen der 124o gegründeten Netley Abbey, von Gras und Moos überwucherte Mauerreste. Das Kloster verfiel nach der Reformation. Verbindung mit Zug und Bus.

HAMBLE: Yachthafen und der richtige Flair für Leute, die den spezifischen "Jetset-Geruch" lieben. Dominiert von einem stolzen Kirchenbau. An den Marinas liegen ganze Batterien der weißen Segeljachten vor Anker. Schön zum Flanieren. Außerdem können Boote gemietet werden.

MARWELL ZOO: 1972 eröffnet von einem gemeinnützigen Verein zum Schutz bedrohter Tiere. Besonders große Anzahl von Raubkatzen wie sibirische Tiger, Schneeleoparden, Jaguare oder asiatische Löwen sowie von Antilopen (z.B. das in freier Wildbahn ausgestorbene Przewalski-Wildpferd). Der Zoo hat sehr gute Zuchterfolge. Anfahrt: liegt 12 km nordöstlich, beschildert ab der A 335. Busverbindung.

Romsey

Romantisches Marktstädtchen mit ca. 1o.ooo Einwohnern. Die rausgeputzten Fachwerkhäuser drängen sich rund um den Marktplatz, zu dem enggequetschte, mittelalterliche Zufahrtsstraßen führen. Dort eine Statue von Lord Palmerston, dem bedeutenden britischen Premierminister.

Anfahrt: etwa 12 km auf der A 3o57 Richtung Andover, flotte Verbindung mit Zügen und Bussen.

Tourist INFO TI auf dem Parkplatz neben dem Busterminal: Broadwater Road, Tel. o794/ 51 29 87. Book-a-bed-ahead.

ABBEY CHURCH: Gebäudekomplex mit 85 m Länge und 4o m Breite, stammt aus dem 12. Jh. Gilt als eine der schönsten englischen Kirchen im normannischen Baustil. Wuchtige, schwerfällige Anlage. Durch die Lichtgaden fallen Sonnenstrahlen ein und erzeugen ein diffuses Dämmerlicht.

Sehenswert: das sächsische Kreuz im südlichen Chor-Seitenschiff und die Wandtafeln in den Seitenkapellen, die die Kreuzzüge illustrieren. Eine Wandmalerei aus dem 16. Jh. stellt die Auferstehung dar.

KING JOHN'S HOUSE: erbaut um 121o. Der Besuch lohnt sich vor allem wegen der Wandzeichnungen im Innern: Graffiti-Schmierereien aus dem Jahre 13o6. Hingekritzelt von Kreuzfahrern, die auf ihrem Weg ins heilige Land hier Zwischenstation machten. Liegt gegenüber der Kirche.

BROADLANDS: der ehemalige Wohnsitz des Premiers Lord Palmerston. 1981 verbrachten Prinz Charles und Prinzessin Diana hier ihren Honeymoon. Anfahrt: am südlichen Stadtrand, Ausfahrt via der A 31.

Das Herrenhaus wurde Mitte des 18. Jh. im neoklassizistischen Stil ("Palladian Style") erbaut. Säulen und dreieckigen Giebelfelder, innen kostbare Stilmöbel und Kunstschätze.

MEMORIAL GARDENS: Vogelparadies in einer Flußschlaufe des River Test. Enten und Gänse gründeln am Ufer. Spazierweg ab Marktplatz.

Ausflüge ab Romsey:

- EAST WELLOW: in der Kirche Wandmalereien, die die Ermordung von Thomas Becket darstellen (Background siehe Canterbury/Cathedral).

  Auf dem Friedhof das Grab von Florence Nightingale. Sie wurde nach ihrer Tätigkeit als Krankenschwester beim Krimkrieg Vorreiterin für eine verbesserte Versorgung von Kriegsverwundeten. Anfahrt: paar km westlich über Landsträßchen.

- HILLIER GARDENS: breiteste Selektion von Holzpflanzen, die in den gemäßigten Breiten wachsen. Riesengroß, alles paradiesisch arrangiert und für den Gartenliebhaber ein "muß". Anfahrt: 1o nordöstlich, beschildert ab der A 31 Richting Winchester.

Folgende Bereiche im weiteren Umkreis um SOUTHAMPTON lohnen:

* *Die Kathedralenstädte WINCHESTER und SALISBURY, rund 2o bzw. 35 km nördlich, siehe Folgekapitel.*
* *STONEHENGE bedeutendstes Monument aus der Steinzeit, Seite 125*
* *NEW FOREST, auf der Strecke nach Bournemouth, Details Seite 297*
* *INSEL WIGHT, südl. Southampton und Portsmouth, siehe Seite 269*

ABSTECHER nach WINCHESTER und SALISBURY

Zwei vom kulturhistorischen Aspekt hochinteressante Städte, inkl. des Steinkreises von Stonehenge. Mindestens eine von den beiden gehört ins Ferienprogramm. Nach den Seebädern und Hafenstädten reintauchen und ein bißchen im Mittelalter baden zwischen Fachwerkhäusern und gotischen Kathedralen.

Etwa eine halbe Autobahnstunde nördlich (ca. 2o km nach Winchester, ca. 35 km nach Salisbury), gut ausgebaute Straßen.

Öffentlicher Transport: ab Southampton nach WINCHESTER rund 3-4 mal pro Stunde mit dem Zug, Fahrzeit ca. 2o Min., ca. 1o DM one-Way und Tagesausflug.

Per Bus stündlich einmal mit der Company "National Express", ca. 3o Minuten, ca. 7 DM single/ day-return.

nach SALISBURY ebenfalls flotte Zug- und Busverbindungen, Daten ähnlich wie bei Winchester.

Winchester (ca. 35.ooo Einw.)

Für Liebhaber von Kultur! Die imposante Kathedrale beherrscht das Städtchen aus Fachwerk-Häusern und engen Gäßchen. Reintauchen in vergangene Jahrhunderte, und abends "sweet life" in den zahllosen Restaurants und Kneipen...

Eine der Top-Attraktionen für den Tourismus in England. Trotz der zahllosen Besucher im Sommer lohnend für 1-2 Tage wegen der erstklassigen Sehenswürdigkeiten. Das alte Marktstädtchen mit seinen knapp 35.ooo Einwohnern schmiegt sich an den Fuß der Downs-Hügel, mittendurch plätschert das Flüßchen "River Itchen".

Architektur: eine der ältesten englischen Städte, in der alle Stilrichtungen vom 12. Jh. bis heute vertreten sind. Von den ursprünglich fünf Stadttoren sind noch zwei erhalten.

GESCHICHTE: In vorgeschichtlicher Zeit befand sich hier eine Furt über den River Itchen, die später auch von den römischen Eroberern benutzt wurde. Auf die Römer geht die Stadtgründung zurück. Hieß damals "Venta Belgarum": von einer Stadtmauer umgeben war es 5. größte Stadt in ihrer Provinz "Britanica", hatte ca. 6.ooo Einwohner, die Villen prächtig ausgestattet mit Bodenmosaiken, sowie öffentliche Bäder und Säulenhallen.

Zur Epoche der Angelsachen wurde Venta Belgarum umbenannt in "Wintanceaster". Anno 648 n. Chr. baute man hier die erste christliche Kirche, drei Jahrzehnte später wurde Winchester bereits Bischofssitz. Dem Aufstieg auf religiösem Gebiet folgte die politische Blütezeit. 827 wurde in Winchester der erste englische König gekrönt. Die politische und kulturelle Glanzphase erfolgte unter King Alfred the Great (871 - 9o1), der Winchester zur Hauptstadt seines Königreiches machte. Noch Edward der Bekenner, der letzte Sachsenkönig, ließ sich 1o43 hier krönen, Winchester belegte nach wie vor Platz eins in der englischen Landkarte.

Normannen: William the Conquerer ließ sich nach der Eroberung Englands (siehe Seite 159) sowohl in Winchester wie auch in London krönen. Er betrachtete beide Städte als gleichwertige Machtzentren. Seine Nachfolger handelten ebenso. Auch auf wirtschaftlichem Gebiet nahmen beide Städte denselben Rang ein. Die Stadt ist durch die Wollindustrie zu großem Reichtum gekommen, und der Markt von Winchester war in in ganz Europa bekannt: aus entfernten Ländern kamen Händler angereist. Die wirtschaftliche und kulturelle Bedeutung der Stadt läßt sich daran ablesen, daß man ab 9. Jhd. in Winchester die damals größte Kathedrale des europäischen Mittelalters baute.

Bis ins 13. Jh. waren Winchester und London Konkurrenten um Platz eins in England. Dann begann der Abstieg: als erstes verlor die Stadt das Recht zur Münzprägung, bald darauf seinen Hauptstadt-Status. Mit dem Niedergang der Wollindustrie im 16.Jh. verlor Winchester endgültig seine ökonomische Basis und sank in die Provinzialität ab.

Tourist INFO (15) The Broadway. Tel.o962/ 84 o5 oo. Ganzjährig geöffnet, Book-a-bed-ahead. Im Sommer zweimal pro Tag Stadtführungen.

Hauptachse von Winchester ist die **HIGH STREET**, Fußgängerzone mit viel Betrieb u. Boutiquen zu Kolonnaden angeordnet. CITY MILL (1o): Mühle aus dem 18. Jhd., deren Rad sich noch ächzend dreht (dient heute als Jugendherberge). Vor der Mühle die City Bridge, eine massive Steinbrücke über das Flüßchen Itchen. Erbaut 1813.

Kurz vor der Brücke die Statue des King Alfred (871-9o1), König unter den Sachsen. Unter seiner Herrschaft blühte Winchester auf. Die Statue stellte der Bildhauer Thornycroft 19o1 zur Feier des tausendsten Todestages des Königs auf.

ST.GILES HILL: Park und schöner Panorama-Blick über das gemächliche Winchester mit seinen Straßen, Fachwerkhäusern und mittendrin die massive Kathedrale. Zu Fuß zu erreichen über die Magdalen Hill Road ein paar Min. bis zu den Treppen, die auf den Hill führen.

← NR. siehe Stadtplan ←

ST.JOHN`S CHURCH (9): verschiedene Stilelemente (Bau vom 12-16.Jh.).

ST. JOHN`S HOSPITAL (11): gegründet Ende des 13.Jhs als Krankenhaus.

ABBEY HOUSE (12): Amtsgebäude des Bürgermeisters.

CRUSADES EXPERIENCE (13): mit viel High Tech wird das Zeitalter der Kreuzzüge heraufbeschworen. Dunkle Kerkerverließe, Feldlazarette, Waffen. Alles nachgestellt mit Wachspuppen, auf deren Gesichter Filme projiziert werden, die so eine täuschend echte Mimik entstehen lassen.

TOURIST INFORMATION (15): untergebracht im Rathaus,- erbaut

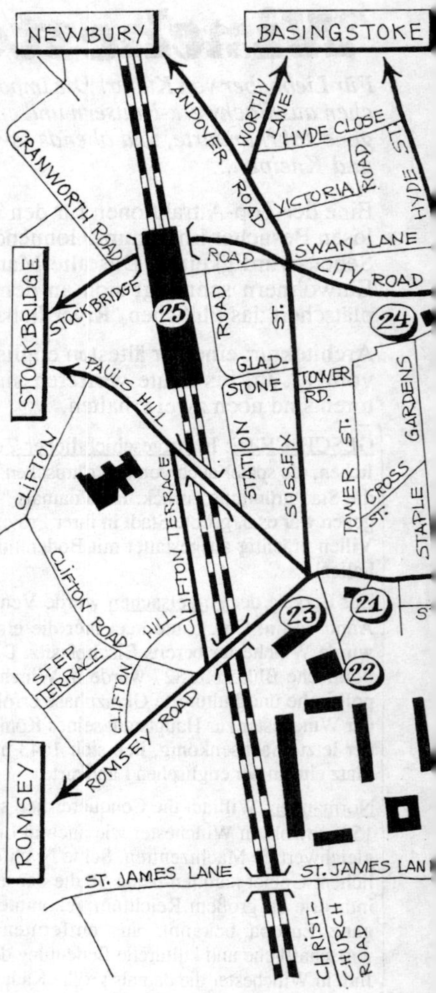

Welcome to Clovelly

to the cobbled village street and the harbour is by way of a path leading
re at the eastern end of the car park. The village is mentioned in the
) A.D.) and it is probable that a settlement existed before that in Saxon
te dates on some cottages, and this marks the restoration work carried out
and previous owner of the village – Mrs. Christine Hamlyn. Further
ry of the village can be obtained from guide books on sale in the Clovelly

halfway down the village street, and the Red Lion Hotel by the harbour are
le accommodation, meals and refreshments. Enquiries can be made from
the car park.

E. For those who cannot manage the walk up the cobbled street, a fare
e is provided between 9.30 a.m. and 5.30 p.m. daily in the holiday season,
our behind the Red Lion Hotel.

tors are also invited to enjoy the fine coastal scenery by walking along the
e Hobby Drive (turn right immediately before walking down the cobbled
ntry Bower (turn left and proceed through the green gate).

icle is secure
able care will
ist be under-
re left at the

ur visit. The
king, use of
velly Centre
l theatre, and
maintenance
elly village.

For charges
please see Notice Board.

Welcome to Clovelly

[illegible]

[illegible]

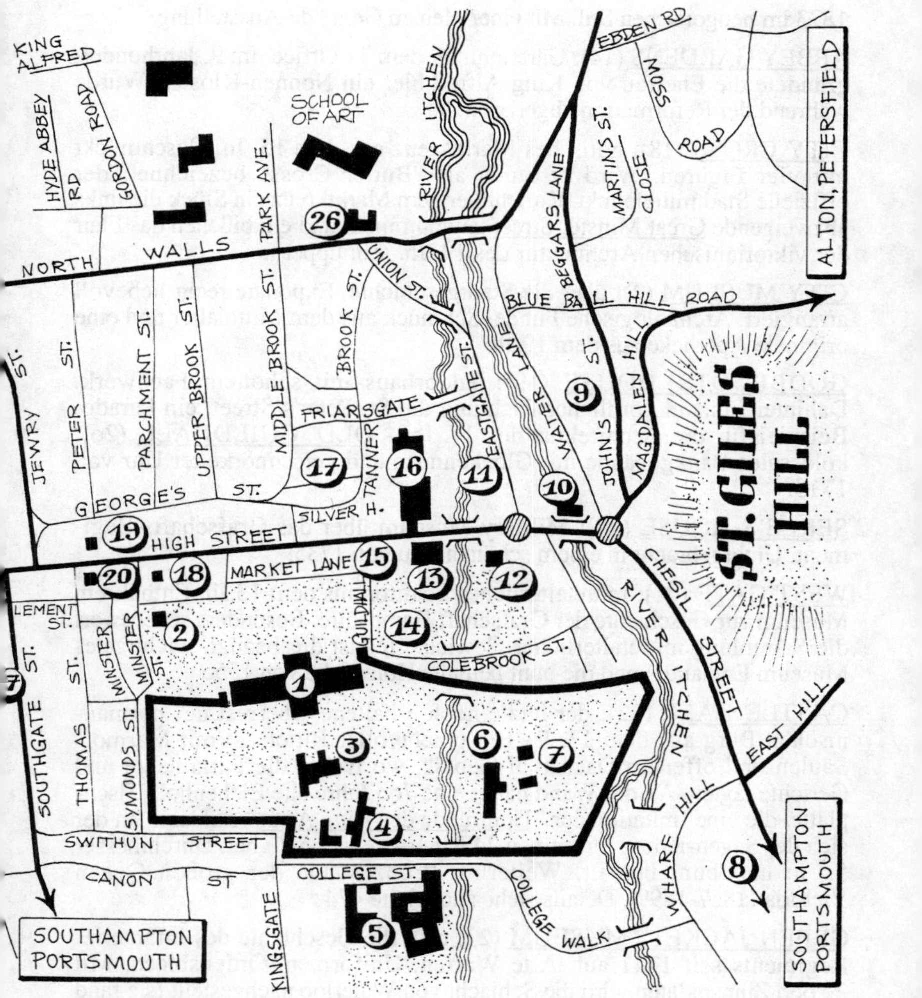

8 Hospital of St. Cross
9 St. Johns Church
1o City Mill
11 St. Johns Hospital
12 Abbey House
13 Crusade Experience
14 Abbey Gardens
15 TOURIST INFORMATION
16 BUSBAHNHOF
17 POST
18 City Cross
19 Godbegots House
2o Old Guildhall
21 Westgate
22 Castle Hall
23 Green Jackets Museum
24 Royal Theatre
25 BAHNHOF
26 Polizeistation
27 Serle's House

1873 im neugotischen Stil. Mit einer kleinen Gemälde-Ausstellung.

ABBEY GARDENS (14): Gärten hinter dem TI-Office. Im 9. Jahrhundert gründete die Ehefrau von King Alfred hier ein Nonnen-Kloster. Wurde während der Reformation abgerissen.

CITY CROSS (18): gotisches Marktkreuz aus dem 15. Jh. Geschmückt mit vier Figuren. Wird oft auch als "Butter Cross" bezeichnet; der offizielle Stadtmittelpunkt. Kurz hinter dem Marktkreuz ein Stück die links abzweigende Great Minster Street langbummeln und ein bißchen das Flair der viktorianischen Architektur des 19. Jh. schnuppern.

CITY MUSEUM (2): über die Stadtgeschichte, Exponate recht liebevoll arrangiert. Archäologische Funde, Schmuck aus dem Mittelalter und eine originale Apotheke aus dem 19.Jh.

GODBEGOTS HOUSE (19): Tudorhaus mit schönem Fachwerk. Dahinter führt in nördlicher Richtung die St. Peter's Street, ein Parade-Beispiel für die Architektur des 17. Jh. - OLD GUILDHALL (2o): kolossales Bankgebäude mit Glockenturm und verschnörkelter Uhr von 1713.

SERLE`S HOUSE (27): Military-Museum über das Grafschafts-Regiment. Untergebracht in einem schönen Bau von 1735.

WEST GATE (21): mittelalterliches Stadttor aus dem 13.Jh. Enthält ein Museum zur Geschichte der Grafschaft Hampshire. Besonders sehenswert die Sammlung mittelalterlicher Gewichte (es ist diesbezügl. wichtigstes Museum Englands) und die bunt bemalte Holzdecke von 155o.

CASTLE HALL (22): der letzte noch erhaltene Überrest der normannischen Burg aus dem 13. Jh. Ein prachtvoller Rittersaal mit Marmor-Säulen und offenem Dachstuhl-Gebälk, wo früher die Parlamente und Gerichte tagten. An der Wand hängt eine 7oo Jahre alte Eichenholz Tischplatte, die eine Imitation der "Tafelrunde des King Artus" sein soll, an der sich der Sagen-König mit seinen 24 Rittern versammelt hat. Durchmesser 5,5 m und bunt bemalt. Weiterhin Bronzestatue der großen Queen Victoria (1837-1899). Details siehe auch Seite 474.

GREEN JACKETS MUSEUM (23) rollt die Geschichte des Infanterie-Regiments seit 1741 auf. Alte Waffen, Uniformen, Ordensblech. Mit 22.ooo Zinnsoldaten wird die Schlacht von Waterloo nachgestellt (sie fand am 18.7.1815 bei Brüssel zwischen den vereinigten Heeren Preußens und Englands gegen Napoleon statt, wobei Napoleon gewann).

WINCHESTER CATHEDRAL

Trotz gotischer Verzierungen wie Strebwerk ein relativ schlichter Bau. Wirkt aber durch seine Dimensionen imposant: mit 18o m Länge die längste mittelalterliche Kirche der Welt. Der Mittelturm ohne Spitze, wie auch andere Kathedralen z.B. Wells.

Mehrere Bauphasen von 1079 bis 1404. Wegen der langen Bauzeit ein Gemisch an normannischen und vorwiegend aber gotischen Stilelementen. Da Winchester lange Zeit englische Hauptstadt war, wurden in der Kathedrale viele Könige gekrönt, z.B. William the Conqueror.

Ende des 19. Jh. diagnostizierte man Einsturzgefahr: die Fundamente des schweren und insbesondere langen Kirchenbaus stehen in sumpfigem Untergrund am River Itchen. Die spektakuläre Rettungsaktion William Walkers machte damals große Schlagzeilen. Er ließ 1906 - 11 das Erdreich um die Kathedrale ausheben, damit sich das Wasser sammelt. Taucher entfernten mit bloßer Hand und Werkzeugen unter Wasser die alten Holzfundamente und ersetzten sie durch Betonunterbauten, wobei gut 20.000 Sack Zement verbraucht wurden. Bei damaliger Technologie sicher große Leistung.

← NR. siehe Kirchengrundriß

LANGHAUS (A): starke Wirkung durch den Kontrast der derb-wuchtigen Pfeiler aus der Normannen-Zeit und dem filigranen, gotischen Fächergewölbe. Zwischen den Pfeilern Statuen von Königen und monumentale Grabmäler. Grab von Jane Austen (1): eine der großen englischen Schriftstellerinnen, starb 1817 in Winchester. Ihr zu Ehren auch ein Gedenkfenster (4).

Winchester Cathedral

A Langhaus
B Nördl. Querschiff
C Südl. Querschiff
D Chor
E Vierungsturm
F Altarraum (Presbyterium)
G Marienkapelle

1 Grab von Jane Austen
2 Bischof Wykehams Kapelle
3 Normannisches Taufbecken (Heinrich III.)
4 Gedenkfenster für Jane Austen
5 Bischof Edingtons Kapelle
6 Dreikönigskapelle
7 Heiliggrabkapelle
8 Kryptazugang
9 Mönchsbank
10 Dombibliothek (Winchester Bibel)
11 Grab von Izaak Walton
12 Schmucksarg des Königs Canute
13 Sargtruhen sächsischer Könige und Bischöfe
14 Kapelle Bischof Fox
15 Grab Bischof Gardiner
16 Schrein des hl. Swithun
17 Grab Bischof de Lucy
18 Kapelle Bischof Langton
19 Schutzengelkapelle

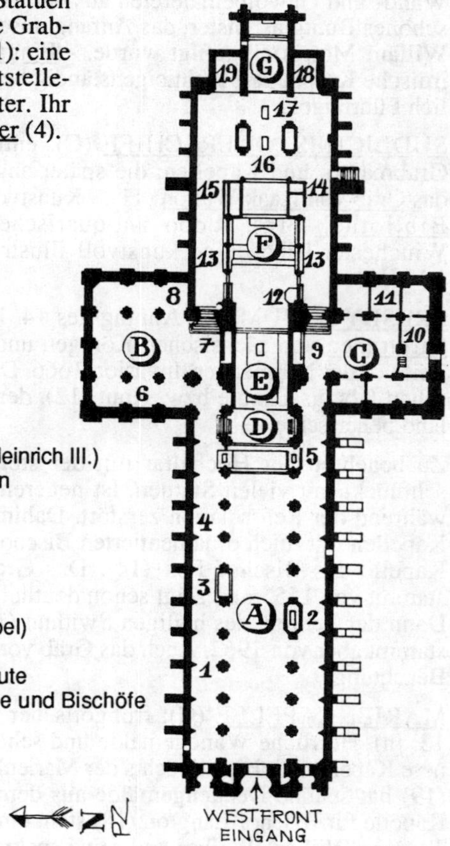

Normannisches Taufbecken (3): aus schwarzem Marmor mit schönen Reliefs. Gilt als eines der schönsten Beispiele normannischer Kunst in England. - Bischof Wykehams Kapelle (2): der Bischof war englischer Staatskanzler, starb 14o4. Sein Grabmal blieb bei den Unruhen während des englischen Bürgerkrieges (1645) unbehelligt.

CHOR (D): das Chorgestühl mit seinen einzigartigen Schnitzereien gehört zu den schönsten der Welt. Der Bischofsthron befindet sich in der Chorkanzel. Rechts davon die Kapelle Bischof Edingtons (5).

VIERUNGS-TURM (E): wuchtiger Mittelturm, um 11oo erbaut.

NÖRDLICHES QUERSCHIFF (B): stammt ebenso wie das südliche Querschiff vom Ende des 11. Jhs. Der normannische Stil ist hier am reinsten erhalten. - Heiliggrabkapelle (7): um 12oo erbaut,- wunderschöne Wand- und Gewölbemalereien aus dem 13. Jh. - Dreikönigskapelle (7): schönes Buntglasfenster, das Anfang unseres Jahrhunderts vom Künstler Willam Morris eingefügt wurde. - Eingang zur Krypta (8): die unterirdische Krypta darf nicht eigenständig besichtigt werden. Mehrmals täglich Führungen.

SÜDLICHES QUERSCHIFF (C): enthält ebenfalls eine Reihe von Grabmälern und Kapellen, die später angebaut wurden. Beispielsweise das Grab von Izaak Walton (11). - Kunstvoll beschnitzte Mönchsbank (9). Bibliothek (1o): 4.ooo antiquarische Stücke. Sehr wertvoll die Winchester-Bibel, eine kunstvoll illustrierte Heilige Schrift aus dem 12. Jh.

PRESBYTERIUM (F): Anfang des 14. Jh. Sehenswert: sechs hölzerne Sargtruhen von sächsischen Königen und Bischöfen, also noch aus der Zeit vor der Normannen-Invasion 1o66. Darunter auch der Sarg des dänischen Königs Canute bzw. Knut (12), der von 1o16 bis 1o35 ganz England beherrschte.

Zu beachten der Hochaltar mit der steinernen Altar-Rückwand, geschmückt mit vielen Statuen. Ist neueren Datums, der alte Altar wurde während der Reformation zerstört. Dahinter Schreine für Reliquien und Kapellen mit reich ornamentierten Bischofsgräbern. Sehr schön etwa die Kapelle des Bischof Fox (14). Das Grab des Bischof Gardiner (15) stammt von 1555 und zeigt schon deutlich Stilelemente der Renaissance. Dann der Schrein des heiligen Swithun (16): lebte im im 9.Jh., der Sarg stammt aber von 1962. Auch das Grab von Bischof de Lucy (17) verdient Beachtung.

MARIENKAPELLE (G): frühgotischer Early English Style (Ende des 13. Jh). Herrliche Wandgemälde und schöne Schnitzarbeiten. Zwei kleinere Kapellen, links und rechts der Marienkapelle: Die Schutzengelkapelle (19) hat schöne Deckengemälde aus dem 13.Jh. Vor dem Eingang der Kapelle für Bischof Langton (18) steht eine Statue zum Andenken an den Taucher William Walker und seine spektakuläre Rettungsaktion Anfang unseres Jahrhunderts (siehe Geschichte der Kathedrale).

TIP: berühmt ist der Knabenchor von Winchester. Zu hören bei der Sonntagsmesse und bei den Abendandachten (Evensongs), täglich außer mittwochs um 17.3o Uhr.

Ab hier → NR. siehe Stadtplan

CATHEDRAL CLOSE: großer Innenhof, eingeschlossen von den ursprünglichen Klostermauern. Sehenswerte Gebäude (Nummern siehe Winchester- Hauptplan!) sind die DEKANEI (3): im Mittelalter Wohnung des Priors. Heute nur noch eine Ruine, dreibogige Arkaden.

PILGRIM`S HALL (4): aus dem 14. Jh. War früher eine Herberge für Pilger auf dem Weg nach Canterbury. - WOLVESEY PALACE (6): der Palast des Bischofs,- 1684 von Christopher Wren erbaut (Führungen). Wren war einer der englischen Top-Architekten, der Lonon nach der großen Brandkatastrophe (1666) wieder aufbaute. - WOLVESEY CASTLE (7): Ruinen des früheren Bischofspalastes aus dem 12. Jh. Er wurde während der Reformation zerstört.

WINCHESTER COLLEGE (5): Seit 1382 öffentliche Privatschule und damit eine der ältesten der Welt. Die bauliche Substanz wurde in all den Jahrhunderten nur wenig verändert. Besonders beachtenswert sind der Kreuzgang und die College Chapel. In der Kapelle hohe Spitzbogen-Fenster und Fächergewölbe, vom selben Architekten wie die Westminster Hall in London.

Vor dem College führt die College Street vorbei: optimal erhaltene Stadtarchitektur aus dem 18. Jh. Mündet zum Stadttor Kingsgate aus dem 13. Jh., in das eine mittelalterliche Kirche eingebaut ist.

HOSPITAL OF ST.CROSS (8): Mittelalterliches Armenhaus. Wurde 1136 unter Regie der Kirche für 13 verarmte Männer gebaut, 3oo Jahre später baute man einen Trakt für mittellos gewordene Adelige an. Durch das Torhaus betritt man den Innenhof: kompakte Anlage mit der ursprünglichen Küche plus Speisesaal, Kapelle und Krankenhaus.

Heute dient das Hopital als Altersheim. Die Bewohner tragen wie seit Jahrhunderten lange, schwarze Kutten mit Baretts. Fallen überall in der Stadt auf und gehören zum Bild von Winchester. Gemäß dem uralten Brauch erhält man für sein Eintrittsgeld an der Pforte die "Wayfarer's Dole": Brot und der gottseidank unvermeidliche Schluck Bier als Wegzehrung für die Pilger.

Das Hospital of St.Cross liegt ca. 2 km südlich des Stadtzentrums. Schöner Spaziergang durch die Randbezirke von Winchester.

Lainston House: Sparsholt. Landschlößchen mit 3o Zimmern: in friedlicher Park-Idylle, 3 km nordwestlich von Winchester an der A 272. Prächtige Lobby mit offenem Kamin, die Zimmer mit viel Holz, Antiquitäten und allen Facilities. Das beste Hotel der Gegend. Tel. o962/ 63 588. DZ ca. 3oo DM.

Wessex Hotel: Padernoster Row. Top-Hotel im Bezirk der Kathedrale: zweistöckiger, moderner Ziegelbau. Die Standarts entsprechen dem Preis. Gab vor Baubeginn viele Proteste aus Gründen des Denkmalschutzes (zu nahe zur Kathedrale), ist aber recht harmonisch geworden. Tel. o962/ 61 611. DZ ca. 27o DM.

Royal Hotel: St.Peter Street. Altbau vom Ende des 17. Jh., ursprünglich das Haus eines Bischofs. Trotz der zentralen Lage sehr ruhig und abgeschlossen, hat alle erforderlichen Facilities, nette Atmosphäre. Tel. o962/ 84 o8 4o. DZ ca. 23o DM.

Wykenham Arms Hotel: 75 Kingsgate Street. Sieben Zimmer oberhalb eines sehr beliebten Pubs: Kiefernholzmöbel, Teppiche und auf dem Nachttisch ein frischer Strauß Schnittblumen. Tel. o962/ 53 834. DZ ca. 195 DM.

BED & BREAKFAST: zahlreiche Privatpensionen, liegen fast alle einen knappen KM südwestlich der Kathedrale (Bereich St.Cross Road/ Christchurch Road). Verbindung mit Stadtbus Nr. 47 ab dem TI. Ruhige, empfehlenswerte Wohnlage. Preise etwas höher als sonst üblich, ca. 65-85 DM fürs Doppelzimmer.
Buchen: Zur Hochsaison ist ohne Reservierung kaum was zu kriegen, alle Häuser bis unter's Dach belegt. Ansonsten auf umliegende Dörfer ausweichen.

JUGENDHERBERGE (1 Water Lane): in einer alten Wassermühle (18. Jh) an der Soke Bridge über den River Itchen. Optimal gelegen am östlichen Ende der High Street, keine 5 Minuten zur Kathedrale. Sehr romantischer Bau mit offenem Dachgebälk: über den River gebaut und entsprechend ständiges Rauschen als akustische Untermalung. Unbedingt zwei Tage im voraus anrufen und reservieren. Tel. o962/ 53 723.

Zur Auswahl stehen zwei Plätze: RECREATION CENTRE (Gordon Road): liegt 1o Gehminuten nördlich der Kathedrale im North Walls Park. Volle Ausrüstung mit Duschen und Cafeteria. Keine Wohnwägen. Tel.o962/ 69 525.

MORNE HILL SITE (Arlesford Road): Adresse für Leute mit Caravans; sehr gute Facilities und sauber. Liegt gute 3 km östlich an der B 34o4. Anfahrt: Abzweigung "Easton" von der A 31, von der Autobahn M 3 die Ausfahrt Nr.9 nehmen und runterfahren zur parallel verlaufenden A 31. Tel.o962/ 69 877.

BRANNS (9 Great Minster Street): derzeit die Nummer eins in Winchester. Der Chefkoch Chris Lock arbeitete früher im Savoy Hotel in London. Er folgt der Schule des "New English Cooking": frische Zutaten aus der Region, je nach Jahreszeit, üppige Saucen und alles optisch anregend hergerichtet. Drei-Gang-Menü ca. 8o DM. Unten in der Bar ca. 15-2o DM, ebenfalls von John Lock, aber weniger aufwendige Rezepte.

ELIZABETHAN (18 Jewry Street): französische "haute cuisine" zu unschlagbaren Preisen (ca. 2o DM für 2-Gang-Menü). Altbau von 1465 mit offenem Dachgestühl und viel Stil.

WYKEHAM ARMS: (Kingsgate Street, Ecke Canon Street): zerschundene Holzmöbel, alles mit Bildern vollgehängt und Gerichte um 2o DM. Alles sehr locker und leger.

BOX TREE (Kings Walk): überzeugt in der Billig-Klasse, für 3-1o DM Pasteten, indische Curry-Gerichte oder italienische Nudeln. Recht gemütlich, leider nur tagsüber geöffnet.

MINSTRELS (Little Minster Street, off High St.): viel Vegetarisches, große Auswahl knackiger Salate. Selbstbedienung, nur tagsüber, Preise 5-15 DM.

BLUE DOLPHIN (High Street): exzellenter Fish & Chips-Shop, schräg gegenüber vom TI. Nach dem Mahl für nur drei Märker faßt man sich an den gerundeten Bauch...

BAR MEALS: Für die Mittagszeit wird immer wieder das MASH TUN in der Eastgate Street gelobt. Ordentliche und ehrliche Portionen. Etwas einfachere und billigere Sachen für nur 5-1o DM im ECLIPSE INN. Adressen: siehe unten bei Pubs.

ROYAL OAK, (in einer kleinen Gasse, zweigt neben dem Godbegots House (19)von der High Street ab): der Star unter den Pubs von Winchester. Und eine der ältesten Kneipen in England: derbes Gemäuer und alte Holzbalken, wo sich ausgewaschene Jeans ebenso wohl fühlen wie Bügelfalten. Erste urkundliche Erwähnung aus dem Jahre 1o1o. Zweimal/Woche Live-Musik. Viele Touristen.

WYKEHAM ARMS (Kingsgate Street, Ecke Canon Street): behagliche Separees und Nischen gruppieren sich um die Theke. Gemütlich für den ruhigen Smalltalk, alles quillt über mit Pferdehalftern und Zinnkrügen.

MASH TUN (Eastgate Street) hat sich spezialisiert auf chemiefreie, handgepumpte Biere von Klein-Brauereien. Joker ist der Biergarten mit einem Dutzend Bänken am Flußufer.

OLD VINE INN (8 Great Minster Street): 2x/Woche Livemusik: Studentenpinte mit Leuten bis 25 Jahren.

ECLIPSE INN (Square, gegenüber der Cathedral): Tische aus massivem Holz, an den aufgeschlitzten Bänken stört sich hier niemand. Bei schönem Wetter werden Bänke auf die Straße gestellt.

ENTERTAINMENT: THEATRE ROYAL (24): pompöse Einrichtung aus dem 18. Jh. Programm beim TI.

FESTE: Folk Festival (Anfang Mai): Folklore-Gruppen aus ganz Europa treffen sich und geben der Stadt viel Charme.

Beer Festival (letztes Mai-Wochenende): wird von kleinen lokalen Brauereien veranstaltet. Dabei schenkt man traditionelle Biere nach alten Rezepten aus, die noch jedem Reinheitsgebot genügen. Veranstalter sind kleine, lokale Brauereien.

Hat Fair, (Juli): Stelldichein für Straßengaukler, Laien-Theatergruppen, Musiker, Pantomime. Dauert ein Wochenende.

SHOPPING: LEBENSMITTEL: eine Reihe von Shops entlang der St. George's Street, und die Kaufhäuser in der High Street. Lockes (5 Jewry Street) ist Tip für Selbstversorger: Naturkost-Sachen, typische Landes-Schmankerl und Delikatessen aus der ganzen Welt.

MARKT: mittwochs, freitags und samstags am Central Car Park, hinter dem Parkhaus.

Verbindungen ab Winchester

Per Auto: gute 9o km ab London. Flotte Verbindung auf der Autobahn M 3,- als Alternative über Landstraßen (siehe Infos zu "Inlands-Route", ab Seite 123).

Per Zug: der Hauptbahnhof (25) liegt fünf Gehminuten ab Stadtmitte. Ab London (Abfahrt Waterloo Station) 2x/Stunde Anschlüsse, Fahrtdauer gute Stunde, kostet ca. 35 DM single oder day-return, ca. 4o DM das normale Return. Ab Südküste mit Umsteigen in Southampton. Ebenso Umsteigen in Southampton, wer aus der Touristen-Hochburg Bath kommt (stdl., ca.33 DM one-way und return).

Per Bus: Busterminal: Nr.16. Ab London tgl. fünfmal (ca. 2 Std., ca. 2o DM single, 28 DM return). Rüber nach Salisbury (schlechte Zugverbindungen) tägl. 3 mal, Fahrzeit eine Stunde, ca.8 DM single.

Umgebung von Winchester

MEON VALLEY: in dem abgelegenen Tal ist die Zeit irgendwie stehengeblieben. Alte Dörfer mit kleinen, angelsächsischen Steinkirchlein und der Kneipe als Stammtisch-Treffpunkt. Schön zum Ausspannen, gemächliche Wanderungen von Dorf zu Dorf. Anfahrt: 2o km km östlich, auf der A 272 Richtung Petersfield und abzweigen nach West Meon.

FARLEY MOUNT: von zwei Flüßchen umspülte Anhöhe (18o m). Oben faszinierender Rundblick, bis runter zur Küste mit der Insel Wight und den großen Hafenstädten wie Beton-Pfannkuchen. Kurzer Aufstieg. Das pyramidenartige Monument auf dem Gipfel wurde 1795 aufgestellt, als bei einer Fuchsjagd ein Pferd in einen 8 m tiefen Abgrund stürzte und der Reiter unverletzt blieb. Anfahrt: über kleines Landsträßchen, 8 km westlich.

AVINGTON PARK: Villa eines Adeligen, klassische Säulen-Vorhalle und schöne Parklandschaft. Sehenswert vor allem der Ballsaal mit seiner Deckenverzierung. Nur am Wochenende geöffnet.

Nicht weit davon die Avington Church: aus der 2.Hälfte des 18. Jh., wunderschönes Beispiel für den georgianischen Baustil. Anfahrt: ca. 7 km nordöstlich, zunächst ab Winchester auf der A 33 nördlich und abzweigen auf die B 3o47.

NEW ARLESFORD: Startpunkt des Dampfzuges "Watercress Line", der über den 15 km langen Schienenstrang nach Alton tuckert. Optimal für Dampflok- Feeling, wenn draußen vor dem Fenster die Rußpartikel vorbeifliegen. Verkehrt leider nicht jeden Tag. Anfahrt: New Arlesford liegt ca.12 km östlich an der A 31.

MARWELL ZOO: anno 1972 eröffnet von einem gemeinnützigen Verein zum Schutz bedrohter Tiere. Besonders große Anzahl von Raubkatzen wie sibirische Tiger, Schneeleoparden, Jaguare oder asiatische Löwen. Außerdem Antilopen, wie etwa das in freier Wildbahn ausgestorbene Przewalski-Wildpferd. Der Zoo hat sehr gute Zuchterfolge. Anfahrt: 11km südöstlich, via A 333.

BISHOP'S WALTHAM: Ausflug, um den gemächlichen Flair zwischen den Ziegelbauten aus dem 17. Jh. zu tanken. Sehenswert die Ruinen des Bishop's Palace: erste Bauphase 1136, im Bürgerkrieg Mitte des 17. Jh. weitgehende Zerstörungen. Recht romantisch mit dem grauen Gemäuer, umspült vom Burggraben. Beachten: Kirche mit der Kanzel, Kreuzgang und große Halle. Anfahrt: 16 km südöstlich, immer die A 333 lang.

CORHAMPTON: im Dorf ein altes Kirchlein aus der Sachsenzeit. Sehenswert vor allem wegen der Wandgemälde aus dem 13. Jh. Eine schöne Wanderung führt auf den Old Winchester Hill, oben prähistorische Grabmäler. Anfahrt nach Corhampton: ab Bishop's Waltham (siehe oben) 5 km auf der B 3o35 Richtung Osten.

ROMSEY: unbedingt lohnend, wer sich für Kultur interessiert. Heimelige Altstadt, ein prächtiges Herrenhaus und eine Klosterruine. Liegt 16 km südwestlich. Anfahrt: 18 km südwestlich, via der A 31. Alle Details siehe "Umgebung Southampton".

SOUTHAMPTON: moderner Atlantik-Hafen, wo der Geruch nach Ferne von den Kaimauern herüberzieht. Anfahrt: 25 km auf der A 33, über weite Strecken durch zusammenhängendes Siedlungsgebiet. Besser und schneller per Zug (verkehrt stündlich, Fahrtdauer nur 2o Minuten). Details zu Southampton dort.

Von Winchester weiter nach Salisbury

Entfernung knapp 4o km: zunächst auf der A 272 bis Stockbridge, dann auf die A 3o. Normale Landstraße. Verbindung per Zug: Umsteigen in Southampton (bis zu 1 Std. Wartezeit auf den Anschlußzug). Ca. 2o DM einfach oder als Tagesausflug. Dünne Connections per Bus: nur 3 mal pro Tag, dafür aber Direkt-Verbindung.

STOCKBRIDGE: gemütliches Städtchen am River Test. Houghton Lodge: idyllische Gärten um ein georgianisches Herrenhaus, leider jedoch nur sehr unregelmäßig geöffnet.

Danebury: Hügelfort aus der Eisenzeit. Schöner Blick auf das weite Umland, durch das sich die Flußauen des River Test wie ein grünes Band schneiden. Liegt ca. 5 km nordwestlich von Stockbridge.

MIDDLE WALLOP: das "Museum of Army Flying" präsentiert die Geschichte der britischen Luftwaffe. Von ersten Ballons über altertümliche Bomber und und Doppeldecker- Kisten bis zu modernsten Flug- Missiles. Besonders stark vertreten sind Flieger aus dem Luftkrieg gegen das Hitler-Deutschland und aus dem Falkland-Krieg. Anfahrt: ein Stück nördlich der Route (via B 3o84), von der A 3o aus gut beschildert.

3 km vor SALISBURY noch zwei Sehenswürdigkeiten: das Herrenhaus Wilton House mit prachtvollen Staatsgemächern und Old Sarum, die Fundamente einer normannischen Stadt. Beide im Umgebungs-Kapitel von Salisbury beschrieben.

Salisbury

(ca.38.ooo Einw.)

Prototyp einer englischen Kathedralen-Stadt: der imposante Dom und wohlhabende Stadtvillen im Fachwerk-Stil, arrangiert zu einem übersichtlichen Schachbrettmuster. Innerhalb der historischen Altstadt gibt's kaum moderne Gebäude: das meiste vom 14. bis 18. Jh.

Salisbury gehört zu den fünf wichtigsten Kultur-Städten Südenglands.

Die einzelnen Häuser-Blocks sind um Gartenhöfe herum angelegt und heißen Chequers. Benannt nach einer jeweils dort befindlichen Kneipe, z.B. Three Swans Chequer. In Salisbury gibt es nicht das sonst übliche Gassengewirr mittelalterlicher Städte.

Lage: am Rand der weiten Kreidegestein-Ebene "Salisbury Plains",- ihren welligen Grashügeln, plätschernden Wiesenbächen, weiten Getreidefeldern. Marktstadt für ein wichtiges Agrarrevier.

In Salisbury münden die drei Flüsse Nadder, Bourne und Wylye in den River Avon. Entsprechend viele Brücken.

Tourist INFO (8) Office in der Fish Row, um die Ecke vom Marktplatz im Zentrum. Drei Gehminuten zur Kathedrale. Tel. o722/ 33 49 56. Book-a-bed-ahead.

GESCHICHTE: erste Siedlung zunächst nicht an der Stelle des heutigen Salisbury, sondern rund 3 km nördlich in Old Sarum: bereits zur Eisenzeit besiedelt, später Römerfestung. Auch die Sachsen ließen sich hier nieder. Die Normannen errichteten wegen der strategischen Bedeutung und zur Symbolisierung ihrer Macht hier eine Burg. 1o78 verlegte man den Bischofssitz hierher, und es folgte der Bau einer Kirche.

Das Jahr 122o markiert den Wendepunkt in der Geschichte: In Old Sarum hatte man Probleme mit der Wasserversorgung, und mit der benachbarten Soldatengarnision des Königs gab es permanent Reibereien. Nach schwerer Unwetter-Katastrophe 122o rief der Bischof Richard Poore dazu auf, eine neue Stadt am River Avon zu gründen. Die Flußebene unterhalb des Berghügels, auf dem Old Sarum stand, war fruchtbares Farmland.

Die Bürger folgen dem bischöflichen Appell und legen den Grundstein für ihre neue Heimatstadt "New Sarum", zu Füßen des Berghügels. New Sarum heißt heute Salisbury.

Als erstes baute man die Kathedrale, für den Bau wurden die Steine der ehemaligen in Old Sarum verwendet. Dann wurde "New Sarum" systematisch und planvoll angelegt, was man dem Stadtbild von Salisbury heute noch ansieht: ein weiter Marktplatz, die Straßen im Schachbrett-Muster.

In den nächsten Jahrhunderten wurde Salisbury durch Wollexport zu einer florierenden Handelsstadt. Mit dem Niedergang der Wollindustrie im 16. und 17.Jh. sank auch die Bedeutung von Salisbury.

SALISBURY CATHEDRAL

Oft als schönste frühgotische Kathedrale Englands gelobt, der grüne Rasenteppich erstreckt sich bis an die Mauern. Grundriß mit zwei quer verlaufenden Kreuzschiffen. Der Stil wegen der sensationell kurzen Bauzeit von nur 38 Jahren (nomal war bei gothischen Kathedralen bis zu 3oo Jahren!) ist einheitlich im frühgotischen Early English Style.

Auffallend der schlanke, riesige Turm: Mit 124 m Höhe ist er der zweithöchste Kirchturm der Welt nach dem Kölner Dom. Er wurde erst später im hochgotischen Decorated Style angebaut. Ausgesprochen schöne Westfassade mit vielen Figuren und Statuen.

Drei Tore führen zur Kathedrale. Vom nordöstlichen St.Anne`s Gate hat man den schönsten Blick auf die bauliche Gesamtkonzeption.

Innen: wirkt nüchtern und etwas kühl, durch Säulen-Reihen klar gegliedert. Die Galerie der schlanken Marmorsäulen trägt das 6.4oo Tonnen schwere Gewölbe. Insgesamt hat das Kirchenschiff über 8.ooo Säulen.

GESCHICHTE: Der riesige klerikale Prestige-Bau wurde in der Zeit von 122o bis 1258 gebaut. Der Turm kam 1oo Jahre später hinzu. Trotz fehlendem seitlichen Stützwerk und bei den beachtlichen Steingewichten der 124 m hohen Spitze steht er nach rund 6oo Jahren heute noch:

Dies ist in sofern eine Leistung in Bau-Statik der damaligen Baumeister, als von der Gesamt- Turmhöhe (124 m) die erste Hälfte senkrecht als Turm in die Höhe läuft. Dies ohne jegliches, seitliches Stützwerk. Die restlichen rund 6o m jedoch als Spitzpyramide, und daher im Aufsatz diesen seitlich rausdrücken. Man löste das Problem durch innere Verstrebungen in der Turmspitze.

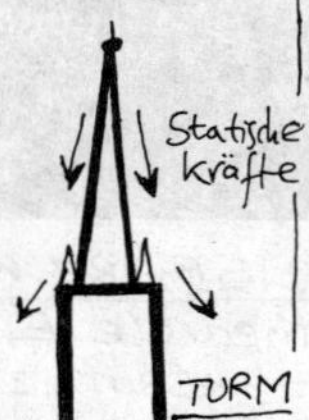

Darüber hinaus war die Errichtung der 124 m hohen Kirchturmspitze in Steinbau auch Meisterleistung, als hier im ein Holzgerüst bis in 124 m

SALISBURY KATHEDRALE: gilt als schönste frühgotische Kathedrale Englands mit dem 2. höchsten Kirchturm der Welt. Seinerzeit Meisterleistung der Baumeister, aber auch Baustatiker (siehe Turm). Ausschnitt aus Gemälde von John Constable, 1823.

Höhe um den Turm errichtet werden mußte, um das Baumaterial raufzuschaffen. Allein diese Gerüste waren Meisterleistung, als über sie die schweren Steinbrocken per Seilwinde raufgehieft wurden, und sie damals als Holzgerüst errichtet wurden.

Um 178o: rücksichtslose Restaurierungsarbeiten durch James Wyatt. Die Kapellen und Altäre wurden umgebaut, Grabmäler versetzt. Ab 186o versuchte der Architekt Gilbert Scott, die Bausünden der Restaurierung weitgehend rückgängig zu machen.

LANGHAUS (A): erstreckt sich in West- Ost. Filigrantes Säulenwerk rauf zur selbsttragenden Steindecke des Kirchendaches. Beim Eingang Westfront das Grabmal William Longespée d.J.: aus der Zeit um 125o. Er war der erste Graf von Salisbury und kam bei Kairo in Kriegen gegen die Araber ums Leben. Schönes Familiengrab. - Uhr: sie stammt aus dem Jahr

1 Grabmal William Longespée d.J.
2 Uhr (ca. 1386)
3 Grabmal Bischof Beauchamp
4 Schrein des hl. Osmund
5 Grabmal William Longespée d.Ä.
6 Grabmal Lord Hungerford
7 Grabmal Bischof Wyville
8 Fächersäule

Salisbury Cathedral

A Langhaus
B Vierungsturm
C Westl. Querschiffe
D Chor
E Östl. Querschiffe
F Retrochor
G Marienkapelle (Lady Chapel)

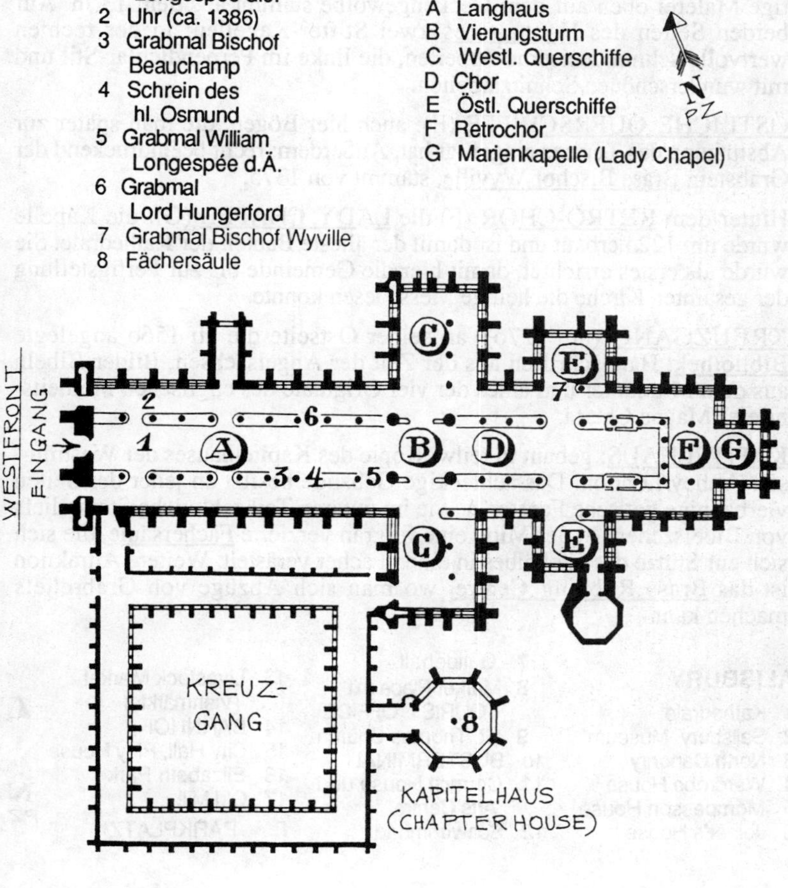

1386 und ist vermutlich die älteste noch erhaltene mechanische Uhr der Welt. Sie enthält zwar kein Zifferblatt, schlägt aber zur vollen Stunde. - Entlang des Westschiffes Grabmäler und der Schrein des St. Osmund aus dem 13.Jh., diente als Wallfahrtsstätte für Kranke, die sich in die dortigen Hohlräume legten.

VIERUNGSTURM (B): wiegt 6.ooo Tonnen. Der Turm wurde erst später aufgesetzt und war in der ursprünglichen statischen Planung nicht vorgesehen,- wegen der Überbelastung sind die Pfeiler durchgebogen.

WESTLICHE KREUZSCHIFFE (C): die Strebebögen wurden Mitte des 15.Jh. zur Stützung des Turmes eingefügt (spätgotisch). Auch hier, wie im Langhaus,viele Grabmonumente.

CHOR (D): sehenswerte Grabmäler im Chor-Umgang. Die farbenprächtige Malerei oben auf dem Deckengewölbe stammt aus dem 13.Jh. Auf beiden Seiten des Hochaltares zwei Stifter-Kapellen: in der rechten wertvolle schmiedeeiserne Arbeiten, die linke im Perpendicular-Stil und mit wunderschönen Schnitzarbeiten.

ÖSTLICHE QUERSCHIFFE (E): auch hier Bögen, die man später zur Abstützung des Turmes eingefügt hat. Außerdem: recht beeindruckend der Grabstein Brass Bischof Wyville, stammt von 1375.

Hinter dem RETRO-CHOR (F) die LADY CHAPEL (G): die Kapelle wurde um 122o erbaut und ist damit der älteste Bauteil der Kathedrale. Sie wurde als erstes errichtet, damit hier die Gemeinde bis zur Fertigstellung der gesamten Kirche die heilige Messe lesen konnte.

KREUZGANG (um 127o): an seiner Ostseite die ab 156o angelegte Bibliothek. Handschriften aus der Zeit der Angelsachsen, Bilder-Bibeln aus dem Mittelalter und eines der vier Originale des englischen Freiheitsbriefes Magna Charta.

KAPITELHAUS: gebaut in teilw. Kopie des Kapitelhauses der Westminster Abbey/London. Das achteckige Gebäude besitzt an jeder der Seiten vierbahnige gotische Fenster, sowie im unteren Teil zahlreiche Steinreliefs von Bibelszenen. In der Mitte eine filigran verzierte Fächersäule, die sich sich zur Stütze des Gewölbes in einen Fächer verästelt. Weitere Attraktion ist das Brass Rubbing Centre, wo man sich Abzüge von Grabreliefs machen kann.

SALISBURY

1 Kathedrale
2 Salisbury Museum
3 North Canonry
4 Wardrobe House
5 Mompesson House
6 Joiner's House
7 Guildehall
8 Market Place mit TOURIST OFFICE
9 St. Thomas Church
1o BUSTERMINAL
11 Council House und Arts Centre
12 Schwimmbad
13 Livestock Market (Viehmärkte)
14 BAHNHOF
15 City Hall, Play House
16 Elizabeth Park
17 Old Mill
P = PARKPLATZ

N
PZ

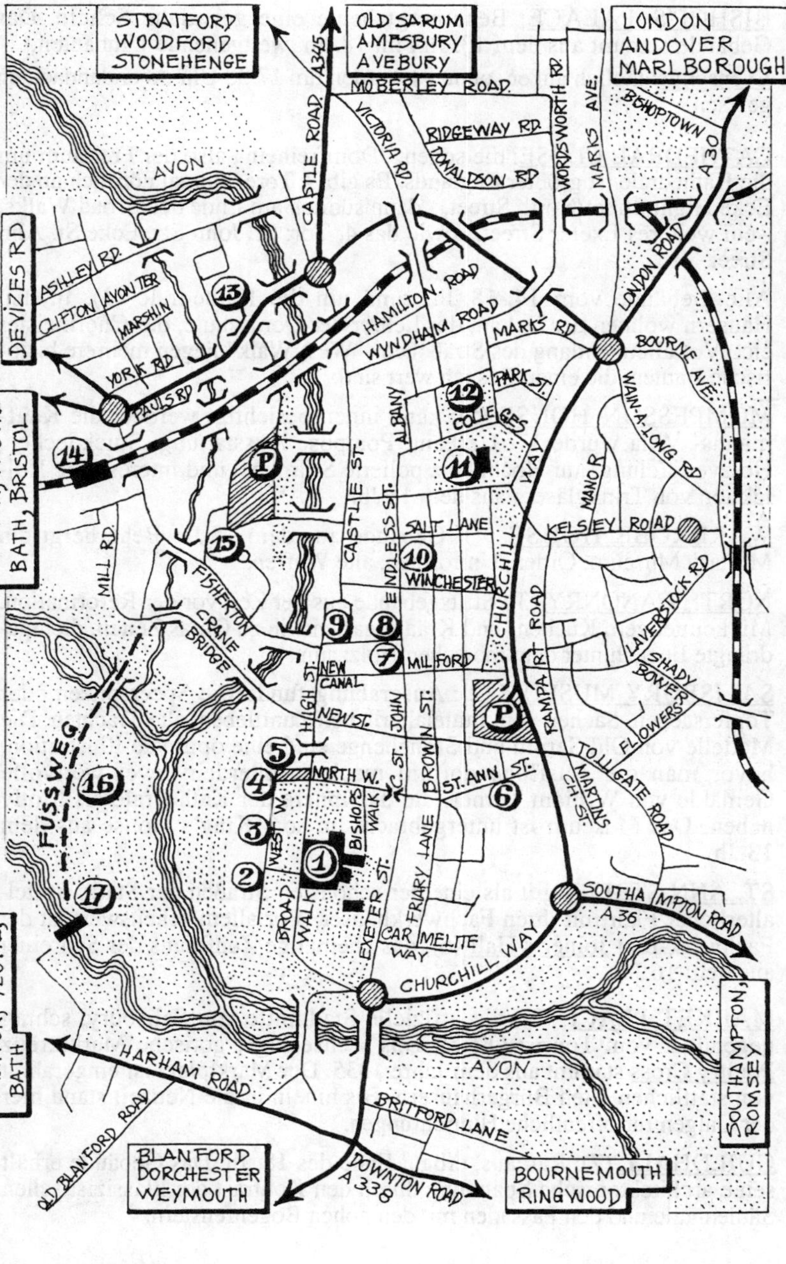
STRATFORD
WOODFORD
STONEHENGE
OLD SARUM
AMESBURY
AVEBURY
LONDON
ANDOVER
MARLBOROUGH
A345
MOBERLEY ROAD
WORDSWORTH RD.
MARKS AVE.
BISHOPTOWN
A30
VICTORIA RD.
RIDGEWAY RD.
DONALDSON RD
CASTLE ROAD
AVON
DEVIZES RD
ASHLEY RD.
CLIFTON
AVON TER
MARSHIN
YORK RD
HAMILTON ROAD
WYNDHAM ROAD
MARKS RD
LONDON ROAD
BOURNE AVE.
PAULS RD
PARK ST.
COLLEGES
WAIN-A-LONG RD
WILTON, YEOVIL
BATH, BRISTOL
ALBANY
CASTLE ST.
ENDLESS ST.
MANOR
SALT LANE
KELSEY ROAD
CHURCHILL WAY
MILL RD.
WINCHESTER
FISHERTON
CRANE
BRIDGE
LAVERSTOCK RD
ROAD
SHADY
BOWER
MILFORD
NEW CANAL
HIGH ST.
RAMPART
FLOWERS
NEW ST.
ST. JOHN
BROWN ST.
FUSSWEG
NORTH W.
C. ST.
ST. ANN ST.
TOLLGATE ROAD
ST. MARTINS
WEST W.
BISHOPS WALK
BISHOPS
FRIARY LANE
EXETER ST.
BROAD
WALK
SOUTHAMPTON ROAD
A36
CAR MELITE
WAY
CHURCHILL WAY
WILTON, YEOVIL,
BATH
HARHAM ROAD
AVON
SOUTHAMPTON,
ROMSEY
BRITFORD LANE
OLD BLANFORD ROAD
BLANFORD
DORCHESTER
WEYMOUTH
DOWNTON ROAD
A338
BOURNEMOUTH
RINGWOOD
P
1
2
3
4
5
6
7
8
9
10
11
12
13
14
15
16
17

BISHOP'S PALACE: Beherbergt heute eine geistliche Schule. Das Gebäude stammt aus dem 13. Jh., im 18. Jh. weitgehende Umbauten.

Evensongs: täglich außer sonntags werden um 17.3o Uhr Abendandachten gelesen.

CATHEDRAL CLOSE: die sogen. "Domfreiheit", also der Freiraum um die Kathedrale ist größter Englands. Es gibt 4 Tore, einmal nördlich an der Ecke Hight Street/North Street, - dann südlich am Ende des Broad Walks, - ein weiteres Exeter Street, sowie das 4. Tor: St. John Str./Ecke St. Ann Street.

Alte Gebäude vom 14.-18. Jh. rund um die Kathedrale (1). In den Häusern wohnen der Dekan, der Lehrer der Domschule, der Chormeister etc. Vor allem entlang des Sträßchens "West Walk" liegen mehrere historische Bauten, die einen Besuch wert sind:

NR. siehe Stadtplan

MOMPESSON HOUSE (5): kann innen besichtigt werden, die Kaufmanns- Villa wurde 17o1 erbaut. Pompöse Ausstattung, Stuckdecken, Holzvertäfelung, auf Hochglanz polierte Stilmöbel und interessante Kollektion von Trinkgläsern aus dem 18.Jh.

WARDROBE HOUSE (4): Gebäude aus dem 15.Jh. Beherbergt ein Military Museum: Orden, Uniformen, alte Waffen.

NORTH CANONRY (3): Stiftsgebäude aus der Zeit vor der Reformation. Mit heimeligem Küchen- und Kräutergarten wie zu Omas Zeiten, dichtgedrängte Beete hinter dem morschen Holzzaun.

SALISBURY MUSEUM (2): Ausgrabungsfunde wie Speerspitzen oder Töpfersachen, Sachen vom mittelalterlichen Zunftleben, alte Trachten. Die Modelle von Old Sarum und Stonehenge sind eine optimale Illustration, bevor man die Ausflüge dorthin macht. Außerdem zwei wertvolle Gemälde von William Turner, die das Innere der Kathedrale als Motiv haben. Das Museum ist untergebracht im sog. King`s House aus dem 13.Jh.

ST. ANN STREET gilt als eine der schönsten Straßen der Stadt: mittelalterlicher Flair mit ihren Fachwerkhäuser. Vor allem sehenswert ist der Fachwerk-Bau Joiner`s Hall (6), das ehemalige Zunfthaus der Schreiner aus dem 16.Jh.

MARKET PLACE (8): die offizielle Stadtmitte von Salisbury, schräg gegenüber vom Tourist Office. Das sechseckige, gotische Marktkreuz Poultry Cross stammt aus dem Jahre 1335. Der Marktplatz ist eingerahmt von stattlichen alten Bürgerhäusern. Bis hinein in die Neuzeit stand hier der Galgen für öffentliche Hinrichtungen.

GUILDHALL (7): Rathaus, erbaut Ende des 18. Jh. Das Gebäude erhält seine architektonische Spannung durch den Kontrast der klassizistischen Säulenhalle und den Fassaden mit den hohen Bogenfenstern.

ST. THOMAS CHURCH (9): um 124o erbaut, im 15. Jh. große Restaurierung im spätgotischen Perpendicular-Stil. Unter dem Torbogen Wandfresko (um 141o, illustriert das Jüngste Gericht).

CHEQUERS: der Stadtteil nordöstlich vom Marktplatz (Zugang via der Endless Street). Enge Straßenzüge mit wohlhabenden Stadtvillen, Gildehäuser und prunkvollen alten Pubs. Ein Stadtteil mit viel Ambiente.

In der Bedwin Street das COUNCIL HOUSE (11) aus dem 17.Jh., wo früher ein Priesterseminar untergebracht war. Liegt in einem großen Garten. Daneben das Arts Centre: Kunstausstellungen im ehemaligen Pfarrhaus.

SHOEMAKERS HALL (Salt Lane): Zunfthaus der Schuster. in einem Fachwerkbau vom Ende des 16.Jh. Heute der prunkvolle Gasthof Pheasant Inn (siehe Pubs).

ELIZABETH GARDENS (16): Park am Zusammenfluß der Flüsse Avon und Nadder. Ein schöner Fußweg führt durch grüne Wiesen und lohnt sich wegen des großartigen Blicks auf die Kathedrale (Fotomotiv!). Türmt sich wie eine Theaterkulisse am Rand der Wiesenlandschaft auf.
OLD MILL (17): alte Wassermühle, deren Rad sich ächzend im Fluß dreht.

"**Rose & Crown Hotel**": Harnham Road. Stolzer Fachwerk-Bau (13. Jh), zehn Gehminuten außerhalb von Salisbury. Liegt friedlich am Ufer des River Avon, ein schöner Park zieht sich vom Hotel zum Flußufer. Im Altbau massive Eichenmöbel, im neuen Flügel moderne Units. Tel. o722/ 27 9o8. DZ ca. 28o DM.

"**White Hart Hotel**": 1 St. John Street. Top-Kasten um die Ecke von der Kathedrale: Bau aus dem 13. Jh. mit urgemütlichen Zimmern (alle sehr unterschiedlich möbliert). Tel. o722/ 27 476. DZ ca. 24o DM.

"**Red Lion Hotel**": Milford Street. Frühere Postkutschen-Station, vollgestopft mit antiken Möbeln. Gebaut 122o als Unterkunft für die Konstrukteure der Kathedrale und seit 1913 in der Hand der Maidment-Familie. Tel. o722/ 23 334. DZ ca. 24o DM.

"**Cathedral Hotel**": Milford Street. Schöner Bau, guter Service. Hat unsere Empfehlung. Tel. o722/ 2o 144. DZ ca. 155 DM.

"**Kings Arms Hotel**": St.John Street. Uraltes Gebäude, Bauzeit etwa gleich mit der Kathedrale,- entsprechend überall Eichenbalken und verwinkelte Gänge. Nur 15 Zimmern, sehr familiär: leider keine Parkplätze. Tel. o722/ 27 629. DZ ca. 2oo DM.

BED & BREAKFAST: Privatpensionen liegen über die ganze Stadt verstreut. Von den Preisen her bis zu einem Drittel teurer als sonst üblich. Vermittlung über das TI. Zur Hochsaison sind die meisten Häuser bis unter's Dach ausgebucht: unbedingt per book-a-bed-ahead vorreservieren, ansonsten auf Nachbarorte ausweichen.

JUGENDHERBERGE (Milford Hill): liegt nahe am Zentrum, etwa 5 Gehminuten vom TI in einer ruhigen Straße mit kleinem Park. Top-Service mit Cafeteria, sehr sauber. Unbedingt am Tag vorher durch kurzen Anruf reservieren. Für 1o DM pro Tag werden

Fahrräder verliehen. Tel.o722/ 27 572.

Ron & Jenny Coats (51 Salt Lane): Privat-Herberge und heißer Tip, etwa 5 Min. vom TI . Hat uns viel besser gefallen als die Jugendherberge: kleine Schlafsäle, alles sehr persönlich, familiär und ohne die lästige Sperrstunden-Regelung. Tel.o722/ 27 443.

JUGENDHERBERGE: auf dem Gelände des Hostels können einfache Tramperzelte aufgestellt werden. Duschen und Küche werden in der Herberge mitbenutzt.

COOMBE NURSERIES PARK: Grasfläche überzieht einen flachen Hügel. Shop, kleine Kneipe und alle anderen Facilities. Anfahrt: im Dorf Netherhampton, ca.3 km westlich an der A 3o94.

HUDSONS FIELD PARK: gute Facilities, liegt an einem Flüßchen (Angellizenz). Der Platz befindet sich ein paar km nördlich, Zufahrt via der Castle Road.

HARPERS (7 Ox Row,- am Marktplatz): leger und salopp trotz Klasse, helle Zuckerrohr-Möbel und den Tiffany-Lampen. Küche mit internationalem Einschlag, besticht durch seine kapriziösen, überladenen Saucen-Kreationen. Menü ab 3o DM.

DUTCH MILL (58A Fisherton Street, oberhalb eines Waschsalons): hat einen sehr guten Namen, allerdings auch saftig teuer: mit 7o DM für Menü plus Wein rechnen.

OLD HOUSE (47 New Street): überall massive Antik-Möbel, Kupferpfannen und an der Wänden schwartige Ölgemälde. Dinner ca. 3o DM.

HAUNCH OF VENISON (Minster Street): museumsreifes Interieur: verschnörkelte Antik-Stühle, überall Eichenbalken und Messingbeschläge. Besticht vor allem durch seine Wildgerichte. Spezialität des Hauses ist Wildpastete ("game pie") sowie der "haunch of venison" (Hirschkeule am Stück gebraten, davon werden einzelne Portionen abgeschnitten). Dinner um 3o DM, Lunch um 2o DM.

BAY TREE (High Street): mittelalterlicher Bankett-Saal mit gewölbter Decke und krummen Balken wie zur Zeit der Ritter. Um die 15 DM und viele traditionelle englische Gerichte (z.B. Roast Beef).

MO`S (62 Milford Street): Riesen-Hamburger, Chili, Spare Ribs etc., serviert mit Pommes und Salat. Die 5-1o DM für ein Gericht sind gut investiert.

MAINLY SALADS (18 Fisherton Street): Vegetarier-Lokal, in das sich auch die progressivsten Fleischesser hin und wieder heimlich schleichen. Cafeteria für Gemüse-Pasteten, ausgefallene Salate etc. 6-1o DM; nur tagsüber geöffnet.

REEVE THE BAKER (Bucher Row): Sandwiches in allen Variationen und kleine Gerichte um 1o DM . Nur tagsüber geöffnet.

MICHAEL SNELL (8 St.Thomas`s Square): fabriziert den besten Kaffee in Salisbury, der Kuchen ist stadtbekannt. Außerdem kleinere Gerichte bis 1o DM. Nur tagsüber.

COACH & HORSES (Winchester Street): seit Übernahme durch Mark Cooper 1986: die Nummer eins im Barmeals-Sektor. Durchgehend von 1o-22 Uhr, viele ausgefallene Gerichte bis rauf zum Steak für 2o DM.

Bei rund 7o Pubs bleibt keine Kehle trocken. Viele mit Uralt-Interieur (Fachwerk, Eichenbalken etc.) und jener speziellen Gemütlichkeit, die der Kenner nur im Bierglas findet...

HAUNCH OF VENISON (1 Minster Street, gegenüber dem Marktkreuz): die graue Eminenz in der hiesigen Kneipenszene. Wuchtige Balkenverstrebungen in der ockerfarbenen Decke, in die Wände sind Bänke mit weinroten Plüschpolstern eingemauert, uralter Fliesenboden. Der Tresen aus purem Zinn. Dahinter fließt Hochprozentiges aus den verschnörkelten Zapfhähnen. Ein unvergeßlicher Abendausflug in vergangene Jahrhunderte... In der hinteren Bar: dort ist in einer verglasten Mauerluke eine mumifizierte Menschenhand ausgestellt, die Spielkarten aus dem 18.Jh. zwischen den gelblichen Fingern hält. Wurde im Jahre 19o3 hier gefunden. Vermutlich der Überrest von einem Streit wegen Falschspielerei.

THE PHEASANT (Salt Lane): hier quetschen sich abends jüngere Leute und Studenten, aus den Lautsprechern dröhnt laute Musik. Mit den Ellbogen einen Platz erkämpfen und den Trubel genießen.

WIG & QUILL (New Street): das gut gemischte Publikum ist in guter Laune und bringt den Barkeeper kräftig ins Schwitzen.

NEW INN (New Street): reine Nichtraucher-Kneipe, paar Schritte von der oben beschriebenen Wig & Quill. Ebenfalls jeden Abend Hochbetrieb.

RED LION (Milford Street): alte Postkutschen-Station, wo die Kutscher aus London ihre Pferde wechselten. Viele Einheimische, schön für einen ruhigen Drink.

COACH & HORSES: (Winchester Street): sehr beliebt bei Leuten im "Mittel-Alter". Man kommt wegen den sehr guten Barmeals, und nach der Mahlzeit bleibt man ein paar Bierchen lang hier.

BOATHOUSE (am Hauptparkplatz unten am River Avon): Tip für die lauen Sommerabende. Biergarten bis ran ans Ufer, für ein paar Pfennige werden Ruderboote vermietet. Wurde 199o in einem Volumen von 1,5 Mio. Mark ausgebaut. Gute Barmeals für 1o-15 DM.

ENTERTAINMENT: PLAYHOUSE THEATRE (12): Adresse für etablierte Schauspieler-Gruppen. Preise ab 1o DM, auch billigere Matinees. - Im ARTS CENTRE (11) läuft das Backstreet-Programm: Punk- und Jazz-Bands, Pantomime, Musicals aus der Hippie-Bewegung etc. Außerdem ein Szene-Café für vegetarische Sachen.

BOOTSVERMIETUNG: für Trips auf dem River Avon. Gemütlich am frühen Abend bei weichen Licht, und am Ufer die Cathedral als stolze Kulisse. Adr.: 91 Castle Street.

SHOPPING: MÄRKTE: Selbstversorger decken sich an den Markttagen Dienstag und Samstag auf dem Market Square ein. Vollgestopft mit Buden, geht den ganzen Tag über.

MICHAEL SNELL (8 St.Thomas Square): eine Institution für hausgemachte Pralinen und für Kuchen.

Wer was Kräftiges braucht: die METZGEREI Pritchett and Son (5 Fish Row) ist Familienbetrieb seit über 1oo Jahren. Produziert laut Kenner der Brotzeitteller-Szene die beste Wurst weit und breit. Viele nach alten Rezepten.

FESTE: SALISBURY FESTIVAL (1. und 2. Sept.-Woche): die ganze Stadt auf dem Kultur-Trip, überall Ausstellungen, Theater und Konzerte.

Verbindungen ab Salisbury

Auto: ab London via der Autobahn M 3 plus Landstraße A 3o; knapp 13o km; ca. 2 Std. Fahrtzeit.

Ab der Touristen-Hochburg Bath gute 6o km auf der A 36. Ab Southampton an der Küste knapp 4o km.

Zug: Bahnhof (14) etwa 1o Gehminuten vom Zentrum. Ab London (Abfahrt vom Waterloo Station) stündlich, Fahrtzeit ca.1 1/2 Std., ca.5o DM one-way und 55 DM return.

Ab Exeter stündl., ca. 1 3/4 Std., ca. 4o DM single, 5o DM return. Ab Bath stündlich, ca. 1 Std. Fahrtzeit, ca. 2o DM single, 25 DM return.

Bus: Terminal (1o) in der Stadtmitte, gleich neben dem TI. Flotte Verbindungen in alle Richtungen.

Fernbusse ab London mehrmals pro Tag, ca. 2 1/2 Std. Fahrtzeit, ca. 3o DM einfach und day-return, ca. 4o DM das normale Return. Mit Bath 5 mal pro Tag, knapp 2 Std. Fahrtzeit, gute 1o DM one-way, ca.13 DM return. Mit Bournemouth stündlich, ca. 8 DM one-way und day-return. Mit Southampton tgl. 5 Busse, ca.1o DM (von dort alle 2 Std. Busanschlüsse in den New Forest).

★Umgebung von Salisbury

STONEHENGE: rund 2o km nördlich von Salisbury. Abstecher lohnt in jedem Fall! Das vielleicht bedeutendste prähistorische Monument Europas: ein Steinkreis aus 48 riesigen Monolithen, diente ehemals als Kultstätte. Alle Details und Hintergrundinformationen Seite 125.

Anfahrt Stonehenge ab Salisbury

Coach Tour: Reisegruppe unter sachkundiger Führung (sehr positiv bei ausreichenden Englischkenntnissen). Täglich mehrmals im Angebot, Kontakte übers TI.

Tip ist Fenwick Tours: Alison Fenwick, eine ausgebildete Fremdenführerin, zieht jeden Morgen mit einem halben Dutzend Leuten und einem Mini-Bus los. Ca. 2o DM.

Linienbusse: problemlos: 3- 4 mal pro Tag direkt nach Stonehenge. Abfahrt von Zugbahnhof und Busterminal.

Alternative: zunächst mit Bus nach Amesbury, von dort vier km zu Fuß in östlicher Richtung rüber zum Monument. Ist natürlich etwas umständlicher, diese Kombination Bus+Wandern gilt jedoch bei Einheimischen als der traditionelle Stonehenge-Trip.

Per Auto: die Schnellroute geht via der A 36o, rund 2o km. Erheblich schöner ist die Woodford Valley-Route: in der Castle Street beschildert mit "Stratford-sub-Castle". Dabei gehts aus Salisbury raus und immer dem lauschigen Tal des River Avon lang. Ein kleines Sträßchen folgt dem linken Flußufer. Nach 3 km die Fundamente von Old Sarum (siehe unten). Bauerndörfer mit reetgedeckten Steinhäusern in den Talmulden, Schilfrohrfelder am River, Weidensträucher. Die Route folgt auf halber Länge dem Avon-Fluß.

Per Fahrrad: schöner Tagesausflug. Auf jeden Fall zu überlegen, wenn im Urlaubsplan noch ein Tag frei ist. Selbstverständlich wird einstimmig die Woodford Valley-Route favorisiert. Fahrrad-Vermietung in Salisbury. Entfernung: hin und zurück ca. 35 km.

Taxi: kostet ca. 7o DM (ab Zugbahnhof/Salisbury): beliebt bei Rucksacklern, wenn sich in der Jugendherberge vier Leute finden und den Fahrpreis teilen.

Wer die SÜDKÜSTE (Region Bournemouth -> Exmouth/Exeter) abkürzen will, kann ab Stonehenge auf der A 3o3 bzw. A 3o nach Exeter fahren. Entlang der Strecke Sehenswürdigkeiten wie Herrenhäuser und Museen. *Details ab Seite 13o bzw. 132.*

OLD SARUM: 3 km nördl. von Salisbury. Überreste des "alten Salisbury". Stehen auf einem Hügel, durch den Bau der heutigen Kathedrale unten im Tal verlor die Siedlung im 13. Jhd. schnell an Bedeutung und wurden schließlich ganz aufgegeben. Details siehe Salisbury/Geschichte.

Bereits vor den Römern stand hier eine Fliehburg mit Wall- und Grabensystem. Später entwickelte sich unter den Sachsen eine Stadt. Nach der Normannen-Invasion 1o66 wurde sie zur Bischofs-Residenz ernannt, man baute eine Kathedrale und eine Burg. Davon heute noch zu sehen: die Fundamente der Kathedrale, der ehemalige Burggraben und Reste des Bischofspalastes.

Der Besuch von Old Sarum lohnt wegen des schönen Blicks runter auf Salisbury. Anfahrt: in der Castle Street/Salisbury dem Schild "Stratford-sub-Castle" folgen, 3 km. Alle 3o Min. Busse.

NADDER VALLEY: schön für eine Fahrrad-Tour: friedliche Landschaft aus lichten Wäldchen und reetgedeckten Häusern, mitten durch schlängelt sich in aller Ruhe das Nadder-Flüßchen. Anfahrt: auf der A 3o etwa 5 km westlich bis Wilton (Seite 132), dort abbiegen auf die B 3o89.

LONGLEAT HOUSE: romantisches Renaissancehaus mit Stilmöbeln und einem Safaripark. Ausführliche Details Seite 129. Anfahrt: ca. 4o km. Auf der westlich und in Wilton abbiegen auf die A 36 Richtung Warminster.

BRAEMORE HOUSE: Weiteres Herrenhaus, gebaut Ende des 16. Jhds. mit anschließenden Bauergänzungen, seit 1748 im Besitz der Familie Hulse. Besichtigung des Inneren möglich, zusätzlich als Bonbon ein Pferdekutschen- Museum, im Sommer tägl. nachmittags Aufführungen von Ritterturnieren. Anfahrt: 14 km südlich von Salisbury via der A 338.

ISLE OF WIGHT

1 Osborne House
2 Barton Manor Vineyard
3 Butterfly World
4 Dampflok Strecke
5 Brickfields Horse Country
6 Flamingo World
7 Maritime Museum
8 Roman Villa
Wax Museum
Museum of Dolls and Toys
Morton Manor
9 IW Zoo
1o Shanklin Chine
11 St. Boniface Down
12 Blackgang Chine
13 The Needles
14 Museum of Clocks und
The Needles Holiday Park
15 Marine Aquarium
Fort Victoria
16 Yarmouth Castle
17 Calbourne Watermill
18 Carisbrooke Castle
19 Arreton Manor und
Funkmuseum
2o Model Village,
The Old Smithy and Gardens
21 Appuldurcombe House
22 Bot. Garten,
Museum of Smuggling
23 Tropical Bird Park

Isle of Wight

Beliebte Ferieninsel der Briten, alljährlich kommen rund 1,3 Millionen (!) Urlauber. Wegen schöner Landschaften und mildem Klima ganzjähriger Tourismus, - extrem voll zur Zeit der Schulferien Juli/August.

Schöne Badestrände, allerdings mit sommerlich "kaltem" Kanalwasser. Badeorte mit vikotorianischen Villen und Flair. Draußen Schwärme von Segeljachten. Kleine Häfen, Klippen und Küstenwäldchen.Gute Infrastrk-tur (Wassersport, Kneipen, Entertainment).

Im Landesinneren Waldhügel und rote Mohnwiesen, der Wind trägt den Duft von wildem Lorbeer rüber. Sehenswert das Carisbrooke Castle bei Newport, Museen u.a. zur Schmuggler- Vergangenheit der Insel und loh-

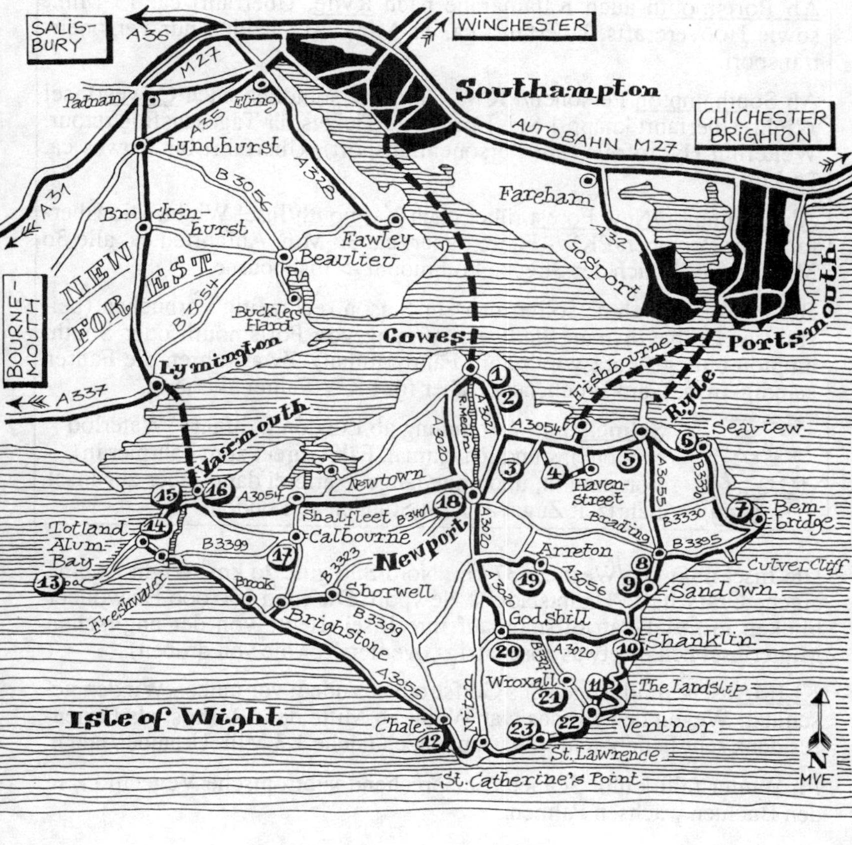

nende Kurzwanderungen.

Die Insel Wight zumindest als Kurz-Abstecher einplanen: ein bischen rumtouren, und am Abend ist man wieder auf dem Festland ...

Verbindungen

SCHIFF: Personen/PKW- Fähren ab Portsmouth nach Fishbourne mindestens stündlich. Überfahrt ca. 35 Min., pro Person ca. 1o DM, PKW für Kurzstrecke relativ teuer (ca. 3o DM einfach, Ermäßigungen je nach Aufenthaltsdauer auf der Insel). Wer Geld sparen will, läßt das Fahrzeug am Festland zurück, gute Busverbindungen auf der Insel. Mit eigenem Fahrzeug ist man natürlich flexibler.

Ab Portsmouth auch Katamarane nach Ryde, Überfahrt ca. 15 Min., sowie Hoovercrafts, Überfahrt ca. 1o Min. Auf beiden nur Personentransport.

Ab Southampton Personen/PKW- Fähre ca. stündlich nach Cowes/Insel Wight, Überfahrt knapp 1 Std. Ermäßigte Tickets für Tagesausflug retour. Weiterhin Hydrofoils (nur Personentransport), Überfahrt bis Cowes ca. 2o Min.

Ab Lymington/New Forest rüber nach Yarmouth/Insel Wight. Die Überfahrt der Personen/PKW- Fähre dauert ca. 3o Min. Abfahrten ca. alle 3o Min. Preise ähnlich der Strecke Pothmouth -> Fishbourne.

Bei PKW- Mitnahme sollte man zur Saison rechtzeitig vorbuchen (beispielsweise bevor man Stadtbesichtigung von Portsmouth oder Southampton einlegt, kurz vorab zum Fährterminal). Zwar fahren die Fähren ständig, insbes. am Wochenende aber für PKW-Fahrer Warterei.

Schnellzug: Verbindung ab London (Abfahrt "Waterloo Station"): stündlich einmal. Fährt direkt zum Fährpier in Portsmouth, und ohne lange Warterei dann rüber zur Insel. Fahrtzeit Zug: ca. 1 1/4 Stunden ab London.

Die Insel mißt Ost/West ca. 37 km, Nord/Süd gute 2o km. Wight ist eine eigene Grafschaft, Hauptstadt ist Newport. Die rund 13o.ooo Einwohner blicken mit viel Patriotismus auf ihre Insel, Leute von der englischen Mutterinsel heißen etwas abschätzig "overners" (= die von drüben).

KLIMA: sehr mild wegen des Golfstromes, zudem vor rauhen Winden geschützt. Wegen des Klimas war Wight ab Mitte des 19. Jhds. als Ferienresidenz sehr beliebt und ist es heute noch (siehe 1,3 Mill. Urlauber/Jahr).

Im Winter fällt kaum Schnee. Entsprechend subtropische Vegetation, in den Buchten wachsen Palmen.

Geschichte: vor 4o Mill. Jahren hatte die Insel subtropisches Klima und es gab in den Tümpeln sogar Krokodile, welches Funde beweisen. Durch Erdfaltung vor rund 3o Mill. Jahren entstanden im Lauf der Jahrmillionen Felsfaltungen, und bis noch vor ca. 7.ooo Jahren war Wight mit dem englischen Mutterland verbunden Die Kreidefelsen an der Küste südwestl. von Bournemouth sind eine Fortsetzung der Kreideklippen im Süden der Insel Wight. Es wurden mehrere Gräber aus der Stein- und der Bronzezeit gefunden.

43 n.Chr. Eroberung durch die Römer, sie nannten die Insel Vectis. In römischen Villen bei Brading und Newport wurden schöne Bodenmosaiken gefunden, die man heute besichtigen kann.
Der Normanne Wiliam the Conquerer gab nach der siegreichen Schlacht von Hastings (1o66) die Insel Wight an seinen Verwandten William FitzOsbern zur Verwaltung. In den folgenden Jahrhunderten war Wight Lehensbesitz verschiedener Lords und Gouverneure. Sie konnten in relativer Unabhängigkeit von der englischen Krone schalten und walten. Zum Schutz vor fremden Angriffen entstanden vor allem an der flacheren Nordküste, aber auch an der Westküste eine Reihe von Festungen. Im 15. Jhd. hatte die Insel kurzzeitig sogar einen eigenen König.
Ein illustres Kapitel in der Geschichte der Insel ist die Zeit vom Mittelalter bis ins 19. Jhd. , als "Shipwrecking" zu den Haupteinnahmen der Inselbewohner gehörte. Die wichtigen Schiffsrouten verliefen entlang der Insel, und so hängte man in dunklen Nächten Laternen an der Küste auf, um einen sicheren Hafen vorzutäuschen. Die einzelnen Inselgemeinden hatten sich die Strandzonen aufgeteilt. Das Shipwrecking wurde später unter Strafe gestellt, um die englische Seefahrt zu schützen. So wurde 1313 Walter de Godeton, der seinen Bereich bei St. Caterine's Point an der Südspitze hatte, nach erheblichem Schadens eines dort auf Land gelaufenen Schiffes zum Bau eines Leuchtturmes verurteilt. Der Leuchtturm besteht heute noch; interessant auch der Besuch des Maritime Museums (7) in Bembridge.

Als Ferieninsel kam Wight Mitte des 19. Jahrhunderts in Mode, als die Queen Victoria und ihr deutscher Ehemann Prinz Albert von Sachsen-Coburg 1846 hier ihre Sommerresidenz errichteten. Wer im damaligen England was auf sich hielt, folgte dem könig-

QUEEN VICTORIA
besuchte Wight erstmals 1831. Sommerresidenz seit 1846.

A.CH. SWINBURN
Dichter, lebte von 1839-1865 auf der Insel Wight.

ALFRED LORD TENNYSON
Dichter, mietete 1853 das Farringford House in Freshwater (heute ein Hotel) 1858 Kauf. Lebte bis zu seinem Tod 1892 auf Wight.

lichen Geschmack und verbrachte seinen Urlaub auf der Isle of Wight. Ihre letzten Jahre (1846 bis zu ihrem Tod 19o1) lebte die Queen als Witwe fast das ganze Jahr über hier.

Bereits zuvor besuchten britische Persönlichkeiten die Insel, so 1797 und 1827 der Landschaftsmaler J.M.W. Turner (Bild: Fischerboote bei den Needles (13), West-Wight). Der berühmte Architekt John Nash baute sich 1798 bei Cowes einen Landsitz, wo er 1798 bis zu seinem Tode 1835 wohnte. - Der Dichter John Keats wohnte 1817- 19 im damals noch ruhigen Shanklin an der Ostküste der Insel.

Als dann Mitte des 19. Jhds. die Eisenbahn ab London die Fährhäfen Portsmouth und Southampton erreichte, wurde die Insel Wight in breiten Kreisen der Bevölkerung beliebtes Ferienziel. Auch berühmte Persönlichkeiten besuchten die Insel, bzw. hatten hier ihr Feriendomizil: Charles Dickens schrieb 1849 Teile seines Romans "David Cooperfield", - Charles Darwin schrieb 1868 während eines Ferienaufenthaltes in Shanklin an seinem Werk "Origin of the Species". Zu den Feriengästen zählten Lewis Carroll (1859), Autor des Bestsellers "Alice in Wonderland", der Zar von Rußland (19o9) und Karl Marx (1874, 81 und 83) auf gesundheitlichem Erholungsurlaub. - Winston Churchill kam 1888 sowie 89 auf Ferien. - Der Schauspieler David Niven hatte eine Cottage in Brembridge (1919- 33).

Sir Chr. Cockerell (Erfinder des ersten Luftkissenbootes der Welt) konstruierte und teste dieses in Cowes 1959 - 61. Und die erste längere Funkverbindung der Welt wurde 1897 durch den Italiener Guglielmo Marconi auf der Westspitze der Insel Wight installiert. Der Funkverkehr ging rüber nach Poole bei Bournemouth. Unter anderem wurde 1897 auch eine PR- trächtige Funkverbindung von Wight zur Yacht "Osborne" des Prinzen von Wales sowie nach Osborne House/Wight zur Queen Victoria hergestellt. Anschließend widmete Marconi seine Forschung länger- streckiger Verbindungen über den Kanal nach Frankreich.

Wirtschaft: Wight hat nur wenige, aber bedeutende Industriebetriebe: Plessey ist Hersteller von Radargeräten (eine der wichtigsten Firmen Großbritanniens). Bei Brembridge befindet sich die weltberühmte Flugzeugfirma Britten & Norman, die u.a. die Propeller-

KARL MARX
Besuchte Wight 1874, 81 und 1882 (Ryde und Ventnor) aus gesundheitlichen Gründen.

GUGLIELMO MARCONI
Der Erfinder der drahtlosen Telegraphie kam 189 nach Wight, wo er am Alum Bay die erste Funkstation der Welt installierte (Verb. nach Poole/Festland).

CAPABILITY BROWN
(1716-83) Der bedeutenste Landschafts- und Gartenarchitekt Englands im 18. Jhd. besuchte auch die Insel Wight. Allerdings war er zu beschäftigt, sich hier niederzulassen.

maschinen "Islander" fertigt, seit Jahrzehnten bewährte Flugzeuge im Regionalverkehr in Großbritannien und im Commonwealth. Weiterhin Fertigungsbetrieb für Hoovercraft-Luftkissenboote. Ansonsten eine Vielzahl an Kleinbetrieben und hohe Arbeitslosigkeit von rund 15 %. Der Tourismus ist mit Fülle an Dienstleistungsbetrieben wichtige Stütze. Die Urlauber sind vielfach Familien, analog breites Angebot an Fun- Parks.

Weiterhin Landwirtschaft: Viehweiden und Knoblauchfelder im Landesinnern. Traditionelle Handwerke: Töpferei (überall kleine Werkstätten) und die Glasbläserei, die ihren Absatz im Tourismus findet. Sie arbeitet nach alten Verfahren, das Glas schimmert perlmuttfarben.

SPORT: Alle Arten von WASSERSPORT, Segeln, Surfen, Tauchen. Ausrüstung wird vermietet, Angebot von Kursen. Wegen der guten Windverhältnisse ist die Insel auch sehr beliebt bei Drachenfliegern. Außerdem mehrere Reiterhöfe. BOOT-TRIPS: von allen Küstenorten aus. Man kreuzt ein bißchen in der Bucht rum.

UNTERKUNFT: Die Insel Wight verfügt über viele Hotels und Privatquartiere. Allerdings ist zur Hochsaison (Juli/August) langfristiges Vorbuchen sehr zu empfehlen. Dies gilt sowohl für HOTELS (dazu eine Liste vom BTA/Frankfurt schicken lassen), - wie auch für BED & BREAKFAST: die Insel ist praktisch übersät mit Privatpensionen. Zur Hochsaison aber besser per book-a-bed-ahead reservieren; Preise fürs Doppelzimmer im Schnitt ca. 8o DM.- JUGENDHERBERGEN: 3 Stück, die wir jeweils im Text beschrieben haben. Zur Saison prinzipiell vorbuchen. Nicht mit der typischen Hostel-Atmosphäre, sondern eher englische Stadtjugend, die mit Koffer und Halbschuhen anrückt für einen billigen Bade-Urlaub. April bis Juni sehr häufig lärmende Schulklassen.

CHARLES DARWIN
(1809-82) Der berühmte Forscher und Begründer der Evolutionstheorie hielt sich 1868 zu Ferien in Shanklin/Ostküste auf, wo er wissensch. Artikel schrieb.

KING CHARLES I.
1647/48 im Carisbrooke Castle gefangen, bevor er in London exekutiert wurde.

CHARLES DICKENS
Schrieb Teile seines Best-Sellers "David Copperfield" 1849 in Bonchurch/Wight.

TRANSPORT AUF DER INSEL

Auto: auf der 1oo km langen Ringstraße die Insel umrunden und den Flair schnuppern. Aber saftig teurer Transfer. Wenn schon, dann mit Sealink übersetzen: die Company bedient alle drei Linien und man hat freie Wahl, auf welcher man zurückfährt.

Fahrrad: schöne Sache, kaum Steigungen und wenig Seitenwind. Bike-Rent in den meisten Dörfern. Vielleicht das Auto auf dem Festland stehen lassen und sich am Ankunfts-Hafen auf der Insel ein Fahrrad mieten. Vermieter-Adressen bei den jeweiligen Ankunfts-Häfen.

Broschüre für Trips auf dem Drahtesel ist das Heft "Bicycle Island", beim TI. Für die Rundtour entlang der Ringstraße mindestens zwei Tage.

Züge: der einzig noch in Betrieb verbliebene Schienenstrang führt von Ryde (Anleger der Portsmouth Fähre) entlang der Ostküste zu den Seebädern Sandown und Shanklin. 2- 3 x/Stunde, Fahrzeit 25 Min.

Eingesetzt werden alte Londoner U-Bahnwaggons von 1938, die auf der Piccadilly Line fuhren und renoviert wurden.

Busse: völlig problemlos, dichtes Netz der Company "Southern Vectis" bis in die kleinsten Käffer. Das eigentliche Transportmittel für Leute ohne Pkw (Netzkarte für einen Tag ca. 17 DM). Fahrpläne beim TI. Ähnlich wie für die Londoner U-Bahn gibts einen farbig markierten Plan der einzelnen Busrouten auf der Insel zusammen mit dort eingetragenen Bus- Nummern.

in allen Badeorten an der Küste: durchweg hoher Standard und moderne Facilities. Beim TI gibts eine Liste mit sämtlichen Adressen.

Achtung: an manchen Stellen der Küste (so z.B. im Nordwesten) besteht wegen Tide und hohem Unterschied zwischen Ebbe und Flut die Gefahr, daß man beim Rauswandern dann von der Tide vom Land abgeschnitten wird. Daher nur bei kommender Ebbe rauswandern. - Andere Strände bieten beim Baden die Gefahr starker Meeres-Strömungen. Die regionalen Touristbüros sowie die Coast Guard gibt Informationen, welche Strände gefährlich sind.

★ Ryde (23.ooo Einw.)

Das wichtigste Eingangtor zur Insel: alle 3o Minuten Fähre aus Portsmouth. Anleger ist das 1814 erbaute, rund 7oo m lange Pier. Die große Länge des Piers ist für Fährschiffe nötig wegen der starken Gezeitenunterschiede; bei Ebbe zieht sich das Meer an manchen Stellen bis zu 1,5 km vom Ufer zurück. Die Luftkissenboote fahren dagegen bis an die Uferpromenade (vom Meer aus gesehen links des Piers), wo sie einen eigenen Terminal besitzen.

Ryde war das erste Seebad von Bedeutung auf der Insel. Bereits Anfang des 19. Jhds. hatten sich Industriellenfamilien wie Players und der Großadel ihre Ferienvillen auf dem Hügel oberhalb des Piers gebaut. Die ersten Straßen waren die Union- und die George Street, die sich vom Pier den Hang raufziehen; schöner Blick rüber auf die Skyline von Portsmouth.

Ansonsten: viel Badebetrieb am Sandstrand, gemächliches Stadtbild, und überall Antiquitätenläden zum Bummeln.

Tourist INFO an der Strandpromenade "Western Esplanade"; Tel.o983/ 62 9o5. Book-a-bed-ahead.

RESTAURANTS BISKRA HOUSE (17 St.Thomas Street): wohl Platz eins der Restaurant-Hitparade der Insel. Ca.35 DM für das Dinner- Menü. Nette Atmosphäre in der kleinen Stadtvilla mit Blick über die Küste.

← NR. siehe Karte Seite 269 →

BRICKFIELD HORSECOURT (5): von zotteligen Ponies bis stolzen Rassehengsten, mehrmals am Tag Paraden mit den Tieren. In den Stallungen ein Museum mit hochpolierte Pferdekutschen.

QUARR ABBEY: liegt 3 km westl. von Ryde, in einem Vorort. Moderne Kirche, die 1911 von französischen Mönchen über den Ruinen eines Klosters von 113o gebaut. Ein Highlight für expressionistische Architektur.

HOLY CROSS: ebenfalls 3 km westl. im Vorort Brinstead. Kirche aus dem 13. Jhd., interessant der Friedhof mit Grabstein für Schmuggler. Der Dichter Rudyald Kippling (Das Dschungelbuch) wies darauf hin, daß auch die Kirche den Schmuggel förderte. Sie hatte unterhalb am Meer einen eigenen, ihr zugeteilten Strand mit Shipwrecking - Rechten.

FLAMINGO PARK (6): hunderte buntschillernder Wasservögel in einer Parkanlage mit Teichen und kleinen Wasserfällen. Insgesamt 7o Arten: Kraniche, Flamingos, Schwäne, Gänse, Pfauen, Kakadus etc. Ca. 3 km östlich, der Beschilderung "Seaview" folgen.

STEAM RAILWAY (4): Tip für Liebhaber alter Dampfeisenbahnen. Über ein 5 km Gleis schnaufen von Havenstreet nach Wootton alte Dampfloks (Betrieb Mitte April bis Okt.). Das Gleis ist Rest der früheren Verbindung von Ryde nach Newtown. Außerdem ein kleines Museum, das die 12o Jahre Wight- Eisenbahngeschichte dokumentiert, sowie alte Dampfloks und Eisenbahnwaggons mit messingbeschlagenen Ledersesseln.

Ryde -> Cowes

Die A 3o54 von Ryde passiert das Dorf WOOTTON BRIDGE (Stichstraße nach Fishbourne, wo die Autofähren von Portsmouth anlegen) und weiter als A 3o21 östlich des River Medina nach Cowes.

BARTON MANOR VINEYARD (2): der Weinanbau auf Wight mit seinem milden Klima hat Tradition, auch wenn die Tropfen einen nicht vom Stuhl hauen. Zu sehen gibts zur Einführung ein Video, Weinprobe sowie 2o acre Parkanlagen inkl. kleinerem See, ursprünglich von Queen Victoria und Prince Albert ab 1845 angelegt.

OSBORNE HOUSE (1): Sommerresidenz von Queen Victoria und heute größtes Herrenhaus auf der Insel.

Die Queen hatte bereits als junges Mädchen 1831/33 Wight besucht und war angetan von der Insel und dem Blick über die Meeresstraße "The Solent". 1845 und 5 Jahre nach ihrer Heirat mit Prinz Albert kaufte sie das Areal, um hier einen königlichen Landsitz zu errichten.

QUEEN VICTORIA (1819-1901) mit Prinz-Gemahl Albert von Sachsen Coburg-Gotha

Die Queen als junges Mädchen

Gebaut wurde Osborne House 1845 - 51 durch den Architekten Thomas Cubitt gemäß dem, was Prinz Albert sich an Design vorstellte und wie er "italienische Villen fühlte". Hierzu gehörten zwei Türme in Form Campanilles (einer mit Uhr) und langgestreckte Gebäude im Stil ital. Renaissance. Alles in allem Kopie und ohne jegliche Originalität, so doch wegen Größe, Ausstattung und Blick repräsentativ.

Zu besichtigen sind die prächtigen Staatsgemächer und die Privaträume der Queen, wo kaum was verändert wurde. Alles verschwenderisch ornamentiert. Üppige Schnörkel und überall vollgestopft mit Vasen, Miniaturen, Andenken etc. aus der Zeit der Queen als Herrscherin über große britische Kolonialreiche wie Indien. Die Queen hielt sich später dauerhaft in Osborne Manor auf und starb auf der Insel 19o1.

Im Park die Swiss Cottage: importiert aus der Schweiz,- als Spielhaus für die neun Kinder der Königin. Wertvolle Porzellan-Sammlung, an der Außenwand deutsche Sprichwörter, angebracht von Prinz Albert.

★Cowes (19.000 Einw.)

Anlege-Hafen für die Fähre aus Southampton. Über dem weltbekannten Yachtzentrum hängt intensiver Jetset-Geruch: exklusive Segelklubs, die Küste übersät mit knallbunten Booten und in den Straßen reiche Playboys mit schönem Anhang.

Luxusyachten Ende des 19. Jhds.: Die reichsten der Welt, die Könige, Fürsten aber auch Großunternehmer wie die Vanderbilts hatten ihre Luxusyachten. So gehörte z.B. die 78 m lange Dampfyacht "North Star" dem Amerikaner Vanderbilt III., - die "Princesse Alice" dem Fürsten Albert von Monaco, - die "Immacolata Concezione" dem Papst Leo XIII etc. Die Queen Viktoria selber hielt

OBEN: die Yacht "North Star" von Vanderbilt III. Mit 78m Länge war sie eine der schnittigsten und längsten zur Jhd.-Wende. Der Luxus bei derartigen Yachten befand sich in Innenausstattung (siehe unten). – LINKS: King Edward VII (im Korbstuhl) mit Familie.

nicht so viel von Yachten, sondern beobachtete den Betrieb lieber von ihrem Wohnsitz Osborne House. Anders ihr ältester Sohn Edward VII. Die Queen erachtete ihn für nicht allzu intelligent, so daß der Sohn weitgehend von Regierungsaufgaben ausgeklammert wurde und sich voll dem königlichen Luxusleben widmen konnte. Er genoß das Highlife in vollen Zügen. 1882 wurde er zum Präsidenten des *"Royal Yacht Squadron"* gewählt, - jenem britischen Elite Yachtclub.

Der damalige Luxus- Yachtbetrieb Ende des 19. Jhds. hatte festen Ablauf: die Kings bis Großindustriellen (USA bis Europa) besuchten im Frühjahr die Cote d'Azur, im Sommer die Ostsee mit wichtiger Regatta in Kiel, - dann im August die Regatta von Cowes/ Insel Wight, dem wichtigsten Ereignis in Großbritannien. Hier trafen sich die königlichen Oberhäupter. Über Kaiser Franz Joseph von Österreich/Ungarn wird berichtet, daß er mit einem prestigeträchtigen 54 m langen Raddampfer zur Regatta eintraf...

Es war eine illustre und lustige Gesellschaft, die sich hier alljährlich in Cowes traf. Über Alfonso XII., König von Spanien, wird berichtet, daß er einmal statt mit der Yacht mit dem Zug kam und früher als erwartet im Hafen Portsmouth eintraf. Dort waren ein

OBEN: Dining Salon auf
der zur Jahrhundertwende
hörte dem Sohn der Queen Vic
Perserteppichen etc. ausgestat
Stattung weiterer Yachten zu

Beamter noch damit beschäftigt, für den King den roten Teppich auszurollen. Der King nahm den gebückt den Teppich ausrollenden Beamten im Bocksprung. - Zur alljährlichen Cowes Woche dümpelten dann die Yachten der europäischen Königshäuser, der Aristokraten und der Millionäre aus Europa und Nordamerika in der Bucht. In Barkassen ging man an Land, abends wurden große Feste an Bord gefeiert, und die Zeitschrift "Yachting World" berichtete in ihrer Ausgabe von 1894 von "jeder Menge feiner Leute", die sich hier trafen. Hier waren für 1 Woche die Führer der Welt versammelt.

Yachten von 78 m Länge wie die "North Star" waren gewaltig in Relation zur Größe damaliger Passagierschiffe der Normalbürger. Die 1892 für die königlich britische Familie gebaute Yacht "Britannia" war zwar nur 37 m lang, galt aber als extrem schnell und gewann viele der Cowes Regatten. Im Inneren hatte die Yacht zum Amusement der Damen (und Mätressen) ein Klavier, und auf dem Bett des Königs lag ein Kissen mit aufgesticktem rotem Herz und Beschriftung "avec tout mon coer" (von ganzem Herzen), was auch das königliche Liebesleben an Bord dokumentiert.

Der "Polarstern" (1888) des russischen Zaren Alexander III war 1o3 m lang. Das Nach-

der "Victoria and Albert III",
Luxuriösesten Yacht. Sie ge-
toria und war mit teuersten
Seitlich (re./li.): Innenaus-
Jahrhundertwende.

folgemodel "Standart" (1895) des Zaren Nikolaus II. war bereits 128 m lang und mit Motoren bestückt. Die 3 Masten dienten nicht mehr der Aufnahme von Segeln, sondern zur Beflaggung; zur Besatzung gehörte auch ein eigenes Orchester.

Als schönste Yacht der Jahrhundertwende galt die "Victoria and Albert III" des britischen Königshauses. In ihrem Inneren u.a. der Speisesaal, in dem die Könige Europas während der Cowes-Woche dinierten. Sie hatte eine Länge von 116 m, lief 1899 vom Stapel und schwamm dann mit 24 Grad Neigung im Wasser, wegen der Fülle an Einbauten. Es dauerte gut 2 Jahre, bis dieser Mangel behoben werden konnte.

Eine Sonderstellung nahm die "Hohenzollern" (1894) des deutschen Kaisers Wilhelm II ein: der Kaiser war wegen Heiraterei zwischen den Königshäusern Enkel der englischen Königin Viktoria und seit 1889 Mitglied des Royal Yachtclubs. Mit dem Bau der wuchtigen, 116 m langen und auch als Kriegsschiff geeigneten "Hohenzollern" wollte er den Anspruch Deutschlands als Welt-Seemacht dokumentieren. Die Maschinen erreichten beachtliche 21 Knoten Fahrt, und die Präsentation des Schiffes zu Cowes-Woche 1894 erweckte dort nicht unbedingt allgemeinen Zuspruch. Dies um so mehr, als der deutsche Kaiser (so berichten zumindest engl. Publikationen), stolz wie ein Pfau an Land spazierte, zudem die Kleidung des engl. Königs in Kopie trug und diesen in Sprache als Gag nachäffte.

Spaß hin wie her: der etwas im Ego gekränkte deutsche Kaiser begründete im Anschluß die Kieler Woche, ein Yachttreff nach damals

Die "Hohenzollern" (1894) des deutschen Kaisers Wilhelm II (oben links mit Kindern)

deutschem Muster mit Militärparaden, Salutschüssen und anderem Tam Tam alljährlich im Juli. Er fand bald regen Zuspruch, insbesondere auch bei amerikanischen Yachtenmillionären. 1912 am Vorabend zum 1. Weltkrieg traf man sich nochmals im Juli in Kiel und August in Cowes. Allerdings schwebte bereits der Kriegsgeier in Form militärischer Präsenz von Kriesschiffen und Flugzeugen bei den versammelten Luxusyachten. Am 5. August 1912 marschierten deutsche Truppen in Belgien ein, in Folge diente der Royal Yachtclub in Cowes als britischer Marinestützpunkt.

Nach Beendigung des 1. Weltkrieges wurde Cowes wieder zum alljährlichen Treff der Luxusyachten, wobei sich insbesondere die Großyachten amerikanischer Newcomer und Selfmademen repräsentierten. Die traditionellen Mitglieder des Royal Yachtclubs kritisierten damals die Fülle an Neureichen, die Geld zur Schau stellten, denen es aber an "Style "mangele.

Wie dem auch sei: die feudalen Yachten der zu Reichtum gekommenen Grundstückmakler wie Sir H. Frank, zugleich Besitzer einer Zeitung, - oder die "Lyndonia" des Herausgebers der engl. "Saturday Evening Post" trugen damals zum Ruhm Cowes als Yachtzentrum bei. Ein Image, welches sich heute in Cowes als britisches Yachtzentrum für die breite Allgemeinheit der besser Verdienenden fortsetzt.

Cowes Regatta: die ersten Wettkämpfe fanden 1788 statt, als Fischer/Schmuggler den round trip um die Insel vereinbarten. Erstmals setzte 1811 der Duke of Gloucester ein Preisgeld auf das Rennen aus. Die heute gültigen Wettkampfbestimmungen der Regatta um die Insel Wight wurden 1815 begründet.

1833 wurde der Royal Yacht Squadron gegründet, der in Folge die Aktivitäten der Insel als eines der wichtigsten Yachtzentren Großbritanniens bestimmte. Bedeutendste Aktivität seit Ende des 2. Weltkriegs sind der alle 2 Jahre ausgetragene Admirals Cup, bei dem die besten und teuersten Segelyachten der Welt um den Sieg kämpfen.

FESTE: Während der Cowes Week (1. August Woche) trifft sich die Hautevolee des Segelsportes für Regatten und extravagante Festivitäten. Auch die Royal Family macht mit der königlichen Jacht "Britannia" fest.

COWES liegt am Mündungstrichter des River Medina. Er teilt die Stadt in den westlichen Teil mit Yachtzentrum. An der Promenade ein vikotorianischer Trinkbrunnen.

Verbunden durch eine Kettenfähre ist der östliche Teil: hier liegt u.a. die Werft der Hoovercrafts. Siehe Kapitel "Geschichte" entwickelte der später zum Sir geadelte Chr. Cockerell ab 1959 die ersten Luftkissenboote der Welt, die dann u.a. auf den Kanalfähren Einsatz fanden.

COWES MARITIME MUSEUM: Besuch lohnt, Dokumente zur Inselgeschichte, insbesondere auch Yachten, Modelle, Fotos und Bibliothek.

COWES TOY & MODEL MUSEUM: mehr als 5.ooo alte Spielzeuge und Modelle.

NORRIS CASTLE: gebaut 1799 mit schönem Blick auf die Meeresstraße des Solvent zwischen Wight und Portsmouth. Hier wurde der deutsche Kaiser Wilhelm während der Cowes-Week einquartiert, aber auch andere Herrscher. - Das EAST COWES CASTLE, 1798 von J. Nash erbaut, wurde 1935 abgerissen wegen Verfall.

★ Newport (22.5oo Einw.)

Hauptstadt der Isle of Wight, liegt am Ende des Mündungsfjordes des River Medina, der bis Newport für kleinere Schiffe und Yachten befahrbar ist. Newport ist Verwaltungs- und Shopping-Zentrum für die Inselbewohner. An Markttagen strömt alles hier zusammen.

Tourist INFO Das Hauptoffice für die gesamte Insel. Liegt am Busterminal in der South Street; Tel.o983/ 52 54 5o. Ganzjährig geöffnet und book-a-bed-ahead.

CARISBROOKE CASTLE: massive Burg, majestätisch auf eine Anhöhe gesetzt, romantisches Fotomotiv. Eine der Haupt-Sehenswürdigkeiten der Insel. Auf dem Burghof ein 5o m tiefer Brunnen, ein Esel trottet gutmütig in einer Tretmühle, um Wasser nach oben zu befördern.

Der Bergfried stammt noch von den Normannen, der Rest aus dem 13. - 15. Jhd. Die äußeren Befestigungsmauern wurden 1588 aus Angst vor der spanischen Armada angefügt. Das Castle war lange Zeit Sitz der Regierung der Insel Wight.

Während der Parlaments-Revolution wurde der Stuart-König Charles I. von November 1647 bis September 1648 hier gefangengehalten, bevor er auf dem Schafott landete. Bei einem Fluchtversuch blieb der König zwischen den Gitterstäben im Fenster stecken. Viele Erinnerungsstücke an Charles im Burg-Museum, außerdem prähistorische Ausgrabungsfunde.

Carisbrooke Castle liegt am südwestlichen Stadtrand, 2 km vom Zentrum.

CARISBROOKE-CASTLE: das wuchtige Gatehouse, Darstellung von 1814.

Vom Eingang erreicht man über die Brücke das GATEHOUSE (A). Wie in Festungsarchitektur üblich, besteht es aus zwei Rundtürmen, in der Mitte der Eingang. Gebaut im 13. Jhd., erhöht im 15. Jhd. Im oberen Teil der Türme Löcher für Gewehre. Seitlich des Tors im Inneren der Burg führen Treppen rauf zur BURGMAUER, die teilweise begangen werden kann. Der schönere Teil der Mauer dürfte aber der nordwestl. Teil sein mit Aufgang bei (H) wegen Blick. - THE KEEP (G) stammt aus der Normannenzeit und dürfte vor 1136 erbaut sein. Über steile Treppen gehts rauf zum Eingangstor auf dem künstlich aufgeschüttetem Hügel. Das Oval mit seinen Mauern war Zufluchtort bei Angriffen, hatte jedoch später, als die Burg in Grundfläche vergrössert wurde, an Bedeutung verloren.

KING CHARES I.

ST. NICHOLAS CHAPEL (C): stammt in heutigem Stand aus dem 19. Jhd. und wurde 19o4 zum 25o. Jahrestag der Hinrichtung von King Charles I. restauriert. Die Orgel im Inneren mit den bemalten Pfeifen ist ein Geschenk von King Edward VII.

GREAT HALL (F): gebaut im 13. Jhd., Erweiterungen bis zum 16. Jhd. Hier regierten die Inselgouverneure, zu sehen schöne

CARISBROOKE CASTLE

- A Gatehouse
- B Shop
- C St. Nicholas Chapel
- D Charles I. Schlafzimmer
- E Brunnenhaus
- F The Great Hall
- G The Motte (mound)
- H Aufgang zur Mauer
- I angelsächs. Mauern

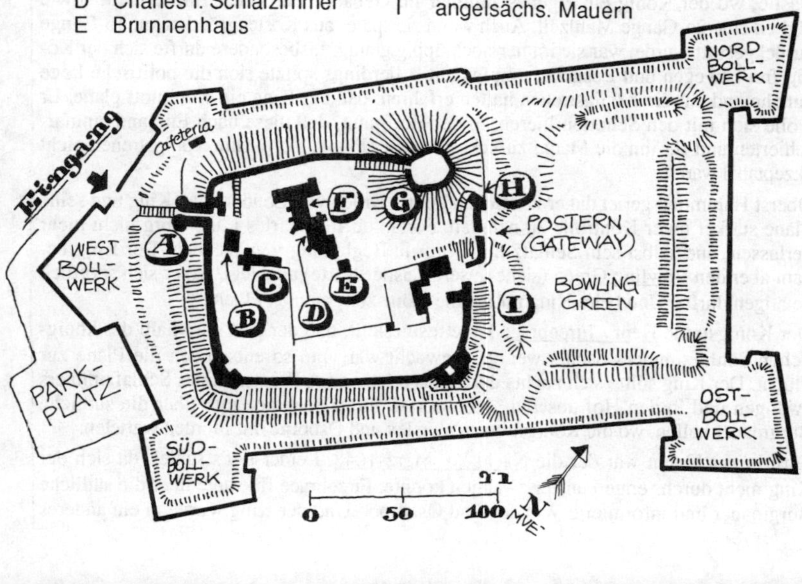

Fenster, Feuerstellen und das Zimmer, welches King Charles I. bewohnte.

Während des Bürgerkrieges war es den Revolutionären gelungen, den damaligen englischen König Charles I. gefangen zu nehmen und in Hampton Court einzusperren. Doch Charles I. gelang am 11. Nov. 1647 die Flucht und er wägte sich auf der Insel Wight in Sicherheit.

Der dortige Inselgouverneur, Oberst Hammond, bot ihm zunächst Schutz im Carisbrooke

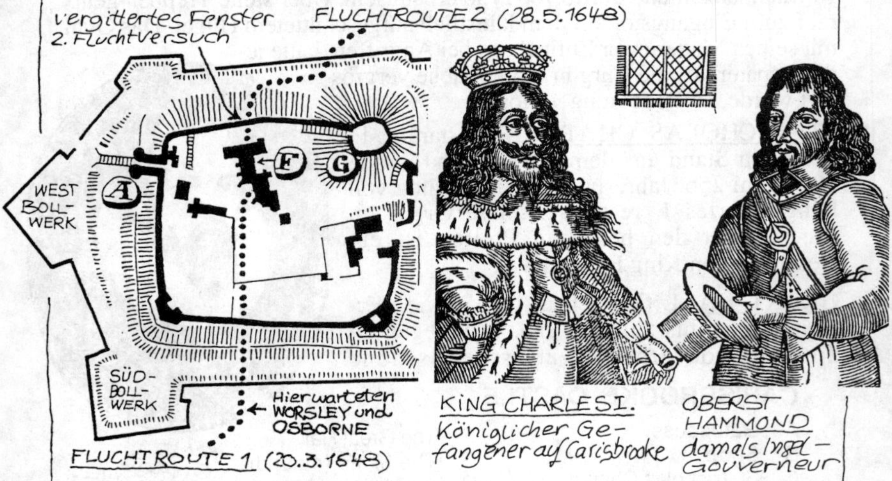

Castle, wo der König ein eigenes Zimmer im Gebäude der Great Hall erhielt, sowie täglich eine 2o-Gänge Mahlzeit. Auch wenn sie später aus Kostengründen auf 16-Gänge zurückgestuft wurde, war sie immer noch üppig genug. Insbesondere durfte sich der König frei bewegen und Besucher empfangen. Allerdings spitzte sich die politische Lage zunehmend zu: die Königstreuen hatten erfahren, daß der King ein Komplott plane: Er wolle sich mit den Schotten liieren, in der Hoffnung, daß diese nach England einmarschierten und für ihn die Macht zurückeroberten. Pläne, die für die Königstreuen nicht akzeptabel waren.

Oberst Hammond geriet daher zunehmend unter Druck von London, den King und seine Pläne stärker unter Kontrolle zu nehmen. Fortan durfte Charles I. die Burg nicht mehr verlassen, und selbst sein Schlafzimmer nur in Begleitung von Wachen. Der King bekam aber den Bowling Green (siehe unsere Castle- Karte) angelegt, wo er sich sportlich betätigen durfte. Und beim King reiften die Pläne zur erneuten Flucht.

Der Königstreue Henry Fircebrace hatte festgestellt, daß der Hof unterhalb des königlichen Schlafzimmers nachts weniger bewacht war, und so entstanden die Pläne zur Flucht. Der King sollte sich nachts durch das relativ enge Fenster seines Schlafzimmers zwängen und in den Hof abseilen. Von dort wollte Fircebrace ihm über die südliche Burgmauer helfen, wo die Königstreuen Worsley und Osborne mit Pferden warteten.

Termin zur Flucht war der die Nacht 2o. März 1648. Leider lief's schief, da sich der King nicht durchs enge Fenster zwängen konnte. Fircebrace flüchtete über die südliche Burgmauer und informierte Worsley und Osborne. Und der King wurde in ein anderes

Schlafzimmer Nähe der nördlichen Burgmauer verlegt, dessen Fenster mit Eisenstäben vergittert war.

Der 2. Fluchttermin war auf die Nacht 28. Mai 1648 gelegt. Die Königstreuen hatten dem King Salpetersäure zukommen lassen; die Säure sollte die Eisenstäbe zerstören. Allerdings waren zu viele Personen in die Fluchtpläne eingeweiht, so daß auch Oberst Hammond hiervon Kenntnis erhielt, und die Flucht scheiterte.

In Folge verbliebt King Charles I. noch bis zum 6. Sept. 1648 auf Carisbrooke, wurde dann nach Newport verlegt und am 3o. Nov. 48 nach London. Am 3o.1.1649 wurde er dann auf dem Schafott geköpft.

Das zu enge Fenster des 1. Fluchtversuchs in der Great Hall wurde 1856 durch eine zweireihige Fensterfront ersetzt, um dem Zimmer mehr Licht zu geben. Zu sehen ist noch das Fenster des 2. Fluchtversuches in der nördlichen Burgmauer (beschildert).

Heute in der Great Hall u.a. ein Museum zur Geschichte des Castles und prähist. Inselfunde.

BRUNNENHAUS (E): wegen der erhöhten Lage des Castles war die Existenz eines guten Trinkwasserbrunnens elementar. Der erste nachweisliche bestand hier 1291. Der rund 5o m tiefe Brunnenschacht wurde 1587 angelegt. Ein großes Tret-Rad bediente die Seilwinde, und Gefangene liefen im Rad, um den Schöpfkübel raufzubefördern. Später wurden Esel eingesetzt. Sie sind heute noch tätig für touristische Demonstration, arbeiten (wie die Castle- Verwaltung betont) jedoch nur 2 Std./Tag.

1856 wurden Teile des Castles renoviert und rekonstruiert, insbesondere auch ab 1896 durch Prinzessin Beatrice of Battenberg, Tochter von Queen Victoria. 1965 vergab Queen Elizabeth II. an den Earl of Mountbatten in einer Zeremonie die Ehre, Gouverneur von Schloß Carisbrooke zu sein.

BOWLING GREEN: große Rasenfläche nordöstlich der Burg und 1648 für King Charles I. angelegt, siehe oben. Relaxing zwischen hohen Bäumen und den äußeren Festungsmauern.

GREAT HOUSE: Darstellung in einem Stich von 1842

BRUNNENHAUS wo Esel zum Raufziehen im Tretrad laufen.

✶ Region Newport

ROMAN VILLA: im Ort Newport/Cypress Road. Ein römisches Bürgerhaus aus dem 2. Jhd. n. Chr. mit schönen Bodenmosaiken, die Badeanlagen sehr gut erhalten. Heute zeigen originalgroße Wachspuppen mit übergehängter Toga und Sandalen, wie der Betrieb damals ablief.

BUTTERFLY WORLD (3): in einem riesigen Treibhaus eine Dschungel-Landschaft mit Kaskaden, Teichen und Bächen und überall schwirren unzählige schillernde Tropenfalter durcheinander. Ca. 4 km nordöstlich von Newport: auf schmaler Landstraße Richtung Wootton Common.

PARKHURST GEFÄNGNIS: 2 km nördl. von Newport. War Ende des 18. Jhds. zunächst ein Militärkrankenhaus und wurde später zum Gefängnis ausgebaut. Berühmteste Insassen unseres Jhds. der "Yorkshire Ripper ", sowie die Posträuber, von denen einer sich später nach Brasilien absetzte, Details siehe Boulevardpresse.

ARRETON MANOR (19): stammt von 1612, zeitgenössisch möbliert. Sehenswert sind ein Museum mit Spielzeugpuppen und das Funkmuseum. Auf demselben Gelände ein Crafts Village, wo ein Dutzend Kunsthandwerker von der Wight Insel ihre Sachen anbieten (z.B. getrocknete Wildblumen, präparierte Schmetterlinge zum Anstecken als Brosche, Keramik etc.). Rund 5 km südöstlich von Newport auf der A 3o56.

MODEL VILLAGE (2o) in der Ortschaft Godshill, ab Newport über die A 3o2o zu erreichen. Nachbauten von Häusern und Kirchen im Maßstab 1 : 1o mit kleinen Gärten. Insbesondere für Familien mit Kindern ein liebenswerter Ausflug. - Im gleichen Ort "The Old Smithy and Gardens", ebenfalls Miniaturnachbauten von Inselhäusern.

✶ Newport ⋙➤ Yarmouth

Die Hauptstraße A 3o54 von Newport gut ausgebaut nach YARMOUTH im Inselwesten von Wight.

Alternative nach Yarmouth ist die B 34o1 ab Newport und von den Insulanern "Middle Road" genannt. Sie berührt das pittoreske Dorf

CALBOURNE: Ziel unzähliger sommerlicher Ausflugsbusse. In der Zeit Juli/August Remmidemmi total. Die malerische WINKLE STREET ist das wohl beliebteste Fotomotiv auf der Insel. Kleine, strohgedeckte Cottages, und am Straßenrand plätschert ein Bach. Im Ortszentrum eine frühgotische Kathedrale. - 2 km westlich die CALBOURNE MILL (17): mit strohgedeckten Scheunen und ein Museum über das bäuerliche Leben.

YARMOUTH siehe Kapitel "Inselwesten".

OSTKÜSTE WIGHT

Hier konzentriert sich der heutige Wight- Ferientourismus in Strandbädern, die teils in Architektur den Flair der Jahrhundertwende tragen.

Allerdings Massentourismus von mehr als 1 Mill. Besuchern der Kategorie "britischen Familienurlaubs pauschal gebucht".

Die B 333o führt von RYDE nach Seaview mit dem Flamingo Park (6, Details siehe Seite 274) und weiter nach

★ **BEMBRIDGE**, heute Yachtzentrum in langer Flußmündung. Der Ort oberhalb, mit langer Ship- Wrecking- Tradition. Die Bedingungen waren optimal: unten am Meer bei Ebbe große Sandbänke, und das ganze oben von den Klippen gut zu überblicken. In den Bäumen aufgehängte Laternen sorgten für den Rest.

Im geschütztem Hafen hat der Bootsbau lange Tradition. Interessant das MARITIME MUSEUM (7): Teile von Schiffswracks, Ausrüstung von Piraten, Navigationsgerät, Taucherausrüstung aus früheren Jahrhunderten. Weiterhin auch viele Schiffsmodelle, nach denen dann in vergrößertem Maßstab die Schiffe gebaut wurden.

WINDMÜHLE: von der Zeit um 17oo, aus grauem und wuchtigem Stein gemauert. Das originale Innenleben und die Mechanik sind noch voll erhalten.

Küstenwanderung: ein lohnender Spaziergang von rund 1 Std. führt von Bembridge entlang der Küste zum CULVER CLIFF: Brutplatz für zahllose Seevögel. Dahinter Hügelland zum Rumwandern. Die Klippe ist auch per Stichstraße ab Brading und der B 3395 zu erreichen.

An der B 3395 von Bembridge nach Brading die Flugzeugfabrik Britten & Norman, die anerkannt gute Propellermaschinen für den Regionalverkehr herstellt. Sie finden Einsatz in der Karibik und anderen Bereichen des britischen Commonwealth.

★ **BRADING**: Das Städtchen war bei den Römern ein wichtiger Hafen, liegt heute wegen Verschiebung der Küstenlinie rund 3 km landein.

ROMAN VILLA (8): Grundmauern eines römischen Wohnhauses mit gut erhaltenen Mosaiken und Fußbodenheizung plus kleines Museum mit Ausgrabungsfunden.

WAX MUSEUM (8) in der High Street: schöne Arrangements mit originalkostümierten Wachspuppen historischer Persönlichkeiten und Licht-/ Sound-Effekten. Gegenüber der Kirche.

OSBORN-SMITH'S ANIMAL WORLD: Etwas traurig die große und umfangreiche Sammlung an ausgestopften Vögeln, Reptilien und Säugetieren. Alles in Schaukästen mit Imitation des entsprechenden Lebensraumes.

MUSEUM OF DOLLS & TOYS (8): lohnend für Liebhaber von Puppen und altem Spielzeug.

NUNWELL HOUSE: noch bewohntes Herrenhaus aus dem 18. Jhd. Der mit Stilmöbeln eingerichtete Gebäudeflügel ist für Besucher geöffnet, ebenso die schönen Gärten. Zu besichtigen weiterhin eine Sammlung alter Waffen, Uniformen und Kriegsorden.

★ Sandown (7.5oo Einw.)

Der Familien- Badeort erstreckt sich südlich der weißen Cover- Klippen an schmalem Sandstrand. Ein langer Strandpier zieht sich weit raus ins Meer. Im Ort großes Entertainment, der Strand gilt als badesicher.

Tourist INFO an der Strandpromenade: The Esplanade; Tel.o983/ 4o 38 86. Ganzjährig geöffnet, kein book-a-bed-ahead.

JUGENDHERBERGE (Fitzroy Street): mitten im Ort, paar Minuten zum Strand. Viele englische Jugendliche auf Badeurlaub. Tel.o983/ 4o 26 51.

ZOO (9): bekannt für sein Reptilienhaus und die Kolonie mit Bengalischen Tigern. Am nördlichen Stadtrand.

Klippenwanderung: von Sandown nach Shanklin. Benötigt gut eine 1/2 Std. entlang der Bucht. Am Strand im Sommer viel Betrieb und draußen auf See viele Surfer und Segelboote.

★ Shanklin (6.5oo Einw.)

Mit dem Nachbarort Sandown zusammenhängende Siedlung in der langgezogenen Bucht. Beide Orte sind Familien-Resort, wo Mam and Dad zusammen mit ihren Kids die schönsten Wochen des Jahres verbringen. Langer Sandstrand, viel Betrieb: Wassersport, Theater, Restaurants. Der Ort liegt oberhalb des Meeres auf einer Anhöhe.

Tourist INFO 67, High Street; Tel. o983/ 86 29 42. Ganzjährig geöffnet; kein book-a-bed-ahead.

GEOLOGY MUSEUM: im Ort. Überblick zur interessanten geologischen Geschichte der Insel; Information und Gesteins- Exponate.

OLD SHANKLIN: im südl. Ortsbereich (wo die A 3o2o nach Godshill abzweigt), eine Handvoll schöner, alter Häuser verg. Jhds.

SHANKLIN CHINE (1o): beginnt im südl. Ortsteil an der Esplanade und zieht sich landein. Eine Bach-Schlucht, alles dicht mit Vegetation zugewuchert. Der Bach mit kleinerem (1o m) Wasserfall ins Meer, dahinter Farnkraut, Schlingpflanzen und Moos. Ein Wanderpfad führt über Stege zu einer Kneipe am anderen Ende des Tales.

THE LANDSLIP: atemberaubende Urlandschaft auf halbem Weg zwischen Ventnor und Shanklin. Zertrümmerte Felsblöcke, tiefe Spalten und Geröllfelder. Alles überwuchert von Eschen und Buchen. Zieht sich kilometerlang hin, entstanden durch Erdrutsche in den Jahren 181o und 1928.

Lohnend die halbstündige Wanderung vom südl. Ortsausgang Shanklin und oberhalb der Klippen nach Luccombe Village und weiter zur LUCCOMBE CHINE: im Sommer ein rotes Blütenmeer wegen der Hortensien und vorbei an Wasserfällen und Wildbächen. Anschließend "The Landslip" und ca. weitere 1/2 Std. über grasige Hügel, vorbei an Wildblumen und Ginsterbüschen nach:

ST.BONIFACE DOWN (11): mit 24o m die höchste Erhebung der Insel. Oben das Metallgerüst einer Radarstation und großartiger Blick auf die weite Bucht mit ihren Klippen und den Spielzeug-Städten. Besuch der Bergkuppe lohnt in jedem Fall. Auch über eine steile Straße ab Ventnor zu erreichen (Abzweiger im nördl. Ortsteil von Ventnor ab der B 3327 rechts, den Berg rauf).

APPULDURCOMBE HOUSE (21): beim Ort Wroxall, rund 3 km nördl. von Ventnor an der B 3327 (bzw. ca. 5 km von Shanklin über die A 3o2o/B 3327).

APPULDURCOMBE HOUSE in Darstellung 1720. Links: Sir Richard Worsley (1751-1805), der als Insel Gouverneur sich hier einen stattlichen Wohnsitz ausbaute. Für die Landschafts-Architektur der Gärten zeichnete der damals berühmteste Capability Brown.

Fliegerbomben im 2. Weltkrieg, die sich verirrt hatten (den Piloten war das Bombardieren von Kulturmonumenten verboten), - richteten großen Schaden an. Renovierungsarbeiten seit 1988, Besuch lohnt insbesondere auch wegen des derzeit verwilderten Schloßparks.

GODSHILL (2o): bereits im Vorkapitel als Ausflug ab Inselhauptort Newport beschrieben. Erreichbar ab Shanklin und Ventnor. Irgendwie ist die Zeit hier stehengeblieben in dem Nest aus altertümlichen Bauernkaten mit Küchengärten und Holzzäunen. Sehr schön zum Rumhängen in einem der vielen Tee-Gärten. - Sehenswert das Model Village des Ortes.

SÜDKÜSTE WIGHT

Schöne Landschaften, teils mit weißen Kreideklippen und einsamen Strandbuchten. Zu den besonderen Attraktionen zählt die BLACKGANG CHINE, die grandiose Klippenlandschaft bei ST. CATHERINE'S POINT (Inselsüdspitze) und der Badeort VENTNOR mit Botanischem Garten und Schmugglermuseum.

★Ventnor (7.ooo Einw.)

Häuser und Straßen auf einer Galerie von Felsnasen und Felsterrassen, dazwischen stehen prächtige Palmen. Unten die Badebucht mit Strandpromenade. Vom Pier aus faszinierender Blick auf den in die Abhänge eingefügten Ort.

Der schönste Ferienort der Insel: mit viel mediterranem Flair, hier machen in erster Linie junge Leute Urlaub. Das Klima ist mild, da die umliegenden Kalkhügel die rauhen Winde abhalten.

Tourist INFO in der Hauptstraße 34 High Street; Tel.o983/ 85 36 25. Nur im Sommer geöffnet, kein book-a-bed-ahead.

Geschichte: eine vorgeschichtliche Landsenkung/Erdrutsch schuf hier am Meer ein kleines Plateau (genannt "Undercliff") unterhalb der Küstenberge. Von daher kann die Sonne diesen Bereich erwärmen, während die kalten,von Nord kommenden Winde diese "Landkuhle" nicht berühren. Von daher teils auch subtropische Vegetation.

Wegen des guten Klimas kamen im 19. Jhd. viele Erholungssuchende, u.a. die österreichische Kaiserin Elisabeth (1874), Karl Marx (1878), aber auch viele Dichter, so beispielsweise Charles Dickens, der in der Villa Winterbourne (heute ein Hotel, im nördl. Vorort Bonchurch) Teile seines Romans "David Copperfield" schrieb.

Zu Aufschwung des Ortes hatte auch eine Publikation des engl. Arztes Sir James Clark geführt, der das milde Klima als günstig zur Heilung von Lungenerkrankungen pries. In der 2. Hälfte des 19. Jhds. wurde ein Lungensanatorium gebaut (an der Stelle des heutigen Bot. Gartens). Darüber hinaus bauten sich viele reiche Engländer wegen des angenehmen Klimas hier Sommervillen.

MUSEUM OF SMUGGLING (21): Besuch lohnt. Insbesondere der Bereich um die Südspitze der Insel Wight war in vergangenen Jahrhunderten beliebtes Arbeitsfeld der Schmuggler und Shipwrecker. In düsteren, feuchten Kellergewölben werden die Schmuggler- Methoden und die drakonischen Strafmaßnahmen plastisch dargestellt. Das Museum liegt im westlichen Bereich von Ventnor an der A 3o55,beim Parkplatz zum Eingang des Parks und Bot. Gartens.

BOTANISCHER GARTEN (21): an der westl. Ortseinfahrt. Mit einem See, Treibhäusern und wuchernden, subtropischen Pflanzen. Lohnt sich auch wegen des Blicks auf die Felsentrümmerlandschaft "Undercliff".

★ Ventnor geht westlich fast über in den Nachbarort **ST. LAWRENCE**: bekannt für sein winziges Steinkirchlein (14 x 4 m), in einem Friedhof mit alten Eibenbäumen. Eine der kleinsten Kirchen Englands, stammt noch aus der Normannen-Zeit.

TROPICAL BIRD PARK (23): am westl. Ortsende von St. Lawrence. Schillernde Papageien, Tukane, Paradiesvögel etc. in großen Freigehegen, die von den Besuchern betreten werden können. Gleich daneben ISLE OF WIGHT GLASS: Glasbläserei, die nach mittelalterlichen Verfahren arbeitet. Aus der rotglühenden Schmelze entstehen kunstvolle Figuren.

JUGENDHERBERGE: 2 km landeinwärts im Dorf Whitwell. Untergebracht im ehemaligen Pfarrhaus gleich neben der Kirche. Einfacher, aber zufriedenstellender Service. Tel. o983/ 73 o4 73.

★St. Catherine's Point

Nähe des Dorfes Niton, das Busverbindung u.a. ab Newport und Ventnor besitzt. Die südlichste Landspitze der Isle of Wight. Hier steht einer der stärksten Leuchttürme der Welt, gebaut 1837. Zu besichtigen jeweils nachmittags, grandioser Blick auf die Klippenlandschaft, Küste und Meer!

Weiterhin auf dem Catherine's Down der ALEXANDRIAN PILLAR, eine Säule mit Steinkreuz, aufgestellt zu Ehren während des Besuches 1814 des russischen Zaren. - Sowie das CATHERINE'S LIGHTHOUSE, der zweitälteste Leuchtturm Großbritanniens. 1313 mußte ihn der Shipwrecker Walter de Godeton bauen als Strafe für ein von ihm mit Laternen an Land gelocktes Schiff. Dieses havarierte, wobei großer Schaden entstand. Der achteckige Turm hat ein Spitzdach, direkt darunter befand sich die Lampe. Seitlich angebaut eine Kapelle, heute ist nur noch der Turm erhalten. In der Nähe fand man bei Grabungen 1925 eine Schubkarre aus der Bronzezeit.

Lohnende Wanderung auf dem Oberrand der Steilküste (Coastal Path entlang der Abbruchkanke). Weiterhin führt ein Trampelpfad führt runter zum Fuß der Klippen: wild zertrümmerte Urlandschaft, zwischen den Felsblöcken sprüht die Brandung. Entstanden durch einen Erdrutsch.

★Chale (1.2oo Einw.)

Der Ort liegt oben nahe am Klippenrand, der (siehe Folgekapitel) absturzgefährdet ist. Schöner Blick über die gesamte Südwestküste bis hin zu den weißen Kreideklippen an der äußersten Westspitze.

BLACKGANG CHINE: die Schlucht zum Meer ist benannt nach einer Schmugglerbande, die hier ihr Unwesen trieb und in der engen und bis zu 125 m tiefen Schlucht ihr Versteck hatte. Der Küstenbereich war abgesehen vom Schmuggel- Gewerbe auch für die Shipwrecker hochkarätig: gemäß historischen Aufzeichnungen "strandeten" hier mehr als 18o Schiffe, deren Beute dann in der Schlucht bis zum Weiterverkauf zwischengelagert wurde.

Heute ist die Schlucht touristisch ausgeschlachtet, sprich am Eingang ein sogenannter FANTASY THEME PARK mit Attraktionen, die die Wight Holiday- Maker insbes. Familien mit Kindern freuen. So ein Wildwest-Fort, ein Märchenschloß, Irrgarten, originalgroße Dinosaurier etc. In der Eingangshalle das 25 m lange Skelett eines Wales, der 1842 vor der Küste strandete und 8o Tonnen wog.

WHALE CHINE: 2 km westl. von Chale an der A 3o55. Kies-Sand-Strand am Ende einer Schlucht. Vom Parkplatz am oberen Klippenrand über 13o Holztreppen runter, keinerlei touristische Einrichtungen. Daher ist der Strand nie überlaufen (einer der ruhigsten auf der ganzen Insel).

Die KÜSTENSTRASSE A 3o55 führt oberhalb des Meeres nahe am Klippenrand entlang, schöner Blick! Seit dem Bau der Straße mußte sie mehrfach gesperrt werden, da die Klippen ins Meer abstürzten. Die Region ist sehr dünn besiedelt, Busverbindung Chale -> Brook nur in den Sommermonaten.

BRIGHSTONE: strohgedeckte Bauernkaten mit Kräutergärten davor, überall wuchern Kletterrosen. In der Umgebung Spazierwege durch Schluchten, wo unter Bäumen dichter Farn-Dschungel wächst.

SHOREWELL: rund um die stattliche Dorfkirche (Wandmalerei von 144o) gruppieren sich Häuser und mehrere stolze Landvillen aus dem 16. und 17. Jhd. Etwas ab vom Ort die YAFFORD MILL, eine noch heute betriebene Wassermühle aus dem 18. Jhd. Im Mühlteich tummeln sich Gänse und Schwäne sowie Robben, davor auf der Wiese weiden Kühe und Schweine (seltene Rassen).

BROOK: vom Dorf führt ein 5 Min. Spaziergang zur BROOKE CHINE, die Schlucht führt runter zu einem Sandstrand.

CHINE: der Begriff kommt vom Angelsäxischen (*"cinan"*) und bedeutet "Spalte". Die Insel Wight besitzt eine Fülle derartiger schluchtähnlicher Spalten, die in der Regel vom Meer landein führen.

Sie entstanden, da auf dem Kreidegestein insbes. im Süden der Insel, eine Mergelschicht und poröse Kalk- Grünsandsteinschichten lagern, die wasserdurchlässig sind. Die Regenfälle führten im Lauf der Jahrmillionen zur Bildung dieser Schluchten und insbes. an Stellen, die besonders wasserdurchlässig waren. Erosion und winterliche Kälteeinbrüche taten ihr übriges zur Bildung dieser *"Chines"*.

Für die Wight- Schmuggler sowie Shipwrecker waren die Chines beliebter Zuschlupf und Versteck, auch ihrer Beute. Wegen der windgeschützen Lage haben diese "chines" vielfach dichte, bis teils subtropische Vegetation. Sie gehören heute zum Sight- Seeing-Programm der Insel. Besuch lohnt wegen Vegetation, teils sind die "chines" auch touristisch "aufgepäppelt", siehe z.B. "Blackgang Chine" beim Dorf Chale.

INSELWESTEN

Highlight ist die Westspitze mit ihren Kreideklippen und den "Needles", spitze Kreidetürme im Meer. Größter Ort: YARMOUTH mit Fährverbindung nach Lymington/New Forest.

★Yarmouth (95o Einw.)

Im Ort legt die Fähre aus Lymington im New Forest an. Yarmouth ist Ausgangspunkt für die landschaftlich grandiose Küste am Westzipfel der Insel.

Tourist INFO unten am Quay; Tel. o983/ 76 oo 15. Kein book-a-bed-ahead, nur im Sommer geöffnet.

Geschichte: Yarmouth war im Mittelalter (neben Newport im Inselinneren) wichtigster Ort auf Wight. Seine Stadtrechte erhielt es 1135. Die Franzosen konnten Yarmouth trotz Verteidigungs- und Festungsanlagen 1377 und 1524 bei Angriffen erobern und plündern. Um den Eingang der Meeresstraße Solent zu schützen, wurde das Yarmouth Castle gebaut. In den folgenden Jahrhunderten hatte Yarmouth vorwiegend strategische Bedeutung.

Erneuter Aufschwung dann Mitte des 19. Jhds., als die Eisenbahn den Ort erreichte und die Fährverbindung nach Lymington eröffnet wurde. Heute ein Provinzort mit Flair und von regionaler Inselbedeutung, Yachthafen.

YARMOUTH CASTLE (16): fertiggestellt 1547, Auftraggeber King Henry VIII, in den folgenden Jahrhunderten Erweiterungen. Blick auf den Hafen und rüber zur südengl. Küste. Es bewachte dem südlichen Eingang zum "Solent", - nördlich das "Hurst Castle" auf dem Halbinselfinger/ New Forest.

FORT VICTORIA (15): gebaut 1853. In den heutigen Überresten des Forts wurde ein Meeresaquarium eingebaut sowie eine Cafeteria. Das ganze liegt in einem Erholungspark. Schöner Blick über den Solent, allerdings Achtung: Badeverbot wegen starker Strömung!

★ Totland/Freshwater

Beide Orte gehen in einander über. Totland als Seebad von regionaler Bedeutung und an der Westküste, - Freshwater an der Südküste. Letzterer Ort rühmt sich Lord Alfred Tennyson, des großen engl. Dichters.

Alfred Tennyson wurde am 6.8.18o9 in Somersby/Lincolnshire geboren. Die Insel Wight gefiel ihm bei einem Besuch ausgesprochen gut, so daß er 1853 die Villa Farringford am Ortsrand von Freshwater mietete, um sich hier zum Schreiben zurückzuziehen.

In der landschaftlich schön gelegenen Villa im spätgeorgianischen Stil schrieb er den dramatischen Monolog "Maud". Vom Autorenhonorar kaufte er sich dann 1855 die Villa (damals waren die Hauspreise auf Wight noch erheblich billiger als heute, - insbes. auch wegen der abgeschiedenen Lage in Freshwater und zu Zeiten, als es noch kein Auto gab).

In der Villa entstanden weitere Werke, so der Zyklus "Idylls of the King", der die King Artus Sage aufarbeitet. Die Villa war gleichzeitig Treff berühmter anderer Dichter, so der Romancier Sir Arthur Hugh Clough, weiterhin Charles Dogson (Autor von "Alice in Wonderland"), A. Ch. Swinburne, der von 1839 - 65 in Bonchurch/Ventnor lebte. Auch Kardinäle waren Gast in der Villa, Sänger und Prince Albert, der von seinem Schloß Osborne aus Tennyson in Freshwater zum Tee besuchte.

1884 wurde Tennyson zum Lord geadelt. Allerdings wurde der Druck von Touristen, die den berühmten Dichter in seiner Villa "besichtigen" wollten zunehmend stärker, so daß sich der Lord 1865 von der Insel zurückzog. Die Villa ist heute gleichnamiges "Hotel Farringford".

JUGENDHERBERGE im Ort Totland: ein ehemaliges Hotel mit allen modernen Hostel- Facilities und super sauber. Ausgangspunkt für die wilde Küstenszenerie der West-Spitze der Isle of Wight plus bequeme Gehweite zum Strand. Adr.: Hurst Hill; Tel.: o983/ 75 21 65.

★Alum Bay

landschaftliches Juwel an der Westspitze der Isle of Wight. Zufahrt über eine Stichpiste, dort außerdem ein Holiday-Park mit Jahrmarkt, eine Glasbläserei und Teestuben.

Die Alum Bay ist eine Bucht mit Kiesstrand, dahinter türmt sich eine schroffe Klippenkulisse. Durch vorgeschichtliche Erdbewegungen ist das Gestein "umgekippt", die Schichtung verläuft in vertikaler Richtung. Wegen der Erzablagerungen schillern die einzelnen Schichten in den verschiedensten Farben von schneeweiß bis schwarzbraun. Als Kontrast der Ozean wie eine azurblaue Bühne.

Runter zum Kiesstrand über ins Gestein gemeißelte Treppen oder per Sessellift vom oberhalb gelegenen NEEDLES PLEASURE PARK (14). Ein touristisch- kommerzieller Funpark, wo das Pound rollt. Unten am Strand ein Shop, wo man verschiedenfarbigen Sand in Glasröhrchen abfüllen kann etc.

★The Needles

eine Kette von drei rund 3o m hohen Felsnadeln, die bizarr aus der Brandung ragen. Schneeweißes Kreidegestein und die tiefblaue See, die Wellen brechen sich an der Basis und tragen schäumende Gischtkronen. Ein vierter Felsturm ist 1764 bei einem Sturm ins Meer gestürzt.

Raus zum äußersten Aussichtspunkt auf der Kreideklippe mit Blick auf die Needles führt eine 1 km Asphaltstraße, die allerdings für Privatfahrzeuge gesperrt ist. Nur per ständig hin und her pendelndem Minibus gegen Geld. Der Rest dann zu Fuß. Fantastische Szenerie, die den Trip lohnt.

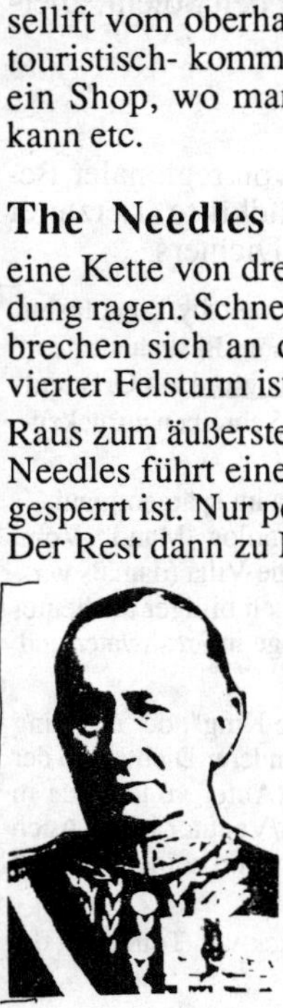

Guglielmo Marconi: geboren 25.4.1874 in Bologna/Italien. Er fand 1895/96 den drahtlosen Funkverkehr. Eine der bahnberchendsten und elementarsten Erfindungen der Menschheit im 19. Jhd. : ohne jegliche Drahtverbindung konnten Nachrichten frei durch die Luft übertragen werden!

Dies war Basis für's Radio und Folgeerfindungen wie das Fernsehen, - aber auch für den Funkverkehr vom Festland zu Schiffen in beispielsweise Seenot, Polizeifunk, Funk zu Notärzten, zu Feuerwehr, zu Sateliten etc., etc.

Zunächst galt es für Marconi, die in Italien gemachte Erfindung auszureifen. Er siedelte hierzu 1896 auf die Insel Wight über, wo er auf den Klippen der Inselwestspitze eine Versuchsanlage für den Funkverkehr installierte. Zunächst gelang es ihm 1897, die Entfernung von 29 km per Funkverbindung zu überbrücken. Weitere folgten ab Kreideklippe u.a. nach Poole. 1896 bekam Marconi Patente für seine Erfindung, die ihm die Gewinne aus der Erfindung für 2o Jahre sicherten und für ihn zu Reichtum führten.

1897 gründete er seine "Wireless Telegraph Trading Signal Co. Ltd." und siedelte nach Cornwall über, um größere Distanzen nach Frankreich zu erproben. 19o1 erreichte er die Distanz von 3.6oo km im Funkverkehr zwischen England und Neufundland. 19o9 wurde ihm der Nobelpreis für Physik in Anerkennung seiner Leistungen verliehen. Gestorben in Rom 1937.

Ein Denkmal oben auf der Kreideklippe erinnert an Marconi. Zudem ehrt die Insel Wight den großen Italiener in einem kleinen Funkmuseum im Arreton Manor (19), südöstlich von Newport.

Die NEEDLES sind auch per Bootstrip ab Alum Bay erreichbar. Interessante Variante von See und aus anderer Perspektive. Um die Needles im Sommer zugleich jede Menge im Meer dümpelnder Yachten.

Der "Tennyson Walk" ist Klassiker unter den Spazierwegen auf der Insel. Er führt in rund 6 km von der Kreideklippe der Westspitze entlang der Südostküste über die sogen. Tennyson Down nach Freshwater. Es geht quer über einen baumlosen Höhenzug, Blick über die gesamte Insel und bis rüber zum Festland. Vorbei an Seevogel-Kolonien in den Klippen und an bunten Wildblumen. Der Walk ist benannt nach dem englischen Dichter Lord Tennyson.

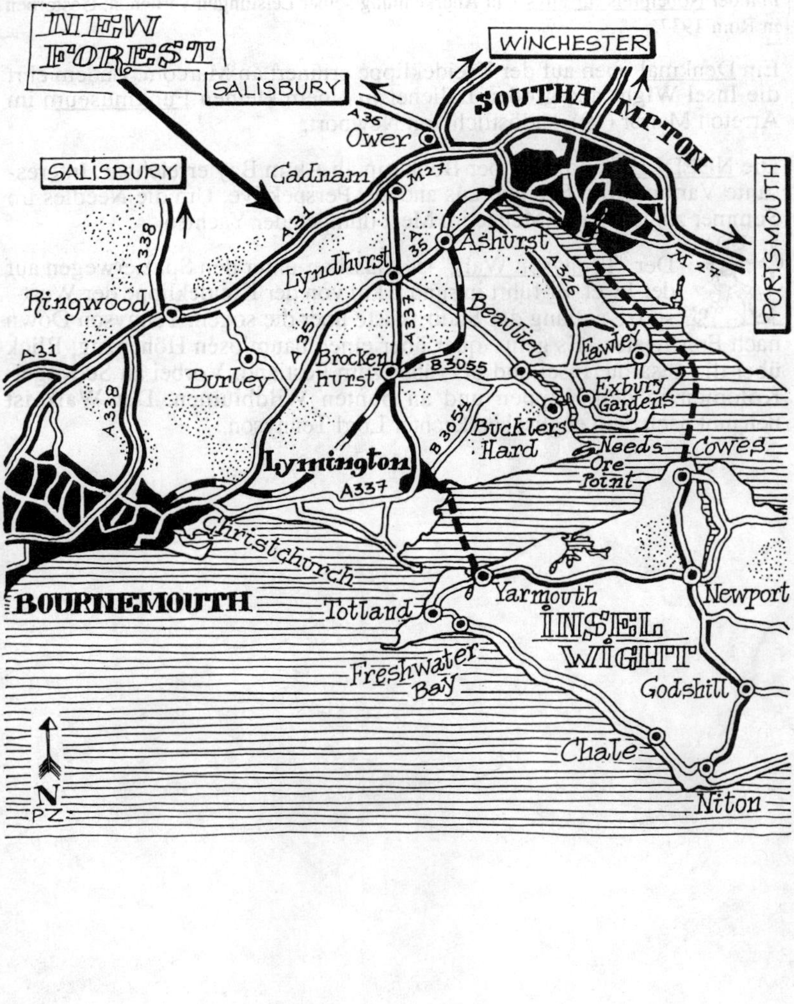
NEW FOREST
WINCHESTER
SALISBURY
SOUTHAMPTON
A 36
Ower
SALISBURY
Cadnam
M27
PORTSMOUTH
A 338
A 31
A 35
Ashurst
A 326
M 27
Lyndhurst
Ringwood
A 337
Beaulieu
A 31
A 35
Fawley
Burley
Brocken hurst
B 3055
Exbury Gardens
A 338
B 3054
Bucklers Hard
Needs Ore Point
Cowes
Lymington
A337
Christchurch
Yarmouth
Newport
BOURNEMOUTH
Totland
INSEL WIGHT
Freshwater Bay
Godshill
Chale
Niton
N
PZ

NEW FOREST
Southampton ⋙➤ Bournemouth

Die Strecke führt quer durch den NEW FOREST, landschaftlich eines der schönsten Feriengebiete in diesem Winkel Südenglands. Savannenartige Heidekrautsteppe, durchsetzt mit Wäldchen aus knorrigen, uralten Eichen. Auf den Lichtungen weiden halbwilden Ponies mit flatternder Mähne und in den Flußauen Wildbäche und rostbraunes Brackwasser. Wunderschön zum Wandern und Reiten sowie für Fahrrad-Touren.

SCHNELLVERBINDUNG ist die A 31, wer in ein paar Stunden mit allenfalls ein oder zwei Stops durchfahren möchte.

Die TRANS-FOREST-ROUTE A 35 läßt tief ins Ambiente reinschnuppern, Abstecher zu allen wichtigen Punkten. Ist auf jeden Fall zu empfehlen, wer einen vollen Urlaubs-Tag reservieren kann.

TOURISMUS: im Sommer viele englische Urlauber auf Familienausflug. Richtigen Flair erlebt man erst auf Nebenwegen und bei Wanderungen. Die Wochenenden sollte man nach Möglichkeit prinzipiell meiden. Am schönsten ist der New Forest im Frühjahr (überall bunte Wiesenblumen) und im Herbst zur Zeit der Heideblüte.

TIERE: überall treiben sich die halbwilden New-Forest-Ponies rum. Sie sind Nachkommen von einheimischen Wildpferden (ca. 3.5oo Tiere) und haben eine hornige Zunge, entwickelt zum Abweiden des rauhen Ginsters, im Winter tragen sie ein zotteliges Fell. Im New Forest vorsichtig fahren, wenn so ein Ponny unvermutet aus dem Wald die Strasse kreuzt...

WALD: der Forest galt im 17. bis Beginn 19. Jhd. als wichtiger Holz-Lieferant für den Bau von Schiffen, die den Ruhm Großbritanniens als Welthandelsnation begründeten. Die in Bucklers Hard (südl. von Beaulieu) gebauten Schiffe wurden von Kapitänen wie Karibik- Freibeutern gesteuert, dienten aber auch in der Flotte Lord Nelsons als leistungsfähige Kriegsschiffe. Als dann Mitte des 19. Jhds. der Eisenschiffbau aufkam, stagnierte die Industrie der Holzschiff- Werften im Forest. Heute Wander- und Erholungsgebiet.

NEW FOREST- RUNDFAHRT: viele Kombinationen sind möglich, - als 1- Tagestrip beispielsweise Lyndhurst -> Brokenhurst -> Beaulieu mit Motormuseum und Abstecher Bucklers Hard (Maritime Museum) und retour nach Lyndhurst. Zusammen ca. 3o km und mit Abstechern wie Stops und Kurzwanderungen ein 1- Tagesprogramm. Adressen für Car- bzw. Bike Rent beim zentralen Tourist - Office in Lyndhurst.

WANDERN: Die interessantesten, klassischen New Forest- Wanderungen haben wir im folgenden Text beschrieben. Wer sich länger im Revier aufhält, besorgt sich beim TI Broschüren mit speziellen Routen-Vorschlägen. In den beiden Monaten Juli und August: Touren unter sachkundiger Führung, regelmäßig veranstaltet vom Wanderverein in Lyndhurst. Geleitet von Kennern der Landschaft. Infos beim TI.

REITEN: viele Reiterhöfe, die alles anbieten, vom 1 Std.-Ausritt bis zu ganztägigen Trecks mit Lunchpaket am Sattel. Auch wer noch nie einen Pferderücken zwischen den Beinen hatte: unvergeßliches Erlebnis, das monotone Hufeklappern als Begleitmusik zur Savannen-Landschaft.

★ HAUPTROUTE M 27/A 31

Ab Southampton rund 45 km bis Bournemouth. Zunächst auf der Autobahn M 27 via Ower. Ab Cadnam dann weiter auf der zweispurigen Schnellsstraße A 31 Richtung Westen.

OWER: Tip für Vogelliebhaber sind die Paultons Bird Gardens. Großer Park mit bunten Blumenbeeten und Volieren, in denen schillernde Tropenvögel rumflattern. Auf einem romantischen See wimmelt es von Schwänen und Gänsen, während am Ufer die Flamingos das Ganze mit stoischer Ruhe betrachten. Zum selben Komplex gehört außerdem ein Museum über das Dorfleben in früheren Zeiten.

CADNAM: Ausgangspunkt für eine schöne Tour. Immer entlang des Landsträßchens B 3o78 zu folgenden Attraktionen:

Fritham: am westlichen Rand des Dorfes in die Sackgasse ("no-through-road") reinfahren bis zum Ende. Von dort ein Feldweg zum Eyeworth Pond: durch lichte Laubwälder zu einer Talsenke, an deren Grund die Wasserfläche des Teiches blinkt. Knorrige Buchen hängen ihre Zweige tief über das Wasser. Dichter Rasen aus Schilfrohr, kleine Inselchen, Seerosen, Enten und Bläßhühner.

Rockbourne Villa: nächster Zwischenstop, Grundmauern einer römischen Landvilla mit 73 Räumen, schönen Mosaiken und dem Bäderkomplex. Daneben ein kleines Museum: Römermünzen, Schmuck, antike Würfelspiele, Haushaltsgegenstände etc.

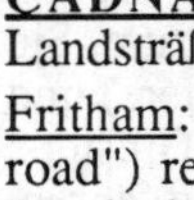

Wandern: Die B 3o78 führt weiter auf einem Hügelkamm. Einsame Mondlandschaft aus Tälern und Hügeln, überall Heidekraut und ein Gewirr aus Bächen. Wagen parken und festes Schuhwerk anziehen: Trampelpfade links und rechts der Piste zu tiefen Kratern. Z.B. zur Ebene Cockley Plain: gute halbe Stunde Richtung Süden. Braune Heidekraut-Steppe und vereinzelt bizarre Krüppel-Bäume, dazwischen weiden Viehherden und wilde Ponies.

MINESTEAD: romantische Bauernkaten rund um den Dorfanger. Pilgerort für Krimi-Fans ist der Friedhof wegen des Grabes von Sir Conan Doyle (Autor der Sherlock Holmes Romane, z.B. "Der Hund von Baskerville"). - Furzey Gardens: knorrige Bäume und bunte Blumenbeete, in 4oo Jahre alten Farmcottages ein Verkaufsraum für Kunsthandwerk.

RUFUS STONE: Schauplatz des rätselhaften Königmordes 11oo an King William Rufus (Nachfolger von William the Conqueror). Das Monument markiert die Stelle. Abstecher von der Hauptstraße A 31, deutlich beschildert.

William Rufus, berühmt für seine Haarpracht in knallroter Feuermelder-Farbe, schuf sich durch seinen korrupten Regierungsstil viele Feinde. Seine Günstlinge genossen weitgehend Protektion und bereicherten sich am Kirchengut. Detaillierte Schilderungen des Treibens am Hof würden dieses Buch in die Regale von Spezialläden mit verdunkelten Fenstern verbannen. Seine Söldner zogen plündernd und vergewaltigend durchs Land.

Am 1. August 11oo übernachtete Rufus in Brockenhurst, für den nächsten Tag war eine Jagd im New Forest geplant. Die letzte Nacht im Leben des umstrittenen Skandal-Königs. Laut der "historischen Kriminalakte" zog der König mit dem französischen Glücksritter Walter Tirel los. Beide jagten mit der Armbrust. Bei der Verfolgung eines angeschossenen Hirsches trifft Rufus ein Armbrust-Bolzen mitten ins Herz, er stürzt vom Sattel und stirbt.

Die Hintergründe wurden nie geklärt: der allgemeine Tenor machte Tirel verantwortlich. Vielleicht ein Fehlschuß, vielleicht eine Affekthandlung (heftiger Streit zwischen den beiden am Vorabend!). Heikel machte die Sache das Verhalten von Henry, dem Bruder und Nachfolger Williams, der dem Verbrechen kaum nachging und schnellstens nach der Krone griff. Es liegt ein von oberster Stelle geplantes Attentat in der Luft, das man Tirel in die Schuhe schob.

CANTERTUN GLEN: enges Tal mit schattigem Buchen- und Eichenwald. Schön für Wanderungen. Erstreckt sich nördlich des Rufus Stone.

PICKET POST: Links ab eine Stichpiste nach Burley (dort die einzige Jugendherberge im New Forest, siehe Seite 3oo).

RIDLEY WOOD: unter dem dichten Blätterdach der Buchen-Bäume wurden im 18. Jhd. Schwarzmärkte mit an der Küste gelandeter Schmuggelware abgehalten. Beschilderter Pfad: ab dem Parkplatz rund 1 km hinter Picket Post an der Piste nach Burley.

RINGWOOD liegt bereits außerhalb des New Forest, keine besonderen Attraktionen bis Bournemouth.

★ TRANS-FOREST-ROUTE

Auf der A 35 mitten durch das Herz des New Forest. Ausgehend davon lassen sich Rundtouren legen zu den schönsten Regionen des Nationalparks (plus ein Seiten-Trip rüber zur Isle of Wight).

Wir beschreiben in diesem Kapitel die wichtigsten Ortschaften im New Forest. Die optimale Route kann man sich je nach eigenen Interessen selber kombinieren.

ASHURST: lohnt wegen der New Forest Butterfly Farm: Treibhäuser mit wuchernder Dschungel-Vegetation, in denen märchenhaft schöne Tropenfalter rumflattern. Separat ein Gehege mit einheimischen Schmetterlingen und das Geschwirre über dem Libellen-Teich. Wanzen, Läuse und anderes liebes Getier in sicheren Glas-Boxen. Weiterer Pluspunkt ist eine von Ackergäulen gezogene Trambahn mit Uralt-Waggons.

Longdown Dairy Farm des Farmers Bryan Pass: im Hühnerstall ausgewachsene Gänse und kleine Küken, Schweine suhlen sich in ihren Kobeln, die Kühe werden mit modernsten Methoden gemolken.

★ Lyndhurst (3.2oo Einw.)

Die Kleinstadt nennt sich selbstbewußt "Hauptort des New Forest" und ist ideal als Standquartier: Gute touristische Infrastruktur (Hotels, Restaurants) und Info-Börse.

das Haupttourist- Office im New Forest, mit kleinem Museum. Zimmervermittlung, Infos zu Wanderungen etc.

PARISH CHURCH (1858-7o) aus viktorianischer Zeit: Gemälde von Lord Leighton und Buntglasfenster von Burne-Jones und Morris (um 1865). Die schlanken Säulen mit üppig ornamentierten Kapitelen. Bonbon: in der Kirche der Grabstein von Alice Hargreavis, Vorlage für die Romanfigur von "Alice im Wunderland". Der Roman wurde von ihrem Vater Lewis Carroll Ende des vorigen Jahrhunderts veröffentlicht.

"**Crown Hotel**": High Street. 1oo Jahre alter Bau mitten im Dorf, gegenüber der Kirche. Prachtvolle Common Rooms (überall Eichenvertäfelung, offener Kamin in der Lobby) und alle Facilities. Tel. o7o3/ 28 29 22. DZ ca. 22o DM.

"**Lyndhurst Park Hotel**": High Street. An der Ortseinfahrt, von Southampton kommend. Stattlicher, weißgepinselter Bau mit Gärten dahinter. Guter Service, gutes Essen. Sich nicht im neu angebauten Annex einquartieren lassen. Tel. o42128/ 28 25. DZ ca. 19o DM.

BED & BREAKFAST: Juli und August ist ohne wochen- oder monatelange Vorausbuchung nichts zu bekommen. Die Zimmer werden in dieser Zeit nur bei einer Mindestaufenthaltsdauer von 2 Tagen vergeben. Auch im Juni und erste Septemberhälfte nur per book-a-bed-ahead. Ansonsten: den New Forest als Tagesausflug von den umliegenden Orten (Bournemouth, Southampton usw.) besuchen.

Jugendherbergen: Die einzige Billigherberge im New Forest ist in Burley: kleines Dorf am Rand des New Forest. Schönes Landhaus, Service o.k. Ist jedoch häufig ausgebucht, und regelmäßig quartieren sich lärmende Schulklassen hier ein. (Tel.: o425 - 373233).

Camping: Eine Reihe von Campingplätzen im New Forest; direkt in Lyndhurst aber keiner. Sich beim TI eine Landkarte geben lassen, auf der alle Plätze vermerkt sind.

Die meisten jedoch sehr primitiv: lediglich fließendes Kaltwasser, keine

Toiletten. Ein Platz mit allen Facilities ca. 5 km südlich, kurz vor Brockenhurst.

PARKHILL HOTEL (Beaulieu Road): prunkvoller Dining-Room aus dem 18. Jhd., festliches Ambiente. Für extravagante Sachen, etwa Lamm mit Nüssen und Madeira-Sauce.

LYNDHURST PARK HOTEL (High Street): Barmeals mit etwas gehobenem Niveau. Ambiente mit nackten Ziegelwänden, wo hochpollierte Pferdehalfter hängen. Auch die Bars in den anderen Hotels bieten Barmeals: üblicher Standart.

SWAN INN (an der Straße Richtung Bourne): ordentliche Hausmannskost um ca. 15 DM, wo Qualität und Quantität stimmen.

NEW FOREST INN: im Weiler "Emery Down", etwa 3 km nordwestlich. Auto stehen lassen, schöner Abendspaziergang durch die Heide-Wald-Landschaft. In der gemütlichen, auch zur Saison selten überfüllten Kneipe erstmal ein deftiges Bar-Meal (5-15 DM), bei schönem Wetter danach ein Bierchen im Garten, wo Kaninchen und ein Pony frei rumlaufen...

Umgebung: Wer von den Fröschen bisher nur die Schenkel kennt: 3 km hinter Lyndhurst das REPTILIARY. Terrarien mit Lurchen, Molchen, Kröten, Eidechsen und Schlangen. Spezialisiert auf einheimische Arten, der Nachwuchs der hier gezüchteten Arten wird wieder in die freie Natur gesetzt. Ausgeschildert mit "Holiday Hill".

★ Brockenhurst (ca. 3.ooo Einw.)

Liegt zentral im Herzen des New Forest. Aber weit weniger Infrastruktur und Flair als Lyndhurst.

"**Watersplash Hotel**": The Rise. Stolzer Bau aus dem 19. Jhd. mit Gärten drumrum und geführt von einer Familie, herzlicher Empfang. Tel. o59o/ 22 344. DZ ca. 16o DM.

LE POUSSIN (57 Brookley Road): wohl das beste Restaurant im gesamten New-Forest-Bezirk. Der Clou ist die Kombination der einzelnen, prachtvoll garnierten Gerichte mit dem jeweils dazu passenden Wein, der im Preis inbegriffen ist. Dinner-Menü ca.5o DM.

ORNAMENTAL DRIVE: einer der schönsten Trips im New Forest. Enges Singletrack- Sträßchen Richtung Nordwesten, rund 15 km lang. Am Drive liegen zahlreiche Picknick-Plätze und kurze Spazierwege zu landschaftlichen "beauty spots" (beschildert). Beim TI eine Karte besorgen. Folgende Attraktionen am Ornamental Drive:

Ober Water: 4 km Wanderweg durch Flußauen-Idylle wie ein tropischer

Mangroven-Wald. Dunkles Altwasser umspült die borkigen Baumstämme. Start: an der Puttles Bridge, 3 km hinter Brockenhurst.

Tall Trees Walk: Wanderung durch eine ca. 2 km lange Allee. Uralte Baumriesen, darunter ein 4o m hoher Mammutbaum. Geruch nach Moos, irgendwo hämmert ein Schwarzspecht. Start: am Parkplatz "Brock Hill". Der Parkplatz liegt an einem Hügel, überzogen von einem 13o Jahre alten Eichenwäldchen.

Dicht hinter dem Brock Hill überquert der Ornamental Drive die Hauptstraße A 31. Fast savannenartig, staubige Heidelandschaft und dunkle Gehölze, wo sich viel Rotwild rumtreibt.

Knightwood Oak: uralter Baumriese mit 7 m Stamm-Umfang. Knorrig, verknotet und zerkrüppelt: früher wurden die Äste gestutzt, damit die Hirsche am Laub äsen konnten. Eine weitere Kuriosität ist Knightwood Enclosure: eine Eiche und eine Buche zusammengewachsen und die Äste untrennbar ineinander verfilzt sind (kommt bei Bäumen verschiedener Arten sehr selten vor). Start: Parkplatz, halben km nach Überqueren der Hauptstraße. Von dort nur paar Gehminuten.

Nach weiteren 3 km ein Waldstück mit drei klassischen Kurz-Wanderungen, jeweils ausgeschildert ab den Parkplätzen:

Mark Ash Wood: einer der ältesten Baumbestände im New Forest. Das Geäst der alten Buchen hat sich zu einem einzigen Geflecht verheddert. Unten tiefer Schatten, wegen der permanenten Feuchtigkeit würziger Duft nach Harz und Moosen. Beschilderter, 5km langer Rundpfad.

Arboretum Walk: quer durch eine Anpflanzung mit 4o verschiedenen Baumarten, alle mit Namensschild. Pappeln, kalifornische Mammutbäume, skandinavische Fichten, Zedern etc. Highlight ist die 45 m hohe, schlanke Edeltanne aus Washington/USA.

Radnor Walk: durch ein Waldstück aus 3o m hohen Douglasien, angepflanzt um 185o. Ein bißchen wie die nordische Taiga mit den kerzengeraden, schlanken Nadelbäumen.

LYMINGTON: Seebad an der Südostküste mit 35.ooo Einwohnern. Steile Sträßchen und bunte Ladenfronten ziehen sich bis runter an den Hafen, wo es von Segeljollen und kleinen Jachten wimmelt (Vermietung von Booten). Lymington hat flotte Zugverbindung und die

Fähre rüber nach Yarmouth/ Insel Wight:
Abfahrt alle 3o Minuten, ganzjährig. Die Auto- und Passagierfähre braucht rund 35 Minuten. Zielhafen ist das Städtchen Yarmouth, dort Fahrrad-Vermietung in Quay Street. Schöne Überfahrt, von der Heck-Reeling aus Blick auf das weite Schlick- und Wattrevier mit Tausenden von Möwen und Stelzvögeln.

KEYHAVEN: Wattenmeer und zahllose Strandvögel. Ein Fährkahn pflügt sich mitten durch die grandiose Naturlandschaft raus zum Hurst Castle: auf eine Nehrung gesetzte Wehrburg (Details bei Bournemouth/Umgebung). Runter nach Keyhaven über schmale 2 km Piste.

★ Beaulieu (3.000 Einw.)

Ortschaft am Ende des malerischen, ruhigen Beaulieu- Fjordes. Die roten Ziegelhäuser gruppieren sich rund um eine ächzende Wassermühle, im Fjord dümpeln Jachten.

Hauptattraktion ist das MOTOR MUSEUM: eine der weltgrößten Sammlungen von Oldtimern an PKWs, Motorrädern, Uralt-LKWs und -Bussen sowie kuriose Fahrrad-Veteranen. Highlights sind ein "Knight" von 1894 (eines der erstes Benzin-Fahrzeug) und ein "Pennington", der 1896 mit 6o km/h Weltrekord fuhr (gigantische Aufbauten für die Zylinder). Zu sehen alte Rolls Royce, Rennwagen bis rauf zu den raketenähnlichen Geräten von heute, ein Londoner Stadtbus von 191o etc. Insgesamt rund 3oo Fahrzeuge aus 1oo Jahren Motor- Geschichte.

Gründer des Motor Museums (1952) ist Lord Montagu, dem auch das PALACE HOUSE gehört. Das Landhaus stammt aus dem 14. Jhd, damals das Gatehouse des dortigen Zisterzienserklosters. Verschiedene Anbauten, Umbauten und Erweiterungen während der Jahrhunderte. 1548 kam Palace House in den Besitz der Familie Montagu. Erweiterungen 173o und 187o (in schottischer Anlehnung, Architekt A. Blomfield).

Als der heutige Lord Montagu 1951 das Erbe antrat, überlegte er, wie er die teuren Instandhaltungskosten des alten Gemäuers finanzieren könnte. Im Gegensatz zu anderen Schloß- und Landhausbesitzern setzte er weniger auf Einnahmen durch Besucher seines Landsitzes denn "Motor- Show" siehe oben.

Teile des Palace House sind zu besichtigen, die Haupteinnahmen kommen jedoch vom Motor Museum. Ein kaufmännisches Konzept, das sich voll auszahlte. Zählt heute zu den 1o meistbesuchten Castles/Landhäusern/Museen Südenglands.

BEAULIEU ABBEY: Ruinen eines 12o4 gegründeten Zisterzienser-Klosters. Nur noch Mauerreste des Kreuzganges und drei Bogen vom Kapitelhaus sind erhalten. Eine Ausstellung illustriert das Leben der Mönche.

PARISH CHURCH: Spitzbogen-Fenster und wunderschöne Kanzel. War ursprünglich das Refektorium des Klosters.

★ Bucklers Hard

4 km südöstlich von Beaulieu am gleichnamigen Mündungstrichter des Rivers. Rote Ziegelhäuschen entlang der Dorfstraße, die steil runterführt zum Fluß. Segelboote und am Ufer Schilfdickicht, dahinter dunkle Nadelwälder.

Bucklers Hard wurde ab 1724 vom 2. Duke of Montagu als Mustersiedlung aufgebaut. Er wollte hier aus der Karibik importiertes Zuckerrohr in einer Fabrik weiterverarbeiten. Pläne, die fehlschlugen, da der Transport der voluminösen Stengel nach England teurer war, als diese gleich in der Karibik weiterzuverarbeiten.

In Folge wurde auf Werftindustrie umgesattelt. Im 18. Jhd. baute man hier große Segelschiffe aus den New Forest- Eichen: die Schiffe hatten wegen ihrem exzellenten Holz sehr guten Ruf, zeitweilig waren bis zu 4.ooo Arbeiter beschäftigt.

Das MARITIME MUSEUM im Ort erinnert an die große Zeit des Schiffbaus. Eine Kneipe und zwei Schiffsbauer-Hütten mit originaler Möblierung lassen nachfühlen, wie's damals zuging.

ANFAHRT Bucklers Hard: per Auto auf dem kleinen Sträßchen. Besser den Wagen stehen lassen und folgende zwei Varianten kombinieren: vom Pier in Beaulieu tuckern regelmäßig Ausflugsboote auf dem Fjord runter. Scharen von Wildvögeln, Kiesbänke, dichte Schilfwildnis. Der Riverside Walk führt 3 km am Ufer lang. Lichte Eichenwälder und zartgrüne Flußmarschen. Startpunkt in Beaulieu hinter der Wassermühle gegenüber dem Palace House.

NEEDS ORE POINT: flache, marschige Landzunge bei der Mündung des Beaulieu Fjordes ins Meer. Seichte Teiche, kleine Küsteneinbuchtungen, sowie ein Vogelreservat mit riesiger Brutkolonie von 14.ooo Paaren Schwarzkopfmöven, die wirr durcheinander flattern und ein ohrenbetäubendes Gekreische veranstalten. - Anfahrt über schmalen Kiesweg: beginnt ca. 3 km südlich von Bucklers Hard. Zur Brutzeit von März bis Juli nur beschränkter Zugang (Infos im Motor-Museum).

EXBURY GARDENS: Lionel de Rothschild legte hier mit Hilfe von 15o Gärtnern eine traumhafte Idylle an. Er sammelte bunte Rhododendron-Sträucher aus der ganzen Welt (1.ooo Arten, durch eigene Kreuzungen kreierte er weitere 5oo). Ein Teil der Anlage steht das ganze Jahr über in Blüte. Vorher Infos über die Öffnungszeiten einholen. Anfahrt: ca. 6 km ab Beaulieu, auf der östlichen Seite des River Beaulieu-Mündungstrichters.

HATCHET POND: friedlicher, sichelförmiger Teich. Im Umland ein kahler Höhenzug, über das Heidekraut peitscht der Wind (schöner Blick rüber zur Isle of Wight). Ca. 3 km südwestlich von Beaulieu, an der B 3o54 Richtung Lymington.

HURST CASTLE: am östl. Ende der langgestreckten Landzunge, die sich von Milford on Sea Richtung Insel Wight tief in den Meeresarm Solent zieht. An dieser strategisch bedeutsamen Stelle errichtete King Henry VIII 1544 das Castle, das zusammen mit dem gegenüberliegenden Fort Victoria /Yarmouth den Eingang zur Meeresstraße sicherte. Zu erreichen ab Milford on Sea zu Fuß in ca. 1/2 Std. pro Richtung.

ANSCHLUSS: Von LYMINGTON mit der Fähre nach Yarmouth/Insel Wight siehe Seite 292..

Bezw. Lymington -> (A 337) -> nach CHRISTCHURCH /Vorort von Bournemouth: siehe Folgekapitel

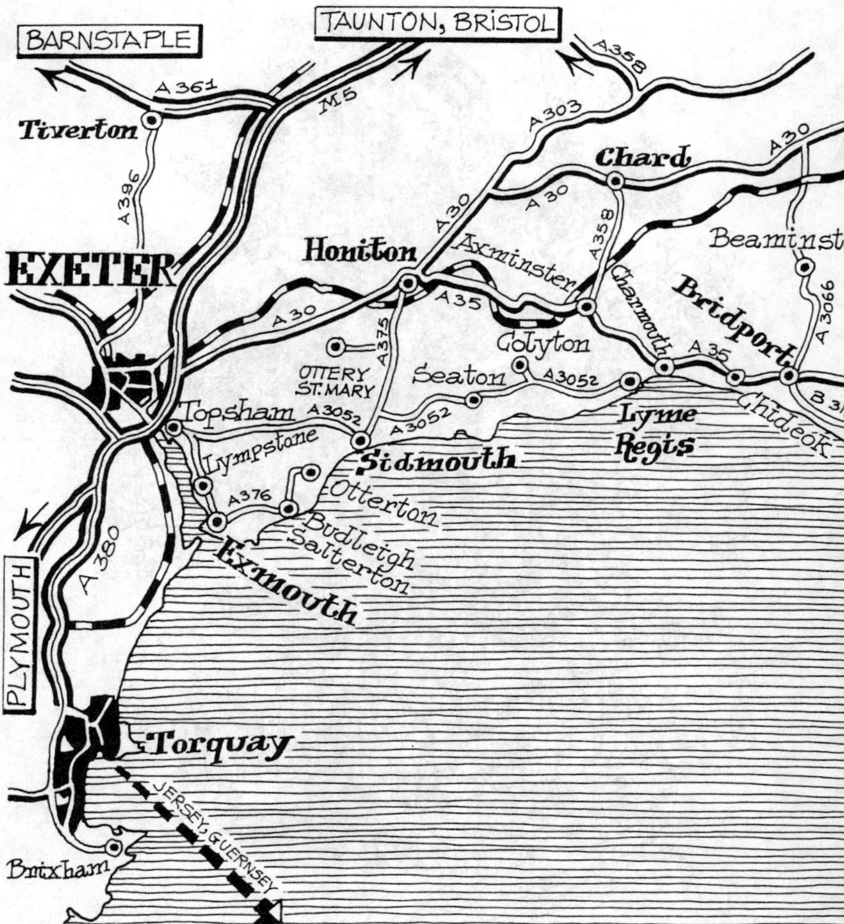
BARNSTAPLE
TAUNTON, BRISTOL
A 361
M5
A358
A303
Tiverton
A396
A30
Chard
A30
A358
Beaminst
EXETER
Honiton
Axminster
Charmouth
Bridport
A3066
A35
A30
A375
Colyton
A35
OTTERY
ST. MARY
Seaton
A3052
A3052
A3052
Topsham
Lympstone
Lyme
Regis
Chideok
B 3
Sidmouth
A376
Otterton
Budleigh
Salterton
Exmouth
A380
PLYMOUTH
Torquay
JERSEY, GUERNSEY
Brixham

County Dorset

Der Trip in die Provinz: englische Countryside, Kühe dösen wiederkäuend auf den Weiden und Schafe wie Schneeflocken an den Hügelabhängen. Dörfer und Städtchen mit Biedermeier Idylle (z.B. DORCHESTER), die Welt ist noch in Ordnung.

Kontrastpunkt ist das moderne Seebad BOURNEMOUTH als Adresse für Strände, Discos, Sprachschulen.

Ein altes Sprichwort: "take the coast of Cornwall and the countryside of Dorset, and you make the best of England ..."

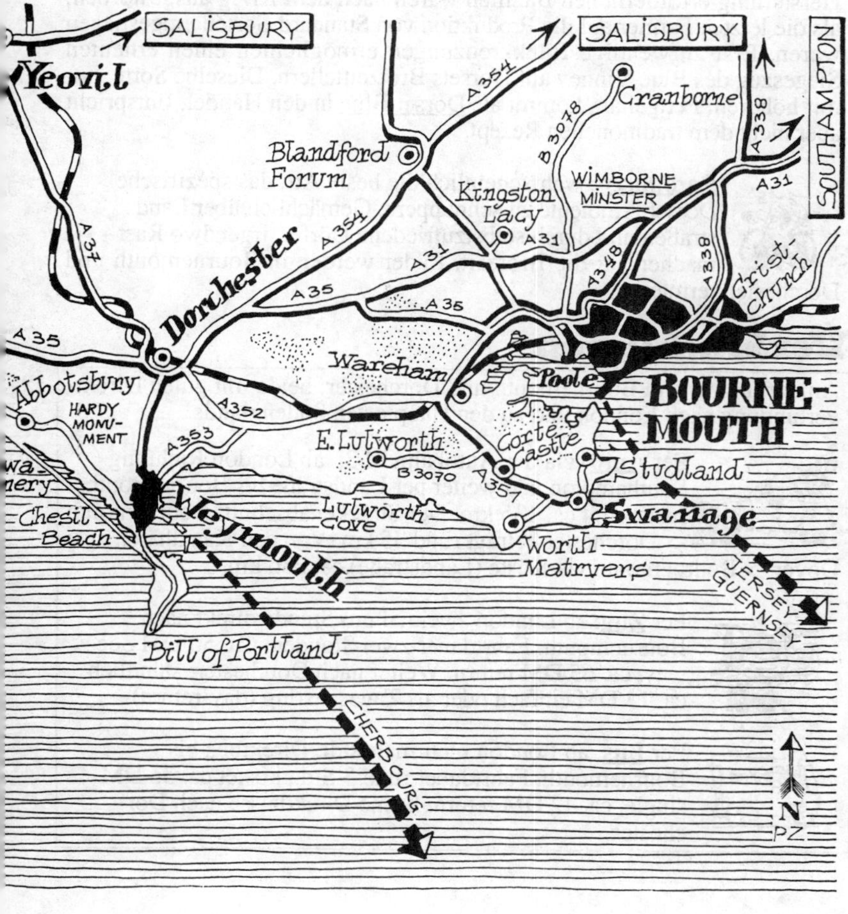

Hier in Dorset läßt sich noch das alte, ländliche England erleben, ungestört vom Massenbetrieb. Romantische Bauerndörfer, wo das Leben um Kirche und Kneipe kreist, morgens klappert der Milchwagen die Farmhöfe ab.

Tip: selbst auf Entdeckung gehen und sich irgendwo eine Pension in einem der vielen kleinen Dörfer suchen. Durch die Wiesen streifen und die Nerven kräftigen, bis man den Tag in der Dorfkneipe ausklingen läßt ...

THOMAS HARDY (184o - 1928): Heimatdichter von Dorset. Seine Romane beschreiben Landschaft und Charaktere der Gegend. Sehr zu empfehlen als spannende Reiselektüre: "Der Bürgermeister von Casterbridge", erschienen bei Reclam.

KÄSE: Spezialität ist der bläuliche Schimmelkäse Blue Vinney: die zur Herstellung erforderlichen Bazillen waren nach dem Krieg ausgestorben, als die letzten Farmer auf die Produktion von Standard-Sorten umgestiegen waren. Erst aufwendige Rückkreuzungen ermöglichten einen erneuten Siegeszug des Blue Vinney auf Dorsets Brotzeittellern. Dieselbe Sorte, nur mit höherem Fettgehalt, kommt als Dorset Blue in den Handel. Entspricht aber nicht dem traditionellen Rezept.

Radfahren: wahrscheinlich die beste Art, das spezifische Dorset-Ambiente zu schnuppern. Gemächlich über Land straßen und durch selbstzufriedene Dörfer, irgendwo Rast – machen für die Brotzeit. Räder werden in Bournemouth und Dorchester vermietet.

Verbindungen

Anlaufpunkte sind Bournemouth und Dorchester: beide mit guten Direktverbindung nach London und zu den Hauptorten Südenglands.

Per Auto: via der Autobahn M 3, ab London Richtung Southampton und weiter per Landstraße bis Bournemouth. Insgesamt ca. 135 km. Der Streckenabschnitt Bournemouth -> Dorchester beträgt rund 35 km. Von den Kanalhäfen aus: Dover -> Bournemouth via Küste (Landstraße) ca. 28o km.

Per Zug: ab London zweimal pro Stunde direkt nach Bournemouth. Fahrtdauer zwei Stunden. Ca. 5o DM oneway, ca. 65 DM return. Weiter nach Dorchester: stündlich ca. 13 DM einfach oder als Tagesausflug (day-return).

Per Bus: ab London mehrmals stdl. Direktbus bis Bournemouth, Fahrtdauer rund 3 Std., kostet ca. 3o DM single, ca. 42 DM return. Keine Direktbusse nach Dorchester.

Wer vom NEW FOREST (siehe Vorkapitel) über die A 337 kommt, erreicht die Metropole Bournemouth über den östlichen Vorort Christchurch. Ansonsten schöner Tagesausflug ab Bournemouth.

★ Christchurch (31.ooo Einw.)

Exklusiver Badeort mit vielen Seglern: geschützter Hafen und durch eine Landzunge lagunenartig eingegrenzt. Weiße Segeljollen treiben auf der Wasserfläche. Ca. 9 km östlich von Bournemouth, war in früheren Jahrhunderten wichtige Hafenstadt.

PRIORY CHURCH: mit dem Bau wurde um 1193 begonnen. Ein knapp 1oo m langes Kirchenschiff, das bis ins 16. Jhd. zu heutiger Größe ausgebaut wurde. Der Chor aus dem 15. Jhd. mit schönen Schnitzereien im Gestühl. Interessant wegen der massiven, normannischen Architektur: die Bögen mit Schuppenmustern, vergitterte und gedrehte Muster an den Säulen. Sehenswert auch das Nordportal. - Vom knapp 4o m hohen Turm lohnender Blick auf den gesamten Küstenabschnitt.

MUSEUM am Parkplatz bei der Kirche: mit Dreirädern vom vorigen Jahrhundert bis heute.

RED HOUSE MUSEUM (Quay Road): bunt vermischte, heimatgeschichtliche Exponate.

BOOT-TRIPS: am Quay werden Motorboote vermietet (kurze Einweisung für Anfänger). Außerdem Kreuzfahrten mit Ausflugsdampfern. Man tuckert zwischen den bunten Yachten umher.

HENGISTBURY HEAD: ca. 3 km langer Landriegel, der den Hafen von Christchurch bis auf einen 3o m breiten Durchlaß einschließt. Hügel, Wäldchen und Dünen. Phantastisches Panorama der Hafenlagune vom 37 m hohen Warren Hill an der Südflanke des Riegels.

Von Bournemouth schöne 9 km Wanderung zum HENGISTBURY HEAD, immer zwischen Klippen und dem Strand. Wer auf die Hälfte kürzen will, fährt mit dem Stadtbus bis zur Truckton Bridge im Vorort Christchurch.

Alternative zur Wanderung ist der Ausflugszug ab Christchurch auf einem Schmalspurgleis bis zur Spitze der Landzunge.

Dritte Variante: per Schiff. Dazu entweder mit dem Dampfer vom Pier an der Tuckton Bridge in Christchurch, wo auch die Wanderung beginnt. Pflügt sich quer durch das Gewirr der Yachten in der Lagune. Oder mit der Fähre: tuckert ab Mudeford (Vorort am östlichen Ortsrand von Christchurch) rüber.

Östlich von Christchurch zieht sich ab Mudeford unterhalb einer Klippenküste ein gut 2o km langer Strandbereich bis hin nach Hurst Castle, siehe Vorkapitel "New Forest".

Bournemouth

Beliebteste Badestadt in Südengland: 1o km langer, feinsandiger Strand. Bournemouth lebt vom Tourismus. Viele jungen Leuten wegen Sprachferien, - aber auch englische Familien und Rentner. Breites Angebot an Wassersport, Pubs, Discos und mondäne Spielcasinos.

Stadtbild: viktorianische Villen, überall Blumenbeete und Parks als grüne Lungen, erlesene Boutiquen in den Shopping-Arkaden. Abstecher für ein paar Tage "Geselligkeit".

Mit den Vororten ist Bournemouth der größte Siedlungsraum in Südengland: architektonisch keine Highlights wie z.B. Canterbury oder das Seebad Brighton, reiner Vergnügungs-Urlaub.

Tourist INFO (8) Ganzjährig geöffnet in der Westover Road, fünf Minuten vom Strand nahe am Pier. Tel. o2o2 / 29 17 15. Book-a-bed-ahead.

Bournemouth ist das modernste der englischen Seebäder und wurde planmäßig ab 19. Jhd. aufgebaut. Erste berühmte Gäste waren Dichter, z.B. R.L. Stevenson, der hier seinen Roman "Dr. Jerkyll and Mr. Hyde" abschloß, oder Mary Shelly, die hier den später oft verfilmten Roman "Frankenstein" schrieb (1818).

Beginn der Bauphase um 181o, zunächst als Sommerresidenz der Reichen. Der Boom begann dann ab 187o mit dem Eisenbahn-Anschluß. In dieser Zeit kam Urlaub

BOURNEMOUTH

1 Pier mit Theater
2 Pier Leisure Centre Sport- und Freizeit-Komplex
3 Aquarium
4 Pavillion Theater
5 R. Cotes Art Galery
6 Cliff Railway (Lift zum Beach)
7 Eis- Stadion
8 TOURIST INFO
9 The Square (wichtiger Orientierungspunkt)
1o HAUPTPOST
11 YELLOW BUS INQUIRES (Info zu Regionalbussen)
12 Rathaus
13 Tennisplätze
14 Winter Garden Theatre
15 Konferrenzzentrum
16 Universität
17 Bowlingbahnen
18 Terracotta Warriors Exhibition
19 Big Four Railway (Eisenbahnmuseum)
2o Polizei
21 Horseshoe Com. Park
22 Cricket Plätze
23 BAHNHOF
24 BUSTERMINAL

Meer immer mehr in Mode, da die Seebäder bequemer und schneller erreichbar waren.

Die Stadt hat weder Industrie noch einen Seehafen. Wegen des milden Klimas und der vielen Sonnenstunden herrscht das ganze Jahr über Urlauberbetrieb. Dazu kommen die rund 2o.ooo Sprachschüler, die zum Englischlernen hierher kommen (das Gros stellen dabei die Deutschen und Franzosen).

Die Häuser ziehen sich rund um die Meeresbucht POOLE BAY, dahinter

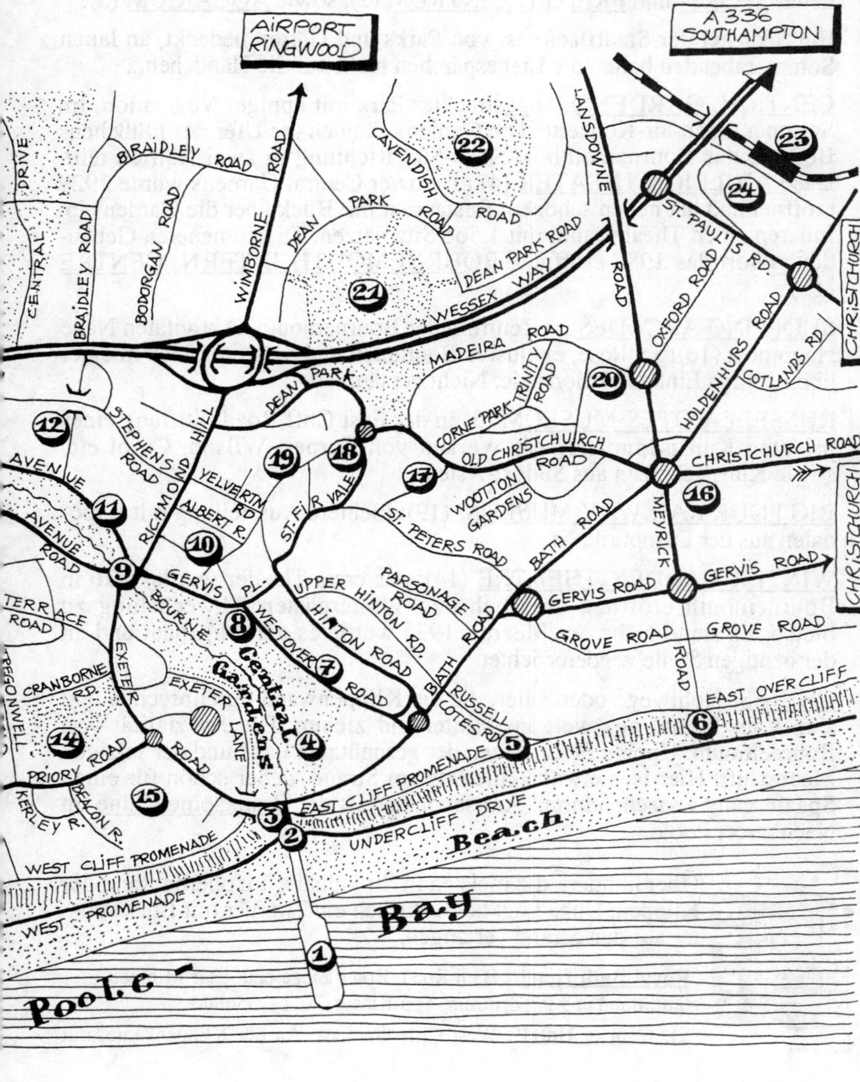

zerklüftete Klippen. Die Stadt ist auf die Oberkante der Klippen und dem Plateau gebaut. An deren Fuß am Meer die Promenade, die im Sommer für Autos gesperrt ist. Von der Stadt runter zur Promenade: über Zickzack Wege, Serpentinensträßchen, Treppen und zwei Cliff Railways (6).

Der PIER (1) raus ins Meer mit Theater wurde im verg. Jahrhundert in Tradition südenglischer Seebäder gebaut. An seinem Beginn an Land ein neues SPORT- und FREIZEITZENTRUM (2), sowie AQUARIUM (3).

Ein Sechstel der Stadtfläche ist von Parks und Gärten bedeckt, an lauen Sommerabenden halten die Liebespärchen nicht nur die Händchen...

CENTRAL GARDENS: langgstreckter Park mit üppiger Vegetation. Im Sommer Open-air-Konzerte. Die Gardens säumen die Ufer des Flüßchens Bourne, das Bournemouth in Nord-Süd Richtung in zwei Hälften teilt. Das PAVILLION THEATER (4) im Lower Central Gardens wurde 1929 eröffnet und hat neben schönem Restaurant mit Blick über die Gardens im Inneren einen Theaterraum mit 1.5oo Sitzplätzen. Zu den neueren Gebäuden gehört das 1984 eröffnete BOURNEMOUTH INTERN. CENTRE (15).

SHOPPING ARCADES im Zentrum der Bournemouth- Aktivitäten Nähe Hauptpost (1o): zahllose, exklusive Boutiquen und Souvenirläden in einer überdachten Einkaufskolonnade. Nicht versäumen.

RUSSELL-COTES-MUSEUM (5) in der East Cliff Road: Stiftung eines privaten Kunstsammlers, mit Werken von Turner, Wilson, Corot etc. sowie Kunstschätzen aus Südost-Asien.

BIG FOUR RAILWAY MUSEUM (19): kleinere Ausstellung mit Exponaten aus der Dampflokzeit.

WINTER GARDEN THEATRE (14): das erste Theater wurde 1876 in Bournemouth eröffnet, um auch den Wintergästen Abwechslung zu bieten. Es stand Nähe des Meeres. 1935 wurde es dort abgebaut und an der heutigen Stelle wiedererrichtet.

CHINES: Hohlwege oder Täler, die die Klippenwand durchbrechen und sich vom Strand aus weit ins Hinterland ziehen. Die Spezialität von Bournemouth. Üppige Flora wegen der geschützten Lage und der salzigen Meeresluft. Hier ist's etwas kühler als am Strand, daher schön für einen Spaziergang zwischendurch. Am schönsten ist der Branksome Chine im Nachbarort Poole.

Über hundert, die meisten in Strandnähe am oberen Rand der Klippen. Unbedingt beim Buchen ein Zimmer mit Blick runter auf den Strand verlangen.

"**Royal Bath Hotel**": Bath Road. Roter Ziegelbau, paar Minuten zum Strand und ins Zentrum. Top-Klasse. DZ ca. 35oDM.

"**St. George Hotel**": West Cliff Gardens. An der Klippenkante, mit

Blick runter zum Strand. Zehn Gehminuten ins Zentrum. DZ ca. 15o DM.

"**Langtry Manor Hotel**": 26 Derby Road. Herrlicher Altbau aus dem vorigen Jahrhundert, mit viel Stil. Die Zimmer genügen den Ansprüchen. Schnell ausgebucht. DZ ca. 11o DM.

"**Silver How Hotel**": West Cliff Gardens. Von Familie geführtes Hotel mit knapp zwei Dutzend Zimmer, trotz Zentrumsnähe ruhig gelegen. DZ ca. 135 DM.

"**Taurus Park Hotel**": 16 Knyveton Road. Von einer spanischen Familie mit vollem Einsatz geführt, kürzlich renoviert und auch vom Service her einwandfrei. DZ ca. 135 DM.

BED & BREAKFAST: im Juli, August und September sehr hohe Nachfrage. Bei 34.ooo Fremdenbetten wird zwar immer was gefunden. Wer bezüglich Lage und Preisklasse freie Auswahl haben möchte, bucht in dieser Zeit auf jeden Fall per book-a-bed-ahead. Im Schnitt um die 1oo DM. Die billigeren (Minimum bei ca. 7o DM) sind als erstes verbucht.

Im Centre: als erstes ausgebucht: viel "action" (Kneipen, Restaurants, Discos) und Gehweite zum Strand. Sehr schön die die Häuser in Christchurch und Lansdowne Road.

Ruhige Wohnviertel sind die Stadtteile Southbourne und Boscombe, kurzer Busritt zum Zentrum, 5 Gehminuten zum Strand. Die Nachbarstädte Poole und Christchurch: alte Städte, im Gegensatz zum modernen Bournemouth. Ca. 8 km außerhalb, Stadtbusse.

BILLIG-HERBERGEN: In Bournemouth oder in akzeptabler Umgebung keine Jugendherberge. Das YMCA (Westover Road) kostet knapp 2o DM pro Nacht.

Kein Camping-Platz: ausweichen auf die Vororte, rund 7 km entfernt. Dort gute Auswahl: am besten die Plätze in Christchurch. Nur paar Minuten sowohl zum Strand als auch zum Ortskern für die Stadtbusse rein nach Bournemouth.

Größte Konzentration von Speiselokalen rund um den Uhrturm ("The Square") und entlang der Westover Road.

PROVENCE (91 Belle Vue Road): alle namhaften Restaurantführer machen ein paar Sternchen locker. Exzellente französische Küche mit Schwerpunkt Meeresfrüchte und geheimnisvolle Saucen. Sehr kleines Lokal, an den Tischen bunte Blumensträuße. Liegt außerhalb in Soughbourne, südlich von Christchurch. Dinner ca. 7o DM.

CRUST (Bourne Avenue, am Square): das Top-Lokal innerhalb der Stadt. Sanfte Rosa-Töne bei Tapeten und Teppich. Herrlich die Garnelengerichte in allen Variationen. Mittags billige Lunches für 15-2o DM, abends ca. 35 DM.

HENRY'S (6 Lansdowne Road): für 1o-15 DM vegetarische Gerichte, die auch den konsequentesten Fleischesser schwach werden lassen.

SALAD CENTER (2o Post Office Road): die größte Auswahl knackiger Salate, die in Südengland aufzutreiben ist. Dazu herrliche Fruchtsäfte. Nur tagsüber geöffnet.

CORIANDER (Richmond Hill): empfehlenswerter Mexikaner; um die 15 DM.

PUBS: An jeder Straßenecke tritt man sich am Tresen gegenseitig auf die Füße. Knallvoll mit Urlaubern und Urlauberinnen. Am meisten los im Zentrum: rund um den Uhrturm und in den davon ausgehenden Seitenstraßen. Interieur durchweg recht phantasielos, aber beschwingte Stimmung und viele junge Leute.

Wer's etwas ruhiger haben möchte, um gemütlich ein Bierchen zu zischen, geht besser in den Stadtteil Eastcliff - viele Einheimische, da Wohngegend.

KONZERTE: das Bournemouth Symphony Orchestra ist überregional bekannt für erstrangig eingespielte, klassische Stücke. Sollten sich Liebhaber auf keinen Fall entgehen lassen. Im Monat August jedoch Sommerpause.

Das Internat. Bournemouth Festival findet alljährlich vom 7. - 3o. Juni statt bei mehr als 15o Veranstaltungen. Die Palette reicht von klassischer Musik über Pop-Klassik hin zu Schauspiel und Laiengruppen.

DISCOS: hier geht's erst richtig rund, wenn die Pubs zumachen. Sich schon ein bißchen in Schwung trinken für die heiße Sohle auf dem Parkett. Oft werden Live-Bands engagiert: Termine und Musikrichtung sind in der Zeitung "Coasters" abgedruckt.

SPORT: In erster Linie Wassersport: Wasserski, Windsurfen, Segeln. Vermietung von Ausrüstung: Infos beim TI. - Hochseeangeln: Trips ab Poole.

Golf: guter Course im Meryck Park im Nordteil der Stadt. Außerdem mehrere Reitställe im Umkreis von Bournemouth. - Eislaufen im "Ice Skating Ring" (7) an der Westover Road.

Bowling: beliebter Sport in Bournemouth. Es gibt mehr als 2o Plätze, u.a. im Meyrick Park, sowie das "Bournemouth Super Bowl" (17) in der Glen Fern Road. 1992 wurden in der Stadt die Bowls-Weltmeisterschaften ausgetragen.

BOOT-TRIPS: an der Küste ziehen Schiffskähne zu den Vororten Poole und Swanage. Lohnend: sich über die Reeling hängen und vorbeituckern am endlosen Strand, wo's bei schönem Wetter von Menschen wimmelt.

Verbindungen ab Bournemouth

Flüge nur zu den Kanalinseln, mehrmals täglich. Der Airport liegt rund 1o km nördlich in Hurn (Verbindung nur per Taxi).

Züge: flotte Verbindung ab London (Expreß ab Waterloo Station, 1 3/4 Std.; ca. 5o DM return), sowie nach Southampton. Ticket nach Exeter ca. 45 DM.

Busse: Fernbusse in alle Landesteile: Abfahrt in der Holdenhurst Road. Nahverkehrsbusse fahren vom Square ab: Explorer Ticket für Dorset und Wiltshire ca. 1o DM (z. B. Trip nach Stonehenge), gilt einen Tag lang.

★Poole (11o.ooo Einw.)

Geschlossener Siedlungsraum mit Bournemouth: sehr schöne Strände und ein betriebsamer Hafen (Fähre rüber zu den Kanalinseln und nach Frankreich). Die Stadt Poole nimmt in den letzten Jahren einen rasanten Aufstieg und entwickelt sich schneller als die große Schwester Bournemouth.

Der HAFEN ist durch eine Halbinsel und vorspringende Landzungen optimal geschützt, heute vor allem genutzt von Yachten, zum Segeln und für Wassersport. Hat viel Atmosphäre: die alten Kaimauern mit pittoresken Speichern aus dem 18. und 19. Jhd., Hafenbüros, ein altes Zollhaus und dunkle Seemannskaschemmen, während draußen die Segelboote sich im Wasser wiegen. Dahinter die ALTSTADT, die heute komplett unter Denkmalsschutz steht.

MARITIME MUSEUM (Paradise Street): rollt die Seefahrtsgeschichte von Poole auf. Außerdem ein Aquarium mit Unterwasserfauna (Haifische, Piranhas, Barracudas).

GILDHALL MUSEUM (Market St.) Stadtgeschichte; Keramik, Glaskunst.

SCAPLEN'S COURT (High St.): im 15. Jhd. Wohnhaus einer Kaufmannsfamilie, beherbergt heute eine archäologische Sammlung. Highlight ist ein über 1o m langes Boot aus der Bronzezeit. Im Stadtpark werden auf einem großen Salzwassersee Ruderboote vermietet.

TOWER PARK: das größte Vergnügungszentrum in Südengland mit Bowling, Eisbahn (teilweise im Freien), Schwimmbad, Restaurant, Disco und Kino.

Vorgelagert im Poole Harbour liegt die BROWNSEA ISLAND, wo 19o7 Baden Powell mit dem ersten Pfadfinder-Camp eine weltweite Bewegung ins Leben rief. Im Nordosten eine weite Meereslagune: bedeutende Vogelkolonie mit Abertausenden von Enten, Gänsen und anderen Wasservögeln. Schöne Wege durch Heideflächen und idyllischen Wäldchen. Verbindung mit der Pendel-Fähre: Abfahrt entweder vom Quay in Poole oder ab dem Vorort Sandbanks; Ostern bis September.

Straße von Poole nach Sandbanks: nach 5 km die COMPTON ACRES

GARDENS, eine der schönsten Anlagen in England. Angelegt 1919; kostete rund 22o.ooo Pfund für Pflanzen aus der ganzen Welt. Mehrere Abteilungen mit unterschiedlichen Motiven: italienischer, japanischer, englischer Steingarten, Palmengarten. Herrlich konzipiert mit Bassins, Weihern und zum Teil sehr kostbaren Statuen aus Bronze und Marmor.

In SANDBANKS ein schöner Strand sowie die Fähr-Verbindung rüber zur Brownsea Island (siehe oben). Außerdem eine Autofähre über den schmalen Sund zur Halbinsel "Isle of Purbeck" (siehe unten).

ISLE OF PURBECK

südwestlich von Poole gelegene Halbinsel mit hohen Klippen und Hügelketten im Inland. Anreise: ab Poole entweder über den Landweg via Wareham (ca. 3o km zum Hauptort Swanage) oder über die Fähre (Abfahrt ab Sandbanks; 1o km bis Swanage).

Erste Station: STUDLAND, kleines Dorf mit normannischer Kirche, über Trampelpfade runter zum exzellenten Strand in einer geschützten Bucht, ab vom Rummel in Bournemouth. Am Südende der Bucht die Old Harry Rocks: Naturschönheit aus schneeweißen Kalksäulen, die - vom Festland isoliert - aus der azurblauen Wasserfläche vor der Küste ragen. Fußweg ab der Dorfkirche (beschildert, geht bis runter nach Swanage).

Ein 15-Minuten-Fußweg (beschildert) führt von der Dorfmitte zum Aggle Stone, einem 5 m hohen Steinklotz aus massivem Eisenerz, als Findling auf einen nackten Hügel gesetzt.

2 km nördlich: das Naturschutzgebiet STUDLAND HEATH mit schöner Landschaft rund um den See und zahllosen Wasservögeln. Zwei beschilderte Spazierwege ab dem Parkplatz an der Toll Road (Gebühr): einer durch Wäldchen und entlang des romantischen Seeufers, der andere Richtung Küste durch die sandigen Dünenhügel mit lockerem Ginsterbewuchs.

BALLARD DOWN: Bergkamm 2 km südlich mit Blick über die gesamte Purbeck-Halbinsel; einsame Kornfelder und Heidekraut. Beschilderter Pfad ab der Dorfkirche in Studland.

★ Swanage (8.ooo Einw.)

Badeort, ideal zum Surfen und Segeln (Vermietung von Ausrüstung am Pier). Außerdem eine Taucherschule und Trips zum Hochsee-Angeln. Swanage ist Hauptort der Purbeck-Halbinsel, viele englische Familien machen hier Urlaub, zugleich beliebtes Ausflugsziel ab Bournemouth: direkte Busverbindung.

Unterkünfte: Mehrere Hotels; B & B in den Ausfahrtsstraßen Richtung Studland und Richtung Kingston. Die optimal erhaltene Jugendherberge (Cluny House) ist sehr gut in Schuß, liegt mitten im Dorf in einer Seitenstraße off High Street. Im Umkreis von Swanage eine Reihe von Campingplätzen.

Geschichte: King Alfred besiegte in der Bucht 877 die Dänen. Im Mittelalter wurde ab Swanage Sandstein für den Kathedralenbau verschifft. Auch noch bis ins 19. Jhd. hatten die Steinbrüche Bedeutung. Einige Familien kamen zu hohem Reichtum und stifteten z.B. einen Torbogen aus dem Hydepark/London und den "clock tower", der zuvor an der Londonbridge stand. Heute hat Swanage seine Bedeutung vorwiegend als Badeort mit relativ modernem Stadtbild, schön gelegen vor den Hügelketten im Hinterland.

SWANAGE RAILWAY, Abfahrt beim Station House: über die 5 km lange Spur schnaufen Dampflokomotiven mit alten Waggons durch einen der schönsten Landstriche der Halbinsel.

DURLSTON HEAD 2 km südlich von Swanage, mit dramatischen Klippenabstürzen, wo Tausende von Kormoranen und Möwen durcheinanderschwirren, und unten tost die Brandung meterhoch. - Oben der 4o Tonnen schwere GREAT GLOBE, eine Steinkugel mit 3 m Durchmesser wie ein überdimensionaler Globus. Sowie ein Café: herrlich auf der Terrasse, wenn der Wind rüberbläst. Die Aussicht von hier oben ist atemberaubend.

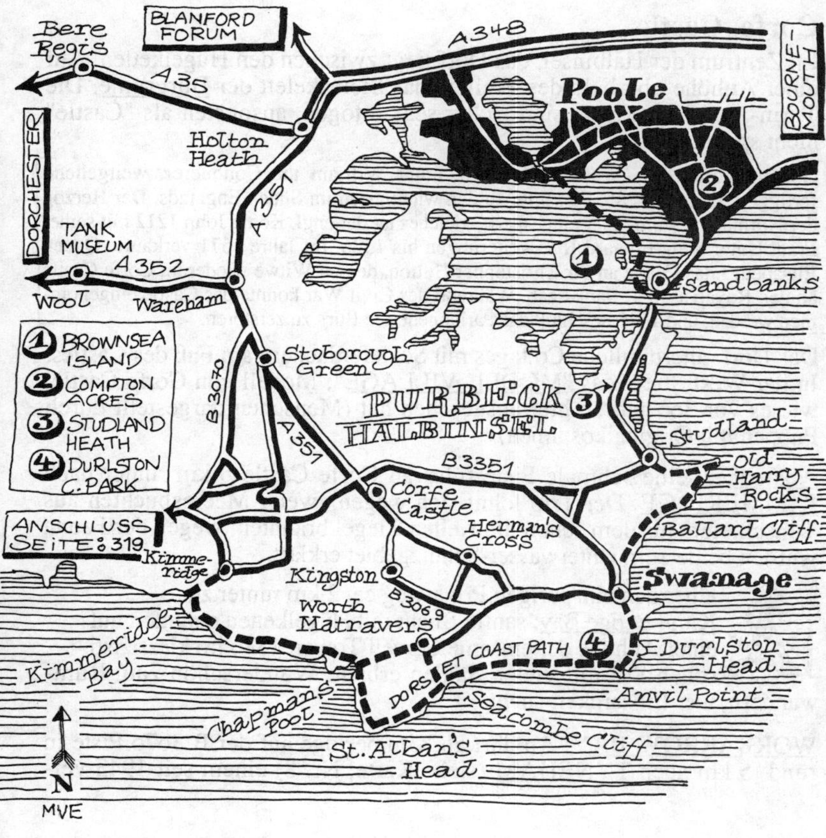

Ein Wanderweg führt durch verkrüppelte Steineichen zum Vogelreservat, und nach 2 km zum Anvil Point mit seinem verlassenen Steinbruch: tiefe Meeresschlucht mit zertrümmerten Felsklötzen, zwischen denen die Wellen wüten. - Der Pfad oberhalb der Klippenküste setzt sich in Richtung West fort (Teil des großen "Dorset Coast Path"). Obwohl Poole und Bournemouth in Reichweite liegt: grandiose Natur und Einsamkeit!

★ Worth Matravers

Idyllisches Nest, wo sich die normannische Kirche und die mausgrauen Steinhäuser rund um den Dorfteich ducken. Ein Hohlweg führt runter zum 11o m hohen ST. ALBAN'S HEAD, eine schwindelerregende Steilwand, gegen die die Wellen donnern. An der windgepeitschten Abbruchkante eine verlassene, normannische Kapelle. Ein weiterer Trail führt von Worth Matravers in 2 km zum CHAPMANS POOL: Meeresbucht in einer tiefen Kluft, runter über die in den Stein gemeißelten Treppen.

★ Corfe Castle

Im Zentrum der Halbinsel, das Dorf liegt zwischen den Hügelketten. Auf einer Anhöhe oberhalb des Weilers das Steinskelett der Burgruine. Die Turm- und Mauerreste sind sicher sehr fotogen, ansonsten als "Castle" nicht spektakulär.

Gebaut wurde das Castle ab 11. Jhd. unter William the Conquerer, weitgehend fertiggestellt dann 1285. Es zählte zu den wichtigsten im Süden Englands. Der Herzog der Normandie wurde hier eingesperrt, gleiches tat der engl. König John 1212 mit seiner Frau. Unter King Edward II Erweiterungen bis 1326. Im Jahre 1571 verkaufte Queen Elisabeth I das Castle an Sir Christopher Hutton, dessen Witwe wiederum Corfe Castle an den Royalist Sir J. Banks gab. Während des Civil War konnte das Castle eingenommen werden, und 1646 beschloß das Parliament, die Burg zu zerstören.

Das Dorf: altertümliche Cottages mit Schieferdächern am Fuß des Castles. In der West Street das "MODEL VILLAGE": Modell von Corfe Castle, wie es vor 3oo Jahren hier ausgesehen hat (Menschen dargestellt durch Puppen mit Originalkostümen).

Abstecher: eine schmale Piste führt ab Corfe Castle 6 km runter nach KIMMERIDGE. Der Trip lohnt sich wegen zweier Meeresbuchten aus Tonschiefer, aus dem schon die Kelten Ziegel brannten; wegen der Fauna wurden beide zum Unterwasser-Schutzgebiet erklärt.

Über den einspurigen Privatweg ca. 2 km runter zur Kimmeridge Bay: sanfte Bucht mit Hügelketten dahinter, auf einer Anhöhe der einsame Clavell Tower, 182o im klassizistischen Stil mit vielen Säulen erbaut. Wunderschön zum Rumwandern, wer Einsamkeit sucht.

WORBARROW BAY: Anfahrt ab Kimmeridge auf der B 3o7o Piste in rund 5 km nach TYNEHAM (siehe Karte, Nr. 8) einem seit 1943 verlassenes Geisterdorf, als man das in der Gegend befindliche Übungsgebiet der Army erweiterte. Die Region um Worbarrow Bay ist von den Militärs seit 1916 genutzt. Den besseren Blick auf das Übungsgebiet hat man von einem Parkplatz an der B 3o9o (siehe Karte, Nr. 7): Die Region voll von Panzern, die durch die Natur rattern und mit ihren Ketten entsprechende Schäden anrichten.

Die Bucht wirkt wild, eingeklemmt in einer Felsklammer aus zwei pyramidenartigen Vorgebirgen. Herrliches Farbenspiel mit den oszillierenden Metallfarben der Erzeinlagerungen in den Klippen und der Bucht mit weißem Kreidegestein.

Da Manövergebiet ist der Zugang derzeit nur letzte Juliwoche und August und hier nur am Wochenende möglich. Genaue Infos über momentanen Stand übers TI und Aushänge in den Pubs. Hinweise an der Zufahrtsstraße beachten!

LULWORTH COVE: kreisrunde Meeresbucht von 4oo m Durchmesser

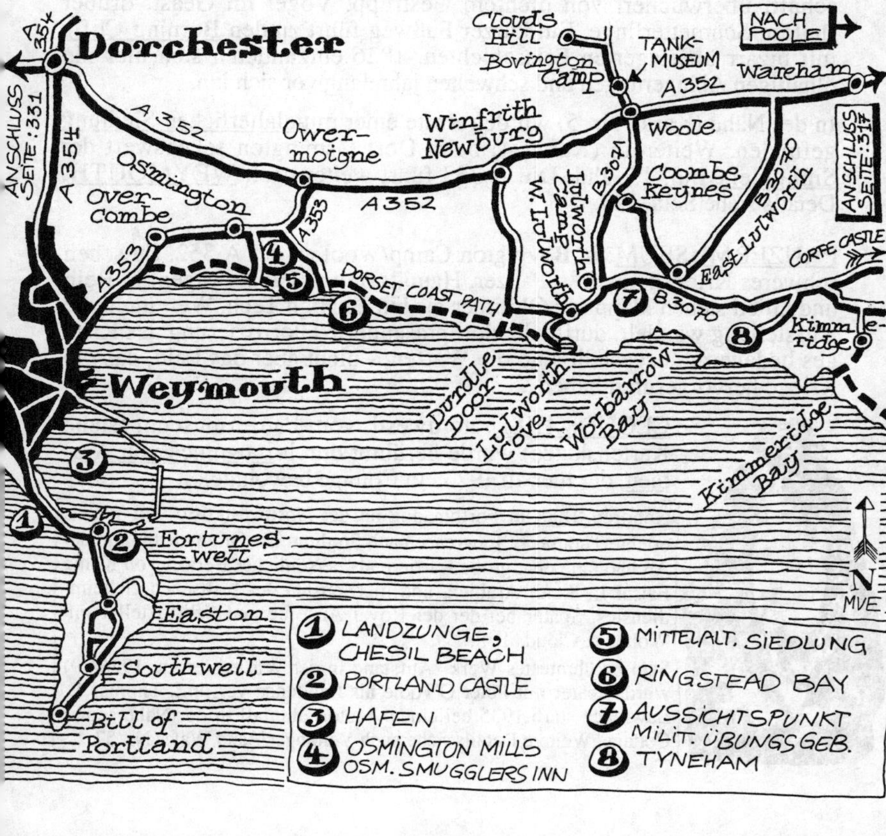

und eingerahmt von Felsketten. Der östliche Bereich ist Grenze des militärischen Sperrgebietes; die Bucht somit bereits außerhalb. Rund 1,5 km von der Bucht der kleine Ort WEST LULWORTH mit Hotels und B & B, sowie ein Campingplatz. Die Jugendherberge ist sehr gut in Schuß und hat modernen Standard. Angebot von Boot-Trips.

DURDLE DOOR: spektakuläre Naturschönheit, ein von den Wellen durchbrochenes Felstor mitten in der Brandung. Kleine Landstraße ab West Lulworth bis zu einem Parkplatz (beschildert), von dort noch 5 Min. zu Fuß. Oder ab Lulworth Cove in 2 km Wanderung entlang der Küste.

WESTLICH von Lulworth Cove keine weitere Straßenverbindung entlang der Küste, jedoch schöner Klippenwanderweg (Teil des "Dorset Coast Path") zur Ringstead Bucht. Selbige kann auch per Straße mit Umweg Winfrith Newburgh -> A 352 -> A 353 erreicht werden.

RINGSTEAD BAY: durch Erdrutsche entstandene Felstrümmerlandschaft, überwuchert von dichtem Gestrüpp. Vögel im Geäst, drüber flattern Schmetterlinge. Ein kurzer Fußweg führt zu den Burning Cliffs mit bizarr überlagerten Felsschichten. 1826 entzündeten sich hier die ölhaltigen Ablagerungen und schwelten jahrelang vor sich hin.

In der Nähe (Karte, Nr. 5) wurden Reste einer mittelalterlichen Siedlung gefunden. Weiterhin (Karte, 4) beim Dorf Osmington sehenswert der Smugglers Inn, 13. Jhd. Die A 353 führt weiter nach WEYMOUTH, Details siehe Seite 329.

PANZERMUSEUM: in Bovington Camp/Wool an der A 352. Zu sehen schweres Kriegsgerät: 18o Panzer, Haubitzen und Panzerwagen. In Reih und Glied stehen klapprige Oldtimer bis hin zu High Tech. Wer durch die Ausstellung wandelt, dürfte die dort präsentierte Glorifizierung des Krieges bedauern; ausgestellt sind die Waffen, - nicht aber das Leid, das die Kriege hervorgerufen haben...

CLOUDS HILL: nordwestl. vom Panzermuseum (siehe Kartenskizze) wurde berühmt durch Lawrence von Arabien, der hier ab 1923 ein Cottage bewohnte.

Geboren 1888 in Porthmadog an der Nordwestküste von Wales, erlebte Thomas E. Lawrence nach Studium der Orientalistik und der Archäologie eine große Karriere als persönlicher Berater von König Faisal I., Saudi Arabien, und in Diensten des britischen Geheimdienstes. Später bei der der Royal Airforce und Schriftsteller mit Wohnsitz Clouds Hill.

Sein berühmtestes Werk "Aufstand in der Wüste" (ersch. 1926/29) wurde später mit Peter O'Toole als Lawrence verfilmt. Thomas E. Lawrence starb 1935 bei einem Motorradunfall in der Nähe seiner Cottage. Weitere Details siehe auch Velbinger/Band Wales Nr. 57.

Ein kleines Museum im Ort Clouds Hill dokumentiert das Leben des Th. E. Lawrence in Fotos, aber auch Gegenständen wie Schlafsack etc.

WIMBORNE

Bezirk nordwestlich von Bournemouth mit schöner Landschaft, pittoreske Weiler und dazwischen schlängeln sich die Flüßchen. Naturschutzgebiet. Anfahrt via A 341.

★Wimborne Minster (5.ooo Einw.)

Das Marktstädtchen ist Hauptort des Distrikts; 1o km nordwestlich von Bournemouth, häufige Busverbindung.

Wahrzeichen der Stadt ist das imposante MÜNSTER: Kirche mit kreuzförmigem Grundriß und Stilgemisch. Älteste Teile aus sächsischer Zeit, über dem Chor ein normannischer Turm aus rotem Sandstein sowie normannische Rundpfeiler und Arkaden im Hauptschiff. Krypta im Decorated Style, der Westturm im spätgotischen Perpendicular Stil, sowie Uhr aus dem 14. Jhd. Schönes Ostfenster mit originalem flämischen Glas.

Neben der Kirche in der High Street das alte PFARRHAUS (Priest's House) vom 16. Jhd; beherbergt ein Heimatmuseum. Zwei Geh- Minuten vom Münster das 1725 erbaute Herrenhaus DEAN'S COURT: lohnt wegen des schönem Parks mit Enten auf dem Weiher und stolzen Pfauen. Romantisch der Küchengarten aus dem 18. Jhd., wie zu Urgroßmutters Zeit mit duftenden Kräuterbeeten und alten Gemüsesorten.

Die MERLEY BIRD GARDENS liegen am südlichen Stadtrand an der Umgehungsstraße A 31: Landschaft von einer altertümlichen Steinmauer umrahmt mit Seerosenteichen, gepflegten Gärten und Gehegen mit buntschillernden Tropenvögeln.

Umgebung: Schöner Ausflug Richtung Nordwesten, rund 15 km entlang einer Buchen-Allee mit stämmigen Baumreihen. Dabei immer der B 3o82 folgen bis zum Endpunkt Blanford Forum (ca.3.6oo Einw.).

KINGSTON LACY HOUSE: während der Restauration 1663 erbaut. Großes Herrenhaus im Renaissancestil, einzigartige Sammlung von Gemälden englischer Künstler und ein Landschaftspark. Ca.3 km nach Wimborne Minster.

CRANBORNE CHASE: einsame Täler, Wäldchen, Feldwege und die Dörfer in den Lichtungen versteckt. Schön für Wanderungen! Früher ein riesiges Jagdgebiet des Adels, wo sich auch Wilderer und Wegelagerer rumtrieben. Um 183o wurden weite Teile abgeholzt. Der Cranborne Chase erstreckt sich nordöstlich von Blanford Forum. Ca. 15 km lang und über 5 km breit. Mittelpunkt ist das Dorf Tollard Royal. Höchster Berg: der 285 m hohe Win Green, von oben einzigartiges Panorama des gesamten

Distrikts. Aufstieg ab dem Parkplatz an der B 3o81 (Tollard Royal nach Shaftesbury).

BLANFORD FORUM: bedingt sehenswert ist das SIGNAL MUSEUM, 1 Meile östlich von Blanford F. , ein kleineres Spezialmuseum zur Nachrichtenvermittlung. Ausgestellt sind Signallampen und -Methoden bis hin zu moderner Technologie wie sie z.B. im Falklandkrieg angewandt wurde (ein Krieg, der immerhin 2o.ooo km von London entfernt stattfand, aber von London milit. gesteuert wurde).

Ab Blanford F. schnelle Verbindung über die A 354 nach DORCHESTER (siehe Folgekapitel) mit lohnendem 5 km Abstecher ab A 354 im Ort Winterborne nach:

MILTON ABBAS: Malerische Idylle der strohgedeckten Bauernkaten links und rechts der staubigen Dorfstraßen, wurde im Jahre 1786 künstlich aus dem Boden gestampft von Sir William Chambers, der im benachbarten Herrenhaus wohnte. Grund: er fühlte sich vom Bauerndorf unmittelbar neben seinem Palast gestört, ließ es abreißen und siedelte die Bewohner um. - Im PARK FARM MUSEUM alte Bauernwerkzeuge und selten gewordene Haustierrassen.

Das Herrenhaus MILTON ABBEY dient heute als Schule. Es wurde im 18. Jhd. unter Einbeziehung eines alten Klosters im neugotischen Stil erbaut. Sehenswert die alte Klosterkirche. Ein Spazierweg führt zu einer kleinen Kapelle auf einem Hügel, herrlicher Blick auf das romantische Dorf, den Landsitz und die Umgebung!

Nächste Station ist das ATHELHAMPTON MANOR, eines der schönsten englischen Herrenhäuser aus dem Mittelalter. Wurde im 15. Jhd. im Perpendicularstil erbaut, wie ein Märchenschloß mit seinen zahllosen Erkerfenstern und dem Fachwerkdach und ausgestattet mit schönen Tudor-Möbeln. Herrlich auch der Park mit seinen Wasserfällen, Baumgruppen und Teichen sowie den 12 Gärten, die nach verschiedenen Motiven konzipiert sind. Öffnungszeit: nur an 3 Wochentagen, jeweils nachmittags.

4 km vor Dorchester ist die Cottage des Heimatdichters Thomas Hardy in HIGHER BOCKAMPTON einen Abstecher wert (beschrieben im Dorchester-Kapitel).

Bournemouth ⋙→ Dorchester

* **HAUPTROUTE A 35**: die an km kürzeste und schnellste Verbindung, - zudem häufig am Tag Busse. Außer der Kirche im Ort Bere Regis mit schöner Holzschnitzarbeit) und Herrenhäusern kurz vor Dorchester (beschrieben im Dorchester- Umgebungskapitel) keine weiteren Sehenswürdigkeiten entlang der A 35.
* **NORDROUTE B 3o85/A 354**: ab Bournemouth via B 3o82 nach

Blanford Forum und weiter über die A 354 nach Dorchester, im Vorkapitel beschrieben.

* <u>SÜDROUTE A 351</u> + Abstecher Purbeck Halbinsel. Als Strecke super, sofern man man 1 Tag einbauen kann und mit eigenem Auto unterwegs ist, denn die Verkehrsverbindungen/Bus sind für einen 1 Tages- Rundtrip zu dünn. Alle Details im Vorkapitel "Purbeck Halbinsel".

★Dorchester (14.ooo Einw.)

Beschauliche Idylle: alte Häuser, die teils unter Denkmalsschutz stehen, mit Küchengärten, Kopfsteinpflaster und enge Gassen. Man lebt mit einer gewissen Gemächlichkeit der Provinz.

Dorchester ist Mittelpunkt einer Bauernlandschaft. Wogende Kornfelder bis an den Stadtrand. Alles dreht sich hier um die Landwirtschaft, in der High Street Geschäfte für Saatgut und bäuerliche Werkzeuge.

Die Stadt ist Straßen- und Eisenbahnknoten, sowie Hauptstadt der Grafschaft Dorset. Im Westen und Norden wölben sich karge Hügel, am östlichen Stadtrand die dichten Auwälder des River Frome.

Tourist INFO (8) in der 7, Acland Road. Book-a-bed-ahead. Infos zum Heimatdichter Thomas Hardy. Angebot an Stadtführungen.

<u>Geschichte</u>: 7o n. Chr. von den Römern gegründet, zunächst als Militärlager, dann siedelten sich Kolonisten an. Um 4oo zogen die Römer ab, Dorchester behielt auch in der Zeit der Sachsen und Normannen wichtige Bedeutung, so Sitz einer Münzprägung, Mittelpunkt eines königlichen Jagdrevieres.

161o wurden die Stadtrechte verliehen. Ein Brand 1613 zerstörte fast die gesamte Stadt. Bis Ende des 18. Jhds. zog Dorchester zahllose Schaulustige an für seine "Hanging Fairs": öffentliche Hinrichtungen, die zu Spektakeln mit Volksfestcharakter aufgezogen wurden.

<u>Hauptachse im Zentrum</u> von Dorchester ist die <u>HIGH WEST</u>, die sich östl. als East Rd. und London Rd. fortstetzt und westlich als Bridgeport Rd. Entlang der Straße Shops und das <u>BRIDGE HOTEL</u> (1o): elegante Architektur, die Außenfassaden Ende des 18.Jhds. Daneben die <u>UNITY CHAMBERS</u> (11): um 187o erbaut in neoklassizistischer Architektur.

<u>ALL SAINTS CHURCH</u> (12): 1843 erbaut. Von einer älteren Kiche an derselben Stelle stammen das normannische Taufbecken (12.Jhd.) und der Lettner im Chor. - <u>KING'S ARMS HOTEL</u> (13): Außenfassaden von Anfang des 19.Jhds., ebenso das <u>RATHAUS</u> (14).

<u>CHURCH OF ST. PETER</u> (15): im spätgotischen Perpendicular-Stil des 15. Jhds. Das Südportal in normannischer Architektur, aus dem Jahre 12o6. Der Turm wurde im 17. Jhd. erneuert. Im <u>Innenraum</u> die Kanzel, üppig mit Arabesken verziert (17.Jhd.) und das sog. Jesse-Fenster im Nordteil (Glasmalerei, ergänzt durch das Maßwerk, das Figuren bildet).

DINOSAURIER MUSEUM (9): zeigt Urweltechsen in ein paar Glaskästen, zusammen mit Versteinergungen und kitschigen Gummipuppen. Ingesamt recht enttäuschend.

COUNTY MUSEUM (16): Fossilien, Exponate aus der Steinzeit und Römerzeit. Ausgrabungsfunde von Maiden Castle (siehe Umgebung). Eine Abteilung ist dem Heimatdichter Thomas Hardy gewidmet. Manuskripte, Briefe und Hardys Arbeitszimmer.

OLD COURT (17): Verwaltungsgebäude vom Ende des 18.Jhd. Zu besichtigen ist der Gerichtssaal, dessen Einrichtung kaum verändert wurde.

TUTANKHAMUN EXHIBITION (18): orginalgetreue Replikation des Grabes des ägyptischen Pharaos Tutankhamun. Von Gold glänzende Grabschätze, moderne Elektronik sorgt sogar für eine adäquate Geruchs- und Geräuschkulisse.

HARDY DENKMAL (2o): zu Ehren des großen Heimatdichters des County Dorset. Bronzegestalt mit übereinander geschlagenen Beinen, den Hut auf den Schenkeln.

RÖMISCHES HAUS (21): aus dem 4. Jhd. n.Chr., als Dorchester eine wichtige Römersiedlung war.

MILITARY MUSEUM (22): die Geschichte des Militärs ab 166o. Alte Waffen, Uniformen und Orden. Zu sehen auch Adolf Hitlers Schreibtisch aus der Berliner Reichskanzlei.

NAPPER'S MITE (6): früheres Armenhaus, heute sind hier Läden untergebracht.

BOWLING ALLEYS WALK (4) und West Walks: der Gehweg folgt dem ehemaligen Verlauf der Wallanlagen, als Dorchester ein Römerlager war.

MAUMBURY RINGS (3): ursprünglich eine prähistorische Kultstätte, später von den Römern zu einem Amphitheater ausgebaut: Kapazität von 1o.ooo Zuschauern, Ausmaße 5o x 65 m. Im Mittelalter Schauplatz für Ritterturniere. Bis ins 17. Jhd. öffentliche Hinrichtungsstätte.

Verbindungen ab Dorchester

Züge: Flotte Verbindung mit London (Waterloo Station). Fahrtdauer ca. 2 1/4 Std., ca. 65 DM single, 75 DM return. Abfahrt in Dorchester von der South Station (1).

Von der West Station (2): Züge rauf nach Bath und Bristol, sowie nach Exeter (Umsteigen in Yeovil Junction). Ab Exeter Anschlüsse zu den West Counties.

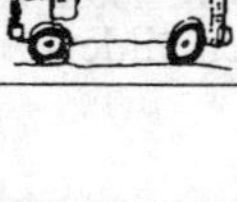

Busse: Abfahrt vom Kreisverkehr am oberen Ende der High West Street (19). Infos zu Fahrplänen: für Regionalbusse ist das TI zuständig, für Fernbusse das Reisebüro

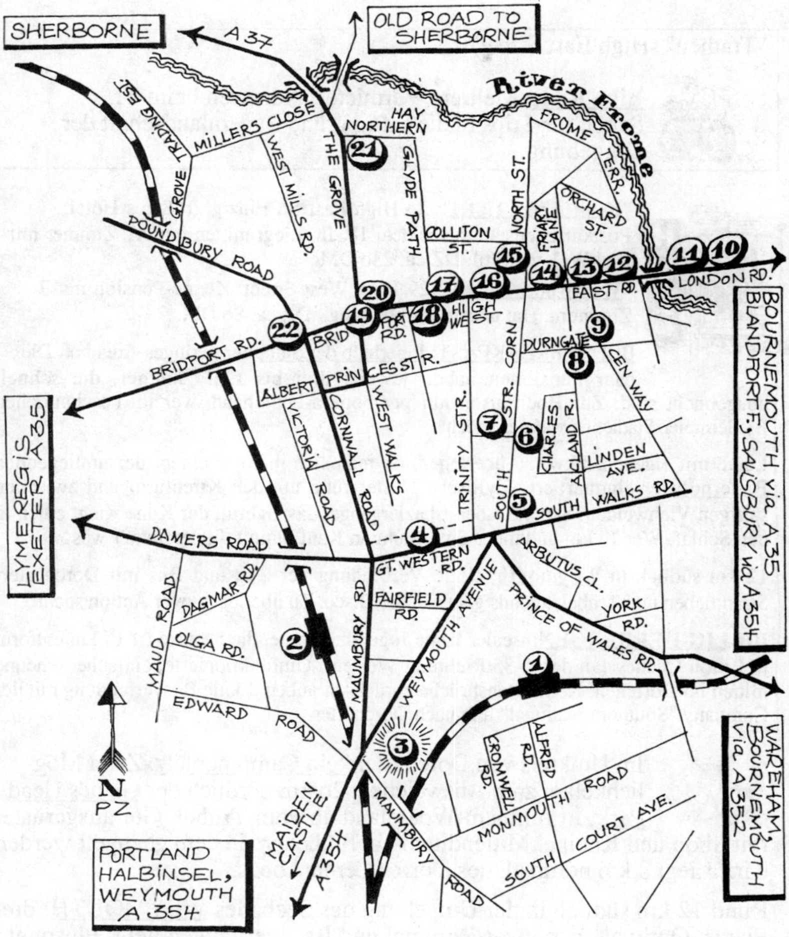

DORCHESTER

1 SÜDBAHNHOF
2 WESTBAHNHOF
3 Maumbury Rings
4 Bowling Alleys Walk
5 Congregational Church
6 Napper's Mite
7 HAUPTPOST
8 TOURIST INFO
9 Dinosaurier Museum
1o Bridge Hotel
11 Unity Chambers
12 All Saints Church
13 King's Arms Hotel
14 Corn Exchange und Town Hall
15 St. Peters Church
16 County Museum
17 Old Court
18 Tutankhamun Exhib.
19 BUSTERMINAL
2o Thomas Hardy Monum.
21 Roman House
22 Military Museum

"Trathen" (High East Street).

Bike Rent: Mehrere Vermieter, Adressen beim TI. Schön für Trips in die saftig grüne Bauernlandschaft der Umgebung.

"**King Arms Hotel**": 3o High East St. Einzig größeres Hotel: Postkutschenstation aus dem 18. Jh. Liegt mitten im Ort, Zimmer mit Bad/WC, viel Stil. DZ ca. 23o DM.

"**Westwood House**": 29 High West Street. Kleine Pension mit 7 Zimmern. Hat unsere Empfehlung. DZ ca. 8o DM.

BED & BREAKFAST: Innerhalb der Stadt nur geringes Angebot. Die paar Pensionen haben jeweils drei bis fünf Zimmer, die schnell ausgebucht sind. Zur Hochsaison nur per book-a-bed-ahead, wer im beschaulichen Biedermeier-Städtchen wohnen möchte.

Leute mit eigenem Pkw: zu überlegen, ob man sich nicht in einem der umliegenden Bauerndörfer einquartiert. Idyllische Nester rund um den Kirchturm und zwischen saftigen Viehweiden. Schöne Abendspaziergänge, das Gebrüll der Kühe wiegt einen in den Schlaf. Wer 1o km und mehr Entfernung in Kauf nimmt, findet immer was.

12 km südlich in Weymouth, flotte Verbindung per Zug und Bus mit Dorchester: Strandleben und Trubel, abends geht's in die Disco. Zu überlegen, wer Action sucht.

BILLIG-HERBERGEN: Leider keine Jugendherberge, die nächste ist 15 km entfernt in Litton Cheney (an der A 35 Richtung Westen). Umfunktionierte, einfache Scheune mitten im Dörfchen, Komfortansprüche zurückschrauben. Flotte Busverbindung mit der Company "Southern National" rein nach Dorchester.

Im Umkreis von Dorchester kein Campingplatz. Zwei Möglichkeiten zum Ausweichen: 2o km nördlich der Giant's Head Park, in ruhigem Weideland ab vom Trubel. Gut ausgerüstet mit Shop und Kneipe. Mittendurch ein Flüßchen, in dem geangelt werden darf. Liegt 3 km nordöstl. des Dorfes Cerne Abbas.

Rund 12 km südlich in der Umgebung des Seebades WEYMOUTH: drei Plätze. Optimal, wer etwas Rummel und Badevergnügen liebt. Pluspunkt ist die flotte Zug-/Busverbindung rauf nach Dorchester. Der Littlesea Holiday Park (2 km außerhalb Richtung Chickerell) ist ein komfortabler, riesiger Platz in Strandnähe.

MOCK TURTLE (High West St.): derzeit die Nummer eins auf dem Restaurant-Sektor. Alles in sanften Farben, serviert wird franz. "haute cuisine". Ca. 3o-4o DM.

JUDGE JEFFREY'S RESTAURANT (High West Street); hat mehrere Räume mit verschiedenen Einrichtungen, Preise zwischen 2o und 3o DM. Stilvoll mit schweren Eichenbalken und Holzvertäfelung.

BRIDGE BETWEEN (8 High East St.): schon seit Jahren betrieben von Chris und Hilary. Mittlerweile fest etabliert und aus dem kulinarischen Stadtplan nicht mehr wegzudenken. Gute Auswahl an Salaten und Gemüsen, außerdem mehrere mittelalterliche Gerichte auf der Speisekarte (danach fragen!). Um 2o DM.

HORSE WITH THE RED UMBRELLA (1o High West St.): gemütliches Café, nur tagsüber geöffnet. Kaffee und Kuchen sowie kleinere Imbißsachen in stilvoller Umgebung und zu zivilen Preisen. Schön für die Pause am Nachmittag.

Barmeals: einen Namen hierfür hat das WHITE HART HOTEL: faire Portionen und stadtbekannt für seine kreativen Salat-Mischungen.

Oben in der Kneipen-Hitparade: derzeit unbestritten das STARTING POST im Kings Arms Hotel. Junge Leute, locker-salopp und laute Discomusik. - Berühmt ist das in Dorchester gebraute Bier "Eldridge Pope", gilt als regionale Spezialität.

ENTERTAINMENT:

Buzz Inn: die einzige Disco in Dorchester. Nur Donnerstag, Freitag und Samstag geöffnet.

Sonst ist in Dorchester bezüglich Nightlife wenig los. Am besten sich ins Auto oder in den Zug setzen und die 13 km runterfahren zum Seebad Weymouth. Viele Kneipen haben Live-Bands angesagt (v.a. am Wochenende). Veranstaltungskalender in der lokalen Abendzeitung "Dorset Evening Echo".

Viehmärkte: mittwochs, überall in den Straßen treiben sich die Farmer rum. Am meisten ist vormittags los.

SHOPPING: Über 6o Kunsthandwerker aller Gattungen verkaufen ihre Produkte im CRAFT GUILD SHOP (19 Durngate Street): Die breiteste Auswahl in der gesamten Region.

Umgebung

MAIDEN CASTLE: prähistorische Festungsanlage, wohl das besterhaltene Hügelfort in England. Etwa 8oo m lang und oval, geschützt von einer vierfachen Wall-Graben-Kombination (die Wälle bis 25 m hoch, früher zusätzlich durch Palisaden abgesichert). Das Zentrum der Anlage ist auf rund 3o m Höhe aufgeschüttet.

Zusätzlich sind etliche Hünengräber und die Überreste eines Römertempels zu sehen. Erste Bauphase des Hügelforts: vor 4.ooo Jahren, wurde dann genutzt bis zur Stürmung durch die Römer im Jahre 43 n. Chr. Anfahrt: auf der A 354 südlich Richtung Weymouth, nach ca. 2

km rechts weg auf eine Stichpiste (nach ca. 2 km ein Parkplatz).

WOLFETON HOUSE: elisabethanischer Herrensitz mit prachtvollen Gemächern. Unregelmäßige Öffnungszeiten. Rund 2 km nördlich von Dorchester, an der A 37.

CERNE ABBAS: liegt rund 10 km nördl. an der A 352. Kleines Dorf, eingebettet zwischen grüne Hügel. Im Ort die gotische Church of St. Mary aus dem 15. und 16. Jhd., beachtenswert der Westturm und das steinerne Chorgitter. In dem Birkenwäldchen neben der Kirche die Ruinen einer Benediktinerabtei. Gut erhalten das Torhaus und der Zehntspeicher.

Viele Leute besuchen Cerne Abbas wegen dem naheliegenden CERNE GIGANT: An einem Hügelhang ist eine 60 m große Figur zu sehen, die einen Mann mit ausgestreckten Armen und steifem Penis zeigt.

Entstanden ist die Figur, indem die dünne Humusschicht in einem 50 cm breiten Graben abgetragen wurde, so daß der Kreidefels hervorleuchtet. Bisher ist die genaue Herkunft unbekannt. Vermutlich ein keltischer Fruchtbarkeitsgott aus der Zeit um Christi Geburt, vielleicht aber auch ein römischer Herkules (ca. 300 n. Chr.).

Bester Blick: hinter dem Dorf auf das schmale Sträßchen nach Up Cerne abzweigen und den Wagen am Wegrand parken. Wer sich die Sache aus der Nähe anschauen möchte, folgt dem Fußpfad von Cerne Abbas aus.

ATHELHAMPTON MANOR östlich von Dorchester (siehe Seite 322). In der Nähe, an der A 35 die HARDY COTTAGE: hier wurde der berühmteste Dichter von Dorset, Thomas Hardy, am 2.6.1840 geboren.

Thomas Hardy studierte Architekt und war in diesem Beruf bis 1880 tätig, als er Schriftsteller wurde. Seine Werke sind zunehmend pessimistisch. Das Schicksal schlägt zu, und die Personen der Handlung können ihm nicht entrinnen; derjenige der nach Glück sucht, geht hoffnungslos an der Vorhersehung zu Grunde. Werke, die u.a. auf der Philosophie eines A. Schopenhauers beruhen und Anerkennung breiter Leserschichten erfuhren, die vermutlich ähnlich enttäuscht vom Leben waren. Thomas Hardy starb mit 88 Jahren in Max Gate/Dorchester am 11.1.1928.

Das reetgedeckte Hardy Cottage ist für Besucher nicht zugänglich. Jedoch idyllischer Garten, den man wie das Haus über den Zaun sehen kann.

HARDYS MONUMENT: rund 10 km westlich von Dorchester. Zu erreichen über Nebenstraßen ab A 35 oder A 354 (siehe Karte). Eine 240 m hohe Hügelkuppe mit 22 m hohem und achteckigem Turm, der 1846 als Denkmal für Admiral Nelson errichtet wurde.

Mit Thomas Hardy, dem Nationaldichter, hat es nichts zu tun, - so doch Superblick über wogende Kornfelder mit Dörfern dazwischen und weitem Blick auf die Küste. Abstecher lohnt, aber eigenes Fahrzeug nötig.

★Weymouth

(ca. 43.ooo Einw.)

12 km ab Dorchester südlich und stündl. Bus/Zugverbindung. Lohnt sich als Abstecher wegen Kneipen, - aber auch wegen anschließender Portland Halbinsel.

Im Sommer viel Getümmel an der Esplanade und am Chesil Beach (siehe Karte Seite 319). Der Hafen von Weymouth ist durch einen riesigen Kaimauerring geschützt und dient u.a. als Stützpunkt der englischen Kriegsmarine. In der Altstadt viele Bauten aus dem 18. Jhd. im georgianischen Stil. Sehenswert auch die Trinity Street mit mehreren Häusern aus der Tudor-Epoche (16. Jhd.), komplett im Stil der Zeit möbliert, können besichtigt werden.

Ganzjährig im Pavillon Theatre Complex an der Esplanade. Im Sommer zusätzliches Office an der Promenade bei der Statue den King George III. Beide mit book-a-bed-ahead.

LODMOOR COUNTRY PARK: mehrere Attraktionen nahe am Strand, vor allem das Sealife Centre mit seinen zahllosen Aquarienbecken, wo urweltliche Fische und Krebse rumschwimmen; ein Glastunnel führt mitten durch die bizarre Unterwasserwelt. Außerdem eine Schmetterlingsfarm in einem Treibhaus mit Dschungelpflanzen plus ein Vogelparadies.

Am nördlichen Stadtrand: der RADIPOLE LAKE, ein Vogelschutzgebiet im Info-Häuschen und Wanderpfaden, zahllose Enten und Schwäne.

Bike Rent: für Trips auf der Portland Halbinsel; Vermietung am Busterminal/Weymouth in der Edward Street.

Südlich von Weymouth liegt die Halbinsel **ISLE OF PORTLAND**, gute 1o km bis runter zur Südspitze. Ein gewaltiges Kalkstein-Plateau, wo seit Anfang des 17. Jh. der weißliche Portland Stone abgebaut wird (z.B. für Buckingham Palace und St. Paul's Cathedral in London oder die Fassaden des UNO-Gebäude in New York). Sieht aus wie eine einzige, riesige Baustelle, die gesamte Halbinsel ist von Steinbrüchen zerwühlt wie eine Mondlandschaft. Zufahrt: ständig Busse von Weymouth runter zur Südspitze; oder den Trip per Fahrrad machen (mieten).

Zunächst auf der schmalen Geröllbank "Chesil Bank" bis nach FORTUNESWELL: vom Hügel oberhalb des Dorfes phantastischer Blick rein in den mit massiven Dämmen geschützten Hafen. Gewaltige Kriegsschiffe patroullieren durchs Gewässer, Ozeantanker und gelegentlich tauchen U-Boote der Navy auf. Aufstieg auf den Hügel lohnt wegen des Blicks auf den Betrieb dort unten in der riesigen Hafenbucht.

Das "Portland Castle" in Fortuneswell wurde 152o von Henry VIII. erbaut zum militärischen Schutz der englischen Südküste. Hauptort der Halbinsel ist Easton; in der Wakeham Road ein kleines Museum mit altem Werkzeug und Haushaltgerät.

Bill of Portland an der Südspitze besteht aus einer Handvoll Häusern und dem Leuchtturm auf einem massigen Felsklotz. Lohnend der Blick runter aufs Wasser mit den rasanten Strömungen und Wirbeln.

Westlich von Weymouth liegt der **CHESIL BEACH**, ein in Europa einzigartiger Küstenstrich, der einen Abstecher wert ist: die fast 25 km lange Nehrung schließt eine Strandlagune ("The Fleet") ein, in der sich Abertausende von Wasservögeln tummeln. Ein Stück langwandern auf der faszinierenden Naturbühne!

Der Landriegel ist rund 15o m breit und 1o m hoch, wirkt bei seinen 25 km Länge wie ein langes Kabel. Bestehend aus Kies und Geröll. In Weymouth sind die Steine etwa faustgroß, in Richtung Westen verkleinern sie sich bis auf die Größe einer Haselnuß. Die Brandung wäscht mit weißen Schaumkronen dagegen und erzeugt durch das Durcheinanderwirbeln des Kieses ein ständiges Knirschen und Klappern.

Anfahrt: von Weymouth paar km südlich auf der A 354; von dort Zugang zur Nehrung.

Außerdem verläuft ein **Wanderweg** ab Weymouth entlang der Innenseite der Strandlagune: Schafe weiden an den grünen Hügeln, Möwen und Enten, auf der anderen Seite der Lagune kräuselt sich der Ozean am Landfinger. Der Trail ist Teil

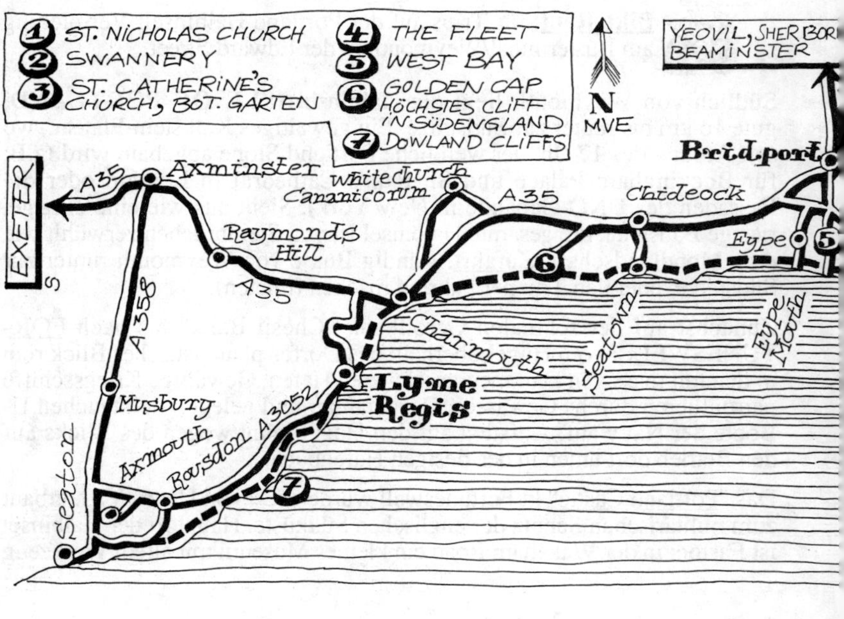

des "Dorset Coast Path", der von der Purbeck Halbinsel bis nach Exmouth führt, siehe auch Seite 339.

Die Küstenstraße B 3157 verläuft ein Stück landeinwärts Richtung Nordwesten bis nach **ABBOTSBURY** (ca. 14 km): eine Idylle von strohgedeckten Cottages, die sich zwischen grünen Hügeln zusammenkuscheln. Der Ort war früher Sitz einer bedeutenden und einflußreichen Beneditinerabtei, die dann während der Reformation aufgelöst wurde (heute nur noch Ruine).

Die paradiesische SWANNERY wurde von den Mönchen vor 8oo Jahren als Fleischproduzent angelegt: in der Lagune "The Fleet" eine Kolonie aus 8oo Schwänen und Gänsen, die zwischen den Wasserpflanzen gründeln und in den Wiesen hinter dem Strandsee ihre Nester haben. Herrliche Spazierwege durch das Ried über Holzstege vorbei an den schneeweißen Vögeln.

Nicht weit davon die subtropischen GÄRTEN mit Wucherung exotischer Pflanzen aus sämtlichen Kontinenten, dazwischen stolzieren schillernde Pfaue. Das milde "Miniklima" entsteht durch Wärmespeicherung im Kies der Nehrung "Chesil Beach".

Vom Kloster ist noch ein Getreidespeicher, TITHE BARN, aus der Zeit um 14oo erhalten: 8o m lang, viele Strebepfeiler, ein hoher Treppenturm.

Am Dorfrand erhebt sich der CHAPEL HILL, oben die halbverfallene

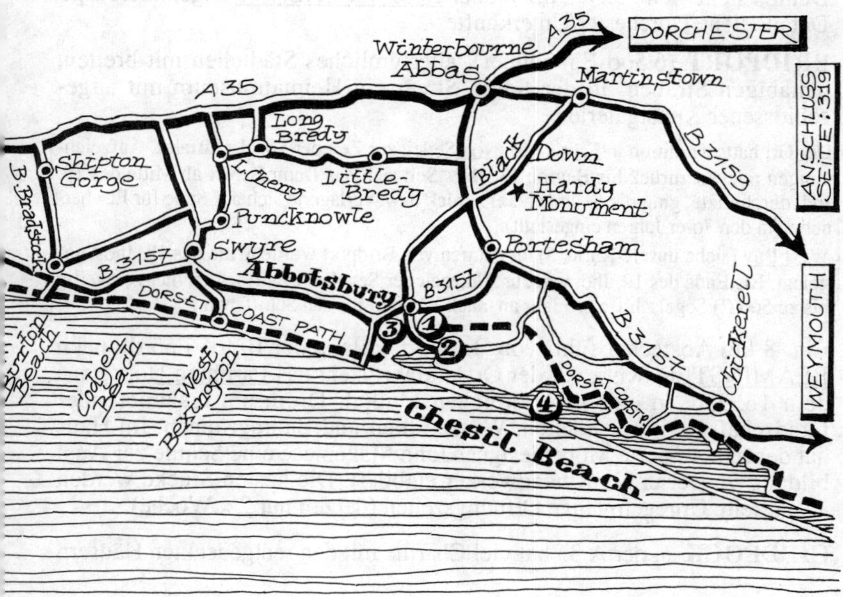

Ruine eines Kirchleins aus dem 14. Jhd. Lohnend wegen des Blicks auf die Lagune mit der üppigen Vegetation und die Biedermeier-Idylle zwischen den strohgedeckten Hütten im Dorf.

Eine 5 km Piste führt rauf zum BLACK DOWN HILL: Aussichtspunkt beim Hardy Monument (siehe auch S. 328).

Die B 3157 führt von Abbotsbury westwärts und steigt kurz nach dem Ort auf den Wears Hill rauf mit schönem Blick auf die lange Strandzunge des Chesil Beach und die Portland Halbinsel am Horizont. - Schöner Blick auch von den Klippen beim Burton Beach. Kurz danach führt die B 3157 nach Bridport an der A 35, Details siehe Folgekapitel.

Dorchester ⋙➤ Lyme Regis

* Entweder via Weymouth und entlang der Küste (B 3157) bis Bridport (wie oben beschrieben) und weiter auf der A 35. Braucht allerdings ohne eigenes Auto Zeit, da nur dünner Busverkehr auf der B 3157. Insgesamt ca. 6o km.
* Oder gleich die A 35 ab Dorchester, relativ flott befahrbare Landstraße (ca. 4o km), häufige Busverbindungen.

Entlang der A 35

Abstecher zum HARD MONUMENT lohnt wegen weitem Küstenblick, Details siehe Seite 329. - Im Weiler LITTON CHENEY Jugendherberge, Details siehe Dorchester/Unterkünfte.

BRIDPORT (6.5oo Einwohner), altertümliches Städtchen mit breiten, behäbigen Straßen. In der South Street ein Heimatmuseum mit angeschlossener Kunstgalerie.

Der Ort hatte Tradition in Fabrikation von Seilen zur Zeit der Segelschiffahrt, Aufzeichnungen reichen zurück bis Beginn 13. Jhd. Seit sich das Dampfschiff ab Mitte des 19. Jhd. durchsetzte, ging die Seilmacherei zurück bzw. verlagerte sich auf Seile für Fischernetze (in den 7o-er Jahren eingestellt).

West Bay (siehe unsere Karte, 5), der Hafen von Bridport wurde Mitte des 18. Jhds. angelegt. Bis Ende des 19. Jhd. und zur Blütezeit der Segelschiffahrt legten hier zeitweilig bis zu 5oo (!) Segelschiffe pro Jahr an, auch Werften für den Schiffsbau.

Ein 8 km Abstecher führt von Bridport entlang der B 3o66 nördl. nach BEAMINSTER. Kurz vor der Ortseinfahrt steht das Parnham House aus dem 16. Jhd. in einem waldreichen Flußtal. Drumrum faszinierender Landschaftspark mit Bächen, Wasserfällen und Baumgruppen. Im Haus hat der renommierte Möbeldesigner John Makepiece eine Schule zur Ausbildung versierter Kunsthandwerker etabliert. Die besten Stücke werden ausgestellt. Unregelmäßige Öffnungszeiten (derzeit nur 2 x Woche).

CHIDEOCK an der A 35 hat viel Charme mit den reetgedeckten Häusern auf beiden Seiten der Dorfstraße, der Hafen Seatown liegt guten 1 km südlich im Tal des River Winniford, der sich in ein tiefes Klamm eingefressen hat.

Westlich erstreckt sich an der Küste der Nationalpark GOLDEN CAP ESTATE: unvergeßliche Farbenspiele, alles in Gelb getaucht vom Sandstein und vom Ginster, während unten der azurblaue Ozean tost. Strände, Flußmündungen, Wäldchen, tief eingekerbte Täler. Im Nationalpark das GOLDEN CAP: mit rund 195 m die höchsten Klippen Südenglands: atemberaubende Aussicht! Eine Straße ab A 35 (ausgeschildert) führt rauf.

Zwei Wanderwege: ab Chideock einfacher Pfad durch schattige Wäldchen, 15 Minuten. Startpunkt ist der Parkplatz an der Straße Richtung Langdon Hill.

Schöner auf dem Coastal Path ab Seatown. Immer an der halsbrecherischen Abbruchkante der Klippen lang. Ca. 2 km, aber recht anstrengend mit viel auf und ab. - Wer Zeit hat, wandert die gesamten 7 km entlang der Küste von Seatown nach Charmouth; mit kurzen Pausen gut 3 Stunden einplanen.

CHARMOUTH: An der Mündung des River Char. Schwäne und Enten auf dem verbreiterten Fluß, das Städtchen mit Häusern aus dem 18. Jhd.

MARSHWOOD VALE: dicht bewaldete Hügelkuppeln mit einem Netz kleiner Hohlwege für Spaziergänge und mit kleinen Dörfern, wo die Welt noch in Ordnung ist. Erstreckt sich im Tal des River Char, nördlich von Charmouth.

Lamberts Castle Hill: höchste Erhebung im Marshwood Vale. Schöner Rundblick auf die friedliche Landschaft, ideal für ein Picknick. Anfahrt: ab Whitchurch Canonicorum auf der kleinen Piste quer durch das Vale, bis man auf die B 3165 trifft. Dort nach rechts abzweigen. Aufstieg über die Südwest-Flanke.

★ Lyme Regis (3.5oo Einw.)

Fischerdorf-Charme: steile Sträßchen und verschachtelte Häuser wuchern vom Hafen aus die Bucht rauf, Möwen ziehen ihre Kreise. Berühmt für seine Fossilienfunde.

Viele Besucher im Sommer. Die Stadt besteht aus zwei Hälften, verbunden durch die 5-Gehminuten-lange Promenade.

In der Town sind die Geschäfte, Kino etc. Hat viel eigene Substanz. Dann der Cobb, die Hafenregion: Badestrände, Fischerboote, Yachten und viele Andenkenläden.

Tourist INFO Im Rathaus in der Bridge Street. Viel Literatur zum Thema Fossilien.

PHILPOT MUSEUM (unten an der Promenade): Heimathistorisches, antike Spitzen und Fossilien. - GEMEINDEKIRCHE: wurde um 113o erbaut, Empore und Kanzel 1611-13.

DINOSAURLAND: sehr große Sammlung von Fossilien, darunter die Versteinerung eines 6 m langen Ichthyosauriers, der in der Region gefunden wurde. Außerdem lebensgroße Rekonstruktionen verschiedener anderer Saurierarten, Terrarien mit Reptilien etc.

NEW WORLD TAPESTRY: Besucher können einer Arbeitsgruppe professioneller Handwerker zusehen, wie sie an einem überdimensionalen Wandteppich strickt.

DER HAFEN: nicht wie üblich in einem geschützten Fjord, sondern an exponierten Stelle. Deshalb hat man zum Schutz eine lange Mole gebaut, die die Funktion eines Wellenbrechers übernimmt.

Früher war Lyme Regis eine der wichtigsten Hafenstädte Englands. Unbedingt die Mole rauslaufen, wo man 5o km Küstenpanorama mit hohen Klippenwänden im Blickfeld hat. Außerdem ist dort draußen das MARINE AQUARIUM: in der Umgebung gefangene Rochen, Meeresaale etc.

FOSSILIEN: die Umgebung von Lyme Regis ist ein Dorado für Sammler von Versteinerungen.

Bereits 1775 machten hier die ersten Fossiliengeschäfte auf. Richtig los ging's, nachdem 1811 die 7 m lange Versteinerung eines Ichthyosauriers gefunden wurde. Das zwölfjährige Mädchen Mary Anning entdeckte ihn beim Spielen.

Die Meldung ging als Schlagzeile durch die wissenschaftliche Weltpresse. Das Datum gilt als Geburtsstunde der Paläontologie. Vorher hatte man geglaubt, daß Versteinerungen nicht Abdrücke längst ausgestorbener Urzeit-Tiere sind, sondern von heute noch lebenden Arten. Mary Anning machte später ihren Traum wahr und wurde eine renommierte Paläontologin.

Lyme Fossil Shop (gegenüber des TI): hat sich auf Versteinerungen spezialisiert. Schöne Mitbringsel, kleinere Stücke gibt es schon für ein paar Mark. Hauptberufliche Fossiliensammler sind ständig für den Laden unterwegs, bewaffnet mit einem Hämmerchen.

Old Forge: weiterer Fossilienladen, im 4 km nordöstlich liegenden Dorf Charmouth.

Wer selber sammeln möchte: in den Klippen rumzuturnen, ist nicht ungefährlich. Sich besser auf die heruntergefallenen Steinbrocken konzentrieren. Die häufigsten Funde sind Ammoniten. Entweder sucht man auf eigene Faust. Dazu im "Lyme Fossil Shop" ein Spitzhämmerchen kaufen (ca. 3o DM). Der Verkäufer zeigt einem die ergiebigsten Sammlerstellen.

Zweite Möglichkeit: an einer von einem Fachmann geführten Tour teilnehmen, was mit ziemlicher Sicherheit von Erfolg gekrönt ist. Dauert einen halben Tag, ca. 1o DM. Diese Touren werden täglich angeboten, -

vom Dinosaur-Museum (hier in Lyme Regis) und vom "Heritage Coast Centre" (im Nachbarort Charmouth).

HOCHSEEANGELN: zur Hochsaison operieren in Lyme Regis an die 3o Boote. Infos über das Angebot beim TI. Billig (ca. 1o DM) sind die Trips zum Makrelen-Fischen ("mackerel angling"). Dazu fährt man mit kleinen Booten und 12 Mann für 1-2 Stunden raus. Die halbtägigen Touren (ca. 4o DM) fahren weiter raus auf See, wo bessere Fanggründe liegen. Bei etwas Glück beißen Rochen und Meeraale an, die sich in den etwa 3o Schiffswracks dort draußen vor der Bucht versteckt halten.

"**Alexandra Hotel**": Pund Street. Weißgekalkter, honoriger Bau. In einzigartiger Lage oberhalb der Bucht. 1735 erbaut, schöne Gärten, sehr guter Service. Tel. o2974/2o1o. DZ ca. 21o DM.

"**Royal Lion Hotel**": liegt mitten im Stadtgewühl, schräg gegenüber des TI. Charaktervoller Bau von 16o1, früher eine Postkutschenstation. Pluspunkt ist der Swimmingpool. Tel. o2974/5622. DZ 18o DM.

"**London Guesthouse**" 4o Church Street. Reetgedeckter Altbau aus dem 17. Jhd. Der Garten reicht bis an den Klippenrand (Stühle zum Relaxen - die weite Bucht im Blick). Die 1o Zimmer-Pension liegt 5 Minuten ab vom Stadtkern. Tel. o2974/2o83. DZ ca. 95- 13o DM, je nach Ausstattung.

BED&BREAKFAST: zur Hochsaison große Nachfrage, knappes Angebot. Daher übers TI reservieren. Wegen der engen Straßen herrscht großer Mangel an Parkplätzen, - bei der Buchung nach Stellplatz für den Wagen fragen. Wer Urlauberbetrieb sucht: direkt unten am Hafen oder im Stadtkern.

Viele bevorzugen jedoch die weitaus ruhigeren Häuser in dem ruhigen Wohnviertel am oberen Rand der Bucht.

3 Campingplätze, mit allen Facilities, im 4 km östlich gelegenen Charmouth (kleines Urlaubsdorf mit schönem Strand).

DRAKE`S RESTAURANT: die Nummer Eins in Lyme Regis. Separate Barecke mit Korbsesseln für den Aperitif, Gerichte im Schnitt 35 DM.

GOLDEN CAP (Broad Street): um die 2o DM. Oft gelobt für seine Meeresfrüchte. Mr. Benson, der Besitzer, steht persönlich am Herd. Smarter Raum mit Teppichboden und Holzmöbeln.

PILOT BOAT: Pub, das sein Renommée für Barmeals (1o-15 DM) verdient hat. Kreative Fischgerichte, knackige Steaks. Mittag- und Abendessen.

VOLUNTEER (oberes Ende der Broad Street): urgemütlich. Verbeulte Nachttöpfe und Kupferpfannen baumeln von der niedrigen Decke, während man gemütlich an der Theke sein Bierchen zieht ...

Zwei Kneipen im Hafenviertel: bei schönem Wetter phantastisch das ROYAL STANDARD, wegen seiner Terrasse zum Meer hin. Gute Salate oder Sandwiches für ca. 5 DM.

Das COBB ARMS hat als Zielgruppe junge Leute von 2o-3o Jahren. Als erfolgreiche Köder dienen zwei Pool-Tables und die laute Jukebox.

LITTLE DIARY: 4, Broadstreat. Shopping- Tip, der Laden ist spezialisiert auf Schmankerln aus der Region Dorset, z.B. Käse (breites Angebot direkt vom Farmhof) und der leckere Apfelkuchen.

VERBINDUNGEN: Nach Dorchester flotter Busverkehr. Nach Axminster stündlich mit Bussen, von dort Zuganschluß nach Exeter.

Lyme Regis -> Exeter

Westlich von Lyme Regis verlassen wir die Dorset und betreten die Grafschaft Devon: Beschreibung siehe dort ab der Seite 311 im Kapitel "South Devon".

West Counties

Bestehend aus den Grafschaften DEVON und CORNWALL. Landschaftlich das schönste und abwechslungsreichste, was Südengland zu bieten hat. Ergänzung zu den vielen kulturhistorischen Stätten der anderen Grafschaften. Mindestens ein gutes Drittel der Urlaubszeit einplanen.

* Im SÜDOSTEN DEVONS nichts Spektakuläres. Sich "Warmmachen" bei ein paar netten Zwischenstops auf dem Weg nach Exeter.
* EXETER: Eingangstor zum Südwesten und für erste Orientierung. Gute Museen, sehenswerte Kathedrale.
* DARTMOOR ist ein düsteres Hochmoor. Wandern durch tristes Niemandsland, Pony-Trecking.
* Seebäder, Boottrips und Wassersport an der ENGLISCHEN RIVIERA (= Südküste zwischen Exeter und Plymouth).
* Viel Flair aus der Seefahrer-Zeit in PLYMOUTH. Mind. 1 - 2 Tage für Sightseeing und Bummeln in der Altstadt.
* SÜDKÜSTE CORNWALLS: sehr malerisch mit seinen Fischerdörfern und friedlichen Buchten.
* LAND`S END: die Südwest-Spitze Englands. Rundtouren per Auto um die zerlappte Halbinsel. St.Ives hat eine aktive Künstlerszene und riecht ein bißchen nach Boheme.
* Eine exklusive Sache: 2 1/2-stündige Seereise oder per Helikopterflug raus zu den SCILLY ISLANDS. Blumeninseln weit ab von der Welt.
* Die NORDKÜSTE CORNWALLS ist wild und rauh. Hohe Klippen, Atlantikwellen, Seevögel-Kolonien. Die schönsten Klippenwanderungen in der Gegend um Tintagel (dort auch viele Assoziationen mit der König Artus- Sage). Aus der Reihe tanzt Newquay: hektisches Seebad und Halligalli.
* An der NORDKÜSTE DEVONS ebenfalls rauhe Klippenwildnis. Perle ist das verwinkelte Clovelly: oft als schönstes Dorf Englands bezeichnet. Weiteres Bonbon: Ausflug zur Vogelinsel Lundy Island (hin und zurück 5-stündige Schiffsreise).
* LYNTON-LYNMOUTH ist Basis für klassische, aber trotzdem recht einfache Wanderungen.

Bei knapper Urlaubszeit wird man den äußersten Westen abkürzen und ab Bournemouth (spätestens Lyme Regis oder Exeter) nach Nord fahren, um zumindest die lohnenden Punkte wie Wells, Bristol und Bath noch einzubauen. Im Grunde aber schade um Devon und Cornwall, die unbedingt in den Südengland Rundtrip gehören.

Insbesondere in Cornwall und Nord- Devon pastorale Stimmung an der Küste mit versteckten Buchten und hohen Atlantikwellen, die gegen die Klippenwände donnern. Wir werden Wanderrouten beschreiben zu verlassenen Stränden und entlang der Abbruchkante halsbrecherischer Steilklippen. Oder per Fahrrad auf Landstraßen, über denen sich die Baumkronen und Hecken wie ein Kirchendach schließen. Flußtäler, saftige Wiesen, idyllische Bauerndörfer.

Als Kontrast düstere Hochmoore, über denen die Nebelfetzen hinwegfegen. Spaziergänge durch schattige Auwälder und Vogelgezwitscher, Picknick auf einem Felsklotz neben dem gurgelndem Wildbach.

In Cornwall vom Wind landein gezauste Bäume, schmale und kurvenreiche Landstraßen, rechts und links von Hecken begrenzt. Kuschelige Cottages und verträumte Buchten. Alte Schmuggler-und Fischerdörfer, in den Pubs dicker Rauch und Holzbalken, während man spürt, daß das Herz hier draußen noch am rechten Fleck liegt...

Wir haben den Südwesten in drei Abschnitte aufgegliedert:

1. SOUTH DEVON (inkl. der Stadt Exeter)	Seite 341
2. CORNWALL	Seite 4o1
3. NORTH DEVON	Seite 489

Eingangstor für den Südwesten ist EXETER. Von hier gehts entweder entlang der Südküste oder durchs Dartmoor nach Cornwall und zur westlichsten Landspitze LANDS END. Retour durch Nord Devon via Küste oder Inland, alle Details siehe Folgekapitel.

Klima

Wegen des Golfstromes und der geographischen Formation als Halbinsel: sehr mildes Klima. Resultat ist eine üppige,teils subtropische Vegetation. Im Herbst und Winter aber heftige Atlantikstürme. Katastrophal waren die Orkane im Januar 199o, als Sturmwinde LKW's von den Straßen bliesen wie Spielzeug, Felsbrocken mit 3o cm Durchmesser wirbelten durch die Luft. In der Erinnerung der Einheimischen bisher beispiellos.

Reisezeit

Mai und Juni, sowie Herbst sind die besten Monate: schönes Wetter, in den Steilklippen brüten die Seevögel. Juli und August: Hochsaison für Urlauber. Devon und Cornwall gehört im Süden Großbritanniens zu den beliebtesten Feriengebieten und ist extrem voll. Staus auf den Hauptverbindungsstraßen, sowie Engpässe bei Unterkünften sind vorgeplant. Unterkünfte vorausbuchen, obwohl man mit Bed & Breakfast fast immer klar kommt. Wegen mildem Klima lohnen Devon und Cornwall ganzjährig.

Verbindungen

Züge: Der Hauptstrang geht von Exeter bis Penzance: nonstop alle 2-3 Std. Fahrtdauer ca. 3 Std., ca. 5o DM single und 6o DM Blue-Saver-Return). Im West County generell die verbilligten Return-Tickets kaufen, da auf den Stichgleisen auf der selben Linie zurückgefahren werden muß.

Spezial-Ticket ist das "Freedom of the South West": für rund 11o DM Freifahrt für eine Woche in Devon/Cornwall, plus Somerset und Dorset (interessante Städte wie Bath, Dorchester, Bristol, Glastonbury, Wells). Recht günstig, verglichen mit dem oben beschriebenen Return-Ticket. Lohnt sich unbedingt, wer in dieser Region mehr rumreisen möchte.

Rover Tickets: gibt's für Cornwall und für Devon. Lohnend, wer sich auf bestimmte Regionen konzentriert. Beschreibung im Allgemeinen Teil dieses Bandes bei "Transport/ Züge".

Busse: 3 Companies übernehmen den Bustransport innerhalb der West Counties, insgesamt dichtes Netz. Die Company "Devon General" hat ihren Sitz in Exeter, - die "North Devon" (Sitz Barnstaple) und "Cornwall Busways" für Cornwall.

Langstecken- Verbindungen durch die Company Western National (Sitz in Plymouth).

Spezialtickets: Für 15 DM das Explorer Ticket: ein Tag Freifahrt auf allen Buslinien, entweder in Devon oder in Cornwall. Das Key West: Netzkarte für Devon plus Cornwall, kostet für eine Woche ca. 6o DM.

Fahrrad: starke Steigungen und ein kräftiger Seitenwind machen die Sache oft sehr kräftezehrend, was aber durch die Naturerlebnisse auf den friedlichen Landstraßen mehr als kompensiert wird.

Flüge: 18-Sitzer-Propellerkisten vom Typ "Twin Otter" verkehren zwischen den drei Flughäfen Plymouth, Exeter und Newquay, sowie zum internat. Airport Gatwick bei London. Der Flug ab Gatwick bis o.g. 3 Airports dauert rund 1 Std. und kostet knapp 2oo DM oneway. Rund 6o DM billiger per Standby. Company ist "Brymon Airways".

Wandern: Die West Counties sind Südenglands Wanderregion Nummer eins. Mindestens für 1 - 2 Tage eine Teiletappe wandern, um die Landschafts- Eindrücke abzurunden.

Die drei schönsten Wander-Regionen:

1. **COASTAL PATH**: Ein 8oo km langer Küstenpfad führt um die Südwest-Halbinsel. Beginnt in Bournemouth (Grafschaft Dorset) und

zieht sich "einmal rum" bis nach Minehead (Grafschaft Somerset).

Wilde Klippen, einsame Sandbuchten, grüne Flußtäler. Irgendwo an der Abbruchkante der Klippen die Picknickbrote auspacken, gegen Mittag erreicht man ein romantisches Fischerstädtchen fürs Lunch.

Den ganzen Teck zu machen, ist eine Lebensaufgabe. Eingefleischte, englische Wanderfans kommen Jahr für Jahr im Urlaub hier raus und machen die Tour etappenweise.

Entlang des Coastal Path insgesamt 2o Personenfähren, um die Flußläufe zu überqueren. Sich schon vor Aufbruch über die Fahrpläne informieren. Kleinere Bäche bewältigt man durch Hochkrempeln der Hosenbeine.

Übernachten: Jugendherbergen und B&B-Häuser an den Küstenorten. Sich schon immer am Tag zuvor um Reservierung für die kommende Nacht kümmern.

Fast alle Orte am Coastal Path haben Busverbindung, so daß sich problemlos eine kürzere Etappe herauspicken läßt. Per Bus zurück zum Ausgangspunkt, wo das Auto steht oder der Rucksack deponiert wurde.

LITERATUR: breites Angebot in TI-Offices und Buchläden. Sollte Entfernungen und Schwierigkeitsgrade enthalten. Außerdem Busfahrpläne (für die Anreise zu den Ausgangspunkten) und Timetables der Fähren.

Der beliebteste Abschnitt des Coastal Path von Tintagel nach Boscastle: ca. 7 km. Siehe Seite 479.

Außerdem haben wir bei den einzelnen Küstenorten kürzere Etappen des Coastal Path beschrieben, sofern sie sich landschaftlich lohnen oder zu interessanten Punkten führen.

2. **DARTMOOR**. Melancholische Moorlandschaft, Heidekraut-Steppe, Granitberge im Nebel verhüllt. Die urwüchsigste Landschaft Südenglands. Ab Seite 367.

3. **BODMIN MOOR**: Hochmoor im Landesinneren von Cornwall. Eigentlich eine Kleinausgabe des Dartmoor. Vorteil: weit weniger Touristen. Ab Seite 484.

Radfahren: Geht wegen permanenter Steigungen kräftig in die Oberschenkel. Cornwall ist ein von Tälern zerschnittenes Hochplateau.

Besser geeignet ist das Landesinnere, ab von der Küste, dort aber die Landschaft nicht so schön. Leider haben nur wenige Städte Fahrradvermietung für Kurztrips in die Umgebung. Adressen bei den TI-Offices.

South Devon

Erster Anlaufpunkt ist die Kathedralen-Stadt EXETER: optimale Verkehrsverbindungen und Infrastruktur, viel Flair in den alten Gassen.

Die Küste mit Sonne, Sand und Meer. Aktivurlaub bei Windsurfen und Wasserski, sich die Nächte in den Discos um die Ohren schlagen.

Oder rein ins "Sherlock-Holmes-Land" DARTMOOR, abends hört man durch die Nebelfetzen eventuell den "Hund von Baskerville" durchs Moor winseln. - PLYMOUTH an der Küste mit jahrhundertalter Piratenvergangenheit und Pubs.

MÄRKTE: überall in den Städten, wo die Bauern der Umgebung frische Sachen anbieten. Beim Obst dominieren die Äpfel, angenehm säuerlicher Geschmack.

KÄSE: der "Exmoor Cheese" (langgereift, cremig, wenig Zusätze), der "Satterleigh Cheese" (milder Ziegenkäse), der "Devon Garland Cheese" (festere Konsistenz, Zusatz von Kräutern).

SAHNE: "Clotted Cream" ist ein Markenzeichen für Devon. Wird erhitzt und schockgekühlt, dadurch dicker und intensiverer Geschmack. Nicht im Supermarkt kaufen, besser auf Märkten und Farmhöfen mit dem Schild "Dairy Products".

Die großen Molkereien trennen die Sahne durch Zentrifugen von der Magermilch, anstatt sie solange zu lagern, bis sie sich von selbst absetzt. Nur so können aber die Milchbakterien reifen, um für entsprechenden Geschmack zu sorgen. Ebenfalls auf den Farmhöfen: exzellente Eiskrem aus der Restmilch, (nennt sich vielsagend "real dairy icecream"), gewöhnen mußten wir uns erst mal an die Ziegenmilch-Eiscreme ...

CIDER: der in Devon allgegenwärtige Apfelmost. Man läßt ihn hier so lange reifen, bis der gesamte Fruchtzucker vergärt ist. Daher kein Kohlensäuregehalt und trockener Geschmack. Von den Produkten der Großmostereien, die den Cider nachzuckern und mit Karamelzusätzen für eine dunklere Farbe sorgen, läßt man die Zunge.

Lyme Regis → Exeter

Die INLANDSTROUTE führt via A 35 nach Honiton und weiter als A 3o bis Exeter. Rund 5o km, gut ausgebaut, häufige Busverbindungen.

Wer Zeit hat (ca. 1/2 Tag inkl. Stops und Abstecher) nimmt die KÜSTENROUTE, ca. 55 km. Schöne Klippenlandschaften, Seebäder und Sandstrandbuchten. Gute Verbindungen mit Nahverkehrsbussen.

KÜSTENROUTE (ca. 55 km)

Das schmales Küstensträßchen A 3o52 verläßt Lyme Regis südwestlich und führt oberhalb mit Distanz zur Klippenküste nach AXMOUTH. Der Klippenbereich östlich des Dorfes wurde zum Naturschutzgebiet erklärt. Wüste Felsklötze und tiefe Spalten, heißt "The Landslip".

> Betreffender Küstenabschnitt erlebte am Weihnachtstag 1839 eine Naturkatastrophe. Es kam zu einem gigantischen Erdrutsch, bei dem 4o Millionen Tonnen Kreidegestein einstürzten. Die Küstenlinie soll sich meterhoch gehoben und gesenkt haben. Menschen kamen nicht ums Leben, da die Farmhöfe zwei Tage vor dem Unglück geräumt wurden.

Vom Golfplatz aus der Beschilderung folgen. Ein Wanderweg führt auf halber Klippenhöhe bis nach Lyme Regis: der Undercliff Walk, ca. 8 km, durchschnittlicher Zeitbedarf bei 3- 4 Std. Überragende Felskanzeln, Trümmerfelder, und der enge Track. Eine atemberaubende Tour, zurück von Lyme Regis per Bus.

★ Seaton (5.ooo Einw.)

Ruhiges Seebad im Tal des River Axe, Kiesstrand. Seaton hat die besseren Zeiten bereits hinter sich: immer weniger Touristen, viele der Hotels wurden umgebaut zu Altersheimen. Entsprechend hohes Durchschnittsalter der Bevölkerung. Zwischen den Kieseln unten am Strand werden Halbedelsteine gefunden. Sich von Einheimischen beraten lassen, die Brille noch mal putzen und dann auf die Suche.

Tourist INFO The Esplanade;
nur im Sommer; book-a-bed-ahead.

TRAMWAY: Zahnradbahn von Seaton rauf nach Colyton (ca. 7 km). Verkehrt von Mai bis November, Abfahrt Harbour Road. Trassenführung entlang des River Axe, die Waggons mit offenem Verdeck.

★ Colyton (2.5oo Einw.)

Altes Marktstädtchen mit strohgedeckten Cottages rund um den imposanten Kirchenbau (sehenswert das riesige Westfenster und die Orgel). Im Hinterland "rolling hills" und Farmen. Anfahrt: ab Seaton auf der B 3172 nördlich, nach ca. 4 km an der Kreuzung nach links.

HAMLYN'S TANNERY (King Street): eine der letzten Ledergerbereien, die noch nach traditioneller Sitte mit Eichenrinde arbeitet. Führungen durch die Fabrik, im Shop Gürtel, Handschuhe, Ledermäntel etc.

OLDE CORNER SHOPPE: Ansichtskarten, ausgefallene Craftsachen und Schnäppchen. Alles kunterbunt durcheinander wie im Trödlerladen.

FARWAY: Farmgehöft mit seltenen Haustierrassen. Urwüchsige Warzenenten, zottelige Rinder mit geschwungenen Hörnern, schwarzgescheckte Schweine suhlen sich im Schlamm. Anfahrt: von Colyton ca. 7 km westlich, über ein kleines Nebensträßchen.

BEER (2 km westl. von Seaton), Fischerdorf an den Klippenfelsen. Die

Dorfstraße schlängelt sich entlang eines Baches runter zum Hafen. Interessant ist PECORAMA, ein Park mit Blumenfeldern, interessant vor allem wegen einer Sammlung unterschiedlicher Modelleisenbahnen. - QUARRY CAVES: Führungen durch einen Steinbruch, wo seit 2.ooo Jahren Baugestein im Tiefbau in einer 1 km langen Höhle geschürft wird. - Wanderung zum Beer Head: ca. 2 km.

Unterkünfte: in Beer steht die einzige **Jugendherberge** in diesem Küstenabschnitt. Schönes Wohnhaus, etwas abseits. Tel. o297/2o296.

WESTON: kleines Dorf kurz vor Sidmouth. Ein 15-Min. Pfad führt runter zum Strand: hohe Klippen mit zahlreichen Höhlen, wo früher die Schmuggler ihre Konterbande lagerten. Nacktbaden toleriert.

★ Sidmouth (12.5oo Einw.)

Elegantes Seebad mit etwas mondänem Flair. Überall Blumenbeete und Grünanlagen. Die Architektur im Regency-Stil mit Säulengängen, schmiedeeisernen Balkonen, Spitz- und Rundbogenfenstern. Besonders schön unten an der Esplanade. Die Stadt wirkt recht geschäftig.

Tourist INFO unten an der Explanade.
Nur im Sommer; book-a-bed-ahead.

Das kompakte Shoppingviertel in den engen Gassen rund um die Kirche. In der Church Street ein kleines Heimatmuseum.

TOY MUSEUM: Spielsachen aus der Zeit von 1925-1975. Alte Modelleisenbahnen, Spielzeugautos zum Aufziehen, Zinnsoldaten, Brettspiele, alte Puzzles etc. Befindet sich im ersten Stock des Kaufhauses "Field`s Department Store", am Marktplatz.

STRAND: vor allem Kies, weiter im Westen auch Sand. Ganz im Osten FKK- Betrieb. Wassersport, Hochseeangeln, Boottrips.

Westliche der Promenade schöne Gartenanlagen. Am östlichen Ende der Salcombe Hill: Spazierengehen und schöner Blick über die Bucht.

FESTE: in der ersten vollen Augustwoche ein Folklore-Festival mit Tanzgruppen und Ensembles aus der ganzen Welt. Überall klampfen die Straßenmusikanten und One-Man-Bands. Großes Spektakel mit 2o.ooo Besuchern.

OTTERTON: eine Hauptstraße, links und rechts alte Häuser. Lohnend die Otterton Mill: restaurierte Getreidemühle, im 11. Jhd. erstmals urkundlich erwähnt. Quietschend dreht sich das Mühlrad im Fluß und produziert Vollkornmehl. In der Mühle hat sich eine Kunsthandwerkerkolonie einquartiert.

BICTON GARDENS: italienischer Garten, angelegt von André le Notre, dem Garten-Architekten des Versailler Schlosses. Idyllisches Arrangement von Blumenbeeten, Rasen und Buschgruppen. Dazu separate Treibhäuser mit Dschungel- oder Kakteen-Landschaften, ein Orchideenhaus, ein japanischer Garten, Museum für Uralt-Fahrräder, Rundfahrt mit Oldtimerbussen und andere Attraktionen. Anfahrt: ca. 2 km westlich.

★Budleigh Salterton (ca. 4.5oo Einw.)

Ruhiger Urlaubsort mit Kiesstrand. Viele Familien und Ruheständler kommen hierher, kaum Activity-Programm. Das Dorf liegt in einer Lücke in der roten Klippenmauer, atemberaubender Blick von der 15o m hohen Klippe am westlichen Ende des Strandes.

In Hayes bei Budleigh Salterton ist der Geburtsort von Sir Walter Raleigh.

SIR WALTER RALEIGH
(~1552 – 1618, hingerichtet)

Geboren ca. 1552 (keine gesicherte Daten), nahm er an Kämpfen im Hugenotten-Krieg in Frankreich teil, erwarb sich aber auch durch Studium Kentnisse in Mathematik und der Naturwissenschaft. 1578 nahm er teil als Kapitän einer Piratenexpedition, nach deren er in Anschluß vor Gericht gerufen wurde.

158o- o1 verbrachte er in Irland. Gleichzeitig hatte er die Gunst der Queen Elisabeth gewonnen, deren Liebhaber er wurde. Sie versorgte ihn mit Geld und unterstütze Expeditionen, so 1584 nach Guayana/Nordküste von Südamerika und Trindidad/Karibik, wo er den Asphaltsee entdeckte. Insbesondere die Erforschung des Gebiets der Guyanas brachte Raleigh Anerkennung in England. Guyana war erste und einzige Kolonie Englands in Südamerika. Sie entwickelte sich in späteren Jahrhunderten als finanziell lohnend, da sich im Westen des Gebietes große Goldfunde in den Flüssen befanden (das "Eldorado", von dem bereits die Indianer den ersten Weißen unter Columbus 1492 berichteten).

1584 wurde Raleigh in Anerkennung seiner Leistungen zum Sir geadelt. Ihm wird zugeschrieben, daß er die Kartoffel in England und Irland eingeführt hat und das Tabakrauchen. Beides waren wichtige Leistungen: bereits im 17. Jhd. war die Kartoffel Volksnahrung in Irland, - und das Tabakrauchen ist bekanntlich durch Steuereinnahmen ein hochkarätiges Geschäft für den Staat.

Der Abenteurer und erfahrene Seemann Sir Walter Raleigh unternahm im Auftrag der Queen in den folgenden Jahren weitere Expeditions- und Beutefahrten nach Übersee, so 1592 eine große Expedition in die Guyanas, auf der er mehrere 1oo km den Rio Orinoco flußauf fuhr auf der Suche nach der "Goldenen Stadt Manoa", von der die Indianer berichteten. Die Stadt sei so reich, daß die Fußwege mit Goldplatten gepflastert seien, - das "Eldorado", von dem die Indianer berichteten. Auch wenn Sir Raleigh die Stadt nicht fand, so erforschte er doch auf dieser Reise große neue Gebiete im Inneren des Kontinents. England wollte mit diesen Expeditionen Fuß fassen im vorwiegend von den Spaniern beherrschten südamerikanischen Kontinent.

Beim Nachfolger der Queen Elisabeth, dem King Jakob I., fiel Sir Walter Raleigh in Ungnade und kam für 12 Jahre als Gefangener in den Tower von London (16o3- 15). Allerdings erinnerte man sich an seine früheren Leistungen und Know How bei Südamerika- Expeditionen: 1616 wurde Sir Walter Raleigh unter der Bedingung freigelassen, daß er die "Goldene Stadt" doch noch in Südamerika fände. Eine weitere

Expedition, von der er erfolglos zurückkehrte. Am 29.10.1618 wurde dann das bereits 1603 gefällte Todesurteil ohne weitere Gerichtsverhandlung vollstreckt und Sir Walter Raleigh im Tower von London geköpft.
Zu seinen wichtigen Leistungen zählt auch eine 5- bändige Weltgeschichte ("History of The World"), die er im Gefängnis schrieb und die insbesondere auch seine Reisen und Entdeckungen beinhaltet.

FAIRLYNCH MUSEUM (Fore Street): Heimatgeschichtliches, Klamotten verschiedener Modestile, ein typischer Schmuggler-Keller.

Strand: Roter Kiesel und relativ sicher (keine gefährlichen Unterströmungen). Am Westende des Strandes wird Nacktbaden toleriert.

Eine Stichpiste führt zur LADRAM BAY: Rummel-Betrieb mit Spielhallen, viele Stell-Caravans. Interessant wegen Vermietung von Flößen, Speed- Booten und des Angebots an Parasailing. In die Sandsteinklippen hat die Brandung tiefe Höhlen gespült, sie können bei Ebbe erforscht werden (Vorsicht!).

Wandern: ca. 1 1/2 Std. entlang des Coastal Path, herrlicher Farbkontrast der weißen Gischt mit der rostroten Klippenmauer. Zurück mit dem Bus (geht stündlich).

★Exmouth (31.000 Einw.)

Etablierter Bade- und Urlaubsort mit 3 km langem Sandstrand. Der Wind weht den rostfarbenen Sand auf die Bürgersteige. Der Ort ist mit seinen 36 Kneipen und drei Discos vor allem bei jüngeren Leuten sehr beliebt.

Schöne Atmosphäre, Sommerfrischler flanieren durch die Straßen. Die Wochenenden besser meiden (voller Betrieb). Gutes Angebot an Wassersport, vor allem Windsurfen und Wasserski (Ausrüstung kann gemietet werden).

Exmouth war lange Zeit ein unbedeutendes Fischerdorf. Erst Ende des 18. Jhs. ist es aufgeblüht, als Urlaub am Meer in Mode kam. Schöne Stadtvillen aus der Gründerzeit mit georgianischer Architektur.

Tourist INFO in der Alexandra Terrace. Von Ostern bis Oktober; book-a-bed-ahead.

A LA RONDE: 1795 erbaute Kuriosität, ein 16-eckiges Haus, 15 m hoch, mit originaler Möblierung. Friese und Sockel mit Federmuster. Ein Raum ist völlig tapeziert mit Meeresmuscheln, die an die Wände geklebten wurden. An der Ortsausfahrt Richtung Exeter rechts rein (beschildert).

WORLD OF MINIATURE (Promenade): laut Werbeprospekt die größte Modelleisenbahn der Welt. Pappmaché-Landschaft mit Städten, Bauerndörfern und Industrierevieren, ein Kanal mit Schleusen und Schiffchen, tausende kleine Bäumchen etc. Mittendurch führen an die zwanzig Züge durch Tunnels und über Viadukte, Gesamt-Gleislänge etwa 2 1/2 km.

COUNTRY LIFE MUSEUM: Gehöft aus strohgedeckten Scheunen. Im Stall wiehern die Ackergäule, Hühner scharren im Sand. Uralt-Maschinen mit Dampfantrieb sorgen für Zischgeräusche; Sammlung von Oldtimer-Autos und -Mopeds. Anfahrt: ca. 3 km östlich, an der A 376 Richtung Littlehampton.

sehr erfrischend mit gelöster Urlauber- Stimmung. Am meisten ist in den Kneipen unten an der Strandpromenade los, man flaniert mit dem Bierglas in der Hand, zwei Pubs haben Terrassen-Betrieb.

Boot-Trips: durch den Mündungstrichter des River Exe, Sandbänke, Schlick und Schwärme von Wasservögeln. Des öfteren fahren Ausflugsdampfer Richtung Westen zum Seebad Torbay oder nach Osten bis nach Lyme Regis.

Peronenfähre über den River Exe nach Starcross (S. 373). Abfahrt von den Docks am westlichen Ende des Strandes.

Strand: entweder der Strand direkt in Exmouth. Oder zum Beach in Sandy Bay (ca. 3 km westlich; flotte Busverbindung). Sandy Bay ist ein großes Ferien-Camp mit Caravans, Shops und Discos. Besucher herzlich willkommen.

LYMPSTONE: Ein paar alte Gassen und Häuser. Im Mündungstrichter des River Exe Schwärme von Möwen, Enten und Schwänen. Im Winter überwintern hier scharenweise Zugvögel.

RIVER HOUSE: exzellent und in weitem Umkreis bekannt für seine Meeresfrüchte. In der Cocktailbar für 5 - 15 DM Salate und Pfannkuchen, mit großer Auswahl an Meeresfrüchtefüllungen. Der Star unter den Gerichten ist die "Seafood Temptation": Seezunge, Barsch, Garnelen, Thunfisch, Scholle, Muscheln plus Spargel, in einer Wein-Käse-Sauce. Im Speiselokal teure Dinner für 5o DM.

TOPSHAM (ca. 4.ooo Einw.): war im 17. Jhd. ein prosperierender Hafen für den Wollhandel mit Holland. Viele Gebäude stammen aus jener Zeit: blumenbewachsen und im holländischen Stil mit Erkerchen und stattlichen Giebeln. Am schönsten zu sehen in der Straße "The Strand".

HOLMAN HOUSE (The Strand): die Zimmer sind im Stil unterschiedlicher Modeepochen möbliert. Außerdem ein Pappmaché-Modell, wie Exmouth im vorigen Jahrhundert ausgesehen hat.

Von Topsham sind es noch 6 km bis Exeter.

INLANDSROUTE (ca. 5o km)

Gut ausgebaute Strecke, Farmlandschaft. Zunächst auf der A 35 bis Honiton, von dort weiter auf der A 3o.

Öffentlicher Transport: von Lyme Regis stündlich Bus nach Axminster, das an der Eisenbahnlinie London -> Exeter liegt. Wegen der dichten Fahrpläne kaum Wartezeiten auf Anschlüsse.

★Axminster (5.1oo Einw.)

Kleines Marktstädtchen im Tal des River Axe. Bekannt geworden durch seine Teppichindustrie.

Tourist INFO im Old Courthouse, Church Street. Nur während des Sommers geöffnet. Im selben Gebäude ein Heimatmuseum mit einerAbteilung über die Geschichte der Teppichindustrie.

AXMINSTER CARPETS: täglich Führungen durch die Teppichfabrik. Dazu in der Rezeption vorsprechen. Außerdem ein Shop, für 3o DM schon kleinere Stücke. Liegt neben dem Bahnhof, Betriebsferien letzte Juli- und erste Augustwoche.

> Erste Teppiche wurden 1755 nach aufwendigen Webverfahren produziert. Nach Fertigstellung jedes Einzelexemplares läuteten die Kirchenglocken, die Weber feierten einen Dankgottesdienst. Das angewandte Verfahren sollte Teppiche von der Qualität eines Orientteppichs auch für die englische Mittelschicht erschwinglich machen.
>
> Achtzig Jahre später schloß die Manufaktur. Erst 1936 machten neue Produktionsmethoden ein Revival möglich (niedrigere Preise!). Heute beschäftigt die Firma rund 5oo Leute. Sie beliefert die internationalen Hotelketten mit Teppichen. Jahresproduktion etwa ein Quadratkilometer.

Markt: jeden Donnerststag. Buden und Bretterverschläge am Trinity Square; Obst- und Gemüsemarkt in der Halle in der South Street. Sehr lebhaft. Außerdem Viehmarkt (Rinder, Schafe, Schweine).

★Honiton (7.5oo Einw.)

Bunte, etwas windschiefe Häuserfronten ziehen sich auf beiden Seiten der High Street runter. Viele Trödler- und Antiquitätenläden. Die Gebäude stammen aus der Zeit, als hier die Postkutschen aus London halt machten zum Pferdewechseln.

Recht beschaulich, da der Hauptverkehr über die Umgehungsstraße läuft.

Tourist INFO auf dem Parkplatz des Angel Hotel, High Street. Book-a-bed-ahead.

Honiton ist weltbekannt für seine Textilspitzen. Das Handwerk kam durch flämische Glaubensflüchtlinge im Zuge der Reformationswirren des 16. Jhs. hierher. Bereits Queen Elisabeth die Große machte sich mit Honitonspitzen chic, konnte sich aber trotzdem ihre Jungfräulichkeit bewahren.

Die Spitzen werden in Heimarbeit in den umliegenden Dörfern handgeklöppelt. Shops in der High Street verkaufen hochexklusive Taschentücher, Damenkragen und -ärmel.

ALLHALLOWS MUSEUM (High Street, neben der Kirche): tägl. Demonstration, wie die Spitzen geklöppelt werden. Außerdem eine Galerie mit den wertvollsten Exemplaren. Mai bis Oktober.

HONITON POTTERY (3o High Street): in der Manufaktur zaubern schon seit über 2oo Jahren Kunsthandwerker erlesenes Steingut aus Tonklumpen. Die Sachen werden nach uralten Designs handbemalt und weltweit exportiert. Besichtigung der Manufaktur. Gelegenheitskäufe im Shop sowie eine kleine Abteilung, wo Ton zum Selberprobieren gestellt wird.

Straßenmarkt: dienstags und samstags mit vielen Secondhand- und Antiksachen.

★ Ottery St. Mary (7.ooo Einw.)

Enge Straßen und der imposante Kirchenbau, eingerahmt von grüner Countryside. Riecht ein bißchen nach englischer Gefälligkeit.

Tourist INFO in der Silver Street, Book-a-bed-ahead. Nur im Sommer.

Die Kirche (fertiggestellt 1342) ist sehr gutes Beispiel für den Decorated-Stil. Wurde erbaut nach dem Vorbild der Exeter Cathedral: Zwillingstürme über dem Querschiff und feingliedriges Fächergewölbe.

OTTER NURSERIES: Garten-Centre, wo die sich englischen Heimgärtner mit Sämereien und Blumen eindecken. Gärten, Buschgruppen und Blumenbeete zu einem idyllischen Patchwork arrangiert. Mehrere Treibhäuser. Die Einheimischen loben das dortige Kundenrestaurant (Lunch, Nachmittags-Tee mit Kuchen).

CADHAY: Herrenhaus, im Innenhof die Statuen Henry's VIII. und seiner drei Kinder Edward, Mary und Elisabeth. Erbaut um 155o, nur an bestimmten Tagen geöffnet. Anfahrt: ca. 1km nördlich via der B 3176.

ESCOT AQUACULTURE: in zahlreichen Aquarien tummeln sich schillernde Tropenfische, Tiefseefische etc. Anfahrt: ca. 3 km nördlich, via der B 3176.

ROCKBEARE: Kleines Dorf an der A 3o, hinter Ottery St.Mary. Nach der Jet-Tankstelle links runter zur ENGLISH LACE SCHOOL. Dort wird in kleinen Arbeitsgruppen das alte Handwerk des Handklöppelns filigraner Textilspitzen gelehrt. Besucher sind herzlich willkommen: zusehen, Ausstellungen hochkarätiger Spitzen, ein kleiner Shop. Es werden fünftägige Kurzkurse angeboten.

Exeter

(100.000 Einw.)

TOR ZU DEN WEST COUNTIES: gute Straßen- und Zug/Bus-Verbindungen nach Cornwall, Info-Börse. Als Stadt lohnend für 1-2 Tage. Kathedrale, Museen, touristische Infrastruktur.

Die Universitätsstadt Exeter ist die Hauptstadt der Grafschaft Devon, Verwaltungs- und Kulturzentrum. Hat trotz der vielen Touristen die eigene Identität bewahrt.

Gebäude aus rotem Sandstein, halbkreisförmigen Straßen, lauschige Grünanlagen. Mittendurch plätschert der River Exe. Der moderne Stadtkern zwängt sich in den Ring der 3 m dicken Stadtmauer.

Tourist INFO im Gebäude der Stadtverwaltung (22), 10 Min. ab vom Zentrum. Gegenüber vom Busterminal. Book-a-bed-ahead. Infos über die gesamten West Counties, für erste Orientierung.

Im Sommer befindet sich eine Zweigstelle des TI an der Autobahn M 5 (bei einer Tankstelle an der Ausfahrt Nr. 30), kurz vor Exeter (beschildert). Anhalten für Zimmervermittlung ist ratsam, um sich das Gehetze im Stadtverkehr zu ersparen.

GESCHICHTE: die Stadt Exeter geht zurück auf ein Römerkastell, (Isca Dumnoniorum), das um 80 n. Chr. erstmal urkundlich erwähnt wird. Das Kastell war via einer Heeresstraße mit London verbunden und diente als Bollwerk gegen die wilden Keltenstämme Cornwalls, die von den Römern nie unterworfen wurden.

200 n. Chr. Bau der Stadtmauern. Teile des Mauerwerks sind in die heutige Stadtmauer integriert.

Auch unter den Sachsen war das ehemalige Militärlager bewohnt. Um 680 Gründung eines Klosters. 876 und 1003 stürmten und plünderten die Dänen die Stadt. 1050 wurde Exeter Bischofssitz.

1068 mußte sich die Stadt nach 18 tägiger Belagerung den Truppen Wilhelm des Eroberers unterwerfen. Exeter leistete den normannischen Eroberern von allen englischen Städten am längsten Widerstand. Wilhelm erbaute das Castle.

Anfang des 12. Jhds. wurden die Stadtrechte verliehen. Exeter nahm rasanten Aufschwung als wirtschaftliches Zentrum, da die damals noch relativ kleinen Handelsschiffe den River Exe bis rauf nach Exeter fahren konnten. 1290 ließ die Gräfin von Devon am Unterlauf des Flusses einen Staudamm bauen, der Handel kam jäh zum Erliegen und Exeter verfiel in Provinzialität.

Die heftigen Proteste der Stadtbewohner halfen nichts; erst nach 300 Jahren wurde der Damm eingerissen. Da der Fluß mittlerweile völlig versandet war, baute man einen Kanal, um die Verbindung zur Küste herzustellen. Es war der erste Kanal in der Geschichte Englands, er wird heute noch von Sportschiffern benutzt.

Ab Ende des 16. Jhd. geriet Exeter jedoch zunehmend in den Schatten der Seefahrer-Hafenstadt Plymouth, die als Vorteil über einen großen Naturhafen (Bucht) verfügte. - 1865: Gründung der Universität von Exeter. - Am 5. Mai 1942 war die Stadt Ziel eines deutschen Bombenangriffs. Weite Teile der mittelalterlichen Stadt wurden zerstört, die Kathedrale und wichtiges Kulturgut verschonten jedoch zum Glück die deutschen Bomberpiloten.

CATHEDRAL OF ST. PETER (1): Beim Umbau 1275 der früher normannischen Kirche gab es erhebliche architektonische Probleme, da man die früheren norm. Türme beibehalten wollte (siehe auch "Geschichte"). Es entstand eine sehr breit in die Vertikale gehaltene West- und Eingangsfassade, die die gotischen Elemente der in die Höhe strebenden Spitzbogen nur andeuten kann.

Geschichte: bereits 932 entstand die erste Kirche. Von diesem sächsischen Gebäude ist nichts mehr erhalten. 1oo3 von dänischen Plünderern zerstört, bald darauf aber wieder-aufgebaut.

1o5o verlegte man den Bischofssitz nach Exeter. Nach der Landnahme durch die Normannen (1o66) wurde der Bischofstuhl mit normannischen Adeligen besetzt. Die sächsische Kirche wurde von den neuen Herren weiterhin benutzt.

1275 beschloß man, den ehemaligen Kirchenbau durch Neu- bzw. Umbau zu vergrößern und repräsentiver zu gestalten. Unter Bischof Branscombe und seinen Architekten ent-

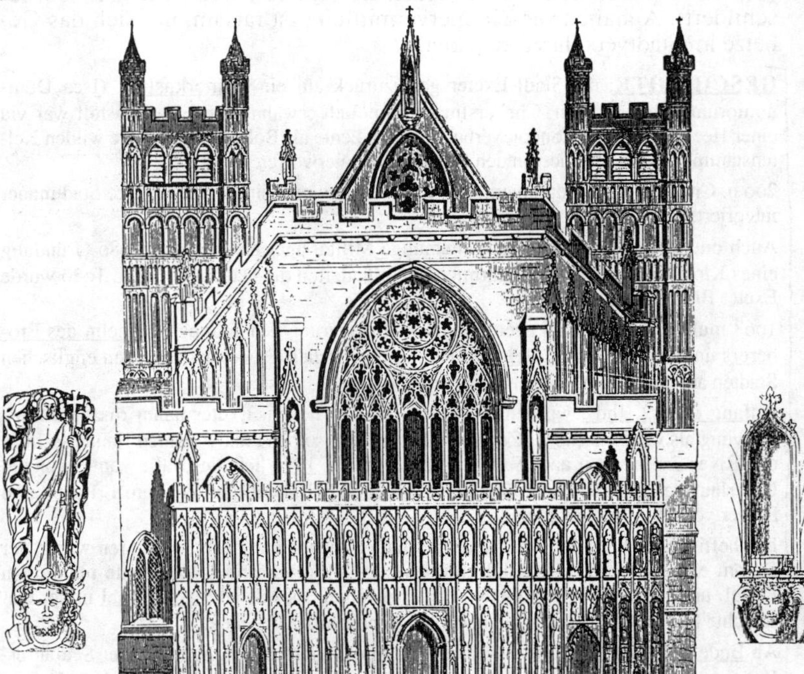

EXETER KATHEDRALE, reich ausgestattete West-fassade

stand das neue Bauwerk. Die beiden normannischen Türme wurden beibehalten. Man war der Ansicht, daß diese ausreichten, - und es wurde kein weiterer (gotischer) hinzugebaut: Unikat für südenglischen Kathedralenbau im 13. Jhd.! Für die Architekten entstanden daraus erhebliche Probleme in der Proportionierung der neuen Kathedrale:

* einmal waren die normannischen Türme relativ niedrig, welches zu einem architektonischen Konflikt beim geplanten gotischen Kirchenbau führte. Gotische Kirchen streben in die Höhe gemäß der Philosophie ihrer Architekten, damit Gott näher zu stehen. Ein in die Höhe strebendes, rein gotisches Kirchenschiff, hätte wegen der beiden kleinen normannischen Türme zu einer Mißproportion geführt.
* Die beiden, weit auseinander stehenden normannischen Türme bedingten zugleich eine in die Vertikale gehende Westfassade und Eingangsseite zur Kathedrale: mit den Ideen der Gotik architektonisch kaum zu vereinen.

Die Architekten "lösten" das Problem in relativ breiter Westfassade, die - für gotische Kathedralen unüblich - in die Breite geht und das Auge im unteren Bereich ablenkt durch eine Fülle an schmaler Spitzbogen- Nischen für 48 Heilige, Apostel und Könige.

WESTFASSADE (A): setzt sich aus 3 Ebenen zusammen. Die untere besteht aus zwei übereinanderliegenden Reihen von 48 Skulpturen, unterbrochen vom Eingangsportal und zwei Seitentoren. Die Skulpturen in feinster

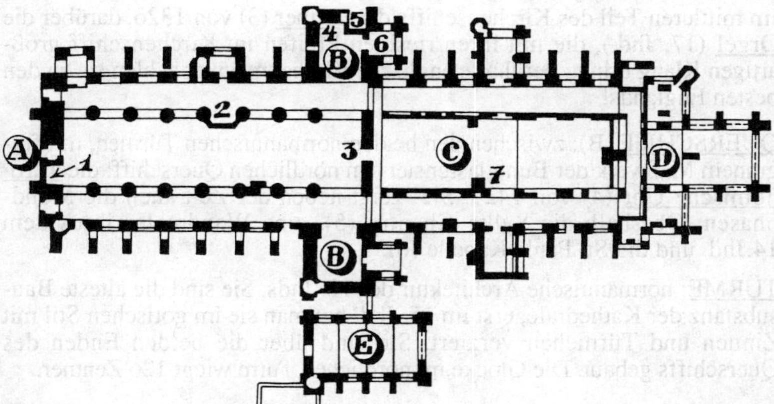

EXETER KATHEDRALE

A Westfassade
Kirchenschiff
B Querschiff
C Chor
D Lady's Chapel
E Kapitel Saal
F Bibliothek

1 Bishop Grandison's Chantry
2 Minstrel's Chapel
3 Lettner
4 Astronomische Uhr
5 Sylke Chantry
6 St. Pauls Kapelle

PZ

Steinmetzarbeit, filigran. Zeigt das enorme Geschick der damaligen Künstler. Ursprünglich waren die Figuren bemalt.

In der 2. Etage ein notgedrungen breites, gotisches Spitzbogenfenster mit großer Rosette. Darüber in der 3. Etage nochmals die Andeutung eines gotischen Fensters.

KIRCHENSCHIFF: die relativ niedige Eingangsfassade (A) glichen die Architekten durch eine, mit 1oo m in Proportion ungewöhnliche Länge aus. Der westliche Teil des Kirchenschiffs ruht auf 16 Marmorpfeilern, - das Kirchengewölbe gotisch spitz in der Höhe zusammentreffend. Die Exeter Kathedrale ist das längste, ununterbrochene gotische Kirchenschiff der Welt. Wie ein Wald ragen die gotischen Streben zur Decke.

NR. siehe Kirchengrundriß

Bishop Grandison's Chantry (1): kleine Grabkapelle neben dem Hauptportal. Enthält die Gebeine des Bischofs, unter dessen Amtszeit der Umbau der normannischen Kathedrale in eine gotische Kirche abgeschlossen wurde. - Minstrel's Chapel (2): Empore vermutl. für den Kirchenchor. Der Baldachin wird von 14 steinernen Engelsfiguren getragen, die Musikinstrumente spielen. 12 Figuren blicken ins Innere des Kirchenschiffs, 2 weitere stehen an den beiden Ecken.

Im mittleren Teil des Kirchenschiffs der Lettner (3) von 132o, darüber die Orgel (17. Jhd.), die mit ihren riesigen Pfeifen im Kirchenschiff großartigen Klang bringt: berühmte englische Kirchenmusiker zählen sie zu den besten Englands!

QUERSCHIFF (B): zwischen den beiden normannischen Türmen, mit filigranem Maßwerk der Buntglasfenster. Im nördlichen Querschiff: die astronomische Uhr (4) von 1423. Sie zeigt neben der Zeit auch die Mondphasen. Oberhalb die Sylke Chantry (5), eine Wandmalerei aus dem 14.Jhd. und die St. Pauls Kapelle (6).

TÜRME: normannische Architektur des 12. Jhds. Sie sind die älteste Bausubstanz der Kathedrale, erst im 15. Jhd. hat man sie im gotischen Stil mit Zinnen und Türmchen verziert. Sie sind über die beiden Enden des Querschiffs gebaut. Die Glocke im nördlichen Turm wiegt 12o Zentner.

Der CHOR (C) ist der schönste Teil der Kathedrale mit seinen 5o frühenglischen, kunstvoll geschnitzten Miserikordien. Sehr ausgefallene Motive, etwa ein Elefant mit Kuhfüßen, ein Krokodil beim Fressen oder ein Schwan, der ein Boot zieht. Die Miserikordien stammen aus der Zeit von 123o - 127o und sind älteste in England. Der Chor wurde Ende des 19. Jhds. durch Gilbert Scott renoviert, wobei man allerdings die alten Miserikordien übernahm.

Bischofsthron (7): 18 m hoch, ein grandioses Schnitzwerk in Eiche. Er wurde 1316 fertiggestellt, die einzelnen Teile sind ohne Nägel, sondern nur mit einem Zapfen/Nuten-System verbunden. - Im Chorumgang (8,1o) Grabdenkmäler von Bischöfen und Adeligen.

LADY'S CHAPEL (D): mit 7 bahniger Fensterfront und darüber Rosette mit schönen Glasfenstern von 139o. Rechts der Lady's Chapel ein Wandgemälde aus dem 15. Jhd., das die Himmelfahrt und Krönung Marias darstellt. Die Kapelle schließt die Kirche im Osten ab. Vier Bischofsgräber.

KAPITEL SAAL (E): im Gegensatz zum sonst achteckigen Grundriß ist das Charpterhouse von Exeter rechteckig, Baustil Early English, vermischt mit Perpendicular.

BIBLIOTHEK (F): in einem Flügel des Bischofspalastes. Enthält rund 8.ooo Bücher und alte Handschriften.

CATHEDRAL CLOSE: Fachwerkäuser aus rötlichem Kalkstein rund um den Domplatz. Rasen und Bäume, Craftshops und Kneipen. Der New Cut (2) ist ein Durchgang durch die Stadtmauer (von 1814).

Mol's Coffee House (3): vierstöckiges Fachwerkhaus mit Erkertürmchen. Gebaut 1596, der geschwungene Giebel wurde 1885 angefügt. War ursprünglich ein Kaffeehaus, wo Freibeuter verkehrten. Stammgäste waren Leute wie Sir Walter Raleigh, Hawkins oder Sir Francis Drake. Heute ist in dem Gebäude eine Kunstgallerie untergebracht. Lohnt sich, reinzugehen: pittoresker Innenhof und Eichenholz-Vertäfelung.

St. Martin`s Church (4): kleine Kirche aus dem 15. und 17.Jhd. - Ship Inn (5): das Luxus-Restaurant war bereits im 16.Jhd. ein Gasthof. Hier hat Sir

EXETER KATHEDRALE, Blick von Ost auf Lady's Chapel

Francis Drake seine Nächte verbracht. Gegenüber das Royal Clarence Hotel (6), eine uralte Herberge. 177o übernahm sie als erster Gasthof Englands die aus dem Französischen kommende Bezeichnung "Hotel".

NR. ab hier siehe Stadtplan

DIE STADT: alle Sehenswürdigkeiten entlang der High Street/Fore St. und in deren Seitenstraßen. Underground Passages (25): Teil des unterirdisches Gangsystems, mit dessen Hilfe man im Mittelalter die Stadt mit Trinkwasser versorgte. Die Tunnel wurden mühsam aus dem Grundgestein geschlagen, ca. 1 m breit und 1- 6 m hoch. Feuchte Steinwände und notdürftige Beleuchtung sorgen fürs nötige "feeling". Geöffnet Di. bis Sa. nachmittag, die Führung dauert eine halbe Stunde.

Rougemont House (7): Herrenhaus von 176o, die schmiedeeisernen Balkone wurden 181o angefügt.. Beherbergt ein Museum mit einer sehr lohnenden Kollektion alter Trachten aus den verschiedensten Modeepochen sowie Schmuck. Anschaulich dargestellt mit Hilfe von Wachsfiguren. Hüte mit Federn von Paradiesvögeln, Reifröcke oder alte Schnabelschuhe. Dahinter schöne Gärten.

Rougemont Castle (8): Reste der normannischen Burg aus dem 11.Jhd. Erhalten sind der Graben mit Burgmauer sowie das Torhaus. Heute ist in der Burg das Gerichtsgebäude untergebracht.

Northernay Gardens (9): Parkanlage rund um das Castle, von 1612. Enthält Teile der alten Stadtmauer und ein Kriegerdenkmal (1923). Die Gebäude nördlich, auf der anderen Seite der Bahnlinie, dienen als Gefängnis.

Royal Albert Museum (12): mit Beispielen englischen Kunsthandwerks, Aquarellen sowie ethnologischen und naturkundlichen Exponaten. Dokumentiert die Geschichte von Exeter und der Grafschaft Devon.

Guildhall (14): das Rathaus mit auffallendem Säulenvorbau von 1593. Die große Halle stammt noch von einer älteren Bausubstanz aus dem Jahre 1465. Wunderschöne Decke, die Wandvertäfelung mit eingelassenen Wappen. Mit einem Museum zur Stadtgeschichte.

St. Mary Arches (15): Kirche in normannischer Architektur. Auf beiden Seiten des Schiffs Arkaden mit je 5 Pfeilern und 4 Rundbögen.

St. Nicholas Priory (16): Kloster von 1o7o. Während der Reformation zerstört, 1913 restauriert. Die Krypta (früher Vorratslager der Mönche) ist als einziges noch von den ursprünglichen Klostergebäuden erhalten; normannische Architektur. Die Küche stammt aus dem 14. Jhd., die Halle aus dem 16. Jhd.

Tuckers Hall (17): im Mittelalter das Zunfthaus der Tuchmacher und Weber. Schöne Holzvertäfelung aus dem 17.Jhd.

St. Mary Steps Church (18): Kirche mit normannischem Taufbecken. Auch die Uhr beachten mit ihrem reich verzierten Zifferblatt (1656).

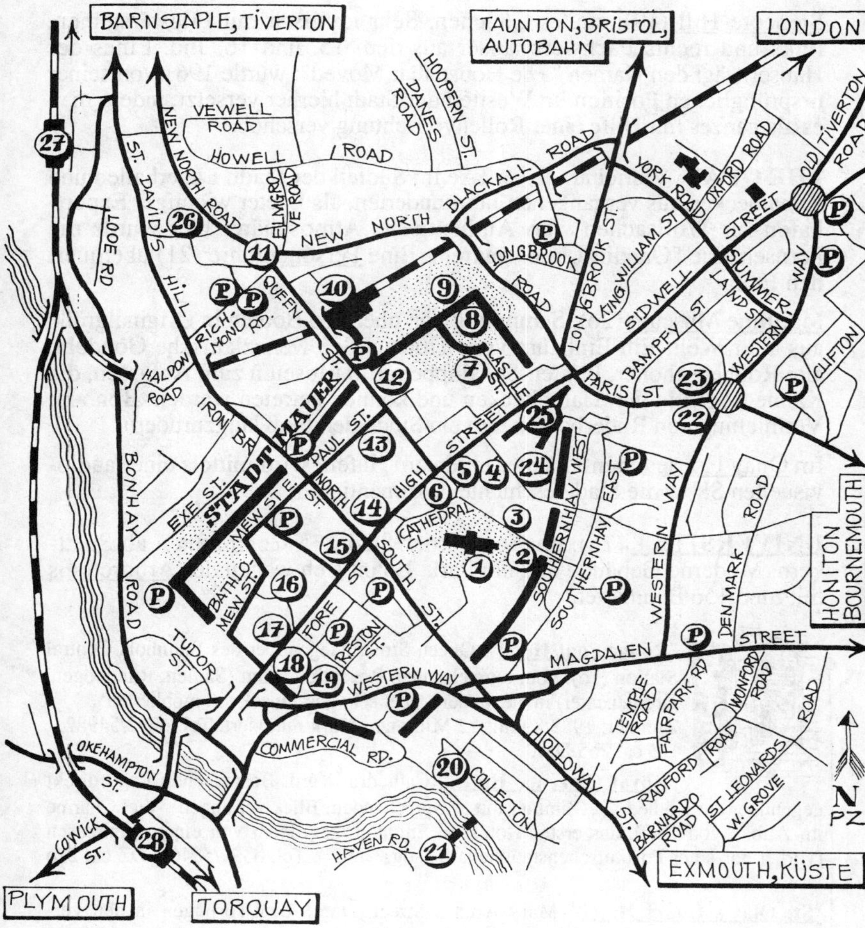

EXETER

1 Kathedrale
2 New Cut
3 Mol's Coffee House
4 St. Martins Church
5 Ship Inn
6 Royal Clarence Hotel
7 Rougemont House
8 Rougemont Castle
9 Northernay Gardens
1o BAHNHOF (Central Station)
11 Uhrturm
12 Royal Albert Museum
13 Guildhall Shopping Centre
14 Guildhall
15 St. Mary Arches
16 St. Nicholas Priory
17 Tuckers Hall
18 St. Mary Steps Church
19 Stepcote Hill
2o Maritime Museum
21 Passagier Fähre
22 TOURIST OFFICE, Civic Centre
23 BUSBAHNHOF
24 POST OFFICE
25 Underground Passages
26 Universität
27 HAUPTBAHNHOF (St. David's Station)
28 BAHNHOF (St. Thomas Station)

Stepcote Hill (19): steiles Gäßchen. Sehr idyllisch mit Pflastersteinen, links und rechts Fachwerkhäuser aus dem 15. und 16. Jhd. Eines der Häuser trägt den Namen "The House that Moved": wurde 1961 von seiner ursprünglichen Position im Westteil der Stadt hierher versetzt, indem man es als ganzes mit Hilfe einer Rollenvorrichtung verschob.

THE QUAY: Viertel am River Exe im Südteil der Stadt. Lagerhallen und Kanalbecken aus vergangenen Jahrhunderten, als Exeter wichtiger Exporthafen für Wollsachen war. Authentische Atmosphäre: hier wurde die Fernsehserie "Onedin-Linie" gedreht. Eine Personenfähre (21) überquert den Fluß.

Maritime Museum (2o): Sammlung von über 2oo Booten in Originalgröße aus aller Welt. Ein Einbaum vom Titicaca-See, venezianische Gondeln, alte Robbenschoner, Piraten-Schaluppen. Ein Museum zum Anfassen, die Kähne liegen in den Hafenbecken und können betreten werden. Bonbon: Vermietung von Ruderbooten, um ein Stück den Fluß langzurudern.

Im Quay House (ebenfalls hier unten am Hafen) wird mittels einer audiovisuellen Show die Stadtgeschichte dokumentiert.

UNIVERSITÄT (26): im Norden der Stadt, 15 Gehminuten ab Stadtkern. Moderne Gebäude und ein Park. Lohnt sich wegen des Arboretums mit rund 15o Baumarten

"**Rougemont Hotel**": Queen Street. Gegenüber des Bahnhofs Central Station (1o): vom tempelartigen Rezeptionsraum (Säulen, Rundbögen, Kronleuchter) in die modern, aber sehr geschmackvoll möblierten Zimmer. 1988/89 mit 12 Millionen Mark renoviert. Tel. o392/54982. DZ ca. 2o5 DM.

"**Royal Clarence Hotel**": Cathedral Yard. Bestechende Lage direkt gegenüber der Kathedrale (Zimmer mit entsprechendem Blick verlangen). Viel Charme im Altbau von 1769, das erste "Hotel" in England, gegründet von einem Franzosen (vorher gab's nur Postkutschenstationen, die sog. "inns"). Tel. o392/58464. DZ ca. 27o DM.

"**St. Olav's Court Hotel**": Mary Arches Street. Durch den Torbogen in den verträumten Innenhof, wo ein Springbrunnen plätschert, während man in den Zimmern relaxt. Tel. o392/177736. DZ ca. 18o DM.

"**Great Western Hotel**": St. David's Station. Altbau am St. David's Bahnhof, 1o Min. vom Centre. Schöner Bau mit herzlicher Atmosphäre. Geführt von Herrn Krombas aus Österreich, der schon seit 3o Jahren hier in England lebt. Tel. o392/74o39. DZ ca. 1o5 DM ohne, 12o DM mit Bad.

Außerdem mehrere moderne Hotelbauten, in den Randbezirken von Exeter. Vermittlung über TI.

BED&BREAKFAST: Wegen des großen Andrangs im Sommer sehr oft Engpässe. Daher Ankunft schon auf den frühen Nachmittag legen und zum TI gehen, oder per book-a-bed-ahead vorausbuchen.

Zentrale Lage: viele Häuser in der Backall und New North Road. Nur ein paar Minuten zu Kneipen und Sehenswürdigkeiten, aber betriebsame Durchgangsstraße mit viel Lärm. Eventuell nach Zimmer in ruhiger Seitengasse verlangen.

Außerhalb rund um den St. David's Bahnhof, wer mit dem Zug ankommt und nicht lange Kofferschleppen möchte. Sauberes Wohnviertel, etwa 1o Gehminuten ab vom Stadtkern.

Für Leute mit eigenem Transport zu überlegen, ob sie nicht besser in einem der Häuser rund fünf Kilometer außerhalb (z.B. Richtung Honiton) nach einem Quartier suchen. Preis etwas niedriger, bei schönerer Atmosphäre und ordentlicherem Frühstück als in den Stadtpensionen.

BILLIG-HERBERGEN: Youth Hostel: sauber und ordentlich geführt, von der Atmosphäre her nicht schlecht. Aber leider ca. 3 km außerhalb an der Straße Richtung Topsham. Stadtbusse K, L und P, alle 5-1o Minuten. Juli und August ist ohne telefonische Reservierung am Tag zuvor kaum ein Bett zu kriegen.

Camping: Nur für motorisierte Leute zu empfehlen. Die nächstliegenden Plätze befinden sich rund 2o km südlich an der Küste rund um das Seebad Dawlish. Um Strandleben mit Sightseeing in Exeter zu kombinieren.

ST.OLAV'S HOTEL (Mary Arches Street): die Nummer eins in Exeter, von vielen Einheimischen bevorzugt. Sanfte Pink-Farben, Kerzenlicht und der Efeu rankt um das Skylight. Sehr gutes französisches Essen. Drei-Gang-Menü ca. 4o DM, für Dinner buchen (Tel. 177736).

WHITE HART HOTEL (South Street): in der Weinbar des Hotels kleinere Sachen um 15 DM. Wie eine Höhle aus schweren Bruchsteinen, die Schuhabsätze sinken ins Sägemehl am Boden ein. Bei schönem Wetter Barbecues auf der Terrasse. Gepflegte Atmosphäre.

PAPERMAKERS" (14, Exe Street): saloppe Weinbar unter der Regie von Ken Ellis, der schon seit dreißig Jahren ein Begriff in der Gastronomie von Exeter ist. Ca. 3o Weinsorten. Kerzenlicht, Bilder überall an den Wänden, Gerichte für 1o-15 DM.

MAD MEG'S (163, Fore Street): versteckt in einer Seitengasse off High Street. Ein uriger Ritterkeller, wo man tafelt wie im Mittelalter. Schläbberlätzchen umbinden und mit den Fingern zulangen: Portionen, daß die Teller brechen für 12-2o DM. Als Getränk unter anderem Honigwein ("Met") und "Monk's Delight", ein gewürzter Cider, der's in sich hat ...

BRAMBLES (31, New Bridge Street): bei den Einheimischen sehr beliebtes Vegetarier-Lokal, Menschengewühl stülpt sich über die klotzigen Holzmöbel. Ordentliche Portionen für 5-8 DM, - geöffnet Mo.-Fr. nur tagsüber, Sa. auch abends, bis 22 Uhr.

BAR MEALS: abends kaum was, tagsüber in den meisten Pubs bei durchschnittlicher Qualität.

COMBE HOUSE: Spitzen-Restaurant für den besonderen Anlaß. Im feudalem Speiseraum eines Herrenhauses, illustres Ambiente. Menü ca. 50 DM, ist sein Geld wert. Ca. 20km außerhalb,- auf der A30, kurz vor der Ortschaft Honiton. Unbedingt buchen unter Tel. 0404/ 27 56.

Ship Inn (Martin's Lane): zu den Stammgästen im 16. Jhd. zählte Sir Francis Drake. Bereits 600 Jahre alt, mit tiefhängender Decke und dunklen Eichenbalken. Es riecht ein bißchen nach kaltem Rauch und verschüttetem Bier, das Publikum mischt sich vom Alter her bunt durch.

White Hart Hotel (South Street): schwere Eichenbalken, von denen Kupferpfannen baumeln, bemalte Teller an den Wänden, und im Kamin knistert das Feuer ... Ähnliches Ambiente wie das "Ship Inn", aber weniger Touristen.

Well House (Cathedral Close): für den ruhigen Drink auf Polstermöbeln. Rechts von der Theke die Treppen runter in den Keller. Dort ein römischer Ziehbrunnen aus der Zeit, als Exeter noch ein Römerkastell war, sowie das Skelett eines Mädchens, das 1348 während der Pestepidemie starb.

Cooling`s Wine Bar (Gandy Street): Lieblings-Kneipe der rund 4.000 Studenten in Exeter, Flaschenbier und hauptsächlich Wein, zum Essen Salate und Kleinigkeiten bis 8 DM.

Entertainment

THEATER: Knapp 2 km außerhalb auf dem Uni-Campus das Northcott Theatre (Stocker Road) für Musik und Drama im großen Stil. Wohl das etablierteste Theater in den West-Counties für letzte Kultur, bevor's reingeht in die wilde Natur.

KINO: das einzige ist das Odeon (Sidwell Street).

ARTS CENTRE (Gandy Street): Treffpunkt der Subkultur. Off-beat-Filme, Popmusik, Ausstellungen etc. sorgen für ein buntes Programm. Infos am Schwarzen Brett; sehr gute Naturkost-Cafeteria.

Insgesamt fünf DISCOS, richtig voll nur freitags und samstags. Adressen beim TI.

Shopping

In der GANDY STREET kleinere, spezialisierte Läden mit viel Atmosphäre. Hinter verwaschenen Gebäudefassaden aus der Zeit von Charles Dickens, vollgeramscht mit Klamotten und viel Bric-a-brac.

Devon Foods (Gandy Street): spezialisiert auf Lebensmittel direkt von den Bauern der Umgebung. Herrlicher Käse, Eiskrem aus Ziegenmilch etc. (siehe bei "Essen & Trinken").

Nottingham and Walsh im (Cathedral Close): Schmuck und Juwelen. Zum Teil Reproduktion antiker Schmucksachen (schon ab 2o DM). Souvenier sind die antiken Teelöffel aus Exeter-Silber, das über Plymouth angeliefert und hier verarbeitet und gestempelt wurde. 1883 verlor Exeter das Hoheitsrecht zum Stempeln von Silber. Ab 45 DM.

Feste

Devon County Show (drittes Mai-Wochenende): Treff der Farmer mit Prämierung von Zuchtbullen, öffentliche Schafschur, Hundewettkämpfe. Außerdem Turniere in Springreiten und Viehmärkte.

Exeter Festival (dritte und vierte Juni-Woche): Konzerte und Chorsingen in der Kathedrale, überall Musik und Tanzveranstaltungen, Märkte, Hochbetrieb in den Kneipen. Eine Mischung aus Kunst und Volksfest.

Verbindungen ab Exeter

Flüge: der Airport liegt 1o km östlich, kein Airline-Bus (Taxi ca. 15 DM). Geflogen wird nur mit kleinen 18-Sitzer-Propellermaschinen.

Mit "Brymon Airways" nach Plymouth (2 mal tägl., 25 Min., ca. 5o DM single), nach London/Gatwick (2mal tägl., 1 Std., ca. 21o DM single, 165 stand-by) und von Mai bis Oktober auf die Isles of Scilly (1 mal/Tag, 1 1/2 Std., ca. 19o DM single, ca. 28o DM return bei Aufenthalt übers Wochenende).

Außerdem Flüge auf die Kanalinseln Guernsey, Jersey sowie nach Belfast. Keine Verbindung nach Deutschland.

Busse: Terminal (23) gegenüber dem TI.

Bournemouth 1mal tägl., 3 1/2 Std., ca. 3o DM single
Bristol 6 mal tägl., 1 3/4 Std., ca. 23 DM single
Chester 3 mal tägl., 6 Std., ca. 6o DM single
Dover 8 mal tägl., 7 Std., ca. 75 DM single und Economy - Return
London stündl. 4 1/2 Std., ca. 5o DM single und Economy - Return
Plymouth stündl., ca. 1 Std., ca. 1o DM single und return
Moretonhampstead tägl. 2 mal, ca. 8 DM
Okehampton tägl. 3 mal, ca. 1 Std. 7 DM
Bainstaple mit Company "Red Bus", tägl. 3mal, ca. 1 1/2 Std, ca. 8 DM.

Züge: Hauptbahnhof St. David's Station (27). 1o Gehminuten ab Zentrum, alle 5 Minuten Minibus ab der High Street. Hier halten alle Züge, die Exeter anfahren. Die Züge nach Barnstaple, Exmouth und London (via Süd-Route) stoppen zusätzlich an der Central Station (1o), im Stadtzentrum.

Barnstaple: alle 2 Std.; 1 Std.; 2o DM single, 25 DM Blue Saver
Exmouth: alle 3o Min., 25 Min., ca. 5 DM single, 8 DM Day-Return

Penzance: alle 2 Std., 3 Std., ca. 5o DM single, 53 DM Blue Saver
Plymouth: alle 45 Min., 1 Std., ca. 2o DM single, 27 DM Blue Saver
Falmouth: alle 2 Std., 3 Std., 45 DM single, 55 DM Blue Saver. Umsteigen in Truro
Newquay: alle 2 Std., 2 3/4 Std., ca. 45 DM single, 55 DM Blue Saver, Umsteigen in Par
Bath: stdl., 1 1/2 Std., ca. 38 DM single, ca. 4o DM Blue Saver, Umsteigen in Bristol
Cardiff: stdl., 1 1/2 Std., ca. 5o DM single, 53 DM Blue Saver, Umsteigen in Bristol
Bristol: stdl., 1 Std., ca. 35 DM, 45 DM Blue Saver
Salisbury: alle 2 Std., 2 Std., ca. 4o DM single, 5o DM Blue Saver
London: auf der Nord-Linie (Paddington Station) stdl., 2 Std. 1o Min., ca. 7o DM
auf der Südroute (Waterloo Station) alle 2 Std., 3 1/4 Std., Preise wie Nordroute.

Umgebung Exeter

Kurzer Ausflug rein in die Mitte der Grafschaft Devon. Fruchtbares Bauernland, die Straße folgt einem Flußtal. Auf der A 396 Richtung Norden, Berg- und Talfahrt über die Holperpiste.

Öffentlicher Verkehr: stündlicher Busservice auf der Linie Exeter - Tiverton.

THORVERTON: Verträumte, altenglische Dorf-Idylle mit seinen gekalkten Lehmhütten und Reetdächern. Anfahrt: 1o km hinter Exeter, von der A 396 nach links abbiegen. - FURSDON HOUSE: Herrenhaus. Besichtigung nur donnerstags und sonntags.

SILVERTON: paar km hinter dem Dorf das KILLERTON HOUSE. Kollektion von Kostümen und Klamotten der einzelnen Modeepochen, von 175o bis zur Gegenwart. Am Hügelabhang schöne Gärten, im Frühjahr Rhododendron-Blüte, sowie ein Park mit Korkeichen und Magnolienbäumen. Im Park leider große Schäden durch die verheerenden Januar-Stürme 199o.

Weiter auf der A 39: bis Tiverton noch ca. 2o km. Details S. 498.

Exeter ↠ Plymouth

Der Trip nach Westen ins zerzauste, romantische Cornwall. Bringt jede Menge Sightseeing entlang der Routen, betriebsame Seebäder, Fischerdörfer und schöne Landschaften. Wer's zeitlich einrichten kann, sollte 1 - 3 Tage reservieren.

PLYMOUTH: lohnend für das Hafenviertel, kann aber auf der Stadtautobahn bequem durchfahren werden.

Zur Auswahl stehen 4 ROUTEN:

1.) NORDROUTE am Nordrand des Dartmoor lang: Sightseeing, Panoramastraße rein ins Dartmoor mit Granittürmen und Heidekraut. Schnelle Verbindung, aber kaum öffentlicher Transport.

2.) TRANSMOOR-ROUTE quer durch den Nationalpark für unvergeßliche Landschaftserlebnisse und Dartmoor-Ambiente. Im Sommer Busse, per Pkw mit Stops ein knapper halber Tag.

3.) ENTLANG DER A 38: Schnellstraße für Leute, denen es pressiert. Wenig aufregende Landschaft, aber viele Sehenswürdigkeiten und Schnäppchen, wer sich einen vollen Tag Zeit nimmt. Problemlose Bus-Connections.

4.) KÜSTENROUTE (A 379) entlang der Devon Coast: Seebäder an der subtropischen Tor Bay, Dampferfahrten etc. Hier am meisten Abwechslung, lohnt sich aber nur, wer ein Minimum von zwei Tagen in Reserve hat. Möglich mit Zug + Bus.

Heißer Tip ist **Fliegen**, täglich zweimal mit "Brymon Airways", Flugzeit zwanzig Minuten. Kostet ca. 5o DM single (plus ca. 15 DM Taxi-Kosten). Zum Vergleich: Bus ca. 1o DM, Zug 2o DM. Der Achtzehnsitzer klappert über das Dartmoor hinweg, unten Wildziegen und Ponies, die zwischen den Heidekrautbüscheln grasen. Besonders schön bei klarer Sicht. Unbedingt rechts sitzen, wegen besseren Blicks über den Nationalpark!

Der Exeter-> Plymouth Flug kann nicht im Reisebüro gebucht werden, - nur als Stand-by Ticket: dazu vorher bei Brymon Airways (Tel. o752/7o7o23) nachfragen, ob noch Sitze frei sind, bevor man raus zum Flughafen fährt!

1.) NORDROUTE

Am Nordrand von Dartmoor vorbei. Die A 3o führt als Schnellstraße rüber nach Okehampton (45 km) und weiter als Panoramastraße A 386 im nördl. Dartmoor mit seinen Grantitürmen runter nach Plymouth (45 km).

Wer nicht an Plymouth interessiert ist, kann auf dieser Straße durchstechen bis Cornwall/Land's End. Ansonsten abzweigen Richtung

Tavistock. En route mehrere Zwischenstops.

BUSSE: keine Linie durchgehend bis Plymouth oder Land's End. Fast stündlich Von Exeter bis Okehampton; ca. 4mal pro Tag Anschlüsse nach Tavistock, Plymouth.

★ Okehampton (4.2oo Einw.)

Lange Häuserzeilen entlang der Main Street, im Sommer viele Urlauber. Wichtiges Marktstädtchen für die Umgebung und samstags hektischer Betrieb bei den Viehmärkten. Liegt nahe am Revier der Tors für Wanderungen.

OKEHAMPTON CASTLE: Sehr gut erhaltene, mittelalterliche Burg. Im 11. Jhd. gegründet, Erweiterung und Rekonstruktion im 14.Jhd.

MUSEUM OF DARTMOOR LIFE (West Street): Exponate zur Geschichte von Dartmoor, etwa alte Fotos, Werkzeug der Farmer, Industriegeräte etc. Ausgestellt in einer ausgedienten Mühle. Verkauf von Kunsthandwerk.

LOOP ROAD: ringförmige Panoramastraße ins Dartmoor. Führt ins Revier der sog."Tors": bizarre Felsnadeln aus schwarzgrauem Granit, die sich hier dutzendweise auftürmen. Die Loop Road ist die einzige Möglichkeit, das Revier der Granit-Tors vom Auto aus kennenzulernen. Eine Stunde reine Fahrtzeit: enge Asphaltpiste. Startpunkt von der Main Street.

Wandern: den Wagen parken und den "Yes Tor" zu Fuß besteigen. Ca. 63o m hoch; rauf und runter etwa 2 Std. Von oben atemberaubender Blick auf die wüste Moor- und Felslandschaft. Sich für diese Tour die entsprechende OS - Karte besorgen.

★ Lydford: Im Mittelalter wichtige Stadt, gleichrangig mit Exeter. Hier wurde regelmäßig Gericht gehalten. Die düstere Burg von 1195 wurde als Gefängnis erbaut. - LYDFORD GORGE: rund 2 km lange und 7o m tiefe Schlucht. Wildwasser, Waldwucherung und steilen Felswände. Eine 5 km lange Rundwanderung führt durch die atemberaubende Landschaft. Lunchpaket fürs Picknick nicht vergessen. Anfahrt: ab Lydford beschildert. Am Eingang zur Schlucht ein Parkplatz; Eintrittsgebühr.

★ Tavistock (ca. 9.ooo Einw.)

Grau in grau, wie aus Granit gegossen. Das Städtchen wurde um 1.ooo n. Chr. gegründet, nachdem sich eine Benediktiner-Abtei hier angesiedelt hatte. Vom Kloster sind noch das Torhaus und Teile des Kreuzganges erhalten. Später erlebte Tavistock Aufschwung als Bergbauzentrum (Zinn und Kupfer).

MORWELLHAM QUAY (an der A 39o Richtung Gunnislake): restaurierte Kupfermine aus dem 19. Jhd. Sehr lebendig, die Arbeiter tragen traditionelle Klamotten und Frisuren. Auf einer unterirdischen Tram geht's rein in die Minenschächte, wo's nach Teer und Pulverdampf riecht.

★ **Yelverton:** Knapp 1o km nach Tavistock. BUCKLAND ABBEY: ausgebaut als Folk Museum. Exponate zur Schiffahrt in der Zeit von Sir Francis Drake. - PAPERWEIGHT CENTRE: Besichtigung einer Manufaktur, in der Briefbeschwerer aus Glas hergestellt werden. Schillern in den buntesten Farben. Preislich zwischen 1o und 1.ooo DM.

2.) TRANSMOOR- ROUTE

Gute 6o km quer durch's Dartmoor aus Heidekraut-Steppe und tonnenschweren Findlingsblöcken. Ohne besondere Touristenattraktion, aber

guter Einblick ins Dartmoor-Ambiente. Unterwegs Hotels, B&B und zwei JuHe's zur Übernachtung, um die Stille hier draußen zu genießen. Lohnend zudem wegen schöner Wanderungen.

PER AUTO: entlang der B 3212, an Juli- und August-Nachmittagen meist die schnellste Route, da an den anderen häufig Staus. Zudem ist das Auto nötig, wer flexibel und ohne Warterei auf die (seltenen) Busse Nebenstrecken im Dartmoor fahren will. - Für PKWs mit Wohnwagenanhänger ist die B 3212 nicht geeignet.

PER BUS: nur Mitte Juli bis Ende August tägl. zweimal mit dem Transmoor-Link, Fahrzeit ca. 2 1/2 Std.

Alle Details zur Strecke siehe Kapitel "DARTMOOR", Seite 367.

3.) ENTLANG DER A 38

Etwa 7o km auf zweispurig ausgebauter Strecke und die schnellste Verbindung, reine Fahrtzeit 1 Std. Landschaftlich nicht überragend, Dartmoor bleibt rechts liegen. Aber: unterwegs eine Reihe lohnender Zwischenstops, daher für die Fahrt mindestens einen halben Tag einplanen, wer's zeitlich einrichten kann.

PER AUTO: Durchgangsstraße durch Plymouth auf der Stadtautobahn, wer die Stadt nicht besuchen möchte.

ÖFFENTLICHE VERKEHRSMITTEL: Stündliche Busverbindung mit mehreren Linien, sich vorher über die Zwischenstops informieren. Kostet ca. 1o DM one-way. Per Eisenbahn: ca. 2o DM einfach, alle 45 Minuten, Fahrtdauer eine Stunde.

★ **Chudleigh**: Romantisches Städtchen mit engen Gassen. SILVERLANDS: Gebäude mit Modellen im Disneyland-Stil, wie alte Postkutschen, Farmhöfe, ein Zirkus usw. Hat was vom Flair alten Kinderspielzeuges, alles bunt und lebendig arrangiert.

WHEELCRAFT WORKSHOPS (Clifford Street): Künstlerkolonie, untergebracht in einer alten Mühle. Druckgraphik, Designer-Klamotten, Schmuck, Maler, Ledersachen, Skulpturen etc.

Ein Steingarten aus viktorianischer Zeit: ROCK GARDENS. Von Blumen überwucherte Felsnasen, eine 25 m hohe Steilwand und Teiche sowie eine beleuchtete Höhle.

Im MOTOR-MUSEUM Oldtimer-Autos und Uralt-Fahrräder sowie ausrangierte Militärfahrzeuge.

CANONTEIGN FALLS: traumhaft schöne Naturlandschaft mit wilder Treibhaus-Vegetation. Ein hohen Wasserfall sorgt für herrliche Regenbögen. Anfahrt: auf der B 3193, ca. 5 km in nördl. Richtung.

★ **Bovey Tracey** nordwestl. der A 38, über die B 382 zu erreichen. Ein altes Marktstädtchen, bereits die Angelsachsen hatten hier eine Siedlung und später die Normannen. Graue Granithäuser und enge Straßen.

Als Ort ist Bovey Tracey nicht unbedingt attraktiv, - aber südliches Eingangstor zum Dartmoor Nationalpark. Gute Infrastruktur an Hotels, Shops und Restaurants. Auch die Verwaltung des Nationalparks Dartmoor hat ihren Sitz hier: DARTMOOR INFO-CENTRE (im Vorort Parke): Infos bezügl. Dartmoor, Geologie, Flora, Fauna.

RARE BREEDS FARM (Parke, neben dem Infocentre): Gehege mit weitgehend ausgestorbenen Haustier-Züchtungen. Milchkühe, Gänse, Rinder, Schafe etc. Zum Teil Züchtungen aus dem Mittelalter. Daneben ein schönes Parkgelände: lauschige Wälder, verträumte Spazierwege, ein Flüßchen. Sich an der Rezeption des Infocentre eine Wanderkarte geben lassen.

GUILD OF CRAFTSMEN (Riverside Mill): in eine alte Mühle haben sich Kunsthandwerker etabliert: Töpfer, Kunstschmiede, Weber etc. arbeiten hier und verkaufen ihre Produkte.

Ab Vorort Parke führt die B 382 in den Nationalpark Dartmoor. Richtung Widecombe-in-the-Moor zwei Abstecher: BECKY FALLS (beschildert) mit üppig wuchernder wilder Vegetaion, kleinen Wasserfällen und gurgelnden Wildbächen, überall duftet es nach Moos und Harz. - Rund 6 km nach Parke an der Straße das "Moorland Hotel". Auf dem Hotelgelände das Craftcentre von Brian Hutchins, einem Korbmacher, der auch das berühmte Harrods- Kaufhaus in London beliefert. Gegen geringe Gebühr wird Material und Anleitung gestellt, und in einer 3/4 Stunde ist der Korb fertig. - Weitere Details zum Dartmoor siehe dort.

★ **Newton Abbot**: Marktstadt mit 24.ooo Einwohnern. Bringt wenig, außer dem hektischen Viehmarkt am Mittwoch-Vormittag. - GORSE BLOSSOM PARK: durch den idyllischen Garten tuckert eine dampfbetriebene Miniatureisenbahn und befördert Passagiere.

★ **Ashburton**: 3.5oo Einwohner, graue Steinhäuser, Teashops, Trödlerläden, durch den Ort rauscht der River. Ende des 13. Jhd. hatte der Ort Bedeutung wegen des Zinnbergbaus und des Wollhandels, als einer der 4 wichtigsten Orte der Region. Wollwaren wurden von der "East India Company" bis China exportiert. - Interessantes, kleines Regionalmuseum im Ort.

★ **Buckfastleigh**: eingebettet zwischen Hügeln und saftigen Wiesen. Die BUCKFAST ABBEY wurde 1o18 gegründet. Unter den Zistensern (ab 1147), die Schafzucht im Dartmoor betrieben, ein florierendes Kloster. Die Mönche wurden später vertrieben, bis Ende des 19. Jhds. das Kloster von Benediktiner-Mönchen wiederbesiedelt wurde. Die Bausubstanz des mittelalterlichen Klosters (u.a. schöne Krypta aus dem 12. Jhd.) wurde restauriert, eine audio-visuelle Show illustriert, wie die Mönche heute leben.

BUTTERFLY FARM: Treibhäuser mit üppiger Tropenvegetation, Teichen und moosüberzogenen Brücken, wo Tausende von buntschillernden Schmetterlingen herumflattern. Zusätzlich ein kleiner Zoo mit Biotopen, in denen sich Otter tummeln (kanadische Otter, die leichter zu halten sind als die britischen).

OLDTIMER- DAMPFZUG: 14 km entlang des River Dart von Buckfastleigh nach Totnes, Fahrten im Sommer zur Saison.

★ Totnes (ca. 7.ooo Einw.)

Mittelalterliche Straßen gruppieren sich um die Ruinen einer Burg. Sehenswerte Architektur besonders in High Street und Fore Street. - Anfahrt: von der A 38 rund 13 km. Die schönere Variante: den Wagen in Buckfastleigh parken, und dort in den Oldtimer- Dampflokzug steigen.

BOWDEN HOUSE: im Tudorstil. An 3 Tagen/Woche Führungen, wobei das Personal Kostüme aus dem 18. Jhd. trägt. Zusätzlich ein Museum über die Geschichte der Fotografie: Uralt-Kameras, Studios aus dem vorigen Jhd., Dunkelkammer, alte Filmkameras etc.

BOGAN HOUSE (High Street): Kollektion von Kleidern der Modestile von 175o bis 197o.

ELIZABETHIAN MUSEUM (7o Fore Street): Kaufmanns-Stadtvilla aus dem 16. Jhd. mit Originalmöbeln. Küchengeräte und Kinderspielzeug im Stil der Zeit, sowie ein Tante Emma Laden aus dem vorigen Jahrhundert.

MOTOR-MUSEUM (Steamer Quay): Sammlung von Oldtimern und Rennwagen, Motorrädern etc.

HEAVY HORSE OMNIBUS CENTRE: Sammlung von Omnibus-Oldtimer, die noch stilecht von Pferden gezogen wurden. Zum Teil auch pferdegezogene Doppeldecker-Busse.

SMITHY WORKSHOP: Eisen nach traditionellen Arbeitsmethoden geschmiedet. Mit dem Blasebalg wird die Hitze des Feuers erhöht, bis das Eisen rot glüht und sich auf dem Amboß hämmern läßt.

MARKT: die Verkäufer zwängen sich in altertümliche Klamotten aus dem 16. Jhd., Straßensszene wie zur Zeit Elisabeth der Großen. Jeden Dienstag vormittag (von Anfang Mai bis Ende September).

BOOT-TRIP: Fahrten im Mündungstrichter des River Dart bis runter zum Küstenort Dartmouth. Abfahrt: The Quay.

"Dartington Jugendherberge": Hütte aus dem 16. Jhd. mit niedergedrückter Decke, steht etwas windschief am Flußufer. Ca. 3 km westlich in Shinners Bridge: in Totnes im Kreisverkehr Richtung Plymouth abzweigen, ein Stück die Straße lang, und gegenüber "Dartmo Ltd." den Fußpfad rein.

CIDER PRESS CENTRE: Kolonie von Kunsthandwerkern. Produziert zum Teil sehr ausgefallene Sachen, daher recht bekannt. Anfahrt: ca. 3 km nordwestlich via der A 385.

Sparkwell: Kleines Dorf ca. 15 km vor Plymouth, nördlich der A 38. - DARTMOOR WILDLIFE PARK: weitläufige Gehege mit Raubkatzen (Spezialität: Sibirische Tiger), Bären, Antilopen, Büffel etc. Interessant der kleine Falkenhof. Der Zoo ist direkt von der A 38 aus beschildert.

Plympton: Gehört bereits zum östlichen Einzugsbereich von Plymouth. SALTRAM HOUSE: klassizistische Villa aus dem Jahre 175o. Herrliche Gipsarbeiten, eine voll ausgerüstete Küche. Highlight sind 14 Portraits des englischen Malers Reynolds, der häufig im Saltram House zu Gast war.

KÜSTENROUTE (4) Exeter -> Plymouth siehe Seite 373

DARTMOOR NATIONALPARK

Der Park ist ein nebelverhangenes, dampfendes Hochmoor mit Flechten und Krüppelbirken, Sümpfen, bizarren Felsfiguren. Im Ostteil üppig bewaldete Flußtäler. Sonst aber alles düster und ein bißchen schaurig. Schauplatz vieler Sherlock Holmes Romane (z.B. "Der Hund von Baskerville"). Schöne Wanderungen und Ponny-Trecks, wer düsteres Ambiente liebt.

Das Gebiet wurde 1951 zum ersten Nationalpark Englands erklärt; ist auf jeden Fall einen Abstecher wert!

Geologisch ist Dartmoor ein im Schnitt 5oo m hoch gelegenes Granitmassiv: Nord-Süd Ausdehnung ca. 4o km, West-Ost ca. 3o km. Eine der niederschlagreichsten Regionen Großbritanniens. An 2oo Tagen des Jahres zieht sich ein grauer Regenschleier über das Land, und bei Nebel dampft's hier wie in einer Waschküche. Daher oft sehr sumpfiger Untergrund, - und zahllose, einsam gelegene Teiche und Flüßchen mit grünen Tälern, als herrlicher Farbkontrast zur brauen Moorheide.

Das Dartmoor besteht aus drei unterschiedlichen Regionen:

* im OSTEN eher liebliche Landschaft mit Wäldern und Flußauen, alles in grünen Farben. Schöne Wanderungen entlang der Flußtäler.
* Im SÜDEN (südlich der Transmoor-Straße B 3212): braune Heidelandschaft, Hügelketten, einsame Täler.
* Im NORDEN rauhere Landschaft. Charakteristisch sind die "tors", aus der Heide bizarr aufragende Granittürme. Dieser Abschnitt ist Truppenübungsplatz der britischen Army. Darf nur betreten werden, wenn keine Manöver abgehalten werden (siehe auch Absatz "Wandern"). Den besten Zugang ins Revier der Tors hat man von Oakhampton.

GESCHICHTE: Erste Bewohner vor 4.ooo Jahren. Man siedelte in Dörfern aus runden, reetgedeckten Hütten, umgeben von Steinmauern. Für Steinzeit-Geschmack herrschten im Dartmoor paradiesische Zustände: reichlich Wasser, Steine für den Häuserbau und wenig Wald (keine Rodung erforderlich).

Mitte des 12. Jhds besaß Dartmoor die ergiebigsten Zinnminen Europas. Der wirtschaftliche Boom endete mit der Pestwelle von 1348. Ende des 14. Jhds förderte man erneut Zinn. Die letzte Grube wurde vor dem zweiten Weltkrieg geschlossen. In dieser zweiten Phase war jedoch die Ausbeute in den Zinnminen von Cornwall größer.

Die Gegend versank in Provinzialität. 1951 wurde das Gebiet zum ersten Nationalpark Englands erklärt. Seitdem ist der Tourismus Haupteinnahmequelle.

Zahlreiche archäologische Überreste: Grundrisse der prähistorischer Dörfer, Gräber, Steinkreise, Menhire etc., sowie verfallene Zinnminen aus dem Mittelalter. Speziell Interessierte besorgen sich die Broschüre "Archeology", für knapp drei Mark bei den Info-Büros zu bekommen.

DARTMOOR PONIES: halbwilde Ponies, die man hier überall antrifft. Die stämmigen, sehr kleinen Tiere stellen eine eigenständige Wildrasse dar. Vor 15o Jahren kreuzte man sie unkontrolliert mit Shetland-Ponies, um Grubenpferde zu züchten. Derzeit läuft ein Programm zur Rückkreuzung auf die originale Dartmoor-Rasse.

Füttern der Ponies ist verboten. Sie sollen sich nicht daran gewöhnen, als Spielzeug-Tiere an Parkplätzen und Straßenrändern um Futter zu betteln.

Tourist INFO 7 **National Park Offices** für Background-Infos, für Zimmervermittlung, Tips für Wanderungen, Karten und Bus-Fahrpläne. Geöffnet April bis Ende Oktober. Dort gibts auch die Gratis-Zeitung "Dartmoor Visitor": Termine für sachkundig geführte Wanderungen (1- 6 Stunden), Pony-Trekking etc.

* New Bridge: in einem Wohnwagen an der Straße Richtung Ashburton. Tel. o3643/3o3
* Okehampton: in der Main Street beim White Hart Hotel. Tel. o837/3o2o
* Parke: 1 km außerhalb von Bovey Tracey, Richtung Haytor an der B 3387. Tel. o626/832o93. Das wichtigste und größte Info Centre, - mit einer audio-visuellen Show über Geologie, Fauna und Flora des Moores.
* Postbridge: auf einem Parkplatz an der B 3212. Tel. o822/88272.
* Princetown: mitten im Ort, auf dem Gelände des "Dutchy Hotels". Tel. o82289/414
* Steps Bridge: an der Transmoor-Route. Ein Stell-Caravan auf halbem Weg zwischen Exeter und Moretonhampstead. Tel. o647/52o18.
* Tavistock: in der Town Hall am Bedford Square. Tel. o822/612938.

UNTERKÜNFTE

Für Leute mit Pkw kein Problem, das Dartmoor als Tagesabstecher ab Exeter zu erkunden - erspart das Kofferpacken. Für intensives "Dartmoor-feeling" aber besser, dort auch zu wohnen.

Vermittlung nicht durch das TI in Exeter, sondern durch die National Park Offices: besonders Juli/August wegen limitiertem Angebot schon am Vormittag auf Zimmersuche gehen.

Stilvolle Absteige ist das **"Manor House Hotel"** mit illustrem Ambiente und weitem Park drumrum. Prachtvolle Gemeinschaftsräume, komfortable Zimmer und alle Facilities. Liegt an der Transmoor-Route, 3 km hinter Moretonhampstead. Tel. o647/ 4o355. DZ mit Bad/WC 12o- 15o DM.

BED & BREAKFAST: Optimale Lage im Herzen der einsamen Moorwildnis haben die Häuser in den Dörfern Two Bridges, Princetown und vor allem Postbridge. Sehr geringes Angebot, daher rechtzeitig buchen. Alternative: eine Anzahl abgelegener Farmhöfe, kilometerweit vom nächsten Dorf. Abends pfeift der Wind vom Moor rüber, zum Weckruf kräht der Hahn...

In Okehampton für Leute, die im Revier der Tors wandern möchten. Optimale Lage, das Städtchen selbst hat aber nicht die typische Moor-Atmosphäre. In Steps Bridge: wer im Ostteil Dartmoors mit seiner Flußauen-Landschaft wohnen möchte.

Camping: Alle Plätze sind in der Gratis-Zeitung "Dartmoor Visitor" abgedruckt. Sie liegen vorwiegend am Rand des Nationalparks.

Okehampton: mehrere Plätze im Umkreis der Stadt. Für Leute, die im Revier der Granit-Tors wandern möchten.

Princetown: ein Campingplatz, im Herzen des Moores. Der einzige Campingplatz an der Transmoor-Route, die mitten durch den Nationalpark führt.

Zwei **Jugendherbergen**: "Steps Bridge": in Dunsford Village, an der B3212. Alter Cottage auf einem Hügel über dem River Teign, umwuchert von Bäumen. Wer in den Flußauen im Osten Dartmoors wandern möchte. Liegt gegenüber dem Nat. Park Centre. Tel. o647/53435.

"Bellever": mitten im Moorland, oft ausgebucht (vorher anklingeln). Anfahrt: in Postbridge an der Transmoor-Route nach rechts abbiegen. Ca. 2 km. Jim, der Warden, schmeißt den Laden schon seit Jahrzehnten und ist eine nicht wegzudenkende Institution hier im Dartmoor. Das Hostel ist Ausgangspunkt für Wanderungen über offenes Moorland. Tel. o822/ 88227

Beide Jugendherbergen sind durch eine schöne Tageswanderung verbunden. Knapp 25 km quer durchs Moorland, immer in Sichtweite der Transmoor-Straße. Keine Orientierungsprobleme.

Wandern: Das Dartmoor ist das klassische Wanderrevier in Südengland. Unvergeßliche Naturerlebnisse abseits der Zivilisation. Bussarde ziehen am Himmel ihre Kreise, an einsamen Seen Rast einlegen.

Unbedingt die VERHALTENSREGELN beachten:

* Nur mit OS-Karte und Kompaß , da plötzlicher Nebel die Orientierung sehr erschweren kann. Wer sich trotzdem verirrt: dem nächsten Bach flußabwärts folgen, in den Tälern stehen oft Hütten für Schutz.

* Regenschutz und ein warmer Pullover (auch bei schönem Wetter!). Wegen des feuchten Untergrundes festes Schuhwerk. Extra-Ration Essen und Trinkwasser.

* Nicht alleine aufbrechen. Route und geplante Rückkehr bei Polizei oder B&B-Dame/JuHe-Warden hinterlegen.

Im OSTTEIL einfache Spaziergänge in romantischer Landschaft, bekannt für seine sog. "River Valley Walks" durch lauschig grüne Flußauen, begleitet von Vogelgezwitscher und dem Plätschern des Wildbaches. Karte und Kompaß entbehrlich.

Gute Startpunkte sind Chagford, Moretonhampstead sowie die Jugendherberge "Step Bridge".

Im SÜDTEIL einsame Moorlandschaften mit langen Wanderwegen, erheblich höherer Schwierigkeitsgrad. Hier ist Dartmoor am einsamsten, nur wenige Touristen kommen hier raus.

Startpunkt sind die Orte an der Transmoor Straße B 3212 Princetown, Two Bridges, Postbridge (sowie die JuHe "Bellever").

Im NORDTEIL rauhe Granitlandschaften mit Heidekraut und den bizarren Steinblöcken, den sog. "tors". Der wildeste Teil vom Dartmoor; hier die meisten Wanderer. Pferdefuß: Übungsgebiet der Army und darf bei Manövern nicht betreten werden. Im August keine Manöver. In der übrigen Zeit vergewissert man sich am Tag zuvor an den Aushängen in Info-Büros, Pubs, Post-Offices, JuHe's etc. Außerdem flattern an Manövertagen rote Fahnen an markanten Geländepunkten. Im Schnitt sind an 2- 3 Tagen pro Woche Übungen.

ROUTEN-TIPS: Wegen des breiten Angebotes an Broschüren-Material haben wir auf detaillierte Routenbeschreibungen verzichtet. Gibt's in jedem Info Centre oder in den Buchhandlungen von Exeter.

WALK AND TALKS: Die Info Centres veranstalten sachkundig geführte, organisierte Wanderungen. Dauer 1 1/2 bis 6 Std. Für Leute mit weniger Erfahrung im Umgang mit Karte und Kompaß. Ostern bis Mitte September täglich, genaue Termine in der Gratis-Zeitung "Dartmoor Visitor".

Radfahren: Zwar wunderschöne Natureindrücke, - sonst aber nur zu empfehlen für belastbare Oberschenkel. Sehr viel Auf und Ab. Bike-Rent in Exeter, Adressen beim TI.

Pony-Trekking: ein Dutzend Reitställe. Ausritt immer im Treck, aus versicherungstechnischen Gründen keine Einzelritte. Preise: pro Stunde knapp 1o DM, für den ganzen Tag 25-3o DM. Adressen: im "Dartmoor Visitor"; am Tag zuvor durch kurzen Anruf buchen.

Shopping: im Dartmoor haben sich viele Kunsthandwerker angesiedelt, die kleine Werkstätten betreiben. Umfangreiche Adressen-Liste im "Dartmoor Visitor", unter der Sparte "Arts & Crafts".

Die **TRANSMOOR- STRASSE** (B 3212) führt quer durch den Dartmoor Nationalpark. Ein düsteres Hochmoor mit tonnenschweren Findlingsblöcken, Wildponies grasen am Stadtrand.

Ca. 6o km auf der B 3212. Liefert den besten Eindruck vom Dartmoor. Mit Stops ein ganzer Tag.

★ **Moretonhampstead**: ca. 1.6oo Einw., auf einem Hügel gelegen und nordöstl. Eingangstor zum Dartmoor. Urlauberzentrum mit Hotels und Restaurants, in der Region schöne Wanderungen. - MEARSDON MANOR (Cross Str.), ein Haus aus dem 14. Jhd., hier Verkauf von Kunsthandwerk aus der ganzen Welt (chinesische Jade, Sachen aus Ebony-Holz/Burma, Kupfersachen/ Türkei etc) zu erschwinglichen Preisen. - ARMENHAUS: aus dem Jahre 1637, mit wuchtigen Granitsäulen.

Wandern: Gewässersystem aus drei Seen, eingerahmt von grünem Wald. Mehrere ausgeschilderte Rundwanderungen entlang der Ufer, Dauer zwischen ein und drei Stunden. Ausgehend von einem Parkplatz, ca. 4 km südöstlich (via der A 382).

MINIATURE PONY CENTRE: Farmgelände mit Klein-Tieren, so eine Herde von Shetland-Ponies, Zwerghasen, Zwergziegen, Zwergesel. Besonders beliebt bei Familien mit Kindern. Liegt an der Dartmoor-Route; ca. 5 km nach Moretonhampstead.

★ **Widecombe-in-the-Moor**: Liegt rund 15 km südöstlich von Moretonhampstead und lohnt allein wegen der Strecke durchs Hochmoor. Dorf mit 6oo Einwohnern, die Häuser und Farmhöfe um die imposante Kirche (3o m hoher Turm). Hotels, B&B und Camping. Sehr gute Basis für Wanderungen im Hochmoor.

MOORLAND HOTEL: auf dem Hotelgelände der Korbmachers Brian Hutchins, der z.B.

auch das Harrods-Kaufhaus in London beliefert. Für nur 4 DM wird Material gestellt plus Anleitung, um sich an Ort und Stelle selber einen Korb zu flechten. Dauert etwa eine Dreiviertelstunde.

Neben Korbwaren auch Verkauf von alten Drucken und Reproduktionen von Dartmoor-Landschaften (ca. 1o-2o DM). Anfahrt: ca. 4 km östlich, Richtung Bovey Tracey.

HAY TOR: klotziger Granitstock mitten im Heidekraut. Ca. 15 Minuten zu Fuß, ab dem Parkplatz ca. 1 km vor dem Moorland Hotel. Souvenir-Tip: im oben beschriebenen Craftcentre werden Reproduktion vergilbter Ansichtskarten verkauft, die den eben bestiegenen Hay Tor abbilden.

★ **Postbridge**: Hotel und Pub mit ein paar Farmen, mitten in der Moor-Einsamkeit. CLAPPER BRIDGE: Brücke aus flachen Granitplatten. Sie wird gestützt von zwei Granitpfeilern aus groben Steinblöcken, die im Wasser stehen. Über ihre Herkunft herrscht Unklarheit, vermutlich stammt sie schon aus der Bronzezeit.

★ Princetown (ca. 9oo Einw.)

Der größte Ort innerhalb des Dartmoores. Triste und graue Siedlung mitten in Landschaft aus Heidekrautbüscheln und Sauergräsern.

DARTMOOR PRISON: ehemals das berüchtigtste Gefangenenlager Englands. 3 Zellenblocks aus grauem Granit und mit Gitterfenstern mitten im Dorf.

Geschichte: Zwischen 18o6 und o9 wurde das Gefängnis fertiggestellt, um Kriegsgefangene aus den napoleonischen Kriegen nach Dartmoor zu deportiert und unterzubringen. Sie bauten ihr eigenes Gefängnis. Damals noch 7 Blocks, die radial zueinander standen wie Radspeichen. Als Schutz zwei Ringmauern.

Das Lager war unbeheizt und mit 9.ooo Inhaftierten hoffnungslos überbelegt. Wegen der katastrophalen sanitären Verhältnisse grassierten Typhus und Ruhr. Pro Woche fanden vier Häftlinge den Tod in der Hölle von Dartmoor. Die Gefangenen arbeiteten in den Steinbrüchen im Moor. Ein Entkommen war fast unmöglich, auf 7 Gefangene kam ein Wärter. Wer dennoch einen Fluchtversuch wagte, fand meist in den Sümpfen den Tod.

1816 nach dem Friedensschluß mit Frankreich wurden die Kriegsgefangenen entlassen. Das Lager stand die nächsten rund 35 Jahre leer. Zivilgefangene wurden zu jener Zeit nicht in Gefängnisse gesperrt, sondern in die Kolonien deportiert, was billiger war.

185o wurde das Dartmoor Prison erneut eröffnet, da sich die Kolonien zunehmend weigerten, deportierte Sträflinge aufzunehmen. Erstmals wurden im Dartmoor keine Kriegsgefangene, sondern normale Sträflinge inhaftiert. Man baute eine Heizung ein, die Belegungszahl wurde auf 1.3oo reduziert. Die Versorgung war ausreichend. In dieser Phase lebten die Gefangenen besser als viele Arbeitslose draußen. Bezeichnenderweise klopften die Dorfbewohner häufig an die Gefängnistore und bettelten um Essen.

Um die Jahrhundertwende wurde Princetown zum Hochsicherheits-Gefängnis für Schwerverbrecher. Um 19oo waren 1.ooo Lebenslängliche hier inhaftiert. Im 2. Weltkrieg brachte man dann erneut Kriegsgefangene hier unter.

Seit 1979 ist Princetown kein Hochsicherheits-Gefängnis mehr. Derzeit ist es mit rund 6oo Häftlingen belegt, die im Schnitt mehrere Jahre zu verbüßen haben.

Von PRINCETOWN noch 2o km durch die Moorwildnis, bevor die B 3212 auf die A 386 Richtung Plymouth trifft.

4.) KÜSTENROUTE

Am TOR BAY englische Seebäder mit Museen, breitem Angebot an Wassersport und von Klippen umrahmten Sandstränden. Der Küstenbereich nennt sich wegen des subtropischen Klimas und Vegetation "ENGLISCHE RIVIERA". - Um die Südpitze Prawle Point Wanderungen bis Plymouth entlang einsamer Cliffs.

Die ROUTE folgt der A 379 entlang der Küste bis zur TOR BAY. Weiter über die A 385 zur Schnellstraße A 38 nach -> Plymouth. Oder über die A 379 zum Küstenort Dartmouth und weiter über Nebenstraßen bis Plymouth. Benötigt je nach Route bis zu 16o km und reine Fahrzeit ca. 3 Std., mit Stops und Wanderungen aber 1 - 2 Tage kalkulieren.

TRANSPORT: mit British Rail Exeter -> Torquay oder Bus der "Devon General". Dann zwei Alternativen für Anschlüsse bis Paignton:

- am flottesten mit dem British-Rail-Zug. Oder mit einem der Minibusse der Company "Bayline", die ständig die Küstenstraße langpendeln.
- Alternative: ab Torquay auf dem Seeweg mit der Fähre quer durch die Bucht, Ziel ist Brixham. Von hier verkehrt ein Minibus die paar km zurück nach Paignton (Minibusse der Bayline Company).

Von Paignton weiter bis Kingswear per Dampfzug entlang der Küste. Als Alternative fährt ein Minibus. - Für paar Pfennige mit der Pendelfähre rüber nach Dartmouth. Von dort stündlich Busanschluß nach Plymouth (Company "Western National").

Wassersport: praktisch an allen Küstenorten, am meisten aber in Torquay. Wasserski, Windsurfen, Segeln, Parasailing, Tauchen etc. Vermietung von Ausrüstung und Kursangebote vor Ort abchecken.

★ **Starcross**: an der A 379 und rund 15 km südl. von Exeter. Gut beschildert ist die ATMOSPHERIC RAILWAY: Industriemuseum über ein hydraulisches System für den Zugantrieb. Es wurde 184o vom berühmten engl. Ingenieur Brunel konstruiert.

Dabei wurden zwischen die Gleise Röhren gelegt, die mit der Lokomotive verbunden waren. Pumpen erzeugten in den Röhren ein Vakuum und trieben so die Lok an. Man erreichte Geschwindigkeiten von über 1oo km/h. Das Projekt mußte jedoch schon bald nach Inbetriebnahme gestoppt werden, da man kein Mittel gegen die Ratten fand, die die ölgetränkten Dichtungslappen aus Leder zernagten.

Passagierfähre rüber nach Exmouth: lohnt sich auch kurz für einen Kaffee wegen der schönen Fahrt durch den Mündungstrichter des River Exe. Verkehrt nur im Sommer. Details zu Exmouth ab S. 345.

DAWLISH: Betriebsamer Urlaubsort. In der Stadtmitte ein Park, durch das ein kleinen Flüßchen plätschert. Enten und Bläßhühner, Hauptattraktion sind die schwarzen Schwäne. Am schönsten nachts, wenn der ganze Park beleuchtet ist. - DAWLISH WARREN: nordöstlich gelegene Landzunge, die zum Naturschutzgebiet erklärt wurde. Dünen und Tausende von Strandvögeln. Schöner Blick auf die Sandbänke im River Exe.

TEIGNMOUTH: Seebad mit spätgeorgianischen Stadtvillen und etwas Schiffsverkehr. - TEIGN VALLEY GLASS STUDIOS: Besichtigung der Glasbläserei und Gravieranstalt, Verkauf von verbilligter Ausschußware. Paar km westlich, an der A 381 Richtung Newton Abbot.

SHALDON: Zwillings-Dorf auf der anderen Seite des Meeresfjordes. Verwaschene Häuser und Winkelgassen rund um den Bowlingplatz, nette Pubs. Verbindung mit der Personenfähre; pendelt ständig hin und her. Im Ort ein Naturkundemuseum mit präparierten Vögeln, Säugetieren, Reptilien. - NESS BEACH: Sandstrand am Fuß der Steilküste. Zugang durch einen Tunnel, der durch die Klippenwand geschlagen wurde.

★ Torquay

Zentrum der englischen Riviera und eines der lebhaftesten Seebäder Großbritanniens.

TORQUAY: Hafenbucht, Illustration von 1868

Im Sommer viel Betrieb und Urlauber. Fast mediterrane Atmosphäre, wenn die Yachten in der Bucht vor Anker liegen, Palmen und subtropische Vegetation. Die Häuser klettern am Hang hoch. Sehr mildes Klima in der windgschützten Bucht und viele Sprachschüler.

1848 erreichte die Eisenbahn Torquay und der touristische Boom begann, der zum Attribut "englische Riviera" führte. Bereits zwei Jahre später propagierte sich Torquay als die "Queen of Watering Places". Die echte Cote d'Azur war damals wegen fehlendem Ausbau der Verkehrwege (Eisenbahn) noch viele Tagesreisen weg und daher nur für die High Society erreichbar, die über genügend Geld und Zeit verfügte. 1864 erreichte die Eisenbahn auch die Cote d'Azur, so daß diese zwar nun schneller erreichbar war, trotzdem aber noch relativ weit weg.

Torquay erhielt 1891 die Stadtrechte, immer mehr Leute hatten sich hier niedergelassen, bzw. ihre Sommervillen gebaut. Das milde Klima gilt als bestes Englands. Im Sommer kommen tausende von Sprachschülern, u.a. wegen der sehr guten touristischen Infrastruktur (Theater, Konzerte, Discos, Nightclubs, Kino etc.). *"TORBAY"* ist die Sammelbezeichnung für die drei Ortschaften (Torquay, Paignton, Brixham), die ein fast geschlossenes Siedlungsgebiet an der Tor-Bucht bilden.

Transport: Minibusse der Company Bayline fahren entlang der Strandpromenade die Bucht ab. Alle fünf Minuten bis Paignton und alle 2o Minuten bis Brixham.

Unterkünfte: Große Auswahl an Hotels und B & B. Im Sommer und an Wochenenden aber unbedingt per book-a-bed-ahead vorausbuchen. Wer's ruhiger haben will, quartiert sich besser im östlichen Stadtteil Babbacombe ein (ebenfalls näher bei den Stränden). Action läuft im Umkreis des "Harbour".

DADDY-HOLE: Klippe östl. vom Torquay-Zentrum

TORRE ABBEY (King's Drive): Kloster aus dem 12. Jhd. Heute eine Kunstgalerie: Antikmöbel, Gemälde, Silber- und Porzellansachen.

AQUALAND (gegenüber vom TI): Große Tanks, umfunktioniert zu Aquarien für Tropenfische, die wie Urwelttiere umherschwimmen. Gekonnt arrangierte Unterwasserlandschaften.

MODEL VILLAGE (Babbacombe Road): schöne Spielzeuglandschaft mit Dörfern und Städten, zwischen denen Modelleisenbahnen hin und her pendeln. Alles maßstabsgetreu. Neben dem Village startet die CLIFF RAILWAY, eine Standseilbahn, die von der Klippenkante runter zum Strand führt. Lohnender Ausflug.

BYGONES (Babbacombe Road): Pflasterstein-Straße mit typischen Ladenfronten, wie sie im 19. Jhd. üblich waren. Bimmelläden, eine alte Küche mit verbeulten Pfannen etc.

COCKINGTON: Stadtteil westlich vom Zentrum. Postkarten-Idylle, windschiefe Cottages mit weißgekalkten Mauern und strohgedeckten Dächern, enge Gäßchen, nette Pubs. Sehenswert: eine Schmiede aus dem 14. Jhd.; Pferdekutschen zu mieten.

KENTS CAVERN: ausgedehnte Tropfsteinhöhlen mit einem Labyrinth von Grotten und Gängen. Sie waren vor 1oo.ooo Jahren bewohnt, in der Höhle wurden Knochen von Tieren (Pferd, Bär, Hirsch, aber auch Elefanten und Rhinozeros) gefunden. Die Führungen dauern eine 3/4 Std., befindet sich im Stadtteil Wellswood, ca. 1 1/2 km östlich des Zentrums.

Strände: insgesamt fünf Strände. Die drei südlichen mit Sand, die nördlichen zwei mit Kies.

Boot-Trips: großes Angebot, bis hin zu ganztägigen Ausflügen zu den Kanalinseln. Infos beim TI. - Tip ist die Fähre von Torquay nach Brixham. Sie pflügt im Shuttle-Dienst alle halbe Stunde die Bucht rauf und runter. Yachten wiegen sich im Wind, ein bißchen Lärm vom Strand rüber. Abfahrt vom Hafenpier, Fahrtzeit bei einer halben Stunde.

★ Paignton (39.5oo Einw.)

Die Ortschaft ist mit Torquay zusammengewachsen. Weiterer Riviera-Urlaubsort, vielleicht eine Idee ruhiger. Viele Familien mit Kindern. Badesichere Strände, reiches Amusement, Wassersport.

OLDWAY MANSION (Torquay Road): Villa des Nähmaschinen-Multis Isaac Singer, dessen Dynastie ganzen Hausfrauengenerationen die Handarbeit erleichterte. Gebaut 1875. Viele Räume im Stil des Schlosses von Versailles (Deckengemälde, Marmorhallen, elegante Treppenaufgänge). Sehenswert auch die italienischen Gärten.

KIRKHAM HOUSE (Mill Lane): mittelalterliches Steinhaus aus dem 14. Jhd., exemplarisch für die Architektur dieser Epoche.

SEASHORE AQUARIUM (South Quay): Aquarien mit Krabben, Krebsen und anderem Strandgetier.

PAIGNTON ZOO (an der Ausfahrtstraße Richtung Totnes): über 3oo Tierarten von Raubkatzen über Reptilien zu Insekten. Dazu ein botanischer Garten, das Treibhaus "Tropical House" (Dschungelvegetation mit freifliegenden Tropenvögeln), und Zugfahrt auf einer Affeninsel.

COMPTON CASTLE: Herrenhaus aus dem 14. bis 16. Jhd. Mischung aus Villa und befestigter Burganlage. Liegt im Vorort Marldon, ca. 5 km westlich.

DAMPF-EISENBAHN: fährt 11 km runter nach Kingswear bei Dartmouth. Wildwest-Feeling: Rußpartikel fliegen einem um die Ohren, und der Heizer vorne in der Lok schnauft lauter als sein Dampfkessel. Abfahrt vom Bahnhof; verkehrt mehrmals pro Tag. Infos zu Kingswear: siehe unten.

★ Brixham (17.7oo Einw.)

Der ruhigste Ferienort an der Tor-Bucht, hat noch was vom Charme eines Fischerstädtchens. Bunt bepinselte Häuser, enge Gassen, ein modriger Hafen.

GOLDEN HIND: originalgroße Replikation des Schiffes, mit dem Sir

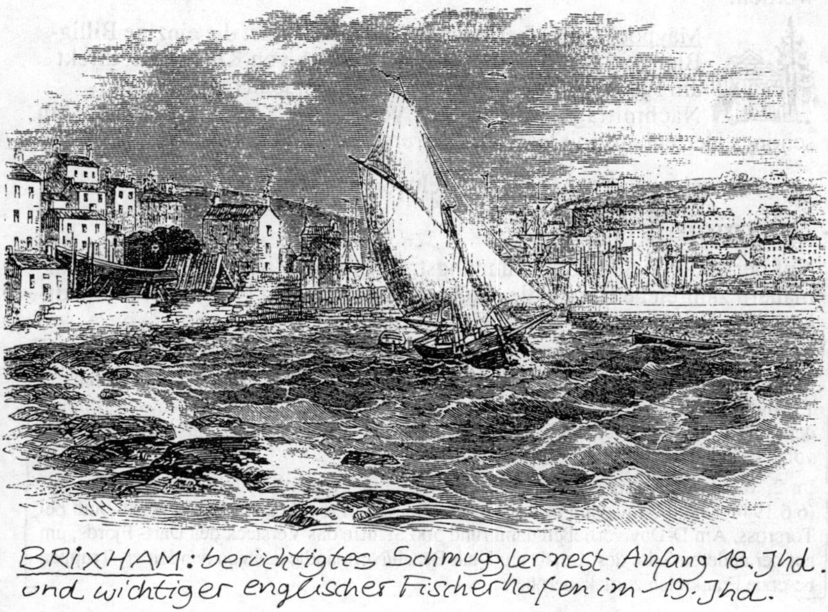

BRIXHAM: berüchtigtes Schmugglernest Anfang 18. Jhd. und wichtiger englischer Fischerhafen im 19. Jhd.

Francis Drake in den Jahren 1577 - 8o als erster Mensch die Welt umsegelte. Liegt unten am Quay beim FISHERIES MUSEUM (Exponate zur Geschichte der Brixham Fischerei).

Brixham war im 18. und 19. Jhd. nicht nur berüchtigt als Schmugglernest, sondern auch berühmt für seine Fischfang- Flotte. Der Fisch wurde bis Mitte 18. Jhd. (also bevor die Eisenbahn eröffnet wurde) von Brixham Überland auf Packeseln zum Markt in Exeter geschafft, bzw. per Schiff nach Portsmouth und von dort per Packesel nach London.

Nach der Erfindung des Dampfschiffes (größere Reichweite) kam es zu schwerem Einschnitt in der früheren Fischfangtradition Brixhams; heute nur noch Fischfang für Regionalbedarf.

HEIMATMUSEUM (Bolton Cross): mit interessanter Abteilung über die Geschichte der englischen Küstenwache.

BERRY HEAD: Landspitze, rund 2 km östlich vom Hafen. Parkanlage mit schöner Vegetation und Leuchtturm, der mit seinen 4 m als kleinster Englands gilt, zugleich aber auch als höchster (inkl. Klippe ca. 7o m!). Die Wanderung raus zum Berry Head lohnt sich wegen der großartigen Klippenlandschaft und des schönem Panoramablicks über die tiefblaue Torbucht, wo sich die Segelyachten im Wind wiegen. Außerdem ein Fort aus der Zeit der napoleonischen Kriege (mit kleinem Café).

Endstation des Dampflokzugs ab Paignton ist **KINGSWEAR**. Umfangreiche Krabbenfischerei, viel Betrieb, wenn die Fänge eingebracht werden.

Maypool Jugendherberge (o8o3/ 842444) ist die einzige Billig-Bleibe in dieser Ecke, ca. 3 km südlich von Kingswear, direkt am Fjord des River Dart. Schöne Strände in der Nähe, die Nachmittage in Torquay verbringen. Vom Baulichen ein schönes Herrenhaus mit Gärten drumrum.

Eine Passagier- und Autofähre pendelt von Kingswear ständig rüber nach:

★ Dartmouth

Auf der anderen Seite des Mündungstrichters des River Dart. An den Kaimauern zahlreiche Boote, die Häuser ziehen sich den Hang rauf. Im Stadtkern alte Fachwerkhäuser aus dem 17. Jhd.

Wegen der optimalen Lage am tief landein führenden Meeresfjord war Dartmouth bereits für die Römer ein wichtiger Hafen. Im 12. Jhd. diente es den Kreuzfahrern als Hafen, im 13. Jhd. bedeutender Hafen für den Weinhandel mit Bordeaux. 162o diente Dartmouth den Pilgrim Fathers mit ihren Schiffen "Mayflower" und "Speedwell" als Reparaturhafen vor der Atlantiküberquerung nach Nordamerika.

Im 2. Weltkrieg war der Fjord von Dartmouth einer der Stützpunkte für den "D-Day" (6.6.1944) und die Invasion in der Normandie. Geübt wurde südlich von Dartmouth bei Torcross. Am D-Day verließen dann rund 5oo Schiffe das Versteck des Dart- Fjords, um auf der anderen Seite des Kanals am Utah Beach/Normandie das von den Hitler- Truppen besetzte Frankreich zurückzuerobern.

THE BUTTERWALK: Kaufmannsvillen aus hölzernem Fachwerk, das auf Säulenreihen ruht. Die Straße war im 17. Jhd. ein Nobelviertel. Die Hallen unter dem Fachwerk dienten für Messen und Auktionen. Heute ist dort das TOWN MUSEUM untergebracht (über 15o Schiffsmodelle).

DARTMOUTH CASTLE: diente zur Überwachung der Einfahrt in den Fjord. Der Bau des Castles wurde 1481 begonnen, ausgebaut bis Mitte des 16. Jhd. Der QUAY (Bayard's Cove) mit seinen alten Häusern diente u.a. als Filmkulisse für die TV-Serie "Onedin Line".

NEWCOMEN ENGINE HOUSE (Mayors Avenue): enthält ein Exemplar der Dampfmaschine, die der Schmied Thomas Newcomen 17o5 erfunden hatte. Sie war die erste funktionsfähige Dampfmaschine der Welt, - im Anschluß von James Watt durch eine Fülle an zusätzlichen Erfindungen weiterentwickelt und verbessert (1769 patentiert).

BOOT-TRIPS: mit dem Dampfer auf dem River Dart flußaufwärts im bewaldeten Tal, Ziel ist Totnes. Der Trip ist ein lohnendes und volles Tagesprogramm inkl. des Besuchs von Totnes (Details siehe dort). Das Schiff fährt im Sommer mehrmals am Tag. Zurück dann entweder mit dem Schiff nach Dartmouth oder mit dem Bus nach Torquay bzw. Exeter.

VERBINDUNGEN: von Dartmouth rund 6o km auf der A 379 landein bis Plymouth. Die ersten 12 km bis Torcross schöne Küstenstraße mit sanfter Meeresbrise, die von der Start Bay herüberweht. Der Rest bis Knightsbridge ist Inlandsroute, kleine Seitensträßchen führen runter zur Küste. - Auf der A 379 von Dartmouth bis Plymouth fast stündlich Busse der Company "Western National", Fahrtzeit knapp 3 Std.

TORCROSS: kleines Fischerdorf südl. von Dartmouth. 1944 Übungsgebiet der Alliierten für den D-Day, der Landung in der Normandie. Daran erinnert ein Panzer am Parkplatz; er wurde 1984 aus dem Wasser geborgen.

SHERFORD TROUT FARM: Forellenfarm mit Bottichen voller Fische. Angelzeug wird gestellt, um dann gleich an Ort und Stelle zu grillen. Anfahrt: auf der A 379 rund 3 km westlich bis Chillington, dort rechts abbiegen (beschildert).

Die 2o km von Torcross bis Salcombe sind einer der schönsten Abschnitte des "Devon-Coastal-Path". Vorbei an hohen Klippen und idyllischen Buchten, volles Tagesprogramm.

Schon im voraus die Übernachtung am Zielort des Trecks reservieren. Ebenso den Fahrplan für die Personenfähre besorgen, die den tiefen Fjord kurz vor Salcombe überquert.

Die Nacht vor der Wanderung verbringt man am besten in Torcross. Oder in Dartmouth bzw. in der Jugendherberge in Kingswear: am nächsten Morgen dann mit dem Frühbus zum Startpunkt in Torcross.

Übernachtung in Salcombe: Hotels oder Bed & Breakfast. Traditioneller Treff der Wanderer ist jedoch die dortige Jugendherberge.

Am nächsten Tag: Busse zurück zum Auto am Startpunkt (Torcross). Oder mit Bussen weiter nach Plymouth.

KINGSBRIDGE: gemütliches Dorf am tief eingeschnittenen Fjord mit einer Reihe alter Häuser rund ums Rathaus. Im COOKWORTHY MUSEUM: (1o8 Fore St.) Exponate zur Region. Eine Miniatur- Eisenbahn führt auf Schmalspurgleis um den Hafen. - LODDISWELL VINEYARDS: Weingärten mit angeschlossener Kelterei. Können besichtigt werden inkl. Weinprobe. Anfahrt: auf der A 379 ca. 1o km nordwestlich bis Aveton Gifford, dort rechts abbiegen (beschildert).

LADY ELIZABETH FÄHRE: pflügt in einer halben Stunde durch den zerlappten Fjord runter nach Salcombe.

SALCOMBE: steile Sträßchen und Häuserwürfel ziehen sich runter zum Yachthafen. 1o km Absteher von der Route: regelmäßig Busse und Fähre ab Kingsbridge. Am Quay ein Heimatmuseum.

Im Bootshaus unten am Hafen werden Ruder- und Motorboote vermietet, um auf eigene Faust im Meeresfjord rumzukreuzen. - Eine Personenfähre führt rüber auf die andere Seite des Fjordes. Abfahrt vor dem Ferry Inn.

OVERBECKS GARDENS: Gärten mit Blumen und Sträuchern.

SOAR MILL COVE: tiefblaue Bucht mit Felspools, Sand- und Schlickfeldern. Zunächst mit dem Auto nach Soar, einem kleinen Weiler paar km südwestlich von Salcombe. Dort den Wagen parken: Viertelstunde zu Fuß runter zur Bucht.

ERMINGTON: in der Ludbrook Trout Farm werden Forellen gezüchtet. In den Teichen flimmert es silbern, gegen kleine Gebühr kann man sich sein Abendessen angeln.

YEAMPTON: rund 1o km vor Plymouth. Die Stadt als solche wenig aufregend, aber zwei sehr lohnende Trips: NATIONAL SHIRE HORSE CENTRE: Farmgehöft, auf dem eine Herde Ackerpferde gehalten wird. Drollige Fohlen, die Gäule in vollem Geschirr. 3 mal am Tag findet eine Pferdeparade statt. Außerdem zu sehen ein Falkenhof und ein tropisches Treibhaus voller Schmetterlinge.

KITLEY CAVES: eine Reihe von Höhlen und bizzarre Felsformationen im Tal des River Yealm. Plus ein Museum über Höhlenforschung.

BOOT-TRIP: ein Kahn tuckert mehrmals pro Tag den River Yealm runter. Abfahrt vom Quay; dort ein Aushang des Fahrplanes. Zielort ist Newton Ferrers.

NEWTON FERRERS: Alte Häuser ziehen sich zwischen wuchernder Vegetation runter zur Bucht. Anfahrt: liegt 6 km südlich von Yealmpton; entlang der B 3188. Flotte Busverbindung.

Wandern: in Newton Ferrers mit der Pendelfähre übersetzen und 2 km entlang des Küstenpfades nach Wembury. Kurz vor Wembury eine bezaubernde Bay aus Schlickfeldern und tausend Felspools (reich an Strandtieren).

Lohnend auch der Coastal Path in östlicher Richtung: entlang schroffer Klippen. Knapp 2o km bis zum nächsten Dorf Mothecombe (sich vorher über Busanschlüsse für den Rücktransport informieren).

Plymouth

(25o.ooo Einw.)

Größte und wichtigste Stadt im Südwesten Englands. Der Naturhafen mit seinem tief eingeschnittenen Naturfjord diente in früheren Jahrhunderten Piraten und Seefahrern als Ausgangspunkt, die Welt zu entdecken und für die englische Krone zu erobern.

Luftangriffe von Piloten des Hitler-Deutschlands zerstörten im 2. Weltkrieg Plymouth (ausgenommen eines kleinen Altstadtbereichs) fast komplett.

Daher modern- sterile Stadtarchitektur mit einigen interessanten Museen.

SMEATON LEUCHTTURM
Schützte ab 1759 die Einfahrt nach Plymouth. Heute im Plymouth-Hoe Park (29).

Tourist INFO (15) Hauptoffice im Civic Centre, Royal Parade. Book-a-bed-ahead. Außenstelle im Sommer im Altstadtviertel Barbican.

GESCHICHTE: ursprünglich lag hier eine Siedlung der Sachsen, die sich "Sutton" nannte. Offiziell wurde der Namen "Plymouth" (=Mündung des Plym Flusses) erstmals 1231 genannt.

Ab ca. 154o erlebte Plymouth großen Aufschwung. Von hier wurde der westliche Eingang zum Ärmelkanal kontrolliert. Zugleich diente der Naturhafen Plymouth aber auch englischen Piraten und Freibeutern, die hier ihre Schiffe ausrüsteten, um in die "Neue Welt" zu segeln, die Columbus in Mission der span. Krone seit 1492 entdeckt hatte.

Die Spanier gründeten in Folge ihrer Entdeckungen in Zentralamerika (Mexiko) und Südamerika Kolonien. Zudem hatte das päbstliche Dekret im Vertrag von 1494 den Spaniern alles neu entdeckte Land westlich des 5o. Längengrades zugesprochen. De facto war dies gesamt Zentralamerika sowie fast gesamt Südamerika (ohne heutiges Brasilien)! Insbesondere die spanischen Silberminen in Potosi (heutiges Bolivien) und Mexikos lieferten gewaltige Reichtümer, die von spanischen Schiffen via Karibik nach Cadiz/Spanien verschifft wurden.

Die Engländer waren bei der Entdeckung neuer Bereiche der Welt zunächst leer ausgegangen, beschäftigten aber zunehmend Piraten, die im Dienst der englischen Krone mit sogenannten Freibeuter- Briefen ausgestattet waren: der jeweilige Kapitän operierte mit Genehmigung der englischen Krone, um spanische Schatzschiffe zu kapern. Der Kapitän mußte allerdings auch einen bestimmten Anteil der Beute an die englische Krone abführen.

FRANCIS DRAKE (1540-1596), Pirat, später wegen seiner Erfolge als "Sir" in den Adelsstand erhoben

Die jeweiligen Kapitäne (Freibeuter) planten ihre Fahrten wie ein Unternehmer: zunächst suchten sie private Investoren, die für die Kosten für Schiff, Ausrüstung und Mannschaft aufkamen. Bei erfolgreicher Kaperfahrt wurden die Krone (siehe oben) sowie die Investoren und deren politische Hintermänner prozentual zum Gewinn ausbezahlt. Die erfolgreichsten Freibeuter wurden von der Queen sogar in den Adelsstand erhoben (siehe z.B. Sir Francis Drake).

Die Freibeuter hatten zugleich auch wichtige militärische Funktion: sie ergänzten die englische Flotte und fügten dem verfeindeten Spanien erheblichen Schaden zu, - ohne daß hier England offen Krieg gegen Spanien führen mußte.

Die Freibeuter betrachteten sich vielfach als "Piraten ihrer Majestät" und Partrioten: Der Erfolg eines Unternehmens wurde nicht nur an der Beute gemessen, sondern auch am Schaden, dem man dem Feind zugefügt hatte. Daher versenkte man gekaperte Schiffe und steckte geplünderte Küstenstädte in Brand.

Selbstverständlich liefen derartige Aktionen ohne offizielle Beteiligung und Billigung der englischen Krone. Angemahnt von Spanien, das Kaperwesen abzustellen, - flüchtete sich England in immer neue Ausreden: Es handele sich hier nicht um Engländer, sondern um Schotten. Bzw. man versprach Bestrafung, die dann aber nicht erfolgte...

Der Naturhafen PLYMOUTH entwickelte sich ab Mitte des 16. Jhd's zunehmend als Ausgangspunkt für englische Kaperschiffe, die im Raum Karibik, Zentral- und Südamerika erfolgreich operierten, um dort spanischen Schatzschiffen aufzulauern. Aber auch von der engl. Queen gesponserte Entdeckungsfahrten auf den Weltmeeren.

★ **Francis Drake** (geboren 154o in Crowndale, Devonshire) war einer der erfolgreichsten dieser Kaper-Kapitäne. Mit 27 und 1567 segelte er zum ersten Mal über den Atlantik Richtung Karibik, um dort die Aktivitäten der spanischen Schatzschiffe zu stören. Bei dieser Reise, die Drake zusammen mit John Hawkins durchführte, kam es zu einem ersten direkten Zusammenstoß mit den Spaniern bei San Juan de Ulloa, bei dem Drake und Hawkins fast alle ihre Schiffe verloren. Nach Rückkehr in England baten sie bei der Regierung um Ersatz sprich neue Schiffe, was jedoch abgelehnt wurde.

Daher beschloß man, zukünftig auf eigene Faust Piratentätigkeit im karibischen Raum durchzuführen. 3 Reisen (157o, 71, 72) waren sehr erfolgreich: es wurde nicht nur viel spanisches Silber erbeutet, sondern auch spanische Stützpunkte in der Karibik zerstört.

Drake hatte sich hiermit zu einem erfahrenen englischen Kapitän auf der Route in die West Indies (=Karibik) profiliert. Am 13. Dez. 1577 startete er in Plymouth zu seiner wichtigsten Fahrt, die ihn einmal um die Welt führte. Das Flaggschiff war die "Pelican", auch "Golden Hind" genannt mit 1oo Bruttotonnen (für heutige Schiffsgrößen eine Nußschale) und 4 weitere noch kleinere Schiffe, - Gesamtbesatzung 167 Mann.

Die Mannschaft wußte zunächst nicht, auf welchen Kurs die Reise ging. Statt sonst üblicher Atlantiküberquerung westwärts Richtung Karibik, wurde der südamerikanische Kontinent Richtung Südspitze umfahren.

Eine Route, die bereits Fernando Magellan 152o in spanischen Diensten befahren und dabei die nach ihm benannte Magellan- Meeresstraße entdeckt hatte: ein natürlicher Wasserweg, der das stürmische Kap Horn abkürzt, aber nicht minder schwierig für Segelschiffe zu befahren war.

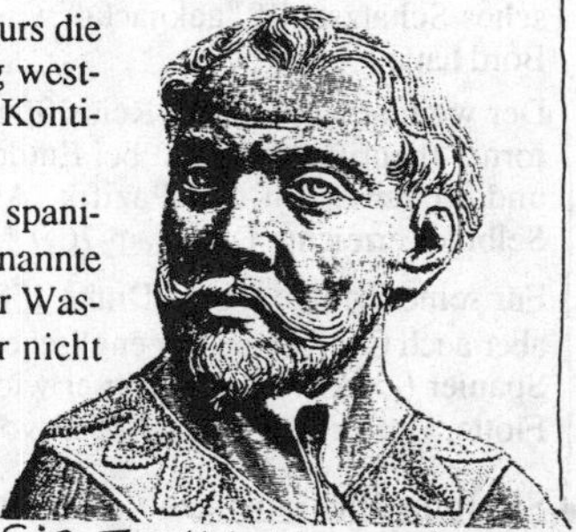

SIR JOHN HAWKINS (1532 – 1595)

Analog kam auch die "Flotte" von Drake in der Magellan - Meeresstraße erheblich in Schwierigkeiten: durch Stürme verlor die Expedition einen Großteil ihrer Schiffe durch Havarie. Allerdings

JOHN HAWKINS plündert 1567 San Juan de Ulloa, ein spanischer Stützpunkt in der Karibik. Allerdings verlieren die Engländer alle Schiffe bis auf zwei.

gelang es Drake, mit der "Golden Hind" die Meeresstraße zu durchqueren und ruhigere Gewässer an der südamerikanischen Westküste zu erreichen. Zum großen Coup kam es dann für die Engländer beim heutigen Valparaiso (Chile, bei Santiago), wo ein spanisches Schatzschiff "geknackt" wurde, das jede Menge an Wein, aber auch Münzen an Bord hatte.

Der weitere Verlauf der Reise führte entlang der südam. Westküste rauf bis Baja California (heutiges Mexico) bei Entdeckung neuer Küsten an der heutigen US- Westcoast und weiter durch den Pazifik, Asien und um die Südspitze Afrikas nach England. Selbiges erreichte Drake am 26.9.158o nach 33 Monaten Weltumrundung.

Für seine Erfolge wurde Drake 1582 zum Sir geadelt und Bürgermeister von Plymouth, aber auch Chefberater der englischen Navy. Während des Krieges der Engländer gegen die Spanier (-> ARMADA) war er wichtiger Führer (zusammen mit Sir Hawkins) der engl. Flotte. Gestorben am 28.1.1596 vor der Küste Panamas.

Sir John Hawkins: geboren 1532 in Plymouth, mehrere Kaperfahrten gegen die Spanier in den West Indies, u.a. auch mit Francis Drake. Nach verschiedenen Kaperfahrten gegen die Spanier in der Karibik wurde Hawkins 1573 zum Finanzverwalter und Kontrolleur der engl. Navy erhoben. Der damals wohl höchste und wichtigste Posten im Kampf der Engländer gegen die spanische Oberherrschaft.

Während der ARMADA (1588) war er einer der wichtigen Führer und kommandierte das

KÖNIG PHILLIPP II
von Spanien
(1527 – 1598)

SEESCHLACHT vor Plymouth am 19./20. Juli
Engländern rechts sowie links. Die Schlacht

Schlachtschiff Victory. Wegen seiner Erfolge wurde er zum Sir geadelt. 1595 begleitete er Sir Drake auf dessen letzter Reise und starb im November des gleichen Jahr als 63-jähriger vor der Küste des heutigen Porto Rico.

ARMADA: bis 1585 hatten sich die Dinge zugespitzt. Spanien war führende Seemacht geworden und bezog hohe Reichtümer aus den Silberminen Süd- und Zentralamerikas. Ein Kapital, das nicht nur zu hohem Luxus im Land führte, sondern auch das Kapital anstapelte, um die Führungsposition Spaniens in Europa durch den Aufbau einer Kriegsflotte zu manifestieren.

Englische Freibeuter kaperten spanische Schatzschiffe auf dem Weg von Hispañiola/Karibik nach Cadiz/Spanien und störten den Schatztransport nicht unerheblich. Zudem hatte Sir Drake 1585 frech die spanische Stadt Vigo angegriffen und in Brand gesetzt. Eine direkte Konfrontation in einem Seekrieg zwischen Spanien (damals die führende Macht in Europa) und England (drittwichtigste Macht) war somit kaum noch vermeidbar.

Hinzu kam, daß England die Rebellen in den Niederlanden mit Waffen und Geld unterstützte, um Spanien zu schwächen. Zudem erreichte den spanischen König Phillipp II. im März 1585 die Nachricht, Cartagena (heutiges Kolumbien) an der Nordküste Südamerikas sei von englischen Freibeutern bedroht worden. Eile tat nunmehr Not, um diese ständigen Störaktionen Englands und die Gefahr, die von diesen geschickten Kapitänen

KÖNIGIN ELISABETH I. von England (1533 - 1603)

1588 zwischen Spaniern (Bildmitte) und ging zu Gunsten der Engländer aus.

mit ihren schnellen Schiffen ausging, - auszuschalten. Außerdem befand sich Spanien in Finanzproblemen, da seine ständige territoriale Expansion (neue Amerika- Kolonien, aber auch Böhmen, Mähren, Ungarn, Sizilien etc.) mit hohen Kosten verbunden war.

Die Bankiers der wichtigsten Länder Europas gaben Spanien hohe Kredite. Die Kredite waren insbesondere durch die Schatztransporte von Zentral- und Südamerika abgesichert. Nicht nur Phillipp II., sondern auch die Geldgeber hatten daher hohes Interesse, militärische Aktionen gegen Engländer zu unternehmen.

1585 wurde daher in Spanien beschlossen, eine Invasion in England vorzubereiten. Eilig wurden Handelsschiffe zu Kriegsschiffen umgebaut, auf Werften entstanden Kampfschiffe nach damals modernster Waffentechnologie. Die ursprüngliche Planung ging von 56o Schiffen und 6o.ooo Mann aus, was aber wegen Zeitknappheit und Finanzierung scheiterte.
Trotzdem gelang es den Spaniern, in nur 3 Jahren ihre Flotte auf 13o Kriegsschiffe zu erweitern. Bestückt waren die Schiffe mit insgesamt 2.63o (!) Kanonen. Transportiert werden konnten 3o.ooo (!) Mann, eine Truppenstärke, die notwendig war wegen der geplanten Invasion in England. Allerdings bedeutete dies auf spanischer Seite auch, daß viele ihrer Schiffe sehr schwerfällig und überladen waren.

Die Engländer hatten dieser massiven spanischen Aufrüstung nicht tatenlos zugesehen. Vielmehr empfahlen erfahrene Kapitäne wie Sir Francis Drake und Hawkins, daß man vorab spanische Seehäfen angreifen solle, was mit Vigo und La Coruña auch ab 1585 geschah, jedoch die militärischen Aktivitäten Spaniens nicht bremste.

Auf englischer Seite wurde eine Flotte von 61 Kriegsschiffen (+ Transporter) zusammengestellt, die 2.ooo Kanonen an Bord hatten und 14.ooo Mann transportieren konnten. Die englische Flotte war damit gut um die Hälfte kleiner als die spanische, - hatte aber wendigere und schnellere Schiffe. Zudem waren viele ihrer Kapitäne erfahrene Freibeuter im früheren Kampf in karibischen Gewässern gegen Spanier.

Spanischer Schlachtplan: zunächst sollte die span. Armada mit seinen 3o.ooo Mann die Kontrolle des Ärmelkanals gewinnen. Anschließend sollte das spanische Heer des Herzog Alba in den Niederlanden abgeholt werden, um in der Themsemündung zu landen. Als Gesamt- Truppenstärke hofften die Spanier, hiermit die Engländer besiegen zu können.

Für die Engländer war damit klar, daß die Entscheidung in einer Seeschlacht fallen mußte, noch bevor das zusätzliche Invasionsheer aus den Niederlanden an Bord ist. Dazu hatte man eine neue Strategie ausgearbeitet: Seit dem Altertum wurde bei Seeschlachten versucht, gegnerischen Schiffe zu rammen und zu entern. Wegen der personellen Überlegenheit von 2:1 zugunsten der Spanier war dies jedoch wenig sinnvoll.

Die Engländer setzen daher auf ihre besonders wendigen Schiffe, - und Kanonen, die hohe Reichweite besaßen. Der englische Plan war, die Spanier von mehreren Seiten einzukreisen und aus der Ferne unter Kanonenbeschuß zu nehmen, um möglichst viele dieser an Zahl überlegenen Schiffe auf See zu zerstören.

Die Schußgenauigkeit war großes Problem der Kanoniere. Bei Technologie des 16. Jhd. waren zu viele Punkte unbekannt: * Beschaffenheit des Pulvers (=Schußkraft und damit Flugwinkel des Geschosses), - * Drall des Geschosses (da handgegossene Kanonenrohre), - * Ungenauigkeit des Schußwinkels (=da die Segelschiffe sich bewegten), - * Zündzeitpunkt (=brennende Lunte wurde ans Pulver

KARTEN ZUR SEESCHLACHT

(angefertigt 159o von Augustin Ryther)

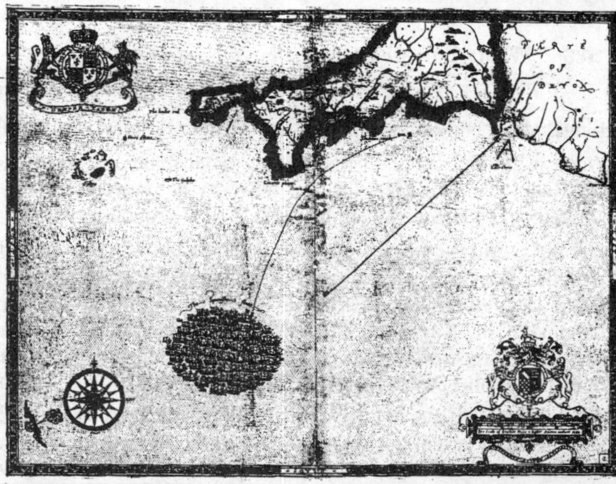

Die 1. Karte zeigt links das Eintreffen der spanischen Armada bei der Südwestspitze England.

Die Linie rechts markiert das engl. Schiff des Kapitäns Fleming, der von Plymouth (A) ins Meer rausfuhr und die Spanier entdeckte.

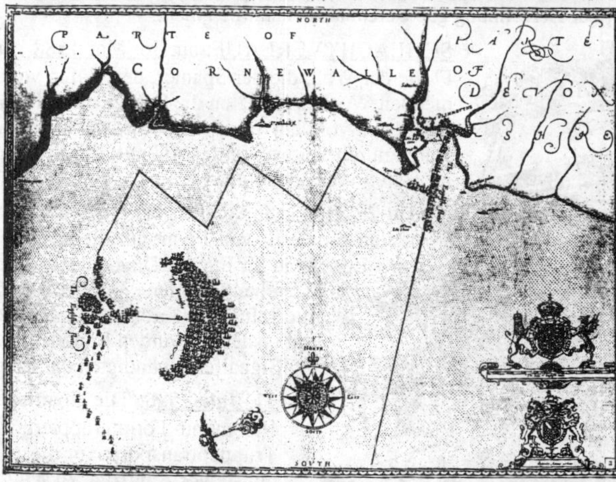

Karte 2: zeigt rechts oben (in der Hafenbucht von Plymouth) einen Teil der englischen Flotte. Die meisten Schiffe segeln südwärts (Linie), andere im Zick Zack Kurs gegen den Wind westwärts.

In der linken Bildmitte die Halbmond-Formation der spanischen Flotte.

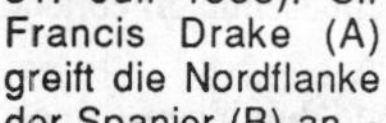

Karte 3: die Schlacht vor Plymouth (3o./31. Juli 1588). Sir Francis Drake (A) greift die Nordflanke der Spanier (B) an, - links englische Flotte unter Kapitän Howard (C).

Rechts: die Spanier (D) fliehen Richtung Calais, gefolgt von den Engländern (E).

hingehalten, und es war fraglich, in welchem Moment sich das Pulver entzündete).

Auch wenn die damalige Reichweite je nach Kanone bis zu 2.ooo m lag, so wurden in der Regel doch nur Ziele bis maximal 5oo m, meist aber Bereich bis 2oo m beschossen. Wegen og. Ungenauigkeiten lag hier die Trefferquote höher.

Die auf englischen Schiffen eingesetzten Kanonen mit 2.ooo m Reichweite hatten zudem den Vorteil, daß die Kugel mit größerer Geschwindigkeit das Rohr verließ (um diese Reichweite zu erreichen). Also im Kampfbereich 2oo - 3oo m damit eine flachere Flugbahn hatte: die Kugel strich flacher übers Wasser und die Gefahr, daß sie (wie bei Kanonen geringerer Reichweite und hoher Flugbahn) vor oder hinter dem dem feindlichen Schiff einschlug, war geringer.

Hinzu kam, daß auf den englischen Schiffen erfahrene Kanoniere tätig waren, die sich u.a. im Karibikraum mit spanischen Schatzschiffen und deren Begleitschiffen beschäftigt hatten. Das Abfeuern von Kanonenkugeln erforderte Fingerspitzengefühl, und Computer zur Berechnung gab es damals bekanntlich nicht.

SCHLACHTVERLAUF: am 3o. Mai 1588 verließ die bisher größte Flotte der Welt, die der Spanier, den Hafen von Lissabon. In den kommenden Wochen kreuzten die Schiffe zunächst vor der portugiesischen Küste, um vor dem Wind Land nordwärts zu gewinnen. Die Engländer waren durch Spione vor der Ankunft der Spanier gewarnt und warteten im Hafen von Plymouth.

Am 29. Juli 1588 sichtete der engl. Kapitän Th. Fleming 8o Seemeilen südwestl. von Plymouth die spanische Flotte. Er erstattete Bericht an Sir Francis Drake, der mit Gelassenheit reagierte. Umgehend wurden die Bewohner der engl. Südküste alarmiert. In allen Kirchen läuteten die Glocken. Von Land's End bis Dover wurden Kanonenschüsse abgefeuert und Signalfeuer kündigten das Ereignis an.

31. Juli 1588: Die Spanier hatten ihre Schiffe in Halbmond- Form gruppiert, wobei die schwerfälligen Truppentransporter in die Mitte genommen waren, um sie vor Angriffen zu schützen.

Ein Teil der engl. Flotte umsegelte ab Plymouth westwärts die Spanier, um sie von hier anzugreifen, - der weitere Teil der engl. Kriegsschiffe fuhr südwärts und fügte von Ost durch Kanonenbeschuß erhebliche Verluste bei spanischen Schiffen.

In Folge fährt die spanische Flotte durch den Ärmelkanal, verfolgt von englischen Kriegsschiffen. Weitere Kämpfe vor der Insel Wight (2.- 4.8. 1588) und später vor dem Hafen Calais (8.8.1588) fügen den Spaniern so hohe Verluste zu, daß sie anschließend die Flucht in die Nordsee antreten, wo Stürme einen weiteren Teil ihrer Flotte zerstören.

In weiterer Umrundung via Shettlands und Irland versuchte die spansiche Flotte, den Heimathafen zu erreichen, kam jedoch in Stürme. Unterm Strich waren gut 5o Schiffe verloren.

KRIEGSSCHIFF, seitlich die Öffnungen für die Kanonen

Auf englischer Seite jedoch kein Schiff und gegenüber Spaniern (2o.ooo Tote) lediglich 1oo Mann. England hatte sich damit in der ersten, durch moderne Artillerie entschiedenen Seeschacht trotz zahlenmäßiger Unterlegenheit siegreich durchgesetzt.

Dies war Grundstein des britischen Kolonialreiches. Noch im selben Jahr eröffneten englische Kaufleute Stützpunkte an der Guineaküste Afrikas. 16o3 wurde die Ostindische Handelskompanie gegründet, als Rahmen für den Handel mit Südostasien. 162o erfolgte die erste Ansiedelung in Nordamerika.

PLYMOUTH war bis ins 18. Jhd. wichtiger Ausgangshafen für den englischen Überseehandel sowie Expeditionen: Hier lifteten Schiffe die Anker für Fahrten zu den entferntesten Ländern, um Kolonien und Handelszentren zu gründen. Als Folge tragen über 4o Ortschaften überall auf der Welt den Namen Plymouth.

*162o: die **Pilgerväter** lifteten in Plymouth Anker, um die erste englische Kolonie in Amerika zu gründen. Die Pilgerväter waren eine religiöse Sekte, die auswanderte, um gemäß ihren Glaubensregeln leben zu können. Die Gefährlichkeit des Unternehmens wird deutlich, wenn man sich vor Augen hält, daß ihr Schiff mit dem Namen Mayflower nur eine Nußschale war von der Größe eines Doppeldecker-Busses.

*1768: **James Cook** startete in Plymouth zu seiner 1. Weltreise, bei der er u.a. auch die Ostküste Australiens entdeckte. Geboren am 27.1o.1728 in Morton/Yorkshire diente er sich als 18 jähriger auf einem Kohlesegler vom Schiffsjungen zum Untersteuermann rauf und eignete sich autodidaktisch hohes Wissen an, in den Bereichen Nautik, Astronomie und Kartographie.

JAMES COOK (1728 – 1779), Entdecker u.a. der Ostküste Australiens. U.a. 3 Weltreisen.

1758 - 67 reiste er im Auftrag der Royal Navy mehrfach an die heutige kanad. Ostküste und Neufundland, wo er Vermessungsaufgaben mit großem Erfolg durchführte.

Cook erhielt daraufhin von der englischen Admiralität den Geheimauftrag, neue bisher noch nicht bereiste Gebiete der Weltmeere zu besegeln. Einige Wissenschaftler vermuteten, daß es im Süden der Weltkugel einen weiteren riesigen Kontinent geben müsse, "Terra Australis Incognita" (= "unbekanntes südliches Land"), der sehr reich sei, mit viel Vegetation und fruchtbar. Diesen galt es, zu entdecken und anschließend natürlich dem englischen Königreich als neue Kolonie einzuverleiben. Man muß in diesem Zusammenhang wissen, daß Mitte des 18. Jhds. die Weltmeere des Pazifik nur ungenügend erforscht und bekannt waren. Kurz bevor Cook zu seiner 1. Reise startete, war gerade Tahiti/Südsee entdeckt worden, über Neuseeland war man der Ansicht, daß es eine einzige Insel sei und sich dahinter u.U. Terra Australis anschließen könnte.

Auch die Franzosen waren tätig und hatten kurz zuvor die Falkland Inseln entdeckt (im Südpolarmeer, rund 8oo km östl. der Südspitze Südamerikas). Eile tat Not, denn sollte Chance bestehen, diesen imaginären Kontinent "Terra Australis" zu entdecken, wollten die Engländer die ersten sein, um koloniale Ansprüche geltend machen zu können.

Die Reise von Cook wurde daher unter Geheimhaltung des wahren Grundes vorbereitet: offiziell ließ man verlauten, Cook müsse nach Tahiti/Südsee, um dort den "Durchgang der Venus durch die Sonne" am 3. Juni 1769 zu beobachten...

Als Schiff kaufte man einen ehemaligen Kohlesegler, der vor der Südküste Englands

operierte und sehr flachen Rumpf hatte. Vor Südengland mit seiner hohen Tide war derartige Bauweise von Vorteil. Ein derart gebautes Schiff, - einmal auf eine Untiefe gelaufen, - kippt nicht um: wichtig insofern, als es hier auf der Cook- Reise in Regionen ging, die bisher unbekannt und nicht kartographiert waren. Die *"Endeavour"* wurde in Plymouth mit Vorräten für 1 1/2 Jahre (!) und 94 Mann bestückt.

11 Mann waren Zivilisten, darunter 2 Botaniker, 1 Astronom und 1 Kunstmaler (nötig zur Dokumentation der Reise, denn damals gabs die Fotographie noch nicht). Sie standen unter Leitung des jungen Joseph Banks, Sohn reicher Eltern, Naturforscher und späterer Präsdident der Königl. Naturwiss. Gesellschaft.

Am 26. August 1768 stach die Expedition ab Plymouth in See, überquerte den Atlantik und umrundete die Südspitze Südamerikas mit anschließend schwieriger Navigation, quer über den Pazifik "zielgenau" Tahiti zu erreichen.

OBEN: Neuseeland, welches Cook umsegelte und nachwies, daß es nicht Teil der imaginären "Terra Australis" ist. – UNTEN: die "Endeavour" Schiff von Cooks 1. Weltreise (1768–1771).

Joseph Banks

Am 11. April 1769 wurde Tahiti erreicht - und somit rechtzeitig für die gewünschte Sternbeobachtung 3. Juni 1769. Die Zeit bis dahin wurde für wissenschaftliche Forschung genutzt im Bereich Fauna, Flora und Ethnologie.

Mit im Reisegepäck war ein versiegelter Brief der engl. Admiralität, den Cook erst auf Tahiti öffnen durfte: das Dokument enthielt den Auftrag, nach der "Terra Australis" zu suchen! Am 13. Juli 1769 Aufbruch in die Weiten des Pazifiks, der damals nur sehr ungenau bekannt war.

Die Reise führte zu einer Fülle an neuen Entdeckungen von pazifischen Inselgruppen, - aber auch Umrundung Neuseelands (= a) kein Teil der imaginären "Terra Australis", - b) zwei Inseln, getrennt durch Kanal). Anschließend entdeckte die Cook Expedition die Ostküste Australiens und annektierte sie für England. Eine nicht ungefährliche Strecke wegen gut 2.ooo km Küstenverlauf mit einer Fülle an Korallenbänken, die bei Havarie die Endeavour erheblich beschädigen konnten. Via Südspitze Afrikas wurde der Heimathafen England im Juni 1771 erreicht, somit auf einer Weltumrundung von fast 2 Jahren.

2. WELT- UMRUNDUNG JAMES COOK (1772 - 75): trotz der Erfolge der 1. Weltumrundung der "Endeavour" waren einige englische Wissenschaftler der Ansicht, - Cook habe auf seiner Weltumsegelung "absichtlich südlichere Zonen nicht tangiert" und daher auch die ersehnte "Terra Australis" nicht gefunden.

Eine neue Expedition wurde ausgerüstet, für die sich James Cook wieder zur Verfügung stellte. Die Admiralität organisierte 2 und diesmal größere Schiffe: - die 462 To. große Resolution und die 34o To. große Adventure.

Am 13. Juli 1772 bracht die Expedition von Plymouth auf und erreichte die Südspitze Südamerikas Ende Jan. 1773, mit Ziel antarktischer Gewässer. Cook überquerte mehrfach den südlichen Polarkreis, erlebte treibende Eisschollen und weiter südlich dicke Eismassen, so daß er umdrehte. Cook notierte folgerichtig: "sollte es hier Land im Süden geben ("Terra Australis"), so muß es sich um ein definitiv unwirtliches Land handeln, welches von Eis bedeckt ist".

Am 3o. Jan. 1774 erreichte Cook 71 Grad 1o südlicher Breite und hatte sich damit rund 2.ooo km dem Südpol entfernt befunden, ohne jedoch die Antarktis zu betreten. - Auf dieser Reise besegelte Cook viele bisher wenig bekannte Regionen des Südpazifiks, - so u.a. 1774 Besuch der Osterinseln, 3.8oo km vor der Küste des heutigen Chiles. Weitere Details siehe auch VELBINGER Band 36 "Chile/Antarktis".

3. WELT- UMRUNDUNG JAMES COOK (1776 - 79): Beginn der Reise wieder ab Plymouth. Auf dieser Reise kartographierte Cook die Westküste Kanadas sowie Alaskas. Die Fahrt führte rauf bis zur Beringstraße, wo Cook nach der berühmten "Nordwestpassage" vom Pazifik und um Nordalaska herum zum Atlantik suchte. Wegen treibender riesiger Eismassen mußte er jedoch umkehren und das Vorhaben

JAMES COOK wurde zwar nicht zum Sir geadelt, war jedoch einer der größten Seefahrer und Entdecker der Weltgeschichte. Ermordet am 14.2.1779 auf Hawai.

aufgeben. Er segelte südwestwärts zu den Gesellschafter Inseln (heutiges Hawai), wo er am 17.1.1779 in der Kealakekua Bucht landete. Am 14.2.1779 wurde er von Einheimischen ermordet: Tragisches Ende des wohl bedeutendsten Seefahrers und Entdeckers in der Weltgeschichte.

PLYMOUTH: Nach Erfindung der Eisenbahn im 19. Jhd. und Ausbau der Gleisstrecken hatten Häfen wie Portsmouth und Southampton den zunehmenden Vorteil, näher den Metropolen insbes. London zu liegen. Diese Häfen lösten Plymouth in seiner Bedeutung als Transatlantikhafen ab.

1941: im Frühjahr wurde Plymouth wegen seiner strategischen Bedeutung 11 mal nachts von den Deutschen bombadiert. Die Schäden waren gravierend, fast 9o % der Innenstadt (ausgenommen eines kleinen Altstadtbereiches) wurde dem Erdboden gleichgemacht. Der Neuaufbau erfolgte in seelenloser Modernarchitektur, die bis heute sehr umstritten ist.

1966 schrieb Plymouth noch einmal Seefahrtsgeschichte: Sir Francis Chichester brach von hier auf, um erstmals als Einzelperson und ohne fremde Hilfe die Erde zu umsegeln. Heute ist Plymouth wichtiger Hafen für die britische Navy, sowie Ausgangspunkt für die Fährschiffe rüber zum Kontinent.

HAUPTSTRASSE des Zentrums ist die **ROYAL PARADE** mit den beiden Endpunkten Derry's Cross (17) und St. Andrews Cross (11). Nähe der Royal Parade liegt das CIVIC CENTRE (15): ein moderner Gebäudekomplex, der seit 1962 das Stadtbild beherrscht. Hier sind die städtichen Ämter untergebracht, sowie das Tourist Büro. Es lohnt sich, mit dem Aufzug zur Dachterrasse im 13. Stock raufzufahren: Oben Stadtrundblick über Küste, Hafen und Betonmeer des Stadtzentrums, - sowie schöner Stadtteile an den grünen Parks und Küstenhängen.

GUILDHALL (14): Rathaus, erbaut 1874. Nach dem Krieg restauriert, die Arbeiten dauerten bis 1959. - Die ST.ANDREWS CHURCH (12):

PLYMOUTH

1 BAHNHOF
2 North Cross
3 Polytechnikum
4 Stadtmuseum, Kunstgalerie, Bibliothek
5 Drake Circus
6 College of Art
7 Police Headquarter
8 Charles Church, Charles Cross
9 BUSTERMINAL
1o HAUPTPOST
11 St. Andrews Cross
12 St. Andrews Church
13 Prysten House
14 Guidehall
15 Civic Centre TOURIST- INFO
16 Royal Teatre
17 Derry's Cross
18 Market Square und Markt
19 Merchants House
2o Arts Centre
21 Blackfriars Refectory
22 Island House
23 Elisabethan House
24 Mayflower Denkmal
25 Mayflower Sailing Club
26 Royal Citadel
27 Aquarium und Marine Laboratorium
28 Drakes Statue und Naval War Memorial
29 Smeaton's Tower
3o Tinside Swimming Pool
31 Recreation Ground
32 Plymouth Dome

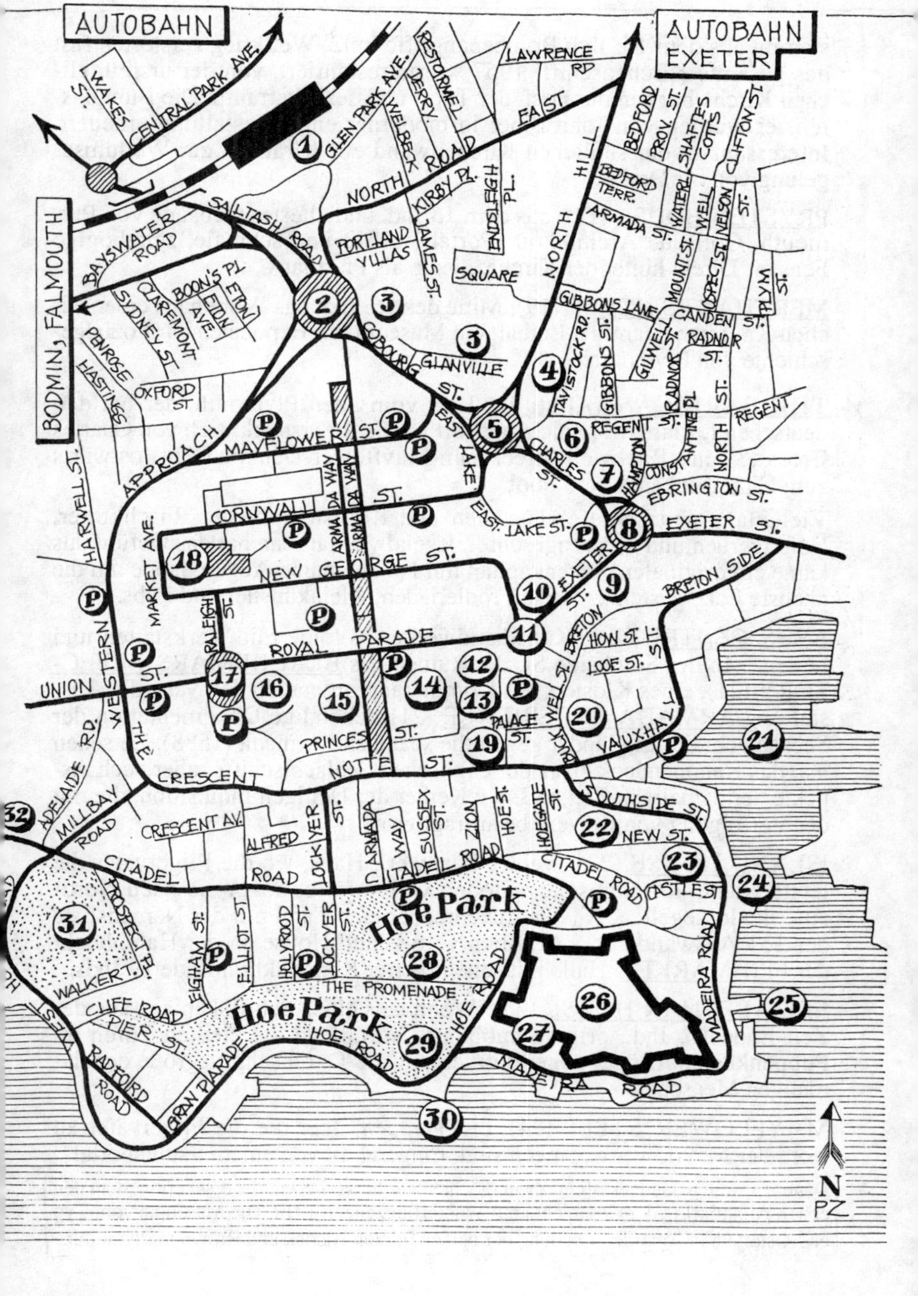
AUTOBAHN
AUTOBAHN EXETER
BODMIN, FALMOUTH
WAKES ST.
CENTRAL PARK AVE.
GLEN PARK AVE.
RESTORMEL
DERRY
WELBECK
LAWRENCE RD
NORTH ROAD EAST
KIRBY PL.
JAMES ST.
ENDSLEIGH PL.
PORTLAND VILLAS
SQUARE
NORTH HILL
BEDFORD
PROV. ST.
SHAFTES COTTS
CLIFTON ST.
BEDFORD TERR.
ARMADA ST.
WATERL ST.
MOUNT ST.
YWELL
NELSON
OSPECT ST.
PLYM ST.
SALTASH ROAD
BAYSWATER ROAD
BOON'S PL
ETON
ETON AVE.
CLAREMONT
SYDNEY ST.
PENROSE
HASTINGS
OXFORD ST.
COBOURG ST.
GLANVILLE
GIBBONS LANE
TAVISTOCK RD.
GIBBONS ST.
GILWELL ST.
RADNOR ST.
CANDEN ST.
RADNOR ST.
NORTH ST.
REGENT ST.
NORTH REGENT
CONSTANTINE PL
HAMPTON
CHARLES ST.
EAST LAKE ST.
EBRINGTON ST.
EXETER ST.
APPROACH
MAYFLOWER ST.
ARMADA WAY
CORNWALL ST.
HARWELL ST.
MARKET AVE.
NEW GEORGE ST.
RALEIGH ST.
BRETON SIDE
BRETON ST.
HOW ST.
LOOE ST.
ROYAL PARADE
UNION ST.
WESTERN
THE
ADELAIDE RD.
PRINCES ST.
NOTTE ST.
PALACE ST.
BUCKWELL ST.
VAUXHALL
CRESCENT
MILLBAY ROAD
CRESCENT AV.
ALFRED ROAD
LOCKYER ST.
ARMADA WAY
SUSSEX ST.
ZION
HOE ST.
HOEGATE ST.
SOUTHSIDE ST.
NEW ST.
CITADEL ROAD
CASTLE ST.
PROSPECT PL.
WALKER T.
LEIGHAM ST.
ELLIOT ST.
HOLYROOD ST.
LOCKYER ST.
Hoe Park
THE PROMENADE
HOE ROAD
MADEIRA ROAD
CLIFF ROAD
PIER ST.
RADFORD ROAD
GRAN PARADE
WEST
N
PZ

stammt aus dem 15. Jhd. Bombenangriffe im 2. Weltkrieg zerstörten fast das gesamte Kirchenschiff. 1957 wurde restauriert, von der ursprünglichen Kirche blieben nur noch der Turm und der Altarraum. Die Buntglasfenster wurden von John Piper in moderner engl. Gestaltung erneuert. Interessant an der südlichen Kirchenwand ein "Graffiti" zur Weltumsegelung von Sir Drake.

PRYSTEN HOUSE (13): aus dem 15.Jhd. und ältestes Gebäude von Plymouth. Gotische Architektur: Portal-Vorbau und schmale, spitzbogige Fenster. Direkt hinter der Kirche, diente als Pfarrhaus.

MERCHANT'S HOUSE (19): Mitte des 16. Jhd. das Wohnhaus einer reichen Kaufmannsfamilie. Enthält ein Museum mit Exponaten zur Sozialgeschichte von Plymouth.

★ **THE BARBICAN (Altstadt)**: Rest vom alten Plymouth, der bei den deutschen Luftangriffen nicht zerstört wurde. Er erstreckt sich von Charles Cross (8) und Buckwell Street zum Mayflower Denkmal (24) ostwärts zum Hafenbecken Sutton Pool.

Viel Flair: windschiefe Häuschen und Kopfsteinpflaster, Fischkutter, Hafengeruch und Möwengeschrei. Irgendwie hat man hat das Gefühl, als käme ein originaler Piratenkapitän mit Holzbein und Augenklappe um die nächste Ecke gestelzt... Viele Trödlerläden, Kleinkünstler und Pubs.

ARTS CENTRE (2o): Kunsthandwerker-Kolonie mit Werkstätten und Läden. - In der Southside St. die Ruinen des BLACKFRIARS REFECTORY (21), eines Klosters des Dominikanerordens. In der Nähe die Ausstellung ARMADA EXPERIENCE (21): lebendige Dokumentation der Seeschlacht der Engländer gegen die spanische Armada (1588). Zu sehen u.a. das Kanonendeck eines der englischen Schlachtschiffe, aber auch Aspekte der damaligen Zeit, z.B. ein Kerker der Heiligen Inquisition, die mit der Verfolgung von Ketzern beauftragt war.

ISLAND HOUSE (22): weißes Fachwerk-Haus, wo die Pilgerväter die letzte Nacht auf englischem Boden verbrachten, bevor sie nach Nordamerika lossegelten. An der Außenmauer eine Tafel mit der Namensliste der 1o1 Auswanderer. - Nördlich vom Island House an der Hafenbucht der FISHMARKET: Halle mit sehenswerter Konstruktion Ende 19.Jhds.

ELIZABETHAN HOUSE (23): Wohnhaus eines Schiffskapiäns aus der Zeit Ende 16. Jhd., original möbliert. Auffallend die kleinen Türen im Puppenküchenformat, zugeschnitten auf die Durchschnittsgröße der damaligen Menschen .

MAYFLOWER STEPS (24): die Treppen, über die die Pilgerväter an Bord der Mayflower gegangen sind. Eingerahmt von einem Säulenportal.

Daneben weitere Gedenktafeln. Zwei möchten wir hervorheben: die erste erinnert an den ersten Atlantikflug der Geschichte mit Wasserflugzeugen 1919. Die Maschine vom Typ NC-4 startete in Amerika, Landung der beiden Piloten Alcock und Brown in Plymouth.

Die andere erinnert an die Tolpuddle Martyrs: 6 Männer aus dem Dorf Tolpuddle im County Dorset forderten 1831 höhere Löhne. Das Ereignis gilt als Geburtsstunde der Gewerkschaftsbewegung. Wegen Verschwörung wurden sie für 7 Jahre nach Australien verbannt, auf Druck der Öffentlichkeit jedoch 2 Jahre später begnadigt.

★ HOE PARK: auf dem Felsplateau an der Küste. Für Sir Francis Drake wurde ein DENKMAL errichtet (28), er posiert mit Schwert und Weltkugel. Weiterhin ein Naval Memorial. - PLYMOUTH DOME (32): imposanter Kuppelbau, wo mit modernster Technologie die Vergangenheit der Stadt dargestellt wird. Inklusive Lärm- und Geräuschkulisse zu Szenen der Seefahrer-Geschichte, des deutschen Bombenangriffs, der Zeit der großen Passagier-Liner nach Amerika etc.

SMEATONS TOWER (29): der Leuchtturm wurde 1759 auf dem Eddy Rock errichtet, einer gefährlichen Klippe 22 km vor der Bucht- und Hafeneinfahrt zu Plymouth.

Bereits 1698 wurde hier ein Leuchtturm errichtet, nachdem mehrere Schiffe (und bei zunehmender Bedeutung von Plymouth als Transatlantikhafen!) aufs Riff gelaufen waren.

Ausbau zum Winstanley Light House (1699), welches damals der modernste Leuchturm Englands war und in Geschichtskompendien entsprechendes Lob erfuhr. Der Holzturm wurde jedoch 17o3 durch eine Sturmflut zerstört. 17o9 baute der Londoner Seidenhändler John Rudyard einen neuen Leuchtturm in Holzbauweise auf dem Eddy Rock, jedoch durch ein Feuer 1755 zerstört (denn Kerzen hinter gewölbten Glasscheiben leuchteten den Seefahrern den Weg).

1759 wurde dann der Smeaton Leuchtturm aus Granit gebaut. Die Brandgefahr der oben angebrachten Kerzen war durch Steinbauweise gebannt. Der Leuchtturm wies Seefahrern und Entdeckern wie James Cook den Ausgang aus der Hafenbucht von Plymouth. Das Licht der 24 Kerzen leuchtete Seefahrern bis auf 8 km den Weg um die gefährlichen Klippen.

Das Leuchtfeuer bestand 122 Jahre bis 1882, als ein unter damaligen Gesichtspunkten moderner, doppelt hoher Leuchtturm errichtet wurde, der elektrisch seine Lampen betrieb. 1982 wurde "on top" ein Landeplatz für Helikopter angelegt.

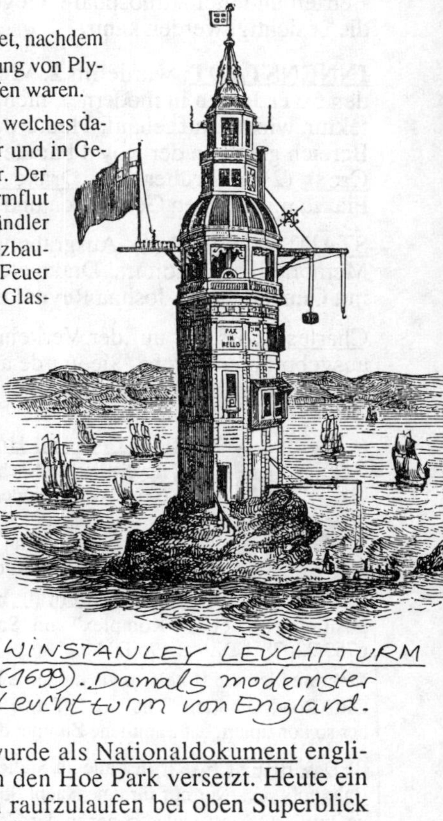

WINSTANLEY LEUCHTTURM (1699). Damals modernster Leuchtturm von England.

Der Smeaton Leuchtturm von 1759 wurde als Nationaldokument englischer Seefahrtgeschichte dann 1884 in den Hoe Park versetzt. Heute ein Aussichts-Turm. Lohnt, die 92 Stufen raufzulaufen bei oben Superblick über Hafen und Innenstadt von Plymouth.

ROYAL CITADEL (26): Festungsanlage, gebaut von Charles II. zwischen 1666 und 167o zum Schutz des damaligen Handels- und Kriegshafens Sutton Pool. So zumindest lautete die offizielle Version, - vermutlich ging es auch darum, die Position des König im Civil-War zu stärken.

Die Mauern bis zu 6 m dick, zu sehen die Kanonen und Stadtrundblick. Schönes Torhaus von 167o mit Barockportal. Die Festung dient heute als Kaserne. Im südwestlichen Teil ein AQUARIUM (27) mit Meerestieren, Kraken etc. Unter der Regie der meeresbiologischen Gesellschaft.

ARMADA WAY: Rund 8oo m lange Prachtstraße mit Pflastersteinen, Rasenflächen und Bäumen, vom Hoe Park rauf zum North Cross (2). Im Verlauf des Armada Way wird die Royal Parade untertunnelt. - PANNIER MARKET (18): Gemüse- und Obstmarkt. Unter einem Aluminiumdach sind rund 1oo Buden eng auf eng zusammengeschachtelt. Quirliger Betrieb und viel Atmosphäre. Gegenüber die "Plymouth Gin Destillery", die besichtigt werden kann.

INNENSTADT: wurde im 2. Weltkrieg fast völlig ausgebombt und ab den 5o-er Jahren in moderner, nicht immer unbedingt schöner Betonarchitektur wieder aufgebaut. Heute das Einkaufsviertel von Plymouth, der Bereich geht von der Royal Parade nördl. rauf bis zur Verkehrsinsel North Cross (2) und rüber zum Drake Circus (5), Fußgängerzone wie eine Piazza mit chiquen Geschäften und Boutiquen.

STADTMUSEUM (4): Ausgrabungsfunde, Exponate zur Stadtgeschichte, Memorabilia an Admiral Drake etc. Im selben Gebäude eine Kunstgalerie mit Gemälden von Joshua Reynolds sowie die Stadtbibliothek.

Charles Cross (8): auf der Verkehrsinsel die Reste einer im 2. Weltkrieg ausgebombten Kirche. Sie wurde als Ruine belassen, um an die Opfer der Bombenangriffe zu mahnen.

"**Duke of Cornwall Hotel**": Millbay Road. Prachtkasten von 184o, für die letzten Nächte der Transatlantik-Passagiere vor der Fahrt in die Neue Welt. Wendeltreppen, ehrwürdig möblierte Zimmer. Von dem Turm außen auf dem Hoteldach hielt man Ausschau, um sofort Bescheid zu geben, wenn der Ocean-Liner sich dem Hafen näherte. Tel. o752/6ooo62. DZ ca. 19o DM.

"**New Continental Hotel**": Milbay Road. Stilvoller Altbau, positiv der "Leisure-Komplex" mit Sauna, Swimmingpool, Fitneßraum etc. Tel. o752/22o782; DZ ca. 19o DM.

Mehrere kleinere Hotels sowie moderne Betonkästen (z.B. das **Mayflower Post** in der Cliff Road, Stadtteil "The Hoe", Tel.o752/662828, DZ ca. 21o DM). Vom Baulichen her so konzipiert, daß sämtliche Zimmer den Hafen überblicken.

BED & BREAKFAST: fast alle im Südteil der Stadt, kaum Engpässe. Im Umkreis des Bahnhofs o.k., wer nur für eine Nacht Station macht und am nächsten Morgen per Zug weiterfährt. Sonst viel schöner in der Hoe Area: unten an der Seafront mit bequemer Gehweite zum Zentrum (Shops, Nightlife) sowie zum Hafen und zur Altstadt. Die meisten und schönsten Häuser in der Citadel Road und der Atheneum Street. Im Stadtteil West Hoe: beim Pier der "Britanny Ferries", und nur diesbezüglich interessant.

Youth Hostel: ca. 3 km ab vom Centre im Vorort Stoke (Devonport Road), Busse alle 15 Min. ab Royal Parade (Bus Nr. 3 und 34). Tiptop sauber, Herrenhaus in schönem Garten, und ordentliche Bleibe. Tel. o752/ 562189.

YWCA (9, Lockyer St.): optimale Lage in der Nähe des Parks "Hoe", gemütlich. Im Schlafsaal ca. 12 DM, DZ ca. 35 DM. Männer und Frauen.

Camping: Alle außerhalb (Liste beim TI). Der stadtnächste ist der Riverside Park, 5 km außerhalb an der A38. Alle Facilities; Verbindung per Stadtbusse (Nr. 2o und 21).

im Altstadtviertel Barbican auf Entdeckung gehen, wo vor allem in der Southside Street mittlere Restaurants und Cafés liegen. Einheimische flanieren hier ebenso wie Touristen.

CHEZ NOUS (13, Frankfurt Gate): Viele Fischgerichte; die sparsame Verwendung von Saucen erhält den natürlichen Geschmack. 3 Gang-Dinner rund 65, Hauptgericht à la carte ab 25 DM.

EXECUTIVE RESTAURANT (im New Continental Hotel): Menü ca. 35 DM, Mitteklasse. Geführt von der zypriotischen Hayianni-Familie, die hier in Plymouth nach dem Krieg mit einem kleinen Café angefangen hat und heute aus der Gastronomie der Stadt nicht mehr wegzudenken ist. Internationale Küche, angenehmes Ambiente mit sanften Farben und Dämmerlicht.

PLATTERS (im Barbican, gegenüber dem Fischerhafen): Meeresfrüchte, frisch vom Kutter in die Pfanne. Etwa "Seafood Grill" für ca. 3o DM, mit sechs verschiedenen Fischsorten. Ambiente mit festgeschraubten Bänken nicht überragend.

BARBICAN REVIVAL (58 Notte Street): ca. 2o-3o DM,- Favorit in dieser Preisklasse. Tip ist der 3o cm lange Streifen Schweinerippchen, geräuchert und dann auf den Holzkohlegrill für ca. 25 DM, dazu Salat.

Gleich daneben das CHAMBERS: oberhalb einer Weinbar sanftes Ambiente mit Kerzenlicht und Tischdecken. Englische Küche (z.B. Hühnchen in Stachelbeersauce - "gooseberry sauce").

Barmeals: THE BANK (Royal Parade, hinter dem Theatre Royal) durchgehend warme Küche von 12 - 19.3o Uhr. Stadtbekannt, seit 1989 Stuart James den Laden übernommen hat. Stuart war Großbritanniens Top-Discjockey (ausgezeichnet 1983) und hat bereits Tourneen durch die ganze Welt hinter sich. Sachen um knapp 1o DM wie Chili-con-carne oder Braten.

CHINA HOUSE (siehe Pubs): etwas höheres Level. Ca. 1o-2o DM und exzellent, rund 2oo verkaufte Portionen pro Abend sprechen für sich.

Take-away: CAPT`N JASPERS (im Barbican, unteres Ende der Southside Street): schon seit 15 Jahren eine Institution, wo auch die Fischer kräftig zulangen. Knackige Hamburger frisch vom Grill mit Bergen von Zwiebeln. Der preiswerte "pot of tea" bleibt weiterhin ungeschlagen ...

Am meisten los ist in der Altstadt Barbican. Herrlich für Kneipentouren, zum Teil Live-Musik. Konzentriert sich vor allem auf die Southside Street.

Barbican Wine Lodge: seit Eröffnung 1974 Plymouths Nummer eins in Sachen Live-Musik. Wuchtige Balken, Sägemehl am Boden. Täglich außer samstags Folk, Jazz etc. Wein sorgt fürs leibliche Wohl, dazu deutsches Warsteiner Pils. Liegt am Quay, gegenüber dem Fischer- und Yachthafen.

China House: saloppe Atmosphäre in einer umgebauten Lagerhalle. Offenes Dachgebälk, überall Seilwinden und vollgestopfte Jute-Säcke, während man die langen Sommerabende auf der Terrasse mit Hafen-Blick genießt. Dazu vom Barbican aus 5 Minuten um den Hafen rumlaufen, liegt auf der anderen Seite.

Eine Adresse in der Neustadt: The Bank (in der Royal Parade, hinter dem Theatre Royal): Sehen und Gesehenwerden, speckig bemalte Kassetten-Decke, über Treppen rauf zu einer Empore.

ENTERTAINMENT

Discos: rund fünfzehn Stück, Tür an Tür in der UNION STREET. Die Disco-Zeile ist in ganz Südwestengland ein Begriff für lange Nächte. Matrosen treiben sich hier scharenweise rum, - die kein Glück in der Disco hatten, halten sich an eine der hier posierenden Prostituierten.

Am meisten Betrieb von Donnerstag bis Samstag, geht bis 2.oo Uhr morgens. Den Abend läßt man in den Pubs in der Altstadt beginnen, nach Sperrstunde wechselt man rüber zur Union Street.

Sport: nördlich vom Bahnhof (1) der Central Park: Spazierwege, Sportanlagen, ein Swimmingpool etc.
Recreation Ground (31): ein Multi-Sportkomplex mit Sauna, Squash, Tennis etc.
Tinside Swimmingpool (Hoe Road): an der Meerespromenade, unterhalb der Hoe Parks.

BOOT-TRIPS: Rundfahrt in den Dockyards der Royal Navy, vorbei an den Kriegsschiffen. Infos bei "Millbrook Steamboat", Cremyll Quay. Abfahrt an der Phoenix Wharf (25).

Tip für einen längeren Bootsausflug: mit dem Schiff vorbei an den Docks, und den Mündungstrichter des River Tamar flußaufwärts. In Castock von Bord gehen und zurück nach Plymouth per Zug. Schöner Halbtages-Trip. Schiffs- und Zugpassage werden als Kombi-Ticket angeboten. Infos: selbe Company wie oben beschriebene Dock-Rundfahrt. Abfahrt der Fähre: Phoenix Wharf (25).

Fähre zur Drake Island: die Insel in der Hafenbucht diente als Festung und Gefängnis, heute befindet sich hier ein Abenteuer-Zentrum. Abfahrt alle 9o Minuten, Transfer ca. 1o Minuten. Abfahrt am Mayflower Denkmal (24).

Verbindungen ab Plymouth

Flüge: Airport ca. 6 km nördl. in Roborough, Verbindung per Zug. Nach Exeter (tägl. 2 mal, 25 Min. ca. 5o DM), nach Newquay (tägl. 5 mal, 2o Min., ca. 5o DM), nach London (tägl. 6 mal, ca. 1 3/4 Std., ca. 3oo DM one-way, 32o DM return). Weiter Flüge nach Aberdeen (Schottland), Cork (Irland) und auf die Kanalinseln.

Züge: Bahnhof (1). Liegt am Schienenstrang nach Cornwall. Via Exeter Anschlüsse zu allen anderen Landesteilen.

nach Exeter: rund 3o Züge/Tag, Fahrtdauer 1 Std. ca. 2o DM.
nach Penzance/Cornwall: alle 3o Min., 1 Std., ca. 25 DM return. Für diese Linie ein verbilligtes Returnticket kaufen, da man auf derselben Strecke wieder zurück muß.

Busse: Terminal (9).

1.) NATIONAL EXPRESS: Linien-Busse nach Bristol, Exeter, London, Penzance, Southampton.

2.) WESTERN NATIONAL: Company für die Regionalbusse rüber nach Cornwall. Fahrpläne im Office am Terminal. Nach Sparkwell Busse Nr. 58 u. 59; nach Yealmpton regelmäßig mit dem Bus Richtung Kingsbridge.

3.) Die Privat-Company "FRYS" fährt tägl. einmal rauf nach Tintagel an der Nordküste (S.473). Infos beim TI.

Fähren: Mit Brittany Ferries nach Roscoff/Bretagne und Santander/ Spanien. Abfahrt von den Millbay Docks.

Umgebung von Plymouth:

Wer mit eigenem Auto unterwegs ist: beim TI in Plymouth gibts eine Broschüre "Fun Day Out Drives from Plymouth" mit sechs längeren Rundtouren zu den schönsten Teilen von Devon.

Öffentliche Verkehrsmittel: brauchbares Netz. Fahrpläne beim TI.

TORPOINT: geschäftliches Zwillingsstädtchen auf der anderen Seite des River Tamar Mündungstrichters. Die Royal Navy hat hier zwei Basen, wo Kriegsschiffe vor Anker liegen. Anfahrt: liegt westlich von Plymouth. Autofähre im Shuttle-Dienst; halbstündlich Stadtbusse Nr. 8o und 81 ab Royal Parade. - Anthony House: 1711-21 erbaut, mit schönem Park. Erlesene Möbel, prachtvolle Wandvertäfelung, Familienportraits.

Südlich ein weites Marschland mit Schlick und Wattvögeln. Strandwanderungen ab vom Großstadtstreß.

WHITESAND BAY: endloser Sandstrand zum Sonnenbaden und Spazierengehen. Zum Schwimmen wegen gefährlicher Strömungen nicht geeignet! Wunderschön gelegen: Serpentinenpfade in den 8o m hohen Klippen führen runter zum Beach. Schön auch die Wanderung entlang des Coast Path oben an der Abbruchkante der Klippenwand. Ca. 5 km südlich von Torpoint.

STONEHOUSE: Sädtchen jenseits der Meeresfiordes, Überfahrt mit Passagierfähre. Am Stadtrand der Mount Edgecumbe Park. Baumgruppen, saftiggrüne Rasenflächen und die zerrissene Küstenlinie: eine Idylle. 4 km-Wanderung nach Kingsand: auf dem Coast Path immer der Klippenkante lang, während auf See die Ozeanschiffe Richtung Plymouth vorbeiziehen. Kingsand ist ein altes Schmugglernest mit verwinkelten Häusern und Gassen.

CALSTOCK: lohnt sich für das Cothele House: ein schönes Beispiel für den frühen Tudor-Stil (erbaut 1485-1539). Graue Granitmauern und zwei Innenhöfe, wertvollen Stilmöbel. Anfahrt: ca. 23 km nordwestlich, auf der A 386 bis Tavistock dort links weg auf die A 39o. Alles weitere beschildert. Oder Per Zug: gute Verbindung.

Tip: Die Company Brymon Airways fliegt mehrmals täglich nach NEWQUAY in Cornwall: rummeliges Seebad für Strandleben. Abends ist man wieder zurück in Plymouth und streckt gemütlich im Hotel die Beine aus. Lohnt sich allein schon wegen des Jetset-Feelings, kurz für einen Tag an den Strand zu jetten.

Kostet rund 7o DM, wenn man am selben Tag wieder zurückfliegt (Day-return-Ticket). Bei schönem Wetter ein unvergeßliches Erlebnis, wenn die Propellermaschine in geringer Flughöhe quer über Cornwall fliegt. Dauert 2o Minuten, Infos zu Newquay siehe dort.

Cornwall

Eine der schönsten Landschaften Englands: nicht versäumen, wer Küstenszenerien mit Buchten und pittoreske Häfen liebt, Meeresbrandung und Steilklippen. Wir werden unvergeßliche Wanderungen entlang der Klippen zu einsamen Buchten beschreiben.

Als Kontrast Seebäder für den Urlauberbetrieb: feiner Sandstrand, Möglichkeiten zu Wassersport (Surfen, Wasserski, Tauchen etc.).

Boottrips zum Sea-Angling (Haifische vor der Bucht von Looe), entlang der Küste oder raus zu den subtropischen SCILLY-INSELN (auch per Helicopter).

SÜDKÜSTE: die "cornish Riviera": malerische Fjords mit Palmen und mildem Klima, in den Fischernestern liegen die Fischer-Kutter im Hafen, oder im Gassengewirr der Dörfer den Tag verbummeln.

An der Südwest-Spitze zerlappte Halbinseln für Rundtouren im Auto/per Fahrrad. Wichtigste Städte FALMOUTH und PENZANCE mit guter touristischer Infrastruktur. Lohnend der Ausflug zu den SCILLY ISLANDS.

DIE NORDKÜSTE ist ungeschützt gegen die rauhen Atlantikwinde und Ozeanwellen, in den schwindelerregenden Klippenwänden Möwenkolonien. Eingekerbte Sandbuchten und sturmumpeitschte Landvorsprünge. Zum Entspannen das mondäne Seebad Newquay.

IM LANDESINNEREN Bauerndörfer aus grauem Granitgestein und kleine Sträßchen, über denen sich meterhohe Hecken schließen wie eine Kirchenkuppel. Die Heide von Bodmin Moor lohnt für Wanderungen.

Die Cornwall-Halbinsel ist etwa 12o km lang, das breiteste Stück (Grenze zu Devon) mißt ca. 7o km. Geologisch ein abgetragenes Faltengebirge aus Schiefergestein mit eingelagerten Granitplateaus. Mit knapp 4oo.ooo Einwohnern die Besiedlungsdichte einer deutschen Mittelstadt.

Grenzfluß zu Cornwall ist der TAMAR RIVER (westlich von Plymouth), den seit 1859 eine Brücke überspannt. Die Bewohner: viel keltisches Blut, sind etwas dunkler und kleiner als die übrigen Engländer.

Die "Cornishmen" sind eng mit den Walisern und Schotten verwandt. Der Nationalstolz ist aber weniger ausgeprägt als dort. Die Separatistenbewegung "Mebyon Curnow" enthält mehr folkloristische als politische Elemente, fast schon wie die bayerische König Ludwig- Front.

Sprache

Heute wird in Cornwall ebenso Englisch gesprochen wie überall im Land. Länger als anderswo hat sich aber hier die Sprache der Kelten bewahrt, die vor Ankunft der Angelsachsen im 6.Jh. n.Chr. die Insel bevölkerten.

Während des gesamten Mittelalter war nur die Oberschicht englischsprachig. 1777 starb die 1o2-jährige Dolly Pentreath, die letzte Person, die cornisch als einzige Muttersprache beherrschte.

Erst 19o2 erfolgte ein künstliches Revival durch die "Celtic-Cornish Society": Veröffentlichung von Grammatik- und Wörterbüchern, Beschäftigung mit altem Liedgut und mit cornische Literatur. Heute erscheint die Sprache nur noch in Personen- und Ortsnamen. Etwa 5oo Leute sprechen "Schul-Cornish".

Beispiele: carn = Steinhaufen | towan = Düne, Sandhügel
pen = Landzunge | wheal = Bergwerk, Mine
porth = Bucht, Hafen

Klima/Reisezeit:

Sehr mildes Klima durch Einfluß des Golfstroms, und selbst im Winter (wenn andere Teile Großbritanniens von Schnee bedeckt sind), - sinken in Cornwall die Temperaturen nur selten unter Null. Die Temperaturen bewegen sich in dieser Jahreszeit um ca. 5 - 9 Grad plus.

Im Sommer liegen die Temperaturen bei 25 - 3o Grad, allerdings wegen Küstennähe ständig kühlende Winde, so daß praktisch nie drückende Hitze auf dem Land lastet.

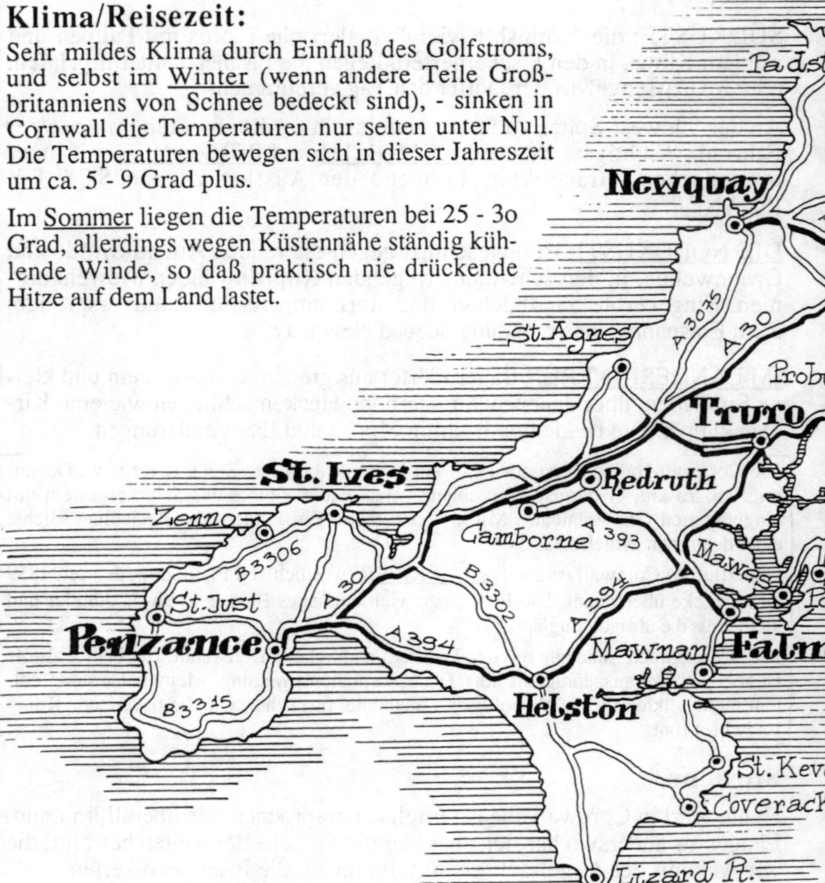

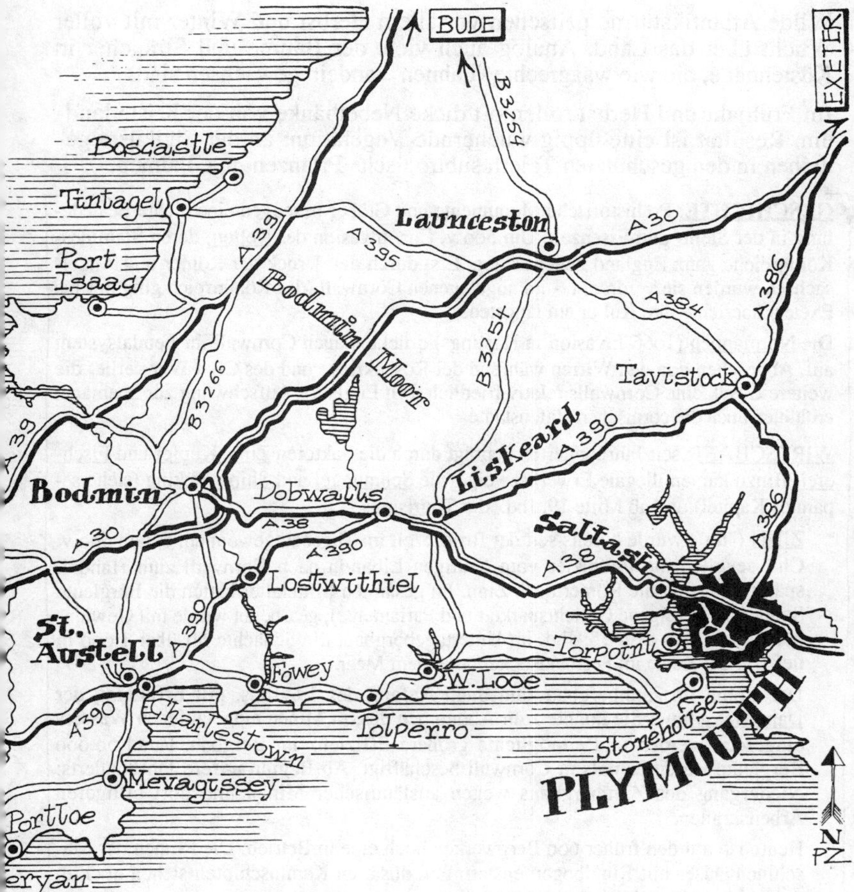

Die Sommermonate (insbes. Juli/August) sind allerdings auch die Monate des dicksten Urlauberverkehrs. Nicht nur die Straßen sind voll, sondern auch Engpässe bei den Unterkünften. Per Bed & Breakfast kommt man in der Regel aber auch kurzfristig klar, sofern man eigenes Auto hat, um notfalls in den Nachbarort wegen Unterkunft zu rangieren.

Optimale Reisezeit in Cornwall sind Frühjahr (Ende März bis Anf. Juni) und der Herbst. Dann sind weniger Urlauber unterwegs, vom Klima aber trotzdem optimal. Mit Regenfällen muß man ganzjährig rechnen (entsprechender Regenschutz ins Reisegepäck), sowie Pullover und warme Windjacke. Was den Regen betrifft, so sind die Wolken durch die Winde meist schnell weggeblasen. Wobei der Himmel aufklart und es anschließend wieder regnen kann...

Wilde Atlantikstürme peitschen vor allem Herbst und Winter mit voller Wucht über das Land. Analog auch viele der Bäume und Sträucher in Küstennähe, die wie waagrechte "Fahnen" landein gewachsen sind.

Im Frühjahr und Herbst rollen oft dicke Nebelbänke von der Küste landein. Resultat ist eine üppig wuchernde Vegetation: an der Südküste gedeihen in den geschützten Tälern subtropische Pflanzen, u.a. Palmen.

GESCHICHTE: Prähistorische Monumente und Gräber bezeugen eine dichte Besiedelung in der Stein- und Eisenzeit. Um 5oo v. Chr. Invasion der Kelten, deren Stammes-Königreiche ganz England beherrschten. Erst durch den Druck der Römer und Angelsachsen wurden sie verdrängt, - im abgelegenen Cornwall (das Römerreich ging nur bis Exeter) überlebte ihre Kultur am längsten.

Die Normannen (1o66 Invasion in Hastings) drückten auch Cornwall ihr Feudalsystem auf. Abgesehen von den Wirren während der Rosenkriege und des Civil War verlief die weitere Geschichte Cornwalls relativ friedlich. Mit Englands Aufschwung zur Seemacht erblühten auch die cornischen Hafenstädte.

WIRTSCHAFT: seit Jahrhunderten geprägt durch die Faktoren Zinn, Kupfer und Fischerei. Hinzu kamen illegale Erwerbszweige wie Schmuggel und Shipwrekking (siehe separates Kapitel) und ab Mitte 19. Jhd. der Tourismus.

* ZINN ("tin") wurde bereits seit der Bronzezeit im Tagebau gewonnen. Schon 5oo v. Chr. segelten die Phönizier vom heutigen Libanon nach Cornwall zum Handel, später schürften die Römer nach Zinn. Im gesamten Mittelalter hatten die Bergleute Sonderrechte (eigene Gerichtsbarkeit und Parlamente), gearbeitet wurde mit Gewinnbeteiligung. Ab dem 15. Jhd. im Untertagebergbau, die Schächte oft über 1.ooo m tief von der Küste im Festlandsockel unter dem Meer.

  Der Boom im Zinnbergbau kam dann Anfang des 19. Jhds. mit Erfindung der Dampfmaschine: Sie konnte zum Abpumpen des, in Minen eingelaufenen Wassers eingesetzt werden und ermöglichte größere Effizienz im Bergbau. Rund 5o.ooo Bergleute waren damals in Cornwall beschäftigt. Ab Beginn unsere Jahrhunderts: Niedergang des Zinnbergbaus wegen ausländischer Minen und dort billigeren Arbeitskräften.

  Heute ist von den früher 6oo Bergwerken noch eine in Betrieb. Die Ruinen der Maschinenhäuser mit Rundbogenfenstern und düsteren Kaminschloten stehen noch in der Landschaft, viele direkt an der Küste.

* KUPFER ("copper") wurde ab 175o das wichtigste Erz in Cornwall. Um 18oo lieferten die Minen Cornwalls 3/4 der Weltproduktion. Der Rückgang und Zusammenbruch von Kupferminen in Cornwall erfolgte dann Anfang 19oo, als die erheblich effizienteren Kupferminen insbesondere in Chile/Südamerika entdeckt und ausgebeutet wurden. So die Chuquicamata Mine in Nordchile, sie ist bis heute reichste Kupferfundstelle der Welt, ein bisher 5oo m tief ausgegrabenes Loch in der Atacames Wüste, Details siehe Velbinger Band 36/CHILE.

* FISCHEREI ("fish") ist bis heute ein wichtiger Wirtshaftszweig. Vor allem Sardinen, die eingesalzen und verschifft werden. Die größten Häfen sind Looe, Mevagissey und Newlyn (Vorort von Penzance). Lohnend wegen der Fischmärkte und des Betriebs, wenn die Kutter bei Morgengrauen einlaufen.

* TOURISMUS: Seit Mitte des 19. Jhds. wurde der Tourismus zu wichtigem Wirt-

schaftsfaktor. Der Aufschwung erfolgte, als in viktorianischer Zeit Urlaub an Seebädern in Mode kamen und 1859 die Eisenbahnverbindung nach Cornwall eröffnet wurde. Seit den sechziger Jahren unseres Jahrhunderts besuchen mehr und mehr ausländische Touristen die Cornwall-Halbinsel, - u.a. im Schnitt 4o-5o.ooo Deutsche pro Jahr!

SCHMUGGEL war im 18. und 19. Jhd. ein äußerst einträgliches Geschäft. Nachts kamen große Frachtsegler in Landnähe und wurden dort von kleineren Booten entladen. Und der Zoll schaute in die Röhre...

SCHMUGGEL: war an der gesamten südenglischen Küste im 17 bis 19. Jhd. ein blühendes Geschäft. Nachts kamen die Frachtsegler in Küstennähe, gaben dezentes Lichtsignal, und von Land setzten sich kleinere Boote in Bewegung, um auf See die Ware umzuladen und an Land zu bringen.

Besonders prädestiniert für derartige Geschäfte war hier die Südküste der Insel Wight, - insbesondere aber Cornwall mit der Fülle an kleinen und abgelegenen Buchten. Wegen dünner Besiedelung hatte der Zoll zudem kaum Chance für Kontrollen.

Wichtigste Schmuggelware waren Luxusgüter wie Branntwein, Tabak, Tee oder Seide. Man vermutet, daß in besten Zeiten zwei Drittel der in England konsumierten Güter jener Sparte schwarz gehandelt worden war.

Geschmuggelt wurde in England schon im Mittelalter. Am meisten florierte das Geschäft im 17. und 18. Jdh. Zu jener Zeit gab es in England insgesamt 2o.ooo hauptberufliche Schmuggler. Aber auch für die übrigen Küstenbewohner waren die Einkünfte aus dem Schmuggel eine wichtige Erwerbsquelle. In einer Nacht ließ sich damit locker ein ganzer Wochenlohn eines Landarbeiters machen.

Vorgehensweise: Das Schiff kreuzte zur abgesprochenen Zeit an einem einsamen Küstenstrich. Durch Schwenken mit einer Laterne gab man dem Kapitän Signal, daß die Luft rein wäre. Alles weitere war eine Blitzaktion. Die Ladung wurde an Land gebracht, wo Komplizen zu Pferde warteten für den Abtransport.

Noch in derselben Nacht versteckte man die Konterbande, um am nächsten Morgen wieder den biederen Bürger zu spielen. Überall in den Küstenorten gab es Pubs und Häuser mit versteckten Kellerräumen als Stauraum. Irgendwann in den nächsten Tagen wurde die heiße Ware von - natürlich eingeweihten - Händlern abgeholt.

Der Schmuggel war nicht nur sehr einträglich, sondern auch relativ gefahrlos. Die Schmuggler waren Einheimische. Die königlichen Beamten dagegen ortsfremd, sie kannten die Wege und Verstecke nicht. Hinweise aus der Bevölkerung erhielten sie kaum, da die Sache generell als Kavaliersdelikt betrachtet wurde.

Außerdem waren auch ganz normale Bauern als passive Helfer mit im Geschäft. Sie stellten gegen Bezahlung Pferde bereit oder Stallungen zum Verstecken der Konterbande. Selbst Autoritäten wie Bürgermeister und Pfarrer waren oft in Schmuggelgeschäften verfilzt, ebenso die Dorfpolizisten, die sich ihr Schweigen gut bezahlen ließen...

Die enorm hohe Gewinnspanne ermöglichte außerdem eine großzügige Kalkulation. Überm Strich sah es so aus, daß nur jeder dritte Versuch funktionieren mußte, um in die Gewinnzone zu kommen. Auch wenn man bei den anderen beiden Versuchen flüchten und die Ware zurücklassen mußte, machte man noch Profit.

1822 gelang erstmals ein entscheidender Schlag gegen den Schwarzhandel: man gründete eine formelle Küstenwache. Dazu zog man Veteranen aus den napoleonischen Kriegen heran, die entsprechen "hinzulangen" verstanden. Ein Relikt der Küstenwache ist der Coastal Path, der nicht als Wanderweg angelegt wurde, sondern als Kontrollweg.

1840 erfolgte eine drastische Senkung der Einfuhrzölle, was dem Schmuggel weitgehend die Geschäftsgrundlage entzog.

STRANDPIRATEN: Es handelt sich hierbei nicht um normale Seeräuberei, sondern um das sog. "shipwrecking". Dabei half man etwas nach, damit ein Schiff strandete und raubte es aus. Grundlage des Shipwrecking war das Strandrecht. Das uralte Recht gestand den Küstenbewohnern zu, daß sie am Strand aufgefundene Gegenstände behalten dürfen. Dieses Recht stellte eine große Versuchung dar, da es auch für gestrandete Schiffe galt. Die harmlosere Konsequenz war, daß man bei Seenot nicht Hilfe leistete, sondern sich erwartungsvoll die Hände rieb.

SEENOT-RETTUNG So wie es sich gehört und fernab von Strand
Rechts das gestrandete Schiff, Mitte das Rettungsboot – und
Bei Strandpiraterie fehlte das Rettungsboot, und der Leucht

Oft half man jedoch etwas nach, indem bei stürmischem Wetter der Leuchtturm außer Funktion gesetzt wurde, man mit Irrlichtern arbeitete, die in die Bäume gehängt wurden oder Warn-Barken versetzte. Nachdem das Schiff dann auf ein Riff gelaufen war, stürmte man los und schaffte die Beute noch in derselben Nacht fort. Die Besatzung wurde oft erschlagen.

Generell muß gesagt werden, daß Strandpiraterie weit weniger verbreitet war als der Schmuggel. Und sie war weitgehend auf Cornwall beschränkt, wo die Küste mit ihren Riffs und Untiefen am gefährlichsten war. Im Schnitt fielen den Strandräubern pro Jahr 15 - 2o Schiffe zum Opfer.

Auch die Akzeptanz in der Bevölkerung war weit geringer, insbesondere wegen der großen Brutalität, mit der Seeleute ermordet wurden. Zudem riskierten Riffpiraten erheblich höhere Strafen als Schmuggler und konnten (im Gegensatz zu Schmugglern) weder den Inhalt der Schiffsladung vorbestimmen, noch den Zeitpunkt, wann diese mit Hilfsmannschaft an Land geschafft werden mußte.

Lese-Tip: eine lebendige Schilderung des Strandpiraten-Milieus kann man in Daphne du Mauriers Roman "Gasthaus Jamaika" nachlesen. Der Romanstoff wurde 1939 von Alfred Hitchcock verfilmt, dt. Titel. "Riffpiraten". Ein zwar nicht typischer, so doch spannender Hitchcock.

Essen und Trinken

Die cornische Küche stützt sich auf zwei Säulen: Fleischpasteten und Meeresfisch.

PASTY oder PIE: Pasteten werden in fast jedem Lebensmittelgeschäft und Fish & Chips-Bude angeboten. Mit einer Füllung aus Fleisch, Kartoffeln und Gemüse, wird warm serviert. Für 2-3 DM eine sättigende

...piraterie (Illustration aus einem Kompendium von 1869). ...Links Leuchtturm plus abgeschossene Rettungsleine. ...turm war abgeschaltet...

Mahlzeit, die aber naturgemäß nicht für den gesamten Tag ausreicht.

MEERESFISCHE: Traditionell für Cornwall sind die Sardinen ("pilchards"). Die Küstengewässer wurden allerdings in den letzten Jahren teilweise leergefischt. Außerdem exzellente Muscheln.

Die Hummer ("lobster"), Krabben ("crabs") und Langusten ("scallops") sind hier die schmackhaftesten von ganz England.

Kuriosität ist das SAFRON BUN: Gebäck mit reichlich Safran gewürzt. Stammt aus der Antike, als die Phönizier Safran gegen cornisches Zinn tauschten.

KIDDLEY BROTH: herzhafte Brotsuppe, ein Beispiel für die cornische Arme-Leute-Küche.

TRANSPORT IN CORNWALL

Per Auto: Die Distanzen auf der nur 12o km langen Halbinsel sind nicht groß. Sich vielleicht für ein paar Tage irgendwo fest einquartieren und Tagesausflüge zu den einzelnen Küstenregionen machen. Spart viel Nervengeld beim Kofferpacken.

Wir haben Cornwall in Form einer Rundtour ab Plymouth beschrieben. Auf den Hauptstraßen entlang der Südküste nach Penzance, zurück auf der Nordküsten-Route. Gesamtentfernung: je nach Route 16o bis 2oo km, hinzu kommen die Abstecher zu den Küstenorten.

Per Zug: Auf der Hauplinie Plymouth -> Penzance alle 3o Min., ca. 1 Std. Fahrtzeit, ca. 25 DM return. Von dieser Schiene zweigen Seitengeleise zu den Küstenorten ab.

Per Bus: Gute Verbindungen. Rückgrat für den Transport ist der Cornwall Express: alle 2 Std. von Plymouth nach Penzance, Fahrtdauer ca. 3 Std. Rund 1o DM einfach.

Unentbehrlich für eine vernünftige Reiseplanung ist das Buch "Transport in Cornwall" (ca. 2 DM): mit kompletter und übersichtlicher Auflistung aller Fahrpläne, für Züge und Busse.

Für die Orte Penzance, Falmouth, St. Ives und Newquay zusätzlich TI-Broschüren die "Make the most of Cornwall": enthalten alle Fahrpläne, Touren und Ausflüge ab dem betreffenden Ort.

PREISE: Das Explorer Ticket für ca. 12 DM berechtigt für einen Tag unbeschränkt das Busnetz von Cornwall zu benutzen.

SÜDKÜSTE CORNWALL

Der mildere Teil Cornwalls: verschlafene Fischernester, paradiesische Buchten, Strände. Hat eine bessere Infrastruktur wie die Nordküste.

Die Reise-Route geht von PLYMOUTH nach FALMOUTH:

Die HAUPTROUTE (ca. 11o km) verläuft ein gutes Stück landeinwärts, via Liskeard, St. Austell und Truro. Sie ist gut ausgebaut und flott befahrbar, besitzt aber kaum landschaftliche Höhepunkte.

KÜSTEN-ROUTE: erst die Schlenker runter an die Küste bringen den intensiven Cornwall-Geruch. Zumindest ein oder zwei Kurz-Abstecher von der Hauptroute aus.

Problemlos mit öffentlichen Verkehrsmitteln: Zugschienen zweigen runter zur Küste, von den größeren Orten aus mehrmals täglich Busse.

Plymouth ⋙→ Truro ⋙→ Falmouth (A 38/39o)

Die A 38 verlässt Plymouth und überquert im Ort SALTASH den Tamar River, zugleich die Grenze zu Cornwall.

Tourist INFO am ersten Kreisverkehr hinter der Brücke. Tel. o752/849526. Infos über ganz Cornwall für erste Orientierung.

Der Ort Saltash selber reißt nicht unbedingt vom Hocker. Er gehört zum Einzugsgebiet von Plymouth, großes Bevölkerungswachstum.

Royal Albert Bridge: die alte Eisenbahnbrücke von 1859 verläuft neben der Straßenbrücke. Ingenieur des Industriedenkmals war Isambard Brunel. Die Eisenbahnverbindung erschloß Cornwall zum erstenmal dem Tourismus.

In früheren Jahrhunderten war Saltash wichtiger Exporthafen von Zinn. Das Metall wurde von Minen im Dartmoor per Pferd und weiter per Schiff auf dem Tamar River zum Hafen Saltash transportiert. Die früheren Hafenanlagen bestehen allerdings heute nicht mehr.

Mitte des 19. Jhds. wurde nach Erfindung der Eisenbahn eine Gleisstrecke nach Cornwall geplant. Es galt u.a., hier mehrere Flüsse zu überqueren. Ingenieur war, wie auch bei wichtigen Strecken in Wales, Isambard Brunel. Der wichtigste englische Ingenieur des 19. Jhds. hatte sich auch durch den Bau des 1. Eisen- Transatlantikschiffes Great Britain (1845) und der Great Eastern (1858) einen Namen gemacht, Details siehe "Southampton".

Boot-Trips: auf dem Tamar River flußaufwärts, an der Rehling zieht grüne Uferlandschaft vorbei. Ziel ist Calstock (siehe Plymouth/Umgebung). Vierstündiger Ausflug. Lohnend auch die kürzeren Hafen-Rundfahrten.

Im weiteren Verlauf führt die A 38 durch grüne Farmlandschaft, noch ähnlich wie in Devon. 25 km bis

★ Liskeard (5.1oo Einw.)

Geschäftiges Marktstädtchen rund um den ausgedehnten Stadtplatz. Mo. und Do. Viehmärkte. Liskeard ist Ausflugszentrum für die Südküste und das Bodmin Moor. Siehe Seite 484.

Während des gesamten Mittelalters bis rauf ins 19. Jhd. war das Städtchen bedeutendes Zentrum für den Zinn- und Kupferhandel. Bereits 13o7 Recht zur Münzprägung. Im 18. Jhd. Bau eines Kanals runter zur Küste, für den Export der Erze. Mit dem Bau der Eisenbahn Mitte vorigen Jahrhunderts verlor der Kanal an Bedeutung.

CHURCH OF ST.MARTIN: imposante Kirche im Perpendicular-Stil aus dem 15. Jhd., die Kanzel im Kirchenschiff stammt aus dem 17. Jhd.

MERLIN GLASS (Barn Street): Besichtigung einer Glasbläserei. Aus rotglühender Schmelze werden kunstvolle Vasen.

CLICKER TRIKES: ein kilometerlange lange Sandbahn, auf der motorisierte Dreiräder mit superbreiten Reifen und futuristischem Design vermietet werden. Herrliches Fahrfeeling, nach kurzer Einweisung geht's los.

THEME PARK: in Dobwalls, 5 km westlich von Liskeard. Ob sich der Stop lohnt, muß jeder selber entscheiden: eine Art Disney- Minipark mit kleiner Spielzeugeisenbahn, Ausstellungen und Figuren, beliebt bei englischen Familien als Ausflug.

★ Lostwithiel (2.4oo Einw.)

Recht ruhig, der Verkehr läuft auf der Umgehungsstraße am Ort vorbei. Eine romantische Steinbrücke überspannde den River Fowey auf neun wuchtigen Bögen (1314 erstmal urkundlich erwähnt).

RESTORMEL CASTLE: Festung aus dem 12. und 13. Jhd. auf einem Hügel hoch über dem River. Die Ringmauer ist ca. 8 m hoch und 2 1/2 m dick. Von der Brustwehr aus schöner Rundblick. Die gesamte Festung mißt 4o m Durchmesser. Neben der Mauer boten der Burggraben und ein Wall weiteren Schutz. Anfahrt: ca. 2 km nördlich der Ortschaft.

LANHYDROCK HOUSE: Herrenhaus aus dem 17. Jhd. Über 3o Zimmer zu besichtigen: in der Great Hall eine Holzdecke von Anfang 16. Jhds., Antikmöbel aus dem 17. Jhd., kostbare Tapisserien.

Sehr schöner 16o ha großer Park mit altem Baumbestand. Eine restaurierte Getreidemühle, ein mittelalterliches Taubenhaus und eine Presse zur Herstellung von Cider als Pluspunkte.

Das Anwesen war ursprünglich ein Kloster. 162o ging es über ins Eigentum eines reichen Zinn-Barons. 1881 brannte es fast vollkommen, lediglich das Torhaus und der Nordflügel stammen noch vom ursprünglichen Gebäude. In nur drei Jahren wurde es im alten Stil wiederaufgebaut. Das Haus blieb im Besitz derselben Familie bis 1953, als es der Öffentlichkeit zugänglich gemacht wurde.

Anfahrt: ca. 5km nördlich, via der B 3268.

★ St. Austell (17.5oo Einw.)

Verwaltungszentrum und Verkehrsknotenpunkt, aber nur wenig Flair. Modernes Stadtbild. Interessante Attraktionen in der Umgebung.

St. Austell ist durch den Kaolin-Bergbau reich geworden. 1755 entdeckte man riesige Vorkommen von Porzellanerde in den Hügeln nördlich der Stadt. Anfangs wurde sie nur zur Herstellung von feinem Porzellan abgebaut; heute findet sie auch in der chemischen Industrie Verwendung. Fördermenge etwa eine Million Tonnen pro Jahr. Die Qualität wird weltweit nur von einigen Flözen in China erreicht, daher Export in die gesamte Welt. Die weißlichen Abraumhalden am nördlichen Stadtrand werden von den Einheimischen "cornische Alpen" genannt.

WHEAL MARTYN: Freilichtmuseum, das die 2oo jährige Geschichte der Kaolin-Förderung veranschaulicht. Pferdegezogene Wagen, Wasserräder etc. Anfahrt: in der Ortschaft Carthew, ca. 4 km nördl. entlang der A 391.

CHARLESTOWN: der vorgelagerte Hafenort von St. Austell. Ein Besucherzentrum illustriert die alten Tage der Strandpiraten und der Schmuggelei.

ST. DENNIS: kleines Dorf, 1o km nordwestlich von St.Austell (via der B 3279). Die Gemeindekirche steht auf einem Hügel: Blick auf die Landschaft aus den Abraumhalden des Kaolin-Abbaus, weißliche Hügel und Täler wie mit Puderzucker bestäubt.

In der Domellik Cider Farm wird süffiger Apfelwein produziert (Marke "Cornish Scrumpy"). Besichtigung der Kelterei und Keller, ein Museum mit alten Apfelpressen. Zum Ausklang ein Gläschen zur Probe.

ST. STEPHEN: lohnt sich für das Oldtimermuseum "Automobilia". Zu sehen über 5o auf Hochglanz polierte Uraltkarossen. Anfahrt: ca. 8 km westlich, entlang der A 3o58.

MAGNIFICENT MUSIC MACHINES: sehenswerte Sammlung von Musikinstrumenten (z.B. Drehorgeln und Pianos aus den 2oer Jahren). Untergebracht in einer alten Mühle. Ca. 5 km ab Liskeard im Weiler St. Keyne.

Von St. Austell entweder via Küste nach Falmouth (siehe Seite 417). - Oder auf der Hauptstraße A 39o, die durchs Inland führt, im folgenden beschrieben: Nach 15 km beim Ort PROBUS die TREWITHEN GARDENS: Herrenhaus aus dem frühen 18. Jhd. mit weitläufigem Parkgelände. Der Park hat normale Öffnungszeiten, das Haus nur sehr unregelmäßige.

★ Truro (16.000 Einw.)

Marktstädtchen mit Ladenstraßen und einer Kathedrale, - wichtiger Verkehrsknoten und Verwaltungszentrum. Gute Infrastruktur: wegen der zentralen Lage eventuell Ausgangspunkt für Touren. Ansonsten aber die Fischerstädte Falmouth und Penzance schöner.

Geschichte: die Normannen bauten im 11. Jhd. erstmals eine Burg an der Stelle des heutigen Truro. Ab dem 14. Jhd. wuchs die Stadt sehr schnell durch den Zinnhandel. 1876 wurde Truro zum Sitz des Bischofs von Cornwall ernannt. Es folgte der Bau der Kathedrale. Sie verleiht Truro den politischen Statur einer "City" (im Gegensatz zu einer "town"), was unabhängig von der Einwohnerzahl ist.

CATHEDRAL: 188o-191o im neogotischen Stil erbaut, wobei man den frühgotischen Early English Style kopierte. Auffallend. die spitzen Aufsätze auf dem Vierungsturm und den Westtürmen.

LEMON STREET: die Straße geht von der Kathedrale in westliche Richtung. Die Häuser auf der einen Straßenseite haben drei Stockwerke, die gegenüberliegenden nur zwei. Im 18. Jhd. angelegt.

COUNTY MUSEUM (River Street): Highlights sind eine ägyptische Mumie und eine extensive Mineraliensammlung. In der angeschlossenen Galerie viele Gemälde der Newlyn School (Engl. Impressionisten, die um die Jahrhundertwende im Freien malten. Im Gegensatz zu den Franzosen versuchten sie mehr Botschaft in ihre Bilder zu legen.)

Boot-Trips runter nach Falmouth (ca. 18 km). Herrliche Fahrt auf dem River Fal, saftiggrüne Uferlandschaft und die tiefblaue Meeresbucht "Carrick Roads". Abfahrt vom Quay, täglich fünfmal. Fahrtdauer eine runde Stunde. Ca. 15 DM hin und zurück.

Viehmärkte: jeden Mittwoch, wo die Farmer mit ihren Jeeps eintrudeln. Am lebhaftesten morgens gegen 9 Uhr. Ca. 2 km außerhalb entlang der A 3o76.

WILDLIFE PARK: Volieren mit Hunderten von Vogelarten. Ca. 5 km nördlich , via der A 3o76.

MOTOR SPORT CENTER: auf einer Sandbahn werden motorisierte Dreiräder mit breiten Reifen und massiver Karosserie vermietet. Ausrüstuing und kurze Einweisung im Preis inklusive. In Chacewater, ca. 9 km westlich, entlang der A 39o.

Pubs: SWAN BAR (Bosvigo Road): jeden Donnerstag ab 2o.3o Uhr trifft sich der Folk- Club und macht Musik. Besucher willkommen.

Feste: Three Spire Festival (zwei Wochen Ende Juli / Anfang August): klassisch-orientierte Chor- und Orchestermusik in der Cathedral.

Von Truro bis Falmouth noch ca. 15 km auf der A 39.

Via Küste von Plymouth nach Falmouth

Braucht mehr Zeit, eigenes Auto sinnvoll, da kein durchgehender öffentlicher Transport (Umsteigen mit Warterei). Ein Umweg, der sich aber wegen schöner Landschaften und Küstendörfern lohnt!

Ab PLYMOUTH per Autofähre rüber nach Torpoint, siehe "Umgebung Plymouth", dort auch Details zum Strandbereich "Whitesand Bay". Über kleine Nebenstraßen entlang der Küste kommt man nach:

★ Looe (4.1oo Einw.)

Verschachtelte Gäßchen und Häusergewirr am Hang runter zur Promenade. Unten am Kai sortieren die Fischer ihre Fänge. Die beiden Teile East und West Looe sind durch eine 7-bogige Steinbrücke über den River Looe verbunden. Wegen der nahegelegenen Strände viele Urlauber.

GUILDHALL MUSEUM (Fore Street, East Looe): Heimatmuseum zur Geschichte des Ortes.

CORNISH MUSEUM (2 Min. vom Heimatmuseum): interessanter Überblick zu verg. Jahrhunderten der Geschichte Cornwalls, u.a. Fischerei, Küstenwache durch Leuchttürme, Minen etc.

MONKEY SANTUARY: in bewaldetem Flußtal in Seaton, rund 7 km östlich an der Küste via B 3359. Zuchtkolonie südamerikanischer Wolläffchen, zottelige Tiere mit den Affenbabys im Arm. Bewegen sich frei im Gehege in einem bewaldeten Flußtal, keine Käfige. - Alternative zum Monkey Santuary ab Looe ist der lohnender Fußweg entlang des "Coastal Path" in rund 1,5 Std. pro Richtung.

LANREATH: für das "Farm Museum",- altes Bauerngerät, Uralt-Telefone und antike Uhren. Liegt ca. 1o km nordwestlich, via der B 3359.

BOOT-TRIPS, Abfahrt vom Looe- Pier: einmal raus zum vorgelagerten Looe- Island mit schnatternder Seevogel-Kolonie. Einzige menschliche Bewohner des Inselchens sind 2 Schwestern, die in einer Hütte am Strand leben.

Weiterhin auf dem Looe-River flußauf: Zwischen viel Vegetation gleitet der Kahn bis nach Sandplace. In der Nähe des Ortes der Bergkegel Tregarland Tor mit Superrundblick über die Looe- Bucht.

HAIFISCH- FANG: Looe ist berühmt für derartige Trips im Hochseeangeln. Per Kutter geht's 2o Meilen raus aufs Meer. Zerstampfte Fischmaische dient als Köder. Infos unten am Quai im Tackle Shop. Kostenpunkt ca. 5o - 1oo DM. Wer weniger investieren will, kann auch 1 - 2 stündige Trips zum Fischen nach Makrelen buchen.

Wandern: knapp 7 km auf dem Coastal Path nach Polperro (siehe unten). Vorbei an Klippenwänden und Sandbuchten; mittlerer Schwierigkeitsgrad. Zurück per Bus.

★ Polperro

Eines der schönsten Dörfer Cornwalls. In einer steilen Klippenschlucht der Fischerhafen mit den Kuttern. Dahinter Kopfsteinpflastergassen, verwaschene Cottages und Trödlerläden.

Polperro war lange Zeit ein florierendes Schmugglernest. Anfang des 19. Jhd. wurde hier die erste Zollstation Cornwalls eingerichtet, um den Schwarzhandel in den Griff zu bekommen.

Der Ort ist für Autos gesperrt. Den Wagen an den Parkplätzen oberhalb der Dorfeinfahrt abstellen und zu Fuß runtergehen. Man kann sich auch eine Pferdekutsche runter ins Dorf mieten. - Im Sommer sehr viele Touristen. Den Besuch am besten auf die Zeit nach 18.oo Uhr legen, wenn die Reisegruppen weg sind.

MODEL VILLAGE: maßstabsgetreue Replikation von Polperro im Puppenküchenformat. Weitere Modelle in Bezug auf die cornische Geschichte.

MUSEUM OF SMUGGLING: läßt die Zeit lebendig werden, als Küstenschiffe nachts die Konterbande an Land brachten, unbemerkt der (von Schmiergeldern "blinden") Küstenwache. Weiterhin Exponate zum Thema, wie heutzutage der Schuggel organisiert ist.

FOLLY (The Warren): ein Künstler hat das Gebäude mit Verzierungen aus Muscheln beklebt.

Von Polperro führt der "Cornwall South Coast Path" als 1o km Wanderung entlang der Küstenklippen. Besonders schöne Stellen die beiden Meeresbuchten Lantivet und Lantic Bay mit dem Pencarrow Head, siehe auch Graphik!

Für diejenigen mit eigenem Auto gibt es enge und schlängelige Straßen oberhalb und parallel zur Küste nach Fowey. Gute Detailkarte nötig!

★ Fowey

Besteht aus einem tief eingeschnittenen und ins Land führenden Meeresfjord, in dessen steilen Abhang die lange Hauptstraße eingekerbt ist. Windschiefe Häuser mit Schindeldächern.

Im Hafen Hunderte von Yachten (pro Jahr legen hier 4.ooo an). Außerdem schwere Transportschiffe für den Export des bei St. Austell geförderten Kaolin.

Das Ortsinnere von Fowey ist für Autos gesperrt. Parkplatz oberhalb des Ortes, von dort Transfer mit Bussen.

Bereits in der Bronzezeit wurde vom Hafen aus Zinn verschifft. Im Mittelalter wußten auch Piraten und insbesonderer Schmuggler den geschützen Hafen von Fowey zu schätzen. 138o Belagerung durch eine spanische Flotte. Eine quer über den Fjord gespannte Kette machte die Zufahrt für die Spanier unpassierbar. 1456 während des Hundertjährigen Krieges brandschatzten Franzosen die Stadt.

1864 Bau der Eisenbahn (mittlerweile ist die Strecke wieder stillgelegt): Fowey wurde Exporthafen für das weiter nördlich bei St. Austell geförderte Kaolin. Während des Zweiten Weltkrieges startete ein Teil der alliierten Flotte von Fowey aus die Landung in der Normandie.

HEIMATMUSEUM: unten am Hafen, zwischen den Kais.

NOAH'S ARK MUSEUM (Fore Street): Stadtgeschichte, sowie eine Galerie mit Gemälden cornischer Künstler.

ST. CATHERINE'S CASTLE: nur noch ein paar Mauerreste, aber schöner Blick auf das Dorf und den tiefen Fjord. Zu erreichen über die Verlängerung der Esplanade.

Golant Jugendherberge: stolzes Herrenhaus am Ufer des waldigen Mündungstrichters des Fowey River. Vermietung von Kanus. Ca. 5 km flußaufwärts; Bus aus St.Austell hält nahe der Herberge. Tel. o726/ 8335o7

Boot-Trips: Rundfahrten im Hafenbecken zwischen den Yachten. Oder Ausflugsfahrten: den River Fowey flußaufwärts, Wälder und Buschgruppen an den Ufern.

POLRUAN: Idyllisches Fischerdorf auf der gegenüberliegenden östlichen Seite des Fjordes. Alte Häuser und enge Gäßchen. Alle 15 Minuten Überfahrt mit der Fähre ab Fowey.

Wandern: von Polruan gute 2 km östlich entlang des Coastal Path und Küste zum PENCARROW HEAD, einer Felsnase von 15o m und grandiosem Rundblick über den gesamten Küstenbereich bis rüber nach Plymouth. Lohnt in jedem Fall als Abstecher,

EINFAHRT in den Fjord: wegen der geschützten Lage war Fowey in verg. Jahrhunderten auch bei Schmugglern ein beliebter Stützpunkt. (Pencarrow Head)

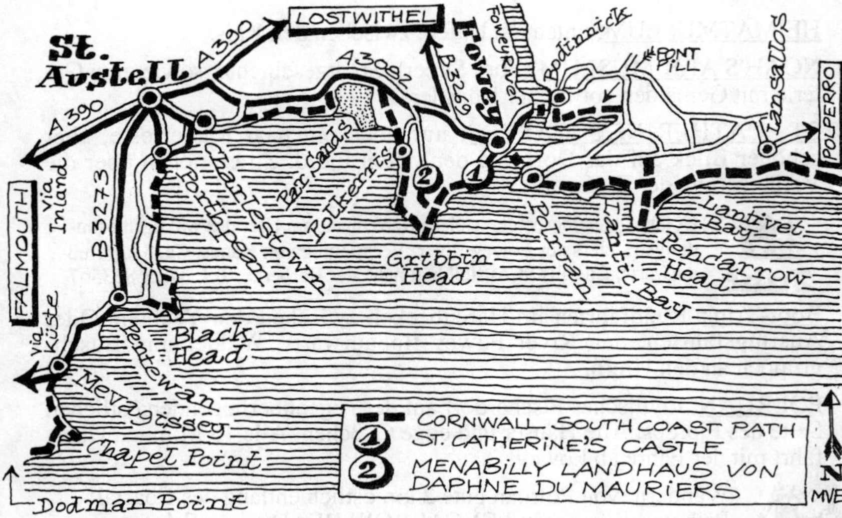

entweder **zu Fuß**, Wegbeschreibung: ab Fowey mit der Passagierfähre über den Mündungstrichter des Fowey River nach Polruan. Quer durch den Ort und entlang oberhalb der Küstenklippen und Lantic Bay zum PENCARROW HEAD, unschwerlich zu verfehlen. Der hohe Küstenberg ist mit Stechginster und Heidelbeeren überwachsen.

Weiterer Trailverlauf: rund 6,5 km entlang des Coastal Path und direkt oberhalb der Küstenklippen nach Polperro. Oder ab Pencarrow Head den Pfad senkrecht nach Nord landein. Er trifft nach ca. 1 km die Küstenlandstraße Polruan -> Lasallos, von der wenige 1oo m östlich eine Landstraße nordwärts zum Pont Pill, einem Seitenarm des Fowey Fjordes. Diesen entlang des Nordufers bis Bodinnick, wo die Autofähre zurück nach Fowey führt. Insgesamt eine Rundwanderung von rund 1o km und 4 Std.

Mit **eigenem Auto**: ab Fowey die Autofähre rüber nach Bodinnick. Von hier zunächst knapp 1 km nordöstl und bei 1. Abzweig. (?) rechts Richtung Küste südwärts (wegen der Vielzahl der hier abzweigenden kleinen Feldwege nicht unbedingt leicht zu finden). Ab Straße zum Pencarrow Head dann noch rund 6oo m Fußpfad.

MENABILLY LANDHAUS: der berühmten englischen Schriftstellerin *Daphne du Mauriers*, die hier beim Erfinden und Formulieren ihrer großartigen und spannenden Romane die entsprechende Szenerie und Inspiration fand.

Geboren 19o7 als Kind reicher Eltern sagte sie sich schon früh dem High Society Leben zwischen der Côte d' Azur, London und Paris los, um sich ihrer Lieblingstätigkeit, der Schreiberei zu widmen. Hierin verfügte sie über hohe Talente; sie schrieb insgesamt 27 Romane, von denen viele verfilmt wurden: so von Alfred Hitchcock u.a. "Jamaika

Inn", "Rebecca" und "Die Vögel". Ein literarischer Bestseller wurde auch der Roman "Wenn die Gondeln Trauer tragen", ebenfalls verfilmt. Daphne du Mauriers starb in hohem Alter von 82 Jahren in Menabilly.

Der Landsitz ist auch heute Privatbesitz und nicht zu besichtigen. Wohl aber schöner Spaziergang ab Fowey südwärts zum GRIBBIN HEAD, einer Landspitze und von dort via Menabilly rauf zur B 3o82.

POLKERRIS: wenige Steinhäuser an kleiner Bucht, die durch eine hohe, halbrunde Steinmauer als Hafen geschützt ist. Polkerris war früher einer der wichtigsten Häfen für Ölgewinnung aus Fisch, - Zeiten die heute passé sind. - Westlich die PAR SANDS, eine Bucht, die je nach Gezeiten eine große Sandfläche besitzt. Bei Ebbe zieht sich das Meer gut 1 km zurück.

Die Landstraße **A 3o82** verbindet FOWEY mit Abstechern (siehe oben) nach ST. AUSTELL (Details Seite 411). Wer schnell nach Falmouth will, nimmt ab St. Austell die Inlands- Hauptstrasse A 39o/ A 39.

ALTERNATIVE ab St. Austell ist die KÜSTENROUTE via **B 3273** und weiterer Landstraßen; eine gute Detailkarte sollte jedoch mit im Auto sein, denn die Küstenstraßen sind in diesem Bereich miserabel beschildert.

Die B 3273 führt von St. Austell nach PENTEWAN, einem kleinen Nest an der Küste und weiter nach:

★Mevagissey (2.ooo Einw.)

Altes Schmugglernest mit engen Gassen und verschachtelten Häusern rund um den Hafen. Im 18. Jhd. wirtschaftlicher Boom durch Sardinenfänge. Der Fisch wurde europaweit exportiert, die Bewohner von Mevagissey hatten damals rund 5o Trawler im Einsatz.

FOLK MUSEUM (am Westkai): mit Exponaten zum Sardinen-Boom.

MODEL RAILWAYS: Museum für Modelleisenbahnen. Maßstabgetreue Replikationen von über 2.ooo Lokomotiven. Durch eine Landschaft mit Bahnhöfen und Viadukten fahren gut 5o Züge.

Unterkunft: im Ort mehrere Hotels und Privatquartiere. Zur HS entsprechende Engpässe! Eine Jugendherberge 6 km entfernt im Ort Boswinger westlich der Kapspitze des Dodman Point. Kleines Hostel mit nur 4o Betten. Beliebt bei Wanderern des Coastal Path, eine herrliche Ruhe hier draußen.

BOOT-TRIPS: zu versteckten Meeresbuchten. Dazu die Aushänge am Pier beachten.

CHAPEL POINT: Vorgebirge, das steil zum Meer hin abbricht. Zu ereichen ab Mevagissey in rund 2o Min. südlich über den Coastal Path oberhalb der Küstenklippen.

GORRAN HAVEN: ein Hafen und ein paar verwaschene Cottages am Fuß mächtiger Klippenwände. Liegt ca. 3 km südlich von Mevagissey, noch östlich vom Kap Dodman Point.

Wandern: von Gorran Haven gut 4 km entlang der Klippenküste bis zum DODMAN POINT: ein mit Ginster und Heidekraut bewachsener Landzipfel. Den höchsten Punkt (125 m) markiert ein riesiges Steinkreuz. Bei klarem Wetter Bilderbuch-Ausblick auf 15o km Küstenlinie! Die weit ins Meer vorspringende Landzunge war in früheren Jahrhunderten ein berüchtigtes Grab vieler Segelschiffe, die hier untergingen.

Ab MEVAGISSEY eine Vielzahl an kleinsten Landstraßen im Bereich des Dodman Point und rüber entlang der Küste nach FALMOUTH.

Eine gute Detail- Straßenkarte ist hier von Vorteil, da die örtliche Straßenausschilderung kleinräumig erfolgt und man sich ohne Karte u.U. ziemlich schnell verfranzt.

★ **Portloe**: Kleines Nest mit engen Straßen, die Häuser am Hang die Bucht rauf. Unten in der Hafenbucht Fischkutter. Der Ort ist Ausgangspunkt für Wanderungen entlang der Küste:

-> Portholland im Osten, rund 2 km Trail. Dort eine schöne Sandbucht mit Fischerkaten, auch landein per schmaler Straße zu erreichen.

-> Nare Head im Westen, rund 3 km Trail. Dort rund 11o m hohe Klippen und faszinierender Panoramablick auf die Gerrans Bucht. In den Steilfelsen unzähligen Möwennester, oben Hecken und Wildblumen. Wem die Wanderung zu anstrengend ist: auch per schmaler Straße zu erreichen, die bis zu einem Parkplatz führt. Von dort 15 Min. zu Fuß bis zum Nare Head.

★ **Veryan**: Unverkennbares Feature des Dorfes sind seine 5 runden Häuser, 4 davon am Ortseingang. Gedeckt mit einem Reetdach, auf dessen Spitze ein Kreuz. Wurde Anfang des 19. Jhds gebaut, angeblich vom Dorfpfarrer, damit sich der Teufel nicht in Ecken und Winkeln verstecken könne.

★ **Portscatho**: Idyllisches Dorf. Ein 5 km langer Single-Track führt westlich zum ST. ANTHONY HEAD. Von einem Parkplatz kurze Fußwanderung zum weißgekalkten Leuchtturm (erbaut 1835). Schöner Blick rüber nach Falmouth jenseits der Bucht.

★ **St. Mawes**: Mildes Klima und subtropische Vegetation in der geschützten Bucht. Am Hafen liegen schneeweiße Segelyachten vor Anker. Schöne Boottrips und Kneipen. ST. MAWES CASTLE: von Henry VIII. aus Angst vor einer französischen Invasion erbaut. Diente zur strategischen Überwachung des Eingangs zur Meeresbucht (zusammen mit dem Pendennis Castle an der gegenüberliegenden Küste). Drei Bastionen umgeben wie ein Kleeblatt den Zentralturm.

BOOT-TRIPS: 5x pro Tag rüber nach Falmouth, auf der anderen Seite des

Meeresfjordes. St.Mawes ist Hauptort der ROSELAND PENINSULA. Melancholische, topfebene Moorlandschaft und hohe Klippen.Schön für Wanderungen. Friedliche Bäche durchziehen wie ein Netz das Land.

King Harry Ferry: Fährverbindung, um von der Roseland Halbinsel auf die Hauptroute A 39 zu kommen. Die Autofähre verkehrt alle 3o Minuten bis 2o.oo Uhr, ca. 1o DM pro Auto. Deutlich ausgeschildert.

Von St.Mawes zur A 39 via der Fähre knapp 15 km, während der Landweg via der A 3o78 kapp 4o km ausmacht.

TRELISSICK GARDEN: Garten-Paradies mit subtropischer Vegetation, auf eine Anhöhe gesetzt mit Blick runter zur Bucht. Gilt als eine der schönsten Gartenanlagen Südenglands, besondere im Frühjahr, wenn alles in Blüte steht. Der Trelissick Garden wurde um 193o angelegt und bereits 25 Jahre später dem National Trust geschenkt. Liegt ca. 3 km hinter dem Fähranleger.

★ Falmouth (19.ooo Einw.)

Altes Schmugglernest mit viel Atmosphäre und subtropischer Palmen-Vegetation. Strände zum Relaxen, Segeln, und Bootfahren im Hafen.

Tourist INFO 28 Killigrew Street, drei Minuten vom Pier in der Altstadt. Leider kein Book-a-Bed-ahead-Service.

Die Stadt ist auf dem Bergkamm einer schmale Landzunge gebaut, die von West in den Meeresarm Carrick Roads reinragt. Der Bergkamm teilt Falmouth in zwei Stadtteile:

Nach Norden: die Winkelgassen der ALTSTADT führen steil runter zum Hafen, wo Yachten im Wasser dümpeln. Sehr authentisch: die Häuser stehen so schief da wie die Besucher nach der Kneipentour.

Südlich mit Blick auf die offene See liegt die NEUSTADT: Stadtvillen mit Gärten und behäbige Straßenzüge. Hier befinden sich die Strände und die Hotels. Letztere wurden im 19. Jh. erbaut, als Falmouth als Ferionort aufblühte.

GESCHICHTE: Falmouth war ursprünglich ein kleines Fischernest am tief eingeschnittenen und verzweigten Meeresfjord. Mitte des 16. Jhds. ließ King Henry VIII. aus Angst vor einer spanischen Invasion die Festung Pendennis Castle zum Schutz der Hafeneinfahrt bauen.

Sir Walther Raleigh, der berühmte engl. Seefahrer und Entdecker, der Mitte bis Ende des 16. Jhds. viele Fahrten ab Südengland in die "Neue Welt" u.a. zur Nordküste Südamerikas unternahm (siehe auch Seite 344), - wies auf die Bedeutung von Falmouth als Naturhafen und letztem Stützpunkt vor der Atlantiküberquerung hin, - weiterer Grund für den Ausbau der Hafenanlagen.

Bis Beginn des 17. Jhds. hatte sich Falmouth zum Handelszentrum im äußersten

Südwesten Englands entwickelt. Schiffe aus Indien und Amerika legten im Hafen an. Zudem blühte der Schmuggel: Chroniken berichten, wie damals Ostindien- Segler in Falmouth nach ihrer Seereise in Falmouth anlegten und an Bord ein regelrechter Handelsbazar stattfand. Verkauft wurden Seide, Tee, China- Porzellan etc. zu Schleuderpreisen, - wobei der Zoll zusah und nicht eingriff (da er am Handel durch Bestechung beteiligt war).

1688 wurde der erste Post- und Paketdienst von England nach Amerika eingerichtet. Erstmals verkehrten Segelschiffe mit festem Fahrplan über den Atlantik. Man fuhr mit leichten, zweimastigen Schonern, die zum Schutz mit starken Kanonen bestückt waren. Auf generellen Befehl hin wurde die gesamte Ladung über Bord geworfen, wenn die Enterung durch ein feindliches Schiff drohte.

Falmouth war zu jener Zeit (nach London) der geschäftigste Hafen von England. Postkutschen pendelten zwischen der Hauptstadt und Falmouth hin und her. Sie brauchten für die Strecke 6 Tage. Dies war damals der schnellste Weg für den Überland-Postverkehr bis zum westlichsten englischen Hafen, - wo die Post aufs Schiff verladen wurde.

Beladung eines Dampf-Segelschiffes Mitte 19. Jhd.

Bis 1827 arbeiteten 4o Transatlantik- Packetschiffe mit Basis Falmouth. Die Erfindung des ersten Dampfschiffes (Robert Fulton, 18o7), sowie der Bau der Eisenbahnstrecke von London -> Southampton machten Southampton zum Hafen für die Überseepost. 1862 wurde der Postdienst ab Falmouth dann endgültig eingestellt.

1863: Bau der Eisenbahnstrecke London -> Plymouth -> Falmouth. Dadurch wurde die Stadt für den Tourismus erschlossen, bis heute die wichtigste Einnahmequelle.

PENDENNIS CASTLE: an der Spitze der Landzunge. Wuchtige Anlage: runder Wehrturm in der Mitte, geschützt durch zwei Ringmauern, Bastionen an der äußeren Mauer. Lohnt sich allein für den Panoramablick auf die zerlappte Küstenlinie.

Die Burg wurde 1544 von Henry VIII. erbaut, um gemeinsam mit dem St. Mawes Castle auf der gegenüberliegenden Seite der Bucht die Hafeneinfahrt zu bewachen. Im Bürgerkrieg hart umkämpft.

Lohnend: einstündige Wanderung entlang der Spitze der Landzunge, immer zu Füßen der Burg.

Eine Fähre tuckert in 2o Minuten rüber nach ST. MAWES am östlichen Ufer der Bucht. Bummeln und Besichtigung des Castle. Abfahrt vom Prince of Wales Pier. Lohnt sich schon allein für die Fahrt auf dem Kahn, wenn er gemächlich über die Bay vorbei an den Yachten tuckert.

HAFEN: Einer der schönsten und besten Naturhäfen Europas, geschützt von weit auslaufenden Landzungen. Er wird heute vorwiegend von Urlaubern genutzt, die in der Bucht mit ihren Jollen und Yachten segeln.

KING'S PIPE (Arwenack Street): Schornstein aus der Schmugglerzeit. Darin wurde Tabak verbrannt, den die Küstenwache sichergestellt hatte.

MARITIME MUSEUM (Market Street): Geschichte des Hafens und des Postverkehrs ab Falmouth.

Zahlreiche PARKS UND GÄRTEN: wegen des milden Golfstromklimas gedeiht subtropische Vegetation. Sensation ist der Bananenbaum im Kimberley Park. Herrlich auch Fox Hill Gardens.

"**Greenbank Hotel**": Die Nobeladresse in Falmouth, würdevoll am Meeresufer gelegen. Das Gebäude aus dem 16. Jhd. war früher Stützpunkt der Schiffskapitäne bei ihrem Landaufenthalt. Die Zimmer sehr groß, mit Sitzecke und Sofa. Harbourside, DZ ca. 24o DM.

"**Maenheere Hotel**": Grove Place. Seit 1965 in der Hand der Smales-Familie. Zimmer gemütlich, Holzmöbel, Teppichboden, in der Bar viele Einheimische. DZ ca. 12o DM.

"**Grove-Hotel**": Grove Place. Ebenfalls seit 2o Jahren im Familienbetrieb: rund 16 Zimmer, etwas ruhiger als das "Maenheere", keine Bar. DZ ca. 1oo DM.

"**Arwenack Hotel**": Arwenack Street. Optimale Lage im Herzen der Altstadt. Saubere 12-Zimmer-Pension, über Treppen rauf in den Rezeptionsraum. DZ ca. 9o DM.

BED & BREAKFAST: Zur Hochsaison nicht erst kurz vor Hochklappen der Bürgersteige eintreffen: sämtliche Häuser ausgebucht. Daher Ankunft auf den Vormittag legen (vor allem, weil das TI in Falmouth kein kein book-a-bed-ahead macht).

Unten am Strand die schönsten Häuser, vor allem in der Melville Road plus die Verlängerung Avenue Road.

In Nähe des Castle, ca. 1 km vom Zentrum, ruhige Residencial-Atmosphäre. Wer mit der Eisenbahn ankommt, steigt hierfür in der Dell Station aus.

PANDORA INN: Alt-cornisches Pub direkt an de Küste. Man sitzt an den Tischen vorn draußen in der Abendsonne und genießt die exzellenten Barmeals um 1o DM (legendäre Krabben-Sandwiches!). Die Kneipe ist 6oo Jahre alt: Strohdach, Holzbalken, Steinplatten-Boden. Ca. 8 km nördlich: auf der A 39 nach Penryn, dort rechts weg.

PUBS: Man geht für den Abend vorzugsweise runter zum Custom House Quay unten am Hafen. Gemütliche Mischung aus Bierdunst & Stimmengewirr: mehrere Kneipen und Restaurants. Ideal für den Abend, mit dem Glas in der Hand draußen an der Kaimauer zu stehen.

GLOBE INN (Arwenack Street): Lieblingslokal der Studenten der hiesigen Kunstakademie. Nach dem Eintreten erst mal kräftig die Augen reiben: an der Decke (!) "stehen" Tische und Papierkorb, und erst das dritte oder vierte Glas bringt die Sache wieder ins Lot ...

CHAIN LOCKER (um die Ecke vom Globe Inn): etwas ruhigere Seemannskneipe. Steuerrad und Navigationsgerät an der Wand sorgen für den nötigen Touch.

SEVEN STARS (Killigrew Road, gegenüber vom Busterminal): Tip für ein ehrliches Bier. Die Kneipe ist berühmt für ihre breite Auswahl altenglischer Dunkelbiere ("ale") von Klein-Brauereien. Sie fließen frisch aus den Fässern hinter der Theke und werden traditionsgemäß zimmerwarm serviert. Die verrauchte Bude wurde das letzte mal nach dem ersten Weltkrieg renoviert.

VIKTOR DRIGO (Castle Drive, Anfahrt zum Pendennis Castle). *Die* Musikkneipe von Falmouth. Jede Nacht spielen Bands, vorwiegend junge Leute. Kleine Eintrittsgebühr.

ENTERTAINMENT: PRINCESS PAVILLON: Konzerte und Varieté wie in den großen Music Halls im Amerika der dreißiger Jahre. Nach der Aufführung zum Strand runterlaufen, wo die Wellen sanft gegen die Küste klatschen...

vier kiessandige Strände, alle südlich des Stadtkerns (Blickrichtung raus zum English Channel). Bei schönem Wetter recht betriebsam.

CASTLE BEACH: Sand durchsetzt mit schwarzen Felsbuckeln. Hier gehen die meisten Einheimischen hin. Liegt unterhalb von Pendennis Castle.

GYLLYNGVASE BEACH: der größte und betriebsamste der vier Strände.

SWANPOOL BEACH: Pluspunkt ist der dahinterliegende See, wo Ruderboote vermietet werden; sowie jede Menge Activities (Windsurfing, Motorbikes).

MEANPORTH BEACH: liegt 3 km westlich entlang des Klippenpfades. Sandbogen in einer tiefen, grünen Bucht. Hier am wenigsten Betrieb.

BOOT-TRIPS: großes Angebot, Abfahrt vom Hafen. Tradition hat die Flußfahrt auf dem River Fal bis rauf nach Truro. Näheres siehe dort.

Hafenrundfahrten: vorbei an den Dockanlagen, schöner Castle-Blick aus der Froschperspektive.

Vermietung von Motor- und Ruderbooten, um auf eigene Faust in der Carrick-Roads-Bucht rumzukreuzen.

Verbindungen ab Falmouth

Züge halten an jedem der 3 Falmouth- Bahnhöfe. Alle 3 sind unbemannt, Fahrpläne hängen in der Bahnhofshalle aus, das Ticket löst man im Zug.
Verbindung nach Penzance alle 2 Std., Fahrtdauer 75 Minuten. Geht via Truro.

Busse: Terminal gegenüber dem Tourist Office (im TI Infos über Fahrpläne und Tickets kaufen).

★ Lizard Peninsula

Runter zum südlichsten Punkt Englands, ab Falmouth rund 3o km. Schwarzgescheckte Kühe weiden auf Wiesen zwischen Büscheln von Sauergräsern. An der Küste zerklüftete Klippen, wo die Kormorane ihre Flügel trocknen, verschlafene Fischerdörfer und pittoreske Buchten.

Im Inland touristische Schnäppchen wie ein Disneyland-Park, ein restauriertes Bergwerk, eine Radiostation.

Für den Abstecher via Lizard Peninsula sollte man sich (mit eigenem Auto) gut 1/2 - 1 Tag, je nach Interessen (Wanderungen etc.) mehr Zeit nehmen.

Transport: Netz von engen Straßen, per Auto ein gemütliches Tagesprogramm. Wenige Buslinien, runter zum Lizard Point mit Umsteigen in Helston. Leute ohne Pkw: sich einer Coach Tour anschließen oder in Falmouth ein Auto mieten. Per Fahrrad 2- 3 Tage, recht hügelige Pistenführung. Zu mieten bei Falmouth Cydes, gegenüber dem TI.

Wer mit eigenem Auto fährt, sollte für die Lizard Peninsula eine gute Detailkarte mitnehmen. Die "Michelin- 4o3" reicht definitiv nicht aus, und vor Ort gibts eine Fülle schmalster "lanes" (Landwege in PKW- Breite), die sich verzweigen und zudem schlecht beschildert sind.

MAWNAN: Kleiner Weiler südlich von Falmouth (siehe Karte) und oberhalb des Strandes. Ein Fußpfad führt entlang der Küste 1,5 km nördlich zum ROSEMULLION HEAD mit Blick auf Küste und Falmouth.

HELFORD PASSAGE: am Fjordarm, Vermietung von Motorbooten und Ruderbooten. Im Sommer mehmals tägl. kleine Passagierfähre rüber nach Helford Village auf der anderen Seite des Fjordes, Betreiber der Fähre ist der Pub "Ferry Boat Inn".

von Falmouth per Bus runter nach Helford Passage, gute Verbindung. Dort mit der Fähre rüber zum Startpunkt der Wanderung: entlang des gesamten Coastal Path (6o km) und einmal um die Lizard Halbinsel rum bis Helston benötigt man ca. 3 Tage. In jedem Fall lohnend, großartige Klippenwildnis mit eingelagerten Sandbuchten. Zurück nach Falmouth per Bus. Man kann jedoch auch nur kurze Teilstrecken wandern, dazu Vorschläge im folgenden Text.

8 Trengwainton Gardens
9 Greevor Tin Mine und Museum
1o Mineral & Mining Museum
11 Wayside Museum

LANDEPISTE FÜR SPORTFLUGZEUGE

RECHTS: englischer Ostindien Segler

Gweek: am Ende des Mündungsfjord der River Helford, früher ein florierendes Schmugglernest.

SEAL SANCTUARY: Hospital für verletzte Robbenbabies, die am Strand aufgefunden wurden. Ungefähr dreißig Seehunde spielen in den Becken. Sobald sie vollständig geheilt sind, werden sie wieder in die Natur ausgesetzt.

HELFORD RIVER und PORTH NAVAS: die Mündungsarme des Helford Rivers wurden bereits seit Zeit der Römer zur Austernzucht

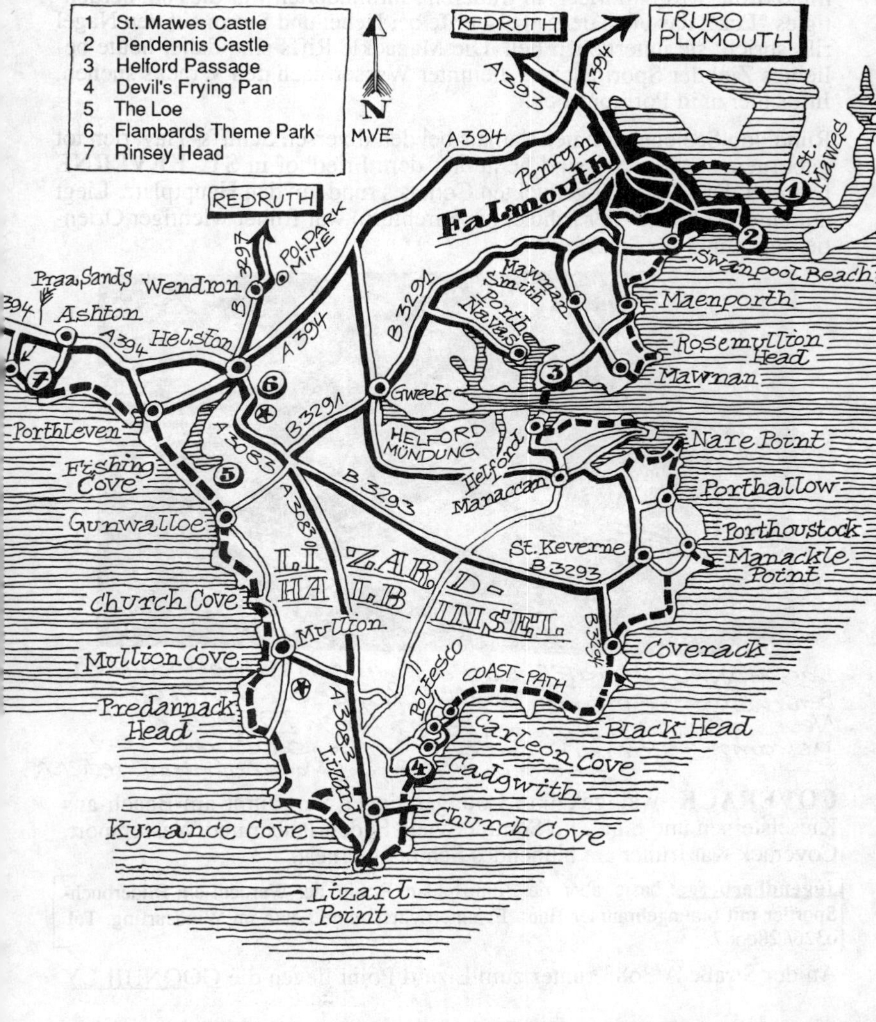

genutzt. Gut 1/4 der gesamten Produktion Großbritanniens stammt aus dieser Region; Porth Navas ist das Zentrum der Austernzucht.

★ **Ostküste der Halbinsel**: im kleinen Dorf **PORTHALLOW** sind im Pub des Ortes Gegenstände des Segelschiffes "Bay of Panama" integriert; das Schiff lief bei schwerem Sturm oben am nahegelegenen Nare Point (siehe Karte) 1891 auf Grund.

PORTHOUSTOCK vorgelagert sind der Manackle Point und gleichnamige Mini- Riffs im Meer. In früheren Jahrhunderten war dies ein berüchtigtes "Eck", das viele der Segelschiffe bei Nebel und Sturm auf den Nagel riß, sprich: sie untergehen ließ. Die Manackle Riffs sind daher heute beliebtes Ziel der Sporttaucher, die unter Wasser nach den Wracks suchen. Infos hierzu in Porthoustock.

Rund 4oo Seeleute konnten damals bei den diversen Schiffs- Havarien tot geborgen werden. Sie sind heute auf dem Friedhof in **ST. KEVERNE** beerdigt. Das Dorf mit geduckten Cottages rund um den Hauptplatz. Liegt auf einer Anhöhe, - der achteckige Kirchturm war früher wichtiger Orientierungspunkt für Schiffe.

Das MANACKLE RIFF war in früheren Jahrhunderten berüchtigtes Grab für Segelschiffe, die bei Sturm und Nebel vom Kurs zum schützenden Hafen Falmouth abgekommen waren. Bei Sturm mußten sämtliche Segel gestrichen werden, was Manövrierfähigkeit reduzierte.

COVERACK: weißgekalkte Cottages liegen verträumt am Beach aus Kieselsteinen und Sand. Im Sommer viele Badeurlauber und Wassersport. Coverack war früher ein blühendes Schmugglernest.

Jugendherberge: basic, aber viel Atmosphäre. Robin, der Warden: ein Bilderbuch-Sportler mit braungebrannter Haut. Er unterrichtet seine Leute im Windsurfing. Tel. o326/ 28o687.

An der Straße A 3o83 runter zum Lizard Point liegen die GOONHILLY

DOWNS, - einsame Heidekrautlandschaft, die sich Mai/Juni in ein leuchtendgelbes Meer verwandelt, wenn der Ginster blüht. Der Abstecher lohnt sich vor allem wegen der **EARTH STATION**: Technologiepark der British Telecom mit mehreren riesigen Parabolantennen, die die Funksignale von Nachrichtensatelliten aus der ganzen Welt empfangen und Telefongespräche, sowie viele TV- Programme übermitteln. Die "Earth Station" kann inkl. des Kontrollzentrums besichtigt werden.

CADGWITH: besitzt die schönste Mini- Hafenbucht der Ostküste. Die Häuser in grauschwarzem Naturstein bzw. weiß gekalkt. "Riedgedeckt" sind kaum noch Häuser; wegen den ständigen Winden haben sich modernere Baumaterialien besser bewährt. Südlich des Ortes die DEVIL'S FRYING PAN (4): ein 60 m tiefes Loch, entstanden durch den Einsturz einer Höhle, in das das Meer je nach Windstärke weniger oder mehr kräftig eindringt und in die Höhe schießen läßt: beste Optik natürlich bei Sturm!

Nördlich von Cadgwith (und via Dorf St. Ruan zu erreichen) liegt der

Strand CARLEON COVE. Rund 20 Min. zu Fuß ab Cadgwith. Bzw. mit eigenem Auto bis zum Dorf Poltesco und von dort in wenige Minuten zu Fuß runter zum Meer. In Poltesco befand sich im 19. Jhd. die "Lizard Serpentine Company". Sie stellte aus schön gemasertem Stein (von nahen Steinbrüchen) Vasen etc. her und war in England berühmt, auch Queen Victoria bezog Vasen von der Company.

Wer Zeit hat, kann ab Cadgwith entlang des Coastal Path südwärts via Devil's Frying Pan bis zur Südspitze der Halbinsel (Lizard Point) wandern: Rund 3 Std., sehr lohnend, es geht via Church Cove (Details unten).

★ Lizard Point

Südspitze der Lizard Halbinsel, - zugleich der südlichste Punkt von Großbritannien. Eine Landspitze mit grünem Hang, unten im Meer zahlreiche Riffs, gegen die je nach Windstärke das Meer Schaumkronen bläst. In der Segelschiff- Zeit war Lizard Point eine wichtige Landmarke, um die die Schiffe fahren mußten, entsprechend viele Wracks.
Oberhalb des Kaps ein Parkplatz (Endpunkt der A 3083). Hier gibts einen kleinen Souvenirshop, der Gegenstände aus polliertem Serpentine- Stein verkauft, Aschenbecher, Lampenschirme, Vasen etc. Das grünliche Gestein mit feiner Aderung wurde im vorigen Jahrhundert u.a. auch für Ladenfronten nach Paris und London verkauft.

Unbedingt auch den Leuchtturm besichtigen (nur nachmittags): Der Warden erläutert die Mechanik des Turms, der eine Leuchtkraft von umgerechnet über 5 Millionen Kerzenflammen hat, Reichweite 34 km.

Schön, um hier draußen ein bißchen rumzuwandern: etwa die 3 km nach Church Cove (Richtung Osten) mit seinen gekalkten Häusern, die von bunten Kletterrosen überwuchert sind und der kleinen Bucht, wo die Fischkutter dösen. Um nicht den selben

Weg wieder zurückwandern zu müssen, kann man eine Rundwanderung einlegen: ab Church Cove über die Straße rauf zum Dorf Lizard und dort rund 3oo m nördlich auf der A 3o83, wo westlich eine Piste an die Westküste zum KYNANCE COVE abzweigt. Großartige Bucht mit 7o m hohen Klippen, die steil ins Meer abfallen. Bei entsprechenden Winden donnert der Atlantik mit gewaltiger Wucht dagegen und läßt Gischtkronen aufsprühen. Herrliche Farbenspiele im Serpentingestein, das wie eine Schlangenhaut schillert (daher "Serpentine" = Schlange). Unten völlig zernagte, bizarre Felsformationen, zahllose Höhlen und Felsbögen.

Ab Kynance Cove entweder auf dem Costal Path 3 km südlich nach Lizard Point, Endpunkt der Rundwanderung von ca. 12 km, für die man mit Stops gut 1/2 Tag Zeit haben sollte. Oder: ab Kynance Cove auf dem Costal Path nordwärts via Predannack Head nach Mullion, siehe folgendes Kapitel.

Mit eigenem Auto lassen sich sowohl Church Cove/Ostküste wie auch Kynance Cove/Ostküste erreichen. Ab Parkplatz jeweils kurze Fußstrecke.

★ **Westküste der Halbinsel**: Gilt als der stürmischere und wildere Teil der Halbinsel. Ab A 3o83 führt eine Straße nach **MULLION**, einem kleinen Fischerdorf oberhalb der Klippen, mit malerischem Hafen unten am Meer. Die Hafenanlagen stammen Ende des 19. Jhds., vorgelagert das Mullion-Inselchen mit Vogelkolonie. Oben im Ort limitierte Unterkünfte (für die Sommersaison rechtzeitig vorbuchen!) und wenige Restaurants.

Entlang der Klippenkante 2 km nach Süden zum Predannack Head, 85 m hoch. Bei Sonneneinstrahlung schillert das Gestein wie ein Kaleidoskop. Naturschutzgebiet; man kann den Trail fortsetzen bis zum Lizard Point (ab Mullion Cove ca. 1o km) lohnende Wanderung wegen Reichtum an Pflanzen insbes. Blumen.

Nördlich des Dorfes Mullion das MARCONI MEMORIAL: Dem berühmten Italiener in britischen Diensten gelang hier 19o1 die erste Funkverbindung über long-distance nach Nordamerika (Neufundland). Durchgegeben wurde der 3-malige Code "SSS" (Details Marconi siehe auch Seite 272).

CHURCH COVE (Westküste): über eine Piste ab Mullion nördlich bzw. über den Costal Path zu erreichen. Eine große Sandbucht, eingerahmt von Felsen. Die Brandung schiebt bei entsprechenden Winden große Wellen auf das Sandplateau an der Küste.

GUNWALLOE / FISHING COVE: gut 4 km langgestreckter Strandbereich, beliebt bei Surfern. Landein liegt der **LOE** (5): ein Süßwassersee, der sich als anschließender Flußarm bis zum Ort Helson erstreckt und in früheren Jahrhunderten dem Warentransport diente. Ein nicht ungefährlicher Transportweg: beispielsweise lief 18o7 bei Sturm die Fregatte Anson auf die Sandbank der Küste und mehr als 1oo Menschen starben... Weitere Details zu sehen im "Folk-Museum" von Helston.

Am Ufer des LOE- SEES (teils Naturschutzgebiet) knorrige Eichenwälder. Ein Wanderweg führt rund um die Lagune, ca. 3 - 4 Stunden. einplanen. - Weitere Details zur Küste bis Penance siehe Folgekapitel.

Falmouth ⋙→ Penzance (ca. 35 km)

Die schnellste Verbindung ist die A 394 via HELSTON. Mit eigenem Auto ohne Stops knapp 1 Std. Busverbindung: ca. 4 mal/ Tag, ca. 1 1/4 Std. Lohnend ist der Abstecher via Lizard Halbinsel siehe Vorkapitel.

★Helston (13.000 Einw.)

An der A 394, ein Städtchen mit alten, verwinkelten Gassen. Schön für Zwischenstop, auch wegen FOLK MUSEUM (am Old Buttermarket): zu sehen u.a. Dokumente zum Handel mit Zinn, das in früheren Jahrhunderten über den Binnensee Loe zur Küste und dort weiter mit Schiffen exportiert wurde.

BLUE ANCHOR PUB: Ein "muß" für Bier-Liebhaber: ein Haus in der Coinage Hall Street aus dem 17. Jhd., strohgedeckt, tiefhängende Decke und am Boden rohe Schieferplatten. Der Wirt braut sein eigenes Bier nach altem Familienrezept ...

MARKT: Montags mit viel Action der Farmer. - FLURRY DAY (alljährlich am 8. Mai): Volksfest-Spektakel, wo die Einwohner in historischen Kostümen durch die Straßen tanzen.

FLAMBARDS THEME PARK: Freizeitpark im Disneyland Stil. Zahlreiche Attraktionen, u. a. das Victorian Village , ein original restauriertes Dorf aus dem vorigen Jhd. mit Shops und Wachspuppen in historischen Kostümen), - Britain in the Blitz (Straßenszene aus der Zeit des deutschen Luftangriffs mit originaler Geräuschkulisse), - Aero Park mit alten Flugzeugen, u.a. klapprige Doppeldeckerkisten, sowie ein sogenanntes 3-D-Kino, projiziert auf die Innenseite einer Leinwandkuppel) etc. Kann je nach Interessen für 1/2 Tag Stop und Besuch lohnen. - Anfahrt: am südlichen Ortsrand von Helston, Nähe des Culdrose Airfield (beschildert).

POLDARK MINE: Stillgelegtes Bergwerk aus der Zeit von 173o bis 181o. Schutzhelme werden gestellt, und dann geht's runter in die feuchten Felsschächte und unterirdischen Kammern, wo die Bergleute unter unvorstellbaren Anstrengungen Pickel schwangen. Anfahrt: 5 km nördlich von Helston Richtung Redruth (an der B 3297) beim Dorf Wendron.

PORTHLEVEN: Urlauber- und Fischerort rund 4 km von Helston an der Küste. Es gibt Hotels, Privatquartiere und Restaurants. Bus ab Helston im Sommer mehrmals täglich.

Der Hafen (südlichster des United Kingdome) wurde ab 1811 angelegt, um Maschinen für Minen in Cornwall an Land zu schaffen und in Gegenrichtung gefördertes Zinn und Kupfer zu exportieren. Ein weiterer Grund waren diverse Schiffshavarien im Bereich

Penance bis Lizard Point, wo es vormals keinen Hafen gab. Der (übrigens sehr aufwendige und teure) Bau des Porthleven Hafens sollte hier Abhilfe schaffen. Es mußte eine Sandbank abgetragen werden und Gestein für eine rund 14o m lange Hafenmole rangeschafft werden; der Bau benötigte rund 4 Jahre.

★ Küste Helston/Porthleven -> Penzance

Flotte Verbindung auf der A 394, von der Stichpisten an die Küste führen. **PRAA SANDS** ist bei Briten ein beliebter Urlaubsspot, eine gut 1,5 km lange Sandbucht mit Dünen zwischen den Küstenfelsen.

Rund 3o Min. entlang des Coast- Path ab Praa Sands östlich nach RINSEY HEAD. Die hier liegende Kupfermine aus dem 18. Jhd. mit Kamin und Maschinengebäude wurde vom Nat. Trust restauriert. Auch zu erreichen über eine Stichpiste ab A 394.

PRUSSIA COVE: gilt als eine der wichtigsten Schmugglerbuchten von ganz Cornwall. In Umgehung der Zollgebühren entwickelte sich hier in vergangenen Jahrhunderten ein schwungvoller Handel.

John Carter schaukelte das Buissenes und rief sich aus als "King of Prussia" Mitte des 18. Jhds. Der Zoll hatte, aus welchen Gründen auch immer (Bestechung etc.), kein Mitspracherecht mehr. Carter installierte sogar Kanonen oberhalb der Bucht! Den regen Handel mit Schmuggelgut dokumentieren (von der Bucht den Berg rauf) heute die tief in den Granit eingeschnittene Spuren der Wagenräder!

ST. MICHAEL'S MOUNT: vorgelagerte Felseninsel in der Bucht. Der Granitfels erhebt sich 7o m und ist bei Ebbe über einen 5oo m Damm zu erreichen, - bei Flut gibts im Sommer Boote (ca. 4 DM retour).

Auf dem Granitgipfel der Insel erhebt sich ein Schloß, vor der Reformation befand sich hier ein Kloster.

Der Legende nach soll der Erzengel Michael 495 n. Chr. auf dem Inselchen einigen Fischern erschienen sein. Seitdem ein heiliger Ort. In den folgenden Jahrhunderten ließen sich keltische Mönche hier nieder.

1o44 schenkte König Edward der Bekenner die Insel den Benediktinermönchen des Klosters Mont St. Michel in der Bretagne. Sie gründeten 1135 auf dem Inselgipfel einen Ableger ihres Mutterklosters (Details im Velbinger Band 25 Bretagne). Auch der englische St. Michael's Mount wurde zum Wallfahrtsort, während des gesamten Mittelalters kamen Pilger aus ganz Europa hierher.

1275 wurde die Klosterkirche durch ein Erdbeben zerstört. Die heutige Kirche stammt aus dem 14. Jhd. In den Kriegen gegen Frankreich war die Insel wegen ihrer strategischen Bedeutung immer wieder umkämpft.

Während der Reformation wurde das Kloster aufgelöst und 1535 zu einer Festung umgebaut. Zur Zeit des Civil War war es Stützpunkt der Royalisten, die sich hier verschanzten, - es wurde jedoch von Parliament Forces gestürmt. 1657 kauft es die Grafenfamilie St. Aubyns und baut es zu einem privaten Herrenhaus aus, das im Sommer genutzt wurde. 1954 wurde die Insel samt Schloß dem National Trust vermacht, heute besuchen alljährlich rund 1/2 Million den St. Michael's Mount und das Schloß.

Über den Damm (bzw. bei Flut per Boot) landet man im kleinen Hafen der Insel. Hier befinden sich Fischerhäuser aus grauem Granit, ein Pfad führt rauf zum Schloß auf der Bergspitze. Zutritt durch das TORHAUS (stammt aus dem 15. Jhd.).

BLUE DRAWING ROOM: die Marienkapelle des früheren Klosters. Jetzt ein Salon mit wertvollen Chippendale-Möbeln. Die Wände in sanften Blaufarben, Rokoko-Stuckwerk am Deckengewölbe.

CHEVY CHASE ROOM: der Speisesaal des Klosters. Die offene Holzbalkendecke stammt aus dem 15. Jhd. Der beachtenswerte Stuckfries stellt Jagdszenen dar.

MAP ROOM: alte Seekarten und Landkarten von Cornwall. - CHAPEL: aus dem 14. Jhd. Vor dem Eingang steht ein mittelalterliches Steinkreuz.

Öffnungszeiten: April bis Ende Okt. Mo. - Fr. 1o.3o bis 16.45 Uhr. Sonntags ist um 11.oo Uhr heilige Messe in der Kapelle. Im Winter nur täglich vier Führungen. Eintritt: ca. 1o DM, zuzüglich ca. 4 DM retour fürs Boot, wenn gerade Flut ist.

★ Penzance (2o.ooo Einw.)

Die letzte größere Stadt Cornwalls auf dem Trip in den äußersten Westen. Penzance ist zugleich Endstation der Zugschiene. Ideale Touring-Basis für den Südwestzipfel und für den Bootstrip raus zu den Scilly Inseln.

Wegen des Golfstroms extrem mildes Klima, bunte Blumen mitten im Winter, subtropische Pflanzen und zwischen den Häusern sprießen die Pflanzen. Lebendiges Treiben im Marktstädtchen, wo die gesamte Umgebung zum Shopping herbeiströmt, während unten am Hafen die Fischer ihre Netze flicken.

Optimale touristische Infrastruktur; sehr gute Restaurants, breites Angebot an Wassersport und Boot-Trips.

Tourist INFO (22) Station Road, Tel. o736/ 622o7. Infos auch zu den Scilly-Inseln (Buchung der Fähren bzw. Flüge).

Geschichte: im 11. Jhd. war Penzance ein unbedeutendes Fischerdorf. 1322 erhielt es das Recht, einen Markt abzuhalten.

1595: Angriff der Spanier und weitgehende Zerstörungen (Rache für die Niederlage der span. Armada, 7 Jahre früher). Aus Angst vor weiteren Angriffen wurde in der folgenden Zeit der Hafen befestigt.

1614: Verleihung der Stadtrechte. Penzance wurde zu einem der Exporthäfen für cornisches Zinn. Außerdem war die Stadt auch immer Hochburg für Piraten und Schmuggler.

1859: Bau der Eisenbahn. Aufschwung der Fischerei, da die Fänge schnell auf die Londoner Märkte gebracht werden konnten. Gleichzeitig entwickelte sich Penzance schrittweise zum Touristenzentrum (heute Haupterwerbsquelle).

Im 2. Weltkrieg große Bombenschäden durch deutsche Luftangriffe, die zahlreiche historische Gebäude zerstörten.

Hauptstraße von Penzance ist die **MARKET JEW STREET**, die ihren Namen nach dem cornischen Wort "Marghas Yow" (Donnerstag- Markt) erhielt. MARKET HOUSE (11): prächtiges Gebäude mit einen ionischen

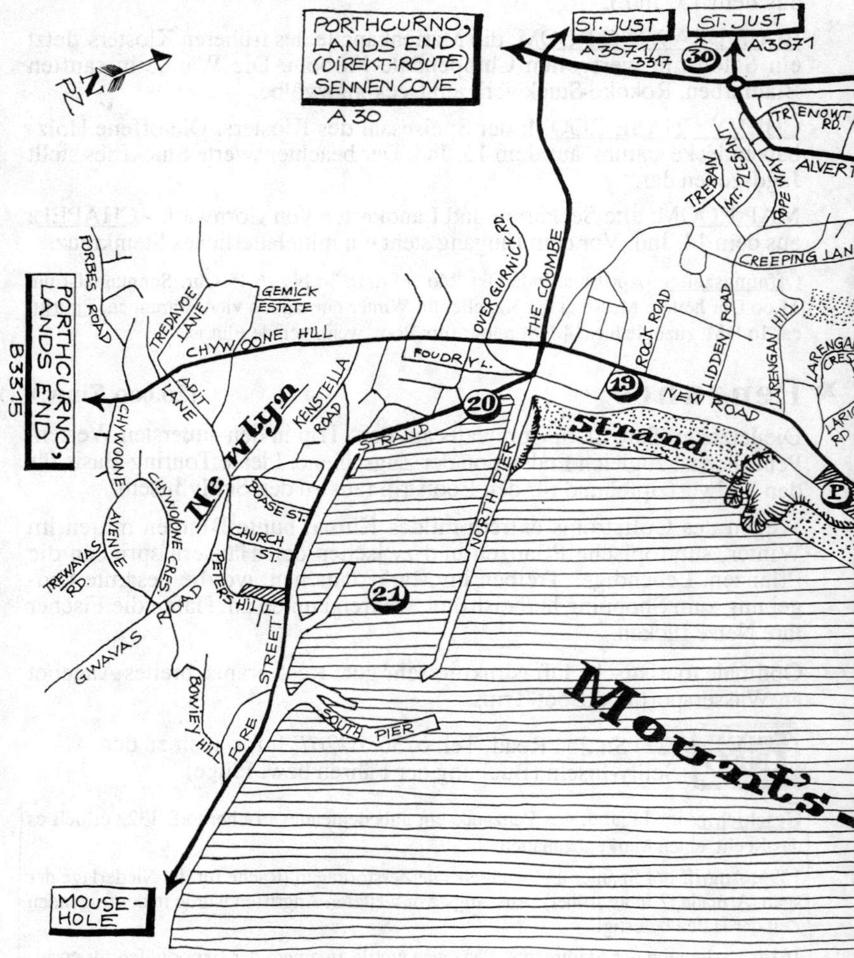

PENZANCE

1 Swimmingpool
2 Barbican
3 Nat. Lighthouse Centre
4 St. Mary Kirche
5 Admiral Benbow
6 Methodist Chapel und Nautical Museum
7 Regent Square
8 Morrab Gardens
9 Egyptian House
1o HAUPTPOST
11 Market House
12 Baptistenkapelle
13 Geologisches Museum
14 Penlee Park
15 Penlee House

Säuleneingang und einem grünen Kuppelaufsatz. Fertiggestellt 1838, beherbergt heute die Lloyds Bank. Davor steht die Statue von Sir Humphry Davy, der u.a. die Grubenlampe erfand und chem. Elemente entdeckte.

Nördlich befindet sich die BAPTISTEN-KAPELLE (12): gebaut 1835 und

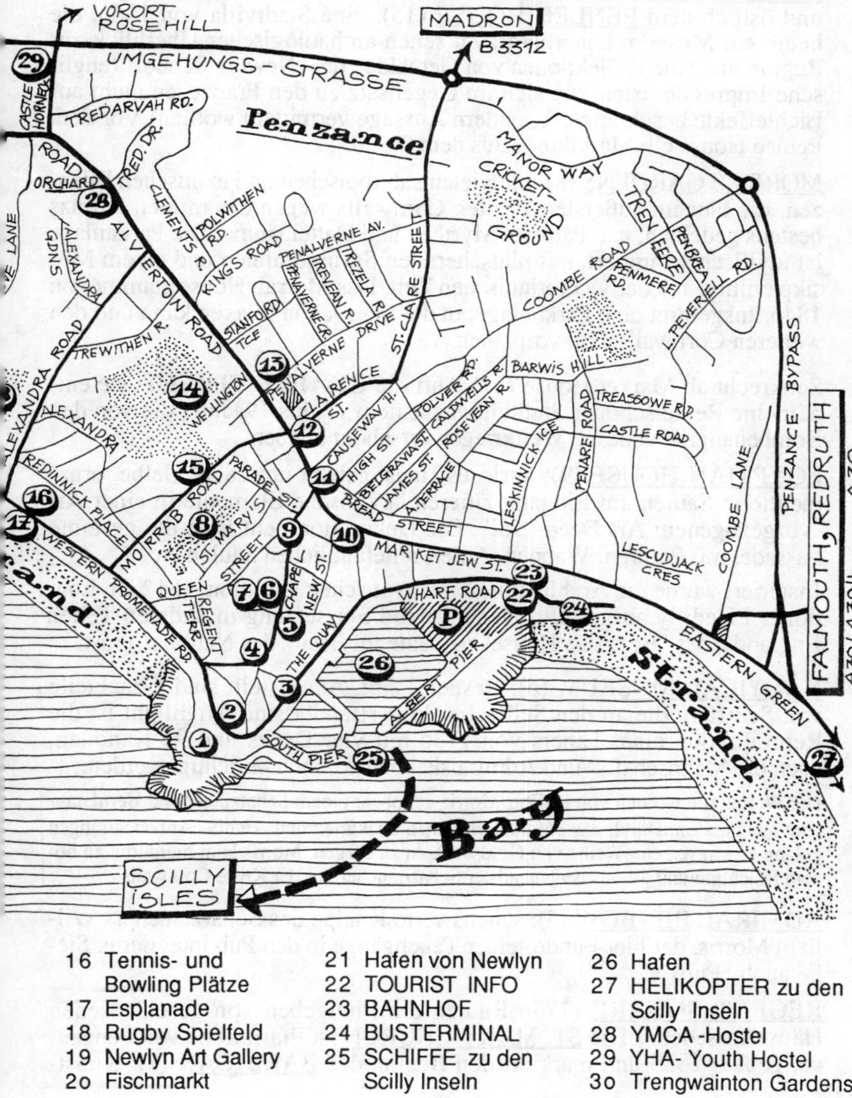

16 Tennis- und Bowling Plätze
17 Esplanade
18 Rugby Spielfeld
19 Newlyn Art Gallery
2o Fischmarkt
21 Hafen von Newlyn
22 TOURIST INFO
23 BAHNHOF
24 BUSTERMINAL
25 SCHIFFE zu den Scilly Inseln
26 Hafen
27 HELIKOPTER zu den Scilly Inseln
28 YMCA-Hostel
29 YHA- Youth Hostel
3o Trengwainton Gardens

dem normannischen Baustil nachempfunden. - GEOLOGISCHES MUSEUM (13): Gesteine und Mineralien aus Cornwall. Wer sich dafür interessiert, der Besuch lohnt, zumal Cornwall (siehe frühere Minen) reich an Bodenschätzen ist.

PENLEE PARK (14) mit reicher subtropischer Vegetation, Tennisplätzen und östlich dem PENLEE HOUSE (15): eine Stadtvilla von 186o, die heute ein Museum beherbergt. Zu sehen archäologischer Überblick zur Region und eine Kollektionen von Gemälden der "Newlyn School" (englische Impressionisten, die sich im Gegensatz zu den Franzosen nicht auf Lichteffekte beschränkten, sondern Aussage vermitteln wollten).Vor dem Penlee House ein Marktkreuz aus dem 9. Jhd.

MORRAB GARDENS (8): mit vielen subtropischen und exotischen Pflanzen, die hier im äußersten Westen Cornwalls wegen des milden Klimas bestens gedeihen, u.a. Palmen, Myrthen und Dattelbäume. Die Parkanlage ist idyllisch arrangiert, mit plätschernden Springbrunnen und einem Musikpavillion aus der vicotorianischen Zeit. Das Morrab House stammt von 184o. Insgesamt eine Parkanlage, in der man schön relaxen kann und den weiteren Cornwall- Trip vorplanen

Senkrecht ab Market House (11) läuft die **CHAPEL STREET**: sie enthält eine Reihe schöner Stadtvillen aus dem 17. bis 19. Jhd., die von den Bombenangriffen des 2. Weltkrieges verschont blieben.

EGYPTIAN HOUSE (9): kurioses Haus, gebaut um 183o. Gelbe, ornamentierte Säulen am Eingang zitieren ägyptische Elemente in einer Art "vorgezogenem Art Deco- Stil". Die Dekoration geht über die gesamte Fassade, mit Figuren, Wappen, Adler, reliefähnlichen Säulen etc.

Inspiriert wurde die Architektur vom ägyptischen Pavillion, 1812 am Londoner Picadilly aufgestellt. Der Stil fand Fortsetzung in anderen Teilen Englands, das "Egyptian House" ist heute im Besitz des National Trust.

NAUTICAL MUSEUM (6): Besuch lohnt. Ausgestellt sind Wrackteile von Schiffen, die an den Scilly-Inseln gestrandet sind. Highlight ist die Reproduktion eines Liners von 173o mit vier Decks und 95 Kanonen, auch die Mannschafts- und Admiralskabinen können besichtigt werden.

Die Wrackteile wurden von Roland Morris gehoben: einem Schatzjäger und Berufstaucher aus Passion. Durch das Studium von alten Seekarten und Archiv- Aufzeichnungen gelang es Morris, eine Reihe von Goldschätzen zu bergen. Morris kam hierdurch zu hohem Reichtum und gilt als bedeutendster Schatztaucher vor der Küste Cornwalls.

ADMIRAL BENBOW (5): sehenswerte Kneipe des Schatztauchers William Morris, der hier Funde seiner Tauchgänge in den Pub integrierte. Siehe auch "Pubs".

REGENT SQUARE (7) in Rautenform, umgeben von geschlossenen Häuserfassaden. - Die ST. MARY CHURCH ist Pfarrkirche von Penzance, gebaut 1835 und markiert den Beginn des BARBICAN (2): Kunstwerker- Kolonie mit gut ein Dutzend Werkstätten unter einem Dach.

NATIONAL LIGHTHOUSE CENTRE (3): das Museum dokumentiert die Geschichte und Arbeitsweise von Leuchttürmen. Sie waren vor der Erfindung von Radar und Satelliten- Navigation der wichtigste "Leitfaden" der Seefahrt und hatten vor den Klippen der Westspitze Cornwalls besondere Bedeutung.

Navigiert wurde im Segelschiff- Zeitalter mit Sextant (Instrument zum Anpeilen der Sterne, und damit Lagebestimmung gemäß Seekarten), dem Log (einer Leine mit Knoten in selbem Abstand); je mehr Knoten aus dem Wasser schauten, desdo "schneller" fuhr das Schiff...

Daß eine derartige Navigation (seit Kolumbus und über Jahrhunderte) relativ genau das Ziel erreichen ließ, erstaunt. Beispielsweise erreichte James Cook 1769 nach Umsegelung der Südspitze Südamerikas und Weiterfahrt in den Weiten des Pazifiks die vergleichsweise Mini-Insel Tahiti.

In der Regel wurde von den Kapitänen jedoch (sofern möglich), eine Route in Sichtweite zur Küste bevorzugt. Im Laufe der Jahrhunderte waren von den Entdeckern nicht nur diese Küsten kartographiert. Gleichzeitig existierten bildliche Darstellungen der Küste, die Landmarken wie Kirchtürme, markante Bäume, Flußmündungen etc. zeigten.

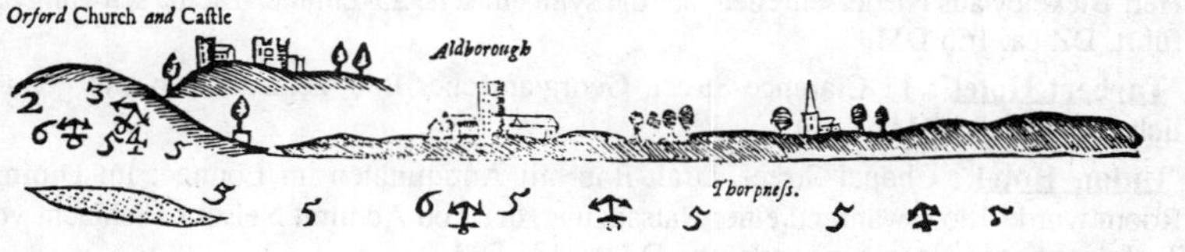

Siehe oben englischer Küstenabschnitt. Solche Skizzen ermöglichten im Normalfall die Orientierung, - Problem allerdings, wenn Nebel aufkam. Oder aber Stürme die Segelschiffe zwangen, die Segel zu raffen, - wodurch sie wegen verminderter Fahrt nicht mehr mit dem Ruder gelenkt werden konnten.

Wenn dann gar noch Riffs in Küstennähe bestanden (in Cornwall an der Westspitze Englands - und Eingang aller Schiffsrouten von Amerika, Afrika und Asien), war die Schiffshavarie vorprogrammiert.

Der Bau von Leuchttürmen wurde daher vorwiegend von Reedern der englischen Transatlantik- Unternehmern gebaut, die im Bereich Cornwalls den Schiffsverkehr ihrer Handelsflotten sicherten.

ESPLANDADE (17): bei schönem Wetter viele Sonnenanbeter beim Flanieren, der Beach mit grobem Kiessand ist aber nicht gerade optimal.

Vorort von Penzance ist **NEWLYN**, zu Fuß 2 km entlang der Promenade Richtung Westen. Fischerstädtchen mit Gassengewirr und ganzen Batterien von Fisch- Trawler, zahllose Möwen kurven über dem Ort. In der PASSMORE EDWARDS GALLERY (19) Ausstellungen zeitgenössischer cornischer Maler und Bildhauer, übrigens Forum seit 1895, auch Verkauf.

FISCHMÄRKTE (2o): Newlyn hat den bedeutendsten Fischerhafen (21)

Cornwalls. Die Boote kommen am frühen Morgen rein, so gegen 6 Uhr. Die Fischer stehen in wattierten Jacken rum, überall Fischgeruch, und Kräne verladen die silbrigen Laiber in schwere Lorries. Sehr viel Ambiente, das das frühe Aufstehen bezahlt macht.

TRENGWAINTON GARDENS (3o): Wildnis aus üppig wachsenden Magnolien und Rhodendron-Büschen, mittendrin ein stolzes Herrenhaus. Anfahrt: ca. 3 km nordwestl. von Penzance (siehe Karte Seite 424).

BOOT-TRIPS: Fahrten zum Haifischangeln ("shark fishing") ab dem Quay in Penzance. - Tip sind auch die Tagesausflüge zu den Scilly Inseln: hin und zurück eine fünfstündige Seereise, nur paar Stunden Aufenthalt auf den Blumeninseln im Atlantik. Abfahrt vom Pier (25). Schneller gehts mit dem Helicopter, Abfahrt (27). Details zu den Scilly-Inseln siehe dort.

Die **Hotels** liegen alle im Südteil der Stadt, in bequemer Gehweite runter zur Küste (vor allem an der Strandpromenade "Western Promenade").

"**Mount Prospect Hotel**": Britons Hill. Verschachtelter Granit-Bau, auf einer Anhöhe mit Blick über die gesamte Mount's Bay. Besitzer ist Herr Blekeley aus Niederschlesien, der die sympathische 23-Zimmer-Bleibe schwungvoll führt. DZ ca. 16o DM.

"**Tarbert Hotel**": 11 Clarence Street. Georgianischer Bau, zentrumsnah und gemütlich. DZ ca. 135 DM.

"**Union Hotel**": Chapel Street. Uralt-Bau mit Antiquitäten im Lounge. Im Dining-Room wurde 18o5, während einer Ratssitzung, der Tod Admiral Nelsons (Schlacht von Trafalgar gegen Napoleon) verlesen. DZ ca. 125 DM.

"**Abbey Hotel**": Abbey Street. Unter persönlicher Regie der "Jean Shrimpton", eines der Top-Fotomodels der sechziger Jahre. Sehr stilvoll mit nur wenigen Zimmern, überall Antiquitäten, schwere Holzmöbel und Bücherregale. DZ ca. 25o DM.

BED & BREAKFAST: Engpässe in der letzten Juli- und ersten Augustwoche, dann schon am frühen Nachmittag ankommen.

Die Häuser sind überall verstreut, konzentrieren sich nicht auf ein spezielles Viertel. Das größte Angebot im Südwestteil der Stadt: in den Straßen, die runter zum Strand führen (etwa in der Morrab Rd. und Alexandra Rd.). Von der Lage her die angenehmste Wohngegend.

In den Straßen nördlich des Bahnhofs schönes Wohnviertel, - überzieht einen Abhang und sehr ruhig. Erspart auch das lange Kofferschleppen, wer mit Zug/ Bus ankommt.

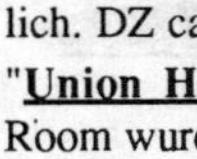

Jugendherbergen: YHA- Youth Hostel (29): liegt rund 2 km vom Zentrum entfernt. Ein Herrenhaus aus dem 18. Jhd. mit schönem Garten, daher oft ausgebucht. Sauber und komfortabel, Adresse: Castle Horneck. Tel. o736 / 62.666.

YMCA (28): The Orchade, eine Seitenstraße der Alverton Rd. und in der Nähe des YHA, aber nicht ganz so weit außerhalb. Hat zwar keine Küche für Selbstversorger, aber eine kleine Cafeteria. Schlafsäle mit nur wenigen Betten, ca. 1o DM pro Nacht.

MOUNTS BAY (Eastern Green): knapp 15 Fußminuten vom Zentrum. Optimale Lage und tiptop Facilities (inkl. Disco und Pub).

BONE VALLEY PARK (in Heamoor, 2 km nordwestlich von Penzance): Leute mit Pkw finden hier mehr Ruhe als im lärmigen Mount's Bay. Für die Monate Juli und August bei beiden vorausbuchen.

Zelten ist außerdem im Garten hinter der Jugendherberge möglich, Dusche und Küche im Haus können mitbenutzt werden.

Penzance ist der richtige Ort, wer Fischgerichte und Meeresfrüchte liebt. Sie wandern vom Fischerhafen direkt in die Kochtöpfe. U.g. Preise beziehen sich auf normale Gerichte, klar daß der fangfrische Lobster entsprechend teurer ist. - Preiswertes Essen sind, - wie in England üblich, die sogenannten "Barmeals", siehe unten.

BERKELEY'S (Abbey Street): Adresse für einen gelungenen Abend. Möbliert im Stil der Vorkriegszeit, und aus den Lautsprecherboxen plätschern samtene Schnulzen aus den dreißiger Jahren. Nach dem Essen (ca. 35 DM) wird bis 1 Uhr getanzt.

ADMIRAL BENBOW (Chapel Street): aus Wrackteilen zusammengezimmerter Offiziersspeiseraum einer frühen Galeone, - gewölbte Holzdecke, in der Mitte eine lange Speisetafel und an den Wänden Schiffslaternen. Um 35 DM. Siehe auch unten bei Pubs!

HAMILTONS (Chapel Street): Kellerrestaurant, alles aus Holz mit Kobeln für jeden einzelnen Tisch. Ca. 4o DM für drei Gänge. Eingang durch die "Admiral Nelson Bar".

TURKS HEAD (Chapel Street): Tip für Barmeals. Die Tische in einer separaten Ecke, bei schönem Wetter sitzt man im Biergarten.

Schön auch die DOLPHIN BAR gegenüber vom Hafen: Tische und Stühle vor dem Haus, Blick auf den Hafen-Betrieb.

TAKE-AWAY: Als die Nummer eins wird von den Einheimischen immer wieder das WHARFHOUSE genannt: Auswahl von Seezunge über Scholle bis Scampi und eine ordentlich Portion Pommes, alles fritiert in siedendheißen Pflanzenfetten und daher etwas leichter im Magen. Liegt in der Wharf Road hinter dem Bahnhof: mit den eingewickelten Pommes an den Kaimauern langschlendern.

PUBS: Kneipen-Straße ist die Chapel Street, wo schon am frühen Abend alles auf den Beinen ist.

ADMIRAL BENBOW (Chapel Street): längst eine Institution, zusammengezimmert aus Wrackteilen (siehe "Restaurants"). In der unteren Bar eine Kaschemme wie aus alten

Piratenfilmen. Überall Holzbalken und Schiffsteile, im Kamin knistern die Holzscheite. In der oberen Bar: Schiffsglocken und -laternen, sowie knallbunte Galeonsfiguren.

THEATRE BAR (Chapel Street, Zutritt durch die Nelson Bar): Treff der Intellektuellen und Künstler. Hier werden allabendlich bei engagierten Diskussionen die Probleme dieser Welt gleich zweimal gelöst. Interieur aus dem späten 18. Jhd., Mahagoni-Theke und ein Piano.

REGENT BAR: nur 15 Meter von der Theatre Bar. Modern eingerichtet, mit Pool-Tables und lauter Musik. Ähnliches Publikum, man pendelt hin und her.

TURKS HEAD (Chapel Street): "mittelalterliche Gäste". Überall baumeln Bierkrüge und geben der Kaschemme ein heimeliges Ambiente.

DOLPHIN TAVERN (Chapel Street): viele Yacht-Leute. Draußen sitzen und sich die See-Brise durchs Haar wehen lassen.

WINTERGARDENS (Alexandra Road): ist seit fast 3o Jahren eine feste Institution in Penzance. Sehr re-laxed, viele Studenten. Jeden Abend knallvoll, wenn die Kneipen in der Chapel Street zumachen. Oft spielen hier Live-Bands (bereits 12 Auftritte der Gruppe Status Quo!).

Verbindungen ab Penzance

Züge: Der Bahnhof (23) liegt in der Nähe des Hafens und direkt vis-a-vis vom Busterminal (24).

Nach Plymouth ca. alle 9o Min., 2 Std., 25 DM return. Nach London ca. 1o mal tägl., ca. 12o DM einfach, günstigte Return-Tickets. Ziel ist dort die Paddington Station.

Weitere Anschlüsse nach St. Ives, Falmouth/Truro und Newquay. - Zum Land's End, dem Westzipfel von Cornwall, gibt es keine Zugverbindung.

Busse: (24) Office für Tickets/ Fahrpläne im Gebäude des TI. Gute Verbindungen zu fast allen Orten Cornwalls.

Nach Plymouth alle 2 Std., 3 1/2 Std., ca. 12 DM single, nach London 6x/Tag, 7 Std. ca. 25 DM single. Nach Mousehole via Newlyn stündlich, - nach Porthcurno 3 - 4 mal tägl., - zum Land's End zur Saison bis zu knapp 1o mal tägl. , somit auch ohne eigenes Auto gut zu erreichen. - Busse nach London sind vielfach billiger, sofern man nicht auf Vergünstigungen der Bahn (z.B. Rail- Pass) zurückgreift.

Schiff: ab Hafen und Pier (26) zu den Scilly Islands. Die Überfahrt dauert ca. 2 1/2 Std., einfach ca. 6o DM, retour als Tagesticket kaum teurer. Details siehe Scilly Islands.

Haifischangeln zur Saison ab Quay Penzance.

Helikopter: ab Heliport Pencance, an der A 3o Ri. Falmouth und ca. 2 km vom Busterminal und Bahnhof. Zur Saison ca. 1oo DM einfach bzw. day-return. Normales Return ca. 135 DM. Flugzeit ca. 2o Min., rechtzeitig vorbuchen, da nur 26 Sitzplätze im Helikopter!

Bike Rent: mehrere Vermieter, - z.B. "Bike About" in 1 Mount Street, zwei Minuten vom Bahnhof, Tel. o736/ 5o345.- Ebenso mehrere **Autovermieter** in Penzance.

Details SCILLY ISLANDS siehe Seite 444

★ Land's End Peninsula

Raus zum westlichsten Punkt Englands: wild zerrissene Klippenlandschaft, wo die Bäume vom Wind zerzaust sind und in kleinen Buchten Palmen stehen. Mausgraue Steindörfer und Fischerhäfen. Das Landesinnere: Farmland, von Steinmauern überzogen, kleine Weiler und Kühe.

Synonym für Land's End Peninsula ist die geographisch richtige Bezeichnung PENWITH PENINSULA. Interessant ist vorwiegend die Küste, die wir im Uhrzeigersinn beschrieben haben.

Verbindungen Lands End Peninsula

Auto: ca. 6o km auf der Penwith Circular Road, die die gesamte Halbinsel umrundet. Reine Fahrtzeit 1 1/2 Stunden, je nach Programm mindestens einen Tag einplanen. Von der Ringstraße führen Stichpisten zur Küste.

Busse: Dichtes Netz von Buslinien, alle Orte der Küstenstraße werden 2 - 5 mal pro Tag angefahren. Infos beim TI.

Ab Penzance auch halb- bis ganztägige Coach Tours zum Land's End.

Fahrrad: Die Ringstraße ist unter Radfahrern sehr beliebt. Es bieten sich zwei Tages-Etappen an: zur Übernachtung Hotels/B & B in Penzance vorbuchen (ideal die Jugendherberge in St. Just, liegt auf halber Wegstrecke). Fahrradmieten in Penzance, Adressen im dortigen Verbindungskapitel.

Wandern: Unvergeßlicher Treck entlang des Coastal Path, am Fuß der Klippen sprühen die Atlantikwellen meterhoch. Die schönsten Streckenabschnitte haben wir im Text beschrieben. Wer das gesamte Stück von Penzance bis Land's End wandern möchte: 25 km und volles Tagesprogramm: der letzte Bus geht gegen 17 Uhr zurück. Die ersten 4 - 5 km vielleicht per Bus bis Mousehoule.

Mousehole

Das Fischernest spricht man "mau -sel": windschiefe Cottages und ein Knäuel verwinkelter Gassen. Der Hafen in Bilderbuch-Idylle: geschützt von vorgelagerten Inselchen, Möwen dösen auf den Masten der Kutter.

Bis zum Aufschwung Newlyns im 19. Jhd. war Mousehole Cornwalls wichtigster Fischerhafen. Heute stellt der Tourismus die Haupterwerbsquelle dar. Zum Ambiente trägt eine Künstler-Kolonie bei, viele der Hafengebäude sind zu Ateliers umfunktioniert.

PAUL: paar Häuser um die Kirche aus dem Ende des 16. Jhd. (innen ein Epitaph auf den Gründer, in original cornischer Sprache). Liegt ca. 2 km landeinwärts.

WILD BIRD HOSPITAL (Raginnis Hill): Vogelschutzwarte, gegründet 1928. Hier werden verunglückte Vögel gesundgepflegt.

WANDERN: ca. 3 km auf dem Cornwall Coast Path bis zur Bucht Lamorna Cove (siehe unten).

Lamorna

Paar Häuser und das Post Office, alles zusammengedrängt in einem üppig bewaldeten Tal. - LAMORNA COVE: Bucht mit schönem Farbkontrast aus schwarzen Klippenwänden und tiefblauem Wasser. Im Hinterland Waldwucherung, efeuumrankte Bäume hängen die Äste über einen Bach. Zugang: mit Auto bis zum Parkplatz, dicht an der Bucht.

Wandern: von der Bucht aus entlang der Kante abenteuerlicher Klippen bis zum Leuchtturm Tater-Du. Der Wind im Haar, unten sprüht die Gischt. Hin und zurück insgesamt eine Stunde einplanen.

Treen

Kleiner Weiler an der B 3315, ca. 2 km vor der Abfahrt nach Porthcurno. Startpunkt für zwei Trips an der Küste:

LOGAN ROCK: ein fast 7o Tonnen schwerer Felsblock oberhalb der Klippen. Liegt nur mit einer spitzen Kante auf dem Untergrund und kann durch kräftiges Schieben ins Wanken gebracht werden. Ein "feeling" wie Arnold Schwarzenegger ...

TRERYN DINAS: einsamer Landvorsprung, 15 Minuten ab Treen. Alle fünfe ausstrecken und den Wind durchs Haar wehen lassen ...

Porthcurno

Sitz des berühmten MINNACK THEATRE: Freilichtbühne in landschaftlich grandioser Lage. Die Bühne liegt zwischen steilen Granitwänden an der Oberkante der Klippen, als hintere Kulisse Blick auf den freien Ozean. Wurde 1932 im Stil des antiken Theaters in Griechenland gebaut.

Im Sommer Matinees und Abendvorstellungen (letztere schöner, wenn die Sonne während der Show wegtaucht). Kostenpunkt ca. 1o DM. Saison ist von Ende Mai bis Mitte September. Juli und August großer Run auf die Karten: rechtzeitig hier sein, die Ticket-Kasse öffnet 1 1/2 Stunden vor Spielbeginn. Insgesamt 75o Plätze. - Anfahrt: ca. 15 km ab Penzance über die B 3283. Für die Theaterbesucher verkehrt ein Minibus terminlich zum Beginn der Aufführungen. Ansonsten Regionalbusse ab Penzance.

von Porthcurno führt der bei Wanderern klassische Zugang zum Land's End: rund 1o km großartiger Trail entlang an den kirchturmhohen Klippenwänden mit Sandbuchten und Seevögel-Nestern.

Land's End

Der westlichste Punkt Englands und "Pflichtprogramm" vieler Cornwall-Urlauber. Land's End liegt 15 km westl. von Penzance und ist direkt über die A 3o zu erreichen. Ab hier die endlose Weite des Atlantiks, frei rüber bis zur Ostküste Amerikas. Jährliche Besucherzahl: ca. 1 Million. Urtümliche Klippenlandschaft ca. 6o m hoch.

Seit Ende der 8o-er Jahre ist das Gebiet im Privatbesitz des Multimillionärs Peter de Savary, Eintritt: ca. 12 DM! Er hat hier einen weitläufigen Komplex aus einem Dutzend Gebäuden hingestellt. Eine Art Disneyland, aber gut gemacht: z.B. eine Sammlung von Schiffswrack-Teilen, ein Muschel-Museum, eine Kunsthandwerker-Kolonie, eine nachgebaute Galeere. Sowie eine Multimedia-Show zur cornischen Geschichte, sehr lebendig mit modernsten Light- und Sound-Effekten.

Nachmittags treffen die Coach Tours ein und überfluten alles (den Besuch zeitlich entsprechend legen). Ob sich "Land's End" per Tour lohnt, sei dahingestellt: eine Klippe wie viele in diesem Bereich. Wer pauschal bucht, sollte prüfen, ob im Tourprogramm noch Extras inkl. sind, wie z.B. Besuch der lohnenden Zinn- Minen nördl. von St. Just.

Der Coast Path führt ab Land's End in 2 km entlang der Klippen nördlich zum Fischerdorf SENNEN COVE: kleiner Hafen am Beginn des Whitesands Bay, der bei Windsurfern beliebt ist. Im Fischerdorf gibts einen Pub und einen Minimarkt.

St. Just

Früheres Bergwerk- Städchen. Ab 18. Jhd. wurden vor allem nördlich von St. Just die reichen Zinnvorkommen abgebaut, überall stehen noch die grauen Mauern der Maschinenhäuser. Rund um den Marktplatz die Häuser der Kumpels aus grauem Granit. Wahrzeichen der Stadt sind die beiden großen Methodisten-Kirchen.

Land's End Jugendherberge: für Rucksackler, die dort draußen übernachten möchten. Die Juhe liegt rund 1 km südlich von St. Just am oberen Beginn des Cot-Taleinschnittes, das runter zum Meer (Porth Nanven) führt. Brian, der Warden, verkauft selbstgebackenes

Brot und hausgemachte Marmeladen. Er ist außerdem begeisterter Fahrrad-Fan und macht jedes Jahr die 2-Wochen-Tour von Land's End quer durch Großbritannien rauf bis John o'Groat's (Nordost Ecke Schottlands). Tel. o736/ 788437.

Rundflüge: unvergeßliches Cornwall-Erlebnis. Preise variieren je nach der geflogenen Schlaufe. Nur für die benachbarte Küste und Bucht rund 5o DM/Person, der Rundflug über die gesamte Land's-End Halbinsel kostet ca. 1oo DM/Person. Start: ab Landepiste südlich von St. Just. Hier starten auch die Flüge raus zu den Scilly-Inseln.

CAPE CORNWALL: Kap mit Klippen, Meeresrauschen und dem Blick bis runter nach Land's End. Landschaftlich erheblich schöner als das überkommerzialisierte Land's End. An der Klippenkante die Überreste einer Zinnmine, deren Stollen im vorigen Jahrhundert unter den Meeresboden reichten.

Cape Cornwall erhielt seinen Namen, da man früher (als die Vermessungstechnik noch nicht so genau war), annahm, es sei der westlichste Punkt Englands. Exaktere Meß-methoden ergaben dann, daß Land's End um rund 3oo m westlicher in den Atlantik ragt.

Schöne Wanderung ab Parkplatz/Cape Cornwall rund 2 km entlang des Coast Path zur Bucht Porth Nanven. Der Trail verläuft oberhalb der Küste und erreicht das schräg südöst verlaufende Cot Valley, an dessen oberen Ende die Juhe "Land's End" liegt.

Trewellard/Pendeen

Straßendorf rund 4 km nördlich von St. Just und von dort über die B 33o6 zu erreichen. Besuch lohnt wegen alten Zinnminen, in die man runterfahren kann und Museen.

GREEVOR TIN MINE (9): die letzte der cornischen Zinnminen, sie stellte im Januar 199o den Betrieb ein. Heute als Touristen-Attraktion ausgebaut: der Aufzug rüttelt den Schacht runter auf 7oo m tief unter Tage. Mit Grubenlampen geht's durch Stollen, die man tief unterhalb des Meeresbodens gegraben hat. Überall Grubenholz und rieselndes Wasser (jede Stunde werden 15o.ooo Liter abgepumpt). Mit einem Pickel kann man sich selber am Flöz probieren.

Zur Saison tägl. eine Führung: Beginn gegen 1o.oo Uhr, die Tour dauert ca. 2 1/2 Stunden. Kostenpunkt ca. 4o DM.

TIN MINING MUSEUM (9): sehenswerter Maschinenapparat, mit dem das Mineral nach oben befördert und weiterverarbeitet wird. Mit Videofilmen werden die technischen Verfahren gezeigt. Das Museum liegt auf dem Gelände der o.g. Zinnmine.

MINERAL & MINING MUSEUM (1o): umfangreiche Sammlung cornischer Gesteine und Erze, liegt im Ortsteil Pendeen.

PENDEEN WATCH: Landspitze nördlich vom Ort Pendeen und über eine Stichstraße zu erreichen (beschildert). Auf der Landspitze ein Leuchtturm von 19oo, der besichtigt werden kann. Herrliches Farbenspiel im Wasser, das sich von dem im Klippengestein eingelagerten Erzschichten rötlich verfärbt. Unbedingt auf der Abbruchkante der Klippen einen Kilometer nach Osten wandern zur Portheras Cove: versteckte Bucht mit kiessandigem Beach.

Auf dem Coast Path: Bis Zennor (dort wieder Busanschluß) runde 1o km und gemütliches Halbtagesprogramm, die Brotzeit oben auf der Klippe miteingerechnet. Gilt als einer der schönsten Abschnitte des Küstenpfades. Halsbrecherische Klippenabstürze und Urlandschaften mit tonnenschweren Findlingsblöcken.

Zennor

Aschgraues Granitdorf rund um die wuchtig- massive Kirche (älteste Teile aus dem 12. Jhd., 189o renoviert).

WAYSIDE MUSEUM (11): Ansammlung cornischer Gebäude, lebhaft arrangiert. Eine alte Mühle, ein Bauernhaus mit offenem Herd und jahrhundertealten Töpfen, eine Schmiede, Werkzeuge der Zinnbergleute etc.

CHYSAUSTER: Siedlung aus der Eisenzeit. Besteht aus acht Steinhäusern, über 1 m hohe Mauerreste links und rechts der prähistorischen Dorfstraße. Die runden Wohnräume gruppieren sich um einen Innenhof, wo sich die Viehställe befanden. - Anfahrt: liegt ca. 2 km südlich von Zennor an der Straße B 3312, nach 2 km links Abzweigung zur prähist. Stätte.

Letzte Station auf der Land's End Circular ist **ST. IVES** mit verträumten Sträßchen, goldgelbem Strand und einer Künstlerkolonie. Direkte Bahnverbindung ab Penzance, ca. 15 km auf der Landstraße. Beschreibung im Kapitel Nord-Cornwall.

Isles of Scilly

Archipel aus 1oo Inselchen, fünf davon sind bewohnt. Fast 5okm draußen im Atlantik: die Uhrzeiger anhalten und Ruhe tanken.

Überall leuchten Blumenfelder, subtropische Palmen-Vegetation, prospektreife Honeymoon-Beaches. Möwen und Kormorane zu Abertausenden in den Seevogel-Kolonien. Abenteuerlicher Anflug im Helicopter oder per 2 1/2- stündiger Schiffsreise.

Wegen der großen Nachfrage sehr schwierig mit Unterkünften: meist wird nur ein Tagesausflug möglich sein.

Hauptinsel ist ST. MARY'S, mit 1.5oo Einwohnern und 6,3 qkm die größte. Die zweitwichtigste Insel ist TRESCO mit ihren subtropischen Gärten. Nur diese beiden Inseln haben Direktverbindung mit dem Festland, ansonsten immer via St. Mary's.

Tourist INFO in Hugh Town auf St. Mary's, am oberen Ende des Strandes Portheressa Beach. Tel. o72o/22536. Book-a-bed-ahead.

Ausführliches Infomaterial zu Boot-Trips, Entertainment etc. für das gesamte Insel-Archipel. Wer tiefer in Geschichte und Background einsteigen möchte: mehrere Publikationen, am besten hat uns das "Isles of Scilly Standard Guidebook" gefallen (ca. 7o Seiten, 5 Mark).

GESCHICHTE: Besiedelung bereits in der Jungsteinzeit vor 4.ooo Jahren, Nachweise dafür sind die prähistorischen Monumente und Grabstätten. Vermutlich waren die Scilly Islands wegen des niedrigeren Meeresspiegels während der Eiszeit über eine Landbrücke mit dem Festland verbunden.

Die Phönizier benutzten die Scillies als Station beim Zinnhandel mit Cornwall, auch griechische Geographen erwähnen die Inseln. Unter den Römern dienten sie als Gefängnis. Im 1o. Jhd. waren sie immer wieder Angriffsziel marodierender Wikinger.

Im 16. Jhd. erhielt das Archipel einen Logenplatz in der englischen Kriegsstrategie. Wegen des gespannten Verhältnisses zu Spanien erwartete man schon lange eine Invasion, die 1588 endlich erfolgte. Auf den Inseln wurde eine Garnision errichtet, um die Ankunft der spanischen Armada zu erwarten.

Während des Bürgerkrieges waren die Scilly Islands heftig umkämpft. Von 1646- 51 konnten sich königstreue Truppen hier halten, während im übrigen England die Revolution rasche Siege errang.

Wechselvolle Geschichte durch die Jahrhunderte: Piraten-Stützpunkt und Zentrum für Schmuggel. Das shipwrecking war eine der Haupteinnahmequellen der Inselbewohner. 1834 pachtete der Privatmann Augustus Smith die Scillies. Er machte sich sehr verdient beim ökonomischen Aufbau. Insbesondere die Forcierung der Blumenzucht geht auf ihn zurück.

Seit Jahrhunderten waren die Inseln ein berüchtigtes Schiffsgrab. Die größte Katastrophe geschah 17o7, als die englische Flotte von einer Belagerung Toulons zurückkam.

Wegen eines plötzlichen Sturmes mußte man die Scillies anlaufen. Die dortigen Riffs und Untiefen forderten 2.ooo Todesopfer. 1875 sank der deutsche Liner Schiller, der von New York kommend Hamburg ansteuerte. Im dichten Nebel wreckte er gegen ein Riff, nur 37 der 372 Passagiere konnten gerettet werden.

Das letzte Unglück geschah 1967, als der Öltanker Torrey Canyon auf Grund lief. Zwar versuchte man durch den Abwurf von Brandbomben das auslaufende Öl abzubrennen, doch eine Verschmutzung der Küste ließ sich nicht mehr verhindern.

Klima: Die Scillies liegen mitten in der Golfstromdrift, daher sehr mildes und ausgeglichenes Klima. Subtropische Vegetation, Blumen blühen mitten im Winter. Im Sommer sehr viel Sonne, am meisten Mai und Juni. Im Herbst und Winter heftige Stürme. Aber kaum Schnee oder Frost, die Januar-Temperaturen sind höher als etwa in Cannes/Südfrankreich.

Verbindungen

Direkt-Verbindung vom Festland: nur mit der Hauptinsel St. Mary's (plus täglich 2 Hubschrauber nach Tresco). Zu den übrigen Inseln immer via St.Mary's.

3 Varianten: Hubschrauber, Flugzeug und Schiff. Folgendes bezüglich Sitzreservierung: auf dem Schiff ist immer eine Passage frei. Die Flugverbindungen sind jedoch schon Monate im voraus ausgebucht. Wer eine reelle Chance haben möchte, reserviert schon ein halbes Jahr im voraus über ein Reisebüro in Deutschland. Bei "ad hoc"-Versuchen stehen die Chancen allenfalls bei 5- 1o %.

Per Helikopter: bestimmt die abenteuerlichste Variante: beim Zusteigen die Mütze festhalten, bevor die Kiste mit viel Getöse abhebt und sich in nur 3oo m Höhe rausschraubt zum Atlantik. Herrlicher Rundblick von der Glaskapsel (26 Passagiere) und unbeschreibliches feeling, macht den Trip allein schon bezahlt. Flugdauer ca. 2o Minuten.

Zur Hauptinsel St. Mary's tgl. bis 1o Flüge. Im Sommer zusätzlich pro Tag 2 Flüge zur Blumeninsel Tresco. Sonntags kein Verkehr.

Abflug: vom Heliport in Penzance (an der A 3o, guten Kilometer vom Zug-/Busbahnhof). Halbe Stunde vor Abflug Airlink- Bus ab Railway Station; ausreichend Parkplätze am Heliport. Vom Zielflughafen auf St. Mary's fahren Busse rein nach Hugh Town.

Preise: Ein gutes Drittel teurer als das Schiff. Kostet one-way ca. 1oo DM; keine verbilligten Returns. Wer nur einen Tagesausflug plant: ca. 135 DM fürs day-return.

Company ist "British International Helicopters", Office am Heliport in Penzance, Tel. o736/ 63871.

Per Flugzeug: flotteste und bequemste Verbindung. Zwei Companies fliegen zu den Scillies:
BRYMON AIRWAYS mit 18-Sitzern direkt ab Plymouth, Newquay und Exeter. Preise ca. 16o DM oneway ab Plymouth, ca. 2oo DM ab Exeter. Bei fester Buchung des Rückflugs verbilligte Returns (ca. 25o DM bzw. 29o DM). Von anderen Städten Anschlußflüge, von z.B. London-Gatwick ab ca. 45o DM return bei entsprechender Vorausbuchung.

Das SKYBUS AIR TAXI fliegt mit 8-Sitzern ab St. Just. Startbahn nah der Küste, so daß Cornwall leider nicht überflogen wird, dafür aber kürzeste und billigste Flugverbindung. Dauer: 15 Min., Preise: ca. 8o DM single und 1oo DM day-return. Ab 9 Uhr morgens Pendelverkehr, jede Stunde ein Flug. Die Company gehört den Inselbewohnern. Office am Airport, Tel. o736/ 787o17.

Per Schiff: Immer noch die stilvollste Art der Anreise: Inseln sollte man eigentlich mit dem Schiff bereisen. Unter Flugbrücken zerschmelzen Distanzen, die oft mehr als eine geographische Dimension haben.

Das Passagierschiff Scillonian III pflügt in gut 2 1/2 Stunden durch die Atlantikwellen raus zum Archipel, an die Reling gelehnt den Wind durchs Haar wehen lassen. Der größte Pluspunkt: es entfällt der ganze Buchungskram. Täglich eine Fahrt während der Touristensaison (April - Oktober), sonntags nur unregelmäßig.

Abfahrt: Vom Quay in Penzance, 2oo m vom Bahnhof. Mitnahme des Autos rentiert sich nicht.

Preise: One-way rund 6o DM. Zum fast demselben Preis ist das Dayreturn erhältlich: ermöglicht 4 - 5 Std. Aufenthalt auf St. Mary's. Der Tagesausflug ist die einzige Möglichkeit zum Besuch der Inseln, wenn man keine Unterkunft gebucht hat.

Company ist die "Isles of Scilly Steamship Co", Buchen im Office in der Quay Street/Penzance. Tel. o736/62 oo9.

INSEL-TRANSPORT

Von der Hauptinsel St. Mary`s fahrplanmäßig mit privaten Booten zu den 4 kleineren, bewohnten Inseln. Daher keine Probleme mit Rumkommen. Abfahrt vom Old Quay in Hugh Town.

Zu unbewohnten Inseln: Kreuzfahrten für Bird Watching oder für Picknick am Abend, - es läuft immer was. Infos beim TI. Infos/Fahrpläne: Aushänge am Old Quay, oder gleich im TI in Hugh Town nachfragen.

Fahrrad: Vermieter nur auf den beiden Inseln St.Mary`s (Buccabu Hirea-Bike, The Strand) und Tresco. Wird von den Passagierfähren zu kleineren Inseln mittransportiert.

Auto: Nur auf St.Mary`s,- Auto-Vermietung und eine Handvoll Taxis.

Öffentlicher Transport nur auf St. Mary`s: ein Bus klappert fast stündlich die Insel ab. Fahrplan beim TI.

Wegen großer Nachfrage geht im Sommer ohne Vorausbuchen nichts. Regelmäßig werden Leute wieder zurückgeschickt, die ohne Reservierung kommen. Für die Hochsaison (Juli/August) mindestens 2 Monate im voraus buchen. Dazu beim TI in Hugh Town die Unterkunftsliste schicken lassen und per Brief direkt mit den Anbietern Kontakt aufnehmen. Wem der ganze Buchungskram zu kompliziert ist, muß sich wohl oder üblich auf einen Tagesausflug beschränken.

Auf St. Mary's eine Handvoll Hotels und viele B&B-Häuser. Auf den anderen Inseln sehr limitiertes Angebot. Preise für B&B etwa 8o DM/ Doppel.

Billig-Unterkünfte: keine Herbergen für Rucksackler.

Der einzige voll ausgerüstete Campingplatz ist der "Garrison Holidays" auf St. Mary's. Gut gegen Winde geschützt, alle Facilities. Pluspunkt: es werden voll ausgerüstete Zelte ver mietet.

Kleinere Campingplätze auf den Inseln Bryher, St. Martin und St. Agnes. Campfeuer sind auf den Inseln verboten. Auch Camping-Plätze mindestens 1- 2 Monate im voraus buchen.

Wildcampen: das gesamte Land ist in Besitz des Herzogs von Cornwall. Die Farmer sind angewiesen, auf dem gepachteten Land keine Camper zu erlauben.

BOOT-TRIPS gehören zu den Hauptattraktionen auf den Scilly Islands. Details über das Angebot beim TI. Die Kreuzfahrten durch das Inselwirrwarr sind unvergeßlich am Abend, wenn sich das Meer glutrot einfärbt. Oder 2- stündige Trips zum Sea Angling bzw. zum Haifisch-Angeln (hier tummeln sich zahlreiche, bis 6 m lange Prachtexemplare). Ausflüge zu Vogelinseln und zu Inseln mit historischen Ausgrabungen. Spritztouren mit Speedboats, die volle Pulle übers Wasser gleiten ...

BLUMEN: die Krise kam Anfang des vorigen Jahrhunderts, als die Inselbewohner mit dem Niedergang des Schmuggler-Handels ihre Haupterwerbsquelle verloren. 1828 schickte man (ohne große Pläne zu haben) eine Kiste Narzissen zum Londoner Markt Covent Garden. Der Erfolg war so durchschlagend, daß daraus ein neuer Industriezweig entstand. Neben dem Tourismus ist heute der Handel mit Blumen die Lebensgrundlage der Inselbewohner. Pro Jahr Export von rund 5o Mio. Stück. Die schönste Farbenpracht von November bis Mai.

VÖGEL: Im Herbst und Frühjahr zigtausende von Zugvögeln, die hier eine Rast einlegen. Auf den Inseln brüten ca. 5o Arten: See- und Strandvögel, die in lärmenden Kolonien ihre Nester anlegen. Auf keinen Fall solche Brutkolonien betreten!

Sehr viele der kleineren, unbewohnten Inseln sind vom 15. April bis zum 2o. August für Besucher gesperrt. Mehrmals täglich organisierte Boot-Trips zu den schönsten Vogelinseln, Infos beim TI.

Strände: mit sehr feinem, weißem Sand und azurblauem Wasser. Zum Baden aber meist zu kühl. Wegen der großen Anzahl an Stränden herrscht meist nicht allzuviel Betrieb. Tip: Die Flut spült oft riesige Meeresmuscheln an Land. Beim TI Infos über die besten Sammelplätze. Begehrteste Objekte sind die schillernden Kaurimuscheln (beste Fundorte auf Tresco).

RUDERBOOT-RENNEN: jeden Freitag abend gegen 2o Uhr auf St. Mary's. In bis zu hundert Jahre alten Dingern mit sechs Ruderern. Jedes Mal ein großes Ereignis, das die Inselbewohner aus ihren Häusern lockt (bis 2.ooo Zuschauer).

Diving: Hunderte von Schiffwracks. Außerdem glasklares Wasser, wegen des Golfstromes interessant bezüglich Fauna und Flora. Infos über Taucherstationen und -schulen beim TI anfordern und im voraus buchen.

Insel St. Mary's (5 x 3 km, ca. 1.5oo Einw.)

Die Hauptinsel, soziales und kommerzielles Zentrum der Scillies. Die Insulaner der fünf bewohnten Inseln kommen hierher zum Einkaufen, jeder kennt jeden, und abends hebt man einen in der Kneipe.

Auf der Landzunge zwischen beiden Inselteilen liegt die Hauptstadt HUGH TOWN: Geschäftiges Treiben in den Straßen, durch die permanent eine sanfte Meeresbrise weht, bzw. auch stürmen kann. Mehrere Hotels und B & B-Häuser, rund 15 Restaurants und drei Pubs. Der Campingplatz liegt 1 km westlich. Abfahrt der Inselbusse und Fahrrad-Vermietung. TOURIST BÜRO am Porteressa Beach.

Fähren: Abfahrt vom Quay ,- zu den kleineren Inseln, sowie die Boote für Kreuzfahrten. Anschläge mit jeweiligem Angebot und Inselbus vor Ort abchecken. - Flughafen: etwa 1 1/2km außerhalb.

ISLE OF SCILLY MUSEUM (Church Street): Exponate zur Inselgeschichte sowie Teile von Schiffswracks.

STAR CASTLE: im westlichen Inselteil. Das Castle von 1593 liegt auf einem Hügel ist heute in ein Hotel der Topklasse umgebaut worden. Großartiger Panoramablick, für die sich die Übernachtung lohnt, wer's Geld hat (langfristig vorbuchen!). Ansonsten trinkt man einen Cafe, um in den Genuß des Panoramas zu kommen.Die Wanderung rund um die westliche Halbinsel ist eine Sache von einer 3/4 Std., besonders schön bei Sonnenuntergang.

PENINNIS HEAD: der südliche Landzipfel, eine stille Ecke mit majestätischem Leuchtturm und interessanten Küstenformationen. Zu erreichen über einen Wanderweg ab Hugh Town.

OLD TOWN: kleiner Weiler, war früher die Hauptstadt der Insel. Ein Fußpfad führt entlang der Küste: knapp 1 km zum Giant's Castle, einer abenteuerlich auf Felsklippe gelegener Burgruine.

Insel Tresco (3 qkm, 15o Einw.)

Heißer Tip für einen Day- Trip wegen der tropischen Gärten mit einzigartiger Vegetation.

Die berühmte Blumeninsel ist zweitgrößte der Scilly Inseln und hat neben St. Mary's die höchsten Besucherzahlen der Scillies. Im Sommer Direktverbindung per Helicopter ab Penzance (2 x pro Tag).

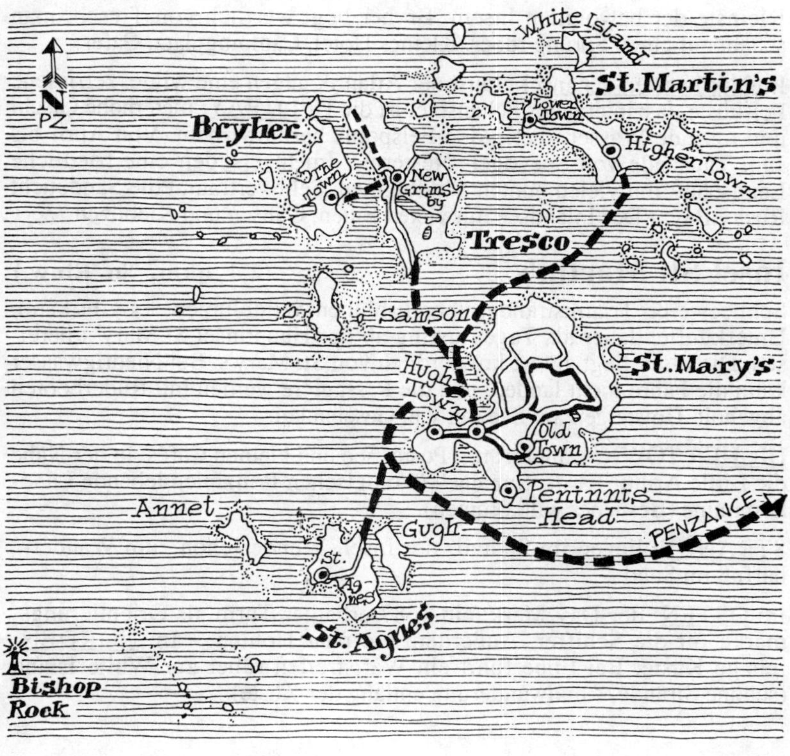

ABBEY GARDENS: subtropische und tropische Pflanzen, die sonst nirgendwo auf der nördlichen Hemisphäre gedeihen. Baumfarne, Eukalyptusbäume, Akazien, Bambus, Bananenstauden, Zedern, Zitronenbäume, Zimtbäume, Yucca-Palmen, Honigbäume, chinesische Papyruspflanzen etc. Phantastisch arrangiert, kleine Wege und ein See in der Mitte. Die Gärten wurden 1834 von Augustus Smith angelegt.

Auf dem Gelände der Abbey Gardens die VALHALLA: Sammlung von über 7o bunten Galeonsfiguren. Sie stammen von Schiffen, die an der Inselgruppe gestrandet sind.

Südlich der Gärten schließt sich eine wellige Dünenlandschaft an, trockene Grasbüschel, weiße Strände., - nördlich ein Seen-Revier, wo sich Wasservögel tummeln. Mitten drin 2 romantische Burgruinen aus dem 16.Jhd., zugänglich über einen Pfad ab Hauptort New Grimsby. Schöner Picknickplatz. Außerdem die Pipers Hole, eine 3o m tiefe Höhle mit unterirdischen Weiher (Taschenlampe mitbringen).

Insel Bryher (1,3 qkm, 6o Einw., 2 km lang)

Kleinste der bewohnten Inseln. Bryher liegt westlich von Tresco, man schaut auf einen Sprung rüber. Kleines Hotel, Campingplatz, Cafés.

Im Nordwesten der Insel braust der Atlantik gegen eine wilde, zerrissene Felsküste, faszinierendes Schauspiel ist die HELL BAY: meterhohe Gischt und tosende Wasser, die in den Felspools herumwirbeln. Von April bis Juni Tausende von Seevogel- Nestern. - Im Inselsüden eine friedliche Landschaft mit vielen bunten Wildblumen. Sehr verträumt die Sandbucht Rushy Bay. - Der Inlandsee mit vielen Enten, Gänsen und Kiebitzen.

Insel St. Martin's (2,4 qkm, 8o Einw.)

Schneeweiße Traumstrände, überall blühen Wildblumen. Es gibt kaum Unterkünfte, daher als Tagesausflug ab der Hauptinsel St.Mary`s bereisen. Die Insel liegt gute 2 km nördlich von St. Mary's. Bei Niedrigwasser kann die Fähre nicht landen, und die Passagiere werden mit Ruderbooten abgeholt. Umsteigen auf See mit viel Geschaukel.

HIGHER TOWN: Hauptort mit Postoffice und kleinen Cafés. In der Nähe die Little Arthur Farm, eine nach ökologischen Prinzipien lebende Landkommune (Besucher willkommen).

STRÄNDE: liegen im Südteil der Insel. Wunderschön zum Wandern, barfuß im Sand.

Im OSTEN: der Day Mark, ein 1687 erbauter Turm als Orientierungsmarke für die Schiffer. Außerdem ein paar Höhlen. - Im NORDEN: felsige Küste. Bei Ebbe führt ein Wattstreifen rüber zur White Island (schöne Strände, Rundwanderung entlang der Küste).

Insel St. Agnes (1,5 qkm, 6o Einw.)

Inselchen ganz im Südwesten und der Hauptinsel St. Mary's vorgelagert. Es gibt 3 Pensionen (kein Hotel), sowie Camping. - Die Vogelinsel der Scillies, unzählige Möven, Kormorane und Seeschwalben.

In früheren Jahrhunderten war St. Agnes wegen der gefährlichen Untiefen und Riffs berüchtigt, da hier Piraten auf gestrandete Schiffe warteten.

BIG POOL: kleiner Weiher, wo Frühjahr/Herbst die Zugvögel zu Tausenden einfallen.

SÜDWESTEN: von der Küste aus Blick auf das Wirrwarr von Schären und Inselchen mit wilden Strömungen. Wurden schon so manchem Schiff zum Verhängnis.

GUGH: Zwillingsinsel, die bei Ebbe durch einen Landstreifen mit St. Agnes verbunden ist. Zwei Buchten mit schönen Beaches. Eine runde Sache auch wegen dem Pub "Turks Head", direkt am Wasser: mit dem Bierchen in der Hand draußen sitzen, den Wind im Haar ... - Auf Gugh ein 3 m hoher Standing Stone aus der Bronzezeit.

Bishop's Rock

Westlichster Punkt Großbritanniens. Eine Felsklippe mit dem höchsten Leuchtturm von GB und einer Leuchtweite von rund 5o km. Für die Auswandererschiffe in die USA war die Klippe der letzte Blick auf Europa, bevor es über den Atlantik in die neue Welt ging.

Bishop's Rock war auch die Landmarke für Wettfahrten ums BLAUE BAND, der Auszeichnung für die schnellste Transatlantiküberquerung von Großbritannien nach New York. Gewinner waren u.a. 189o der deutsche Dampfer Fürst Bismark, - 19o7 die

Passagierdampfer Rex, war 1937 Inhaber des Blauen Bandes

zur Cunnard Line gehörende Mauretania, die den damaligen Rekord von 4 Tagen, 22 Std. und 29 Min. über 22 Jahre hielt. Die Titanic versuchte (so wird zumindest berichtet), 1912 den Rekord der Mauretania zu brechen. Abgesehen davon, daß sie durch Zusammenstoß mit einem Eisberg unterging, - hätte sie sicher auch ohne diese Kollision das Blaue Band nicht erhalten: Ihre Schiffsmaschinen konnten nur max. 22,5 Seemeilen/Std. Geschwindigkeit erreichen, die Mauretania dagegen 25,9 Seemeilen/Std. 1929 übernahm das deutsche Schiff Bremen das Blaue Band und unterbot die Mauretania um ca. 5 Std. - 1933 erlangte das ital. Passagierschiff Rex das Blaue Band, und 1937 die franz. Normandie, die die Strecke in 3 Tagen, 22 Std. und 7 Min. schaffte.

Die Schiffe wurden immer größer und komfortabler, zu den Top- Schiffen gehörten die britschen "Queen Mary" (heute in Long Beach/Kalifornien als Museumsschiff) und die "Queen Elizabeth".

Weitere Details im VELBINGER Band 53 "Kalifornien", sowie im Southampton Kapitel dieses Bandes.

NORDWEST- KÜSTE VON CORNWALL

Die beiden Hauptorte sind ST. IVES, Künstlerkolonie mit engen Gassen, einem Schuß Boheme und viel Flair, sowie das Seebad NEWQUAY.

Nördlich von Newquay der rauheste Küstenabschnitt Cornwalls: einsame Buchten (Eldorado für Surfer) und lohnende Klippenwanderungen.

★ St. Ives (ca. 11.000 Einw.)

Eine der schönsten cornischen Städte. Ein Gewirr aus winkligen Gassen und alten Häusern. St. Ives hat nach London die größte Kunstszene Großbritanniens, es gibt eine Fülle an Kunstgalerien und -Werkstätten. Ein weiterer Grund für die sommerlichen Besucherströme sind die guten Sandstrände.

Tourist INFO (12) untergebracht im Rathaus (The Guildhall), Street-on-Pol. Tel. o736/ 79 76 oo. Book-a-bed-ahead.

Geschichte: Ende des 18. Jhds. war St. Ives wichtiger Exporthafen für die umliegenden Zinn- und Kupferminen. Der Hafen wurde ausgebaut und hatte auch Bedeutung für die Sardinenfischerei.

Ende des 19. Jhds. entwickelte sich die Stadt zum größten Künstlerzentrum Großbitanniens nach London. Der erste war James Whistler, der 1883 hierher zog und bis zu seinem Tod 19oo in St. Ives lebte. Grund waren die Lichtverhältnisse über der Bucht. Entsprechenden Messungen zufolge ist nirgendwo Großbritannien der Anteil am ultravioletten Lichtspektrum größer als hier in St. Ives. Außerdem bot das Städtchen optimale Sujets für den Maler: der Hafen, schaukelnde Boote, das Gassengewirr, knallbunte Häuser etc.

Andere Künstler folgten. 181o etablierte sich ein "Arts Club", und vor dem 1. Weltkrieg gab es bereits 8o Ateliers. Die Königliche Kunstakademie von London schickte jedes Jahr Kunsthistoriker auf der Suche nach neuen Talenten und Stilen.

Noch heute ist der Ruf von St. Ives als Künstlerzentrum ungebrochen. Mit dem Boheme- Flair kamen auch die Touristen, und Tourismus ist der bedeutendste Wirtschaftsfaktor der Stadt.

Bester Blick auf St. Ives von der Straße "The Terrace", oberhalb des Bahnhofs. Im Stadtzentrum liegt die:

CHURCH OF ST. IA (11): sie überragt mit ihrem 37 m hohen, massiven Turm die Stadt. Erbaut von 141o- 35. Sehenswert vor allem wegen Schnitzereien im Innern und einer Madonnen-Skulptur von Barbara Hepworth.

MODEL RAILWAY (7): Spielzeug-Züge fahren durch eine Pappmaché-Landschaft, über Brücken und durch Tunnels. Liebevoll arrangiert, umfaßte zwei Stockwerke.

BARBARA HEPWORTH MUSEUM (9): das Atelier der Bildhauerin Barbara Hepworth. Diente außerdem als Wohnhaus. Neben den Skulpturen der Künstlerin auch persönliche Erinnerungsstücke.

Barbara Hepworth arbeitete hier ab 1949, sie kam 1975 bei einem Feuer im Atelier ums Leben. Ein Jahr später wurde ihr Studio als Museum eröffnet. Ihre Skulpturen sind voller Sinnlichkeit mit geschmeidigen Rundungen.

ST. IVES GALLERY (8): Gemeinschafts-Atelier von Malern, die hier arbeiten und ausstellen. Als Sujets voriegend Landschaften und Meereslandschaften.

SLOOP CRAFT MARKET (3): Werkstatt von Künstlern aller Richtungen, dazu Cafés. Den Leuten bei der Arbeit zusehen, schön zum Rumbummeln.

ST. IVES SOCIETY OF ARTISTS (2): Ausstellungsgallerie des Dachverbandes von rund 5o Künstlern, die in der Umgebung von St. Ives leben. Die Gesellschaft besteht seit 1927, das Museum wird unter Regie der Londoner Tate Gallery geführt, eingerichtet mit einer Investition von ca. 7 Mill. DM.

PENWITH GALLERY (1): gegründet von Barbara Hepworth, nachdem sie sich von der Society of Arts getrennt hatte. Schwerpunkt liegt auf Avantgarde-Kunst.

SALTHOUSE GALLERY (4): die Galerie hat sich spezialisiert auf ultramoderne Gemälde mit non-figuralen Sujets.

LEACH POTTERY (16): Töpferei von Bernard Leach, die heute noch Sachen nach Entwürfen des berühmten Künstlers fertigt. Geführt von Leachs dritter Ehefrau. Liegt vom Stadtkern ca. 15 Gehminuten bergauf an der B 33o6.

Bernard Leach gilt als Vater der englischen Kunsttöpferei. 192o gründete er in St. Ives eine Werkstatt. Sein Stil sind einfache Designs, beeinflußt von der japanischen Kunst sowie Verwendung natürlicher Erdfarben.

"**Tregenna Castle Hotel**": Beeindruckende Burganlage in einem Parkgelände. Steht stolz mit seinen Zinnen und Türmen hoch über der Stadt. Exzellente Sport-Facilities, die Zimmer allerdings sehr unterschiedlich. Tel. o736/ 795.254. DZ ca. 245 DM.

"**Pedn-Olva Hotel**": Weißgekalkter Schachtelbau, auf einem Felsvorsprung am Strand. Alle Zimmer mit See-Blick, durchs Fenster dringt Meeresrauschen. Herzliche Atmosphäre. Tel. o736/ 796222. Das DZ ca. 2oo DM.

"**Chy-an-Dour**": Treylon Avenue, an der Zufahrtsstraße nach St. Ives. Schön oberhalb der Bucht gelegen und angenehme Atmosphäre

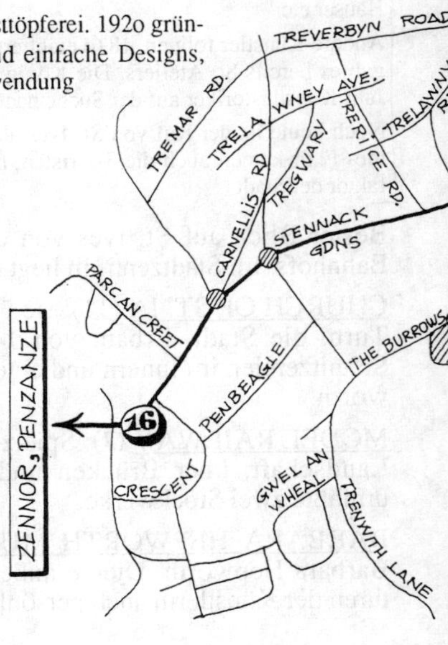

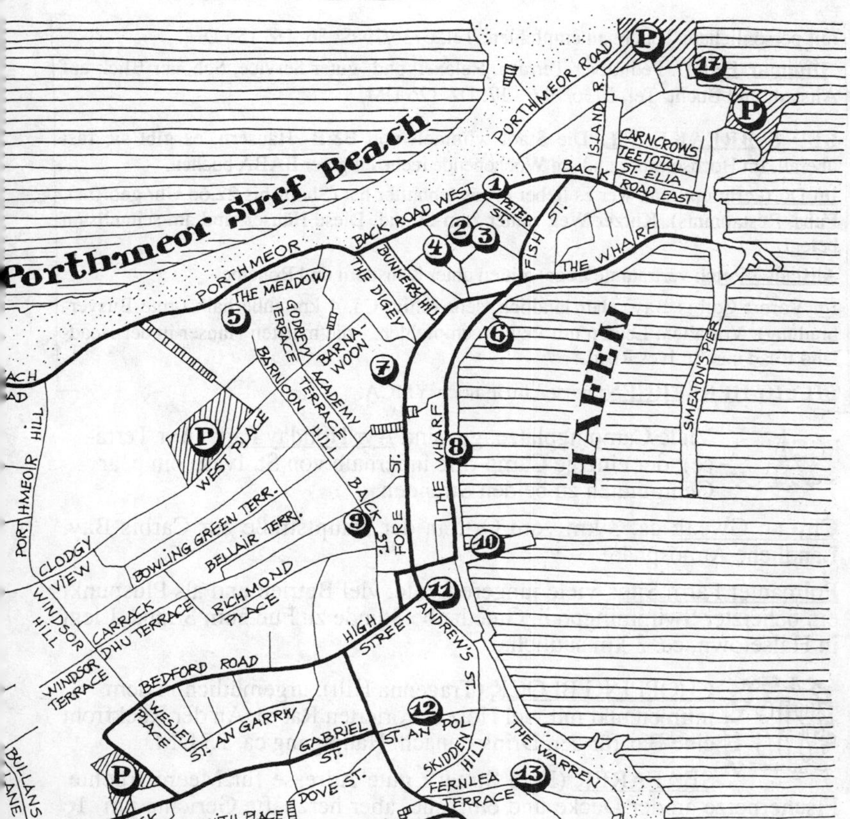

ST. IVES

1 Penwith Gallery
2 St. Ives Society of Artists
3 Sloop Craft Market
4 Salthouse Gallery
5 Strandcafes
6 ABFAHRT der Trips zum Hochseeangeln
7 Model Railway
8 St. Ives Gallery
9 Barbara Hepworth Museum
1o ABFAHRT der Boottrips
11 Church of St. Ia
12 TOURIST INFO
13 BUSTERMINAL
14 BAHNHOF
15 Porthminster Beach
16 Leach Pottery
17 Porthgwidden Beach

mit persönlichem Touch, zu empfehlen. Tel. o736/79 64 36. DZ 15o DM.

"**Dunmar Hotel**": Pednolver Terrace. Relaxed und guter Service. Schöner Blick auf Altstadt und Bucht. Tel. o736/79 61 17. DZ 12o DM.

BED & BREAKFAST: Die Stadt wimmelt von B&B- Häusern, es gibt sie fast überall. Im Hochsommer und am Wochenende rechtzeitig per BABA buchen.

Im Dorfkern: optimal, wer es lieber etwas lebhafter hat (Shops bis 22.oo Uhr geöffnet, Pubs, Restaurants). Kurzer Weg runter zum Strand. Diese Häuser sind am schnellsten belegt.

Altstadt-Viertel: verträumte Lage, mitten unter Künstlern und Bohéme.

Im Vorort Carbis Bay: eher ländlich, sehr ruhig. Ca. 4 km außerhalb (gute Busverbindung). Vor allem Leuten mit Pkw zu empfehlen, - die meisten Häuser in der Headland Road und St. Ives Road.

BILLIG-HERBERGEN: weder JuHe noch YMCA.

Viele Campingplätze, gut sind Ayr Holiday Park (Ayr Terrace): der einzige Camp-Site innerhalb von St. Ives., ein paar Gehminuten zu beiden Stränden.

Chy an Gweal: ca. 3 km vom Ort, an der Hauptstraße zur Carbis Bay. Ländliche Atmosphäre.

Polmanter Farm Site: viele jüngere Leute, viel Betrieb und als Pluspunkt ein beheizter Swimmingpool. Gute halbe Stunde zu Fuß zum Strand. Liegt in Halsetown, ca. 3 km südlich.

CHOPPING BLOCK (Tragenna Hill): urgemütlich in dem intimen und mit viel Holz dekorierten Raum. An der Rückfront eine Bar für den Drink danach. Hauptgang ca. 25 DM.

SEAFARER (Fore Street): gute Adresse für Meeresfrüchte. Fischernetze an der Decke und einfache, aber herzhafte Gerichte um 1o DM (z.B. Scholle mit Erbsen).

SUNFLOWER (Chapel Street): Vegetarier-Restaurant. Sehr beliebt bei den Einheimischen, Lunch um 5 DM, abends erlesenere Sachen um 2o DM. Pluspunkt: es darf Wein aus dem Supermarkt mitgebracht werden.

BEACHCOMBER RESTAURANT (The Wharf, paar Meter vom Craft Centre "The Sloop"): kleine Cafeteria für Fish&Chips; preislich um die 5-7 DM. Schon seit ewiger Zeit als Familien-Betrieb hier in St. Ives eingesessen.

Barmeals: Das GOLDEN LION (High Street, schräg gegenüber der Kirche), einheimische Kundschaft, Gerichte ca. 5- 1o DM.

Take-away: MOBY'S (am Pier, gegenüber der Hafenmole): frischer Fisch. Die Pommes nicht vorpräpariert und gefrostet, sondern frisch im Lokal geschnittene Kartoffeln (fingerdick!). Daneben ein Take-away für mexikanische Tacos.

Pubs: THREE FERRILS (Chapel Street): wie eine Kiste mit Holz ausstaffiert. Sehr beliebt bei jungen Leuten und traditionell der Lieblings-Pub der Surfer.

Discos: während der Sommermonate voll mit englischen Touristen: Donnerstag bis Samstag tanzt man allein schon aus Platzgründen engumschlungen.

SHIRE HORSE INN: drei- bis viermal die Woche spielen Live-Bands.

SCANDALS (High Street,- neben dem TI): relaxter Schuppen für junge Leute, wo eine Krawatten schon als Fauxpax gilt.

MR. PEGGOTY'S (Porthmeor, gegenüber dem Surfer-Strand): Für Leute mit korrekter Kleidung. Zutritt erst ab 21 Jahren, die meisten Gäste 25 bis 35.

Shopping: über ein Dutzend Gemäldegalerien. Sie stellen die Werke der ansässigen Künstler aus. Adressenliste beim TI.

Kunsthandwerk: kleine Läden und Werkstätten, vor allem in der Altstadt.

Ausgesprochen schöne Strände, allerdings kein "beach-life" wie in Newquay. Porthmeor Beach (18): wegen der Atlantik-Brise sehr hohe Wellen. Beliebt bei Surfern, schön zum Zuschauen.

Porthgwidden Beach (17) und Porthminster Beach (16): ruhigere Sandbänke, zum Schwimmen besser geeignet. Beide am Südende des Dorfes.

Porthkidney Sands (2 km zu Fuß entlang der Küste) und Hayle Towans Beach (im Auto 15 Min. nach Hayle; schlechte Busverbindungen): kaum Touristen, kein Trubel wie in St. Ives.

Boot-Trips: Fahrten kreuz und quer über die Bucht oder zum Sea Angling. - **Wassersport:** großes Angebot,- Tauchen und Surfen, Wasserski, Motorboot-Verleih. Adressen für Kurse oder Geräteverleih beim TI.

Schöne 4 km- Wanderung zum CLODGY POINT: Ein Landvorsprung mit grandiosem Blick auf die Küstenlinie. Landzungen schieben sich in den zerwühlten Ozean. Vom Porthmeor Beach entlang der Abbruchkante halsbrecherischer Klippenwände Richtung Westen (= Land's End).

Verbindungen: alle 1 - 2 Std. mit dem Plymouth-> Penzance Zug. - Per Bus gute und häufige Verbindungen zu allen wichtigen Städten Cornwalls.

★Umgebung von St. Ives

In ein paar km- Umkreis lohnende Trips per Auto (teils auch Zug oder Bus) bzw. per Schusters Rappen.

* Westlich Richtung Lands End, Minen und Museen siehe Seite 441.

* Südlich: **CARBIS BAY**, Vorort von St. Ives, ca. 3 km entfernt. Seit der 2o-er Jahre Holiday Resort am Fuß schroffer Küstenklippen, lohnende 3o- 4o Min. Wanderung ab St. Ives, bzw. Bus oder Zug. Sehenswert in Carbis Bay die von 1929-59 erbaute Kirche mit Zinnen und Türmen. Gut 1 km südlich liegt der Trencrom Hill (17o m): er gehört zu einem der schönsten Aussichtsplätzen Cornwalls mit Blick auf die gesamte Bucht und rüber zur Südküste Cornwalls. Aufstieg ca. 15 Min.

LELANT: schließt sich an Carbis Bay an, im Sommer viele Urlauber. Die Ortskirche aus dem 15. Jhd., von hier 1o Min. zu Fuß zu dem Porth Kidney Sands mit weitgeschwungenen Sanddünen. Corunucopia: Modeldorf im Disneyland Stil. Die Gebäude aus grauem Granit, Schiffswracks und Miniaturzüge etc. - Merlin's Magic Lands: ein Rumelplatz mit allen möglichen Attraktionen für Familien mit Kindern.

HAYLE: im vorherigen Jahrhundert der wichtigste Hafen an der Nordwestküste Cornwalls. Exportiert wurden Kupfer und Zinn. In Hayle befanden sich auch Eisengießereien für Bergwerks-Maschinen. Anfang des 19. Jhds. gab es eine regelmäßige Passagier- und Postschiffverbindung nach Bristol, solang bis dann die Eisenbahn eröffnet wurde.

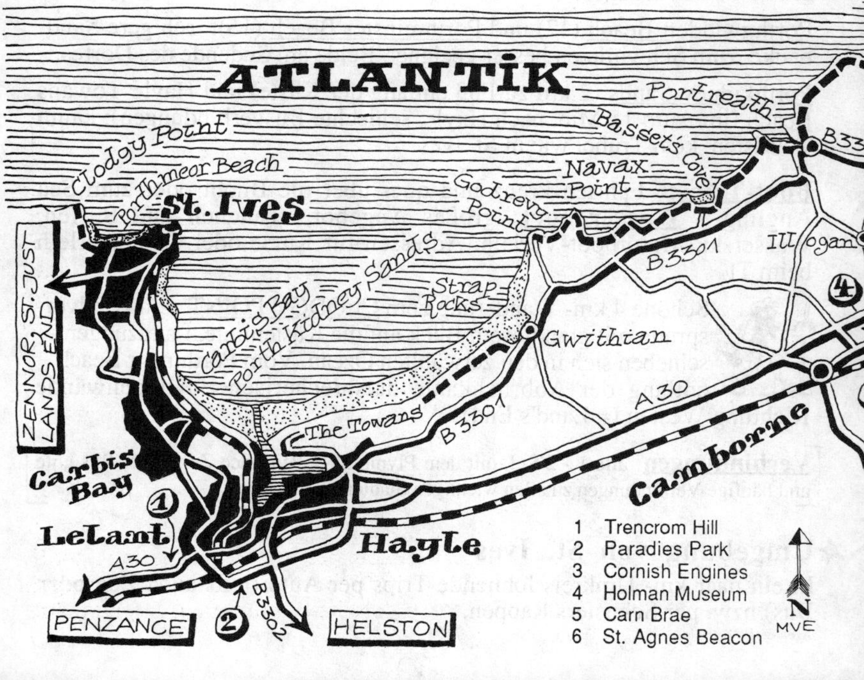

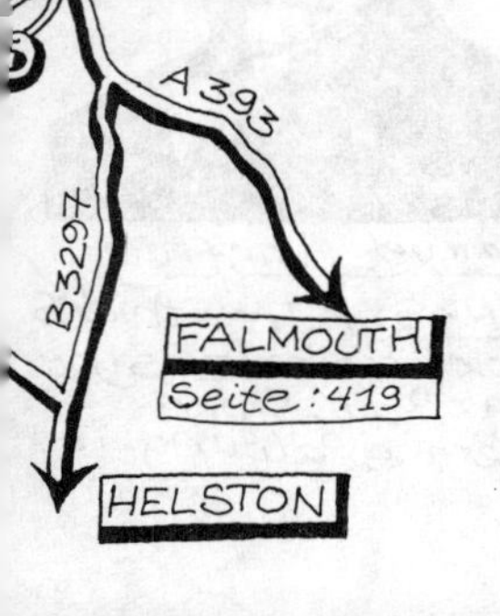

<u>Paradies Park</u>: Freigehege zur Erhaltung bedrohter Vögel, 1oo fast ausgestorbene Arten werden durch Zucht erhalten. Außerdem viele Papageien und Greifvögel. Tägl. 12 und 15.45 Uhr Schauflüge und Fotosessions mit einer Eule oder einem Kakadu auf dem Arm. Liegt südl. von Hayle, siehe unsere Karte (2) und von der A 3o beschildert.

<u>SALTINGS</u>: Wattgebiet im Mündungstrichter des River Hayle. Wurde als Naturschutzgebiet ausgewiesen, da zahllose Strandvögel hier ihre Brutplätze haben. Wer die Zone besucht, möchte sich bitte unbedingt an die vorgegebenen Wanderrouten halten.

<u>THE TOWANS</u>: niedrige Klippen und große Sanddünen. Sie erstrecken sich gut 5 km bis rauf nördl. von Gwithian. Sehr schön für Dünenwanderungen und barfuß durch den Sand. Mehrere Campingplätze entlang der B 33o1.

St. Ives ⟶ Newquay

Schnellste Verbindung ist die Hauptstraße A 3o bis zum Ort Blackwater/ Three Burrows, dort auf die B 3o75. Häufig am Tag Busse, insgesamt ca. 5o km.

Schöner ist die Strecke via KÜSTE, allerdings nicht durchgehende Straße; man muß mehrfach landein über kleinste Nebenstraßen. Hier ist eine gute Detailkarte nötig, da die Sträßchen schlecht beschildert sind. Keine durchgehende Busverbindung entlang der Küste, aber Stichverbindung, z.B. nach St. Agnes.

⇨ Die **A 3o/ B 3o75** bringt landschaftlich keine Besonderheiten. Sie ist zeitweise vierspurig ausgebaut und umgeht die beiden Städte:

★ Camborne / Redruth (ca. 4o.ooo Einw.)

Bilden ein zusammenhängendes Siedlungsgebiet und werden gemeinschaftlich verwaltet. Früher bedeutendes Minenzentrum, heute viel Industrie.

Ab Mitte des 19. Jhds. waren beiden Städte Zentrum für den Bergbau und einer der wichtigsten Kupferlieferanten der Welt. Im Umkreis gab es mehr als 1oo Minen. Nach dem 1. Weltkrieg ging die Förderung von Kupfer und Zinn stark zurück, da andere Region (z.B. Chile sowie Südostasien) billiger lieferten.

CAMBORNE ist Sitz einer bedeutenden Bergbauschule (die "Camborne School of Mines"). Auf dem Campus der Schule das Holman Museum (4): Exponate zur Industriegeschichte (Dampfmaschinen, Modelle, Fotos).

Richard Trevithick, der ebenfalls die Camborne Bergbauschule besuchte hatte, war Erbauer der ersten funktionsfähigen Dampflok der Welt. Die *"puffing devil"* (puffender

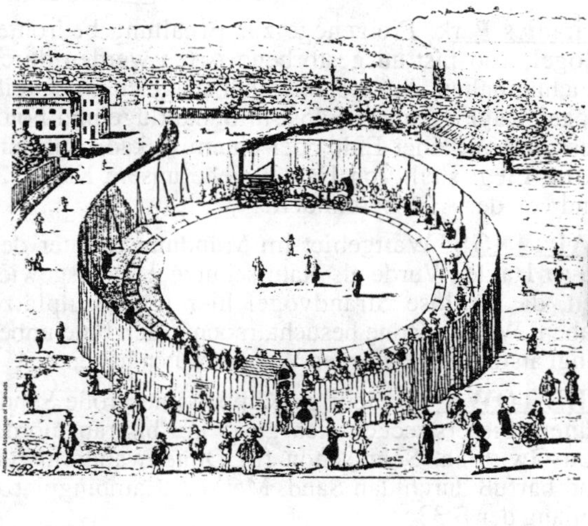

Samuel Homfray
LINKS: R. Trevithicks Lok "catch me as you can" auf Show-Veranstaltung.

Teufel), wie er die Lok nannte, hatte ihre erste Fahrt an Weihnachten 18o1. Sie fuhr auf ebener Strecke schneller, als ein Fußgänger laufen konnte, war jedoch zu schwach, um Gewichte auf Steigungsstrecken zu ziehen.

Trevithicks Leistung: daß er die große und daher stationäre Dampfmaschine des James Watt (1769 patentiert) so in Dimensionen reduziert hatte, daß sie als Antriebsaggregat auf einem Schienenfahrzeug Platz hatte.

Immerhin: der erste Schritt war getan. Samuel Homfray, leitender Angestellter einer Eisenhütte in Merthyr Tidfil/Wales, erfuhr von dem Experiment. Die Eisenhütten von Merthyr Tidfil zählten damals zu den größten Lieferanten der Welt (Details siehe Velbinger- Reiseführer Band 57 "Wales"). Eingesetzt wurden dort auf Eisengleisen Loren, die von Pferden gezogen wurden.

Dies war für die Pferde bei den schweren Lasten ein äußerst mühsames Geschäft und zudem in Geschwindigket der 1 PS sehr limitiert. Homfray kontaktierte Trevithick und schloß 18o3 eine Wette ab, daß eine weiterentwickelte Lok auf einer Steigungsstrecke 1o Tonnen Last ziehen könne. Die Testfahrt am 13.2. 18o3 verlief zu vollem Erfolg, die Geschwindigkeit war ca. 8 km/h, und die Wette gewonnen. Daß die Gleise dabei unter dem Gewicht der 4 To. schweren Lok zusammenbrachen, tat dem Wettgewinn keinen Abbruch.

Das Trevithick- Dampflokmodell lief dann u.a. auch auf Show- Veranstaltungen. Abgezäunt mit Brettern fuhr die Lok auf einer Rundstrecke (siehe Abb.), hatte den Namen "catch me as you can" (Fang mich, wenn du kannst), wobei die Zuschauer hinter dem schnaubenden Dampfroß hinterher rannten...

Anschließend gab es verschiedene Dampflok-Weiterentwicklungen. Manko war die lahme Geschwindigkeit, - erst die "Rocket" (1829) des George Stephenson erreichte als Spitzengeschwindigkeit 56 km/h, womit das Eisenbahnzeitalter eingeleitet war.

CARN BRAE (5): südlich von Redruth. Auf dem 27o m hohen Gipfel eine Burg und ein Hügelfort aus der Steinzeit. Schöner Blick über das cornische Industrierevier und auf das landschaftlich reizvolle Hinterland.

POOL: Industrierevier zwischen den beiden Stadtteilen Camborne und Redruth. Nahe der Hauptstraße A 3o der Maschinenpark Cornish Engines (3): u.a. Dampfmaschinen aus der Zeit des Zinnbergbaus.

Tescan Tannery: Gerberei, die Schafsfelle in Bettvorleger und Wildleder verarbeitet (laufend Führungen durch die Fabrik; Einkäufe im Shop zu billigen Herstellerpreisen).

Shire Horse Farm: der Bauernhof wird mit 15 schweren Ackergäulen betrieben. Neben den Ställen eine alte Dorfschmiede. Alte Kutschen und Ackergerät.

Die A 3o führt weiter nach Bodmin (Details siehe Seite 483), - bzw. als A 39 nach Bude, Barnstaple (Details ab Seite 469, 489)

➪ **KÜSTENROUTE**: bis GWITHIAN siehe Seite 458. Das Dorf liegt malerisch um die alte Kirche (15. Jhd.) mitten zwischen den Sanddünen und ist ständig von den sich weiterschiebenden der Dünen bedroht.

GODREVY POINT: Küstenwildnis mit zertrümmerten Felsblöcken. Auf einer vorgelagerten Insel steht ein weißgekalkter Leuchtturm. Der Landvorsprung mit seinen Untiefen und Riffs war lange Zeit ein gefürchtetes Schiffsgrab. Anfahrt: knapp 1 km nördlich, beim Sandsifter Hotel von der B 33o1 links abzweigen auf einen ca. 2 km langen Singletrack.

vom Godrevy Point rund 15 Min. zum nächsten Landvorspung (Navax Point): Klippen, Seevogel-Kolonien, unten räkeln sich die Robben. Wer will, kann die Wanderung ostwärts fortsetzen, ausgesprochen schöner Abschnitt (ca. 7 km) auf den Klippen zur: Basset's Cove.

BASSET'S COVE: kleine Sandbucht, auch von der B 33o1 über eine Stichpiste zu erreichen. Von den verwitterten Klippenwänden führen klitschige Kletterpfade runter zu kleinen Buchten und Felspools.

★ PORTREATH: Reihenhäuser führen runter zum Hafen. Der Ort wurde in der 2. Hälfte des 18. Jhds. als Exporthafen für Zinn- und Kupfer angelegt. 18o9 beförderten Pferde auf Gleisen die Erze in Loren, übrigens das erste Eisenbahngleis von Cornwall. Der Strand ist beliebt bei Surfern und weniger überlaufen als das Surfer-Mekka Perranporth (siehe unten), Vermietung von Surfbrettern. Limitierte Unterkunftsmöglichkeit, Restaurants und Busverbindung mit Camborne.

Ab Portreath keine Straße weiter nordöstl. entlang der Küste nach Porthowan. Also entweder zu Fuß auf dem Coast Path entlang der Klippen, - oder die B 33oo landein und über kleinste Nebenstraßen. Gute Detailkarte nötig.

★ PORTHOWAN: an der kleinen Sandbucht entwickelte sich ein Ferien-Resort. Über kleine Nebenstraßen rauf nach St. Agnes und Chapel Port.

★ St. Agnes (4.2oo Einw.)

War im 19. Jhd. Zentrum des Zinnbergbaus, in der Umgebung zahlreiche Ruinen der Maschinenhäuser mit ihren hohen Türmen.

Die ehemalige Bergarbeitersiedlung liegt oberhalb eines Tales, das sich vom Meer landein zieht. Steingraue Häuser aus Granit entlang der Hauptstraße, am terrassierten Abhang die Cottages der Bergleute. Im Ort mehrere Unterkünfte und Restaurants. Busverbindung tägl. nach Newquay, Perranporth, St. Ives und Truro.

MODELL- VILLAGE und LEISURE PARK (7): Cornwall als Modell-Landschaft, sowie im Leisure Park u.a. Dinosaurier und ein Spukhaus (Elektronik hilft hier der Gänsehaut auf die Sprünge) etc. Der Freizeitpark liegt am südlichen Ortsrand, gut beschildert an der B 3277.

Westlich der Stadt liegt der ST. AGNES BEACON (6): ein 195 m hoher Hügel mit Leuchtturm, einer der schönsten Aussichtspunkte in West-Cornwall: Panorama auf 5o km Steilküste, Buchten und Atlantikbrecher, sowie runter zur Südküste nach Falmouth. Aufstieg auf den Hügel von der Nordwestflanke, ca. 2o Min.

★ CHAPEL PORTH: zu erreichen über eine schmale Stichstraße (3 km), die auch am At. Agnes Beacon vorbeiführt. Die Straße endet kurz vor der Bucht an einem Parkplatz: Sandstrand zwischen turmhohen Klippen.

von St. Agnes auf dem Coast Path Ri. West nach Chapel Porth: mittlerer Schwierigkeitsgrad, etwa 1 1/2 Stunden kalkulieren.

Nature Trail: beschilderte Rundwanderung. Sie beginnt vor der Chapel Porth Bucht. Führt in 2 Std. zu stillgelegten Bergwerken und zu Naturlandschaft mit Strandvögeln und Wildblumen.

Coast Path nach Porthtowan: ab Chapel Porth rund 3 km südlich. Führt entlang des Strandes am Fuß der Steilwände, die sich atemberaubend hochtürmen. Der Trail ist nur bei Ebbe möglich. Vorher sich in einem der Pubs oder Hotels in St. Agnes über den Gezeitenplan informieren, um nicht von der plötzlich hereinkommenden Flut überrascht zu werden.

Pony Trecking: Tip sind die Pony-Trecks entlang der Oberkante der Steilklippen. Adressen von Reitställen beim TI.

Surfen: am Beach in der vorgelagerten Trevaunance Bay mit sehr hohen Wellen. Ausrüstung wird vermietet.

★ Perranporth (3.6oo Einw.)

Lebhafter Urlaubsort mit 5 km Sandstrand (bei Ebbe 5oo m breit) und weitläufiger Dünenlandschaft, viele Camper und Wohnwagen. Im Südteil gefährliche Strömungen. Wegen der hohen Atlantikwellen ist Perranporth das größte Surfzentrum Südenglands. Ausrüstung wird vermietet, Angebot von Kursen.

Perranporth besteht aus mehreren separaten Weilern und wirkt etwas zersiedelt. Wird oft als "Kleinausgabe von Newquay" bezeichnet, was in Sachen Restaurants, Discos etc. nicht unbedingt stimmt. Hat außer dem Beach wenig zu bieten.

Im Ort mehrere Pensionen sowie Hotel und die sympatische Jugendherberge an der Oberkante der Klippen, kurzer Weg runter zum Strand. Sehr klein, nur 25 Betten, daher oft ausgebucht. Tel.: o872/ 573812. - Entlang der A 3o75 um das Dorf Goonhavern viele Campingplätze, die auch für Wohnwagen eingerichtet sind.

ST. PIRAN CHURCH (8): kleines Kirchlein mitten in den Dünen oberhalb des Perran Beach. Im 16. Jhd. wurde es durch die Verschiebung der Dünen zugeschüttet, fast 3oo Jahre später hat man es wieder ausgegraben.

CRAFT WORKSHOPS (Ponsmere Road): Künstlerkolonie in einer viktorianischen Stadtvilla, sowie ein Museum. Angebot an Eintages- Kursen in Töpfern, Schnitzen etc.

HOLIDAY PARK (9): an der B3285 im Dorf Goonharven. Anlage mit bekannten Bauwerken in Miniatur, z.B. Tadsch Mahal, Freiheitsstatue, Schiefer Turm von Pisa etc. Plus eine Wildwest-Straßenszene, wie im John Wayne- Film mit Saloon, Barbier, Gefängnis etc.

CALLESTOCK CIDER FARM: Besichtigung der Fabrik zur Herstellung von Apfelmost. Und ein Museum mit Uralt- Geräten, mit denen in früheren Jahrhunderten der Cider gepreßt wurde. Anfahrt: südlich, im Dorf Penhallow (gut beschildert).

★ Newquay (17.ooo Einw.)

In den West Counties das SEEBAD NUMMER EINS: herrliche Strände, Urlauberrummel und Sportmöglichkeiten (einer der besten Surfer-Strände Europas). Abends Halligalli in Pubs und Discos.

Newquay ist das größte Ferienzentrum Cornwalls. In erster Linie junge Leute, die viel Schwung in den Ort bringen. Pro Jahr 1 Million Besucher, in der Hochsaison klettert die Einwohnerzahl von 17.ooo auf 9o.ooo.

Anders als die meisten Seebäder hat Newquay keine Strandpromenade. Die Häuser reichen bis an die Klippenkante, von dort Treppen runter zum Strand. Der Westteil von der Stadt liegt auf einer flach auslaufenden Halbinsel.

Tourist INFO in der Morfa Hall, Cliff Road. Tel. o637 / 87 13 45. Book-a-bed-ahead.

> Newquay war lange Zeit ein Fischerdorf. Die erste urkundliche Erwähnung eines Hafens stammt von Ende des 15. Jhds. Im 18. Jhd. erlebte die Stadt durch die Sardinenfischerei einen Boom.
>
> 1874 erreichte die erste Eisenbahnschiene Newquay, um hier die südöstlich geförderte Kaolinerde zu verschiffen. Der rasanter Aufschwung als Urlauberort war anfangs nur ein Nebenprodukt des Eisenbahnbaus. Die schönen Strände lockten immer mehr Besucher an. Ein gewaltiger Bauboom setzte ein, die Einwohnerzahl verzehnfachte sich.

PARISH CHURCH: imposante Kirche, wurde erst 19o9- 11 im Stil der altcornischen Kirchenarchitektur gebaut. Den Turm hat man 1967 angefügt (typisch das offene Glockengestühl).

HUER'S HOUSE (King Edward Crescent, nordöstlich vom Hafen): rundes Haus auf einem Landvorsprung, stammt aus der Zeit der Sardinenfischerei. Hier hatte der "huer" seinen Beobachtungsposten, um Ausschau nach den Sardinenschwärmen zu halten (dunkle Schatten auf der Wasserfläche). Sein Ruf verständigte die Fischer, die sie mit ihren Netzen einkreisten.

TIME TUNNEL (St. Michael's Road): realistische Darstellung der cornischen Geschichte und Mythologie durch lebensgroße Wachsfiguren. Geht los mit den Höhlenmenschen. Im Kerker grausame Folterszenen, Elektronik liefert die nötigen Schmerzensschreie ...

THE ISLAND: felsige Insel im Sand der Newquay Bay. Sie ist mit der Küste durch eine Hängebrücke verbunden, die eine maßstabgetreue Kleinausgabe der Clifton Bridge in Bristol darstellt. Die Insel ist in Privatbesitz und darf nicht betreten werden.

ZOO: Gelände mit freilaufenden Löwen, Lamas, Affen, Pinguinen etc. Schöne Treibhäuser mit üppiger Vegetation und Tropenvögeln, außerdem Ameisenkolonien, Pythons und faustgroße Vogelspinnen. Liegt 5 Gehminuten südwestlich der Stadtmitte (an der A 3o75).

TRENANCE GARDENS: subtropische Parkanlage am südlichen Stadtrand.

"**Hotel Bristol**": Narrowcliffe. Wohl die nobelste Absteige in Newquay. Etabliert und seit 1927 in der Hand der Young-Familie. Große Zimmer, z.T. mit Antikmöblierung (beim Buchen danach verlangen). Tel. o637/87 51 81. DZ ca. 18o DM.

"**Corisande Manor**": Riverside Avenue. Schöne Lage, freundlicher Service, empfehlenswert. Tel. o637/87 2o 42. DZ ca. 1oo- 13o DM.

"**Trevone Hotel**": Mount Wise. Mittelgroßes Hotel mit 35 Zimmern. Bequeme Gehweite zur Stadtmitte und zu den Stränden. Schon seit vielen Jahren unter sympathischer Führung von Miss Shegwin. Tel. o637/87 3o 39. DZ ca. 8o DM.

<u>BED & BREAKFAST</u>: Juli und August sehr großer Andrang, nach Möglichkeit diese beiden Monate meiden. B&B-Unterkünfte für diese Zeit schon 2-3 Monate im voraus reservieren, vermietet wird nur auf Wochen-Basis. Auch während der übrigen Sommer-Wochenenden schon Tage im voraus reservieren.

Unterkunft in Strandnähe verlangen (St. John's Road, Berry Road, Jubilee Road). - In den Randgebieten oder umliegenden Dörfern, wer motorisiert ist und nachts ab vom Rummel sein möchte.

<u>Jugendherberge</u> (Narrowcliff Road): tiptop in Schuß und optimale Lage an der Promenade. Nicht nur Rucksackler, auch die englische Großstadtjugend trägt das Köfferchen durch die Eingangstür. Juli und August ohne 1- 2 Wochen Voraus-buchung nichts zu machen. Tel. o6376/71 345.

<u>Camping</u>: In Newquay und Umgebung sehr breites Angebot, fast alle mit erstklassiger Ausrüstung. Lauter Urlauber-Betrieb bis spät in die Nacht. Adressenliste beim TI, in der Regel kommt man auch ohne Buchung unter.

<u>Trencreek Park</u>: 2 km ab von der Stadtmitte und damit der nächstgelegene Platz. Aber kein direkter Zugang zum Strand. Grasiges, leicht ansteigendes Gelände.

<u>WILTON'S</u> (Fore Street): gilt allgemein als die Nummer eins. Haute cuisine für 3o DM aufwärts.

<u>DOLPHIN</u> (Fore Street): Adresse für ehrliche Steaks und Meeresfrüchte um die 2o DM.

<u>HOOPERS</u> (Bank Street): warme Gerichte im Billig-Sektor. Das Lokal wird geführt von Joseph Varga, der nach dem Krieg aus Ungarn geflüchtet ist und hier Karriere gemacht hat (Sitz im Stadtrat).

<u>CAIRN COTTAGE</u> (Cannel Road): für "cornish cream tea" am Nach-mittag. Man sitzt im Garten vor dem 4oo Jahre alten, strohgedeckten Cottage bei einem "pot of tea", Scones und Erdbeermarmelade (ca. 6 DM, nachmittags von 14 - 18 Uhr).

An jeder Straßenecke und gepfropft voll mit Touristen. Meist viel Stimmung, man sucht sich gegenseitig für die Urlaubs-Romanze.

<u>JOLLY ROGER TAVERN</u> (Narrowcliff Road): wie eine Schiffskajüte mit viel Holz und nautischen Geräten an der Wand.

<u>THE FORT</u> (Fore Street): schöner Blick über die Bay.

<u>SAILROR'S ARMS</u> (Fore Street): Bier von cornischen Klein-Brauereien; dazu Pellkartoffeln mit verschiedensten Toppings.

<u>Discos</u>: Nach Pub-Sperrstunde wird die Nacht in der Disco zum Tag gemacht. TALL TREES CLUB (Tolcarne Road): scheint derzeit am höchsten im Kurs zu stehen. Das übliche Türsteher- und -Laserlight-Ambiente.

SAILOR'S (Fore Street): Rock- und Acidhouse-Musik bringt den Schuppen zum Vibrieren. Im selben Gebäude wie das Pub "Sailors".

Swimmingpool: ein rundes Erlebnis im Blue Lagoon Centre (Cliff Road). Wellenbad mit Wasserrutschen, Wirbelbädern, Saunas etc. Inklusive einem Restaurant und einer Disco.

1o km feiner, goldgelber Sandstrand, bei Ebbe vergrößert sich die Fläche auf das Vierfache. Insgesamt gibt es im Umkreis von Newquay 11 Strände.

Fistral Beach: der Surfer-Strand. Hat wegen der Blickrichtung direkt auf den Atlantik den höchsten Wellengang. Nicht zu weit rausschwimmen, sich von Felsen fernhalten.

Newquay Bay: östlich des Hafens. Bei Ebbe zerteilt sich die Bucht in vier separate Strände. Liegen am Fuß der Klippen (runter über Treppchen, die ins Gestein geschlagen wurden).

Surfen: gibt dem Seebad erst den kosmopolitischen Charakter. In Newquay werden die britischen Surf-Meisterschaften ausgetragen.

Ein Dutzend Surfer-Shops vermieten Bretter (ca. 1o DM/ Tag) und Schutzkleidung (ca. 15 DM/ Tag). Mehrere Surfer-Schulen: 1-Tages-Kurs kostet ca. 75 DM (Ausrüstung plus Kursgebühr). Kontakte über einen der Surf-Shops. Am etabliertesten ist die Offshore School (2 Oakley Terrace). Sie gehört Roger Mansfield, dem früheren britischen Surf-Meister.

Boot-Trips: Breites Angebot für Sea-Angling und für Kreuzfahrten. Infos beim TI.

Verbindungen ab Newquay

Zug: Bahnhof direkt im Zentrum, in einer Seitenstraße der Cliff Road. Tgl. 6 x Verbindung ab Exeter und Plymouth, mit Umsteigen in Par.

Bus: fahren ebenfalls im Zentrum ab, der Bus- Terminal liegt in der East Street. Optimale Verbindung mit der Company "Cornwall Busways".

Flug: das große Bonbon für die Anreise ist der Flug mit Brymon Airways, für ca. 4o DM one-way/day-return ab Plymouth. Der Flug geht in kleineren Propeller maschinen quer über Cornwall.

Ballonfliegen: im Heißluft-Ballon über Cornwall schweben. Der Spaß kostet ca. 23o DM für einen Flug-Tag. Kontakte an der Rezeption des Headland Hotels an der Fistral Bay.

Umgebung von Newquay

Keine Dinge, die man gesehen haben *muß*,- aber ganz nett als Ausflüge, wer in Newquay eingebucht hat.

PORTH: am nördlichen Stadtrand von Newquay und an der B 3276. War im 19. Jhd. wichtiger Hafen. In die senkrechte Klippenwand sind Treppchen gemeißelt. Sie führen runter zum Whipsiderry Beach, der von Klippen eingekreist ist. In Porth ein kleiner Fischteich: für 6 DM ein Tages-Permit für Karpfen, Brachsen etc. -

WATERGATE BAY: Nördlich an Porth anschließend ein rund 4 km langer Sandstrand und beliebt bei Surfern. Zu erreichen über die B 3276, weiterer Küstenverlauf siehe Folgekapitel (Newquay -> Bude).

CRANTOCK: kleines Dorf südlich von Newquay und am Mündungstrichter des River Gannel mit Sandbänken und am Ufer Dünen. Der Ort konnte trotz vieler Urlauber noch gewissen altcornischen Charme bewahren.

PORTH JOKE: südwestlich von Crantock. Schöner Strand, eingebettet zwischen zwei Landvorsprüngen. Eventuell zum Ausweichen an heißen Sommerwochenenden, wenn der Betrieb in Newquay zu groß ist. Zu erreichen über eine 2 km-Stichpiste ab Crantock.

HOLYWELL: liegt hinter den Dünen und besteht zum Großteil aus Campingplätzen und Ferienwohnungen. Schöner Strand. Leisure Park: ideal für Kinder (Boote, Skateboards, Pony-Trecks etc.).

LAPP VALLEY RAILWAY (1o): kurzes Gleis, auf dem im Sommer ein Oldtimer- Dampflokzug fährt. Zusätzlich ein See mit Vermietung von Ruderbooten und Kanus. Zu erreichen über Nebenstraßen siehe Detailkarte.

TRERICE MANOR (12): Herrenhaus von 1572 mit geschweiftem Giebelaufbau. Schmuckstück ist die Great Hall: kunstvolles Stuckwerk, ein Fenster mit 58o Einzelscheiben aus dem 16. Jhd. In einem Nebengebäude ein Museum mit antiken Rasenmähern. Zu erreichen über Nebenstraßen, siehe Detailkarte.

CORNISH COUNTRY LIFE MUSEUM und DAIRYLAND (11): an der A 3o58 Ri. Summercourt (A 3o). Zu sehen ein Museum mit Traktoren aus der Zeit des 1. Weltkriegs und Maschinen, die mit Windkraft betrieben werden. Die Farm selber hat rund 16o Milchkühe. Sie werden in einer voll technologisierten Scheune gemolken, die mehr an eine Raumschiffkuppel erinnert. Jede Menge anderer Haustiere, von Shetland Ponys und Eseln bis Hühnern und Pfauen.

Newquay ⟶ Bude

Dieser Abschnitt der cornischen Küste lohnt insbesondere wegen schöner Buchten und riesiger Klippenwildnis. Die beiden Hauptorte an der Küste sind PADSTOW mit viel altcornischem Flair und TINTAGEL.

Zentrale Verkehrsachse ist die A 39, von der Stichstraßen an die Küste führen. Ähnlich wie im Vorkapitel (St. Ives -> Newquay) gibt es entlang der Küste keine komplett durchgehende Straße.

Via KÜSTE: Ab Newquay die **B 3276** nordwärts entlang der Küste bis Padstow, fast stündlich Busse.

BEDRUTHIAN STEPS: von der grasüberzogenen Hochfläche wild zerklüftete Klippen zum Meer, die aussehen wie eine überdimensionale Treppenflucht. Gemäß der Mythologie wurden sie von einem Riesen namens Bedruthian benutzt. Tatsächlich ist die Formation entstanden durch Erosion weicherer Gesteinsteile.

Vorsicht beim Rumklettern, das Gestein ist relativ brüchig. Unten skurrile Felsformationen (Figuren, Bögen, Höhlen etc.) und ein traumhafter Sandstrand. Anfahrt: ca. 12 km nordöstlich von Newquay an der B 3276. Hinter dem Dorf Trenance ein Parkplatz mit Aussichtsplatform.

TREVOSE HEAD: rund 1o km nördlich von Bedr. Steps, von der B 3276 zweigt im Dorf Dorf Trvone eine Stichpiste ab (kleine Gebühr) zum Landvorsprung Trevose Head. Von den fast 14o m hohen Klippen bei klarem Wetter phantastischen Blick bis runter nach Newquay und St. Ives, draußen vor der Küste Felsinseln. Der Leuchtturm ist für Besucher offen.

★Padstow (2.6oo Einw.)

Urlauberstädtchen am sandigen Mündungstrichter des River Camel, Wassersport und Boottrips. Viel Flair im Gewirr der Gäßchen und schiefergedeckten Häuser rund um den kleinen Hafen. Außerhalb der Saison gehts gemütlich zu, zur HS drängen sich die Urlaubermassen. Das Städtchen rangiert nach Newquay und St. Ives an 3. Stelle im Tourismus West-Cornwalls, was z.B. auch große Parkplätze dokumentieren.

Tourist INFO Council Office (Gemeindeverwaltung) in der Station Road, nahe beim Busterminal. Auch behilflich bei der Zimmersuche, aber kein Book-a-bed-ahead.

Geschichte: im 6. Jhd. gründete der Mönch St. Petroc hier ein Kloster. - Für die Missionare Irlands war Padstow wichtiger Hafen für Irland: Um die gefährliche Umsegelung mit ihren kleinen Schiffen um die Westspitze Cornwalls und den vielen Riffs zu vermeiden, fuhren sie bis Fowey/Südcornwall. Dort kürzten sie die Westspitze auf einem quer übers Land verlaufendem Pfad ab und bestiegen in Padstow dann wieder das Schiff nach Irland. Sie hatten damit nicht nur den gefährlichen Seeweg, sondern auch Zeit gespart.

Im 15. Jhd. war Padstow wichtiger Hafen und hatte Schiffswerften, war allerdings belastet durch die Sandbänke im Mündungstrichter des River Camel. Und die vielen Schmuggler mit irischen Waren benutzten bequemer die vielen Sandbuchten rechts und links der Mündung. Die Chronik berichtet z.B. von einem irischen Schmugglerboot, das 1765 an einem Strand 2 Meilen westl. von Padstow derartige Quantitäten an Schmuggelwaren auslud, so daß 6o Pferde zum Abtransport der Waren nötig waren.
Auch der Zoll kontrollierte und hatte sein Gebäude (Court House) direkt am Hafen. In ihm logierte u.a. Walter Ragleih, wenn er sich in seinem Amt als oberster Steuerbeamter in Padstow aufhielt.

Die Bedeutung Padstows ging zurück, als größere Handelsschiffe gebaut wurden, für die die Einfahrt zum Hafen über die Flußuntiefen zu gefährlich bzw. unmöglich war. 1899 erreichte die Eisenbahn Padstow: u.a. Fisch wurde nach London transportiert, sowie Anfang unseres Jhds. Beginn der Bedeutung Padstows als Seebad. Die Gleise auf dem Abschnitt Padstow -> Wadebridge sind heute demontiert: ein beliebter Fahrradweg siehe "Fahrrad".

COURT HOUSE (siehe auch "Geschichte"): direkt am Hafen, hier wurden die Zollgebühren eingetrieben. Das Gebäude stammt aus dem 16. Jhd.

Am MARKTPLATZ Bibliothek, Ladenfronten und die St. Petroc Church (15. Jhd., Turm vom 13. Jhd.). Innen ein Taufbecken mit bemerkenswerten Reliefarbeiten. An der Kanzel und den Enden der Sitzbänke interessante Schnitzereien. Vor der Kirche stehen zwei keltische Hochkreuze.

Von hier knapp 1 km südlich laufen zum DENNIS HILL, oben ein 2o m hoher Obelisk und großartiges Panorama über die romantischen Straßen von Padstow und die gelben Sandbänke in der Flußmündung.

TROPICAL BIRD GARDENS (Fentonluna Lane): Park und üppige Treibhäuser mit bunten Tropenvögeln in den schillerndsten Farben. Außerdem eine Schmetterlingssammlung.

PRIDEAUX PLACE: prachtvolles Herrenhaus auf einer Anhöhe am Stadtrand. Das Haus stammt aus der Zeit Elisabeths der Großen, größere Umbauten im 19. Jhd. Kostbare Möbel, Stuckarbeiten. Sehenswert auch der Park mit einem Rotwildgehege.

ROCK: Ab Hafen Padstow geht eine Fähre rüber zur östlichen Seite der Flußmündung. Rock ist Zentrum für Segeln und Wasserskifahren (Angebot von Schnell-Kursen), Batterien schneeweißer Yachten am alten Quay, eine Handvoll Häuser. Überfahrt der Personenfähre ca. 1o Min, Abfahrt alle ca 3o Min. bis 16 bzw. 19.3o Uhr je nach Saison.

BRAE HILL: 5o m hoher Hügel nördlich von Rock. Lohnt sich für den Rundblick auf den Camel River: ein blaues Band mit den Sandinseln, drumrum saftiges Grün. Kleine Nebenstraßen verbinden ab Rock zum nördlich vorgelagerten Halbinselfinger PENTIRE POINT, auch über lohnende Kurzwanderungen zu erreichen.

Weitere schöne Wanderungen ab Padstow z.B. zum STEPPER POINT, der westlich die Mündung des River Camel in den Atlantik begrenzt. Details siehe "Wandern".

Unterkunft: eine Vielzahl an Hotels, insbesondere aber auch Privatquartiere. Die Preise sind relativ teuer zur HS und oft ausgebucht. Außerhalb der HS sind manche geschlossen. Das TI vermittelt, jedoch keine Vorausbuchung (book a head).

"Dover House", Fentonluna Lane. Landvilla mit einem Dutzend Zimmer, alle mit Bad/WC und Blick über den Hafen. Tel. o841/ 53 23 17. DZ ca. 9o- 11o DM.

Verbindungen: fast stündl. Busse nach Newquay, dort Umsteigen nach beispielsweise St. Ives. - Nach Wadebridge mehrmals am Tag, dort 3 mal/Tag nach Tintagle. Ab Wadebridge auch Verbindung nach Bodmin und weiter nach Plymouth, untersch. häufig.

SEAFOOD RESTAURANT (Riverside, am Hafen): zählt zu den besten Fischrestaurants Englands, schon öfters im TV vorgestellt. Lockeres Ambiente mit Korbstühlen und Gemälden an den Wänden. Dinner ca. 6o DM, vorreservieren!

LONDON INN (Lanadwell Street): preislich um die 1o DM. Hat sich einen Namen gemacht für seine "crocks", im heißen Steinguttopf servierte Pasteten mit ausgefallenen Füllungen. Für Lunch verschiedenste Crocks. Abends nur der "seafood crock": gefüllt mit Langusten, Garnelen, Krabben und Muscheln, überbacken mit Käse plus Kartoffeln (ca. 15 DM).

SHIPWRIGHTS INN (North Quay): mittags und abends Barmeals für 8-1o DM. Oben im Restaurant Meeresfrüchte und Steaks, Menü ca. 3o DM. Schöner Raum mit blauen Samtmöbeln und Blick über die Bay.

DENNIS HILL: auf dem Gipfel des Hügels ein 2o m hoher Obelisk. Schönes Panorama: die romantischen Straßen von Padstow und die gelben Sandbänke in der Flußmündung. Ab dem Marktplatz ca. 1 km südlich laufen.

STEPPER POINT: ca. 8o m hohe Klippe, westl. direkt an der Mündung des River Camel in den Atlantik. Startpunkt ist der Hafen von Padstow. Immer parallel zum Fluß, vorbei an Beaches und goldgelben Sandbänken, retour ca. 2 Stunden.

Nach WADEBRIDGE: rund 1o km entlang des River Camel auf dem ehemaligen Eisenbahngleis. Schöner Landschaftseindruck vom Mündungsfjord und seiner Sandbänke. Bequem zu laufen, da wegen frührerer Eisenbahntrasse praktisch kaum Steigung, Tip auch für Radler. Zu Fuß bis Wadebridge ca. 2 1/2 Std., retour per Bus (fast stündl.).

SAINT'S WAY: 5o km langer Trampelpfad quer über die Cornwall-Halbinsel von der Atlantik- zur Kanalküste. Läßt sich in 2 Tagesetappen aufteilen und ist durchgehend beschildert. Beginn an der Kirche in Padstow, dann durch kleine Dörfchen bis nach Fowey. Der Pfad folgt der alten Landquerverbindung irischer Missionare, siehe "Geschichte".

zu mieten bei "Glyn Dans" am South Quay (hinter dem Informationsbüro). Klassische Fahrrad-Tour ist der Camel Trail: folgt einem stillgelegten Eisenbahngleis, direkt am Ufer des River Camel flußaufwärts. Verträumte Idylle aus Hecken und Viehweiden, weitab von jedem Verkehrslärm. Ca. 1o km bis Wadebridge, weitere 12 km bis Bodmin (siehe Seite 483).

schöne Beaches mit goldgelbem Sand. Entweder im geschützten Mündungstrichter des River Camel oder an der Atlantikküste: sich je nach Windverhältnissen und Sonnenstand den passenden aussuchen.

Feste: Obby 'Oss Celebrations (1.Mai). Umzüge und Tänze rund um den Maibaum, wilde Masken und Verkleidungen.

★ Inlandsroute Padstow -> Bude

Die schnellste Verbindung an die Nordgrenze Cornwalls. Zunächst von Padstow über die **A 389** nach

WADEBRIDGE: Marktstädtchen am oberen Ende des Mündungsfjordes des River Camel, ca. 3.ooo Einw. Wichtiges Verwaltungs- und Einkaufszentrum. Sportanlagen. Donnerstagsmarkt in der Town Hall. Die Bridge on Wool, eine massive Steinbrücke aus dem 15. Jhd. überquert den Fluß und löste die frühere Fähre ab, nachdem es dort mehrere Todesopfer gab.

Die schnell befahrbare **A 39** führt ab Wadebridge in 47 km nach Bude. Möglicher Zwischenstop ist **CAMELFORD**: Beschauliches Marktstädtchen (1.25o Einw.) und gutes Standquartier, um Küste aber auch das südliche Bodmin Moor (Seite 484) zu erkunden. NORTH CORNWALL MUSEUM (The Clease): dokumentiert verschiedene Teilbereiche des Lebens in Cornwall. Werkzeug der Farmer, ein möbliertes, altes Bauernhaus aus der Region, eine Käserei, Werkzeuge eines Sattlers etc. In der Galerie Gemälde und Kunsthandwerk cornischer Künstler.

Im Museumgsgebäude. Nur im Sommer geöffnet. Kein book-a-bed-ahead.

zum ROUGH TOR: der 4o6 m hohe Berg steht wie ein Klotz in der Landschaft. Von oben phantastisches Panorama mit Ödland und der Meeresküste. Ca. 3 km ab Camelford, dort in der Hauptstraße beschildert mit "Rough Tor". Retour ca. 2 Std.

CROWDY RESERVOIR: Stausee, der wie ein Kristall in der braunen Landschaft liegt. Schöner Rundwanderweg um das Ufer herum. Anfahrt: ca. 3 km auf der A 39 Richtung Nordosten, dann rechts weg und weitere 2 km. Oder zu Fuß: ca. 3 km langer Pfad ab Camelford.

★ Padstow -> Bude via Küste

Ab Padstow die Fähre über den River Camel nach Rock und weiter auf der

B 3314 / B 3263 nach Tintagel. Autofahrer benötigen gute Detailkarte, da es im Bereich wieder eine Vielzahl kleinster Nebenstraßen gibt, die nicht immer gut ausgeschildet sind.

★ PORT QUIN BAY (und noch im "Einzugsbereich" von Padstow und Rock) besitzt in der Lundy Bay eine natürliche Felsbrücke. Sie entstand durch den Einbruch des Daches einer tiefen Seehöhle in der Klippenwand.

★ PORT ISAAC: Enge Gäßchen zwischen den alten Cottages der Fischer. An der Kaimauer die Netze zum Trocknen, überall Stapel von Hummerkörben. Zufahrt ab B 3314 über die B 3276 bzw. zusätzl. Nebenstraßen. Das Auto muß außerhalb abgestellt werden, die Gassen sind definitiv zu eng.

"**Slipway Hotel**", Harbour Front. Rund 12 Zimmer und herzliche Atmosphäre. Direkt am Hafen. Tel. o2o8/ 88 o2 64. DZ ca. 75 DM.

Weitere Hotels im Umkreis, die aber zur HS ebenfalls Vorbuchung benötigen, da nur wenige Zimmer.

HARBOUR RESTAURANT (Fore Street): Meeresfrüchte in allen Variationen, Krabbengerichte. Atmosphäre wie zur Piratenzeit, die Holzbalken stammen von Schiffswracks. Abends 3o- 4o DM, tagsüber gibts kleinere Snacks.

GOLDEN LION (Fore Street): sehr gut für Barmeals. Die Krabben-Sandwiches um 5 DM sind Legende, mittags und abends auch warme Sachen (exzellent: die Pasteten).

TAKE-AWAY: unten am Hafen mehrere Imbißbuden, die gegrillte Schalentiere (Krebse, Langusten etc.) verkaufen. Kommen frisch vom Kutter.

GOLDEN LION (Fore Street): das einzige Pub innerhalb von Port Isaac. Rosagetünchter Bau, direkt an die Kaimauern des Fischerhafens gebaut.

PORT GAVERNE HOTEL: im Nachbardorf Port Gaverne, 1 km östlich. Kaschemme aus dem 17. Jhd. mit rauhen Schieferplatten, tiefhängenden Balken und riesigem Schiffs- Chronometer. Riecht intensiv nach Piraten- und Schmugglerzeit. Sicher einer der schönsten Pubs in Cornwall. Im antiken Nebenraum ein Buffet mit trad. englischen Gerichten (3- 1o DM).

Ab PORT ISAAC keine Straße entlang der Küste nordwärts, die Straße führt als B 3267 / B 3314 nordwärts via Dorf DELABOLE. Der dortige Schiefersteinbruch (Slate Quarry) gilt mit 14o m Tiefe als eine der tiefsten offenen Minen Europas. Weiter über die B 3263 nach:

★ Tintagel (1.6oo Einw.)

Berühmt wegen King Arthur, der gemäß der Sage hier gelebt haben soll. Sehr viele Touristen, überall Souvenirläden. Aber auch atemberaubende Steilküste (1o km Wanderung nach Boscastle).

Das Dorf (sprich: tin-tatschl) besteht aus einer Hauptstraße, etwa 1 km

DIE ARTUS-SAGE: Die Heldentaten des König Artus und der Ritter der Tafelrunde gehören zu den bedeutendsten Sagen Europas. Der Stoff wurde im Mittelalter zur Ritterzeit entwickelt. Seither ist er in unzähligen Versionen präsentiert und überliefert worden. Die neueste Version ist der Bestseller "Die Nebel von Avalon", 1982 veröffentlicht von Marion Zimmer Bradley.

DIE HANDLUNG DER SAGE: Artus wuchs bei einer einfachen Ritterfamilie auf, ohne zu wissen, daß er zum König Britanniens bestimmt war. Als er 14 Jahre alt war, erscheint durch Zauberkraft vor der Kirche Londons ein Stein mit einem eingeschweißten Schwert. Eine Inschrift besagte, daß derjenige als König herrschen solle, der das Schwert herausziehen könne. Zufällig versuchte sich der Junge Arthur daran und zog es mühelos heraus wie aus einer Scheide, nachdem die mächtigsten Männer des Landes sich vergeblich bemüht hatten.

hinter der Küste. Hinzu kommen mehrere stark zersiedelte Weiler, alles in allem kein aufregendes Ortsbild.

Tourist INFO Büro des National Trust im Gebäude der "Old Post Office": Infomaterial, Broschüren und Karten, jedoch keine Zimmervermittlung.

Ansonsten ist für Tintagel das Tourist Office im 1o km entfernten Camelford zuständig (siehe dort). Nur im Sommer geöffnet. Infomaterial und Zimmervermittlung, aber kein book-a-bed-ahead.

Geschichte: Der Chronist Geoffrey Monmouth nannte um 1135 Tintagel als Residenz des sagenhafen König Arthur. Dies ist reine Legende, die jeglichen historischen Beweis schuldig geblieben ist. Dennoch führt diese Behauptung dazu, daß sich das Dorf zu einem touristischen Zentrum entwickelt.

Es begann 1848, als der Dichter Lord Tennyson hier in Tintagel Inspirationen suchte für seinen Roman über den Sagenkönig. Bald folgten die Touristen, insbesondere nach dem Eisenbahnbau 1893. Das gesamte Dorf wurde im Zuge des Booms neu aufgebaut.

Widerspruchslos wurde Arthur zum König gekrönt und später zum Idealbild des gerechten Königs. Sein Land regierte er heldenhaft und im Einklang mit den ritterlichen Moralvorstellungen. Wertvolle Dienste leistete ihm dabei der Zauberer Merlin, der die Zukunft vorhersagen konnte und als sein Berater fungierte.

Auf seinem Schloß Camelot versammelte König Artus die tapfersten Ritter seiner Zeit, die "Ritter von der Tafelrunde" (Parzival, Lanzelot, Lohengrin, Tristan und Isolde, Iwein etc.)

Die Ritter erzählten sich an der Tafelrunde von ihren Abenteuern, die sich stets um Liebe und Ehre drehten. Die Sage stellt ab diesem Punkt keine geschlossene Handlung mehr dar. Sie erweitert sich zum Sagenkreis aus einzelnen, in sich abgeschlossenen Episoden. Gemeinsam ist ihnen nur, daß die darin handelnden Ritter zur Tafelrunde gehören.

Das wichtigste Abenteuer, das die Ritter von der Tafelrunde zu bestehen hatten, war die Suche nach dem Heiligen Gral. Der Gral ist der Kelch, aus dem Christus beim letzten Abendmahl getrunken hat.

In ihrer Gesamtheit verkörpert die Tafelrunde das Wunschbild der feudalen Gesellschaft des Mittelalters. Nirgendwo gibt es innere Spannungen. Alle Gefahren werden in eine dämonenhafte Außenwelt projiziert,- alle Bedrohungen lassen sich jedoch durch Heldentum abwenden, am Ende siegt immer das Gute.

Die Katastrophe blieb jedoch unausweichlich. Es kommt zu Verrat unter den Mitgliedern der Tafelrunde. In einer erbitterten Schlacht finden fast alle Ritter den Tod. König Artus wird schwer verwundet, Feen bringen ihn auf eine Insel mit dem Namen Avalon. Die Sage läßt offen, ob er dort starb oder immer noch lebt und irgendwann zurückkehrt, um Britannien zu regieren.

ÜBERLIEFERUNG DER SAGE: literarischer Vater der Sagenfigur Artus war Hofchronist Geoffrey of Monmouth. Um 1135 veröffentlichte er ein 12-bändiges Geschichtswerk über die Könige Britanniens (Titel: "Historia Regnum Britanniae"). Es war kein historisches Werk im heutigen Sinn, sondern eine Vermischung keltischer Überlieferung mit freier Erfindung. Bereits von den Zeitgenossen wurde das Werk kritisiert.

Geoffrey ließ das britische Königsgeschlecht vom griechischen Troja abstammen. Er zitierte einen Brutus, den Urenkel von Aeneas, als Vorfahren der britannischen Könige. Der Name Brutus sei zu Britannien verballhornt worden.

Im 7. Buch behandelte er König Artus. Geoffrey berief sich dabei auf ein altes, britisches Dokument, das er angeblich vom Erzdiakon von Oxford erhalten haben soll. Es ist nicht nachweisbar, ob es eine solche Urkunde je gegeben hat.

Das Werk Geoffreys bildet die Grundlage für die Artus-Sagen. In der Ritterzeit fand es ein Publikum, das die Geschichten über seine eigenen Heldentaten begierig aufnahm. Immer neue Abenteuer wurden hinzugefügt.

Bereits nach 2o Jahren übersetzte der normannische Chronist Wace den Artus-Stoff ins Französische. Seine in Versen abgefaßte Chronik hieß "Roman de Brut" und hielt sich nicht immer an die Vorlage, sondern besaß viele Ausschmückungen. Insbesondere wurde erstmals die Tafelrunde erwähnt, an der sich die tapfersten Rittergestalten versammelt haben sollen.

Damit war der Sagenkreis endgültig eröffnet. Der Stoff wurde während des Mittelalters immer wieder abgeschrieben und weiter ausgeschmückt. Die Verbreitung beschränkte sich nicht auf die britische Insel.

Der Artus-Stoff kursierte während des 12. und 13. Jhds. im gesamten Abendland. Auf den Ritterburgen Frankreichs, des heutigen Deutschlands und Großbritanniens erzählte man sich die Heldentaten von König Artus, der zur Symbolfigur der höfischen Kultur verklärt wurde.

Mit dem Niedergang des Rittertums sank dann auch die Popularität der Artus-Mythologie. Während der Romantik im 19. Jhd. kam es zu einer Renaissance der Sagenfigur, und der Stoff wurde erneut literarisch bearbeitet.

HISTORISCHER HINTERGRUND: Ob es jemals einen König mit dem Namen Artus gegeben hat, läßt sich nicht rekonstruieren. Chronisten des 6. bis 8.

Jhd. erwähnen ihn nicht. Keltische Bardenlieder und mündlich überlieferte Sagen berichten jedoch von einem Kriegshelden, der die historische Vorlage für Artus sein könnte. Heute bejaht die Mehrheit der Historiker die Existenz Arthurs. Danach war er jedoch kein König, und er hätte nichts mit dem Rittertum zu tun.

Der Stoff scheint seine Wurzeln vielmehr in jener Zeit zu haben, als der Abzug der Römer (um 41o) das Land in eine kulturelle Krise stürzte. Man spricht von den "Dark Ages". Die romanisierten Kelten wurden von den heidnischen Angelsachsen bestürmt, die im Zuge der Völkerwanderung die Insel eroberten.

Artus war demnach ein Feldherr der Kelten. Laut einer Chronik das 9. Jhds. hat es einen keltischen Heerführer gegeben, der um 5oo den Angelsachsen mehrfach empfindliche Niederlagen zugefügt hat. Ers Jahrhunderte später wurde Artus in einer Form präsentiert, die dem mittelalterlichen Geschmack entsprach.

KING ARTHUR'S HALL (High Street): Museum über die König-Arthur -Sage. Alte Manuskripte und andere Memorabilia. Das Gebäude von 1933.

OLD POST OFFICE (High Street): Museum, vollgestopft mit Möbeln und Haushaltsgegenständen alt-cornischer Häuser. Besonders sehenswert die viktorianische Telegraphenstation mit einem Flair wie in alten Wildwestfilmen. Das Gebäude stammt aus dem späten 14. Jhd. und ist damit das älteste von Tintagel. Es besteht ganz aus Schiefer. Diente ursprünglich als Herrenhaus. 1844- 92 war das Büro der Postdirektion hier untergebracht.

ST. MATERIANA CHURCH: weitgehend in normannischer Architektur. Wuchtiger Gesamteindruck, kreuzförmiger Grundriß ohne Turm über der Vierung. Die Nordwand von Schiff und Kapelle stammt noch aus angelsächsischer Zeit. Der Lettner im Innern ist spätgotisch. Liegt ca. 5oo m Richtung Küste (beschildert).

TINTAGEL CASTLE: hier wurde der Sagenkönig Artus angeblich geboren. Nur noch die Grundgemäuer aus Schiefergestein sind erhalten. Die Burg liegt an der Küste, ca. 1 km ab vom Ortskern. Die Fundamente überziehen eine Landzunge, die durch eine tiefe Kerbe vom Festland getrennt ist. Über 3oo Stufen führen rauf zum Castle. Oben schöner Ausblick.

Die Ruine stammt aus dem 12. Jhd. Nach der Feudalzeit wurde die Burg verlassen. Um 154o stürzte durch einen Erdrutsch ein Teil der Anlage ins Meer. Im 19. Jhd. unternahm man erstmals Anstrengungen, die Ruine zu retten.

Trotz entsprechender Suche wurden

nie Hinweise gefunden, ob König Artus wirklich hier gelebt hat. Der historische Kern der Sage spielte sich im 6. Jhd. ab, die Burg wurde erst 6oo Jahre später gebaut. Ausgrabungen haben jedoch ergeben, daß zur betreffenden Zeit ein keltisches Kloster hier gestanden hat. Funde von Tonscherben aus dem Mittelmeerraum deuten darauf hin, daß das Kloster weitreichende Handelsbeziehungen unterhielt.

ROCKY VALLEY: tiefer Felsklamm mit einem 2o m hohen Wasserfall. Die Bäume hängen ihre Äste tief über einen Bach, sonst keine Geräusche außer dem Zwitschern der Vögel. Anfahrt: auf der B 3263 gut 1 km Richtung Boscastle. An der Brücke den Wagen parken: ca. 1o Minuten Fußpfad (beschildert).

BOSSINEY HAVEN: in die Klippen geschlagene Stufen führen runter zum Strand. Mittendurch rauscht ein Flüßchen über den moosüberzogenen Fels. Anfahrt: zum Parkplatz wie beim Rocky Valley (siehe oben). Von dort beschilderter Fußpfad ca. 2o Minuten flußabwärts durch ein schattiges Tal. Oder auf dem Cliff Treck (gleiche Wegeslänge).

TREVILLET LEISURE PARK: Show-Dorf mit Kirche, Castle, Shops und Kneipen. In einer Werkstadt bearbeiten Kunsthandwerker nach traditioneller Methode Schiefergestein. Kurzeinweisung für Gäste, man bekommt einen Meißel in die Hand gedrückt. Anfahrt: im Dorf Bossiney, ca. 2 km nordöstlich entlang der B 3263.

TREBARWITH STRAND: von Klippen umrahmter Strand. Auf den Atlantikwellen reiten Surfer. Zur Zeit der Flut wird die Sandbank überschwemmt. Anfahrt: per Auto 3- 4 km auf der B 3263 südlich zu einem Parkplatz. Schöner zu Fuß auf dem Küstenpfad: vom Tintagel Castle aus in einer Dreiviertelstunde.

"**King Arthur Castle Hotel**": Atlanta Road. Lohnend wegen seiner Lage: direkt an der Küste, mit Blick über das Tintagel Castle. Optimal für Leute mit Kleingeld, schöne Abende dort draußen. DZ ca. 2oo DM.

"**Atlantik View Hotel**": liegt ca. 2 km südlich im Weiler Treknow. Sehr schön mit Himmelbetten (Baldachin überm Kopf), außerdem ein Swimmingpool. DZ ca. 125 DM.

"**Bossiney House Hotel**": neues Gebäude am Nordrand des Dorfes, zwischen Park und grünen Wiesen. Ca. 2o Zimmer, freundliche und familiäre Atmosphäre. DZ ca. 125 DM.

"**Warncliffe Hotel**": Fore Street. Guter Tip: Postkutschenstation aus dem 18. Jhd., liegt an der Dorfstraße. Zimmer sauber, im Pub viele Einheimische. DZ ca. 7o DM.

"**Villapark Hotel**": knapp 2 km außerhalb: ein Herrenhaus mit Park, plaziert auf einen Felsvorspung. Die Gemeinschaftsräume voll mit Antiquitäten, alle 12 Zimmer mit Bad/ WC. DZ ca. 11o DM, für die Preislage kaum was Vergleichbares zu kriegen.

BED & BREAKFAST: Tintagel ist Teil einer Verwaltungsgemeinschaft aus mehreren Weilern und Häusergruppen, die B & B Häuser liegen verstreut. Der gesamte Bezirk hat Juli und August großen Andrang. Schon Tags zuvor oder spätestens am frühen Nachmittag buchen: zuständig ist das TI in Camelford

Direkt in Tintagel: das größte Angebot. Nahe bei den Sehenswürdigkeiten und den paar Kneipen sowie nah an der Bushaltestelle. Allerdings viel Betrieb und zahlreiche Touristen.

In Treknow: ca. 2 km südlich gelegener Weiler. Ruhiger und nahe am Trebarwith Strand (siehe Strände).

Bossiney: nördlich gelegener Vorort. 1o Minuten zum Strand "Bossiney Haven" (siehe "Strände").

In Trethevy oder Trevalga: zwei Weiler, ca. 3 bzw. 5 km nördlich an der Küstenstraße. Verschlafene Nester, wenige Touristen. In einer Viertelstunde ist man draußen an den Klippen, allein mit Wind und Wellen.

BILLIG HERBERGEN: Urgemütliche Jugendherberge (Dunderhole Point): eine alte Barracke, direkt an die Abbruchkante der Klippen geklatscht. Nur 2 Schlafräume, knapp 3o Betten. Viel Atmosphäre im Gemeinschaftsraum, wo Fischernetze und Rettungsringe von den Holzbalken baumeln. Die Hälfte der Gäste sind Deutsche, die andere Hälfte Australier. Tel. o84o/77 o3 34.

Camping: Headland Site (Atlantic Road): grüne Grasfläche nahe der Küste. Mit voller Ausrüstung (Waschmaschinen, Shop, Pub). Rund 3 Minuten vom Ortskern

Bossiney Farm: kleiner Platz, Gehweite zum Strand. Knapp 1 km nördlich von Tintagel (via der B 3263).

WARNCLIFFE HOTEL (High Street) : Mrs. Sue Illiamson, die vor Anfang der achziger Jahre von London hier raus gezogen ist, schwingt voll Elan die Kochkelle. Riesenportionen für nur 15 DM (auch Steaks und Meeresfrüchte, jeweils mit Beilagen). Sehr viel einheimische Kundschaft.

WILLAPARK HOTEL (siehe oben, bei Hotels): 4-Gang-Dinner für nur 2o DM. Schöner Landvilla-Salon mit gedrechselten Holzmöbeln und Blick über die Bay. Gute Weinliste.

Barmeals: in diesem Sektor führt das WARNCLIFFE HOTEL, wo durchgehend bis 24 Uhr serviert wird. Sehr schneller Service, nach 1o Minuten dampft das Essen auf dem Tisch.

CLIFF TRECK NACH BOSCASTLE

Der beliebteste Abschnitt des Coast Path in Cornwall. Gründe: gemäßigter Schwierigkeitsgrad bei grandioser Landschaft. Der Treck ist nur 7 km lang und verbindet zwei Dörfer. Am Start- und am Zielort jeweils eine Jugendherberge. Außerdem häufige Busverbindung für den Rücktransport.

Die rauhe, fast vegetationslose Klippenwand stürzt über hundert Meter tief ab, unten wütet der Atlantik. Zeitbedarf bei 3- 4 Stunden, mit Pausen ein gemütliches Halbtagesprogramm. Irgendwo die Butterbrote auspacken: außer ein paar tausend Kilometer Wasser liegt nichts zwischen hier und der amerikanischen Ostküste.

Am besten in Tintagel übernachten. Früh am Morgen gehts dann los, gegen Mittag ist man in Boscastle.

Unterkünfte: auf jeden Fall vorausbuchen, um sich Rennerei in Boscastle zu ersparen. Zuständig ist das TI in Camelford.

Rücktransport nach Tintagel: morgens bis abends stündlich Verbindung mit Fry's Bus Company. Fahrtdauer etwa 15 Minuten. Man kommt also problemlos noch am selben Tag nach Tintagel zurück, wenn man nicht in Boscastle übernachtet.

Ausrüstung: ist zur Not auch mit Turnschuhen zu machen, unentbehrlich aber ein Anorak. Getränke nicht vergessen.

Landkarten: entsprechendes Material bekommt man im Old Post Office in Tintagel. Es entstehen aber kaum Schwierigkeiten mit Orientierung, da der Pfad deutlich ausgetreten ist.

TRAIL- BESCHREIBUNG: Startpunkt: das Tintagel Castle, ca. 1 km ab vom Ort. Die Jugendherberge liegt direkt am Cliff Treck. Ca. 2 km bis zur Halbinsel Willapark. Es lohnt sich, die Landzunge rauszulaufen: Wildblumen und Kormorane, an der Küste zerklüftete Felstürme. Nächste Station ist Rocky Valley: das tief eingeschnittene Tal wird auf einer hölzernen Brücke überquert. Am Ladies Window Head ein gewaltiges Loch im Fels, der Blick geht hindurch zur Meeresfläche. Ankunft am fjordartigen Hafen von Boscastle. Am besten gleich auf ein kühles Bier ins urige "Cobweb Inn", gleich bei den Kaimauern. Mittags und abends herzhafte Barmeals.

★ Boscastle (ca. 800 Einw.)

Schöner, romantischer Hafen am Ende eines klippenumrahmten Fjordes, der sich in einer S-Kurve landeinwärts zieht. Wegen der Atlantikstürme und hohen Wellen sind die Schiffskutter mit dicken Seilen vertaut.

Das Dorf aus einem Dutzend Häusern liegt auf einem Hügel oberhalb der Fjordschlucht. Eine kurvige Haarnadelpiste führt runter zum Hafen.

Geschichte: das Dorf lebt ausschließlich vom Hafen. Er wurde 1585 gebaut, um das südlich geförderte Schiefer zu exportieren. Außerdem ein florierendes Schmugglernest. 1962 wurden die Kaimauern erneuert. Heute ist der Hafen Eigentum des National Trust.

MUSEUM OF WHITCHCRAFT: illustriert sowohl die Geschichte des mittelalterlichen Hexenwahns, als auch des Aberglauben, der heute noch in manchen cornischen Dörfern lebt. Liegt an der Hafeneinfahrt.

THE CAVE: für Liebhaber optischer Täuschungen und Illusionen. 3-D-Hologramme, ein Riesen-Kaleidoskop mit 2 qm Bildfläche, durch Spiegel-Arrangements erzeugte Illusion von Raumtiefe etc. Die Augen zweimal reiben: aus einer in der Luft hängenden Kanne gießt sich Milch über die Cornflakes, ohne daß diese naß werden.

Boottrips: einstündige Boottrips entlang der Klippen. Wirkt aus der Froschperspektive noch faszinierender, die Wand schießt vertikal aus der Brandung hoch. Preis: 5 - 1o DM. Abfahrten: siehe Aushang am Quay.

auf dem Coast Path Richtung Nordosten. Knapp 2 km bis zur Pentargon Bay: zwischen düsteren Klippenwänden eingebettete Bucht. Von einer 4o m hohen Felsnase rauscht ein kleiner Wasserfall. Bis Crackington Haven: ca. 9 km ab Boscastle.

Ein **Hotel**. Nur limitiertes Angebot an B & B-HÄUSERN (vorausbuchen über das TI in Camelford.

Jugendherberge: mausgrauer Steincottage unten am Hafen. Tiptop sauber und nette Atmosphäre hier draußen. Nur 25 Betten. Tel. o84o5/2 87.

STRANGLES: Kiesstrand mit zerklüftetem, schwarzem Fels. War früher ein gefürchtetes Schiffsgrab. Anfahrt: ca. 6 km nördlich von Boscastle via der B 3263. Vom einem Parkplatz ca. 5 Minuten zu Fuß (beschildert).

HIGH CLIFF: ca. 226 m hohe Klippen, eine der höchsten Englands. Fernsicht bis zur 5o km entfernten Lundy-Insel. Anfahrt: vom Strand "Strangles" ca. 1 km südwestlich, entlang dem Coastal Path.

TREVIGUE FARM: kleine Farm mit einem Gebäude aus dem 16.Jh., für Besucher geöffnet. Mit kleinem Café. Liegt kurz hinter dem oben beschriebenen Parkplatz.

CRACKINGTON HAVEN: Paar Straßen, Häuser und ein halb vermoderter Fischerhafen. Wie im Bilderbuch, alles eingezwängt in eine tiefe Schlucht. PENCARROW HEAD: 13o m hohe Klippe mit schöner Vogelperspektive auf Crackington Haven. Liegt nördlich der Bucht, zu Fuß ca. 3o Minuten.

auf dem Coast Path Richtung Süd, vorbei an einem der ungezähmtesten Küstenstriche von ganz Cornwall. Wanderzeit bis Cambeck ca. 1/4 Std., weiter bis High Cliff ca. 3/4 Std.

★ Bude (5.7oo Einw.)

Seebad mit modernem Stadtbild, ziemlich ruhig. Die Urlauber verteilen sich auf dem 5 km langen Sandstrand, der wegen seiner offenen Lage zum Atlantik bei entsprechenden Winden hohe Wellen hat und auch bei Surfern beliebt ist.

BUDE KANAL: verläuft von Bude südöstlich für 56 km bis Launceston. Projektiert war der Kanal seit Ende des 18. Jhds. Er sollte (zu Zeiten, als es weder Auto noch Eisenbahn gab) dem An- und Abtransport von Waren dienen und somit die Inlandsregionen fördern. Mit den Bauarbeiten wurde dann Anfang des 19. Jhds. begonnen.

Innerhalb von 1o km wurde eine Höhe von 1oo m überwunden, wobei die schmalen und kleinen Kanalschiffe auf Gleisen hochtransportiert wurden. Meines Wissens nach Unikat bei englischen Kanälen.

Angetrieben wurden die Seilwinden zum Raufziehen der Schiffe durch eine Wassermühle, an deren Rad eine endlose Kette befestigt war, in der sich per Haken die Schiffe einklinkten und raufgezogen wurden.

Raffinierter ist das Schiffshebewerk bei Hobbacott (ca. 5 km östl. von Bude), wo sich

Tröge mit Wasser füllten. Sie waren an Ketten angebunden und fuhren wegen ihres Gewichtes auf Schienen bergab. In selbe (über Rollen rundlaufende) Kette waren die Schiffe eingeklinkt, die durch das Gewicht der abwärts fahrenden Tröge bergauf gezogen wurden.

Die Planung ging damals von einer Kanalverbindung Bude -> Launceston und weiter -> Region Plymouth aus, - womit eine Querverbindung bestanden hätte, die den Südwestzipfel Cornwalls mit seinen Riffs und gefährlichen Winden abgekürzt hätte.

Fertiggestellt wurde der Kanal bis Launceston 1823. Hohe Baukosten und die zwischenzeitlich erfundene Eisenbahn machten den weiteren Ausbau bis Region Falmouth sinnlos; die Eisenbahn hatte auch in diesem Teil Englands die früheren Wasserwege der Kanalschiffahrt überholt.

Der Bude Kanal hatte in Folge trotzdem eine interessante Funktion: mit Muschelkalk vermengter Sand wurde als Düngemittel für die Inland gelegenen Felder auf Schiffen landein transportiert, ebenso walisische Kohle.

Der Kanal besteht heute nur noch bis Helebridge (ca. 3 km südl. von Bude). In Bude selber ein kleines MUSEUM zur Geschichte des Kanals.

INFO im Sommer Infobungalow auf dem Hauptparkplatz von Bude.

Sehenswertes: außer dem kleinen KANALMUSEUM (siehe oben) gibts noch ein HEIMATMUSEUM (The Forge) am Quay mit alten Haushaltsgeräten.

Mehrere Hotels, viele Bed& Breakfasts, Restaurants und gute Busverbindungen in die nähere und weitere Umgebung.

★ **KILKHAMPTON**: Kleines Dorf an der A 39. Beeindruckende Kirche, innen wertvolle Schnitzereien an den Enden der Kirchenbänke.

PIXIELAND: Holiday-Park für Familien mit Kindern (Paddelboote, Fischen im Karpfenteich, Pony-Trekking, kleine Farm etc.).

COOMBE VALLEY: ca. 3 km langes Tal, ein idyllisches Flüßchen plätschert durch wuchernde Baumvegetation. Ein Wanderpfad zu beiden Seiten des Baches. Anfahrt: auf das Sträßchen abbiegen, das kurz vor Kilkhampton links von der A 39 abzweigt. Dann beschildert.

STANBURY MOUTH: ein Strand mit zerklüfteten Felsen und einem Priel mittendurch. Wagen parken und eine Viertelstunde zu Fuß. Schwer zugänglich und gefährlich zum Schwimmen, daher kaum Touristen. Liegt einen guten km südlich von Morwenstow.

★ **MORWENSTOW**: Besteht aus ein paar alten Häusern. Die Dorfkirche hat ein normannisches Säulenportal. Morwenstow ist der cornische Grenzort zur Grafschaft Devon.

ANSCHLUSS DEVON: Die A 39 führt von Bude nördlich nach Bideford und Barnstaple, Details ab Seite 489.

Das Landesinnere von Cornwall

Die Nebenstraßen schlängeln sich schmal und in endloser Kurverei durch mannshohen Hecken. Kleine Dörfchen verstecken sich zwischen den, vom Wind zerzausten Bäumen im Hügelland.

Äußerst reizvoll für Fahrten mit eigenem Auto, allerdings entsprechend Zeit nötig für eigene Entdeckungen. U.a. Minidörfer mit gemütlichen Pubs zum Relaxen. Eine Ferienlandschaft fernab ausgetretener Urlauberrouten.

Für Wanderfreunde ist Tip die Heidelandschaft des BODMIN MOORS.

Zentrale HAUPTVERKEHRSACHSEN sind die **A 3o** von Penzance via Camborne/Redruth (Seite 46o)-> Bodmin (siehe unten)-> Launceston (Seite 486).

Weiterhin die in Fraddon von der A 3o abbiegende **A 39**: sie führt in Distanz parallel zur Atlantikküste rauf nach Barnestaple in der Grafschaft Devon. - Und die **A 38** von Bodmin via Liskeard nach Plymouth.

Der "Rest" sind kleine bis kleinste Nebenstraßen, die für den Autofahrer eine gute Detailkarte benötigen, da eine Vielzahl an Abzweigungen und Mininestern, die in der großen Michelin- Südengland Karte meist nicht eingetragen sind.

★ Bodmin (13.ooo Einw.)

Die Hauptstadt von Cornwall. Architektonisch nichts Aufregendes, aber evtl. Basis für Car-Touring, da sowohl von der Nord- als auch Südküste nur eine Autostunde entfernt.

Geschichte: Gegründet als Kloster, im 6. Jhd. durch den heiligen Petroc aus Wales. Ende des 11. Jhds. bekam es als erste Stadt Cornwalls das Marktrecht verliehen.

Im Mittelalter war es immer wieder Zentrum der Rebellion. 1496 Protestmarsch der Bewohner Bodmins nach Londen wegen der hohen Zinnsteuern. Wurden in der Hauptstadt hingerichtet. 1497 wurde in Bodmin ein Gegenkönig zu Heinrich VII. ausgerufen.

1549 führte Bodmin den Aufstand Cornwalls gegen die Einführung eines neuen Gebetbuches im Zuge der Reformation. 1835 wurde Bodmin zur Hauptstadt Cornwalls erklärt. Bezüglich der politischen Bedeutung wurde Bodmin mittlerweile von Truro überholt.

ST. PETROC CHURCH: Beeindruckende Pfarrkirche im Perpendicular-Stil, erbaut um 147o. Höhepunkt ist das normannische Taufbecken im Innenraum (aus dem 12.Jh.): verziert mit Blattwerk und vier Engelsköpfen.

BODMIN GAOL (Berrycoombe Road): Grafschafts-Gefängnis seit 1776, heute ein Museum. Feuchtes Verlies mit lichtscheuen Zellen und unterirdischen Kerkern, Pranger, Peitschenböcke. Vor 75 Jahren wurde hier der letzte Verurteilte gehenkt.

LIGHT INFANTRY MUSEUM (St. Nicholas Street): Militärmuseum mit

Orden, Uniformen und Waffen.

PUB GARLAND OX: Freitag abend trifft sich hier der örtliche Folkmusic-Club und macht cornische Folklore. Gelegentlich sind auch Leute mit TV- und Plattenerfahrung zu Gast.

schöne Wanderung zum Dorf Cardinham 6 km Richtung Osten. Es geht durch ein lauschig bewaldetes Flußtal, gemächlich plätschert das Wasser. Cardinham ist ein sympathisches Dorf mit einer Kirche aus dem 15. Jhd.

BODMIN FARM PARK: alter cornischer Bauernhof mit Werkzeugen und Haustieren. Ca. 3 km östlich, via der A 38.

PENCARROW: Georgianisches Herrenhaus, erbaut 1776. Sehenswert vor allem wegen seiner Kollektion Möbel und Kunstwerke aus dem Orient. Anfahrt: ca. 5 km nordwestlich, via der A 389.

BODMIN MOOR

Baumloses und bergiges Moorgebiet mit Granitblöcken und ausgeschürten Eiszeittälern. Ähnlich dem berühmten Dartmoor in Süd-Devon, aber erheblich kleiner und weniger Touristen. Schönes Wandergebiet, wer karge Landschaften liebt.

Die A 3o von Bodmin-> Launceston (ca. 35 km) führt mitten durchs Zentrum des Moorgebietes, das wie ein brauner Fladen in der saftiggrünen Cornwall Halbinsel liegt.

Durchmesser des Moors: ca 15 km, höchster Punkt Brown Willy (42o m), liegt Nähe Bolventor: Lohnende Besteigung, bei klarem Wetter Superpanoramablick übers Moor und bis zur Atlantikküste.

Wandern: unbedingt erforderlich: OS- Detailkarten und Kompaß. Plötzlich einbrechende Nebelbänke können jegliche Orientierung ohne Kompaß unmöglich machen. Zur Ausrüstung gehören auch festes Schuhwerk, Regenbekleidung (auch wenn beim Beginn der Wanderung die Sonne scheint) und warme Sachen. Ebenso eine Extraration an Wasser und Lebensmitteln.

Tourist INFO Informationen zu Trails und "guided walks" bei den TI's in Camelford, Launceston und Bodmin.

Unterkunft: beste Stützpunkte für Wanderer sind o.g. Orte Camelford und Launceston (für den Norden des Moores) sowie Bodmin im Süden. In diesen Orten bestehen auch preiswertere Unterkünfte.

Im Moor selber der gemütliche "**Jamaika Inn**" (sehr zentral in Bolventor an der A 3o und Ausgangspunkt für die Besteigung des Brown Willy). - Das "**Mill Park House**" (in Cardinham), passabel preiswert, und ziemlich einsam. - Sowie die angenehme, aber sehr teure "**Combe Mill**" (in St. Breward) mit Cottages, DZ ab ca. 23o DM.

KING ARTHUR'S DOWN: zwei Steinkreise aus der Bronzezeit, romantisch im Ödland gelegen und toll bei nebligem Wetter. Hat nichts mit dem Sagenkönig zu tun. Zu erreichen: kurzer Fußpfad ab Dorf St. Breward (liegt an Mini- Nebenstraße zwischen der A 3o und A 39).

★ **Bolventor**: Hauptort in Bodmin Moor. Im 18. Jhd. ein Mininest und völlig abseits jeglicher Verkehrswege, - ausgenommen derjenigen der Schmuggler: Damals bestand ein wichtiger Schmuggelweg von einsamen Buchten an der Südküste Cornwalls (bei Polperro), quer durchs Moor rauf zur cornischen Atlantikküste und dortigen abgelegenen Buchten. Transportiert wurden franz. und engl. Waren nach Irland und irische vice versa.

Im nebelverhangenen Bodmin Moor war einer der Treffs der Schmuggler: Bolventor in der dortigen Spelunke JAMAICA INN. In den 3o-er Jahren unseres Jhds. schrieb Daphne du Maurier über den Landgasthof und das Schmugglerwesen eine spannende Novelle, die 1939 von Alfred Hitchcock verfilmt wurde.

Für Alfred Hitchcock war der Film "JAMAICA INN" (dt. Titel "Riffpiraten") sein letzter Film in England, bevor er nach Hollywood auswanderte. Zuvor hatte er den Film "A Lady vanishes" (Eine Lady verschwindet) gedreht, sein wohl dichtester und handwerklich bester Film während seiner englischen Schaffensperiode.

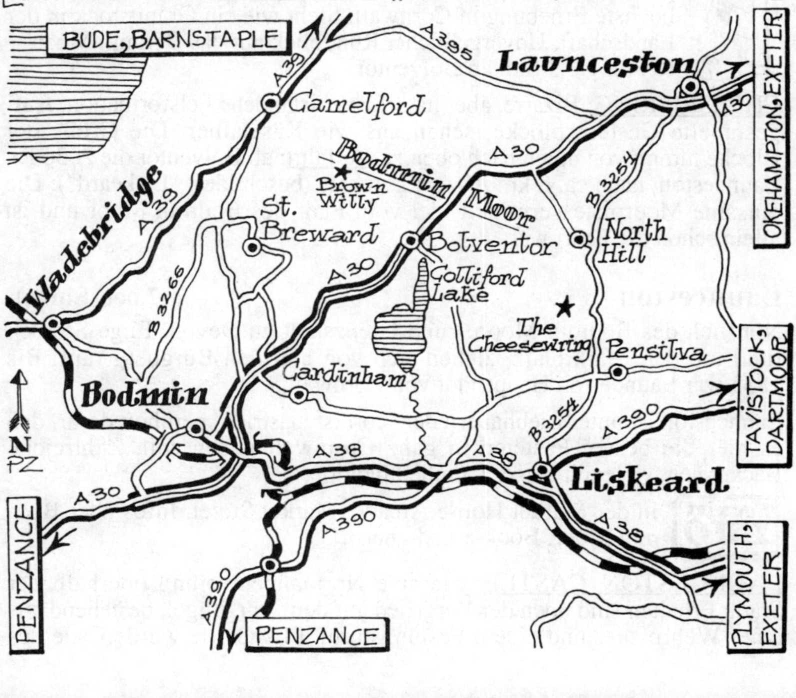

Die New York Times feierte ihn "als besten englischen Regisseur", und der Hollywood Filmmogul David O Selznick erwartete Hitchcock bereits in der kalifornischen Filmmetropole.

Kurzfristig vereinbarte Hitchcock (der mit Gerald du Maurier, dem Vater der Schriftstellerin befreundet war) noch das Projekt "Jamaica Inn". Mit dem Filmscript war Hitchcock nicht zufrieden, es wurde rumgebastelt. Letztendlich entstand ein "Abschiedsfilm" des Großmeisters des Suspence. Der Streifen ist spannend, wirkt aber in seinem Pathos u.a. des nebelverhangenen Bodmin Moores jedoch etwas verstaubt. Trotzdem war er damals ein Kassenfüller.

Angekommen in Hollywood drehte Hitchcock als nächstes "Rebecca" (ebenfalls nach Romanvorlage Daphne du Mauriers), ein absoluter Top- Hitchcock, der entsprechende Anerkennung und finanziellen Erfolg erfuhr.

Der JAMAICA INN in Bolventor ist authentisch und zur HS von Touristen satt frequentiert. Integriert Pub, Restaurant und Herberge, - sowie Museum eines Tierpräparators, der z.B. ausgestopfte Ratten auf Schulbänke gesetzt hat.

COLLIFORD LAKE PARK: seltene und vom Aussterben bedrohte Haustierrassen. Viehweiden mit zotteligen Rindern, Schweine suhlen sich im Dreck, Geflügel. Dazu die originalgetreue Replikation eines Bauernhauses aus dem 12. Jhd. Liegt ca. 5oo m vor der Ortseinfahrt.

gute 5 km nordwestlich zum BROWN WILLY, mit 42o m die höchste Erhebung in Cornwall. Steht wie ein Granitstock in der Landschaft. Unvergeßlicher Rundblick auf das Bodmin Moor. Retour ca. 3 Std. ab Bolventor.

CHEESEWRING: Bizarre, aber natürlich entstandene Felsformation. Aufgestapelte Gesteinsblöcke, sehen aus wie Käselaiber. Die Größe der Blöcke nimmt von unten nach oben zu. Anfahrt: ab Bolventor die A 3o Ri. Launceston, nach ca. 8 km Abzweig. rechts (beschildert "Liskeard"): Die einsame Moorpiste vermittelt viel vom Flair des Bodmin Moor und ist allein schon die Fahrt wert.

Launceston (7.ooo Einw.)

Nördlich des Bodmin Moores und Grenzstadt zu Devon. Enge Straßen rund um den Marktplatz, ziehen sich von hier den Burgberg rauf. Bis 1835 war Launceston Hauptstadt von Cornwall.

Launceston ist unter Liebhabern der "cornish pastries" berühmt dafür, daß es hier die besten Pasteten in ganz Cromwall geben soll. Zahlreiche Bäckereien, viele mit langer Familientradition.

Tourist INFO In der Market House Arcade, Market Street. Infos über Bodmin Moor. Book-a-bed-ahead.

LAUNCESTON CASTLE: Massive Normannenfestung oberhalb der Stadt. Erhalten sind noch der Bergfried auf dem Burghügel, bestehend aus einer Wehrmauer und einem Festungsturm. Das Castle wurde Ende des

11. Jhd. erbaut vom Halbbruder Wilhelm des Eroberers, um die damalige Furt rein nach Cornwall zu überwachen. Lohnt sich allein schon wegen des Rundblicks sowohl auf Bodmin Moor als auch auf Dartmoor.

CASTLE STREET: links und rechts der Straße repräsentative Stadtvillen im georgianischen Stil, gebaut im 18. Jhd. Darunter das Lawrence House (9, Castle Street): von 1753, beherbergt das Heimatmuseum.

CHURCH OF ST. MARY: Eingeweiht 1524. Das Gebäude besteht aus blaugrauem Granit, an den Außenmauern zahlreiche ausgefallene Reliefarbeiten.

STEAM RAILWAY: Rundtrip über 3 km Schmalspurgleis (6o cm breit), vorne stöhnt das Stahlroß aus der viktorianischen Zeit. Fahrtunterbrechung für Picknick. Startpunkt: unterhalb des Burghügels. Dort ein kleines Museum mit Oldtimer-Autos und -Motorrädern.

DOCKIES BISTRO (2o West Gate Street): Bistro für preiswerten Kaloriennachschub. Auch bei Einheimischen sehr beliebte Krabben-/Fischgerichte sowie Steaks bis 15 DM.

ARUNDELL ARMS: wohl das beste Essen im Umkreis des Bodmin Moor. Meist traditionelle Gerichte mit großzügiger Verwendung von Gemüse und vielen Gewürzen. 4-Gang-Dinner ca. 45 DM. In Lifton, ca. 5 km östlich via der A 3o.

TRETHORNE FARM: seltene Haustierrassen, Besucher dürfen sich im Melken der Kühe und Ziegen probieren. Für Kinder ein Streichel-Zoo und Pony-Ritte. Ca. 3 km außerhalb, Richtung Nordwesten.

TAMAR OTTER PARK: in Teichen tummeln sich die Otter, Pfaue und Goldfasanen stelzen am Ufer lang. Es handelt sich um eine Zuchtanstalt für die in Europa beheimatete Otterrasse, um eine Wiedereinbürgerung zu ermöglichen. Ca. 6 km nordwestlich, entlang der B 3254.

ANSCHLÜSSE AB LAUNCESTON:

A 3o via Okehampton ->EXETER: siehe Seite 361, 349

A 384 / B 384 (via Tavistock) / A 386 -> PLYMOUTH: siehe Seite 362

AB 3254 / A 3o72 -> BUDE/Atlantikküste Cornwalls: siehe Seite 481 [illegible] und erzählt vom Halbbruder Wilhelms des Eroberers, um die damalige Lage [illegible] Cornwall [illegible] des Rundbaus sowohl [illegible] Beispiele [illegible].

CASTLE STREET [illegible] representativ, [illegible] georgianischen Stil [illegible]. Das Datum [illegible] Lawrence House (9 Castle Street) von 17[illegible] [illegible].

CHURCH OF ST. MARY [illegible] 1924 [illegible] Hauptteil [illegible] Orgel, um [illegible] Außenmauer [illegible] Keltenkreuz [illegible].

STEAM RAILWAY [illegible] Schmalspurbahn [illegible] [illegible] [illegible] [illegible] [illegible] [illegible] Museum [illegible].

[illegible] DOCKACRES [illegible] [illegible] werte, [illegible] [illegible] Stelle [illegible] 1794.

[illegible] ARRIVES [illegible] Bodmin Moor [illegible] [illegible] [illegible].

TRETHORNE FARM [illegible] Haustierrassen, [illegible] und Pony-Ritt [illegible].

TAMAR OTTER PARK [illegible] Otter, Pfaue und Gewässer [illegible] Europa [illegible] 23 [illegible].

[illegible]

A. [illegible] EX [illegible] 34
[illegible] 384 B 3 [illegible] [illegible]
[illegible]

North Devon

Rauhe Steilklippen mit Sandbuchten und romantischen Dörfern wie z.B. das ehemalige Schmugglernest CLOVELLY am steilen Hang zum Meer. Größter Urlaubsort an der Küste ist ILFRAÇOME mit exzellenter Infrastruktur, Hotels, Restaurants und Discos.

Im Gegensatz zum von Deutschen häufig besuchten Cornwall ist North Devon derzeit noch weniger bekannt, aber sehr lohnend.

LUNDY ISLAND: Felsinselchen im Atlantik und Vogelparadies. Besuch lohnt, allerdings sollte man seefest sein; das Schiffchen, das rüberfährt hat fast "Nußschalengröße".

KLIMA: Die Küste ist zum Atlantik geöffnet, daher erheblich kühler und rauher als in Süd-Devon oder in Cornwall (Golfstrom). Die Seebäder sind ruhiger und weniger entwickelt.

ESSEN & TRINKEN: "cream and cider", Sahne und Apfelmost sind die typischen Produkte Devons. Details im Kapitel Süd-Devon, Seite 341

ROUTEN-TIP: Täglich tuckert ab Ilfracombe ein Ausflugsboot rauf zu den Küstenorten von Südwales. Wer nach Wales möchte: interessante Alternative zur Hauptroute über Bristol. Aber nur für Leute ohne eigenes Auto.

Bude ⟶ Barnstaple

Ab Bude (siehe Seite 481) ca. 3o km auf der A 39, gut ausgebaut. Wird erst durch Abstecher zur Küste interessant. Busse: ab Cornwall (z.B. Bude) bis Barnstaple, von dort Anschluß zu allen Küstenorten.

HARTLAND QUAY: über Nebenstraßen ab A 39 zu erreichen, Detailkarte nötig (Zufahrt z.B. ab A 39 via B 3248 zum Dorf Hartland und weiter westlich zum Hartland Quay an der Küste). Im 16. Jhd. wurde hier ein Hafen gebaut, nach dessen Stilllegung 1893 verfiel er völlig. Heute nur noch ein paar Cottages (kleines Seefahrer-Museum). Die Klippen türmen sich auf wie gewaltige, aufgeschichtete Gesteinsklötze.

zum SPEKE'S MILL MOUTH: ein Wildbach rauscht in Tausenden von Kaskaden runter zur Felsküste. Eine Viertelstunde auf dem Coast Path in südlicher Richtung.

HARTLAND POINT: die Nordwestspitze dieses Küstenabschnittes. Die Klippen sind hier 1oo m hoch, unten donnern die Ozeanbrecher dagegen. Sie erzeugen bei entsprechendem Wellengang einen Druck von ca. 4o Tonnen pro Quadratmeter. Von der Aussichtsplattform mit Leuchtturm Blick bis raus zur Lundy Island. Zu erreichen ist die Küstenklippe entweder ab Dorf Hartland über eine Nebenstraße. Oder auf dem Coast Path zu Fuß ab Hartland Quay in nördl. Richtung, ca. 1 1/2 Std. retour.

★Clovelly (ca. 5oo Einw.)

Eines der schönsten Dörfer in den West Counties. Die Häuser hängen wie Schwalbennester in den Felsnischen, mit bunt bemalten Türen und Fensterrahmen, und von Kletterpflanzen überwuchert. Die Hauptstraße von den Klippen runter zum Hafen hat ein Gefälle von fast 35 %. Überall Kopfsteinpflaster und Treppchen. Die Gassen sind so eng, daß das Dorf für Autos unpassierbar ist. Der Transport von Nahrungsmitteln etc. erfolgt wie seit Jahrhunderten mit Packeseln.

Zwei Alternativen für die Anfahrt zum Dorf: am schnellsten über die öffentliche Straße, beschildert ab der A 39.

Schöner ist der Privatweg Hobby Drive: rund 5 km durch üppigen Wald entlang der Klippen, durch die Bäume schillert das Meer. Zweigt ebenfalls von der A 39 ab (paar km hinter der öffentlichen Straße, beschildert). Ca. 3 DM Gebühr pro Auto.

Beide Wege führen zu einem Parkplatz. Dort den Wagen abstellen. Weiter zu Fuß ca. 1o- 15 Minuten bis zum unteren Ende des Dorfes, immer über Treppen und Kopfsteinpflaster. Für den Eintritt in das Museumsdorf werden ca. 3 DM verlangt. Rückweg per Landrover, wer den Kreislauf nicht überstrapazieren möchte (Abfahrt am Kai, hinter dem Red Lion Hotel).

Geschichte: Clovelly war bereits vor 9oo Jahren urkundlich erwähnt. Im 18. und 19. Jhd. große Fischereiflotte, 1826 wurde der Hafen vergrößert. Von 1884 bis 1936 befand sich das Dorf im Privatbesitz von Christine Hamlyn. Ihr ist es zu verdanken, daß Clovelly unverändert erhalten geblieben ist. Viele Häuser wurden auf ihre Initiative hin restauriert. Heute ist das gesamte Dorf im Privatbesitz der Rous-Familie, die Häuser sind an die Bewohner lediglich vermietet.

Während der Sommermonate ist Clovelly stark von Touristen überlaufen. Vielleicht den Besuch auf vormittags oder nach 17 Uhr legen, wenn die Reisegruppen weg sind.

MOUNT PLEASANT: Aussichtsplatform mit fantastischem Blick auf das ehemalige Piratennest. Kurz hinter dem Parkplatz, beschildert.

Trotz seiner Einzigartigkeit entsteht kein besonderer "Run" auf die Betten, da nur wenige Touristen Clovelly als Touring-Basis hernehmen. Ein bis zwei Tage im voraus buchen genügt. Die Preise sind nicht höher als der Durchschnitt.

Daher sehr zu überlegen. Am meisten Flair am Abend, nach Abzug der Reisegruppen.

New Inn Hotel: am oberen Dorfrand. Wird geführt von einer größeren Company, hat die besseren Facilities. DZ mit Bad ca. 155 DM. Günstiger 2-Tages-Tarif: ca. 24o DM für zwei Personen (Halbpension, mit 3-Gang-Dinner).

Red Lion Hotel: Weniger Facilities, aber billiger und einzigartige Lage unten am

Hafen. 1o Zimmer, seit Jahren von Mr. Cann geführt. DZ ohne Bad ca. 9o DM.
BED & BREAKFAST: nur vier Häuser, ca. 6o DM/ Doppelzimmer.

Camping: nur in "Higher Clovelly", einem gewöhnlichen Dorf (oberhalb der Zufahrtsstraße nach Clovelly). Mehere Farmhöfe mit Duschen und Toiletten.

In den beiden Hotels, für 2o- 3o DM das Menü. Fabelhafte Hummer, die von den einheimischen Fischern frisch angeliefert werden.

Barmeals: im NEW INN, um 1o DM.

Boot-Trips: zumindest eine kurze Rundfahrt in der Bay machen. Vom Meer wirkt das Dorf noch atemberaubender. Dauert etwa 15- 2o Minuten.

CLOVELLY COURT: Park mit einer beschilderten 8 km Rundwanderung. Schöne Picknickplätze, knorrige Bäume. Zugang vom oberen Ende der Hauptstraße.

GALLANTRY BOWER: Naturschönheit aus einer 13o m hohen Felsklippe, der senkrecht wie eine Wand aus der Brandung schießt. Ca. 3 km entlang der Klippen, Richtung Westen.

Ein Kilometer weiter zur Felsbucht MOUTH MILL. Weitere 1o km zum Hartland Point (siehe Seite 489).

BUCKS MILL (siehe unten): ca. 4 km Klippenwanderung Ri. Osten. Bei Ebbe kann man am Fuß der Klippen langlaufen.

MILKY WAY: Moderner Bauernhof mit 16o Milchkühen. Am interessantesten ist der Besuch spätnachmittags, wenn gefüttert und gemolken wird. Man kann den Kühen auch selbst ans Euter fassen (soll Spaß machen...) und sein Glas Milch rauspressen. Außerdem ein Museum mit alten landwirtschaftlichen Maschinen. Anfahrt: ca. 3 km östl. von Clovelly an der A 39.

BUCK'S MILL: Fischerdörfchen aus ein paar Cottages, alles zwischen Klippenwände mit viel Vegetation eingezwängt. Schön und weit weniger überlaufen als Clovelly. Anfahrt: via A 39, ca. 5 km östl. Clovelly von der A 39 nach links abbiegen.

★Bideford (12.5oo Einw.)

(Sprich: "biddi-ford"), Marktstädtchen 5 km landein der Mündung des Torridge River. Angenehm zum Bummeln in den Antiquitädenläden in der Oberstadt.

Geschichte: Bideford war im 17. - 18. Jahrhundert florierender Hafen für den Handel und Schiffsverkehr mit den englischen Insel- Besitztümern in der Karibik (u.a. Zuckerrohr, [aber auch Ausrüstung der Kaperschiffe im Kampf gegen die Spanier). Ende des 18. Jhd. zunehmender Handel (u.a. Tabak) mit der Ostküste Nordamerikas.]

Relikte jener Zeit sind die stattlichen STADTVILLEN sowie das TABAKLAGERHAUS in der Bridgeland St.

Wahrzeichen der Stadt ist die STEINBRÜCKE über den River Torridge. Sie überspannt den Fluß in 24 Bögen und wurde 146o erbaut, um die noch ältere Holzbrücke zu ersetzen. 1925 sowie 1969 verbreiterte man sie für den Autoverkehr.

HEIMATMUSEUM: interessant die Schatzkiste von einem Schiff der spanischen Armada. Untergebracht im Rathaus.

Umgebung von Bideford

WESTWARD HO!: Seebad 5 km westl. von Bideford am Atlantik. Es wurde bereits 1863 gegründet, Pluspunkt sind die kilometerlangen Sandstrände bis zur Flußmündung, wegen der offenen Lage auch bei Surfern beliebt. Heute rund 2.ooo Einw., Hotels und Campingplätze. Ein Pendelbus verbindet Westward Ho! mit Bideford (Abfahrt "The Quarry").

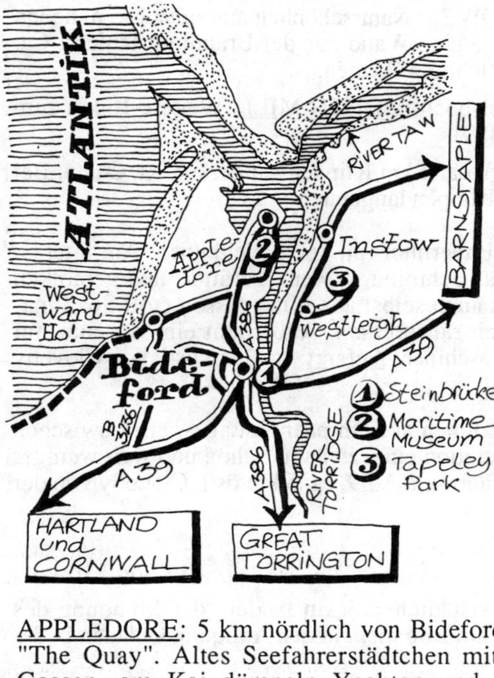

[Das Rufzeichen gehört zum Ortsnahmen "Westward Ho!", kein Druckfehler. Der Namen dürfte in Anlehnung daran erinnern, daß sich u.a. cornische Minenarbeiter zur Zeit des Goldrausches in Kalifornien (ab 1849) ausschifften, um in der Neuen Welt ihr Glück zu versuchen. "Westwards Ho!" war damals der Ruf der Goldrausch-Abenteurer, weitere Details siehe auch Velbinger- Führer Band 53 "Kalifornien".

Ab Westward Ho! führt der Coast Path rund 1o km westl. entlang der Küste nach Buck's Mill, siehe Vorkapitel.

Der Path setzt sich nördlich von Westward Ho! um die Landspitze zum Mündung des River Taw fort, hier große Sandbänke je nach Tide des Meeres.]

APPLEDORE: 5 km nördlich von Bideford, via A 386. Pendelbus ab "The Quay". Altes Seefahrerstädtchen mit 2.4oo Einwohnern. Enge Gassen, am Kai dümpeln Yachten und Motorboote vor sich hin. Appledore war bis zur Jhd.-Wende ein wichtiger Fischerhafen. Überall die typischen, kleinen Häuschen der Fischer (zwei Zimmer unten, zwei im

Obergeschoß). Heute meist als Wochenendhäuschen vermietet.
In der Werft werden Spezialschiffe hergestellt, z.B. Antarktis-Explorer oder Replikationen historischer Schiffe für Filmaufnahmen. MARITIME MUSEUM (Odun Street): vielen Schiffsmodelle, Fotos und Gemälde.

Personenfähre über den River Toridge nach Instow (siehe unten). Sie verkehrt nur im Sommer und wegen der Sandbänke nur bei Flut.

GREAT TORRINGTON (7.5oo Einw.): auf einen Hügel oberhalb des Tales. Anfahrt: ca. 11 km südöstlich, via der A 386. Verbindung mit Minibussen. Die Landstraße führt durch das Torridge Valley, ein idyllisches Tal mit üppigen Wäldern.

Norman Castle: großartiges Panorama auf die graue Stadt und das saftiggrüne Tal.

Dartington Glass: Fabrikbesichtigung. Kristallglas mit bis zu 25 % Bleigehalt wird zu kunstvollen Gläsern und Vasen geblasen. Mit kleinem Museum über die Glasbläserei in früheren Jahrhunderten.

★ Lundy Island

Felseninsel draußen im Atlantik: Wildziegen und Ponyherden, in den Klippen Abertausende von Kormoranen und Möwen. Bei klarem Wetter hat man guten Blick auf die Küste von Südwestengland, aber auch die von Südwales.

Lundy lohnt zumindest als Tagesausflug, wegen der Überfahrt verbleiben einem dann 4 - 5 Std. für einen Insel-Rundgang und ein Glas Bier in der Inselkneipe. Auf Lundy kein Tourist- Office. Infos schon vorab in den Büros an den Küstenorten besorgen.

Verbindungen Lundy Island

Schiff: mit der "MS Oldenburg", die den Inselbewohnern gehört. Der kleine Kahn kann nicht am Inselpier landen: geankert wird draußen vor der Bucht, wo die Passagiere von Motorbooten abgeholt werden. Bis alle Passagiere an Land sind, pendelt das Boot fast 2o mal. Preis: ca. 45 DM; der Transfer dauert ca. 2 1/4 Stunden.

Die Insel kann von 2 Festlandhäfen erreicht werden: ab BIDEFORD ganzjährig 2 mal (Winter) - 5 mal (Sommer)/ Woche. Ist die Versorgungs- und Post- Connection der Inselbewohner. Als Tagesausflug 5- 6 Stunden Aufenthalt auf der Insel.

Ab ILFRACOMBE im Sommer 2- 3 Überfahrten pro Woche. Hier erlaubt der Tagesausflug nur 4 Stunden Aufenthalt.

Lundy Island liegt 2o km ab von der Küste. Abmessungen: 5 km lang und 7oo m breit. Nur 2o Bewohner, im Sommer weitere 1oo Touristen, die Ferienwohnungen gebucht haben.

Irgendwie drehen sich die Uhrzeiger nur mit halber Kraft: den Tag verbummeln, Autos sind hier sowieso unbekannt.

Geschichte: Ende des 9. Jhd. setzten sich die Wikinger auf der Insel fest. Von ihnen stammt der Name: "Lund" ist das alt-norwegische Wort für Papageitaucher, die es damals hier massenweise gab. Im 12. Jhd. und erstes Drittel des 13.Jhd. befand sich die Insel im Besitz der Marisco-Familie.

Jahrhundertelang war die Mini-Insel Schlupfwinkel für Piraten und Gesetzlose. Umschlagplatz lukrativer Sklavengeschäfte noch vor 15o Jahren. Die Küste war ein gefürchtetes Schiffsgrab, Strandräuberei war ein beliebter Nebenverdienst der Insulaner. (heute zwei leistungsfähige Leuchttürme).

1836 erwarb William Heavens das Inselchen, der erstmals für Recht und Ordnung sorgte. Seit 1969 ist Lundy Island im Besitz des National Trust, mittlerweile zum Naturschutzgebiet erklärt.

Die Insulaner haben rechtlichen Sonderstatus. Etwa das Recht zur Herausgabe eigener Briefmarken: mit bunten Seevögeln als Motiv, sehr begehrt bei Sammlern. Außerdem braut man auf der Insel eigenes Bier. Das "Old Light Bitter" ist ein alt-englisches Dunkelbier ("ale") mit würzigem Geschmack und ohne Zusätze. Kein Export, wird nur hier auf der Insel verkauft.

QUAY: Anlegestelle, in der Bucht im Südosten der Insel. Von dort fast zwanzig Minuten über einen schweißtreibenden Zickzack-Pfad, der in die Klippen geschlagen wurde. Sehr anstrengend - oben die Zunge wieder einziehen: kleines Dorf aus einem Dutzend Häusern und Farmen. Ein Pub für ein erfrischendes Bier. Für Proviant ein romantischer Bimmel-Laden.

MARISCO CASTLE: Ruine einer Burg aus der Normannenzeit, südlich des Dorfes. War jahrhundertelang der Sitz eines gefürchteten Piraten-Clans.

KÜSTE: das Granitgestein zeigt bizarre Felsformationen, Felsnadeln ragen aus der Brandung. Auf der Atlantikseite 13o m hohe, halsbrecherische Klippen. Die Ostseite läuft etwas sanfter aus. Lohnend vor allem wegen der Seevögel-Kolonien: Geschnatter-Konzert und die Hektik der startenden und landenden Kormorane. Brutzeit ist im Frühsommer.

INSELINNERES: baumlose Vegetation aus Grasflächen und Heidekraut.

UNTERKÜNFTE: Campen oder eine Ferienwohnung mieten, da es auf Lundy Island weder Hotels noch B & B gibt.

CAMPING: per Gesetz dürfen nur maximal dreißig Leute auf der Insel zelten. Daher schon vor der Abfahrt sich einen Platz sichern. Die Buchung erfolgt jedoch nicht über die TI-Offices, sondern direkt über den Verwalter der Insel (Mr. Puddy, Tel. o271/ 87o87o). Der Andrang ist nicht allzu arg, meist ein Platz zu bekommen.

FERIENWOHNUNGEN: große Nachfrage, für die Sommermonate schon vor Weihnachten buchen. Dazu sich eine Liste schicken lassen vom "Landmark Trust" in Maidenhead, Berkshire SL6 3SW (Tel. o62882/5925). Für zwei Personen 6oo- 7oo DM pro Woche. Viele der 12o Wohnungen sind alte Gebäude, z.B. ein Leuchtturm oder in einem düsteren Castle.

RESTAURANTS: Barmeals im Pub, von Mittag bis abends durchgehend. Die Kneipe ist vom Sperrstunden-Gesetz entbunden ...

Bideford -> Barnstaple: Rund 1o km auf der A 39, die per Brücke den Torridge River überquert. Wer will, kann anschließend am östl. Ufer rauf nach Instow fahren (auch per Fähre ab Appledore bei Flut zu erreichen). Auf halber Strecke und Ostufe: TAPELEY PARK. Eine gepflegte Gartenanlage im italienischen Stil, mit einem kleinen See. - INSTOW ist ein kleines Dorf am Mündungstrichters des Torridge River. Zentrum für Segler und Wasserskifahrer (Schulen).

★Barnstaple (18.ooo Einw.)

Kommerzielles Zentrum von Nord-Devon, vor allem für seine Märkte einen Abstecher wert. Sonst als Stadt jedoch weniger interessant. Allerdings gute Infrastruktur (Hotels und Restaurants); obwohl die kleineren Küstenorte schöner sind. Für Leute ohne fahrbaren Untersatz ein wichtiger Verkehrsknoten: von Barnstaple starten 35 Bus-Routen in alle Richtungen.

Im Gebäude der Central Library (Bücherei). Book-a-bed-ahead. Wichtigste Infoquelle für die gesamte Nord-Devon Region.

Geschichte: bereits um 93o Verleihung der Stadt- und Markt-Rechte, damit die älteste Stadt von England. Seit dem Mittelalter große Bedeutung durch Schiffsbau und Handel mit Wollstoffen. Im 16. und 17. Jhd. reicher Seehafen, vor allem Handel mit Amerika. Später sank die Bedeutung, nachdem der Hafen mehr und mehr verschlammt war. Heute lebt die Stadt hauptsächlich von der Landwirtschaft in ihrem Einzugsgebiet.

LONG BRIDGE: 16-bogige Steinbrücke über den River Taw, ca. 16o m lang. Älteste Bauteile aus dem 13. Jhd., um 154o entstand die heutige Brücke.

ALTSTADT: viele schöne Stadtvillen. Die Altstadt liegt am River Taw, von der Long Bridge flußabwärts. St. Peter and Paul Church: von 132o, viele Grabdenkmäler aus dem 17. Jhd. Nicht weit von der Kirche ein Heimatmuseum. Church Lane: mit Armenhäusern aus dem 17. Jhd.

QUEEN ANNE'S WALK (Castle Street): Säulenhalle Anfang 17. Jhd., wo die Kaufleute und Schiffsreeder ihre Geschäfte abwickelten. - Eine Promenade für Spaziergänge führt am River Taw lang.

BUTCHER'S ROW: eine Kette von 34 Metzgerläden, einer neben dem anderen und eine kunstvolle Fassade. Verläuft neben der Markthalle.

JUNGLELAND (St. John's Lane): Treibhäuser mit tropischer Vegetation, gekonnt zu klischeehaften Dschungel- und Kakteenlandschaften arrangiert.

Märkte: die Hauptattraktionen in Barnstaple. Der Pannier Market: Gemüse- und Flohmarkt mit bis zu 4oo Buden. In einer Halle aus dem Jahre 1858, das Dachgestühl aus kunstvollen Holzverstrebungen (bereits zehn Jahre später wurde für solche Zwecke als Baumaterial ausschließlich Eisen verwendet). Nach uraltem Recht sind nur Verläufer zugelassen, die in Nord-Devon leben und ihre Produkte selber herstellen. Jeden Dienstag, Freitag und Samstag.

Viehmärkte: einer der größten in Südwest-England. In einer Ecke die Rinder, Schafe in einer anderen, und die Schweine grunzen ganz hinten in ihren Koben. Jeden Freitag, am meisten Betrieb ab 1o.3o Uhr. Findet statt auf dem freien Platz vor dem Tourist-Office.

Kunsthandwerk-Manufakturen: Besichtigung zweier sehr etablierter Manufakturen.

Sheepskin Works: Gerberei, seit über 2oo Jahren in der Hand derselben Familie. Alle Arbeitsgänge, vom frisch über die Ohren gezogenen Fell bis zum fertigen Bettvorleger. Im Shop Felle ab 4o DM, außerdem schöne Schaffell-Jacken.

Barnstaple Pottery (im Industrierevier Roundswell, am Stadtrand): beliefert alle großen Kaufhäuser in London mit Steingut, auch Mitglieder der Königsfamilie kaufen hier ein. Töpfersachen waren schon im 17. Jhd. wichtige Einnahmequelle der Stadt (Amerika-Handel).

"Imperial Hotel": Taw Vale Parade. Bestes Hotel im Ort: antiker Prachtbau am Ufer des River Taw, Zimmer modern mit Bad/WC. Top-Standard. DZ ca. 23o DM.

"Royal & Fortescue Hotel": Boutport Street. Liegt im Zentrum, alter Bau mit standardgemäßem Service, gehört zu einer Hotelkette. DZ ca. 15o DM.

BED & BREAKFAST vermittelt das TI. Normalerweise auch im Sommer kaum Engpässe.

In der Stadt etwas billiger (ab 5o DM fürs Doppel). Dafür aber niedriger Standard. Besser draußen auf dem Land, im Umkreis von ca. 5 km ab von Barnstaple. Allgemein höherer Standart, viele Zimmer mit Bad / WC, um 75 DM.

Jugendherberge: in Instow, rund 12 km westl. von Barnstaple Nähe Bideford, Busverb. ca. alle 1o Min. Ein viktorianischer Prachtbau, von Ostern bis Juli ständig mit Schulklassen belegt, nur wenige Rucksackler.

Camping: Midland Park: Grasfläche durch Bäume und Büsche aufgelockert, alle Facilities und ein Pub. Ca. 2 km nordwestlich, an der A 361 Richtung Ilfracombe.

LYNWOOD HOUSE (Bishop's Tawton Road): fast schon legendär für Meeresfrüchte-Festessen, mit dem Touch von Eleganz und feiner Gesellschaft. A la carte ca. 5o DM.

HEAVENS ABOVE (4 Bear Street): Vegetarier-Restaurant,- deftige Portionen für weniger als 1o DM. Wir haben von Einheimischen viel Positives darüber gehört. Nur bis 18.oo Uhr geöffnet.

Shopping: Campingausrüstung für Touren im Exmoor. Vernünftige Preise bei "Cassie's Army Navy Stores" (Truly Street; Nähe TI). In erster Linie günstige Army-Ausrüstung. North Devon Camping (63 Newport Road): Sportgeschäft.

Sport: Tip für regnerische Tage ist das Leisure Centre. Sehr großes Schwimmbad, Tischtennis, Squash, Sauna, Fitness etc. Der größte Komplex dieser Art in ganz Südwest-England.

Verbindungen ab Barnstaple

Zug (Abfahrt St. David's Station): -> Exeter 7 x tgl., Fahrtdauer 1 1/4 Std., ca. 2o DM single/day-return). In Exeter Anschluß nach Plymouth, London etc.

Billiger der **Expreß-Bus**, tgl. achtmal, selbe Fahrtdauer, ca. 7 DM.

Nahverkehrs-Busse: dichtes Netz der Minibusse, insgesamt rund 35 Linien. Alle 1o Minuten nach Ilfracombe, tgl. 6 mal nach Lynton.

Umgebung von Barnstaple

BAKEWELL FISHERIES: Fischteiche voll mit Forellen, beim Füttern wirbelt alles durcheinander. Angeln werden gestellt, für Anfänger erfolgt Einweisung. Zubereitung des Abendessens durch B & B-Dame (vorher fragen!) oder selbst in der Jugendherberge. Anfahrt: ca. 3 km nördlich, entlang der B 323o.

NORTH DEVON FARM PARK: fast ausgestorbene Haustierrassen. Zottelige Rinder, schwarzgescheckte Schweine, Warzenenten. Pluspunkt ist ein Rotwild-Park. Anfahrt: in Landkey, ca. 8 km südöstlich (via dem Nebensträßchen parallel zu A 361, Richtung Swindon).

COMBAT VEHICLES MUSEUM: Militärfahrzeuge und Gefechtswaffen aller Art, Panzer, Artilleriegerät etc. Anfahrt: in Cobbaton, ca. 1o km südöstlich (Abfahrt von der A 361).

MARWOOD GARDENS: die schönsten Gärten weit und breit, wurden schon öfters von BBC in TV-Shows vorgestellt. Spezialität sind die Magnolien, australische Bäume und viele Eukalyptusbäume. Alles in schönen Arrangements, mit Eichen und Statuen. Anfahrt: ca. 6 km nördlich. Auf der B 323o bis Muddiford, dann dort links (alles weitere beschildert).

Weiterer ROUTENVERLAUF ab Barnstaple:

* Entweder über die A 361 via Tiverton zur Autobahn M 5, die südwärts nach Exeter (siehe Seite 349), bzw. nordwärts via Tauton nach Bristol führt, im folgenden Kapitel beschrieben.
* Oder via Küste: Barnstaple-> Ilfracombe-> Lynton-> Minehead, beschrieben ab Seite 5o2. Alternativ via Exmoor Nat. Park: Seite 515.

Barnstaple → Taunton → Bristol

Die Schnellverbindung. Führt durch grünes Weideland, Bauerndörfer und Marktstädtchen. Ein halber bis ganzer Tag genügt für Zwischenstops. Zunächst die A 361 südöstlich via Tiverton 55 km bis zur Autobahn M 5. Diese führt dann weitere 1oo km direkt bis Bristol und weiter als M 4 direkt nach London.

SOUTH MOLTON: 16 km östl. von Barnstaple. Sehenswert wegen seinem riesigen Bienenhaus ist die QUINCE HONEY FARM (North Road) für wilde Honigbienen, die schon seit 2o Mio. Jahren die Erde bevölkern. Geschützt durch Glaswände kann man den Tieren beim Bau ihrer Waben und der Aufzucht der Larven zusehen. Per Knopfdruck öffnen sich bewohnte(!) Bienenstöcke, wodurch sich weder die Königin beim Eierlegen noch die Arbeiterinen beim Bienentanz stören lassen.

TROUT FARM: Sehenswerte Forellenfarm, wo man die Aufzucht vom Ei bis zum schönsten Prachtkerl verfolgen kann. Füttern erlaubt. In der Ortschaft North Molton, ca. 5 km nordöstlich. von South Molton.

Tiverton (17.ooo Einw.)

Marktstadt. Enge Straßen und Shop an Shop, die Farmer der Umgebung tätigen hier ihre Einkäufe. Rund 43 km ab Barnstaple.

in der Phoenix Lane. Vermittelt auch Bed& Breakfast, kaum Engpässe. Book-a-bed-ahead.

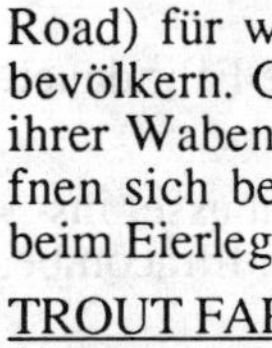

"**Hartnoll Country House**", ca. 2 km nördlich in Bolham. Gemächlicher Landsitz mit entsprechender Atmosphäre, in den Zimmern prunken die Antikmöbel. Sehr familiärer Touch. DZ ca. 75- 9o DM ohne Bad, 1oo-12o mit Bad:

"**Bridge Guesthouse**", Angel Street, im Stadtkern von Tiverton. Ein Dutzend Zimmer direkt am River Exe, hinter dem Haus ein Garten zum Flußufer. Tel. o884/2428o4). DZ ca. 85 DM.

HENDERSON'S (18 Newport Road): Helles Fichtenholz im langgezogenen Lokal, kunstvolle Gerichte und eine exzellente Weinkarte. Ca. 4o DM für Drei-Gang-Dinner; billigere Sachen ab 15 DM für Lunch und abends bis 2o.3o Uhr.

ANGEL FOOD (Angel Terrace): Graham und Pauline servieren im Hinterzimmer ihres Naturkostladens Gerichte für 5- 1o DM, die weit mehr wert sind. Nichtraucher; nur tagsüber.

BRIDGE GUESTHOUSE (Angel Street): Tip für einen stilecht-englischen Afternoon-Tea. Ca. 1o DM für eine Kanne Tee mit "clotted cream", und "scones" mit Butter und Marmelade. Bei schönem Wetter wird im Garten am Flußufer serviert. Zeit: von 14- 17 Uhr.

SEHENSWERTES in Tiverton: das TIVERTON CASTLE wurde 11o6 von Henry I. gebaut, ein schönes Torhaus und zwei Türme stammen noch aus der Zeit. Große Zerstörungen im Bürgerkrieg (17. Jhd.). Innen alte Möbel, Gemälde und eine Kollektion von Wanduhren. Geöffnet nur Donnerstag bis Sonntag.

MUSEUM (St. Andrew Street): hat schon mehrmals Auszeichnungen erhalten. Kunterbunt arrangierte Exponate, etwa eine 2oo Jahre alte Dorfschmiede, eine viktorianische Wäscherei, alte Kostüme, Fahrrad-Oldtimer, Landwirtschafts- und Haushaltsgeräte etc.

CRAFT CENTRE (Bridge Street): die größte Auswahl an Kunsthandwerk im gesamten Südwesten, z.B. alte Drucke, Ölgemälde, Schnitzereien, Spielsachen, Schmuck, Lederwaren, Schieferfiguren etc.

HIGHFIELD VINEYARDS: Weingärten an den Südhängen des Exe River; können besichtigt werden. Die Trauben reifen Ende September und ergeben einen sehr fruchtigen Tropfen. Am Stadtrand, an der Ausfahrtsstraße zum Dorf Witheridge (beschildert).

KNIGHTSHAYES COURT (3 km nördl., in Boldham): Ein viktorianischer Herrensitz mit üppigem Interieur, im Park jede Menge exotischer Pflanzen. Sehr romantisch auch der 1oo Jahre alte Kräutergarten.

GRAND WESTERN CANAL: stillgelegter Industriekanal aus der Zeit vor der Eisenbahn. Zieht sich ab Tiverton 18 km Richtung Osten. Verrostete Schleusentore, alte Bäume hängen die Äste übers Wasser. Schön für Spaziergänge am Ufer lang. Oder per Boot: Ruder- bzw. Motorboote (mit E-Motor, daher geräuscharm) kann man mieten im Bootshaus in Tiverton. Dritte Alternative ist das "horsedrawn canal boat": ein Lastkahn aus der industriellen Gründerzeit. Wird vom Ufer aus von einem gutmütigen Gaul gezogen. Vor dem Eisenbahnbau waren jene Kanal-Boote ein allgemein übliches Transportverfahren. Der Trip dauert 2 1/2 Stunden; der Kahn ist überdacht.

BICKLEIGH CASTLE (7 km südl. von Tiverton via A 396): wuchtige, gut erhaltene Trutzburg. Der älteste Teile aus dem 16. Jhd.: Kapelle, die große Halle und das Schlafgemach. Pluspunkt ist ein Museum mit bunt zusammengewürfelten Exponaten: Schaukelpferde aus dem 18. Jhd., Spionagegerät aus den Weltkriegen, Schiffsmodelle etc. Anfahrt: hinter der Steinbrücke an der Dorfeinfahrt rechts weg.

DEVONSHIRE'S CENTRE (im Ort Blickleigh): mit restaurierter Wassermühle (Demonstration der Mechanik), sowie große Kunsthandwerker-Kolonie. Ein Farmhof aus dem 19. Jhd. wird mit Ochsen bewirtschaftet, beim Handmelken der Kühe kann man zusehen. Dazu ein Museum mit alten Traktoren. Flamingos, Pfauen, Pinguine. Weiterhin: Fischteiche: die Forellen wirbeln beim Füttern durcheinander, Angeln werden gestellt (kurze Einweisung).

COLDHARBOUR MILL (im Ort Uffculme, ca. 13 km östl. von Tiverton): Textilfabrik aus dem 18. Jhd., die noch im traditionellen Stil arbeitet. Ein Mühlrad betreibt die Uralt-Maschinen, der Flachs wird halbmanuell zu Wolle gesponnen und verwebt. Im Shop werden die Stoffe verkauft: nur geringfügig höhere Preise als üblich, aber sehr hohe Qualität.

Ab TIVERTON weitere 11 km bis zur Autobahn M 5, die nördlich weiter nach Tauton und Bristol führt, - bzw. südlich nach Exeter (Seite 349).

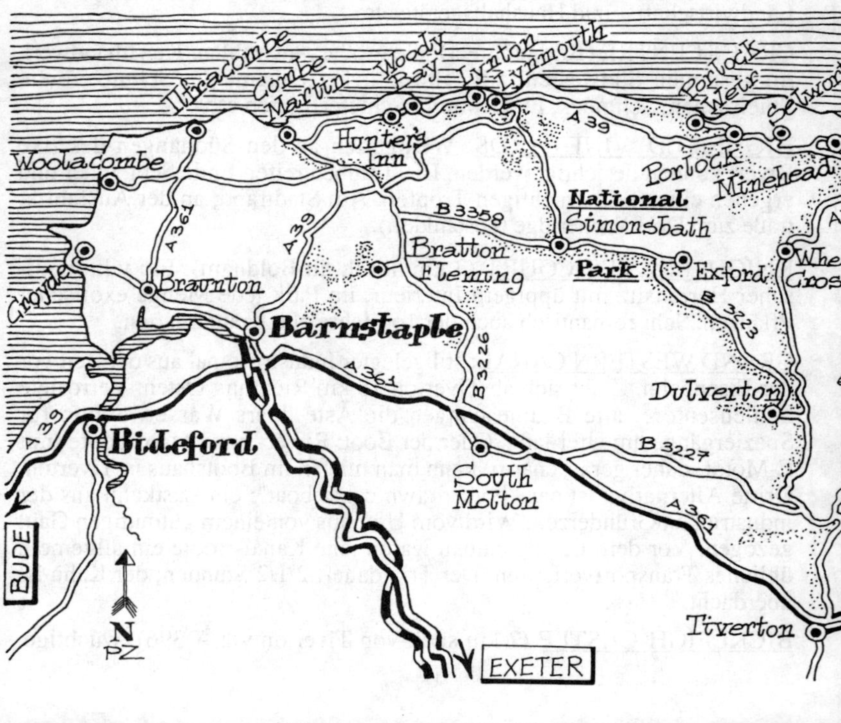

WALES
M4
NEWPORT
CARDIFF
Clevedon
M5
BRISTOL
A370
Weston
SUPER-MARE
Burrington
Cheddar Gorge
Mendip Hills
A38
Cheddar
A371
M5
R. Parrett
Wells
Dunster
A39
Nether Stowey
Williton
Quantock Hills
Glastonbury
BRISTOL, BATH
Crowcombe
Bridgwater
Street
A361
A358
B 3227
TAUNTON
A303
Yeovil
EXETER, PLYMOUTH

Barnstaple ⟶ Bristol via Küste

Entweder ab Barnstaple quer durch Inland und Exmoor Nat. Park (Details ab Seite 515), - oder den Nordwestzipfel Devons entlang der Küste komplett ausfahren:

Ab Barnstaple die A 361 nach **BRAUNTON**: interessant die ART AND CRAFT EXHIBITION (Hillsview) mit Gemälden regionaler Künstler sowie Kunsthandwerk (Keramik, Schnitzsachen, Bildhauer, Ledersachen, Uhren, Schmuck etc.). Gelegenheitskäufe.

BRAUNTON MARSH: topfebene Sauerwiesen, Entwässerungsgräben, Kiebitze flattern aus den Schilffeldern auf. Anfahrt: über eine schmale Privatstraße, die kurz vor der Ortseinfahrt von der A 361 abzweigt.

BRAUNTON BURROWS: Naturschutzgebiet mit Sanddünenlandschaft, die Hügel sind bis 30 m hoch. Das Gebiet umfasst 6 km, seltene Pflanzen, Strandvögel und Schmetterlinge. Zwei kurze Wanderpfade (ausgeschildert). Anfahrt über selbe Privatstraße, wie oben bei Braunton Marsh.

CROYDE: Seebad mit geduckten Strohdachhäuser, netten Cafés und wenig überlaufenem Strand. Im GEM & SHELL MUSEUM faszinierende Meeresmuschel- Sammlung (darunter Prachtexemplare aus der Karibik) und Halbedelsteine (sowohl als Erz, wie auch verarbeitet). Im Shop wird Mode-Schmuck mit entsprechenden Steinen verkauft.

WOOLACOMBE: Beliebter Urlaubsort, jedes zweite Haus ein Hotel. Grund ist der 3 km lange Strand mit Klippen und natürlichen Felspools. Viel Freizeitangebot für Familien mit Kindern. - BARRICANE BEACH: bekannt für seine Muscheln. die von der Flut angeschwemmt werden. Schöne Souvenirs. Der Beach liegt ca. 2 km nördlich vom Ortskern.

zum MORTE POINT: Blick über den weiten Sandstrand und raus auf den Atlantik bis zur Lundy Island. Ab Woolacombe ca. 3 km nördlich, entlang des Coast Path. Der Pfad wurde schon von Steinzeitmenschen auf der Suche nach Meeressalz benutzt.

★ Ilfracombe (10.000 Einw.)

Der größte Urlaubsort in Nord- Devon mit entsprechender Infrastruktur (Hotels, Restaurants, Pubs) und jeder Menge Unterhaltungsangebot. Lohnende Boot-Trips, zugleich gutes Strandquartier für Ausflüge: insbesondere wegen der günstigen B&B-Preise (ca. 50 DM fürs DZ).

Aufgeblüht im 19. Jhd. nach dem Bau der Eisenbahn. Ambiente mit viktorianischen Stadtvillen, vom Hafen aus ziehen sich Straßen die umliegenden Hügel rauf.

Tourist INFO in einem alten Pavillon an der West Promenade. Infos über Boot-Trips (siehe unten).

BICCLESCOMBE PARK: mit einer 2oo Jahre alten Wassermühle und einem kleinen See mit Ruderboot-Vermietung.

CHAMBERCOMBE MANOR: eine 1o66 erbaute, trutzige Burg mit Möbeln aus der Tudor- und Stuartepoche (16.- 17. Jhd.) und interessanter Waffensammlung aus dem Bürgerkrieg. Liegt am südöstlichen Ortsrand.

der TORRS WALK klettert auf den 14o m hohen Hügel im Westteil der Stadt. Blick runter auf Stadt und Bucht.

LEE BAY: Bucht mit üppiger Bewaldung und strohgedeckten Häuserkaten. Ca. 5 km entlang der Klippen, in westlicher Richtung.

Ausflüge rauf nach SÜDWALES, für einen Stadtbummel und eine Tasse Kaffee in Cardiff. Oder Fahrten entlang der Küste, sehr schön die "Evening Cruises" bei Sonnenuntergang. Dabei sind verschiedene Schiffe im Einsatz:

Die Waverley: der letzte Schaufelrad-Dampfer, der noch seetüchtig ist. Schnaufendes Roß mit viel Pionier-Flair, - sowie die Balmoral: modernes mit Kapazität für 7oo Personen.

Ausflüge zur LUNDY ISLAND: ca. 2 - 3 x pro Woche, Details Seite 493.

HELE BAY: 2 km östlich von Ilfracombe an der Küste und Straße A 399. Im Dorf eine Uralt- Wassermühle aus dem 16. Jhd., das Mühlrad mit sechs Metern Durchmesser. Voll restauriert, produziert heute wieder Vollkornschrot. Hele Bay ist auch in 2o Min. auf dem Coast Path zu erreichen.

WATERMOUTH CASTLE: 1825 erbaute Burg oberhalb eines tiefen Meeresfjordes, wo weiße Segeljollen dümpeln. Volles Besichtigungsprogramm, mindestens 2 Std. Zeit nehmen. Z.B. ein Fahrrad-Museum, - Musiker mit gepuderter Perücke spielen auf dem Cembalo, - im Kerker Stöhnlaute vom Band. Für Gruseleffekte und volle Burgromantik ist durch moderne Elektronik gesorgt... Liegt an der A 399 ca. 3 km östl. Hele Bay.

★ Combe Martin (2.5oo Einw.)

Straßendorf mit langgezogener Häuserreihe in einem Flußtal. Vom 14. bis 16. Jhd. sehr wohlhabend durch Silber- und Blei-Bergbau. Sehenswert sind die MOTORCYCLE COLLECTION (Cross Street): Sammlung von nostalgischen Zweirad-Oldtimern.

PACK O'CARDS INN: Pub auf halber Höhe der Dorfstraße. Die Architektur ähnelt einem Kartenhaus: Die oberen Stockwerke haben schräge Außenmauern und sind kleiner als die unteren. Background:

Im 18. Jhd. zockte ein gewisser George Ley (wie so oft zuvor) um enorme Beträge. Doch John hatte eine Pechsträhne und verspielte seinen ganzen Besitz. Beim letzten Deal konnte er jedoch alles zurückgewinnen. Er wischt sich die Schweißperlen von der Stirn und hört für immer mit dem Spielen auf. Als Teil eines Gelübdes errichtete er sein

Kartenhaus: 4 Stockwerke entsprechend der 4 Farben, 13 Türen pro Stockwerk (13 Karten von der Zwei bis zum As) und 52 Fenster (insgesamt 52 Karten im Spiel).

Klippenwanderung zu 2 Aussichtsbergen. Startpunkt ist der Strand. Ca. 2o Min. auf dem Coast Path Richtung Osten zum Little Hagman (22o m). Weitere 4o Min. bis zum Great Hagman (325 m). Ozeanwellen, zerrissene Küste und im Hinterland saftiggrüne Hügel.

BADSTONE BARTON FARM: Besichtigung eines kleinen, typisch englischen Bauernhofes mit Rindern, Schweinen und Ziegen. Ab 15 Uhr wird gemolken. Anfahrt: paar Kilometer südlich, an der B 3343.

WILDLIFE PARK: Safarigehege mit exotischen Tieren, vor allem bekannt für seine Affenkolonie (viele Exemplare aus Südamerika). Anfahrt: nahe der Badstone Farm (siehe oben).

★Hunters Inn

Gut 12 km östlich von Combe Martin. Das Landsträßchen ist hart an die Klippenkante gezwängt. Mit fast 34o m die höchsten Klippen in England, schwindelerregender Blick runter aufs Meer. Unterwegs eine Reihe von Parkplätzen mit Aussichtspunkten.

HUNTER'S INN: altenglischer Gasthof in einem verschachtelter Altbau. Auf den Geländern stolzieren Dutzende von Pfauen und Goldfasanen herum. Noch ein paar Sandwiches, dann einer der schönsten Walks hier in der Gegend:

HEDDON'S MOUTH: eine der einsamsten und urwüchsigsten Landstriche von Nord- Devons. Der Trail läuft knapp 1/2 Std. am River Hedon entlang, am Fuß einer 3oo m tiefen Schlucht, die im ersten Stück von dichtem Wald zugewuchert ist. Knorrige Eichen hängen ihre Äste über's Wasser. Der zweite Teil verläuft zwischen nackten Felswänden.

HIGHVEER POINT: die rechte Klippe am Klippendurchbruch. Von oben wirkt die Landschaft wie Ödland mit einer Flußoase. Zurück auf dem Pfad auf der anderen Seite des Flusses. Zeitbedarf ca. 2 Stunden. Oder entlang des Klippenpfades 3o Min. zur:

WOODY BAY: abgelegene, schöne Meeresbucht. Kiesstrand mit hohen Klippen, und die ganze Szenerie umrahmt wie ein Amphittheater von üppigen Eichen und Birken. Besonders lohnend von März bis Juli, wenn in den Klippen Tausende von Seevögeln brüten. Anfahrt: kleines Seitensträßchen, das 2 km hinter Hunter's Inn vom Küstensträßchen abzweigt.

★Lynton/Lynmouth (2.ooo Einw.)

Doppelort in einem üppig bewaldeten Tal zwischen knorrigen Bäume und blankem Fels. Großartige Wanderungen in der Umgebung. Oben an der

2oo m hohen Kante der Klippen liegt Lynton, unten am Meereslevel das verwinkelte Fischernest Lynmouth.

Tourist INFO Oben in Lynton im Rathaus ("town hall"), an der Hauptstraße. Tel. o5985 / 52 225. Book-a-bed-ahead.

Geschichte: Bis Anfang vorigen Jahrhunderts war Lynton/Lynmouth völlig unbekannt. Es hatte nicht einmal Straßenanschluß und wurde durch Boote versorgt. Erst durch den Bau der Straße erfolgte der Aufschwung als Urlauberort. Schlagzeilen machte die Überschwemmungskatastrophe von 1952. Ein Wolkenbruch während einer Augustnacht kostete 34 Menschenleben, viele Häuser wurden ins Meer geschwemmt.

CLIFF RAILWAY: Zahnradbahn zur Verbindung der beiden Ortsteile. Sie wurde um 183o installiert, als Kabine dient ein Bretterverschlag mit einer Art Balkon davor. Antrieb nach dem Flaschenzug-Prinzip: der Waggon wird durch einen gefüllten Wassertank hochgezogen, bei der Gegenrichtung wird der Tank geleert.

Die Cliff Railway fährt im Sommer alle paar Min. ab der Kirche in Lynton. Wer lieber zu Fuß geht: gut 1o Min. ab der Kirche in Lynton durch dichten Wald (beschildert). Per Auto: sehr kurvige Haarnadelpiste.

BRASS RUBBING CENTRE (in Lynton, Queen Street): man legt ein Blatt Papier auf eine Messingplatte und rubbelt das Motiv durch,- Souvenir für daheim übers Bett etc.

HEIMATMUSEUM (in Lynton, Market Street): kunsthandwerkliche Erzeugnisse aus dem Exmoor.

PAVILLON (in Lynmouth, an der Esplanade): Kunsthandwerker aller Sparten haben Auslagen zum Verkauf. Ölgemälde, Pastelle, Stricksachen, Puppen, Schnitzsachen, etc.

"**Tors Hotel**": in Lynmouth auf einem Hügel oberhalb des Hafens, Blick über die Bucht. Wurde 199o renoviert, sehr gute Facilities. Tel. o598/ 53 236. DZ ca. 2oo DM.

Die folgenden 3 Hotels liegen im oberen Dorf Lynton am North Walk, einer ruhigen Seitenstraße (kaum Verkehr, alle mit "Meeres-Blick"):

"**Hewitts Hotel**": 1o Zimmer in einem geruhsamen Herrensitz. Überall Holzbalustraden, die Zimmer voll mit Antikmöbeln. Exzellentes Essen, sympathisch geführt. DZ ca. 23o DM.

"**Seawood Hotel**": Ein Dutzend Zimmer im orangefarbenen Haus am Ortsrand, Blick über die Bucht. DZ ca. 12o DM.

"**Fairholme Hotel**": Besticht durch seine Lage haarscharf an der Küste. Auch sonst o.k. DZ ca. 9o DM.

BED & BREAKFAST: Zur HS großer Andrang, unbedingt per book-a-bed-ahead vorbuchen. Die Häuser im Ortsteil Lynton und oben auf der Klippenkante liegen meist in der Hauptstraße Lee Road. Sie haben schönen Blick und sind meist ca. 1o DM pro DZ billiger als die B&B unten in Lynmout. Dafür unten etwas eleganterer Flair. Pluspunkt ist dort die Nähe zum Strand.

JUGEND-HERBERGE: Urgemütliches ehemaliges Hotel im bewaldeten Tal des River West Lyn. 1 km vom Ort an der B 3234. Nette Atmosphäre. Tel. o593/ 53 237.

Sunny Lyn Park: ca. 1 km außerhalb an der Lynbridge Road. Voll ausgerüstet mit allen Facilities. Nebendran fließt der River vorbei, - Angelschnur fürs Abendessen auswerfen.

Sixacre Park: Pluspunkt ist die ruhige Lage abseits der Hauptstraße und direkt oben auf den Klippen. Ca. 3 km südwestlich, an der A 39.

HEWITTS HOTEL (in Lynton, North Walk): Favorit in der Top-Klasse. Heimeliger Raum in dem Lustschlößchen, vom Fenster Blick runter zur Bay. Ordentliche Portionen. Das 5-Gang-Dinner ca. 5o DM, Schwerpunkt englische Küche mit Wein- und Sahnesaucen. Besteht zu hoffen, daß weiterhin David Camprell die Regie in der Küche führt: er kam seinerzeit (1986) bei den britischen Koch-Meisterschaften in die Endausscheidung.

ROCK HOUSE HOTEL (neben den Tennisplätzen unten am Hafen): von den Einheimischen gern besucht. Preise 2o- 3o DM.

GREENHOUSE RESTAURANT (in Lynton, Lee Road): sanfte Grün- und Weiß-Farbtöne, gemütlich. Hauptgerichte um 15 DM, aber auch kleinere Sachen (z. B. tagsüber Tee mit Kuchen).

Barmeals: sehr ordentlich im Rock House Hotel und im Rising Sun, beide unten am Hafen.

Afternoon Tea: im HEWITTS HOTEL von 14- 18 Uhr traditioneller "Devon Cream Tea": Tee, dicke Sahne, Scones und Erdbeermarmelade. Lohnt schon wegen der gediegenen Atmosphäre in den Lustschlößchen mit seinen Antik-Möbeln. Man sitzt in der Lounge, bzw. bei schönem Wetter draußen auf der Terrasse. Ca. 6 DM.

Pubs: RISING SUN (in Lynmouth, am Hafen): Altes Inn aus dem 14. Jhd. mit reetgedecktem Dach und Mauern. Überall wuchtiges Eichenholz, ein offener Kamin.

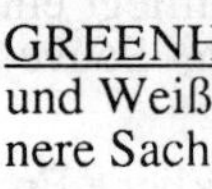

Die Region Lynton/Lynmouth ist in Northdevon berühmt für ihre guten Wanderermöglichkeiten zu Naturschönheiten. Also Quartier suchen, Wanderschuhe anziehen und los gehts. Wir beschreiben im folgenden Text die schönsten 5 Trails:

1.) Auf den SUMMERHOUSE HILL: ca. 265 m hoch,- der schönste Ausblick auf die beiden Dörfer. Liegt zwischen den Flüssen West und East Lyn. Zickzack-Pfad ab der Kirche in Lynmouth. Rauf und runter eine halbe Stunde.

2.) Ins GLEN LYN: einfacher Walk, ideal zum Warmlaufen. Startpunkt in Lynmouth, an der Brücke über den Fluß (kleine Eintrittsgebühr). Von hier den River West Lyn flußaufwärts entlang des ausgetretenen Pfades. Das Wasser gurgelt in unzähligen Kaskaden, Geruch nach Harz und Moos. Insgesamt eine 3/4 Std.

2.) Ins VALLEY OF ROCKS: tiefe Talfurche mit gelbbraunem Heidekraut an den Abhängen, blankes Gestein und Ödland. Mitten aus der Mondlandschaft ragen bizarre Felssäulen und -nadeln. Ausschau halten nach den Wildziegen, die hier leben. Liegt 2 km westlich von Lynton: das Sträßchen zwischen der Kirche und dem Valley of Rocks Hotel entlang, bis zu einer Gabelung. Die linke Abzweigung führt direkt ins Tal.

3.) WATERSMEET: Zusammenfluß dreier Wildbäche. Gewaltige Felsklötze, Farnkraut-Wildnis, knorrige Eichen hängen ihre Äste tief übers Wasser. Retour 3 Std. Der Pfad ist gut beschildert, am Zielpunkt ein Cafè für Rastmöglichkeit. Watersmeet ist der berühmteste "beauty spot" um Lynton.

4.) CLIFF WALK ZU HEDDONS MOUTH: lohnende Klippenwanderung ca. 3 Std. retour. Hohe Steilwände, Seevogel-Kolonien, das Donnern der Meeresbrandung. In den Buchten tiefgrüne Eichenwälder und goldene Sandstrände. Strecke: von Lynmouth Richtung Westen, deutlicher Pfad. Wer den Weg auf die Hälfte abkürzen möchte, fährt im Wagen bis zur Lee Bay, dort ein kleiner Parkplatz.

5.) COAST PATH NACH MINEHEAD: bei strapazierfähigen Rucksacklern sehr beliebt, da an Start und Endpunkt eine Jugendherberge wartet. Aber stolze 32 km, schon bei Sonnenaufgang aufaufbrechen. Meereslandschaft und tief eingefressene Flußtäler mit üppiger Vegetation, wo man auf kleinen Stegen übers Wasser balanciert.

Evtl. den Rucksack in der JuHe/Lynton verstauen und mit Minimalgepäck aufbrechen. Zurück am nächsten Tag per Bus. Abkürzungsmöglichkeit: ca. 18 km bis Porlock, dort an der Bushaltestelle die Wanderung beenden. Infos über Busse von Porlock nach Minehead beim TI in Lynton.

Auto-Touren: Herrliche Rundfahrten ins Exmoor mit seinen "rolling hills" und Tälern. Das Faltblatt "Drives around Lynton" (1,5o DM) enthält neun Routenvorschläge. Am besten gefallen hat uns die Route Nr. 2 (Lynton-> Brendon-> Rare-> Lynmouth: 28 km) mit schönen Ausblicken, auch per Bus zu machen, Infos über Fahrpläne beim TI. Details EXMOOR NAT. PARK siehe Seite 515.

Weiter entlang Küste: die A 39 verläuft parallel zur Küste. Mehrmals pro Tag Busverbindung ab Lynton nach Minehead.

SILLERY SANDS: mit 31o m die höchsten Klippen Englands. Herrlicher Blick rüber nach Wales. Anfahrt: von der A 39 ab Parkplatz ca. 2,5 km östl. von Lynton an der A 39. Ein in die Steilwand geschlagener Pfad führt runter auf Meereslevel, dort ein Sandstrand: den Flair hier unten genießen, der Wind heult in den überhängenden Felsmauern.

FORELAND POINT: Landvorsprung, an seiner Spitze ein Leuchtturm. Fußpfad vom oben beschriebenen Parkplatz aus. Knapp 1 Std. retour.

BADGWORTHY WATER: Flußtal mit der vielleicht atemberaubendsten Landschaft in ganz Exmoor. Im ersten Abschnitt eine nackte Steinschlucht, Farn und Heidekraut an den Abhängen. Geht über in sanfte Landschaft, wo Vögel im Geäst der Eschenbäume zwitschern. Von rechts münden zwei Seitentäler ein. Im 17. Jhd. hauste hier eine berüchtigte Wegelagerer- und Verbrechersippe (die Doone Family, beschrieben in einem Roman von R.D. Blackmore).

Das Tal ist ca. 5 km lang, retour also 1o km Wanderung. Reine Gehzeit von 3 Stunden einplanen. Startpunkt: ca. 8 km hinter Lynton nach rechts von der A 39 abbiegen, Richtung Malmsmead (beschildert). Dort den Wagen parken.

COUNTY GATE an der A 39: die Grenze zwischen den Grafschaften Devon und Somerset. Dort ein Parkplatz: Start einer 5 km-Rundwanderung zu einem idyllischen Strand, eingerahmt von grüner Baumvegetation ("Glen-thorne").

5 km vor Porlock steigt die Hauptstraße A 39 an und erreicht einen Steigungsgrad von 25 %, der Motor quält sich über die Serpentinen. Radfahrer können abzweigen auf die Toll Road, die den Hügel umfährt (kleine Gebühr).

★ Porlock (ca. 1.5oo Einw.)

Liegt in einem grünen Tal und ist an drei Seiten eingerahmt von mächtigen Hügelketten. Im Talboden windet sich die Hauptstraße. Alte Häuser, eingewachsen von Efeu. Heute ein gemächlicher Urlauberort mit Hotels und B&B- Häusern. Neben der Kirche ein kleines Heimatmuseum, dort auch ein Info-Office des Exmoor- Nationalparks.

Geschichte: Porlock war im Frühmittelalter wichtiger Hafen, bis im 11. Jhd. die Küste durch Landsenkung 2 km zurückwich. Daraufhin wurde der Hafenvorort Porlock Weir angelegt. Glanzzeit im 17. Jhd. durch Handel mit Wales.

PORLOCK BAY: 5 km langgezogene Bucht nördlich, mit feinem Kieselstrand. Ruhig und windgeschützt, Blumen blühen zwischen den Felsen. Anfahrt: Stichpiste ab Porlock, den letzten km zu Fuß.

PORLOCK WEIR: am Westende der Bucht und Hafen von Porlock. Ein ruhiger Strand mit alten Cottages und Strohdächern. Zu erreichen über eine 3 km-Stichpiste. Restauranttip ist der "Ship Inn": Reet-gedeckte Kate aus dem 13. Jhd. Viel Flair unter der tiefhängenden Decke (Kopf einziehen!),- Rauchschwaden, Jagdtrophäen an den Wänden und zerschundene Holzbänken. Exzellente Bar-Gerichte bis 1o DM. Bei schönem Wetter ist der Biergarten hinter dem Haus geöffnet.

ST. CULBONE CHURCH: winziges Kirchlein mit 1o x 4 m Ausmaß die kleinste Kirche Englands. Eine Mischung aus sächsischer und normannischer Architektur. Liegt märchenhaft in einer Waldlichtung, die Baumkronen schließen sich fast über dem Kirchendach. Anfahrt: von Porlock Weir gut 1 km entlang des Küstensträßchen Richtung Westen bis zu einem Parkplatz. Von dort 2 1/2 km zu Fuß, durch dichten Wald.

HORNER WOOD: dampfender Wald mit Unterholz und Wildblumen, das einfallende Sonnenlicht zerstreut sich zu einzelnen Lichtkegeln. Anfahrt: auf der A 39 Richtung Osten, ca. 1 km hinter Porlock nach rechts abbiegen zum Dorf Horner. Dort den Wagen parken, ein Pfad führt den Wildbach flußaufwärts. Retour 1- 2 Stunden einplanen.

SELWORTHY: Ansichtskarten-Idylle aus einem Dutzend reetgedeckter Bauernkaten mit weißgekalktem Mauerwerk. Ziehen sich zwischen Bäumen einen Hügel rauf. Mittendrin die Dorfkirche mit einem Turm aus dem 14. Jhd. War früher reine Pensionärs-Siedlung für die Arbeiter auf dem Landgut. Details zu Wanderrouten beim Info- Häuschen.

SELWORTHY BEACON: 2,5 km nordwestlich gelegener Hügel, 315 m hoch. Großartiger Rundblick auf den Exmoor-Park. Per Auto: Schmaler Singletrack. Schöner: halbstündige Wanderung durch Wälder und Ginster-Landschaft. Der Hügel ist auch per Stichpiste ab Minehead erreichbar.

★ Minehead (ca. 1o.ooo Einw.)

An gut 6 km Ri. West sich erstreckender Sandbucht. Viele Häuser stammen noch aus dem 17.- 19. Jhd. Damals bestand Handel nach Südeuropa (Portugal), Afrika und später Nordamerika und galt als bestgeschützter Hafen in diesem Küstenbereich Südenglands.

Relikte aus damaliger Zeit am North Hill, - ansonsten kann Minehead vom Stadtbild nicht mit anderen Küstenorten mithalten. Ein moderner Beach-Resort vorwiegend für englischen Familienurlaub. Im Winter superrelaxing bis ausgestorben.

Tourist INFO im Rathaus ("town hall") in der Hauptstraße The Parade. Tel. o643/ 7o 26 24. Kein book-a-bed-ahead.

PARADE: Hauptstraße von Minehead. Ende vorigen Jahrhunderts sehr breit angelegt, wobei zahlreiche Stadtvillen abgerissen wurden.

HIGHER TOWN: das Altstadt-Viertel mit seinen alten Cottages und Gäßchen. Sie zieht sich die Abhänge des North Hill rauf. Schöner Rundblick auf die Stadt und den Hafen. St. Michaels Church: stammt aus dem 15. Jhd.

QUAY TOWN: jüngerer Stadtteil westlich vom Zentrum. Die Häuser der Schiffskapitäne rund um den Hafen.

WEST SOMERSET RAILWAY: Dampfzug-Fahrt runter nach Taunton. Mit mehr als 3o km ist das Gleis eine der längste Privatlinie in England. Dichter Fahrplan. Das Stahlroß dröhnt über die Geleise, draußen grüne Hügellandschaft und vorne in der Lok schuftet der Heizer. Endstation ist Bishop's Lydard, von dort die letzten 3 km bis Taunton per Bus.

Die Linie wurde 1971 von British Rail stillgelegt. Es folgten Protestaktionen und Bürgerinitiativen. Für eine knappe Million Mark wurde der Schienenstrang an die Grafschaft verkauft, die ihn an einen privaten Verein von Eisenbahnfans vermietete. Bereits 1976 fuhren wieder Züge auf der Schiene.

"**Northfield Hotel**", Northfield Drive. Das schönste Hotel von Minehead, ein ehrwürdiges Gebäude mit Gärten drumrum. Exzellentes Essen und persönliche Atmosphäre. DZ ca. 21o DM.

"**Kildare Lodge Inn**", Townsend Road. 12-Zimmer-Pension in Zentrumsnähe, Besitzer aus Sri Lanka. Empfehlenswert, auch wegen der ausgefallenen Architektur (siehe Restaurants)., DZ ca. 165 DM

"**Beaconwood Hotel**", Church Rd. Im gemächlichen Altstadtviertel "North Hill", ab von der Hektik des Zentrums. Nette Atmosphäre. DZ ca. 12o DM.

"**York House Inn**": The Avenue. An der Straße zum Strand runter. Alter Steinbau, sehr viel Stil für die Preisklasse, riesige Bar. DZ ca. 95 DM.

BED & BREAKFAST: Die Häuser liegen praktisch überall verstreut. Zentrumsbereich: in den Seitenstraßen, die vom Straßenzug "Parade" bis "Avenue" abzweigen. Meist Zimmer im Obergeschoß von Kneipen oder Restaurants. Lärm und Verkehr, dafür aber am Puls der Stadt. Nach der Kneipentour trägt man die Promille zu Fuß heim. Ruhige Residencial-Region ist die Straße The Parks, halbes Dutzend B&B-Häuser zwischen den Wohnhäusern. In der Tregonwell Road ist fast jedes Haus eine Pension.

Im Viertel North Hill: für Leute mit Pkw sehr schön (zu Fuß ca. 25 Minuten ab Zentrum). Ruhige Sträßchen ziehen sich die Hügel rauf, Blick auf das Treiben unten im Stadtbereich. Liegt östlich des Strandes.

Südlich des Zentrums ein ruhiges Residencial-Viertel in bequemer Gehweite zu Pubs und Restaurants. Wohnstraßen mit Alleen, Kinder spielen in den Seitengassen.

JUGENDHERBERGE: schönes Gebäude in einem abgelegenen Flußtal, abends sitzt man im Garten . Adr.: Alcombe Road, ca. 3 km vom Zentrum.

Camping: Zwei Plätze, beide top ausgerüstet. North Hill Site (Hill Road): schöne Lage mit Blick über die Bucht. Aber nur für Leute mit Pkw, liegt 3 km ab vom Stadtkern (35 Minuten zu Fuß, bergauf). Minehead & Exmoor Site: an der A 39 (2o Minuten ins Zentrum, stündlich Busse). Besser für Leute ohne Transport.

THE BEACON (Beacon Road- Taxi ca. 5 DM): traditionelle "haute cuisine" in einem Landschlößchen, vom Fenster Blick auf den Park mit Pfauen, zahmen Dachsen und Füchsen. Menü ca. 6o DM. Vom mit Lob recht sparsamen Michelin-

Führer mit einer Rosette für Top-Qualität bedacht.

KILDARE LODGE (Townsend Road, zentrumsnah): zusätzlich zum Schmankerl auf dem Teller noch ein architektonischer Leckerbissen: Bau von 19o7, konstruiert von einem Schüler des Star-Architekten Edwin Lutyens. Sehr extravagant, z.B. eine gewölbte Wand und eine als Außenmauer mit Fenstern und Laterne konzipierte Innenwand. Essen um 2o DM für Hauptgang, alles hausgemacht.

GOOD FOOD INN (The Avenue, eben dem Post Office): vom Omelett aufwärts, die meisten Sachen um 15 DM. Sanftes Ambiente, alles in pink.

BARMEALS: sehr viele Einheimische schwören auf das Kildare Lodge (siehe oben) Um 1o DM in der ruhigen Bar oder im Biergarten.

OLD SHIP AGROUND (unten am Hafen): nette Atmosphäre, Interieur aus dem vorigen Jahrhundert. Bei schönem Wetter kann man das Bier auf der Terrasse kippen.

YORK HOUSE INN: Treffpunkt der jüngeren. Immer gesteckt voll und recht leger, Jeans und Turnschuhe gehören hier zum guten Ton.

WELLINGTON HOTEL (am unteren Ende der Parade): riesiggroß und mit Pool-Table und Hintergrund-Musik. Hier trifft man sich, bevor's in die Disco "B.J´s Nightspot" geht, liegt gleich um die Ecke.

Entertainment: SOMMERSET WORLD: mondänes Holiday-Camp am östlichen Ende des Strandes. Zur Hochsaison bis zu 15.ooo Urlauber und damit mehr Einwohner als Minehead selbst. Abends nur für Residents, tagsüber sind aber Besucher willkommen. Schwimmbäder, Daytime-Discos und Tanz-Cafés, alle möglichen Sportarten etc.

Shopping: Exmoor Sheepskin (The Avenue, nicht weit vom Post-Office): Schaffelle, Wolle, Mokassins, Pullis etc. Alles von Exmoor-Schafen, hergestellt in Cottage-Industrie, von ansässigen Heimarbeitern.

Minehead Shoe Coop (North Road): innerhalb von 24 Stunden werden Schuhe maßangefertigt. Schon ab 5o DM. Modische Designs, eigene Wünsche äußern. Dabei verwendet man Schafleder von Exmoor-Schafen.

Boottrips: während des Sommers Ausflugsboote nach Bristol, Richtung Westen nach Ilfracombe oder rauf nach Wales.

Feste: Hobby Horse Festival (1. Mai): Tanz um den Maibaum und Umzug mit einem Attrappen-Pferd.

Umgebung Minehead

SELWORTHY BEACON: mit Ginster überzogener 315 m Hügel mit großartigem Blick auf den Exmoore Nationalpark. Der Hügel kann sowohl ab A 39 und Dorf Selworthy erreicht werden (siehe Vorkapitel), wie auch über eine nach West führende 7 km Stichpiste ab Mindehead: die Piste endet an einem Parkplatz, von dort noch gut 1/4 Std. zu Fuß.

EXMOOR NAT. PARK: Minehead ist Basis für Wanderungen, insbes. auch Autotouren rein ins Exmoor. Faltblätter mit Routenvorschlägen und Kartenmaterial beim TI in Minehead. Der örtliche Wanderclub veranstaltet gemeinsame Wanderungen (Kontakte beim TI). Weitere Details Exmoor, siehe separates Kapitel Seite 515.

★ Dunster (8oo Einw.)

Sehr viel mittelalterlicher Flair aus Kopfsteinpflaster und Uraltgebäuden, über allem thront das mächtige Castle, unbedingt sehenswert.

DUNSTER CASTLE: kompakte Trutzburg aus Türmchen und Zinnenmauern. Ältester Teil ist das Torhaus, das noch aus normannischer Zeit stammt. Beachtenswerte Stuckarbeiten an der Decke des Speisesaales, aus dem 17. Jhd. Im Treppenaufgang eingeschnitze Jagdmotiven. Im Schloßpark äsen Hirsche.

Die Burg wurde im 11. Jhd. von einem Vasallen Wilhelm des Eroberers gebaut. Von 1376 bis 1975 war die Burg im Besitz der Luttrell-Familie. Während des Bürgerkrieges wurde es 16o Tage von Parlamentstruppen belagert und dabei schwer beschädigt. Im vorigen Jahrhundert erfolgte weitgehende Restaurierung unter Regie von A. Salvin, einem Spezial-Architekten für mittelalterlichen Stil.

Vom Fuß des Burghügels führt die breite High Street zum Marktplatz. Nach links zweigt die Church Street ab.

YARN MARKET (Market Square): Marktkreuz aus dem Jahre 159o. Ein achteckiges Gebäude, in dem früher die Wollmärkte abgehalten wurden. Stellt den Mittelpunkt des Dorfes dar.

THE NUNNERY (Church Street): früher das Gästehaus eines Klosters. Fachwerkhaus aus dem 14. Jhd., mit Schieferplatten verkleidet.

ST.GEORGE CHURCH (Church): stammt weitgehend aus dem 15. Jhd., nur das Westportal ist normannisch. Im Innern schöne Chor-Schranke Ende des 15. Jhds. Hinter der Kirche ein Klostergarten mit einem antiken Taubenhaus.

PACK HORSE BRIDGE (Church Street): mittelalterliche Pferdebrücke, am nordwestlichen Dorfrand. Daneben eine alte Getreidemühle.

GRABBIST HILL: bester Blick auf das Altstadt-Gewirr von Dunster mit der stolzen Burg. Für Auf- und Abstieg Dreiviertelstunde planen. Start des Pfades ab dem Parkplatz an der Brücke, wo die A 39 den River Avill überquert (ca. 25o m östlich des Dorfes).

JOHN WOOD & SON: schon seit hundert Jahren etablierte Gerberei, in der Schafsfelle verarbeitet werden. Führungen durch die Manufaktur illustrieren den gesamten Verarbeitungsprozeß. Mokkasins kosten je nach Ausführung 15 - 5o DM, Handschuhe ab 25 DM. Anfahrt: im Weiler Old Cleve, ca. 6 km östlich von Dunster (links der A 39; beschildert).

CLEEVE ABBEY des Zisterzienserordens, 1198 gegründet. Größtenteils nur Ruine, erhalten sind schöne Wandgemälde, sowie der Schlafsaal für 36 Mönche und das Pfarrhaus. Anfahrt: ca. 1o km östlich von Minehead. Schöne Fahrt mit dem Dampfzug ab Minehead: aussteigen in der Station Washford, von dort 2- 3 km zu Fuß.

COMBE SYDENHAM PARK: In einem romantischen Flußtal steht das 158o erbaute Herrenhaus, in dem die Frau des Seefahrers Sir Francis Drake wohnte. Attraktionen sind ein Rotwildgehege, eine restaurierte Getreidemühle, Forellenteiche (Angeln werden gestellt, kurze Einweisung). Zahlreiche beschilderte Waldwanderungen von 1- 2 Std. Anfahrt: ca. 1 km hinter der Cleeve Abbey von der A 39 abzweigen auf die B 3188. Dort noch ca. 4 km.

★ **Williton**: die A 39 führt weiter via Nether Stowey in knapp 4o km nach Bridgewater an der M 5 (-> Bristol).

> In NETHER STOWEY lebte von 1797 bis 18oo Samuel Taylor Coleridge und schrieb eine seiner populärsten Gedichte. Er gehört zu den Protagonisten der englischen Romantik. Im Coleridge Cottage (Lime Street) Erinnerungsstücke, Dokumente, Portaits des Dichters.

BRIDGEWATER (ca. 28.ooo Einw.) ist eine moderne Stadt ohne spezielle Sehenswürdigkeiten. Anschluß nach Bristol und Bath Seite 541.

★ **Alternative ab Williton**: Bei Extrazeit ca. 1 Tag (ohne Wanderungen) kann man ab WILLITON südwärts auf die A 358 abzweigen. Bringt kleinere Landstraßen und die:

Quantock Hills

Bis 4oo m hohe Hügelkette, die sich von der Küste bis runter nach Tauton zieht. Sanfter, idyllischer Charme mit Wiesentälern und schattigen Wäldchen, kleine Landsträßchen und Farmhöfe. In den Tälern Flußauen. Die Osthänge mit tief eingekerbten Wildbächen, Nadelbäume, - die westlichen Abhänge sind steil, lichter Buchenwald.

Urlauber vom Kontinent verirren sich nur selten in diese authentische Farmer- und Bauern-Landschaft. Am Wochende aber viele englische Ausflügler. Besser also während der Woche, wenn die Idylle ungestört ist.

Quantock Oaks: Bis Ende 19. Jhd. wurden die hier wachsenden Eichen für Ledergerbereien und Holzkohle-Industrie verwendet. Dazu wurden alle 15 Jahre die Bäume abgeholzt, damit sich wildwachsendes Unterholz entwickelt.

Tourist INFO in Taunton und Bridgewater. Beide mit Book-a-bed-ahead für Unterkunftsvermittlung.

In Taunton: das Haupt-Office, befindet sich in der Stadtbücherei (The Library), Corporation Street. Ganzjährig geöffnet.

In Bridgewater: im Rathaus (Town Hall), High Street. Nur während der Sommermonate.

Karten: maßgeblich und unbedingt erforderlich ist die Ordnance Survey "Landranger 181". Mit einer normalen Autokarte kann man sich hier nur mühsam orientieren.

Verbindungen: Die nächsten größeren Städte sind Taunton und Bridgewater, beide mit guten Busverbindungen und Anschluß ans British-Rail-Schienennetz. Hier Fahrrad mieten oder per Regionalbusse weiter.

Bonbon ist die West Somerset Railway: Oldtimer Züge fahren zur HS von Minehead entlang des Westhanges der Quantock Rocks bis runter nach Tauton. Als Verbindung nicht nur für Eisenbahnfreaks, sondern auch für ambitionierte Wanderer.

Unterkünfte: in einem Dutzend kleiner Weiler rund um die Quantocks Bed & Breakfast bei günstigen Preisen.

Jugendherbergen: einmal in Crowcombe und am Oldtimer Zug von Minehead. Die Juhe liegt direkt neben dem Bahnhof, schönes Gebäude und kleiner Park mit Wald drumrum. - Das Holford Hostel liegt am Nordrand der Hills: tadellos in Schuß, aber abgelegener und erheblich kleiner mit nur 38 Betten. Busverbindung ab Bridgewater, die letzten paar Kilometer per pedes.

Wandern: die beiden Hostels sind verbunden durch einen 1o km langen Wanderpfad quer durch die Quantock Hills. Gemütliche Tour, irgendwo am Waldrand Rast einlegen für's Picknick. Sich beim Wandern entsprechende Karte besorgen, sowie mündliche Tips.

Ziele in den Quantocks

Bricknoller: Kleines Nest an der A 358. Liegt knapp 5 km südl. Williton. BRICKNOLLER HILL: einer der schönsten Flecken in der Region, ein Pfad durch ein romantisches Klamm. Überall Birkenbäume, Eichen und schmutzig-weiße Kalkfelsen. Weiter Panoramablick über die gesamte Grafschaft Somerset, weniger bekannt als der Wills Neck. Für den Aufstieg etwa eine Stunde.

Crowcombe: Der beste Ausgangspunkt zu Erkundung des Hügellandes. Liegt direkt an der Eisenbahnschiene Minehead -> Taunton. Einfach zu erreichen. WILL'S NECK: mit 384 m die höchste Erhebung in den Quantock Hills. Herrliche Aussicht über das Patchwork aus Wiesen, Tälern und Wald. Der Blick reicht bis rauf nach Bristol. Aufstieg: 1-2 Std. Startpunkt ist die Jugendherberge 3 km südwestlich von Crowcombe (via kleines Nebensträßchen).

OLD COACH ROAD: "scenic drive", der viel vom Quantock- Ambiente vermittelt. Die Piste führt in Ost-West-Richtung quer durch die Quantocks. One-way etwa 7 km. Entlang der Strecke mehrere Parkplätze, von denen kurze Wanderungen ausgeschildert sind:

Dead Woman's Ditch: schöne Rundwanderungen durch sanfte Täler und über Hügel. - Five Lords Combe: Rundwanderung durch einen Birken- Eichen Mischwald. - Walford's Gibbet: pittoresker, stillgelegter Steinbruch.

Broomfield: Anfahrt: ca. 4 km hinter Crowcombe von der A 358 abbiegen, weitere 7 km über eine Nebenstraße. BESUCHERZENTRUM: Exponate über Geologie und Natur der Quantocks, gut für einen Überblick. Viel Literatur und Kartenmaterial.

HAWKRIDGE RESERVOIR: 1961 erbauter Stausee, 8oo m lang und bis zu 15o m breit. Schön mit bewaldeten Hügeln, die zum Ufer hin abfallen und zahlreichen Wasservögeln. Lohnender Ufer- Wanderweg. Liegt ca. 4 km nördlich von Broomfield.

GREAT QUANTOCK WALK: 13 km lange Standart- Tour, von Süd nach Nord längs über die Quantocks. Verläuft immer entlang des Kammes der Hügelkette. Man ist allein mit der Natur hier draußen, irgendwo in der Distanz die Silhouette eines Bauerndorfes. Der Pfad wurde bereits in der Vorgeschichte von den Bronzezeitmenschen angelegt, streift die interessantesten Teile der Quantocks.

Startpunkt: der Parkplatz am Lydeards Hill, nahe Broomfield. Zielpunkt: West Quantoxhead, an der Nordflanke der Hügel.

EXMOOR-NATIONALPARK

Großartig für Wanderungen, Fahrradtouren, per Pferd bzw. auch Auto. Eine friedliche und idyllische Landschaft. Hochplateaus mit Heidekraut-Steppe, zerschnitten von saftiggrünen Wiesentälern und Flußauen. Im Küstenbereich Klippen und Urlaubsorte.

Der Nationalpark erstreckt sich östlich von Barnstaple bis Höhe Minehead südlich. Es gibt 5 Touristbüros:

Tourist INFO

DULVERTON: Exmoor House, das größte Büro und ganzjährig an 7 Tagen der Woche geöffnet. Tel.: o389/23841.

DUNSTER: auf dem Steep Car Park. Tel. o643/ 22 14 95.

COUNTY GATE: an der A39, an einem freiliegenden Parkplatz 2 km westlich von Lynton. Tel. o5987/ 321.

LYNMOUTH: unten an der Hafen- Esplanade. Tel. o598/ 52 5o9.

COMBE MARTIN: in der Cross St., einer Seitenstraße der King St.,Tel. o27188/ 33 19.

In den TI's gibts Literatur zu Background, Wanderungen, Bus- Timetables, Kartenmaterial etc. Geöffnet sind sie von April bis September (Ausnahme das Office in Dulverton). Tip ist die Gratis-Zeitung Exmoor Visitor: Veranstaltungskalender, Sportmöglichkeiten, Wanderungen, Campingplätze, etc.

GESCHICHTE: Nur wenige prähistorische Überreste. Auch die Römer drangen kaum vor in das wenig einladende Moorgebiet. Vom Mittelalter bis ins 17. Jhd. war Exmoor im Besitz der Krone und diente als königliches Jagdrevier ("Royal Forest"). Die Landschaft war damals weit unwirtlicher als heute. Nach der Revolution (1649) Verkauf an einen Privatmann. Die ersten Farmer siedelten sich an, und für Schiffsbau sowie zur Eisenverhüttung wurden die Wälder weitgehend abgeholzt.

Im 19. Jhd. Erwerb durch den Industriellen John Knight. Exmoor wurde systematisch erschlossen, Straßenbau, Ansiedlung von Farmern, Verbesserung des Bodens durch Zugabe von Kalk. Exmoor erhielt sein heutiges Gesicht. 1954 wurde es zum Nationalpark erklärt.

FLÄCHE: etwa 7oo qkm. Bei einer Bevölkerungszahl von knapp 13.ooo dünn besiedelt.

FLORA: Auf den Hochflächen nur Heidekraut, Farnbüschel und Ginster. In den geschützten Tälern grüne Auwälder mit undurchdringlichem Unterholz, an den Nordhängen oft knorrige Eichen.

ROTWILD: Exmoor ist berühmt für seine Hirsche, treiben sich in Herden rum. Es sind Nachfahren aus der Zeit, als das Gebiet königliches Jagdrevier war. Wer die stolzen Tiere zu Gesicht bekommen möchte, fragt in einem der Info-Centres nach, wo die chancenreichsten Aussichtsplätze liegen (wechseln je nach Jahreszeit).

EXMOOR PONIES: Woher die robusten Kerle kommen, ist ungeklärt. Vermutlich waren sie nie domestiziert, sondern leben hier seit Eiszeit frei. Exmoor-Ponies haben eine rotbraune Färbung und dürfen kein einziges weißes Haar haben, um reinrassig zu sein.

VÖGEL: An der Küste Seevögel-Kolonien, wo sich Kormorane und Möwen auf ihre Nester kuscheln. Brutzeit ist im Frühsommer (Mai und Juni). Entweder von der Küste aus oder per Boot (tgl. Birdwatching-Tours ab Ilfracombe und Minehead).

Verbindungen: Ausgangspunkte: LYNTON oder MINEHEAD

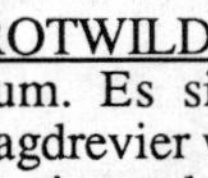

Zug: mit der Seitenlinie Exeter-> Barnstaple, weiter im Bus nach Lynton. Für Minehead mit British Rail nach Taunton, dort Anschluß im Oldtimer Zug nach Minehead.

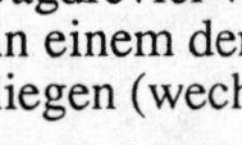

Bus: Minehead hat Verbindung mit allen größeren Städten im Südwesten. Nach Lynton: zunächst nach Barnstaple, dort Anschluß mit Regionalbussen.

Transport zwischen den Küstenorten: 3 mal tgl. mit der Company "Scarlet Coaches" von Lynton nach Minehead. Rein ins Hinterland: Kaum brauchbarer Transport. Infos bei den National Park Offices.

UNTERKÜNFTE: 9o % der Unterkünfte liegen an der Küste (Lynton, Porlock und Minehead). Siehe die dortigen Unterkunfts-Kapitel. Eigentlich kaum Engpässe.

Im Hinterland aber sehr limitierte Kapazität. In den Farmer-Dörfern wie Simonsbath oder Exford nur eine Handvoll B&B-Häuser. Ansprüche an Infrastruktur zurückschrauben, und die Abendspaziergänge hier draußen genießen. Unbedingt vorausbuchen, spätestens am Tag vor der Ankunft.

Drei JUGENDHERBERGEN: in Lynton und in Minehead viele Leute, die auf der Durchreise sind. Typische Wanderer-Absteige ist das Hostel in Exford. Beschreibungen bei den jeweiligen Ortschaften.

Rund 15 Plätze. Aufgelistet in der Gratiszeitung "Exmoor Visitor". Liegen fast alle an der Küste in Strand-Nähe, ohne das spezielle Exmoor-Feeling.

Im Hinterland zwei Plätze in der Nähe von Exford und einer Nähe Dulverton (nur für Caravans). Schön in Waldlichtung gelegen, ständig das Rauschen eines Wildbaches im Ohr. Treffpunkte der Wanderer.

Mit dem Lunchpaket durch schattige Auwälder, Vögel singen im Geäst. Sehr wichtig: über 8o % des Landes befinden sich in Privatbesitz. Man darf daher nicht frei Schnauze laufen, sondern ist auf die öffentlichen Pfade beschränkt (insgesamt fast 1.ooo km).

VERHALTENSREGELN:

Exmoor ist grundsätzlich kein gefährliches Wanderrevier. Überall Straßen und Häuser. Folgendes dennoch beachten:

* Die Nähe zur Atlantikküste sorgt für launisches Wetter, plötzliche Regenschauer, Stürme. Zur Standard-Ausrüstung gehören ein warmer Pulli, ein Regenschutz (z.B. Anorak) und feste Wanderstiefel. Außerdem eine Ration Trinkwasser.

* Nur mit OS-Karte losstarten. Dort sind die Pfade markiert, auf denen ein öffentliches Wegerecht besteht (gepunktete oder gestrichelte Linie).

Die meisten und schönsten Routen verlaufen in den Flußtälern. Bei praktisch jedem River verlaufen Trampelpfade an beiden Ufern. Unbeschreiblich ist Exmoor aus der Vogelperspektive: unbedingt mal einen der Hügel besteigen. Die Täler schlängeln sich wie grüne Bänder durch das Heideland.

ROUTEN-TIPS: die Klassiker unter den Exmoor-Wanderungen haben wir alle im Text beschrieben. Sehr gute Publikationen sind die drei Hefte der Reihe "Waymarked Walks" (je 5 DM), mit detaillierten Beschreibungen und Kartenskizzen.

WALKS AND TALKS: organisierte Wanderungen, für ein paar Mark Trinkgeld. Im Sommer täglich, Termine in der Zeitung "Exmoor Visitor". Lohnend wegen der sachkundigen Führung durch Kenner der Landschaft.

Pony Trecking: Exmoor ist d a s Revier für Reiterferien. Sollte man probieren, auch wer noch nie einen Sattel unterm Hosenboden hatte. Dabei wird im Treck geritten. Preise 1o- 15 DM pro Stunde, ca. 4o DM für einen Halbtages-Treck. Adressen von Reitställen im Exmoor Visitor oder beim TI. Zur Hochsaison am Abend zuvor kurz anrufen und buchen.

Fahrrad: Tip sind Touren per Mountain-Bike, die hierfür tauglichen Pfade sind in der OS-Karte als gestrichelte Linie eingezeichnet. In den letzten Jahren hat's mehrere kurzlebige Vermieter gegeben. Adressen in den Nat. Parks Offices. Preise um 25 DM/ Tag.

Routen im Landesinneren:

Es gibt eine Vielzahl an Routenkombinationsmöglichkeiten. Z.B. kann man ab Barnstaple statt nördlich rauf zur Küste (Ilfracombe) quer rüber nach Simonsbath fahren und von dort via Exford -> Wheddon Cross weiter zur Küste. Oder: ab Minehead/Küste südwärts nach Dulverton und weiter nach Tiverton an der A 361 (-> Tauton an der der M 5).

ARLINGTON COURT: 1822 erbautes Herrenhaus. Trotz der schlichten Außenfassaden prachtvolle Antikmöbel (vorw. aus dem 18. Jhd.). Dazu eine Reihe von Sammlungen, z.B. Kleider aus dem vorigen Jahrhundert, Schnupftabaksdosen, tropische Schmetterlinge etc. Schöner Park, und eine umfangreiche Sammlung romantischer Pferdekutschen (kurze Rundtrips). Anfahrt: 1o km nördl. von Barnstaple an der A 39, von der Hauptstraße aus beschildert.

EXMOOR BIRD GARDENS: bunte Tropenvögel mit riesigen Schnäbeln, schillernde Kolibris, Fasanen etc. In einem schönen Park, zwischen den Bäumen stehen die Freiflugkäfige. Anfahrt: in Blackmoore Gate, ca. 18 km nördl. Barnstaple, rechts von der A 39 weg auf die B 3226. Nach ca. 3 km rechterhand.

SIMONSBATH: Kleines Nest im Tal des River Barle. Eine Handvoll Häuser, eine Kneipe und eine Kirche. Alles herrlich provinziell, im Winter ist man hier weitgehend von der Außenwelt abgeschnitten.

BRENDON COMMON: lebensfeindliches Moorland, die Hügelketten von Heidekrautmatten und verdorrten Farnbüscheln überzogen. Halbwilde Exmoor-Ponies ziehen in kleinen Herden umher. Anfahrt: liegt südlich der Küstenstraße A 39 auf halber Strecke zwischen Lynton und Simonsbath; links der B 3223.

EXFORD: Um den grünen Dorfanger gruppieren sich ein paar geduckte Häuser. Traditioneller Treffpunkt der Exmoor-Wanderer.

BED & BREAKFAST: nur ein paar Häuser mit geringer Kapazität. - JUGENDHERBERGE: mitten im Dorf an der Brücke über den River Exe. Altes Landhaus mit Garten drumrum, gute Atmosphäre und super erhalten. Querfeldein-Wanderung zur JuHe in

Minehead ca. 15 km: sich den Routenverlauf vom Warden beschreiben lassen.

STOKE PERO COMMON: windgepeitschtes Hochmoor, mitten in der Einsamkeit eine graue Steinkirche. Habichte ziehen ihre Kreise... Anfahrt: ca. 4 km auf der Piste Richtung Norden, klettert auf eine Höhe von rund 33o m.

WHEDDON CROSS: 5oo m vor der Ortseinfahrt zweigt eine Piste nach Norden ab. Beschildert mit "Dunkery Beacon". Paar km zu einem Parkplatz.

DUNKERY BEACON: mit 53o m die höchste Erhebung im Exmoor; gehört auf jeden Fall ins "Pflichtprogramm". Der Aufstieg dauert rund 45 Minuten, deutlicher Pfad. Oben ein traumhaftes Panorama: braune Heidekrautsteppe unter den Schuhsohlen, und die Weite des Nationalparks mit seinen grünen Tälern und den Spielzeug-Dörfern. Das Denkmal auf dem Gipfel markiert den Punkt, wo früher ein Leuchtturm (= beacon) stand, um die Umgebung vor dem Herannahen der spanischen Armada zu warnen.

PUNCHBOWL (an der B 3223 Ri. Dulverton): ein über 7o m tiefer Krater. Krüppelholz an den Abhängen, drüber weg pfeift der Wind. Anfahrt: ca. 1o km hinter der Abzweigung von der Inlands-Route. Die Piste überquert den 426 m hochen Winsford Hill. Auf dessen Gipfel ein Parkplatz: von hier ca. 5oo m östlich laufen.

TARR STEPS: primitive Brücke über den River Barle. Besteht auf flachen Steinplatten. Gesamtlänge ca. 6o m, 1 m über dem Wasser. Es ist umstritten, ob die Brücke aus prähistorischer Zeit stammt oder aus dem Mittelalter. Phänomen: das verwendete Gestein kommt in der Gegend nicht vor und muß für den Bau antransportiert worden sein. Anfahrt: kurz südl. des Winsford Hill (siehe oben) zweigt eine 2 km lange Stichpiste nach rechts ab.

an der Tarr Bridge beginnt ein Trampelpfad, führt ca. 6 km entlang des Ufers zum Weiler Withypool. Eine der schönsten Routen der Region, wer Wanderungen durch Bruchwälder mit Wasservögeln und das Rauschen des Flusses liebt. Nur wenig bekannt.

DULVERTON: kleines Städtchen am River Barle, gilt als das südliche Eingangstor zum Nationalpark. Im Exmoor House Ausstellungen über Geologie, Flora und Fauna. Hier hat die Nationalpark-Verwaltung ihren Sitz.

WIMBLEBALL LAKE: von Grashügeln und Wald eingerahmter See. Vermietung von Ruderbooten. Rund um das Ufer führt ein Wanderpfad. Am Südufer erhebt sich der 36o m hohe Haddon Hill: schöner Blick auf den tiefblauen See, eingefaßt vom grünen Weideland. Liegt ein paar km westlich von Dulverton.

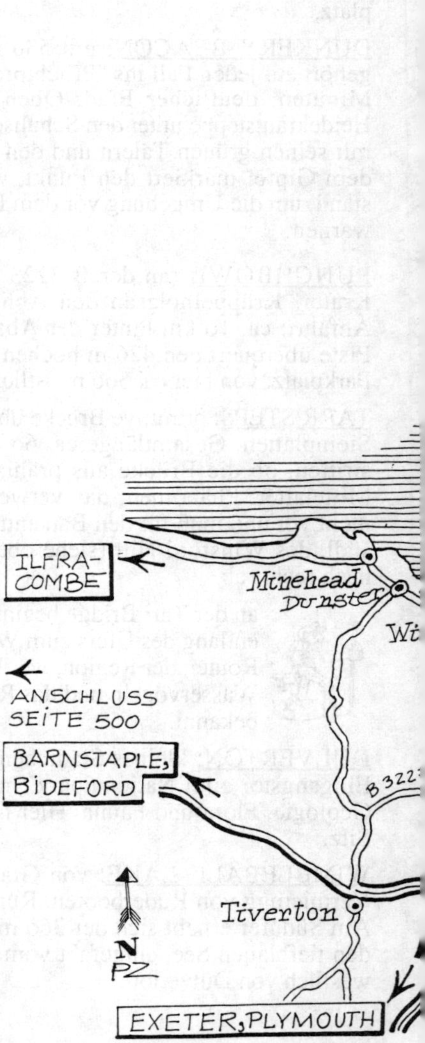
ILFRA-
COMBE
Minehead
Dunster
ANSCHLUSS
SEITE 500
BARNSTAPLE,
BIDEFORD
Tiverton
N
PZ
EXETER, PLYMOUTH

Counties Somerset und Avon

Hier eine der interessantesten historischen Städte Englands! Perle ist BATH: mondäner Kurort im 18. Jh. mit voll erhaltener Architektur, elegante, britisch-selbstgerechte Konzeption eleganter Straßen, öffentlicher Plätze und monumentaler Gebäude.

WELLS mit einer der interessantesten Kathedralen (bezügl. u.a. Innenarchitektur) Südenglands, - TROPFSTEINHÖHLEN und spaltähnliche Schluchten in den westl. von Wells gelegenen MENDSHIP HILLS. - BRISTOL mit viel Sightseeing und Entertainment.

Westgrenze von Somerset bei Lynton und dort von uns im Anschluß an Nord Devon beschrieben (ab Seite 5o4). - Somerset und Avon besitzen ausgesprochen schöne Herrenhäuser mit Prunkmöbelierung und idyllischen Parks. Landschaftlich bringen beide Grafschaften grünes Weideland und Wäldchen, Täler und Hügel. Lohnende Wanderungen, siehe unten.

Zeitbedarf für beide Grafschaften im Minimum 3 - 4 Tage. Dann ist allerdings eigenes Auto nötig, und für Wanderungen bleibt keine Zeit.

Verbindungen

Verkehrsknotenpunkt ist die Stadt BRISTOL mit Straßen-, Zug- und Busverbindungen in alle Landesteile. Von dort aus gute Anschlüsse in alle Regionen der beiden Grafschaften.

Per **Auto**: Ab London durchgehend Autobahn auf der M 4, bis Bristol ca. 2oo km. Wer nicht nach Bristol fährt, zweigt an der Ausfahrt Nr. 18 direkt nach Bath ab. Wer aus Nord- oder Mittelengland kommt, fährt via der Autobahn M 5.

Per **Zug**: Ab London mehrmals täglich mit dem Intercity, der die Strecke in 1 1/4 Stunden macht. Gehen direkt nach Bath oder nach Bristol. Abfahrt von Paddington Station.

Ab Nordengland: Intercity ab Glasgow in Schottland, Lake Distrikt, Liverpool.

Per **Bus**: Ab London tgl. 7 Direkt-Busse nach Bath, Fahrtdauer ca. 3 Std., kostet ca. 3o DM one-way, ca. 45 DM return. Nach Bristol rund alle halbe Stunde Busverbindung.

Bath hat auch mit vielen Städten Nordenglands Direktverbindung ohne Umsteigen in Bristol (am Schalter nachfragen).

Flug: Airport nur in Bristol, siehe dort für Details.

GESCHICHTE: Bereits die ersten, vom Kontinent kommenden Einwanderer-Stämme siedelten sich im heutigen Somerset/Avon an. Zahlreiche prähistorische Siedlungen und Monumente (Info-Material beim TI) beweisen eine dichte Besiedelung. Die Höhlen in den Mendip Hills waren die reinsten "Traumvillen" für die Steinzeit- Menschen.

Die Kelten fanden hier wie auch in den West Counties ein Rückzugsgebiet, wo sich ihre Kultur teilweise erhalten hat. Ihre Druiden-Priester legten nachts Feuer aus Rosmarin und Schlehenzweigen, um bösartige Hexen zu bannen.

Im Mittelalter großer Wohlstand als Zentrum des Wollhandels. Die unzähligen Schafs-

Generationen legten ein Netz von Trampelpfaden über das Land, die z.T. heute noch als öffentliche Wanderwege dienen. In den sogenannten Wollkirchen in den Dörfern ließen die Kaufleute ihre Waren vor dem Export segnen.

Vom Reichtum bis hinein in die Neuzeit zeugen die zahlreichen Herrenhäuser der damaligen Handelselite und die großen Kirchen in den Städten. Typisch für die Dorfkirchen sind die schlanken, hohen Türme im gotischen Perpendicular-Stil.

Im 19. Jhd. (Aufbau des British Empire) floß durch den Seehafen Bristol als Drehscheibe für den Amerika-Handel viel Geld in die Region. Heute ist der Tourismus eine wichtige Erwerbsquelle.

Keine strapaziösen Märsche durch wild zerzauste Landstriche wie etwa in Cornwall. Somerset und Avon bestechen durch gemütliche Wanderungen durch grünes Bauernland.

Die klassischen Regionen sind die QUANTOCK HILLS (kaum Touristen, sehr friedlich) und die MENDIP HILLS (Landschaft etwas spektakulärer und weniger abgelegen). Wir haben jeweils ein- bis dreistündige Rundwanderungen beschrieben, ausgehend von einem Parkplatz fürs Auto.

Überlandstraße Tauton ⟶ Wells ⟶ Bath/Bristol

Unbedingt lohnend: streift mit Glastonbury und Wells zwei der Highlights im County Somerset. Rund 7o km: zunächst auf der A 361 Richtung Westen.

STREET: Im Städtchen dominiert die Schuhfabrik "Clark Shoes", die seit 1822 hier ansässig ist. Heute einer der größten Hersteller der Welt; jedes zweite Haus in Street ist ein Schuhgeschäft. Interessantes Schuhmuseum mit den verschiedensten Modellen. Street liegt an der A 361, ca. 3 km vor Glastonbury.

★ Glastonbury (6.6oo Einw.)

...be sure to wear some flowers in your hair: Europas größte Hippie- und New-Age-Szene, in den Cafés riecht's nach Räucherstäbchen.

Glastonbury ist eng verknüpft mit der Sage vom Heiligen Gral. Diese mysthischen Assoziationen prägen stark den Flair des Städtchens.

Tourist INFO: Northload Street, Tel. o458/ 32 954. Gegenüber dem Rathaus. Nur im Sommer geöffnet. Book-a-bed-ahead.

Gemäß der Legende segelte im Jahre 63 n. Chr. der hl. Joseph von Arimathäa aus Palästina nach Glastonbury. Joseph hatte laut der Bibel den Leichnam Christi begraben.

Joseph steckte in Glastonbury seinen Wanderstock in den Boden, der sich vor den Augen der keltischen Druiden-Priester in einen blühenden Dornenstrauch verwandelte. Es entstand die erste christliche Gemeinde Englands, die sich im Mittelalter zur bedeutendsten Klosterstadt entwickelte.

Außerdem brachte Joseph den Kelch des letzten Abendmahles (der "Heilige Gral") mit sich. Nachdem er ihn unterhalb einer Quelle an einem Hügelabhang vergraben hatte, sprudelte rotes Blut aus dem Boden.

Der sagenhafte König Arthur eröffnete an dieser Stelle seine Tafelrunde. Der Gral wird zum Nabelpunkt seines Reiches, die Ritter der Tafelrunde suchen nach ihm. Glastonbury war damals eine Insel in einem Sumpfgebiet (die "Isle of Avalon").

Es sind diese mythischen Assoziationen, die in Glastonbury noch immer lebendig sind und für das spezifische Ambiente sorgen.

GLASTONBURY ABBEY (Magdalene Street): Ruine des im Mittelalter wichtigsten Klosters in England, das bis zur Reformation in ganz Europa berühmt war.

Nur noch spärliche Überreste der 175 m langen Kirche. Zwei üppig verzierte Portale und die Lady`s Chapel (spätnormannisch mit zwei Ecktürmchen) sind noch gut erhalten. Im Chorraum zeigt eine Steinplatte das Grab des sagenhaften König Arturs an.

Außerdem das Gästehaus des Klosters. In der Küche des Abtes mit achteckigem Dach und vier Feuerstellen wurden ganze Ochsen geröstet.

Holy Thorn: Dornenstrauch auf dem Klostergelände, der um Weihnachten blüht. Er soll angeblich der Strauch sein, der dem Wanderstock Joseph von Aritmathäas entsprang (siehe Geschichte). Jedes Jahr wird ein Zweig des blühenden Strauches nach London zur Queen geschickt. Vermutlich stammt der Strauch aus dem 16. Jhd.

Im Jahre 6o1 ist hier erstmals eine Klostergründung urkundlich erwiesen. Damals noch eine primitive Kirche aus Lehm und Flechtwerk. Aber schon früher hatten sich hier die ersten englischen Christen getroffen.

Die heutige Anlage entstand ab 1184 nach einem Brand. Der letzte Abt wurde 1539 von Heinrich VIII. gehängt und gevierteilt, das Kloster wurde als Steinbruch benutzt.

Der Sage nach soll das Kloster die Grabstätte King Artus ein (zur Artus-Sage siehe S. 474). 1191 fand man man tatsächlich einen Sarkophag mit Gebeinen und begrub ihn mit viel Zeremonie vor dem Hochaltar. Vermutlich handelte es sich aber um eine List der Mönche, um einen Pilgerstrom zur Finanzierung des Kloster-Neubaus auszulösen.

Im Juli finden 3 mal/ Woche abends Theaterstücke in den Ruinen des Klosters statt. Der Titel "Miracles of Glastonbury" paßt zur romantischen Kulisse.

Krug, der in den Ruinen von Glastonbury Abbey gefunden wurde

The Glastonbury Thorn, zeitgen. Darstellung

<u>REGENCY RESTAURANT</u>: (im George & Pilgrims Inn, High Street - siehe "Unterkünfte"): Stilvoll für die 3o DM- Menüklasse.

<u>RAINBOW´ S END CAFE</u> (17 High Street): ein Vegetarier-Café, über das wir sehr viel Positives gehört haben. Schlicht, aber liebevoll möbliert mit Kunstdrucken an den Wänden. Ab 1o DM für volles Gericht, nur tagsüber geöffnet.

<u>ASSEMBLY ROOMS</u> (schräg gegenüber vom Rainbows End): das Kommunikationszentrum der Hippies, oft alternatives Theater, Diskussionen etc. Ca. 5- 1o DM. Führungsstil nach Auskunft des Kommune-Mitglieds "Charly" sehr anarchistisch und chaotisch...

<u>PLOUGHSHARES CAFE</u>: das dritte Vegetarier-Restaurant. Geöffnet von 9- 21.oo Uhr. Gemütlich mit Topfpflanzen an der Decke, verträumtem Innenhof und fast täglich Swing- und Jazz-Livemusik.

<u>GEORGE AND PILGRIM'S</u> (High St.): im gleichnamigen Hotel, ein 5oo Jahre alters Gebäude, früher eine Pilger Raststätte. Geschichte zum Anfassen zwischen Eichengebälk und düsterem Gemäuer. Gesetzte Atmosphäre.

<u>BECKETT'S</u> (High Street): Treffpunkt der jüngeren Leute, die Atmosphäre entspannter. Gut für Kontakte, schöner Biergarten.

<u>RIFLEMAN'S</u>: der Treffpunkt der Hippies. Tiefhängende Decke (Kopf einziehen - die Haarbüschel in den Holzsparren stammen von uns), Biergarten, immer knallvoll. Liegt am oberen Ende der High Street, dort rechts weg und ca. 5oo m die Straße lang.

Verbindungen ab Glastonbury

Meist wird die Stadt als Tagesausflug ins Reiseprogramm eingebaut: optimale Straßen- und Busverbindungen, jedoch keine Züge. Ab Bristol ca. 45 km, stdl. Busse via Street; ab Wells ca. 1o km., stdl. per Bus, ab Bath ca. 4o km, (stündl. Busverbindung mit Umsteigen in Wells).

Die <u>Überlandbusse</u> haben ihr Terminal in der Northland Street, auch die Busse nach Bristol, Bath und Wells. Am unteren Ende der High Street haben die Bimmelbusse in die umliegenden Dörfer ihr Terminal (z.B. die Busse nach Street).

Glastonbury-> Wells: Knapp 1o km auf der A 39. Stündlich Busverbindung.

★ Wells (8.7oo Einw.)

Hauptattraktion ist die Kathedrale, oft als die schönste von ganz England gelobt. Die Stadt mit mittelalterlicher, klerikaler Architektur. Pro Jahr eine dreiviertel Million Besucher.

Wells liegt am südlichen Ausläufer der Mendip Hills. Die Viehweiden reichen bis an den Stadtrand. Der schönste Blick auf das Gassengewirr rund um die Kathedrale vom MILTON HILL: knapp 2 km nordwestlich. Einstündiger Spaziergang hin und zurück.

Tourist INFO (17) Office im Rathaus am Marktplatz, 3 Minuten von der Kathedrale. Nützlich die Busfahrpläne für Trips in die Umgebung. Tel. o749/ 72 552. Book-a-bed-ahead.

Geschichte: Um 7oo n.Chr. wurde an der Stelle des heutigen Wells eine Missionsstation gegründet, um im Königreich Wessex das Christentum zu verbreiten. Im Jahre 9o9 ernannte der König Wells zum Bischofssitz, obwohl es sich dabei lediglich um ein kleines Dorf handelte.

Bald nach der Landnahme der Normannen verlor Wells den prestigeträchtigen Titel an den Rivalen Bath. Der erste normannische Bischof, Johann de Villula, stammte aus Tours in der Normandie.

Die Normandie war damals einer der fortschrittlichsten Staaten Europas. Im rückständigen Land der Angelsachsen konnte sich der Bischof nur schwer akklimatisieren. 1o88 ließ er den Bischofsresidenz nach Bath verlegen, um zumindest die Annehmlichkeiten der Bäderstadt zu haben. Wells verfiel erneut in den Dämmerschlaf eines Provinznestes.

Die Kanoniker von Wells kämpften um ihr Recht. 118o erhielten Bath und Wells den Bischofssitz gemeinsam. Hundert Jahre später residierte der Bischof wieder ausschließlich in Wells. Die Bedeutung von Wells war immer klerikaler Natur. Der Name kommt von den Quellen (engl. well = Quelle), denen im Mittelalter Heilkraft zugeschrieben wurde.

CATHEDRAL OF ST.ANDREW

Schiff und Chor im frühgotischen Early English Style, Türme und Kapitelhaus sind hochgotisch.

WESTFASSADE (A): der beeindruckendste Teil der gesamten Kathedrale. Die Wirkung wird noch verstärkt durch die beiden Westtürme (B), die die zweistöckig gegliederte Fassade knapp überragen. Die Fassade bekommt dadurch eine rechteckige Fläche und ist 5o m lang. Sie ist als Bilderwand konzipiert mit rund 35o Skulpturen. Zum Teil in Lebensgröße und in Nischengalerien übereinander. Sie stellen Bibelszenen dar, die zwölf Apostel, Bischöfe und Äbte, Könige und Adelige.

Nur noch wenige der Skulpturen sind original. Ursprünglich waren sie farbig bemalt, die Nischen mit Balttgold ausgeschlagen.

NORDPORTAL (C): an der Nordfassade, ursprünglich vermutlich als Haupteingang geplant. Beachtenswerte Reliefarbeiten.

Geschichte: Von einer älteren Kirche an der Stelle, auf der die Kathedrale steht, ist nichts mehr erhalten. Vermutlich stand sie ein Stück südlich. Somit wurde die Kathedrale vom Grundstein auf neu geplant, keine älteren Gebäudeteile wurden integriert.

Baubeginn um 118o. Der gotische Stil war noch eine Neuheit, nach der Kathedrale von Canterbury war Wells die zweite englische Kirche in der neuen Architektur. In der ersten Phase von 118o - 1239 entstanden das Hauptschiff mit der kunstvollen Westfassade und der Chorraum. 1239 konnte die Kirche eingeweiht werden.

In einer zweiten Bauphase von 129o - 134o entstanden die östlichen Teile: Altarraum und die Marienkapelle (1326). Der zentrale Turm wurde 1321 fertiggestellt, die Westtürme kamen erst 1385 - 1425 hinzu.
In der Reformation (16. Jhd.) richteten puritanische Bilderstürmer große Schäden an. Große Restaurierungsarbeiten erfolgten 1869- 76, vorwiegend an der Westfront. Ab 1978 wurden sämtliche Außenfassaden überholt und viele der Skulpturen ersetzt. Die Kirche beschäftigte eine eigene Steinmetzwerkstatt, und die hohen Kosten wurden durch Souvenirverkauf insbes. aber auch Spenden finanziert.

NR. siehe Kirchengrundriß

LANGHAUS (D): Länge 128 m, auffallend die Schlichtheit des Early English Style, die Wandflächen oberhalb der Arkaden sind nicht verziert. Schönste Elemente sind die Bogengewölbe und die filigran gemeißelten Säulenkapitelle, die religiöse Motive schildern.

Kapelle Bischof Bubwith (1): der 1426 verstorbene Bischof finanzierte aus eigenen Mitteln den Bau eines der beiden Westtürme. Vor der sechseckigen Kapelle ein Lesepult (Mitte des 17. Jhds.).

Kanzel (2): steinerne Kanzel im Renaissance-Stil um 154o9, Aufgang von der unterhalb befindlichen Votivkapelle.

ZENTRALER TURM (E) besitzt eine Höhe von 56 m und wurde 1321 fertiggestellt. Allerdings gab es statische Probleme: u.a. da er ein schweres

WELLS KATHEDRALE, Westfassade und Eingang

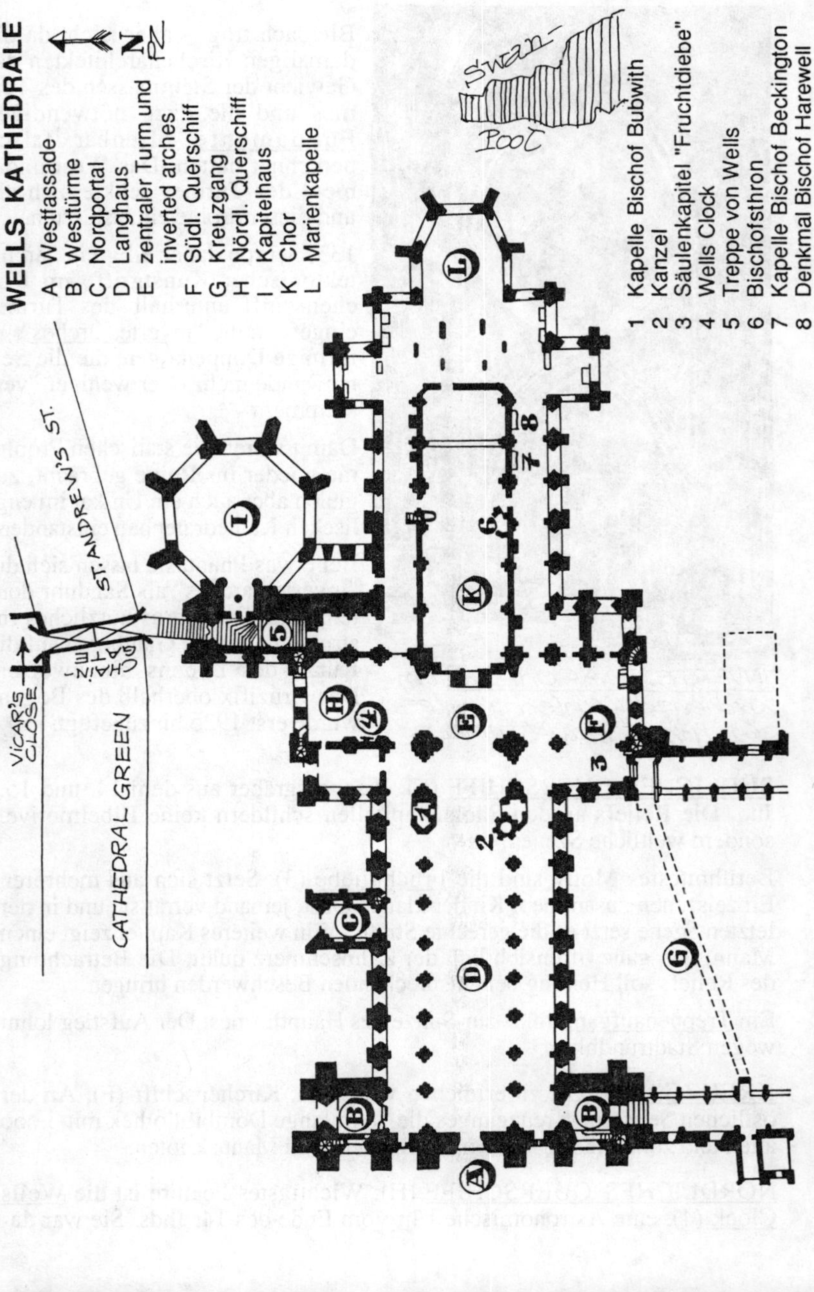

WELLS KATHEDRALE
N
A Westfassade
B Westtürme
C Nordportal
D Langhaus
E zentraler Turm und inverted arches
F Südl. Querschiff
G Kreuzgang
H Nördl. Querschiff
I Kapitelhaus
K Chor
L Marienkapelle
1 Kapelle Bischof Bubwith
2 Kanzel
3 Säulenkapitel "Fruchtdiebe"
4 Wells Clock
5 Treppe von Wells
6 Bischofsthron
7 Kapelle Bischof Beckington
8 Denkmal Bischof Harewell
VICAR'S CLOSE
CHAIN GATE
ST. ANDREW'S ST.
CATHEDRAL GREEN
SWAN-POOL

"INVERTED ARCHES" im Kirchenschiff unterhalb des 56 m hohen Hauptturmes.

Bleidach trug, - aber auch, da die damaligen Kirchenarchitekten das Gewicht der Steinmassen des Turmes und die dazu nötwendigen Fundamente offenbar falsch berechnet hatten. Das Westfundament des Turmes senkte sich ab, und dieser drohte einzustürzten.

1338 wurde daher eilig ein "architektonischer Kunstgriff" im Kirchenschiff unterhalb des Turmes eingefügt: die "inverted arches": x-förmige Doppelbögen, die die Seitenwände mehr oder weniger "verklammern".

Damit waren die statischen Probleme wieder ins Reine gebracht, zugleich aber auch ein Unikat im englischen Kathedralenbau entstanden.

Bei etwas Phantasie lassen sich die "inverted arches" als Sanduhr deuten, - für den Klerus nützliches Instrument, um die Gläubigen auf die Kürze des Lebens hinzuweisen. Das Kruzifix oberhalb des Bogens wurde erst 192o hinzugefügt.

SÜDLICHES QUERSCHIFF (F): Bischofsgräber aus dem 14. und 15. Jhd. Die Reliefs an den Säulenkapitellen schildern keine Bibelmotive, sondern weltliche Szenen.

Berühmtestes Motiv sind die Fruchtdiebe (3). Setzt sich aus mehreren Einzelszenen zusammen: Kinder klauen Obst, jemand verrät sie und in der letzten Szene setzt es die gerechte Strafe. - Ein weiteres Kapitel zeigt einen Mann, den ganz offensichtlich der Zahnschmerz quält. Die Betrachtung des Reliefs soll Heilung bei entsprechenden Beschwerden bringen.

Ein Treppenaufgang führt zur Spitze des Hauptturmes. Der Aufstieg lohnt wegen Stadtrundblick.

KREUZGANG (G): zu erreichen vom südl. Kirchenschiff (F). An der östlichen Seite des Kreuzganges die 5o m lange Dombibliothek mit 3.ooo alten und zum teil sehr wertvollen Büchern und Manuskripten.

NÖRDLICHES QUERSCHIFF (H): Wichtigstes Feature ist die Wells Clock (4), eine Astronomische Uhr vom Ende des 14. Jhds. Sie war damals Wunderwerk der Uhrmacherkunst mit äußerst präzisem Räderwerk und Ganggenauigkeit.

Auf dem Ziffernblatt das geozentrische Weltbild des Mittelalters: Sonne und Sterne kreisen um die Erde. Oberhalb der Uhr erscheinen zur Vollendung jeder Viertelstunde vier gegeneinander kämpfende Ritterfiguren. Die heutige Wells- Clock in der Kathedrale ist übrigens eine Kopie, das damalige Original steht heute in einem Londoner Museum. Unterhalb der Uhr eine 1955 aufgestellte Figur aus Eibenholz von E.J. Clark.

Treppe von Wells (5): die mittelalterliche Treppe führt vom nördl. Kirchenschiff rauf zum Kapitelhaus (I) und einer Brücke, die über die Straße mit dem Vicar's Close (Wohnungen des Domkapitels) verbindet. Die Treppe ist eines der architektonischen Highlights der Wells Kathedrale.

Eine derartige Konstruktion ist im mittelalterlichen Kirchenbau Rarität. Die Ausstattung dieses Treppenaufgangs gilt bei Architekten und Kunsthistorikern als Juwel. Die waagrechte Linienführung der Treppen ist harmonisch mit der Senkrechten der Spitzbögen und Fenster verbunden. Auf halber Höhe des Treppenaufgangs winden sich die Stufen in Kurve seitlich rauf zum Eingang des Kapitelhauses.

Man hat hier einen Bruch durch beispielweise hart abgesetzter rechtsführender Treppe vermieden, sondern beide Linienführung der Stufen elegant miteinander verbunden.

Das Ensemble des Treppenhauses war übrigens nicht vorbestimmt, da die Brücke (The Chain Gate) erst später, ca. 1459 gebaut wurde. Auch der Eingang zum Kapitelhaus ist architektonischer Hochgenuß und gilt als schönstes im engl. Kathedralenbau: getragen durch eine Säule streben zwei gotische Spitzbögen in die Höhe und geben den Domherren einen repäsentativen und würdigen Eingang zu ihrem Versammlungsort im Kapitelhaus.

Interessant sind die Treppenstufen auch insofern, als sie über die Jahrhunderte auf ihrer

WELLS-KATHEDRALE von Südost und dortigem Swan Pool. In der Mitte der schwere Zentralturm.

linken Seite ausgetreten sind. Klar: der Klerus wählte nicht den kürzesten Weg zum Eingang des Kapitelhauses (der steil ist), - sondern stieg würdevoll in Bogen auf der linken Seite rauf!

KAPITELHAUS (I): wie andere gotische Kapitelhäuser ist es achteckig, das Dach wird durch eine zentrale Säule getragen. Das filigrane Fächergewölbe zählt zu einem der schönsten Englands.

CHOR (K): reicher ausgestaltet als das Langhaus, die Wandflächen sind mit Skulpturen verziert, schönes Netzgewölbe und kunstvolle Buntglasfenster. Das Chorgestühl besitzt schöne Schnitzereien. Hier auch der Bischofsthron (6) und die Kapelle des Bischofs Beckingtons (7) von 1465 mit prunkvollem Aufsatz.

Im Chorumgang Würdigung einer Persönlichkeit: das Denkmal für Bischof Harewell (8) zeigt zwei Hasen, vermutlich eine Anspielung auf seinen Namen (hare = Hase). Daneben der Eingang zur Krypta mit sehenswerten Schmiedeeisen-Arbeiten.

MARIENKAPELLE (L): fünfeckig, im Decorated Style, fertiggestellt 1326. Schöne Buntglasfenster mit geometrischem Maßwerk; manche der Glaseinsätze stammen noch aus dem 14. Jhd.

DIE STADT

Ab hier → NR. siehe Stadtplan

Gemäß des renommierten Kunsthistorikers Freeman ist Wells das beste Beispiel der Welt für einen voll erhaltenen klerikalen Komplex: er besteht aus Kathedrale plus untergeordneter Gebäude wie Bischofspalast, Domschule, Wohnhäuser der Pfarrer etc.

BISHOP'S PALACE (18): Baubeginn um 12o6, bis heute die Residenz der Bischöfe von Wells. Der Palast gleicht einer mächtigen Festung und ist von Burgmauer und -graben (16) umgeben, angelegt im 14. Jhd. als Schutz während religiöser Unruhen.

Der Zugang zum Bischofspalast besteht ab MARKET PLACE (12), dem zentralen Punkt der weltlichen Stadt. Dort 2 Tore: Penniless Porch (1o) und Bishop's Eye (11, hier klopften im Mittelalter die Bettler, um etwas Essen zu bekommen).

Per Zugbrücke (14) gings rein in den inneren Bezirk und zum Bischofspalast. Die heute im Wasser des Burggrabens schwimmenden Schwäne sind übrigens so trainiert, daß sie an dem Glöckchen neben der Zugbrücke ziehen, wenn sie Hunger haben...

Innenräume des Bischofspalastes: in der Long Gallery gotische Decke sowie Portraitgemälde früherer Bischöfe. Sehenswert auch die Hauskapelle im Decorated Stil. - Im Garten ein Brunnenhaus (15) aus dem 15. Jhd. Dort befinden sich die Quellen ("wells"), nach denen die Stadt benannt worden ist. Bishop's Barn (17): ursprünglich die Stallungen des Bischofs.

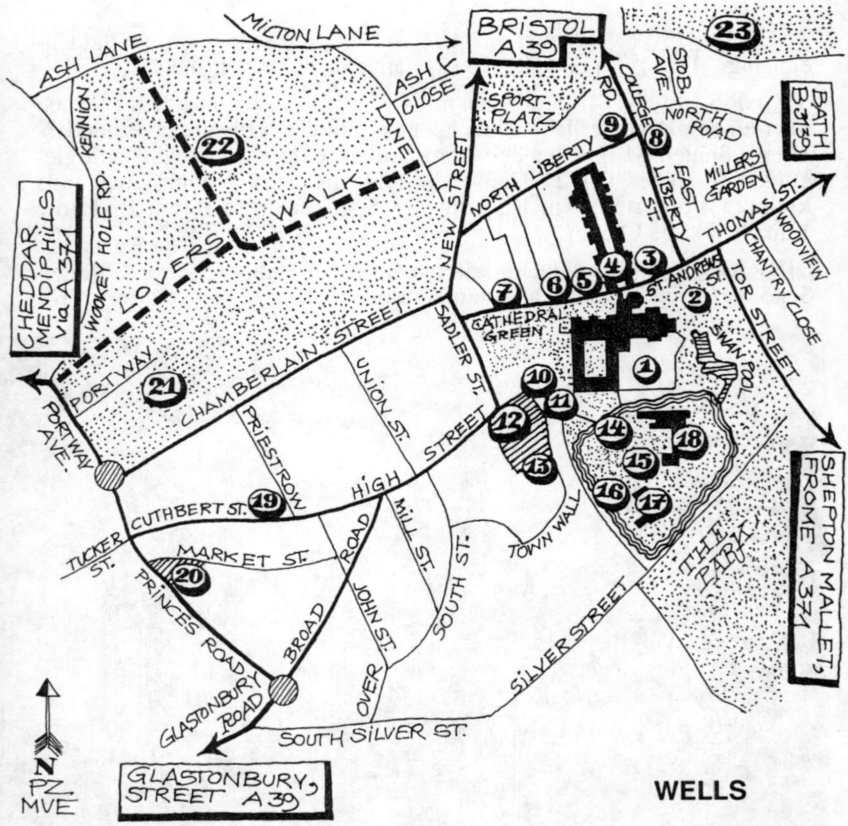

WELLS

1	Kathedrale	9	Cedar's House	16	Burggraben/- Mauer
2	Principal's House	1o	Torweg "Penniless Porch"	17	Bishop's Barn
3	Tower House	11	Torweg "Bishop's Eye"	18	Bischofspalast
4	Vicar's Close	12	Marktplatz	19	St. Cuthbert Kirche
5	Library	13	TOURIST INFO	2o	BUSTERMINAL
6	Wells Museum	14	Zugbrücke mit Schwanenglöckchen	21	County Court
7	Deanery			22	The Blue School
8	Domschule	15	Brunnenhaus	23	Stoberry Park

Öffnungszeiten des Bischofspalastes: unregelmäßig, da heute noch vom Bischof bewohnt. Ostern bis September donnerstags und samstags, im August täglich (jeweils nur nachmittags). - Abends schöner Blick auf die mit Flutlicht bestrahlte Westfassade der Kathedrale.

Entlang der St. Andrews Str./Cathedral Green (führt direkt nördl. an der Kathedral entlang) befinden sich eine Reihe weiterer Sights: PRINCI-

PAL'S HOUSE (2): stammt aus dem 15. Jhd., mit sehenswertem Säuleneingang. - Das TOWER HOUSE (3) stammt aus dem 14. Jhd.

VICAR'S CLOSE (4): Sträßchen mit 4o Reihenhäusern aus dem 14. Jhd., über einen mittelalterlichen Brückengang mit der Kathedrale verbunden. Hier wohnten Mitglieder der Domschule, heute vor allem Theologiestudenten. Jedes der 21 Häuser besteht aus zwei Wohnräumen plus kleinem Vorgarten. Am Eingang der Speisesaal, an ihrem Ende die Kapelle Vicar's Chapel.

LIBRARY (5): das Gebäude diente früher als theologisches College. Schöne Holzbalkendecke aus dem 15. Jhd.

WELLS MUSEUM (6): Gipsabgüsse der Figuren an der Westfassade der Kathedrale, Funde aus den Mendip-Höhlen sowie eine Rekonstuktion der Lebensbedingungen zur Stein- und Eisenzeit.

DEANERY (7): der Sitz des Dekans. Gebaut im 13. Jhd., Ende des 15. Jhs. große Umbauten.

CATHEDRAL SCHOOL (8) East Liberty St.: in der Domschule mit Internat werden 7oo Schüler unterrichtet. Vor allem die Musikschule genießt ein sehr hohes Renommee. In der, bei der School abzweigenden North Liberty St. die schöne Stadtvilla CEDARS HOUSE (9). In selber Straße weitere Architektur des 18. Jhd.

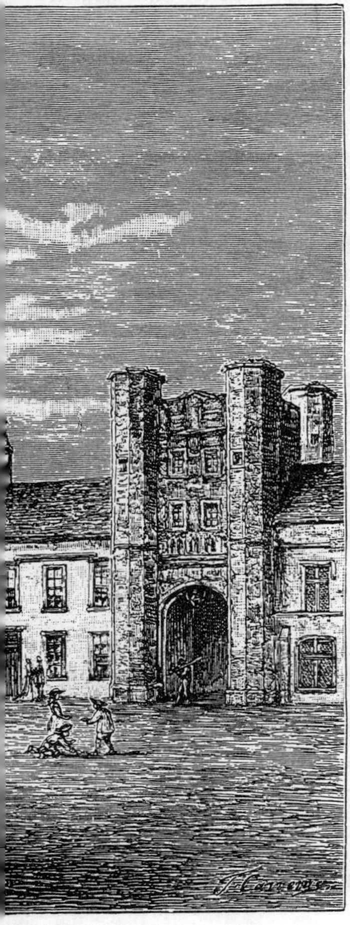

Die HIGH STREET ist die Geschäftsstraße von Wells. In ihrer Verlängerung Cuthbert Street steht rechterhand die St. Chuthbert Kirche (19): Pfarrkirche aus dem 15. Jhd. im Perpendicular-Stil.

"**Swan Hotel**": Sadler Street. Eine Postkutschen-Station aus dem 15. Jhd., die Top-Absteige in Wells und schon seit 3o Jahren im Familienbetrieb der Chapmans. 32 Zimmer, alle mit Himmelbetten. DZ ca. 23o DM.

"**Crown Hotel**": Market Place. Häusliche Atmosphäre im 15- Zimmer- Hotel, direkt am Marktplatz. In Ehren gealterter Kasten mit vollem Service. DZ ca. 18o DM.

"**Ancient Gate House**": Sadler Street. 1o-Zimmer- Hotel gegenüber der Westfassade der Kathedrale. Sehr stilvolle Absteige, die Besitzer geben sich viel Mühe mit ihren Gästen. DZ ca. 12o DM. Nur drei Zimmer mit Bad/Dusche (ca. 15 DM teurer).

BED & BREAKFAST: Im Sommer oft ausgebucht, innerhalb des Stadtkerns ist ohne book-a-bed-ahead in den Monaten Juli und August kaum was zu machen. Preise bei 6o bis 9o DM für's

WELLS, MARKET PLACE: (Stich 19. Jhd.) Links die Kathedrale, - im Eck des Marktplatzes der Torweg "Penniless Porch". Rechts der Torweg "Bishop's Eye"

Doppelzimmer. Bei Buchung eines der Häuser in der Chamberlain Street verlangen, liegen nur fünf Minuten ab von der Kathedrale.
Weit weniger groß ist der Andrang auf die Farmhöfe in der Umgebung. Für Leute mit Pkw zu überlegen. Infos zu Quartieren im Wells- Touristbüro.

BILLIG-HERBERGEN: Weder Jugendherberge noch Privat-Hostel in Wells. Die nächsten Hostels liegen in Street (1o km, siehe "Glastonbury") und in Cheddar (15 km, siehe dort). Beide mit flotten Bus-Connections rein nach Wells.

Camping: Homestead Park: liegt nur 2 km nördlich von Wells, im Dorf Wookey Hole. Grasfläche mit Bäumen, drumrum grüne Hügel. Voll ausstaffiert von der Waschmaschine über Shop und Pub bis zu Tennisplätzen. Die nur 6o Parzellen sind schnell verbucht.

Weitere Campingplätze an der Straße A 371 in nordwestlicher Richtung. Jeweils beschildert.

CITY ARMS (High Street): ständig Hochbetrieb wegen erstklassiger Qualität zu unschlagbaren Preisen (ca. 20-25 DM für Hauptgericht). Der Besitzer David Miene rührt persönlich in den Töpfen.

FOUNTAIN INN (Thomas Street): Preisklasse um 15-20 DM. Einen guten Namen, auch wegen der Endlos-Weinliste.

KINGS HEAD (High Street) Barmeals: etwas gehobenes Niveau für 12-15 DM (mit Vor- und Nachspeise). Pizzen frisch aus dem Ofen, herzhafte Braten etc.

CLOISTERS RESTAURANT: in einem Teil des Kreuzgangs der Kathedrale stehen Tische. Unter der Regie der Kirche, mit Freiwilligen geführt, und entsprechend unschlagbare Preis um 5 DM. Nur tagsüber, nur für Nichtraucher.

GOOD EARTH CAFE (4 Priory Road): Naturkost-Restaurant,- auf grob behauenen Möbeln läßt man sich Salate und Vegetarier-Pizzen bis 5 DM schmecken. Nur tagsüber.

KINGS HEAD (High Street): knallvoll mit jungen Leuten, dem Flashlight der Lichtorgel und mit lauter Popmusik. Das Kings Head ist der einzige "Nightspot" in Wells, da die Kirche wegen des Bischofssitzes in Wells keine Diskothek erlaubt.

STAR PUB: Studentenkneipe, nur ein paar Schritte vom Kings Head. Sehr gemütlich, es riecht nach Selbstgedrehten.

HUNTERS LODGE (in Priddy, ca. 6 km Richtung Bristol): für die Traditionalisten unter den Kneipenbrüdern. Schieferplatten am Boden, Holzbalken. Aus den Fässern hinter der Theke fließt Dunkelbier aus

Kleinbrauereien, ohne Chemie-Additive ("real ale"). Altenglische Barmeals.

Shopping: Cheese Board (Market Place): Riesenauswahl an englischen Käsesorten.

Read`s Bakery (High Street): herrlich krosses Brot. Unentbehrlich fürs Outfit bei der Wanderung in den Mendip Hills.

Fine Shoes (3o High Street): hat sich auf Auslaufmodelle und Räumungsverkäufe bezüglich teurer Markenschuhe spezialisiert, werden mit 1o- 3o % Discount abgegeben.

Verbindungen ab Wells

Busse: Haltestelle ist die Princes Road/Market Street. Fahrpläne beim TI. Häufige Verbindung nach Bath, Bristol und Glastonbury. Die Busse fahren jeweils stündlich. Weiterhin Regionalbusse. - Keine Zugverbindungen.

★Mendip Hills

Hügelketten nordwestlich von Wells. Das beliebte Ausflugsgebiet bringt schöne Wanderungen, die Besichtigung von 2 Tropfsteinhöhlen und Haarnadelpisten durch felsige Schluchten.

Wir beschreiben die einzelnen Ziele in den Mendip Hügeln auf einer rund 5o km langen Schleife, die im Uhrzeigersinn um die Hügelkette führt. Zunächst von Wells auf der A 341 Richtung Nordwesten.

Die Mendips bestehen aus grauem Kalkstein, in denen sich viele Höhlen ausgewaschen haben. In der Steinzeit dicht besiedelt: man wohnte in den Höhlen und jagte in den Hügeln nach Mammut und Bären. Die Römer bauten hier die reichen Bleivorkommen ab. Damals ein sehr wichtiges Metall, das man für den Bau von Wasserleitungen benötigte. Die letzten Bleibergwerke schlossen erst 19oo.

Heute sind die Mendips eines der wichtigsten Weinbaugebiete Englands. Haupterwerbsquelle ist aber der Tourismus.

Bus: nur bis Cheddar, stündlich Verbindung.

Fahrrad: viele Steigungen,- sich nicht zuviel vornehmen. Zu mieten in Wells, bei A & A-Bicycles (8o High Street).

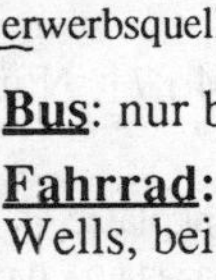

Von Wells nach Cheddar: knapp 15 km, ein bequemes Tagesprogramm. Geht zickzack durch die schönsten Landschaften der Hügelkette. Dazu die OS-Karte Nr. 182 plus Routenbeschreibungen beim TI besorgen. Zurück nach Wells: stündlich mit Bussen.

West Mendip Way: Die große Standard-Route in den Mendip Hills. Ca. 5o km lang, von Wells bis nach Weston-super-Mare an der Küste. Von dort problemlos Buse zurück nach Wells oder weiter nach Bristol.

✶Wookey Hole

Kleines Städtchen zwischen grüner Landschaft am Fuß der Mendip Hills. Liegt rund 3 km nordwestlich von Wells, via eine Abfahrt von der A 371.

WOOKEY HOLE CAVE: Tropfsteinhöhle, 1914 entdeckt. Vom Höhlensystem mit insgesamt 15 Kammern sind die ersten 3 für Besucher zugänglich. Sehr sehenswert mit unterirdischen Seen und schillerndem Gestein. Fledermäuse hängen kopfüber in den Felsnischen.

PAPER MILL: hier werden nach traditionellen Methoden qualitativ hochwertige Papierbogen hergestellt. Man importiert dazu Baumwollballen von den USA. Besichtigung der Arbeitsprozesse, die Bogen hängen zum Trocknen am Gestänge.

WACHSFIGURENKABINETT: Ableger von Madame Tussauds Wachsfigurenkabinett in London. 2.ooo paraffinierte Abbilder von Prominenz aus Geschichte und Gegenwart, schaurige Gruselkammer.

OLD PENNY PIER ARCADE: originalgetreues Spiel- und Vergnügungsviertel aus dem frühen 19. Jhd.

EASTON: Kleiner Weiler an der A 371, ca. 5 km nordwestlich von Wells. Von hier eine beschilderte Stichpiste zum EBBOR GORGE: ein tiefer und dicht bewaldeter Erdspalt, überall dampft's aus den Moos- und Farnfeldern. Gehört zu den schönsten Landschaften in den Mendips, trotzdem kaum bekannt bei Touristen. Ca. 1 km langer Rundwanderweg.

✶Cheddar

Kleinstädtchen 12 km ab Wells, vom Stadtbild nichts Aufregendes. Mittelpunkt ist ein Marktkreuz aus dem 15. Jhd. Cheddar ist berühmt für seinen Wein und seinen Cheddar-Käse. Führungen durch die Weinberge und Keltereien, Besichtigung der Käsefabrik. Infos im TI.

Tourist INFO in der Stadtbibliothek. Union Street; Tel. o934/ 74 4o 71. Nur im Sommer.

Ein paar kleine Hotels, Pensionen und B&B-Häuser. Außerdem zwei Campingplätze.

Jugendherberge (Hillfield): altes viktorianisches Haus am Stadtrand. Tel. o934/74 24 94. Ausweichmöglichkeit für Billig-Touristen, da es in Wells keine Herberge gibt.

RESTAURANTS POACHER'S TABLE (Cliff Street): mit Balkendecke, Bruchsteinwänden und massiven Tischen. Dinner ab ca. 3o DM, Lunch entsprechend billiger. Das Restaurant ist spezialisiert auf Wildgerichte.

WISHING WELL TEA ROOMS (The Cliffs, nahe der Käsefabrik): für den Imbiß bis maximal 1o DM (Salate, Sandwiches, Suppen etc.).

UMGEBUNG

Alle folgenden Attraktionen liegen in der atemberaubenden Schlucht CHEDDAR GORGE, die sich 2 km lang durch die Mendip-Hügel schneidet. Felsüberhänge, die Ashaltpiste ist zwischen die 14o m hohen Steilwände geklemmt. Sie entstand am Ende der Eiszeit durch den Einsturz einer unterirdischen Flußkammer.

Anfahrt: rund 1,5 km östlich, die B 3135 führt durch die Schlucht. Keine Busse auf dieser Strecke.

JACOB'S LADDER: brutale 322 Felsstufen rauf zur Oberkante der Schlucht. Dort eine Aussichtsplatform. Phantastischer Rundblick auf die Schlucht und die Hügelketten der Mendips. Die "Ladder" ist deutlich beschildert, kurz hinter Cheddar.

CHEDDAR CAVES: zwei Tropfsteinhöhlen am Fuß der Kalksteinwände, die größere der beiden ist fast 8oo m lang. Bizarre Felsformationen, Stalagmiten und versteinerte Wasserfälle. Die Caves wurden 1877 entdeckt.

Ein Museum dokumentiert die Lebensbedingungen der Höhlenmenschen. Höhepunkt ist das 1o.ooo Jahre alte Skelett des sog. "Cheddar Man", das in der Höhle gefunden wurde.

Adventure Caving Expedition: ein- bis zweistündige Expeditionen mit Gruppen von maximal zehn Leuten. Dabei geht's zu Höhlenkammern, die normalen Besuchern nicht zugänglichen sind. Schutzkleidung, Helm und Gruben-Lampen werden gestellt. Tgl. vier Touren, Preis um die 1o DM. Tel. o934/ 74 23 43.

BLACK ROCK: ein idyllisches Stück Landschaft, nur selten kommen Besucher hier raus. Eschen stehen grüppchenweise in einem langgezogenen Tal, an den Abhängen Fichten und Lärchen. Anfahrt: Parkplatz am nordöstlichen Ende der Cheddar-Gorge-Schlucht. Dazu sich die OS-Karte besorgen.

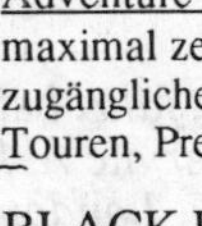

LONG WOOD: 4 km-Rundwanderung (beschildert) durch den lichten Laubwald aus Birkengruppen, Eschen und Eiben. Wird erreicht über einen 7oo m langen Pfad ab dem oben beschriebenem Parkplatz. Nur mit OS-Karte wandern.

★ Axebridge

Langes Straßendorf mit Fachwerkhäusern im Tudor- Stil. Am südlichen Ortsrand ein kleiner Stausee (Cheddar Reservoir) mit vielen Wasservögeln.

BLEADON HILL: vom Gipfel schönes Panorama, vielleicht noch besser als vom Crook Peak (dort aber mit schönerer Natur). Die grünen Somerset Plains und die gekräuselte Wasserfläche des Bristol Channel mit kleinen

Inselchen, bei klarer Sicht bis rauf nach Wales.

Startpunkt: das Dorf Loxton, ca. 6 km westlich via kleinem Landsträßchen. Der Pfad beginnt gegenüber dem Pfarrhaus, rauf und runter gute 1/2 Std.

HOUSE OF NISBET (im Dorf Winscombe): bekannte Fabrik für Puppen und Teddybären. Besichtigung und Kauf (der nicht gerade billigen Dinger) möglich.

★Burrington

Kleines, verschlafenes Nest am Fuß der Mendips. Hier die A 368 verlassen und aufs Landsträßchen B 3134: führt durch die 2 km Felsschlucht Burrington Combe und ist teils in den Hang gekerbt. BURRINGTON HAM Aussichtsplattform: Weidelandschaft durchsetzt mit blauen Seen, und weiter draußen das Häusermeer von Bristol. Liegt linkerhand der B 3134, kurz vor der Ausfahrt aus der Schlucht (ca. 3 km ab Burrington).

BLACK DOWN: mit 33o m die höchste Erhebung in den Mendips, ein einsamer Sandsteinhügel mitten in der Kalklandschaft. Der schönste Blickpunkt in den Mendips: Bristol, raus aufs Meer, und weit rein in das wellige Hinterland mit seinen Städtchen. Der Aufstieg dauert eine halbe Stunde, deutlicher Pfad. Startpunkt ist das Ellick House gleich beim Parkplatz für den Burrington Ham (siehe oben).

Wells ⋙→ Bath bzw. Bristol

Rund 35 - 4o km je nach Route. Wer beide Städte einbauen will, fährt bei knapper Urlaubszeit am besten zunächst nach BATH, dann über die A 4 nach BRISTOL und kann von dort über die Autobahn M 4 via London und weiter zum Kanalhafen durchstechen.

* Nach **BATH** entweder über die **A 39** (stündl. Busse), 35 km.
  Gut 5 km nördl. von Wells an der Hauptstraße A 39 links der PEN HILL. Eine schmale Straße führt auf den Hügel, oben Sendemasten für TV und Telefon, Blick.

  Ab Parkplatz vor dem Sendemast führt ein Trampelpfad in gut 1,5 km zum Dorf Rookham. Ès geht durch lockeren Mischwald bei wiederholt schönem Blick auf Wells.

  CHEWTON MENDIP: auf der Priory Farm wird nach traditioneller Methode der berühmte Cheddar-Käse hergestellt. Die geronnene Milch und die Molke noch recht unappetitlich, besser riecht's schon in der Lagerhalle, wo die Käselaiber reifen. Berühmte Leute wie Prinz Charles gehören zum Kundenstamm. Beste Besuchszeit gegen Mittag, etwa ab 12 Uhr.

* Nach **BATH** via **A 371/A 367**: an km in etwa gleich, für Leute

ohne eigenes Auto allerdings ungünstigere Busverbindungen.

Zunächst ab Wells in östl. Richtung auf der A 371. Nach ca. 5 km die Cranmore Station, ein stillgelegter Bahnhof aus dem Dampflok- Zeitalter mit Eisenbahnmuseum und alten Loks.

SHEPTON MALLET: Städtchen mit schönen, mittelalterlichen Marktplatz. Der heutige Marktfleck war damals bedeutend durch Wollhandel und sehr wohlhabend. Sehenswert die St. Peters Church (12.-15. Jhd.) mit großartiger Kassettendecke, die den damaligen Reichtum des Ortes dokumentiert. Die Kassettendecke ist aus 35o Einzelelementen und kunstvoller Schnitzarbeit zusammengesetzt.

OAKHILL: lohnt für Stop wegen dem "Oakhill Manor". Das efeuumrankte Herrenhaus liegt wie ein Märchenschloß in einem Park. Besucher werden mit einer Miniatur-Eisenbahn vom Parkplatz abgeholt. Sehenswerte Kollektion von Modelleisenbahnen.

* Nach **BRISTOL**: ab Bath am schnellsten über die **A 39/ A 37**. Wer die Mendip Hills noch einbaut, nimmt ab z.B. Churchill (nördl. von Cheddar) die A 38, die direkt nach Bristol führt.

★ Bath (85.ooo Einw.)

Eine der schönsten Städte Südenglands, die viel vom Flair des 18. und 19. Jhds. in heutige Zeit rübertragen konnte. Seinerzeit ein chiquer Badeort wegen seiner Quellen (=Bath). Rund 5oo Gebäude damaliger Zeit stehen heute unter Denkmalsschutz.

Tourist INFO (2) ziemlich überlastetes Office im Innenhof der Kirche, dem offiziellen Stadtmittelpunkt. Book-a-bed-ahead.

GESCHICHTE: gemäß der Sage gründete der Vater King Lears die Siedlung Bath. Er sei, - so berichtet die Sage, - wegen seiner Erkrankung an Lepra vom Hof verbannt worden und zog als Schweinehirt übers Land. Seine Tiere hätten die Heilquellen von Bath entdeckt, die ihn wieder gesunden ließen und seine Restauration als König ermöglichten. Zum Dank gründete er Bath.

Geschichtlich nachgewisen ist, daß die Römer um 44 n. Chr. an heutiger Stelle eine Siedlung gründeten, die sie "Aquae Sulis" nannten. Als größte Badefans der Geschichte nutzten sie die Thermalquellen, um ein System von Bädern zu bauen. Man traf sich hier zu politischen Diskussionen. Zu Ehren der Göttin Minerva wurde ein Tempel errichtet.

Aus der Zeit der Sachsen (vom Rückzug der Römer bis zur normannischen Eroberung; 5.- 11. Jhd.) gibt es nur spärliche Kenntnisse; dokumentiert ist, daß sie hier eine Kirche bauten.

Im Mittelalter hatte Bath wirtschaftliche Bedeutung im Wollhandel, die allerdings nicht die Bedeutung anderer, südenglischer und künstennaher Städte wie z.B. Chichester erreichen konnte.

Anfang des 17. Jhds. wurden die Thermalquellen, die seit der römischen Zeit in Vergessenheit geraten waren, neu entdeckt. Auch die Queen von King Charles I. erfuhr von der Heilwirkung und besuchte zusammen mit ihrem Hausarzt Sir Alexander Frayser die Quellen von Bath um 1644. Derart königlicher Besuch verschaffte Bath hohe Publicity, zumal Sir A. Frayser um 1662 auch mit dem Nachfolgerkönig Charles II. und Queen Catherine nach Bath zur Kur kam. Spätestens zu diesem Zeitpunkt hatte sich Bath als Kurort etabliert, und immer mehr Menschen kamen, die sich zugleich die teure und lange, frühere Reise zu franz. Kurbädern sparten.

Zusätzliche Publicity verschaffte Queen Anne, die 17o2 Bath besuchte. Der Hochadel und die gesellschaftliche Creme aus Wirtschaft und Kultur errichteten hier Sommerresidenzen.

Einen wichtigen Beitrag für die Entwicklung der Stadt leistete ein gewisser Richard Beau Nash. Er wurde 17o4 zum Zeremoniemeister ernannt und reglementierte das gesamte öffentliche Leben "seiner" Stadt. Nash war ein schillernder Lebemann und Berufsspieler. Der Prototyp der verkrachten Existenz, Studium und Soldatenlaufbahn abgebrochen. Doch im England jener Tage wurde der zum Star. Er organisierte rauschende Feste und machte seine extravagante Kleidung zur allgemeinen Mode. Gleichzeitig konstruierte er monumentale Prachtbauten, um der Stadt den entsprechenden Outfit zu geben. Bath wurde gepflastert und peinlichst sauber gehalten sowie Bettler aus der Stadt vertrieben.

Tagesablauf der Kurgäste: Erstes Bad von 6- 9 Uhr. Dann Treff zum Plaudern, Musikhören und drei Glas Heilwasser. Nach gemeinsamen Frühstück wurden die Kurgäste in Sänften zu ihren Hotels getragen, um sich für den Gottesdienst in der Abbey Church zurechtzumachen.

Nach dem Lunch traf man sich erneut zum Plausch und flanierte durch die Straßen. Die Abende verbrachte man bei rauschenden Bällen, in der Oper oder am Spieltisch.

Ab 172o wurde Bath fast vollständig neu errichtet mit Feudalbauten, die dem Leben der reichen Kurgäste den entsprechenden Rahmen gaben.

Es waren die Architekten Woods, sowie Ralph Allen. Dieser war als 16-jähriger von Cornwall nach Bath zugereist und hatte einige tiefgreifende Ideen, wie der damals schleppende Postbetrieb in Zustel-

KURBETRIEB im "King's Bath"
Stich von 1675. Er zeigt, daß damals in Bath bereits einiges los war. Blütezeit dann ab ca. 1710

lung beschleunigt werden könne. 172o erhielt er vom Gouvernment die Exclusivrechte für 7 Jahre auf alle nicht Hauptstrecken betreffende Postverbindungen. Nach ersten 3 Jahren des Verlustes konnte er anschließend gewaltige Verdienste scheffeln und war als knapp 3o jähriger einer der reichsten Männer von Bath geworden.

Mit seinen erwirtschafteten Gewinnen kaufte er umliegende Steinbrüche, baute Straßen zum Abtransport der Steine zum River Avon, sowie Frachtschiffe. Die Steine wurden nach Bristol exportiert und von dort in alle Teile Englands. Sie waren wegen ihrer Struktur und Reflektion des Sonnenlichtes sehr gefragt und fanden nicht zuletzt auch Verwendung in der Architektur des neuen Bath.

Der Aufbau wurde in der sehr kurzen Zeit von 172o - 18oo bewerkstelligt. Aus diesem Grund folgt die gesamte Stadt einem einheitlichen Architekturprinzip, dem sog. georgianischen Stil. Architekten waren John Wood, Vater und Sohn.

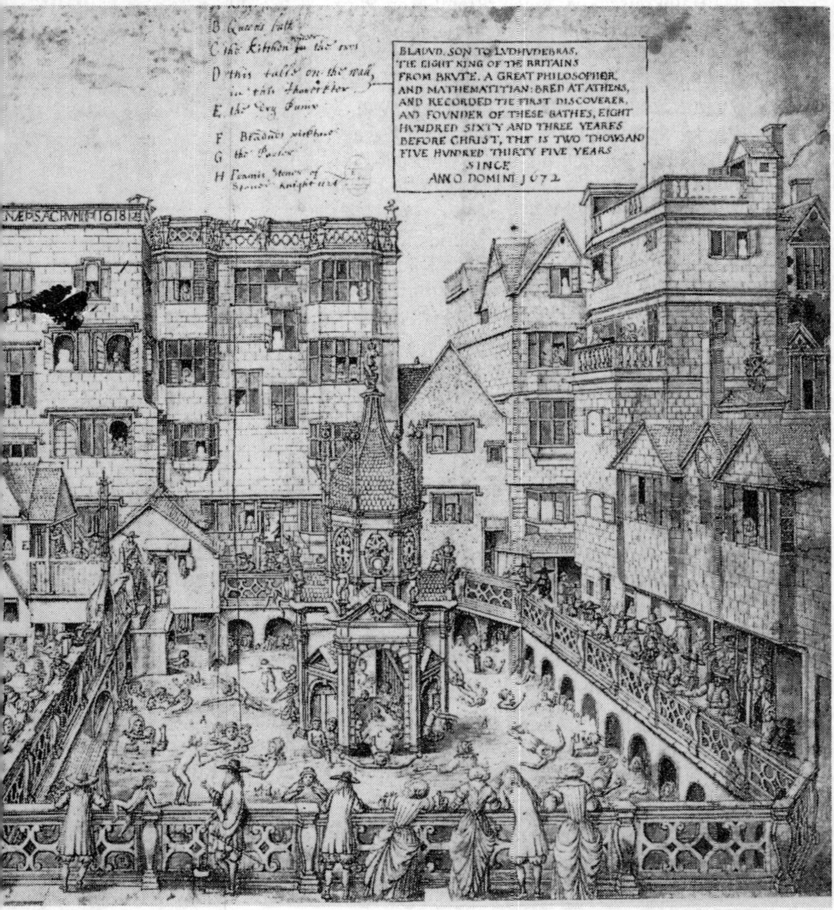

John Wood der Ältere lebte in Bath ab 1727 bis zu seinem Tod 27 Jahre später. Er errichtete alle Gebäude nach einem einheitlichen Grundplan. Seine Leistung besteht in genereller Architekturharmonisierung einer Gesamtstadtplanung.

Die Plätze sind durch Prachtstraßen verbunden, - alle Gebäude aus selbem Baumaterial und in selbem Baustil. Weniger das einzelne Gebäude, - als der repräsentative Gesamteindruck zählten. Sein Sohn John Wood der Jüngere führte das Werk fort, zum Teil realisierte er getreu die Blaupausen seines Vaters. Sein eigener Beitrag war die Konzeption des Crescents: Reihenhäuser in Form eines Halbkreises, der einen öffentlichen Platz umgibt. Zahlreiche andere Architekten adaptierten den neuen Baustil und verwirklichten das *Model Bath* in anderen englischen Städten.

Vor 173o umfasste Bath den Bereich Borough Walls - bis südl. Henry Street und Avon River. Bis 1776 expandierte die Stadt westlich bis Royal Crescent (38) und nördlich zum Hedgemead Park (32), sowie südlich bis zum heutigen Bahnhof (14) und River Avon.

Zu den wichtigen Architekten des 18. Jhds. gehört auch Robert Adam. - Boom des Heilbades Bath war das 18. Jhd. Danach kam das Baden im Meer in Mode, und ab Beginn des 19. Jhds. waren Seebäder wie z.B. Brighton an der engl. Südküste erheblich gefragter. Die römischen Bäder und die gregorianische Architektur von Bath blieben jedoch weiterhin Attraktion.

1942 zertörten deutsche Bombenangriffe fast die gesamte Stadt. Sie wurde im Zentrum weitgehend originalgetreu aufgebaut. Die Thermalbäder mußten 1976 geschlossen wegen Unrentabilität, - letzten Anstoß für die Schließung gab eine ansteckende Amböbenerkrankung.

Stadtbesichtigung: am besten zu Fuß, alles liegt in bequemer Reichweite um die Stadtkirche (1) bis hin Royal Crescent (38). Wer eigenes Auto dabei hat: am besten auf dem Großparkplatz südlich des Royal Victoria Parks (37) abstellen. Es gibt weitere Parkmöglichkeiten im Zentrum (siehe Karte: P), allerdings nur knapper Parkraum.

Empfehlenswert ist die TI-Broschüre "Two Walks in Bath"- enthält Kartenskizzen und Hintergrundinformation.

FREMDENFÜHRUNGEN: zu empfehlen, wer gutes Englisch spricht. Sachkundige Einwohner von Bath machen die Sache mit viel Engagement. Dauert 1 3/4 Stunden, kostenlos. Sammelpunkt: vor dem Pump Room (2). Zeitplan beim TI.

BUSTOUREN: für einen ersten Überblick mit der Gesellschaft "Roman City Coaches". Abfahrt alle 3o Min. vom Busterminal (15) und ab Kingsmead Square.

BATH 1750, im Vordergrund der River Avon, Blick auf die Abbey, Links die Gebäude der North Terrace

Das ZENTRUM von Bath liegt um die ABBEY (1): Auf den Fundamenten einer früheren sächsischen und normannischen Kirche wurde die Bath Abbey ab 1499 neu errichtet. Die schöne Westfassade stammt von 1617: sie besteht aus einem 7-zeiligen Fenster, das rechts und links von einem pfeilerähnlichen, schmalen Turm umrahmt ist. Dort befinden sich seitlich Figuren in Nischen, sowie in der Mitte der beiden Türme leiterähnliche Stufen, in denen Engel auf und ab steigen. Dokumentiert einen Traum des Bischofs Oliver King (Chefsekretär des Königs Henry II.), der Anstoß zum Bau der Kirche 1499 gewesen sein soll.

Im Inneren der Kirche fantastisches Filigranwerk steinerner Fächer im Kirchengewölbe, für das die Abbey berühmt ist. Sowie über 6oo Gedenktafeln von Berühmtheiten des 16.- 18. Jhd. und Grabmäler u.a. der berühmten Bath- Architekten Wood sen. und jun.

ROMAN BATHS (2): Reste einer römischen Badeanstalten. Der sehr gut erhaltene, kühne Gebäudekomplex enthält fünf Bäder mit Warmwasser, das aus den 49 Grad heißen Thermalquellen im Untergrund fließt. Die Quellen produzieren pro Tag 2,2 Millionen Liter. Das Kaltwasser für zwei Schwimmbecken wurde über Bleileitungen antransportiert. Dazu beheizte Ruheräume, Mosaiken, ein Tempel für die Göttin Minerva etc. Die Römer benutzten die Badeanstalt von Bath fast 4oo Jahre lang.

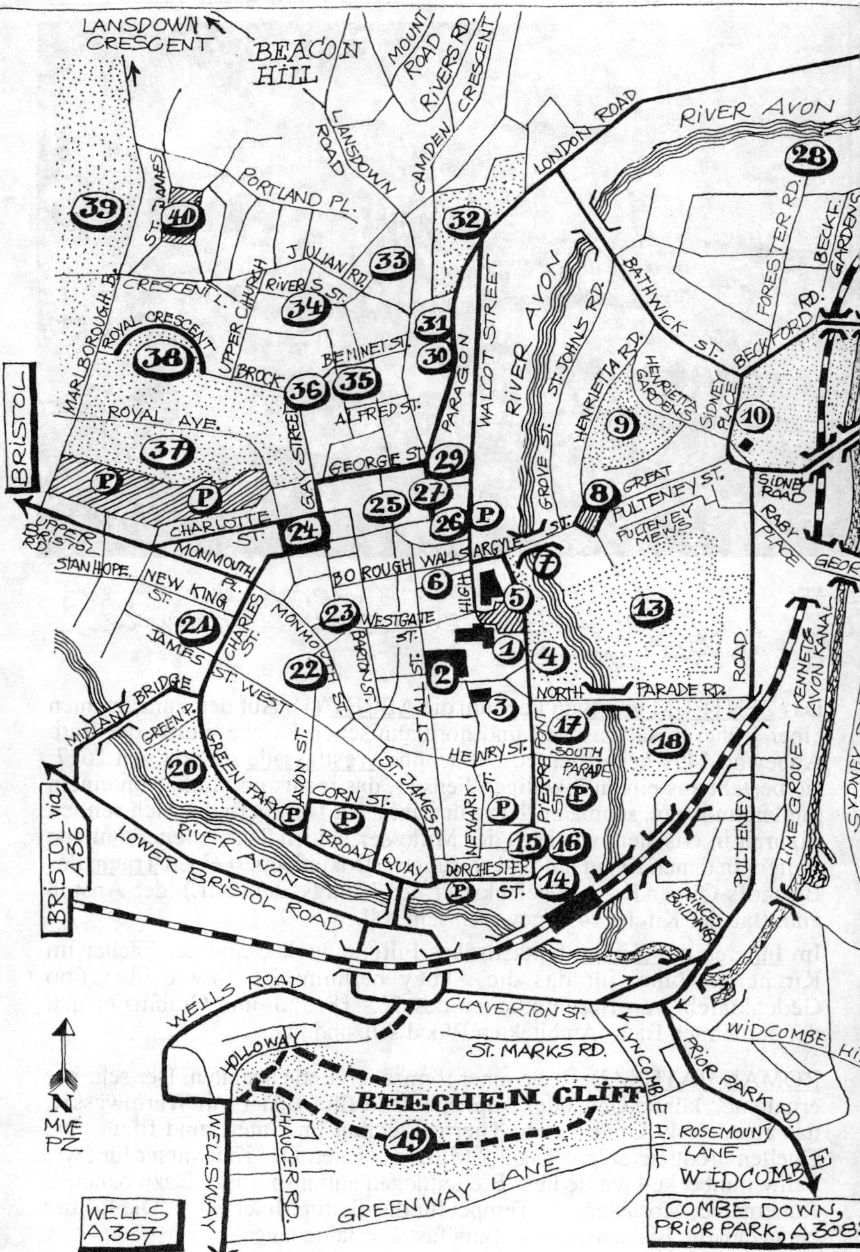
LANSDOWN CRESCENT
BEACON HILL
MOUNT ROAD
RIVERS RD.
CAMDEN CRESCENT
LANSDOWN ROAD
LONDON ROAD
RIVER AVON
PORTLAND PL.
ST. JAMES
JULIAN RD.
RIVERS ST.
CRESCENT L.
MARLBOROUGH B.
UPPER CHURCH
ROYAL CRESCENT
BROCK
BENNET ST.
ALFRED ST.
PARAGON
WALCOT STREET
RIVER AVON
ST. JOHNS RD.
HENRIETTA RD.
HENRIETTA GARDENS
SIDNEY PLACE
BATHWICK ST.
FORESTER RD.
BECKFORD RD.
BECKF. GARDENS
BRISTOL
ROYAL AVE.
GAY STREET
GEORGE ST.
GROVE ST.
GREAT PULTENEY ST.
PULTENEY MEWS
SIDNEY ROAD
RABY PLACE
GEOR
UPPER BRISTOL RD.
CHARLOTTE ST.
MONMOUTH PL.
STANHOPE.
NEW KING ST.
BOROUGH WALLS
ARGYLE ST.
HIGH
CHARLES ST.
MONMOUTH ST.
WESTGATE ST.
JAMES ST. WEST
BARTON ST.
STALL ST.
MIDLAND BRIDGE
GREEN P.
GREEN PARK
AVON ST.
NORTH PARADE RD.
ROAD
KENNET & AVON KANAL
SOUTH PARADE
PIERREPONT ST.
HENRY ST.
ST. JAMES
NEWARK ST.
CORN ST.
BROAD QUAY
DORCHESTER ST.
PULTENEY
LIME GROVE
SYDNEY
PRINCES BUILDINGS
BRISTOL via A36
RIVER AVON
LOWER BRISTOL ROAD
WELLS ROAD
CLAVERTON ST.
WIDCOMBE HI.
HOLLOWAY
ST. MARKS RD.
LYNCOMBE HILL
PRIOR PARK RD.
BEECHEN CLIFF
CHAUCER RD.
WELLSWAY
ROSEMOUNT LANE
WIDCOMBE
GREENWAY LANE
N
MVE PZ
WELLS A367
COMBE DOWN, PRIOR PARK, A3082
1
2
3
4
5
6
7
8
9
10
13
14
15
16
17
18
19
20
21
22
23
24
25
26
27
28
29
30
31
32
33
34
35
36
37
38
39
40
P

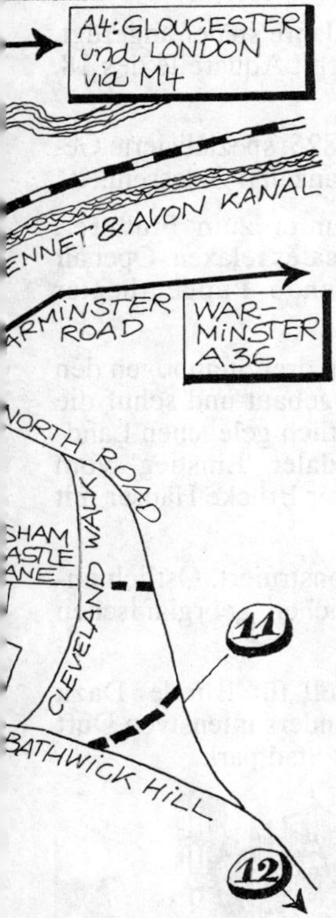

BATH

1 Bath Abbey
2 Roman Bath, TOURIST INFO
3 Borrows Toy Museum
4 Parade Gardens
5 Rathaus und Victoria Art Gallery
6 The Corridor
7 Pulteney Bridge
8 Laura Place
9 Henrietta Park
1o Holburne Museum, Sidney Gardens
11 Sham Castle und Golf Club
12 American Museum, Bath University
13 Recreation Ground
14 BAHNHOF
15 BUSTERMINAL
16 Buchbinder Museum
17 North Terrace
18 Cricket Ground
19 Alexandra Park
2o Green Park
21 Herschel House
22 Kingsmead Square
23 Saw Close, Royal Theatre
24 Queens Square
25 Milsom Street, Octagon: Nat. Centre of Photography
26 HAUPTPOST
27 Post Museum
28 Bath Boating Station
29 YMCA
3o Museum of Engl. Native Art
31 Huntingdon Centre
32 Hedgemead Park
33 Bath Industrial Heritage Centre
34 Carriage Museum
35 Assembly Rooms & Costume Museum
36 The Circus
37 Royal Victoria Park
38 Royal Crescent
39 Royal Victoria Park
4o St. James Square

P = PARKPLATZ ▬ ▬ = FUSSWEG

> 1727 fand man bei den Bauarbeiten einen vergoldeten Kopf der Minerva. Das Indiz, daß sich hier eine römische Anlage befunden hat, verstärkte sich durch weitere Ausgrabungsfunde 175o. Aber erst im 19. Jhd. betrieben Archäologen die systematische Freilegung des röm. Bäderkomplexes. Die Arbeiten dauerten bis 188o.

Ein Museum zeigt die römischen Fundstücke, die bei der Exkavation der Bäder ans Tageslicht kamen (z.B. der Kopf einer Bronzestatue der Minerva, Göttin der Weisheit und Heilung).

PUMP ROOM (2): wurde 17o5 auf der Basis des Römischen Bades errichtet. Das prachtvolle, klassizistische Gebäude mit vielen Säulen und der Statue von Beau Nash im Prunksaal. Wie schon vor 2oo Jahren führt man sich ein Gläschen Heilwasser zu Gemüte. Wird kalt oder heiß serviert: das heiße Wasser brennt wegen des hohen Mineralgehalt in der Kehle. Für Morgen-Kaffee und Nachmittags-Tee spielt ein Trio klassische Musik.

BURROWS TOY MUSEUM (3): angenehme Nostalgie bei Kinderspielzeug der letzten 2oo Jahre. Bilderbücher, Puppenküchen, Baukästen etc.

GUILDHALL (5): das 1775 fertiggestellte Rathaus, sehenswert der pompöse Bankettsaal. Die Seitenflügel wurden ca. 1oo Jahre später angefügt. Im Rathaus ist die Victoria Art Gallery untergebracht: Aquarelle des 18. bis 2o. Jahrhunderts, antike Uhren, Keramik etc.

THE CORRIDOR (6): elegante Ladenpassage von 1825, spezialisierte Geschäfte auf 3 Etagen. Die Architektur verströmt Eleganz und Gelassenheit.

PARADE GARDENS (4): Treppen führen runter zum Flußufer. Grünanlagen zum Bummeln, in einem der Terrassencafés relaxen. Openair Konzerte mit klassischer Musik, am Wochenende Puppentheater (nachmittags).

PULTENEY BRIDGE (7): die Brücke überspannt in drei Steinbögen den River Avon. Sie wurde um 177o von John Adam gebaut und schuf die Verbindung vom Stadtzentrum über den Fluß zu östlich gelegenen Landgütern des Earl William Pulteney: ein damals feudaler "Einstieg" vom Stadtzentrum in die Landwirtschaft des Earls. Auf der Brücke Häuser mit Ladengalerien.

LAURA PLACE (8): 1788 in Form einer Raute konstruiert. Östlich anschließend die Great Pulteney Street mit ihren stattlichen, georgianischen Reihenhäusern.

HENRIETTA PARK (9): dort ein Garten speziell für Blinde. Dazu wurden Blumen und Sträucher ausgewählt, die besonders intensiven Duft ausströmen. Der südliche Recreation Ground (13) ist Stadtpark.

BATH-ABBEY: Westfassade, Ausbaustand 1788

HOLBURNE MUSEUM (1o): Gemälde von Gainsborough, Allan Ramsay und Stubbs, sowie wertvolle Porzellan- und Silbersammlung. Untergebracht in schönem, klassizistischen Gebäude, - im 19. Jhd. ein Luxushotel. Dahinter erstrecken sich die gepflegten Grünanlagen der Sidney Gardens, angelegt 1795. Die Eisenbahn und der Kennet & Avon Kanal führen hindurch.

SHAM CASTLE (11): Pseudo- Ruine, bestehend aus einer Mauer mit Zinnen und Türmchen. Dahinter der Golfplatz. Es handelt sich dabei um ein Folly, 176o von Ralph Allen erbaut: von seinem Wohnzimmerfenster wollte er eine romantische Aussicht haben. Ca. 15 Min. zu Fuß ab Holburne Museum via Sham Castle Lane.

AMERICAN MUSEUM (12): südöstl. von Bath in Verlängerung der Bathwick Hill St. In 18 Räumen Exponate zum Leben in Amerika 17.- 19. Jhd., Textilien, Glas, Kunsthandwerk, histor. Karten.

NORTH TERRACE (17): angelegt zu Beginn des 18. Jhds. in Neoklassizismus. - MUSEUM OF BOOKBINDING (16): dokumentiert die Kunst der Buchbinderei, geöffnet werktags.

GREEN PARK (2o): im Park die Rekonstruktion eines römischen Mosaiks. Es stellt den sagenhaften Sänger Orpheus dar.

HERSCHEL HOUSE (21): das Wohnhaus des Musikers Frederick Willi-

MILSOM STREET, Gebäude aus der Zeit um 1762

am Herschel, der sich auch als Hobby-Astronom betätigte und 1781 als erster den Planeten Uranus entdeckte. In der georgianischen Stadtvilla sind Musikinstrumente und astronomisches Gerät aus dem Ende des 18. Jhds. ausgestellt.

KINGSMEAD SQUARE (22): gebaut von John Strahan zwischen 1727-36 und begrenzt das westliche Ende der damaligen Old City. Die Architektur des Platzes hat zwar nicht das Niveau der besten Gebäude Woods, war jedoch damals würdiger Abschluß des Zentrums.

SAW CLOSE (23): in dieser Straße wohnte der schillernde Beau Nash. In seiner Villa befindet sich heute das Top-Restaurant Popjoys.

QUEENS SQUARE (24): Bauzeit rund 7 Jahre unter John Wood 1728-36 und Konzeptarchitektur: Quadratischer Grundriß, die Fassaden zu tempelähnlichen Fassaden verbunden. In der Mitte des Platzes eine Grünanlage.

MILSOM STREET (25): erste Häuser stammen von 1762, - im OCTAGON (25) ist heute das Photography Museum untergebracht. Einige der frühesten, offiziell belegten Schnappschüsse; künstlerisch anspruchsvolle Fotos, Kameras und Ausrüstung aus der Gründerzeit.

POST MUSEUM (27), 8, Broad St.: Dokumentation der Geschichte der Post, alte Postkutschen, Briefmarken etc. Behandelt u.a. auch die Postverbindungen des Ralph Allen (siehe Geschichte).

MUSEUM OF ENGLISH NAIVE ART (3o): Privat-Sammlung naiver Maler aus England. Konzentriert sich auf die Kunstepoche zwischen 175o und 19oo. Das Museum befindet sich in der Prachtstraße The Paragon, die die städteplanerische Konzeption des Royal Crescent (38) zum Vorbild hat. Details siehe dort.

HUNTINGDON CENTRE (31): direkt daneben in der Paragon. Behandelt Geschichte und Architektur von Bath.

BATH INDUSTRIAL HERITAGE CENTRE (33), Julian Road: Querschnitt durch die Arbeiten des Ingenieurs Bowler, tätig im 19. Jhd. Interessant auch als Beispiel für eine wissenschaftliche Werkstatt jener Zeit.

CARRIAGE MUSEUM (34): fast 5o Pferdekutschen. Darunter prachtvolle Karossen mit kunstvollen Goldbeschlägen. Dazu das Livree der Kutscher und das Geschirr der Pferde.

ASSEMBLY ROOMS (35), Bennet St.: nach Fertigstellung um 177o hielt man hier jene rauschenden Bälle ab, von denen ganz England sprach. Die Anlage wurde im 2. Weltkrieg vollständig zerbombt, aber gemäß der alten Plänen neu aufgebaut. Hier ist das Museum of Costume untergebracht: eine der weltgrößten Kollektionen historischer Trachten vom Ende des 16. Jhd. bis zur Gegenwart. Vom bestickten Mantel für den Herrn um 17oo, bis zur Jeansklamotte. Alle bedeutenden Modeschöpfer sind vertreten.

CIRCUS (36): kreisrunder Platz mit Grünfläche und Bäumen in der Mitte. Die Gebäude umschließen den Platz wie eine Zirkusarena, sie haben 3 Stockwerke mit jeweils Zwillingssäulen zwischen den Fenstern. Geplant von John Wood, der am 18. Febr. 1754 den Grundstein legte, jedoch am 23.März starb. Sein Sohn setzte die Arbeiten fort, fertiggestellt 1758. Im Haus Nummer 24 wohnte der berühmte Maler Gainsborough. Die Gay Street verbindet zum Queen Square und die Brook Street zum:

ROYAL CRESCENT (29): wohl das Highlight in der Stadtkonzeption von Bath. Ein harmonischer Halbkreis aus 3o Häusern, die verbunden sind zu einer einzigen, halbmondförmigen Fassade.

Die Fassade besitzt drei Stockwerke. Sehr hohe, ionische Halbsäulen zwischen den Fenstern, die vom ersten über das zweite Stockwerk bis zum Dachfries reichen. Insgesamt sind es 1oo Säulen. Das Erdgeschoß als Kontrast ohne jegliche Ornamentierung. Der Halbkreis öffnet sich zum Royal Victoria Park (37). Das Haus Number One (Hausnummer 1) ist geöffnet für Besucher: möbliert im Stil einer Bürgerwohnung des 18. Jhds., bis hin zur Teetasse original.

Royal Crescent wurde in der Zeit von 1767 bis 74 angelegt. Architekt war John Wood der Jüngere. Es war der erste jener Crescents, die während der Wende vom 18. ins 19. Jhd. in vielen Städten Großbritanniens gebaut wurden: halbkreisförmigen Straßen mit geschlossener Fassade.

Allein in Bath wurden in den folgenden zwei Jahrzehnten weitere Crescents gebaut, die das städtebauliche Konzept des Royal Crescent zum Vorbild haben. Die drei schönsten sind The Paragon (1769, Architekt Atwood), der Camden Crescent (1788 angelegt) und der Lansdowne Crescent (1884) als letzter der großen Straßen und Plätze von Bath.

ROYAL VICTORIA PARK (37): großes Gelände mit kleinen Weihern (Ruderboote), seltenen Pflanzen und einem botanischen Garten.

ST. JAMES SQUARE (4o): weiterer Platz mit harmonisch ausgewogener Architektur.

THE ROYAL CRESCENT, gebaut 1767–74 von John Wood jun.

BEECHEN CLIFF (19): bewaldete Anhöhe (12o m) südlich der Stadt. Lohnt wegen des Blicks über die Straßenzüge und Monumentalgebäude. Zu erreichen in gut 1o Min. zu Fuß ab Zentrum, via Holloway St. (siehe Karte). Die Cliffs sind ein schöner Abschluß der Sightseeing Tour, um die Stadt nochmals aus der Vogelperspektive zu erleben.

"**Royal Crescent Hotel**": 16 Royal Crescent. Die Top-Absteige von Bath. Im Foyer illustre Gäste, zum Teil bekannt von Funk und Fernsehen. Das Hotel liegt in der schönsten Straßenzeile von Bath, museumsreife Antik-Möblierung. DZ ca. 45o DM.

"**Francis Hotel**": Queen Square. Erstklassiger Prachtkasten aus dem 18. Jhd. Sehr schöne Lage am Queen Square (siehe Sightseeing), und ein Service, der das Gesamturteil abrundet. Unbedingt Zimmer im Altbau buchen, nicht im neu angefügten Annex. DZ ca. 33o DM.

"**Lansdown Grove Hotel**": Landsdown Road. Liegt im nördlichen Randbezirk von Bath. Auf einer Anhöhe, herrlicher Ausblick. Sehr gut von privater Hand geführt, alter georgianischer Bau. DZ ca. 21o DM.

"**Pratt's Hotel**": South Parade. In der Stadtmitte: eleganteres Gebäude, in dem früher der schottische Nationaldichter Sir Walter Scott gewohnt hat. Sehr guter Service. DZ ca. 21o DM.

"**Fernley Hotel**": 1 North Parade. Kleineres Hotel, paar Minuten von den römischen Badeanlagen. 1743 erbaut, hat unsere Empfehlung. DZ ca. 13o DM.

"**Compass Arden Hotel**": 73 Great Pulteney Street. Georgianisches Gebäude fünf Gehminuten vom Zentrum. 199o erfolgte Total-Renovierung. DZ ca. 15o DM.

"**Carfax Hotel**": 13 Great Pulteney Street. Mittleres Hotel in Zentrumsnähe, sympathisch geführt und empfehlenswert. DZ ca. 115 DM ohne, 15o DM mit Bad.

"**Richmond Hotel**": 11 Great Pulteney Street. Dreißig Zimmer in einem georgianischen Bürgerhaus; im Stadtkern von Bath. Viele Zimmer mit Bad. Freundliche Atmosphäre. DZ ca. 11o DM

"**Millers Hotel**": 69 Great Pulteney Street. Privates Wohnhaus, in dem ein Dutzend Zimmer vergeben werden. Sehr sauber, guter Service, zentrale Lage. DZ ca. 11o DM. Zimmer mit Bad sind rund 4o Mark teurer.

BED & BREAKFAST: Im Sommer alles ausgebucht. Daher während der Hochsaison mehrere Tage vorher ein Zimmer reservieren (durch kurzen Anruf beim TI). Wer sich wegen Schwierigkeiten mit Englisch nicht ans Telefon traut, läß den Anruf von irgend einem TI-Office übernehmen. Book-a-bed-ahead nur für den Notfall, wer die Buchung versäumt hat.

Der Standard ist in Bath durchweg gehoben. Elegante Bürgerhäuser aus dem 18. Jhd., wo sich wegen der massiven Mauern nicht das Geschnarche des Zimmernachbarn links mit den etwas angeregteren Geräuschen des Liebespärchens rechts zum Abendständchen vermischen. Preise: etwa 2o-3o% höher als sonst üblich, bei ca. 8o - 9o DM für's DZ.

Die besten Häuser liegen im Umkreis der Pulteney Road, vor allem in der Seitenstraße Pulteney Gardens. Ein ruhiges Residencial-Viertel mit vielen Grünanlagen. Zu Fuß 5 Minuten in's Stadtzentrum. Die meisten Zimmer mit Duschen, im Schnitt 12o DM.

Kein Zimmer mehr frei: Leute mit fahrbarem Untersatz finden immer was in den umliegenden Dörfern und Farmhöfen - sich allerdings auf bis zu einer halben Stunde Anfahrtszeit gefaßt machen. Vorteil ist die Ruhe vom Touristenrummel in Bath.

Weitere Ausweichmöglichkeit ist Bristol. 15 km westlich und Pendelverbindung mit Bath per Zug und Bus. Tagsüber den georgianischen Flair genießen, zum Schlafen ist man in ein paar Minuten in Bristol.

JUGENDHERBERGE (Bathwick Hill): Herrenhaus mit kleinem Park drumrum, eine Fünf-Sterne-Herberge mit allen Facilities und Fahrrad-Vermietung. Im Sommer meist voll: ein, zwei Tage vorher anrufen und buchen. Liegt 2o Gehminuten ab vom Zentrum (Beschilderung "University" folgen), oder Bus Nr. 128 ab Grand Parade.

YMCA (Broad Street Place, off Broad Street, - siehe unsere Karte Nr. 29): modernes Haus mitten im Zentrum, keine Sperrstunde. Preislich bei rund 25 DM mit Frühstück. Im Sommer überfüllt, vorher anklingeln und buchen. Nimmt auch Frauen auf.

Newbridge Park: Parkgelände mit Baumgruppen. Voll ausgerüstet,- Pub, Shop, Waschmaschinen etc. Juli und August zwei, drei Tage vorher anrufen und buchen. Nur für Leute mit Wohnmobil, keine Zelte. Anfahrt: liegt am Stadtrand, Richtung Bristol (der Beschilderung nach "Newbridge" folgen).

Zum Zelten: Der Newton Mill Touring Centre liegt 5 km außerhalb an der A 4 in Newton St. Loe; jede 1/4 Stunde ein Bus. Schöner Platz mit Wald, ein Flüßchen rauscht vorbei (Fischen erlaubt). Exzellente Facilities, Juli/ August vorausbuchen.

POPJOYS (Sawclose): der Star unter den Restaurants von Bath. Untergebracht im ehemaligen Wohnhaus Richard Beau Nashs. Exzellentes Essen, feierliche Atmosphäre. Nur mit vorheriger Reservierung. 3-Gang-Dinner ca. 65 DM.

Das Restaurant ist benannt nach seiner letzten Mätresse Julianna Popjoy, einer Schönheit, die nach dem Tod ihres Liebhabers als Kräuterweiblein durch die Wälder zog und einsam in einer Baumhöhle lebte. Das Haus wurde restauriert, wie es nach seiner Fertigstellung 172o möbliert war. Den Kaffee nimmt man auf den Diwans im Gesellschaftsraum im ersten Stock zu sich.

ROYAL CRESCENT HOTEL (Royal Crescent): Restaurant des Elite-Hotels. Dinieren wie der Fürst persönlich, zwischen verschnörkelter Antik- Möblierung, Stuckwerk an der Decke und wertvollen Gemälden. Dinner ca. 1oo DM, dazu kommt der Wein.

EVAN'S FISH RESTAURANT (7 Abbeygate Street): Meeresfrüchte, die Respekt vor einer knappen Reisekasse haben. Um 1o DM im Restaurant, im Selfservice noch ein paar Mark billiger. Das Evans ist schon seit der Jahrhundertwende die Fish&Chip-Institution von Bath.

SWEENEY TODD'S (15 Milsom Street): Guten Ruf für Pizzen. Weiterer Tip sind die Schweinerippchen mit süßsaurer Sauce. Preise zwischen 15 und 2o Mark.

MOON AND SIXPENCE (6 Broad Street): sehr gutes Essen in der Weinbar oder im Restaurant. Bei schönem Wetter wird im Innenhof serviert. Preise um 3o DM.

WALRUS AND CARPENTER (28 Barton Street): sehr gutes Essen um 15 DM. Etwa Beefburger mit ausgefallenen Toppings und Beilagen, dazu. rockige Backgroundmusik. Liegt in der Nähe des Theatre Royal.

HUCKLEBERRY'S (34 Broad Street): Vegetarier-Restaurant und -Café. Einfache, klobige Holzmöbel, aus den Musikboxen rieseln die Dire Straits. Gerichte 4- 8 Mark, nur tagsüber.

Barmeals: SAM WELLERS (Upper Borough Walls): von einem Australier geführt, die Stammkundschaft nimmt ständig zu. Serviert wird durchgehend von Mittag bis 19.3o Uhr.

PUMP ROOM (gegenüber dem Tourist Office): tagsüber für 5- 1o DM, um das entsprechende feeling zu kriegen: Ballsaal des 18. Jhds. mit Kronleuchtern, Säulen. Ein Piano-Spieler macht Musik.

SALLY LUNN'S (North Parade Passage): Adresse für die berühmten Teekuchen. Im selben Gebäude erfand die französische Dienstmagd Sally Lunn um 168o das spezifisches Gebäck und verkaufte es auf Straßenmärkten. Der Erfolg war durchschlagend, dennoch ging das Originalrezept verloren. 193o wurde es bei Bauarbeiten in einem Geheimfach aufgefunden. Um die 5 DM.

Schräg gegenüber: BATH BUNS TEA ROOM. Hier werden die für die Stadt typischen "Bath Buns" serviert. Brotteig mit Zucker und Rosinen, darin ist ein Zuckerwürfel eingebacken. Durchschneiden und mit Butter beschmieren, um 2 DM.

BARLETT BUTCHER (Green Street): in dieser Metzherei kriegt man noch die traditionellen "Bath Chops". Darunter versteht man Schweinebacken, die man 1o Tage in Salzwasser legt und dann siedet, bis sich das Fleisch von den Knochen löst. Das Pfund für 3- 4 DM.

GRAPES (Westgate Street): junge Leute und Intellektuellen-Touch. Bücherregal, Holzbalken, Ventilatoren. Besonders am Wochenende viel los.

THE LOFT (Sawclose): recht "trendy", voll wie die Sardinendose, Disco-Rhythmen. Wer "in" sein möchte, muß hier sein Sektglas spazierengetragen haben.

BELL (Walcot Street): Schuppen mit alternden Hippies und solchen, die den Alterungsprozeß erst vor sich haben. Montag und Mittwoch spielen Jazz-Bands.

HAT & FEATHERS: ein paar Schritte vom Bells. Ähnliches Publikum, das zwischen beiden Bars hin- und herpendelt. Acidhouse-Musik vom Band, mittwochs Blues-Bands.

THE STAR (Paragon): die typische Eckkneipe, letzte Renovierung irgendwann zwischen den Kriegen. "Real ale" (= traditionelles Dunkelbier ohne Chemie) in den Fässern hinter der Theke. Serviert nicht in Biergläseren, sondern in Glaskrügen. Besonders beliebt ist das Bier der Marke "Bass".

THEATRE BAR (Sawclose): die Bar unterhalb des Theater Royal. Kellergewölbe mit Bar und kleiner Brasserie, lockeres Künstler-Boheme. Eingang durch eine Seitentür, nicht durch den Haupteingang des Theaters.

CRYSTAL PALACE (Abbey Green): Joker ist der Biergarten im Innenhof. Schön an lauen Sommerabenden, als Start für die Kneipen-Tour.

PIG & FIDDLE (Saracen Street, off Broad Street). Tip für Bier-Liebhaber. Der Clou: Besitzer Paul Clark braut zusammen mit seinem Bruder sein eigenes Bier in der Privat-Brauerei vor der Stadt. Pro Jahr 2.5oo Liter. Zwei Sorten: das Tonker (stark und süßlich) und das Ashvine Bitter (etwas leichter und intensiver Hopfengeschmack).

ENTERTAINMENT: beim TI die Gratiszeitschrift "This Month in Bath",- kompletter Veranstaltungskalender.

KINO: mehrere Filmhäuser. Programmkino ist das Little Theatre (St. Michael's Place),- spezialisiert auf die Sparte "besonderer Film" und auf alte Klassiker.

THEATER: hochkarätige Aufführungen im Theatre Royal (Sawclose, siehe Karte Nr. 23). Ensembles, die auch im Londoner Westend spielen. Prachtvolles Gebäude (18o5) mit mondänem Interieur: Samt, Plüsch und Deckengemälde. Die Ränge ziehen sich mit wuchtigen Balustraden vom Parkett nach oben.

Mehrere DISCOS: Nobelschuppen ist der Beau Nash Club (im Jane's Hotel, Manvers Street). Ca. 1o DM Eintritt, entsprechende Kleidung. Im Island Club rhythmisch zuckende Menschen, gegen Mitternacht gepreßt voll.

Moles (George Street): längst eine Institution im Livemusik-Sektor. Seit 1979 unter der Regie von Philipp Andrews: "we play everything except plastic music". Philipp hat einen Riecher bewiesen und häufig Gruppen engagiert, die Jahre später zu großen Stars wurden (z.B. die Eurythmics). Oberhalb des Schuppens hat er neuerdings sein eigenes Platten-Label eingerichtet. Täglich außer sonntags ab 21.3o Uhr, Eintritt 6-1o DM, keine Kleiderordnung.

BOOT-TRIPS: mit überdachten Ausflugs-Booten auf dem River Avon. Abfahrt von der Pulteney Bridge (7): 3 mal pro Stunde zwischen 11 und 18 Uhr. Juli und August auch späte Sommerabend-Trips.

SPORT

Im Stadtpark (Recreation Grounds, siehe Karte Nr. 13) ein Multisport-

Komplex: Sauna, Squash, Swimmingpool etc. Zugang von der North Parade Rd.

Ein Bowlingplatz, Tennisplätze und Putting (= vereinfachte Form von Golf) im östlichen Eck des Royal Victoriaparks (Höhe Royal Ave./George Street).

Bootsvermietung: Bath Boating Station (28), - Ruderboote: im Royal Victoria Park (39).

FESTE: BATH FESTIVAL (zwei Wochen Ende Mai/Anfang Juni): berühmt für anspruchsvolle klassische Konzerte und Opern. In den historischen Gebäuden der Stadt. Infos beim "Festival Office, 1 Pierrepont Place, Bath. Gleichzeitig läuft ein Nebenprogramm (Fringe) mit Straßen- und Kneipenmusikern, Pflastermalern, Kabarett und Kleinkunst.

Verbindungen ab Bath

Züge: Bahnhof (14): nach Bristol alle 12 Min., ca. 6 DM single, 8 DM return; nach Exeter (Startpunkt für die West Counties) alle 2 Std., knapp 2 Std, ca. 38 DM single; nach Salisbury stdl., Dauer 1 1/2 Std., ca. 18 DM. nach London: fast stdl. ca. 4 Züge, mit Umsteigen in Didcot Parkway. Insgesamt ca. 2 1/2 Std. Ca. 6o DM single, 12o DM return. Abfahrt in London: Paddington Station.

Busse: Terminal (15) gegenüber vom Zugbahnhof. Strahlenförmige Verbindung in alle Richtungen.

nach London tgl. 9 mal, ca. 3 Std. Fahrtdauer, ca. 3o DM single, 45 DM return.

Bike Rent: Bath Bike Hire, 74 Walcot Street.

Umgebung von Bath

LANSDOWN: Nordwestlicher Vorort, überzieht eine 25o m hohe Anhöhe, Straßenzüge und Reihenhäuser entlang der Hänge. Ca. 2 km ab Zentrum, entlang der Landsdown Road. Verbindung mit Stadtbussen.

Beckford's Tower: zweistöckiges Gebäude, 1827 im klassizistischen Stil erbaut. Auf den ca. 5o m hohen Turm führen 156 Stufen: Blick auf Bath wie eine Spielzeug-Stadt, auf grüne Hügel und das blaue Band des River Avon. Das extravagante Gebäude entsprang dem Spleen eines exzentrischen Millionärs, der darin einsam mit seinen Hunden und seiner Kunstsammlung lebte. Sein Garbmonument steht neben dem Turm.

ROSPECT STILE: Aussichtsplattform, auf einem ca. 22o m hohen Hügel zwischen Bristol und Bath. Faszinierende Doppelkulisse: auf der einen Seite das 18. Jhd. des eleganten Bath, auf der anderen das quirlige Treiben der modernen Großstadt Bristol. Aufstieg: beschilderter Fußweg ab der A 431, ca. 5 km Richtung Bristol. Oder 3 km Wanderung ab dem Beckford's Tower (siehe oben).

PRIOR PARK: Landschloß im klassizistischen Stil, mit griechischer Säulenvorhalle. 1743 vom Architekten John Wood erbaut. Dazu stilgerechte Gärten. Das Haus steht am Rand eines Tales, über das eine palladianische (=klassizistischen) Brücke führt. Der Park ist tgl. zu besichtigen. Das Schloß beherbergt seit 183o eine Elite-Schule und ist nur an zwei Wochentagen geöffnet. Liegt ca. 2 km südöstlich. Stadtbusse.

CLAVERTON MANOR: Herrenhaus im griechischen Stil, auf einer Anhöhe über dem River Avon. Fertiggestellt um 182o. Es beherbergt das American Museum: 18 Räume, möbliert nach den unterschiedlichen Wohnstilen in Amerika des 17. bis 19. Jhd. Die Möbelstücke wurden aus den USA importiert. Außerdem alte, originale Wildwest-Postkutschen, ein magazinartiger Laden, ein Saloon oder Indianersachen (Wigwams, Federschmuck etc.). Liegt ca. 4 km südöstlich an der A 36, Busse.

BRISTOL: unbedingt lohnend, siehe Folgekapitel. Wird von vielen Touristen als Kurzabstecher ab Bath besucht. Ein Pendelzug fährt viertelstündig auf der Strecke Bath <-> Bristol, von daher (auch wegen kurzer Entfernung) kein Transportproblem.

Ob man sich besser in Bath oder Bristol einquartiert, ist persönliche Entscheidung: Bath vom Stadtbild sicher schöner für abendliches Bummeln, bevor man ins Hotel geht. Bristol dagegen hat breiteres Hotelangebot und weniger Engpässe, sowie ist im Bereich Bed&Breakfast billiger.

Bristol

(43o.ooo Einw.)

Pulsierende und moderne Stadt, lohnende Sehenswürdigkeiten (Kirchen, ehemaliges Hafenviertel, das erste Eisenschiff der Welt und Museen). Viel Szene in Musikschuppen und Jazzkellern, gemütliche Pubs. Zumindest als Kurzbesuch einplanen.

Bristol liegt nur 15 km westlich der eleganten Stadt BATH, die zu den touristischen Top-Attraktionen in Südengland gehört und sowieso auf dem Reiseprogramm steht. Beide Städte haben Shuttle-Verbindung per Zug und Bus bis Mitternacht. Bristol evtl. als Tages- oder Abendausflug einplanen.

Tourist INFO (1) Liegt am "Historic Harbour", nur zwei Minuten vom Zentrum. Tel. o272/ 26 o7 67. Ganzjährig geöffnet, book-a-bed-ahead. Viel Info-Material über das Kulturangebot.

Geschichte: erster Hinweis auf eine Siedlung auf einer Münze um 1.ooo n. Chr. Nachdem die Normannen Südengland erobert hatten (ab 1o66, siehe "Hastings"), bauten

sie auf einem Hügel oberhalb des River Avon (und 1o km entfernt von dessen Mündung) eine Festung.
Bristol expandierte in Folge wegen seiner geschützten Lage landein bei gleichzeitigem Vorteil, daß der Avon als Hafen genutzt werden konnte. 1o86 nennt das "Domesday Book" die Stadt als viertgrößte Englands und bekam 1216 das Recht zur Bürgermeisterwahl. 1373 erhielt sie als erste englische Stadt den rechtlichen Status einer Grafschaft.

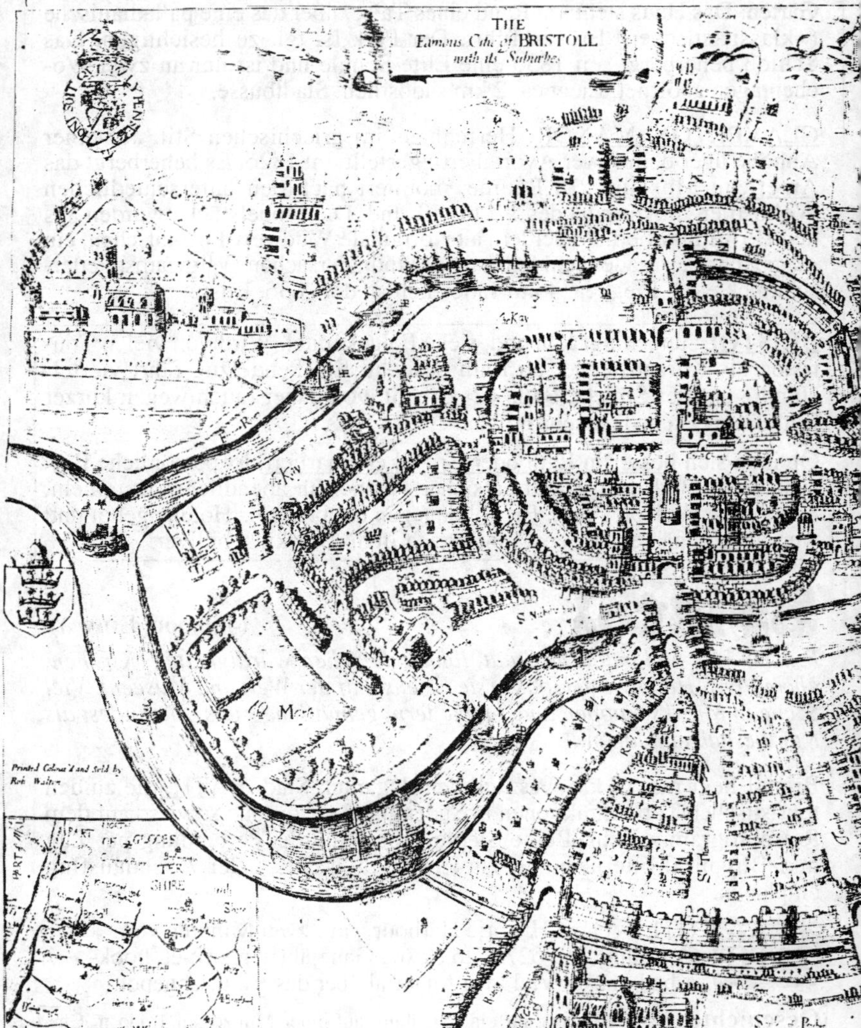

Vor allem der HAFEN trug zum Aufschwung Bristols bei. Exportiert wurden Wollstoffe nach Frankreich, Spanien und Portugal, - importiert Wein und Sherry. Der Reichtum jener Tage ermöglicht den Bau der großer und reich ausgestatteter Kirchen, die noch heute zu den wichtigen Sehenswürdigkeiten Bristols zählen.

Da der bisherige Fischhandel mit Island zunehmend mit Problemen beladen war, finanzierten Ende des 15. Jhds. reiche Bristoler Kaufleute Entdeckungsreisen, um neue Märkte zu finden. 1497 brach John Cabot von Bristol zu seiner Entdeckungsfahrt auf. Er sucht nach neuen Fischfanggründen im Westen und erreichte als erster Europäer Neufundland sowie die Ostküste der heutigen USA.

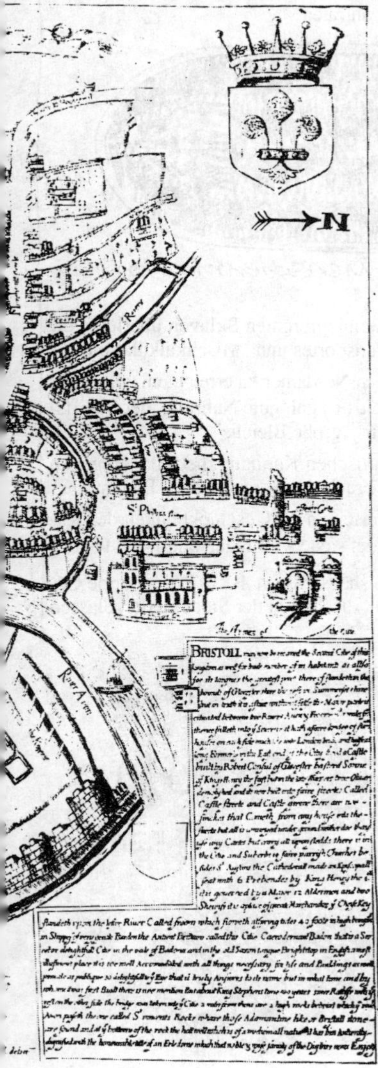

1542 erklärte Heinrich VIII. Bristol zum Bischofssitz, und die frühere Klosterkirche wurde zur Kathedrale.

Neben legitimem Handel war Bristol im 16. Jhd. intensiv in den Schmuggel verwickelt. Historische Aufzeichnungen berichten, daß die Stadt u.a. die Spanier mit Kanonen und Kugeln belieferte. Dies, obwohl Spanien der erklärte Feind Englands war (siehe z.B. Seeschlacht gegen die spanische Armada 1588, Details Seite 385).

Wichtiges Schmuggelgut war über die Jahrhunderte Wein und Sherry. Nicht selten machten die Reeder und Schiffskapitäne gemeinsame Sache mit den Zollbeamten: die Gewinne wurden nach festem Schlüssel geteilt. Dies brachte dem Einzelnen mehr Geld in die Tasche, als wenn die Zölle in die Staatskasse geflossen wären.

In den Pubs und Kaschemmen am Hafen trafen sich die Seeleute zum Alkoholgenuß und erzählten sich von ihren Abenteuern. Bzw. wurden nach Saufgelagen alkoholisiert zwangsverpflichtet zum Dienst an Bord der Segelschiffe und zu Hungerlöhnen.

Es wird berichtet, daß der englische Schriftsteller Daniel Defoe (1660- 1731) sich angeblich in Bristol mit dem Seefahrer Alexander Selkirk traf und ihn zu seinen Abenteuern im Pazifik interviewte, um anschließend seinen Bestseller "Robinson Crusoe"zu schreiben.

BRISTOL 1673, eine reiche Handels- und Seefahrerstadt. Deutlich zu sehen der Hafenbereich oben rechts und der unterhalb führende River Avon, - sowie die Stadtmauern.

Mitte des 17. Jhd. erreichte der Handel mit den zu England gehörenden Nordamerika Provinzen des Ostens und Südens seinen Höhepunkt. Bristol war einer der führenden Häfen Englands für diese Region.

Die Kapitäne segelten zunächst ab Bristol mit englischen Waren (Gewehre, Alkohol, Ackergerät etc.) an die Westküste Afrikas/Bereich heute Senegal bis Nigeria. Dort wurden die englischen Güter gegen Sklaven eingetauscht, die unter unmenschlichen Bedingungen die Reise über den Südatlantik und Karibik antraten.

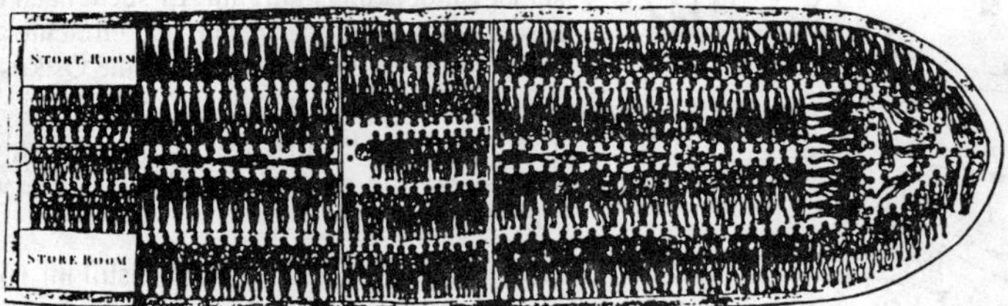

Sklavenschiff, eingestapelte Menschenmassen

Manch einer der zu Hunderten unter Deck zusammengepferchten Sklaven überlebte die Reise nicht. Dies rangierte ähnlich eines Bananentransportes und "Mischkalkulation".

Bevor die Segler dann den Hafen und Sklavenmarkt in Nordamerika erreichten, wurde das Menschen- "Material" zuvor nochmals "aufgepäppelt": es gab gute Nahrung, der Schiffsarzt besserte Wunden "nach" etc. Dies nannte man die "große Bleiche".

Dann gings auf den Sklavenmarkt, - wobei die englischen Kapitäne die Sklaven gegen Tabak, Zucker, Wolle etc. eintauschten. Mit dieser Fracht gings retour nach England.

Der Rundtrip im sogen. HANDELSDREIECK dauerte je nach Geschicklichkeit des Kapitäns 1 - 2 Jahre. Weitere Details zum Sklavenhandel siehe Velbinger Band 44 "Togo".

Das Handelsdreieck brachte den Reedern und Handelshäusern von BRISTOL enorme Gewinne. Insbesondere waren es große Tabak- Firmen, die sich in der Stadt niedergelassen hatten und auf ihre Weise

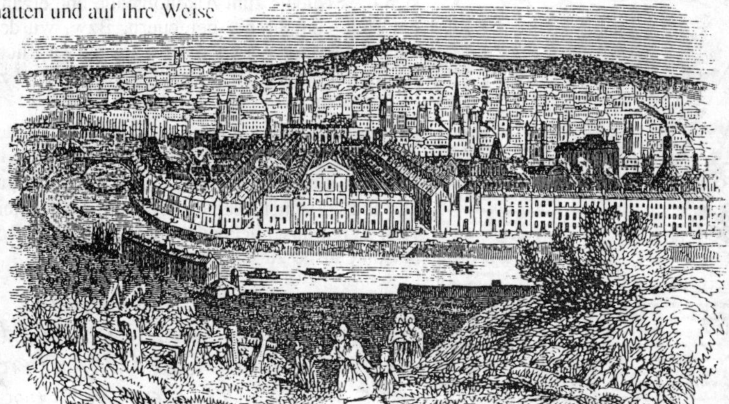

BRISTOL, Illustration 17. Jhd.

Sklavenhändler prüft Sklaven vor Ankauf

mit dem Zoll kooperierten: z.B. besuchte um 168o ein gewisser William Culliford die Stadt und schilderte die Zustände beim Zoll: So sei derjenige Zollbeamte, der den Strand zu beobachten hatte (ob hier Schiffe "schwarz" Waren ausluden), ein Blinder gewesen... Die Regel sei aber gewesen, daß der Reeder für seine Schiffsladung 2 Papiere ausstellte. Auf dem einen Papier war die tatsächlich an Bord befindliche Ware angegeben. Dieses Papier war für das Handelshaus in Bristol bestimmt, mit dem abgerechnet werden mußte. - Auf dem anderen Papier war an Quantität und Qualität reduzierte Warenladung verzeichnet. Dieses Papier ging an den Zoll (=geringere Zollsumme). Zudem traf man sich zu einem Bierchen mit dem Zollbeamten in der Hafenkneipe, wo nicht nur das Bierchen für den Beamten gratis war, sondern er noch einen entsprechenden Bargeldbetrag einsteckte.

Bristol entwickelte sich zunehmend zu einem der wichtigsten Transatlantikhäfen Englands. Auch die Kolonisten brachen von hier auf, z.B. 1681 William Pen und seine Quäker- Sekte, die den nordamerikanischen Bundesstaat Pennsylvania gründeten.

Im 18. Jhd. kamen neue Industrien hinzu. 173o hatte Bristoler Walter Churchman ein Verfahren entdeckt, aus Kakao Schokolade herzustellen. Er erhielt hierfür ein Patent. Im Zusammenhang der bestehenden Handelswege ab Bristol nach Südamerika und den West Indies (Karibik), den traditionellen Anbaugebieten für Kakao, war die Schokoladenherstellung bald wichtiger Wirtschaftszweig Bristols. Zudem Schiffswerften, Seifenindustrie und Ausbau des Tabakhandels.

Zu dieser Zeit war Bristol zweitwichtigster Hafen Englands (nach London). Die Stadt wurde großzügig ausgebaut, neue Straßen entstanden im Zentrum, und der Nobel-Vorort Clifton erhielt sein heutiges Gesicht.

Wirtschaftlichen Einbruch bedeutete der amerikanische Unabhängigkeitskrieg (1776-83), der den Handel ab Bristol mit Nordamerika weitgehend zum Erliegen brachte. 18o7 entschied sich die englische Regierung wegen öffentlichem Druck zum Verbot des Sklavenhandels. Dies bedeutete zwar noch nicht die Abschaffung der Sklaverei, zumindest aber war der Handel unter Strafe gestellt, und englische Kapitäne (insbesondere auch ab Bristol) handelten fortan illegal.

Sie bauten schnellere Schiffe, um bei eventueller Kontrolle den englischen Kriegsschiffen davonsegeln zu können. Und die Sklaven "reisten" zu noch schlechteren Transportbedingungen, da die schnelleren Schiffe der Sklavenhändler schmaler gebaut waren.

1828 stellte England den Sklavenhandel unter Todesstrafe. Wohl auch, um die Südstaaten der USA wirtschaftlich zu schwächen. Denn der Sklave auf den Baumwollplantagen war billige Arbeitskraft und ermöglichte somit US- Baumwolle zu Dumpingpreisen, - die in Konkurrenz zur englischen Wolle stand.

U.a. bristoler Sklavenschiffe handelten auf den Weltmeeren mit äußerster Brutalität: sobald englische Kriegsschiffe am Horizont aufkreuzten, wurde die illegale Ware "Sklave" kurzerhand ins Meer gekippt, um Beweismittel aus der Welt zu schaffen und der Todesstrafe zu entgehen.

19. Jhd.: Als dann auch in den USA in der 2. Hälfte des 19. Jhds. die Sklaverei abgeschafft war, fiel für Bristol die früher lukrative Einnahme des Sklavenhandel flach. Hinzu kam, daß andere englische Häfen wie London, Southampton oder Liverpool die frühere Bedeutung Bristols ablösten.

Die Handelssegelschiffe waren größer geworden, und die o.g. Häfen mit breiter Einfahrt und großen Natur- Hafenbecken hatten bessere Bedingungen, als der nur über den schmalen River Avon zu erreichende "Hafen" von Bristol.

Große Hoffnungen setzte man daher in Bristol in den Bau des "FLOATING HARBOURS": Ein Seitenarm des River Avon sollte auf 4 km im Stadtbereich aufgestaut werden (mit Schleuse und Pumpwerk), um größere Wassertiefe im Bristol Harbour zu erreichen.

RADDAMPFER mit Besegelung. Vorläufer regulärer Transatlantikverbindungen

Fertiggestellt 18o9 konnte der Floating Harbour zwar größere Schiffe bedienen, - es fehlte jedoch an Infrastruktur der Verkehswege von den Handelszentren Englands zum Hafen Bristol. Diese waren jedoch Bedingung für den Aufschwung des neuen Hafens.

Zielstrebig wurde daher der Bau der "Great Western Railway" von London nach Bristol vorangetrieben. Als diese Mitte des 19. Jhds. fertiggestellt war, bestand eine durchgehende Handels- und Passagierroute von London nach New York.

Der Hafen von Bristol konnte allerdings in der 1. Hälfte des 2o. Jhds. nicht mit den Bedingungen der Häfen Southampton oder Liverpool konkurrieren, wo große Ocean- Liner am Kai anlegten. Derartigen Schiffen war der Zugang über den River Avon nach Bristol unmöglich. Der Floating Harbour von Bristol stagnierte in Folge und wurde dann Ende unseres Jahrhunderts zum Freizeitgebiet umgebaut.

Während des 2. Weltkriegs wurde Bristol massiv vom Nazideutschland bombardiert, wobei Kampfflieger erhebliche Schäden in der Innenstadt anrichteten. Teils wurde nach alten Plänen rekonstruiert, teils aber modern aufgebaut.

Heute hat Bristol den Anschluß an die neuen ökonomischen Erfordernisse geschafft. Neben Schiffsbau und Flugzeugbau (Sitz des Herstellers u.a. der "Concorde") sind High-Tech-Industrien der wichtigsten Wirtschaftsfaktor. Außerdem ist Bristol Englands größte Finanz-Metropole außerhalb von London (Banken, Versicherungen).

★ HISTORISCHES STADTZENTRUM

Eine Reihe sehenswerter einzelner Gebäude, aber keine "klassische Altstadt". Dies wegen der Zerstörungen im 2. Weltkrieg und vieler Bausünden danach.

THE CENTRE (6): offener Platz am zentralen Hafenbecken. Gebaut 1893 durch Aufschüttung. Die Neptun-Statue (5) ist das Wahrzeichen der Stadt: der römische Wassergott symbolisiert die Seeverbundenheit Bristols. Daneben Gedenktafeln, die an berühmte Seefahrer erinnern, u.a. John Cabot (Entdecker Neufundlands) und Thomas James (Erforscher Ontarios).

STADTTRANSPORT

Fähre: pendelt (April- Sept.) alle 2o Min. zwischen dem westl. Ende des Floating Harbour bzw. Clifton Suspension Bridge und der Bristol Bridge. Vorteil: verbindet interessante Besuchspunkte wie S.S. Great Britain, das Industrial- und das Lifeboat- Museum sowie das Stadtzentrum, ohne daß man sich mit dem Auto durch die Innenstadt quälen muß. Die jeweiligen Haltepunkte sind in unserer Bristol Karte mit schwarzem Quadrat markiert.

Busse: Abfahrt der Stadtbusse ab CENTRE (6).

HIPPODROME (7): Theater aus dem 18. Jhd., faßt 2.ooo Besucher.

ST. STEHEN'S CHURCH (8): eine der ältesten noch erhaltenen Kirchen Bristols. Gebaut im 15. Jhd. von John Shipward, einem Geschäftsmann, der damals gleichzeitig Bürgermeister war. Im Inneren Gedenksteine u.a. für Martin Pring (Mitglied der Pilgrim Fathers) und für Edward Blanket,

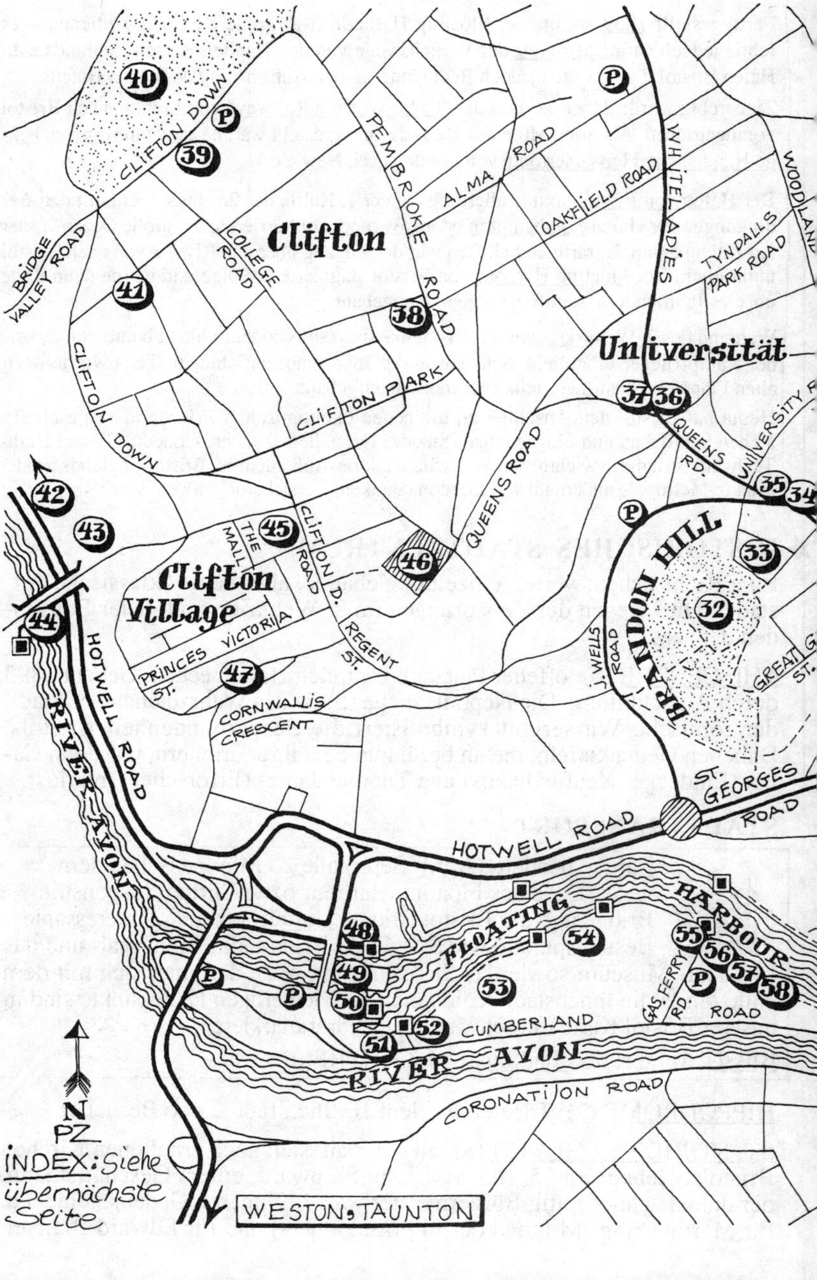
Clifton
Clifton Village
Universität
CLIFTON DOWN
BRIDGE VALLEY ROAD
COLLEGE ROAD
PEMBROKE ROAD
ALMA ROAD
OAKFIELD ROAD
WHITELADIES
TYNDALLS PARK ROAD
WOODLAND
CLIFTON DOWN
CLIFTON PARK
QUEENS ROAD
QUEENS RD.
UNIVERSITY R
BRANDON HILL
THE MALL
CLIFTON ROAD
CLIFTON D.
REGENT ST.
VICTORIA
PRINCES ST.
CORNWALLIS CRESCENT
J. WELLS ROAD
GREAT G ST.
ST. GEORGES ROAD
HOTWELL ROAD
HOTWELL ROAD
RIVER AVON
FLOATING HARBOUR
GAS FERRY RD.
CUMBERLAND ROAD
RIVER AVON
CORONATION ROAD
WESTON, TAUNTON
N
PZ
INDEX: Siehe übernächste Seite

Cotham
AUTOBAHN-M4,M5
AUTOBAHN M4
CHIPPENHAM
WELLS, BATH
EXETER, AIRPORT
COTHAM ROAD
KINGSDOWN PARADE
CITY ROAD
STOKES CROFT
NEWFOUNDLAND STREET M32
HORFIELD ROAD
ST. MICHAEL'S HILL
MARLBOROUGH ST.
UPPER MAUDLIN ST.
LOWER MAUDLIN ST.
BOND ST.
INNER CIRCUIT ROAD
LEWINS M.
THE HORSEFAIR
BROAD MEAD
RUPERT ST.
UNION ST.
NELSON ST.
BROAD WEIR
FAIRFAX ST.
OLD MARKET ST.
PARK ROW
COLSTON ST.
BROAD ST.
WINE ST.
FROGMORE ST.
CORN ST.
NICHOLAS ST.
DENMARK
BROAD QUAY
BALDWIN ST.
VICTORIA ST.
COUNTER SLIP ST.
TEMPLE B.
BROAD PLAIN
AVON ST.
COLLEGE G.
ANCHOR ROAD
PRINCE ST.
KING
QUEEN SQUARE
WELSH BACK
REDCLIFF ST.
THOMAS ST.
TEMPLE WAY
CANNON'S RD
THE GROVE
REDCLIFFE WAY
TEMPLE GATE
WAPPING ROAD
REDCLIFFE HILL
ROAD
RIVER AVON
CLARENCE ROAD
CORONATION ROAD
YORK ROAD

einem Wollhändler, nach dem angeblich der Bettüberzug "Blanket" benannt worden sei.

CORN STREET: hier befand sich (zusammen mit der Broad, der Wine und der High Street) das mittelalterliche Stadtzentrum. Zur Blütezeit Bristols (17.-19. Jhd.) war die Corn Street die wichtigste Geschäftsstraße.

BRISTOL CRAFT CENTRE (1o): Kolonie von Kunsthandwerkern. Sie sitzen in ihren Werkstätten, und man kann ihren bei der Arbeit zusehen. Gleichzeitig Verkauf, sowie ein Naturkost- Cafè.

CORN EXCHANGE (11): Börsengebäude aus der Zeit, als Bristol Welthandels-Metropole war. Erbaut 174o- 43 vom damaligen Star-Architekten John Wood dem Älteren (Details siehe Bath).

Auf dem Bürgersteig vor der Börse stehen 4 hüfthohe, verzierte Bronzepfeiler ("The Nails"). Stammen vom Ende des 16. Jhds. Vor Bau der Börse wurden auf diesen Pfeilern die deals abgewickelt und cash bezahlt.

ALL SAINTS' CHURCH (12): ursprünglich eine normannische Kirche. Sie wurde bis 18o7 neu aufgebaut und dient heute als Zentrum städtebaulicher Studien, Ausstellungen.

ST. NICHOLAS' MARKET (13): die 5 nebeneinanderliegenden Markthallen wurden 1745 erbaut. Viel Gewühl und Verkauf von Obst, Gemüse, sowie Fleisch, aber auch Antiquitäten- und Schnäppchenmarkt, schöne Schmucksachen.

ST. NICHOLAS' CHURCH MUSEUM (14): Ausgrabungsfunde, alte Trachten und Stilmöbel, Aquarelle lokaler Künstler. Highlight sind Altartafeln des Malers William Hogarth (um 1755). Das Museum befindet sich in einer ehemaligen Kirche, die im 2. Weltkrieg weitgehend zerstört wurde. Schöne Krypta: Bauzeit um 133o, sehenswertes Gewölbe. Hier ein Brass Rubbing Centre, um sich Replikationen alter Grabsteine abzupausen,- kostet nur ein paar Groschen, schönes Souvenier.

BRISTOL BRIDGE (15): bereits zur Zeit der Sachsen befand sich hier eine Holzbrücke über den Fluß, die im 13. Jhd. durch eine Steinbrücke ersetzt wurde. Das Eisenwerk seitlich kam zur Victorianischen Zeit hinzu, um die Brücke zu verbreitern.

Wer will, kann ab Bristol Bridge den Stadtteil REDCLIFF anbinden, bzw. zum Castle Park (2o) nach BROADMEAD rüberlaufen. Details siehe entsprechendes Kapitel unten.

EDWARD EVERARD HOUSE (22): ehemalige Druckerei, erbaut um die Jahrhundertwende. Die Fassade im Art Nouveau Stil, verkleidet mit Jugendstil- Kacheln aus Carrara Marmor, sowie Statuen u.a. Gutenbergs, des Erfinders des Buchdrucks.

ST. JOHN'S ARCH (23): das letzte, noch erhaltene Stadttor. Stammt aus normannischer Zeit (12. Jhd.). Rechts und links 2 Statuen: sie zeigen die

BRISTOL

Der Kartenindex wurde bewußt hier montiert, damit leichteres Umblättern zum Stadtplan möglich ist.

1 TOURIST OFFICE und Jugendherberge
2 Arnolfini Art Centre
3 Postschiff Lochiel, Pub
4 Watershed Kulturzentrum
5 Neptun - Statue
6 The Centre
7 The Hippodrome (Theater)
8 St. Stephen's Church
9 HAUPTPOST
1o Craft Centre
11 Corn Exchange
12 All Saint's Church
13 St. Nicholas' Market
14 St. Nicholas' Church Museum
15 Bristol Bridge
16 Castle Park
17 Quakers' Friar
18 Broadmead Shopping Center
19 The New Room
2o BUSTERMINAL
21 St. James' Church
22 Edward Everard House
23 St. Johns' Arch St. John's Conduit
24 Christmas Steps
25 Forster's Almshouses
26 Red Lodge
27 Harvey's Wine Museum
28 Bristol Cathedral
29 Abbey Gateway
3o New Council House
31 Georgian House
32 Cabot Tower
33 Berkeley Square
34 University Tower
35 City Museum
36 Royal West of England Academy
37 Victoria Rooms
38 Peter & Paul Kathedrale
39 Zoo
4o The Downs
41 Mansion House
42 Avon George
43 Observatorium
44 Clifton Hängebrücke
45 Antiquitätenmarkt
46 Victoria Square
47 Royal York Crescent
48 Pump House
49 Dock Cottages
5o Nova Scotia Pub
51 Underfall Yard
52 Baltic Wharf
53 Campingplatz
54 Albion Dockyard
55 S.S. Great Britain
56 Maritime Herit. Centre
57 Harbour Train
58 Bristol Packet (Abfahrt Ausflugsboote)
59 Industrial Museum
6o Lifeboat Museum
61 Bathurst Basin
62 Redcliffe Parade
63 Phoenix Wharf
64 Frachter Thekla (Pub)
65 Kings Street (wichtige Kneipenstraße)
66 Theatre Royal
67 Llandoger Trow (Pub)
68 The Granary
69 Lightship (Pub)
7o Ruderboot Vermietung
71 Temple Church
72 BAHNHOF
73 Bristol Old Station, Exploratory
74 St. Mary Redcliffe

■ = FÄHRANLEGER
P = PARKPLATZ

legendären Stadtgründer Bristols. Über das Tor wurde im 14. Jhd. eine Kirche gebaut: sie ist exakt so breit, wie die ursprüngliche Stadtmauer im Mittelalter dick war. Sehenswerte Krypta. - Seitlich ST. JOHN'S CONDUIT (23): der Brunnen besteht seit 6oo Jahren und bezieht sein Wasser vom Brandon Hill. Während der Bombardierungen im 2. Weltkrieg sei er zeitweilig die einzige Wasserquelle der Innenstadt gewesen.

CHRISTMAS STEPS (24): Trödler- und Buchläden zwängen sich links und rechts einer steilen Steintreppe. Gebaut wurde sie 1669 auf eigene Kosten des Weinhändlers J. Blackwell, der hiermit den bei Regen schlümpfrigen Erdweg befestigte. Am oberen Ende der Treppe: eine winzige Kapelle von 144o. Bei Ausmaßen von 5,6o x 6,8o m stößt man sich bei der Verbeugung vor dem Altar glatt den Kopf an.

FORSTER'S ALMSHOUSES (25): Armenhaus, gebaut um 148o von John Forster, dem damaligen Bürgermeister. Im 19. Jhd. neu erbaut, im neugotischen Stil, wobei die gotische Architektur im französischen Burgund Pate stand.

RED LODGE (25): Besuch des Wohnhaus lohnt sich u.a. wegen der wertvollen Stilmöbel und der elisabethanischen Räume (16. Jhd.) im 1. Stock: Stuckdecke, Eichenvertäfelung und ein kostbarer Kamin. - Die übrigen Räume 18.Jhd.: eingerichtet mit goldbeschlagenen Walnuß-Möbeln, viele Portraits. - Der Garten wurde 1983 im Renaissance-Stil angelegt: strenge, geometrische Linien.

★ BROADMEAD (18)

Das Stadtviertel wurde durch Bombardierungen im 2. Weltkrieg fast vollständig zerstört. Moderner Neuaufbau, in Broadmead befindet sich heute der größte Shopping- Bereich der Stadt mit Arkaden und Fußgängerzone.

QUAKERS' FRIAR (17): Modelle und Stadtpläne zur Geschichte Bristols, sowie die "Bristol Tapestries": vier Wandteppiche je 1,25 x 5,6 m groß, mit Darstellungen zur Stadtgeschichte.

Das Gebäude ist eines der wenigen im Stadtviertel, die die Bombardierungen im 2. Weltkrieg überlebten. Ursprünglich ein Dominikaner Kloster (1227), diente es von 1747- 1956 als Hauptsitz der Quäker. Sektengründer John Fox, sowie Willam Penn (berühmtestes Sektenmitglied und Gründer der nordamerikanischen Kolonie Pennsylvania) haben hier gewirkt.

THE NEW ROOM (19): erste Methodistenkirche der Welt, gebaut 1739. Sehr spartanisches Inneres: quadratischer Raum mit seitlicher Balustrade, 4 Säulen tragen die Decke.

Von hier gewannen die Sektengründer John und Charles Wesley mehr und mehr Anhänger, die sich von ihrer Zugehörigkeit zur anglikanischen Staatskirche trennten.

John Wesley (anglikanischer Geistlicher seit 1728) hatte auf einer Reise nach Georgia/ USA (1738) die strenge Frömmigkeit der "Herrnhuter" erlebt. Ähnliches wollte er in seiner Sekte realisieren, die bald großen Einfluß bei Arbeitern in Wales, - insbesondere aber in den USA hatte, wo methodistische Wanderprediger die neuen Siedlungsgebiete des Westen erschlossen. Heute umfaßt die Sekte rund 2o Mill. Mitglieder, davon in den USA ca. 13 Mill., in England knapp 8oo.ooo.

CASTLE PARK (16): hier befand sich seit normannischer Zeit das Castle. Schwere Zerstörung im 2. Weltkrieg durch Fliegerbomben. Seit 1976 neu gestaltet, mit Grünflächen und vereinzelten Baumgruppen.

✶ COLLEGE GREEN UND BRANDON HILL

Westlich vom Stadtkern. Shopping-Straßen mit vielen Pubs und Weinbars, lebhafter Flanier-Betrieb.

HARVEY'S WINE MUSEUM (27): Weinkeller aus dem 13. Jhd. mit einem Museum zum Rebensaft. Verschiedenste Korkenzieher, antike Weingläser, Flaschen, Fässer. Alles andere als ein "trockenes" Museum,- nicht nur wegen der anschließenden Weinprobe. Allerdings nur unregelmäßig geöffnet; im TI abchecken.

BRISTOL CATHEDRAL (28): Englands einzige Hallenkirche, d.h. das Hauptschiff ist ebenso hoch wie die Seitenschiffe. Sie war Vorbild für spätere Hallenkirchen in Kontinentaleuropa.

Geschichte: 114o als Klosterkirche der Augustiner gegründet. Von diesem ursprünglichen Gebäude im normannischen Stil sind nur noch wenige Teile erhalten (Kapitelhaus und östlicher Abschnitt des Kreuzganges).

121o- 2o wurde die Lady Chapel gebaut, einer der schönsten Teile der Kathedrale mit Marmor von Purbeck (Details siehe dort). 1298- 1363 Umbauten im frühgotischen Decorated Style. Zentralturm und Querschiffe wurden 147o- 1515 gebaut.

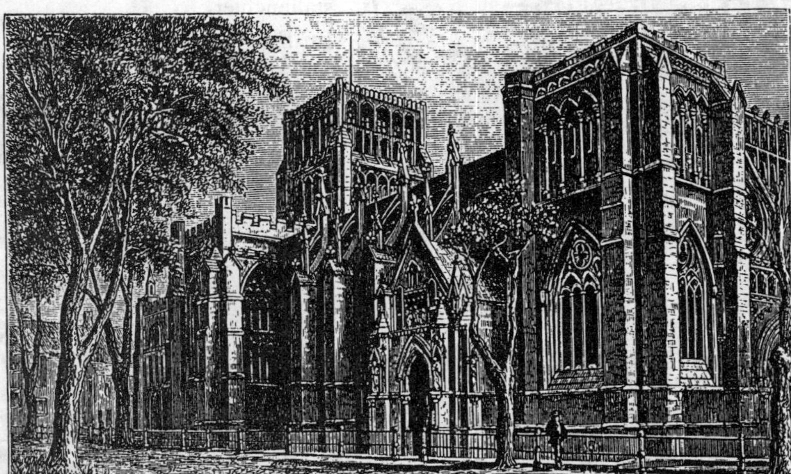

BRISTOL KATHEDRALE, Illustration 2. Hälfte des 19. Jhds. Zeigt damaligen Ausbaustand. 1870-90 wurden die Westtürme (rechts) erhöht.

1542 wurde im Zuge der Reformation das Kloster aufgelöst, und die ehemalige Klosterkirche erhielt den Status einer Kathedrale. Umseitige Illustration zeigt den Ausbaustand zu Beginn der 2. Hälfte des 19. Jhds. Hier fehlt noch die Erhöhung der beiden Westtürme, die 187o- 9o gebaut wurden.

Das Kapitelhaus in normannischer Architketur gehört zu den besten Arbeiten in England. Sehenswert der Chor im hochgotischen Decorated Style sowie Kerzen, die im Zusammenhang der Errettung Alexander Selkirks gestiftet wurden. Diese lebte mehrere Jahre auf einer kleinen Insel vor der Küste Chiles und diente als Romanvorlage für "Robinson Crusoe", - Details siehe "Bristol Pubs".

ABBEY GATEWAYS (29): westlich der Kathedrale. Die Hauptdurchfahrt für Fuhrwerke, rechts daneben ein kleinerer Torbogen für die Fußgänger. Die Torbogen (16. Jhd.) sind in feinen Relieff- Ornamenten ausgestaltet, - Symbol für damaligen Reichtum der Stadt Bristol.

NEW COUNCIL HOUSE (3o): heutiges Rathaus der Stadt, gebaut 1935-56, mit konkav gewölbte Aussenfassade.

GEORGIAN HOUSE (31): illustriert die Wohnverhältnisse der engl. upper class im ausgehenden 18.Jhd.: Stilmöbel, Ölportraits, Mahagoni und Kristalleuchter.

Im Erdgeschoß befinden sich die Wirtschaftsräume, z.B.

ABBEY GATEWAY, Illustrationen verg. Jhd. Die Abb. recht zeigt die fein ausgestalteten Reliefs am Torbogen.

Küche und Waschstube. Sieht noch aus, als sei das Dienstpersonal gerade eben erst rausgegangen.

Die Stadtvilla wurde um 179o für einen Bristoler Kaufmann gebaut, der im Zuckerhandel mit den Westindies zu großem Reichtum kam.

Der Salon im 1. Stock: für Empfänge, großzügig eingerichtet, mit weitschweifigem Blick aus den Fenstern. Die Privaträume für die Familie befinden sich im 1. und 2. Stock.

QUEENS ROAD und PARK STREET: zentrale Straßen zum Stadtviertel der **Bristol Universität**. Sie besitzen eine Vielzahl an Pubs, Restaurants, Wine- Bars und Shops, - sowie Gebäude aus dem 19. Jhd.

UNIVERSITY TOWER (34): knapp 7o m hoher Turm, auch "Wills Memorial Building" genannt. Der Turm wurde von dem gleichnamigen Tabak- Magnaten Wills gestiftet und ist markantes Wahrzeichen des umfangreichen Universitätsviertels. Gebaut 1925 im neugotischen Stil, oben eine 1o To. schwere Glocke. An der Universität, zu der die meisten der umliegenden Gebäude gehören, sind über 22.ooo Studenten eingeschrieben.

CITY MUSEUM (35): zu sehen ein alter Flugzeug- Doppeldecker, umfangreiche Gemäldesammlung ab 16. Jhd., Glas, Keramik, Textilien und Möbel. Die orientalische Abteilung mit Skrophagen und Funden aus dem alten Ägypten genießt internationales Renommée.

In der Far East Abteilung Exponate aus China und Japan. Weitere Abteilung mit Kunstgewerbe aus Indien.

Große Sammlung von Gesteinsformen und Fossilien, Modelle prähistorischer Tiere. Dazu eine Galerie von Aquarien und Terrarien mit lebenden Tieren aus der Umgebung von Bristol.

BRANDON HILL: der 1oo m hohe Hügel südlich des Universitätsviertels hatte im 17. Jhd. ein Fort, dessen Grundmauern noch bestehen. Heute dominiert auf dem "Gipfel" der 34 m hohe CABOT TOWER (32): Von oben der schönste Stadtrundblick über Bristol: lebhafter Betrieb unten in den Spielzeugstraßen, Fährschiffchen tuckern auf dem River Avon.

Der Turm wurde von einem reichen Bristoler Tabakhändler 1897 gestiftet zum 4oo. Jahrestag der Entdeckung Nordamerikas und Kanadas durch John Cabot.

In der Great George Street und am Berkeley Square (33) einige schöne Gebäude aus dem 18. und 19. Jhd.

★ CLIFTON

2 km westlich vom Zentrum. Für das herrlich angesnobte Ambiente sorgen georgianische Reihenhäuser und halbkreisförmige Straßen aus dem frühen 19. Jhds. Überzieht ein Kalkstein-Plateau, ca. 1oo m über der Stadt.

Hauptstraße ist die 1,5 km lange Whiteladies Road mit Boutiquen, Restaurants und Cafés. VERBINDUNG: mit Stadtbus Nr. 8 (Abfahrt "The Centre"), oder per Fährboot, das bis zur Clifton Hängebrücke fährt.

CATHEDRAL OF PETER AND PAUL (38): sehenswert für Fans moderner, expressiver Kirchen-Architektur. Schöne Buntglasfenster von Henry Haig, 1973 eingeweiht.

MANSION HOUSE (41): gebaut 1874, heute das Wohnhaus des Bürgermeisters von Bristol.

CLIFTON DOWNS (4o): 18o Hektar Parkgelände oberhalb der Felsabstürze runter zum Avon-River. Von der Abbruchkante weiter Blick ins breiter werdende Flußtal, an schönen Tagen bis rüber nach Wales.

ZOO (39): Renommierstücke sind das Affenhaus, ein Aquarium mit gläsernem Tunnel-Durchgang durch das Wasser und ein Gehege mit dem seltenen Huftier Okapi. Der Zoo mit mehr als 4oo verschiedener Säugetiere, 5oo Vogelarten und 1oo Schlangen/Reptilien zählt zu einem der bedeutendsten Großbritanniens.

★ **CLIFTON VILLAGE**: der Stadtteil wurde ab ca. 178o als Residencial Area der reichen Bristol Kaufleute angelegt. Der schönste Teil von Clifton. Da er weitgehend von den Bombenangriffen des 2. Weltkriegs verschont blieb, bestehen eine Reihe schöner Straßen-Ensembles, - ein Stadtteil mit viel Flair.

THE MALL (45) mit Antiquitätenmarkt, - ROYAL YORK CRESCENT (47): gebaut 181o-2o. Die sanft gebogene Fassade ist in ihrer Architektur zwar kein Highlight, so doch in ihrer weiten Öffnung und dem Blick auf die davorliegende Parkanlage.

CLIFTON SUSPENSION BRIDGE (44): gebaut 1836- 64 und damaliges Meisterwerk. Die Hängebrücke überspannt 218 m freischwebend die fast 8o m tiefen Schlucht des River Avon. Sie ist heute nachts mit Tausenden von Glühbirnen bestückt, was ihr zusätzlichen optischen Reiz gibt.

Ingenieur war Isambard K. Brunel, der eine Vielzahl weiterer Brücken in England und Wales baute, sowie Eisenschiffe (siehe unten "Floating Harbour).

Die Brücke war seit ihrer Fertigstellung wiederholtes Ziel von Mutproben der Sportflieger: den engen Avon Canyon unterhalb der Brücke zu durchfliegen, bedeutete mit den, - Anfang unseres Jhds. noch unausgereiften Flugzeugen - einiges an Nervenkraft.

Beliebt war die Brücke auch immer wieder bei Selbstmördern, um den Schlußstrich stilvoll zu ziehen... Zur Legende wurde der Beinahe-Todessturz der Sarah Henley, anno 1885: nach einem Streit mit ihrem Freund setzte sie auf der Hängebrücke zum finalen Sprung an. Doch ihre wallenden Gewänder trugen sie wie ein Fallschirm, und sie landete mit ein paar Prellungen im Gras. Sarah Henley verzichtete auf einen 2. Versuch und erreichte ein stolzes Alter von 85 Jahren.

Für Überquerung der Brücke wird ein kleiner Obulus als Brückenzoll erhoben. Beste Aussichtspunkte: Parkgelände Clifton Down und der Biergarten beim White Lion Inn (siehe Pubs).

AVON GORGE (42): das azurblaue Band der River Avon zwängt sich durch eine Kalkstein-Schlucht, Bäume wuchern an den Felsabstürzen. Den besten Blick auf die Naturschönheit hat man von der Hängebrücke.

OBSERVATORY (43): Aussichtsturm mit einer Camera obscura, die Clifton auf ein Stück Leinwand projiziert. In einer ehemaligen Tabaksmühle, - zu Füßen des Turmes eine Höhle, wo sich einst Einsiedler-Mönche zurückgezogen haben.

★ FLOATING HARBOUR

Die ehemaligen Hafenanlagen von Bristol, heute interessante Museen und Freizeitzentrum.

Im 19. Jhd. hatten Naturhäfen wie Southampton und Liverpool die frühere Bedeutung Bristols als Transatlantikhafen abgelöst. Um den Nachteil des Flußhafens wett zu machen, wurde in Bristol der "FLOATING HARBOUR" gebaut: Aufstau eines Seitenarms des River Avon durch Schleusenanlagen (48, 49), sowie Ausbau der zentralen Hafenbecken im Stadtzentrum.
Viel geholfen hat dieser, bis 18o9 ausgebaute (und bis 1. Hälfte unseres Jhds. erweiterte) Hafenausbau der Stadt Bristol jedoch nicht. Die Transatlantik- Passagierschiffe, aber auch Frachter, waren immer größer geworden (siehe z.B. Southampton Text, Titanic etc.). In den 8o-er Jahren unseres Jhds. wurde der Floating Harbour und das zentrale Hafenbecken daher in ein Freizeitzentrum umgewandelt.

Heute zusammen mit den Museumsschiffen und Pubs eine der Hauptattraktionen von Bristol. Schön zum Rumhängen an den Kaimauern, Straßencafés, Restaurants und Pubs, sowie Kulturzentren, Yacht-Marinas und Museen.

PUMP HOUSE (48): Schleusenanlage zum Aufstau des River Avon Seitenarms und Pumpstation zur Regulierung des Wasserstandes. Anliegend auf einer Halbinsel im Fluß die DOCK COTTAGES (49) von 1831 und südlich der NOVA SCOTIA PUB (5o).

UNDERFALL YARD (51): Damm, der den Seitenarm des River Avon von seinem südlichen Hauptarm trennt.

BALTIC WHARF (52): die früheren Warenhäuser dienen heute der Verwaltung des Freizeitzentrums "Floating Harbour".

ALBION DOCKYARD (54): hier befanden sich die in früheren Jahrhunderten bedeutendsten Schiffswerften der Stadt, - das letzte Schiff lief 1976 vom Stapel. Heute genutzt als Marina für Freizeit-Kapitäne, für Reparaturwerften und Wassersport wie Wasserski.

S.S. GREAT BRITAIN (55): das erste Schiff der Welt, das im Schiffsrumpf ausschließlich aus Eisen gebaut war und gleichzeitig von einer Schiffsschraube angetrieben wurde, Stapellauf 1843. Es steht heute unter Denkmalsschutz und kann innen besichtigt werden.

Ingenieur des Schiffes war ISAMBARD KINGDOM BRUNEL (18o6 - 59). Ein Mann hohen Talents: bereits mit 21 Jahren erhielt er den Auftrag zur Untertunnelung der Themse, - damals eine technische Herausforderung ohne Beispiel. Den Auftrag stellte er mit bestem Erfolg fertig.

Brunel war ein Workaholic und arbeitete 18 Std. am Tag. Nach Fertigstellung des Themse- Projekts war er als Ingenieur (insbesondere Brückenbau) für die Eisenbahngesellschaft "Great Western) tätig, die ihre Gleise durch Südengland zu dortigen Städten und Häfen, sowie nach Wales verlegte.

Brunel erstellte eine Vielzahl an Brückenbauwerken, zu denen die größten und wichtigsten die Menai Bridge/Wales und die Suspension Bridge in Bristol zählten. Baumaterial war im Rahmen der Industriellen Revolution: Eisen.

Es lag daher nahe, daß Brunel als Ingenieur auch im Schiffsbau tätig wurde. Er hatte bereits Mitte der 3o-er Jahre die *"GREAT WESTERN"* konstruiert, ein Schaufelraddampfer, der von seiner Größe Maßstäbe setzte. Das Schiff war zwar noch in Holz gebaut und hatte zusätzlich zur Dampfmaschine Segel an Deck. Es war aber das erste Schiff, das regelmäßige Transatlantik- Überquerung für Passagiere durchführte.

Erste Fahrt 1838 von Bristol nach New York. An Bord waren lediglich 7 Passagiere, da es zuvor bei einer kürzeren Testfahrt Brand an Bord gegeben hatte. Die erste Transatlantiküberquerung verlief ohne Probleme. In den 6 Jahren bis 1844 war die "Great Western" 7o mal erfolgreich im Einsatz auf der Transatlantikroute Bristol -> New York bei mehreren Tausend Passagieren.

Das Schiff wurde von einer Dampfmaschine mit 4oo PS angetrieben: für damalige Technologie zwar beachtlich, - für ein Schiff von 72 m Länge jedoch erheblich "untermotorisiert". Entsprechend lang dauerte die Überfahrt: 15 Tage. Weiterhin hatte das Schiff nur ungenügende Ladekapazität betreffend Kohle und Trinkwasser.

Die *"Great Western"* wurde von der gleichnamigen englischen Eisenbahngesellschaft betrieben. Sie war eines von vielen damaligen Transatlantikschiffen mit Dampfmaschine und Schaufelradantrieb. Ihr Komfort für die 2oo- 3oo Passagiere an Bord war noch limitiert. Konkurrenz bestand u.a. von der Cunard Line, Zielhäfen waren hauptsächlich New York, Boston und Halifax.

Die *"GREAT BRITAIN"* (Ingenieur I. K. Brunel) war eine Weiterentwicklung der "Great Western" und damals revolutionär. Elementarste Neuerung: ihr Schiffsrumpf war erstmalig aus zusammengenieteten Eisenplatten gebaut. Als Sicherung gegen eindringendes Wasser oder Havarie konstruierte man den Schiffsrumpf doppelschalig. Kritiker rümpften die Nase und meinten, daß eine derartige Bauweise in Eisen (gegenüber dem "flexibel nachgebendem" Holz) nie die harten und hohen Wellen des Nordatlantiks bestehen könne...

Weiterhin hatte das Schiff eine Schiffsschraube (als Antrieb effizienter als die früheren Schaufelräder). Die Dampfmaschinen hatten 1.5oo PS, also fast viermal so große Leistung wie der Vorgänger "Great Western", - dies bei entsprechend höherem Bedarf mitzunehmender Kohle und Wasser für die Dampfmaschinen. Zusätzlich an Deck Segel für die Fälle aller Fälle...

Ein Oberflächenkondensator (Patent Samuel Hall) verwandelte den Dampf der Maschinen in Brauchwasser (z.B. für Toiletten an Bord). Es mußte somit weniger Wasser gebunkert werden. Zusammen mit größerer Länge des Schiffes (98 m) konnten mehr Passagiere an Bord untergebracht werden, wodurch das Schiff wirtschaftlicher eingesetzt werden konnte.

Stapellauf 1843, - 1845 erste Fahrt über den Atlantik nach New York, wobei 360 Passagiere an Bord sind und 600 Tonnen Ladung mitgenommen wurden. Die Überfahrt dauerte 14 Tage und 21 Stunden, da das Schiff trotz seiner 1.500 PS zu schwach motorisiert war (spätere Transatlantik - Dampfer realisierten die Strecke in ca. 4 Tagen, siehe "Blaues Band", Text "Scilly Islands").

Auf der Rückfahrt nach England brach sogar die Schiffsraube, wobei sich die zusätzliche Beseglung als Rettung erwies. 1846 hatte das Schiff Grundberührung, wobei sich die Bauweisung in Doppelschalung bewährte.

Die "Great Britain" war nicht nur das damals modernste und größte Schiff der Welt, sondern auch das komfortabelste und luxuriöseste: überall Holzvertäfelung, kostbare Teppiche und 64 Suiten.

Später unternahm sie Fahrten nach Australien,- insgesamt war das Schiff 41 Jahre im Einsatz. 1886 wrackte die Great Britain bei einem Sturm vor Kap Horn und blieb auf den Falkland-Inseln liegen. Fast 100 Jahre rostete sie dort vor sich hin, bis man das Industriedenkmal 1969 nach Bristol rücktransportierte und als Museumsschiff renovierte.

★ *"GREAT EASTERN"*: das dritte, von I.K.Brunel konstruierte Schiff, Stapellauf 1858, konzipiert für 4.000 Passagiere und 6.000 Tonnen Warenladung. Es sollte auf der Ostroute nach Indien eingesetzt werden. Das äußerst luxuriös ausgestattete Schiff hatte jedoch zu Beginn einige schwere Unglücke, so daß kaum noch jemand Passagen buchte. Es mußte daher verkauft werden und hatte fortan erfolgreichen Einsatz im Verlegen von Transatlantik- Kabeln, Details siehe "Southampton".

MARITIME HERITAGE CENTRE (56): Geschiche der Seefahrt und des Schiffbaus von Bristol. Untergebracht im früheren Gebäude der Hills & Sons Ltd., seinerzeit älteste und bedeutendste Schiffswerft der Stadt.

HARBOUR TRAIN (57): alte Lokomotiven, Ausrüstung der Eisenbahner etc. Uralt-Lokomotiven tuckern über ein Gleisstück, das das Maritime Centre mit dem Industrial Museum (59) verbindet.

BRISTOL PACKET (58): ein Lastkahn, der noch nach der industriellen Revolution riecht. Er fährt als Ausflugsdampfer mehrmals täglich zu den interessantesten Punkten im Bereich des ehemaligen Hafens.

INDUSTRIAL MUSEUM (59): In der Flugzeug-Abteilung ältestes Stück eine alte Cherub von 1910 mit 32 PS. Besucher können sich ins Cockpit einer Concorde setzen. Weitere Abteilungen für Motorrad-, Auto-, Lkw- und Zug-Oldtimer.

Eine Sektion widmet sich der Vergangenheit Bristols als wichtiger Hafen: Geschichte des Sklavenhandels, Schiffsmodelle und Rekonstruktionen alter Lastkräne und Lagerhäuser.

LIFEBOAT MUSEUM (60): alle Arten von Rettungsbooten. Modelle und alte Fotos dokumentieren unterschiedliche Seenot-Situationen und spektakuläre Rettungsaktionen.

★ ZENTRALER HAFENBEREICH

BATHURST BASIN (61): war ursprünglich einer der 3 Eingänge zum

Floating Harbour. Das Hafenbecken wird heute von Freizeitbooten genutzt zusammen mit Pubs am Kai, - einige der Häuser waren frühere Lagerschuppen 19. Jhd.

REDCLIFFE PARADE (62): Ensamble alter Stadthäusern aus dem 18.-19. Jhd., restauriert. - PHOENIX WHARF (63): auch hier Häuser aus der Zeit, als Bristol Bedeutung als wichtiger Hafen hatte.

POSTSCHIFF LOCHIEL (3): das frühere Postschiff (eingesetzt in Schottland) wurde in einen Pub umgewandelt. Angenehm und originell, hier das Bierchen auf einem ehemaligem Postdampfer zu heben...

FRACHTER THEKLA (64): heute finden an Bord Jazz- Sessions, Theater- und Musikaufführungen statt. Eines der Zentren studentischen Lebens von Bristol, Details siehe Restaurants/Pubs.

KINGS STREET (65): eine der besterhaltenen Haus-Ensambles aus 17.-19. Jhd. Bristols. In den Häusern befinden sich eine Vielzahl interessanter Pubs: u.a. der LLANDOGER TROW (67), früher ein Inn von 1664 mit traditionsreicher Seefahrervergangenheit, Details siehe "Pubs".

MERCANT VENTURES ALMSHOUSE, ebenfalls in der Kings Street. Das Haus wurde im 15. Jhd. gebaut und 1699 restauriert, um pensionierten Seeleuten Unterkunft zu bieten. Nebenan OLD LIBRARY, heute Restaurant.

THEATRE ROYAL (66): eröffnet und erste Aufführung 1766. Es ist das älteste Theater Englands in Bezug seither permanenter Aufführungen.

QUEENS SQUARE: gebaut zur Zeit der Queen Anne und damals einer der größten Plätze Europas. Viele der Backsteinhäuser stehen noch; das Haus Nr. 37 war übrigens das erste amerikanische Konsulat in Europa (1792).

THE GRANARY (68): in der Little King Street, die vom Queens Square zur Kings Street verbindet. Das Backsteingebäude wurde 1871 als Getreidespeicher gebaut und steht heute unter Denkmalsschutz.

LIGHTSHIP (69): das rot angestrichene, frühere Leuchtschiff liegt heute am Kai und dient als Pub/Disco.

BRISTOL BOAT CENTRE (7o): Vermietung von Ruderbooten (ca. 12 DM/ Stunde) für Fahrten im ehemaligen Hafengewässer.

★ REDCLIFFE

Das Stadtviertel um den Bahnhof (72); der Name "Redcliffe" kommt vom rötlichen Sandstein- Untergrund.

TEMPLE CHURCH (71): Kirchturm mit kräftiger Schlagseite: neigt sich bei 35 m Höhe oben ca. 1,2o m aus der Senkrechten. Um 1145 als Kirche der Tempelritter gebaut, die sich im Zuge der Kreuzzüge formiert hatten.

TEMPLE MEAD (72): heutiger Bahnhof mit Anbindung an London und alle anderen Gebiete Großbritanniens. Rund 1oo m nördlich vom Bahnhof ein Fähranleger für die Flußfahrt im Floating Harbour: bequeme Verbindung zu den wichtigsten Sight Seeing Punkten der Stadt.

BRISTOL OLD STATION (73): der frühere Hauptbahnhof von Bristol. Gebaut 1839/4o von I.K. Brunel und damaliges Meisterwerk in Backstein- Eisenkonstuktion. Er gilt als der älteste, noch erhaltene Großstadtbahnhof der Welt, genutzt bis 1965. Heute ist hier das EXPOLORATORY (73) untergebracht: ein Technisches Experimentiermuseum, - voll mit chemischen und physikalischen Versuchsanordnungen zum Rumspielen. Dazu eine Galerie mit 3-dimensionalen Bildern, die Sinnestäuschungen hervorrufen.

CHURCH OF ST. MARY REDCLIFFE (74): gilt als eine der schönsten Stadtkirchen Englands. Über die Jahrhunderte war sie die Kirche der Seefahrer, Reeder und Handelsunternehmer Bristols.

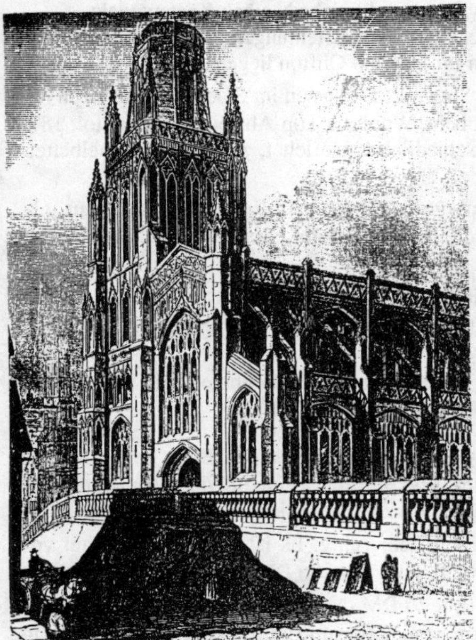
CHURCH OF ST. MARY REDCLIFFE
Illustration Mitte 19. Jhd. Die Kirchturmspitze wurde 1870 gebaut.

Geschichte: Baubeginn 13. Jhd. Nach einer Sturmkatastrophe Mitte des 15. Jhd. wurde sie im spätgotischen Stil erneuert und insbesondere das Langhaus komplett neu erbaut.

Finanzierung ab 1467 durch William Conygne, einem der damals reichsten Kaufleute und mehrfachem Bürgermeister der Stadt: in der Lebensmitte hatte er sein religiöses coming-out: er entsagte allen weltlichen Gütern und wurde Priester.

Als Kirche der Seefahrer und reicher Kaufleute erhielt St. Mary Redcliffe bei Renovierungsarbeiten bzw. Ausbauten immer genügend Geld. Entsprechend konnte sie sich in ihrem Inneren in prächtiger Ausstattung entfalten (z.B. mehr als 1.1oo goldüberzogene Schlußsteine im Gewölbe des Hauptschiffes).

Auch erhielten in vergangenen Jahrhunderten wichtige Schiffstransporte die kirchliche Segnung für die Atlantik- Überquerung.

Die heutige Turmspitze wurde 187o gebaut.

TURM: er ist inklusiv des spitzen Aufbaus (dort ohne jegliche Verzierungen) fast 9o m hoch. Die Kirche wirkt trotz ihres hohen Turmes im äußeren Erscheinungsbild und Proportionen ausgewogen.

NORDPORTAL: mit 6-eckiger Vorhalle: filigrane Laubwerk- und Blattornamente in hoher künstlerischer Qualität. Bauzeit um 1325 im hochgotischen Decorated-Stil.

LANGHAUS: eines der höchsten Kirchenschiffe Englands. An den Seiten eine Fülle gotischer Fenster, die der Halle Licht und Offenheit geben. Sie wurde nach dem Sturmschaden 1446 gebaut. Im Gewölbe des Kirchendaches ein feingliedriges Netzwerk von Streben, die sich zu mehr als 1.1oo goldüberzogenen Schlußsteinen treffen.

CHOR: unterhalb des Turmes, in einer Kapelle die bemalte Holzstatue der Queen Elisabeth (geschnitzt im 16. Jhd.). Sie hält selbstbewußt den Globus in der Hand und dokumentiert die Seemacht Englands mit Hafen Bristol. Nicht weit davon die Rippe eines Walfisches: John Cabot brachte sie als Souvenir von seiner Nordamerika-Reise mit.

Schon wegen der Geschäftsleute genügend Fremdenbetten, Engpässe entstehen kaum. Im City Centre zahlreiche Neubau-Kästen: viele Facilities und wenig Seele. Unsere Empfehlungen halten sich an die Altbauten, die vor allem im Stadtteil Clifton liegen.

"**Grand Hotel**": Broad Street. Prachtkasten im Stadtkern, mit Kronleuchtern und Antik-Möbeln, Wohl die Top-Absteige von Bristol, 187o eröffnet. Zimmer unterschiedlich eingerichet, z. T. mit Himmelbetten. DZ ca. 19o DM.

"**St. Vincent`s Rocks**": Sion Hill. Ehrwürdiger Kasten in Regency-Architektur. Ca. 15 Gehminuten vom Zentrum, im Stadtteil Clifton. Alle Facilities, Blick auf die berühmte Hängebrücke. DZ ca. 17o DM.

"**Hotel Clifton**": St. Paul`s Road. In ruhiger Seitenstraße nahe der Universität. Wurde renoviert und bietet für die Preisklasse optimale Leistung. Exzellentes Essen. DZ ca. 9o - 11o DM.

"**Oakfield Hotel**": 52 Oakfield Road. Renommiertes Familienhotel, seit 194o im Besitz von Mrs. Hurley. Liegt in Clifton. DZ ca. 9o DM ohne Bad.

BED & BREAKFAST: Preise etwa 2o- 3o % niedriger als in Bath, bei ähnlichem Standard. Sich vielleicht hier einquartieren und für Sightseeing mit dem Pendelzug nach Bath fahren. Im City Centre wenige Häuser, konzentrieren sich auf zwei Stadtteile:

Clifton: Universität, behäbige Stadtvillen, sehr ruhig. Es ist das Nobel-Viertel von Bristol; eine Viertelstunde ab vom Zentrum. Preise um 9o DM fürs DZ.

Im Stadtteil Southville: etwas billiger (um 7o DM das DZ). Die meisten an der Coronation Road. Beide Regionen ca. 2 km vom Zentrum, gute Verbindung mit Stadtbussen.

JUGENDHERBERGEN: Bristol Centre IYHF (1) im Gebäude des Tourist Büros. Eine 5-Sterne Herberge, die Zimmer mit 2 - 6 Betten und Dusche/WC. Cafeteria, professionell geführt. Liegt unten am Hafen in einer umfunktionierten Lagerhalle, 1989 eröffnet.

St. John Reade Hall of Residence (Redland Court Road): gute 2 km ab Zentrum auf dem Universitäts-Komplex. Nur Juli bis Ende August geöffnet. Ausweich-Hostel mit wesentlich weniger Service.

Baltic Wharf Site: (52) bequeme Gehweite ins Zentrum (ca. 1o Min.), bzw. Hafenfähre. Der Platz ist gut ausgerüstet inkl. kleiner Cantine. Sehr beliebt, daher schnell ausgebucht.

HARVEY'S (12A Denmark Street): klassische Küche in Bestform, seit langem fest etabliert und auch wegen der exzellenten Weinkarte viele Stammgäste. Gemütliches Kellerrestaurant. Menü ca. 6o DM.

GLASS BOAT: Restaurant in einem Flußtransporter aus den 2o-er Jahren. Sanftes Kerzenlicht, durch die Fenster kann man den Wellen zusehen. Französische Küche, um 3o DM. Das Restaurant-Schiff liegt im Floating Harbour vor Anker.

COLONEL JASPERS (Queens Road): Sägemehl am Boden, rauher Ziegelstein. Wie eine Kaschemme im 19. Jhd., altenglisches Dunkelbier wird wie damals in Zinnkrügen serviert, sehr guter Wein. Zum Essen Steaks vom Holzkohlengrill, auf Eichenholz geräucherter Lachs, Käse etc. Im Schnitt 2o DM. Barmeals für 6- 12 DM.

VINTNERS WINE BAR (St. Stephen's Street): wohl die beliebteste Weinbar von Bristol. In einem stilvollen Kellergewölbe mit einfachen, aber liebevoll zubereiteten Gerichten um zehn Mark.

MC CREADIE'S (Broad Street). Vegetarisches und Naturkost, ca. 5- 1o DM, nur tagsüber.

STADTTEIL CLIFTON

CORONATION TAP (zwischen Sion Place und Portland Street): reiner Cider-Pub, der säuerliche Apfelmost reift in einer Reihe von Fässern an der Wand. Eine Institution seit 2oo Jahren. Wie eh und je wird echter Most serviert, eine trübe und heimtückische Flüssigkeit, ohne chemische Additive und ohne Kohlensäure.

ALBION (Boyce's Avenue, off Regent Street): Tische und Bänke im Innenhof, Uralt-Interieur. Viele Studenten.

WHITE LION INN (Bar im Avon Gorge Hotel, Sion Hill): Wohl der schönste Platz zum Draußensitzen in ganz Bristol. Auf der Terrasse blickt man auf die berühmte Clifton Suspension Bridge, die abends mit Tausenden von Glühbirnen beleuchtet ist.

ZENTRUM

Viele gemütliche Studenten-Kneipen und Restaurants in der King Street (65). Optimales Pflaster für einen Bummel: hier ein Bier, dort ein Bier, und am nächsten Morgen schnurrt der Kater ins Ohr ...

OLD DUKE BAR (King Street): Kneipe mit purem Jazz im Stil von Louis Armstrong.

LLANDOGER TROW (67) (King Street): ein weiterer Grandseigneur der

Bristoler Kneipenszene. In der Kaschemme trafen sich bereits 1696 (!) die Seeleute und löschten ihren Durst. 1712 soll sich hier auch der englische Schriftsteller Daniel Defoe mit dem schottischen Seemann Alexander Selkirk getroffen haben, um sich von dessen Abenteuern berichten zu lassen.

Selkirk hatte 17o1 auf einem engl. Piratenschiff angeheuert, war jedoch 17o4 im Südpazifik auf der dicht mit Urwäldern bewachsenen Mini- Insel Juan Fernandez an Land gesetzt worden. Die Insel, die 7oo km vor der chilenischen Küste liegt, war damals unbewohnt und wurde gelegentlich von engl. Piraten zum Ausbessern ihrer Schiffe genutzt.

So wartete Selkirk auf der verlassenen Insel in der Hoffnung, daß irgendwann mal wieder ein englisches Piratenschiff vorbeikommt, um ihn aus seiner Einsamkeit zu erlösen. Wie's weiterging, sowie alle Details zur Insel (übrigens heute noch Tip für Einsamkeits-Fans, sowie Leute, die Lobster mögen!) im Velbinger Band 36 "Chile".

Ob sich Defoe wirklich im "Llandoger Trow" mit Selkirk traf, ist nicht gesichert. Zumindest dienten die Abenteuer Selkirks als spätere Romanvorlage für den Weltbestseller "Robinson Crusoe".

Im Buch "Die Schatzinsel" von Robert Louis Stevenson ist die Kneipe als "Admiral Benbow" beschrieben. Liegt gegenüber von der Old Duke Bar.

LIGHTSHIP (69) (liegt am Ende der King Street vor Anker): Kneipe in einem früheren Leuchtschiff. Junge Leute, laute Musik. Freitag und Samstag im Rumpf des Schiffes Disco (sehr leger, mit Jeans).

THE THEKLA (64): der frühere Frachter wurde in ein Kneipenschiff umgewandelt. Er liegt vor Anker am Quay neben der Straße "Grove". Täglich außer Sonntag Live-Musik mit Schwerpunkt Folk, Jazz und Blues. Leute in den Zwanzigern, darunter viele Studenten.

FLEECE & FIRKIN (St. Thomas Lane, off Redcliffe Way): wüster Schuppen, alles dichtgepackt und vorne hämmert eine Band.

BRIDGE INN (Baldwin Street): oberhalb eines Pubs, ähnliche Atmosphäre wie im Fleece & Firkin.

TSMV LOCHIEL (Nr. 3) Pub mit Restaurant, untergebracht in einem ausrangierten schottischen Postboot.

ENTERTAINMENT

Bristol hat das breite Kultur-Angebot einer mittleren Großstadt. Infos im Stadtmagazin "Venue", an jedem Kiosk.

✱**DISCOS:** Revier für Nightlife ist die Park Street und das Viertel Broadmead. Renner ist derzeit The Studio (Frogmore Street), wo sich bis zu 2.ooo Leute versammeln. Musik von Techno bis Pop. - Das Lightship (Stadtpl. 69, siehe bei Pubs) hat sehr viel Flair.

✱**THEATER**: die Company "Bristol Old Vic" hat sich weit über die Stadtgrenzen hinaus einen Namen gemacht. Aufführung im Theatre Royal (66): 1766 eröffnet, Bühne und Ränge sehen noch aus wie im 18. Jhd.

✱**KONZERTE**: Die Aufführungen des Bournemouth Symphony Orchestra in in der

Colston Hall gehören zum besten, was England auf diesem Sektor zu bieten hat. - Hippodrome (7): Adresse für Ballett und Opern. Sehr opulent und plüschig eingerichtet.

✱**KUNST**: im Arnolfini Art Centre (2) Galerien mit zeitgenössischen Künstlern, avantgardistische Musikstücke, sowie Kino für den besonderen Film. Das schwarze Brett ist Info-Zentrale für die Kulturszene. Im Café angenehmes Boheme.

Für weiteres Kulturangebot sorgt das Watershed Zentrum (4): Kulturzentrum mit zwei Kinos, sowie Restaurant und Bar.

✱**WASSERSPORT**: Baltic Wharf: Wasserski, Segeln, Windsurfen, Modell-Bootfahren etc. Findet statt in einer umfunktionierten Werftanlage, Vermietung von Ausrüstung.

✱**BALLONFAHRTEN**: fantastische Sache, im Ballon lautlos über Bristol und die Grafschaft Avon zu gleiten! Ist zwar nicht billig, aber lohnt das Geld. Fahrten am Wochenende Frühling bis Herbst. Infos und Buchung unter Tel.: (o272) - 637.858.

✱**BOOT-TRIPS**: Im Hafen kann man sich ein Ruderboot mieten (7o), die Std. ca. 12 DM. - Ausflugsfahrten: ab (58) 1-stündige Trips zu den Pubs entlang der ehemaligen Docks von Bristol. - Weiterhin mit "The Bristol Packet" ab (58) Ausflugsfahrten mit schmalen Booten (u.a. die 192o gebauten "Tower Belle") auf dem River Avon flußab durch den Canyon zur Flußmündung, bzw flußauf rein ins Herz der Grafschaft Avon bis nach Bath und Swindon. Auch Ausflugsfahrten zu Tea Gardens und lunch-trips. - Sowie mit "Waverley" einem der wenigen Schaufelraddampfer, die noch auf der Welt in Einsatz sind. Abfahrten vom Quay Head (58).

✱**FESTE**:

International Grand Prix:(Wochenende Mitte Juni): großes Spektakel mit Motorboot-Rennen im Hafen.

International Wine Festival: Das Weinfest geht zurück bis ins 13. Jhd.; Bristol ist unter anderem durch den Weinhandel zu Wohlstand gekommen. Mitte Juli.

Balloon Festival: vor der Stadt starten an die hundert Heißluft-Ballons und schweben über der Stadt. Von Freitag bis Montag, am 2. August-Wochenende.

Bristol Flower Show: (August) eine der großen Blumenschauen in England. Schauplatz sind die Clifton Downs.

Verbindungen ab Bristol

Flüge: Der Airport liegt 13 km südlich, an der A 38. Airlink per Pendelbus ab Busterminal und dem Temple-Meads-Bahnhof. Flüge nach Düsseldorf, Dublin, Belfast, Jersey, Paris, Amsterdam.

Züge: (5o) Alle Züge ab Bahnhof Temple Meads Station. 15 Minuten vom Centre. Nach Bath alle 15 Minuten, Fahrtdauer 1o Minuten; ca. 5 DM one- way. Weitere flotte Verbindungen in alle Landesteile.

Busse: (23). Flotte Verbindung nach Glastonbury und Wells, sowie nach Bath. Nach London stdl., 2 1/2 Std., ca. 27 DM.

Nordroute

BATH/BRISTOL ⟶ LONDON ca.185 km

Stolze Herrenhäuser, jede Menge vorgeschichtlicher Monumente und nette Kleinstädtchen, um gemütlich in ein bis drei Tagen rüberzubummeln...

Tip für entsprechend Interessierte sind die archäologischen Fundstätten bei Avebury.

Unsere Beschreibung folgt der Landstraße A4, halber Tag reine Fahrtzeit. Jede Menge Abstecher zu Sehenswürdigkeiten, um unterwegs Impressionen zu sammeln.

Schnell-Route ist die Autobahn M4, die fünf bis zehn Kilometer nördlich zur A4 verläuft, reine Fahrtzeit bei 2-3 Stunden. Für die eine oder andere Sehenswürdigkeit vielleicht kurz abfahren.

Verbindungen

Öffentlicher Transport: sehr flotte Verbindung sowohl mit Zügen als auch mit Bussen.

Busse: die Expreß-Busse Bristol-London gehen jede Stunde, Fahrtdauer 2 1/2 Stunden, ca.27 DM einfach und 36 DM return. Gehen alle non-stop über die Autobahn. Ab Bath zunächst mit dem Pendel-Zug rauf nach Bristol. Nach unseren Informationen gibt's keine durchgehende Omnibus-Linie, die über die Landstraße A4 verläuft und die einzelnen Dörfer abklappert. Geht nur mit mehrmaligem Umsteigen und Warten auf Anschlüsse: Infos über die Kombination der Fahrpläne im Busterminal von Bristol oder London.

Züge: 1-2 mal pro Stunde, Fahrtdauer ca.1 1/2 Std., etwa 35 DM. Es gibt je eine Schienenführung ab Bristol und ab Bath.
Abfahrt in London: Paddington Station.

ROUTENBESCHREIBUNG: Ab Bath zunächst auf der gut ausgebauten A4 Richtung Osten, zunächst etwa 2o km bis Chippenham. Wer die Eisenbahn nimmt: führt durch den Box Tunnel, mit 1oo m Länge zur Bauzeit 1837 eine in der Welt bis dahin unerreichte technische Meisterleistung!

Ein Ausflugs-Tip ab Chippenham: 15 km Richtung Norden auf der A429 nach **MALMESBURY** (2.5oo Einwohner), schöne Fahrt übers Hügelland. Alte Bürgerhäuser auf einer Hügelkuppe in einer Flußgabelung, auf dem Marktplatz ein 8-eckiges Marktkreuz (gotisch, erbaut um 15oo).

Sehenswert ist vor allen Dingen die ABBEY CHURCH: das Langhaus einer normannischen Klosterkirche aus dem 12.Jh., das als einziger Bauteil die Zerstörung in den Reformationskriegen überlebte. Am Südportal sehr schöne normannische Skulpturen, die die zwölf Apostel darstellen, und eine Reihe aus acht Säulen. Innen ein Figurengrab aus dem 15.Jh.

Neben der Kirche das Abbey House mit seinem unterirdischen Krypta-Gewölbe aus dem 12.Jh.

Tourist INFO TI - im Rathaus, Adresse Cross Hayes. Tel.o666/ 82 21 43. Kein book-a-bed-ahead.

Von Chippenham weiter auf der A 4 Richtung Westen: nach 5 km das BOWOOD HOUSE aus dem 18. Jh., herrlicher Park mit Rhododendrongärten und einem monumentalen Mausoleum. Unregelmäßige Öffnungszeiten!

Angeschlossen ein sehr gutes Restaurant, für rund 15 DM rein in die heiße Schlacht am kalten Buffet: gerösteter Truthahn, Fasanen-Pastete, deftiger Schinken, Salate usw. Nur tagsüber.

Nächste Station ist das Städtchen **CALNE**. Mittelalterliches Gasthaus: Landsdowne Arms, im Hof steht das zur Kneipe gehörende Brauhaus, wo das selbstgebraute Bier in den Kupferkesseln reift.

Tip für eine Kurz-**Wanderung** ist der Marden Nature Trail: 3 km langer Pfad entlang der stillgelegten Eisenbahnlinie Calne-Chippenham, immer am Ufer des River Marden lang durch ein sympathisches Tal mit Uferwiesen und Gehölzen. Startpunkt: alte Steinbrücke 8oo m nordöstlich des Weilers Studley, dort kleines Treppchen runter und Richtung Westen durch Mischwald zum River. Eisvögel tauchen nach Fischen. Ziel: verwunschene Ruinen eines verfallenen Klosters.

CHERHILL,- kurz Station machen für das "White Horse". Ca.4o m lange Umrißzeichnung eines Pferdes, die man um 178o in den südlich gelegenen Hügelabhang eingegraben hat.

★Avebury (54o Einw.)

Kleine Ansammlung von Ziegelhäusern und Reetdächern: Zentrum für die Besichtigung einer Fülle prähistorischer Sehenswürdigkeiten in der Umgebung. Grüne Erdwälle, zu gruppen arrangierte Steinblöcke.

Das Dorf liegt in der Mitte eines riesigen Steinkreises,- älter und größer als das berühmte Stonehenge. Der sogenannte AVEBURY CIRCLE besteht aus groben, unbehauenen Sarsen-Steinen, einem Sandgestein aus den nahegelegenen Hügeln.

Von den einst 18o Monolithen sind noch 5o erhalten, wurden im Mittelalter teilweise als Baumaterial verwendet. Die fehlenden hat man durch Betonblöcke ersetzt. Höhe zwischen 1 1/2 und 16 m, Gewicht bis 6o Tonnen. Form: abwechselnd schlanke und breite Blöcke, die vielleicht die beiden Menschengeschlechter symbolisieren sollen. Die Bauzeit wird auf 25oo Jahre vor Christus datiert.

Durchmesser des Kreises bei ca. 43o m, ergibt eine schöne 2 km-Rundwanderung durch die Steinzeit. In diesen äußeren Kreis waren früher noch zwei kleinere, konzentrische Steinkreise eingeschlossen. Zur Begrenzung der Anlage ein 6 m hoher Erdwall und ein tiefer Graben.

Quer durch den Avebury Circle führt die 15 m breite und 3 km lange "Avenue" zum prähistorischen Heiligtum am Overton Hill (siehe Umgebung): von Kultsteinen eingesäumter Prozessionsweg, voll restauriert, die fehlenden Steine wurde durch Betonblöcke ersetzt.

Über die Erbauer der Anlage und darüber, welche Motive sie antrieben, sind nur Spekulationen möglich. Vermutlich handelte es sich um einen Tempel für den Sonnengott, Podium für heidnische Rituale irgendwann im Dunkel der Vorgeschichte. Die weitreichende Bedeutung von Avebury wird durch hier gefundene Gesteine dokumentiert, die nachweislich aus der deutschen Eifel stammen.

Im ALEXANDER KEILLER MUSEUM sind Ausgrabungsfunde der Umgebung ausgestellt. Rundet das Bild ab für ein tieferes Verständnis der Ereignisse, die sich vor vier Jahrtausenden hier abspielten.

MUSEUM OF FOLK LIFE: in einer strohgedeckten Scheune aus dem 17.Jh. werden die Werkstätten und Arbeitsweisen alter Handwerke gezeigt, z.B. Dachdecker, Kesselflicker, Schäfer, einer Sattlerei, eine Käserei, ein Wanger zur Herstellung von Wagenrädern usw. Im Sommer werden alte Folk-Tänze aufgeführt.

AVEBURY MANOR: elisabethanisches Herrenhaus aus dem 16.Jh,-holzvertäfelte Gemächer mit Stuckdecken, viele Kunstwerke und Porträtgemälde. Im Park ein Taubenhaus aus dem 16.Jh., Gehege mit Damhirschen und Schafen sowie eine große Modelleisenbahn. Im sog. Coach House ein Museum über Ausgrabungsfunde.

TI - im Folk-Life-Museum; Tel.o6723/ 425. Book-a-bed-ahead.

In dem kleinen Dorf keine HOTELS: wer Wert auf Hotel-Komfort legt, läßt sich vom TI Hotelunterkünfte in den umliegenden Städten vermitteln.

Sehr schön das "**Bear Hotel**" (Tel.o38o/ 24 44; DZ ca. 15o DM) rund 1o km südwestlich in Devizes. Fast 4oo Jahre alter Bau am Marktplatz, viel Atmosphäre in den verwinkelten Korridoren.

BED&BREAKFAST: Wer in Avebury wohnen möchte, sollte wegen des limitierten Angebotes rechtzeitig übers TI vorausbuchen. In der Umgebung schöne Farmhöfe, wo als Weckruf noch stilgerecht der Hahn kräht...

In Avebury und Umgebung gibt's für Rucksackler weder eine Jugendherberge noch Camping-Plätze!

Das nächste Top-Restaurant liegt rund 1o km westlich in Marlborough: Beschreibung siehe dort!

Das STONES in der High Street: vegetarische Küche par excellence, hausgemachter Käse direkt von den Farmhöfen der Umgebung und Gemüse vom eigenen Garten. Trotz der touristischen Lage sehr hoher Standard. Selfservice, nur tagsüber geöffnet, 5-1o DM.

Barmeals: Einfache Sachen innerhalb von Avebury werden in der RED LION BAR serviert. Der bessere Tip: rausfahren nach Beckhampton (3 km südlich) in den jahrhundertealten Gasthof WAGON & HORSES. Wuchtige Steinmauern und Strohdach, serviert werden Sachen frisch vom Grill und knackige Salate.

Weitere gute Restaurants in Devizes, 1o km südlich (siehe übernächste Seite).

Ausflüge in die Umgebung

2 km östlich bei East Kennet der OVERTON HILL, Reste zweier Steinkreise mit 15 und 4o m Durchmesser auf eine Hügelkuppe gebaut. Mit Betonpfeilern hat man die ursprüngliche Anlage anhand der ausgegrabenen Fundamente nachgebildet. Stammt aus der frühen Bronzezeit, die Erbauer kamen höchstwahrscheinlich aus der Gegend des heutigen Hollands und des Niederrheins.

Schöne **Wanderung** von Avebury aus, entlang des vorgeschichtlichen Prozessionsweges "The Avenue", flankiert von zwei Reihen Steinblöcken.

Noch ein Wander-Tip: vom Overton Hill aus entlang des sog. RIDGEWAY WALK, ein ca.135 km langer Langstrecken-Wanderweg Richtung Nordosten. Wenigstens das 6 km lange Stück bis zum Hackpen

Hill langlaufen, um die Landschaft der Hügelkette der Marlborough Downs zu erleben. Überall liegen Felsblöcke verstreut, bunte Wiesenblumen und Erdhügel (3ooo Jahre alte Bronzezeit-Gräber). Vom 143o m hohen Hackpen Hill Blick auf weite Hügelketten und Täler, baumlose Grasmatten, hie und da kleine Buchengehölze.

Nicht weit vom Overton Hill ist der SILBURY HILL einen Besuch wert: 4o m hoher, kegelförmiger Erdhügel. Wurde vor etwa 4.5oo Jahren künstlich aufgeschüttet. Dabei ging man konstruktionstechnisch sehr gründlich vor. Der Hügel besteht aus einzelnen, übereinander liegenden Schichten, wobei jede von einer Mauer aus Kreidegestein eingerahmt ist. Innerhalb der Mauerringe radiale Stützmauern, ähnlich den Speichen eines Rades; die Zwischenräume wurden mit Schutt aufgefüllt.

Über die Gründe für den Bau gibt's keinerlei Anhaltspunkte, vermutlich ein Heiligtum oder sakrales Mahnmal. Grabstätten wurden im Innern des Silbury Hill nicht gefunden. Jedenfalls nahm man gewaltige Anstrengungen in Kauf: zweieinhalb Millionen Kubikmeter Erdreich mußten bewegt werden, wofür nach Berechnung der Archäologen 7oo Mann ein ganzes Jahrzehnt beschäftigt waren.

Von oben schöner Blick auf das von dem Steinkreis eingefaßte Avebury inmitten der grünen Hügellandschaft.

WEST KENNET LONG BARROW, paarhundert Meter südlich des Silbury Hill beim Dorf West Kennet. Riesiges Hügelgrab mit 11o m Länge, 3o m breit und 3 m hoch. Wurde vor 5ooo Jahren erbaut und diente über ein ganzes Jahrtausend unzähligen Generationen als Grabstätte.

Sehr gut erhalten. Eingang durch eine Art Vorhof, innen ein Korridor, links und rechts davon je zwei Kammern, eine fünfte Kammer am Ende des Ganges.

Das Grab wurde 1955 geöffnet. Man fand zahlreiche Grabbeigaben wie z.B. 4.5oo Jahre alte Urnen, gefüllt mit Milch und Getreide. Die Funde sind im Museum in Devizes ausgestellt (nächste Seite).

Ein 3 km-Spaziergang in westlicher Richtung führt zum WINDMILL HILL. 2oo m hoher Hügel, oben Überreste einer Steinzeit-Festung (drei Ringe aus Gräben und Wällen). Vor 52oo Jahren mühsam mit Geweihsprossen als einziges Werkzeug erbaut, diente vermutlich als Versammlungsort, um Vieh und Pferde zu tauschen. Man fand Tonwaren aus ganz Südwest-England, ein Indiz dafür, daß die Menschen von weit her pilgerten und Opfer brachten.

Südlich des Overton Hill liegt das Dorf EAST KENNET: von hier reicht ein vor 15oo Jahren erbauter Schutzwall bis nach Bristol an der Atlantikküste (der sogenannte Wansdyke). Hinweise auf die Erbauer existieren nicht, vermutlich von den Römern als Schutz vor den Sachsenangriffen aus Nordengland.

Der Wall ist 12 m hoch, an seiner Nordseite ein tiefer Graben. Schöne Wanderung entlang des Walls Richtung Westen, auf den ersten 3 km noch sehr gut erhalten.

BECKHAMPTON liegt 3 km südlich von Avebury: Reitställe und Trainingsgebiet für Rennpferde.

Schöne Wanderung: gute 10 km über Hügel und durch Täler nach MARLBOROUGH, als Höhepunkt ein mit Sandstein-Findlingsblöcken übersätes Gebiet (Fyfield Down Reserve). Details im Marlborough-Kapitel.

★ Devizes

Nettes Städtchen mit Fachwerkhäusern, 13 km südwestlich entlang der A361. Die beiden Kirchen stammen noch aus der Normannenzeit, wurden im 15. Jh. vergrößert (Spätgotik!); außerdem ein Schloß aus dem vorigen Jahrhundert.

Unbedingt zu empfehlen: das ARCHEOLOGICAL MUSEUM mit den Grabungsfunden aus dem Hügelgrab bei Avebury. Guter Eindruck über die Vorgeschichte.

Tourist INFO

TI - Wharf Centre in der Couch Lane; Tel.0380/ 71 069. Book-a-bed-ahead. Wichtig für Unterkunfts-Vermittlung, wer hier in der Gegend übernachten möchte, da Devizes erheblich mehr Betten-Kapazität hat als das kleine Dörfchen Avebury.

RESTAURANTS

Am Marktplatz das BEAR HOTEL, ein 300 Jahre alter Gasthof. Ist vor allem berühmt für seine Pasteten "Devizes Pies": Pökelfleisch im Teigmantel, dazu in Essig eingelegte Eier und Senf. Um 10 DM, sorgt für herrlichen Durst...

Nur tagsüber offen: WILTSHIRE KITCHEN (11 St.John Street). "Best lunch in town", für im Schnitt 10 DM liebevoll hergerichtete Sachen wie bspw. Hühnchen mit Koriander oder Lasagne mit Pilz- und Spinatfüllung.

Knapp 2 km nordöstl. von Devizes an der A361 der Roundway Hill, an seinem Gipfel ein Buchenwäldchen. Majestätische Stämme, dazwischen Klee und Waldanemonen. Schön für ein Picknick am Waldrand. Während die Kaumuskeln arbeiten, den Blick über's umliegende Hügelland schweifen lassen...

Westlich von Devizes erstreckt sich der Kennet & Avon Channel: wegen des enormen Gefälles (20 m auf 1 km) mußten beim Bau 1810 vom Ingenieur John Rennier 29 Schleusen eingebaut werden. Damals Hochbetrieb mit Bargen, die vom Ufer aus mit Pferden gezogen wurden. An den Schleusen staute sich alles, für die komplette Schleusen-Treppe brauchte man einen halben Tag. Der Ausbau der Eisenbahn versetzte dem Kanal den Todesstoß.

Heute friedliche Altwasser, Seerosen und am Ufer Schilf-Dickicht. Enten und Bläßhühner gründeln nach Nahrung. Die Schleusen wirken wie eine überdimensionale Treppe, jeweils nur eine Bootslänge von einander entfernt. Enthalten leider kein Wasser mehr.

Ab Devizes 3 km-Spaziergang entlang dem kiesigen Towpath, von dem aus die Pferde die Bargen zogen. Oder mit dem Auto auf der A361 bis zum Kanal, von dort nur ein paar Minuten zu den Schleusen.

Weiter ab Avebury: gute 1o km bis:

★ Marlborough (6.5oo Einw.)

Malerisch am River Kennet. Schöne Altstadt, Plätze und Gassen, ideal für gemütliche Wanderungen und Spaziergänge im umliegenden Hügelland.

Auffallend die sehr breite High Street mit Säulen-Arkaden und Bauten des 17.-19.Jh. Laut den Baugesetzen des 17.Jh. mußte die Hauptstraße so breit sein, daß ein Pferdefuhrwerk wenden konnte. Hier auch die Church of St Peters mit seinem pompösen Turm im spätgotischen Stil. Mittwoch und Samstag ist Markttag.

MARLBOROUGH COLLEGE am westlichen Stadtrand, erbaut im Jahre 1843. Auf dem College-Gelände der Grabhügel Maerls Barrow aus vorgeschichtlicher Zeit. Nicht der Glimmstengel, sondern die Verballhornung des Wortes Maerls Barrow verlieh der Stadt den Namen.

Tourist INFO

TI - am Eingangsportal der oben beschriebenen St.Peters Church, High Street. Tel.o672/ 53 989. Book-a-bed-ahead.

RESTAURANTS

Gourmets gehen den Küchendüften nach, die vom Weiler Rockley (5 km nordwestlich über ein Nebensträßchen) rüberwehen: LOAVES AND FISHES (Tel.o672/ 53 737). In einer umfunktionierten Kapelle traditionelle englische Gerichte, die Hauptgerichte mit unverkünstelten Fleischsaucen ohne extravagante Zusätze. Festes Menü ca.55 DM. Kein Alkoholausschank, Pulle Wein selbst mitbringen!

BENTLEYS WINE BAR (7 Kingsbury Street): Urgemütlich mit einem Gewirr von Holzbalken und Feuer im Kamin. Mittags um 1o DM, abends 15-25 DM.

Wer etwas knapper bei Kasse ist, geht ins POLLY (High Street), wohl einem der empfehlenswertesten Teehäuser weit und breit. Nur tagsüber geöffnet, volles Gericht 8-15 DM, aber auch kleinere Snacks.

8oo m östlich von Marlborough liegt der Buchen- und Eichenwald SAVERNAKE FOREST, Fasane und Damwild ziehen über die Lichtungen, aus dem Wald das monotone Klopfen der Spechte.

Wurde im 18.Jh. vom Gartenbau-Architekten Capability Brown konzipiert: querdurch führt pfeilgerade die 6 km lange Allee "Grand Avenue", auf halber Länge ein Rondell, von dem acht weitere Pfade ausstrahlen. Alles verwildert und verwuchert: enger Waldweg, Untergehölz und die Kronen berühren sich wie bei einer Kirchenkuppel. Wer die Grand Avenue mit dem Auto durchfahren möchte: Ausgangspunkt ist Forest Hill an der A4.

FYFIELD DOWN RESERVE: Naturschutzgebiet 4 km westlich, bekannt für seine Findlingsblöcke aus Sandstein auf dem Kreidegestein-Untergrund. Wurden in der Eiszeit hier abgelagert, von weitem sehen die Hinkelsteine aus wie eine Schafherde. Vermutlich wurden von hier die Materialien für den Bau von Stonehenge geholt.

Im östlich von Marlborough gelegenen Weiler MILDENHALL eine Kirche mit kostbaren Schnitzereien aus dem 18.Jh.

In Marlborough kreuzt die Nord-Süd verlaufende A345 die hier beschriebene Nord-Route A4. Richtung Süden: ca.45 km bis Salisbury (Seite 256) und bis zum Steinzeit-Monument Stonehenge (Seite 125).

Abstecher auf der A 345 nach Norden: rund 15 km bis:

★Swindon

Eine große Industriestadt mit 125.ooo Einwohnern. Aufgeblüht zu Beginn des Eisenbahn-Zeitalters, als hier Loks und Waggons gebaut wurden. Innerhalb weniger Jahrzehnte nach Gründung der Great Western Railway Company im Jahre 1841 verzwanzigfachte sich die Bevölkerung, die Company erschloß mit Tonnen von Dynamit und mit Hilfe des Star-Ingenieurs Brunel die Schienenstränge nach Cornwall und Wales.

In der Farringdon Road das RAILWAY MUSEUM, unbedingt lohnend für den Fan. Loks und Waggons aus allen Zeiten, z.B. die North Star (Lok für den ersten Personenzug), eine Lok, die bereits 19o4 Spitzengeschwindigkeiten von 11o km/h erreichte, die erste Diesellok von 1934 oder feudale Speisewagen mit blitzenden Messingbeschlägen. Dazu Modelleisenbahnen, Uniformen und Ausrüstung der Schaffner etc. Untergebracht in einem ehemaligen Pensionärsheim für unverheiratete Eisenbahner.

Im STADT-MUSEUM alte Münzen und Musikinstrumente, in der Kunstgalerie Skulpturen von Henry Moore, Graham Sutherland und Ben Nicholson.

COATE WATER PARK am südöstlichen Stadtrand (Ausfahrt via der A259): Y-förmiger See, Sumpfland mit Kiebitzen und an den Sommerabenden trällern die Nachtigallen. Am See Verleih von Ruderbooten und Angelausrüstung. Mit kleinem Museum (alte Farmer-Werkzeuge).

TI - 32 The Arcade, Brunel Centre. Tel.o739/ 3o 328. Kein book-a-bed-ahead.

Exzellenter Italiener in 122 Victoria Road ist MAMA`S KITCHEN, von Mittag bis Mitternacht durchgehend geöffnet. Riesige Pizza-Scheiben für 1o DM und Pasta, wo`s unbegrenzt Nachschlag gibt.

Für die Snack tagsüber ins ACORN WHOLEFOODS, paar Tische im Obergeschoß eines Naturkostladens. Selbstbedienung, nur vegetarische Sachen bis maximal 1o DM.

SWINDON & CRICKET RAILWAY,- über ein stillgelegtes Gleis rollen polierte Dampf- und Dieselloks, hintendran feudale Waggons aus den Gründerjahren. Derzeit erst 1 km lang und nur sehr unregelmäßig geöffnet, geplant ist der Ausbau der 7 km-Strecke von Swindon nach Cricklade.

LYDIARD COUNTRY PARK: 5oo Jahre altes Herrenhaus, um 174o im klassizistischen Stil renoviert. Stolze Empfangshalle, Bibliothek und Schlafgemächer. Dazu der Park: Baumgruppen und Seen, Wiesen, ein Kirchlein aus dem 13.Jh. Liegt 5 km westlich entlang der A31o2.

Nordöstlich von Swindon erstreckt sich das zwischen sanfte Kreidehügel gebettete VALE OF THE WHITE HORSE. Oberhalb des Weilers Uffington ist die 11o m lange Umrißzeichnung eines weißen Pferdes in den Hügelabhang geschnitten. Entstehung ungewiß, ist nach Vermutung der Experten 2ooo Jahre alt.

Am Fuß des 3oo m hohen Hügels ein Parkplatz: Aufstieg schweißtreibend, Winde blasen einem um die Ohren. Oben die Erdwälle einer Eisenzeit-Festung: Blick ins Tal mit Farmhöfen zwischen Baumgruppen, am Horizont die Berge von Wales. Eine 2 km-Wanderung von der Hügelkuppe entlang des vorgeschichtlichen Trampelpfades "The Ridgeway" querfeldein zur Waylands Smithy, 55 m langes Hünengrab aus der Jungsteinzeit, schön im Wald gelegen, zwei Kammern können betreten werden.

Zurück auf die A4: rund 15 km östlich von Marlborough das 45oo-Einwohner-Städtchen **HUNGERFORD**. Lohnende Trips in der Umgebung.

Beachtenswertes Etablissement ist die Weinbar GALLOPING CRAYFISH (24 High Street; Tel.o488/ 84 oo8). Geringe Auswahl, aber hohe Qualität,- 2o-4o DM. Schlagkräftigstes Argument ist jedoch die Weinkarte, 3o Sorten werden im Glas ausgeschenkt!

Etliche km östlich in Kintbury, nahe am Bahnhof das DUNDAS ARMS (Tel.o488/ 58 263): Dinner um 6o DM, ausgefallene Gerichte! Hat bei den Einheimischen sehr guten Ruf.

Sehr gute Barmeals serviert das BEHIND THE GREEN DOOR (5o Church St.), z.B. Huhn in Weißweinsauce, Lammkotelett usw. 1o-15 DM.

Ausflüge ab Hungerford: 7 km nordwestlich über die B 4192 zum Herrenhaus LITTLECOTE, ein Giebelhaus aus Ziegel und Feuerstein aus der Zeit um 15oo. In der Great Hall eine Waffensammlung aus der Bürgerkriegszeit im 17.Jh, sehenswert auch die Long Gallery und die puritanische Kapelle ganz im Geist der Reformation (nackte Steinwände ohne Altar und Zierrat).

Überall Tapisserien, Orient-Teppiche, Stuckdecken, Eichenvertäfelung. Alles sehr anschaulich aufgemacht, die Angestellten tragen historische Kostüme, für plastische Wirkung sorgen außerdem lebensgroße Wachspuppen, etwa ein uniformierter Soldat beim Pistolenreinigen.

Weitere Attraktionen: eine Miniatur-Dampfeisenbahn, Show-Flüge mit Falken und Adlern. Täglich originale Ritterturniere auf dem von protzigen Fahnen markierten Platz auf einer Anhöhe im Park. In Rüstungen gezwängte Darsteller stürmen mit kampfbereiter Lanze aufeinander los, beim Nahkampf klirren die Schwerter.

Noch ein Gag: Besucher können sich historische Kostüme mieten für ein etwas anderes Urlaubsfoto. Spitze Schnabelschuhe, Halskranz und ein dicker Wams sollen für einen Sexappeal sorgen, der auch im 2o. Jahrhundert seine Wirkung nicht verfehlt.

14 km nördlich von Hungerford entlang der B4oo1: in LAMBOURNE ein bedeutendes Rennpferd-Gestüt, eine Pfarrkirche aus dem 12.Jh. und Wanderpfade zu prähistorischen Stätten.

Paar km nordwestlich von Lambourne an der B4ooo das Ashdown House: Jagdschloß inmitten eines weiten Gartens, vierstöckiger Bau mit aufgesetzter Kuppel. Der überdimensionierte Treppenaufgang nimmt ein Viertel des Gebäudes ein.

5 km südöstlich von Hungerford über ein kleines Landsträßchen nach INKPEN, kleines Nest am Fuß einer wogenden Hügelkette. Grüne Grasmatten, bei Regen alles grau in grau dort draußen. In der Dorfkneipe SWAN INN ein Bierchen zwischen wuchtigen Holzbalken. Pächter aus Singapur: entsprechend indonesische Barmeals mittags und abends. Exzellent!

In Inkpen dem Schild "Combe" folgen, 3 km bis zum Parkplatz am Gipfel des Walbury Hill (33o m). Blick auf ein weites Schachbrett aus Wiesen und Feldern, dazwischen kleine Wäldchen und Heckengalerien und am südlichen Horizont Wellen aus sanften Hügeln.

Schauriges Ambiente auf dem 295 m hohen Inkpen Hill: auf dem Gipfel ein Galgen. Es handelt sich um die Replikation einer 1676 aufgestellten Hinrichtungsstätte für ein Pärchen, das zwei seiner Kinder ermordet hatte. Die beiden wurden an den Armen hier aufgehängt und zur Abschreckung hängengelassen. Die Jackenkrempe hochschlagen, Glimmstengel anstecken und den Blick schweifen lassen, während die Winde heulen... Aufstieg ab Inkpen oder Kammwanderung vom Walbury Hill aus.

Nächste Station ist:

★Newbury (24.ooo Einw.)

Marktstädtchen am Rand eines fruchtbaren Schaffarmer-Landes. Hat sich als Ausflugsort der Londoner etabliert, die zum Wandern, Bootsfahren, Jagen und Fischen hier raus kommen. War früher bedeutendes Zentrum der Tuchmacher, die die Schafswolle aus den Hügeln der Berkshire Downs verarbeiteten. Begründer war ein gewisser John Winchcombe, der bereits zu Beginn des 16.Jh., lange vor der industriellen Revolution, eine Manufaktur mit tausend Arbeitern betrieb und das Königshaus mit kostbaren Stoffen belieferte.

An die Zeit erinnern noch die alten Weberhäuser, am Marktplatz im einstigen Zunfthaus (1627) ein MUSEUM über das Gewerbe, dazu Sammlungen von Oldtimer-Fotokameras und Heißluft-Ballons.

DONNINGTON CASTLE: nur noch das Torhaus mit den runden Zwillingstürmen (1386) erhalten. Wurde im Bürgerkrieg geschleift, nachdem sich die Truppen des Königs zwei Jahre lang darin verschanzt hatten. Lage: auf einer grasigen Anhöhe am nördl. Stadtrand, via der B4494.

Außerdem ist Newbury berühmt für seine RACE COURSE, die international renommierte Pferderennbahn.

Tourist INFO **TI** - untergebracht im Museum,- Adresse "The Wharf", Tel.o635/ 3o 267. Book-a-bed-ahead.

2 km außerhalb in BAGNOR das Watermill Theatre in einer umfunktionierten alten Wassermühle. Am Mühlrad mit seinen 7 m Durchmessern vorbei ins Auditorium. Infos über den Spielplan beim TI.

5 km nördlich an der B4494 der SNELSMORE COMMON, ein weites Heideland mit Picknickplätzen und Spazierwegen. An den Hügeln Birkengehölze mit silberweißen Stämmen und rieselndem Laub, im Frühling blühen goldgelb die Ginsterbüsche. Im östlichen Teil eher sumpfig,- Tal mit Wollgräsern und dem Sonnentau, einer fleischfressenden Pflanze mit rötlich glitzernden Tentakeln.

8 km südlich via der A339: in ECCHINSWELL stellt der Künstler Geoffrey Eastop in seiner Werkstätte skurrile Skulpturen aus Porzellan und Ton her. Gelegenheitskäufe!

★Reading (14o.ooo Einw.)

Industriestadt und Universität, Bürobauten aus Glas und Beton neben der alten Backstein-Architektur mit roten Ziegelfassaden. Aufgeblüht im 18. Jh. durch die Schiffahrt auf der Themse, bekommt auch viel Leben durch die Nähe zu London. Reading ist Partnerstadt von Düsseldorf. In der Umgebung eine Jugendherberge, die einzige an der Nord-Route.

In der Belgrave Street neben der Stadtkirche das READING MUSEUM: viele Ausgrabungsfunde aus der Römerzeit, die Kunstgalerie hat sich spezialisiert auf englische Kunst zwischen den beiden Weltkriegen.

Das MUSEUM OF RURAL LIFE gehört zur Uni, zeigt das Landleben in England quer durch die Jahrhunderte. Die einzelnen Zimmer eines Bauernhauses mit originaler Möblierung, Pflüge, Pferdekarren, Sicheln und Sensen, Oldtimer-Traktoren. Der Schwerpunkt liegt auf der Zeit um 184o, als erstmals serienmäßig in Fabriken hergestellte Werkzeuge und Maschinen das Leben veränderten.

Nur ein paar Gehminuten ab vom Zentrum: Ruinen einer normannischen ABBEY (gegründet 1121). Eine Gedenktafel im Kapitelhaus erinnert daran, daß hier im Jahre 124o das erste mehrstimmige Musikstück der Welt komponiert wurde.

Schöner Spazierweg: am Themseufer lang zum BLAKE`S LOCK MUSEUM (Gasworks Road), rollt die Industriegeschichte auf. Schwerpunktthemen sind die Binnenschiffahrt und stilgemäß eingerichtete Bimmel-Läden aus der Jahrhundertwende (z.B. ein Friseur, Bäckerei, Druckerei etc.). Untergebracht in einer ehemaligen Pumpstation zu einer Schleuse, roter Ziegelbau.

Tourist INFO

TI - im Civic Centre; Tel.o734/ 59 23 88. Kein book-a-bed-ahead.

RESTAURANTS

Spitzenklasse im COPPER INN, 8 km nordwestlich via der A329 in Pangbourne. Decke mit Kiefernholz-Vertäfelung, Kerzenlicht und sanfte Farben: exklusive französische Küche für ca. 6o DM/Dinner-Menü. Anmeldung unter Tel.o7357/ 22 44.

Gleich am Bahnhof in 51 Vastern Road das CORNER CAFÉ für Hamburger, English Breakfast: Baked Beans mit einem Berg von Fritten etc. Nur tagsüber geöffnet.

WINE BUTTS (61 St.Mary`s Butts): dezente Weinbar mit Kiefernholz, überall hängt Zinngeschirr an den Wänden. Pasteten, Salate etc., Schlager ist das 3-Gang-Menü für 2o DM.

Paar Häuser weiter in Hausnummer 11 derselben Straße das MAMA MIA für italienische Pizzen und Pasti.

Ausflüge

Ca.1o km südlich auf der A33 zum Herrenhaus SWALLOWFIELD PARK: erbaut um 169o, im 18.Jh. große Renovierungsarbeiten. Nur an zwei Wochentagen geöffnet. Siehe auch Basingstoke/Umgebung.

Weitere 7 km auf der A33 nach RISELEY zum Wellington Park: Freizeitgelände mit Ruderboot-Vermietung und zum Angeln. Bonbon ist ein kleines Museum über Milchverarbeitung in Molkereien.

MAPLEDURHAM HOUSE: roter Ziegelbau von 1797 im damals chiquen neugotischen Stil. Lohnend für die Gemäldegalerie, die Privat-Kapelle und das Treppenhaus mit Pfeilern und massivem Eichenholz. Im großen Park dreht sich quietschend das Mühlrad in einer Getreidemühle aus dem 16.Jh. Das Mapledurham House ist Schauplatz der Familientrilogie Forsythe Saga.

Verbindung: 6 km nordwestlich via der A329; im Sommer mehrmals täglich Ausflugsboote auf der Themse.

Ganz in der Nähe des Herrenhauses eine Parklandschaft am River Loddon mit mehreren kleinen Seen (DINTON PASTURES PARK). Gelegenheit zum Windsurfern, Segeln, Kanufahren und Angeln (Vermietung der Ausrüstung).

Weiter auf der A329, ca. 8 km nach BASILDON für zwei Attraktionen: Basildon Park ist ein klassizistischer Bau von Ende des 17.Jh. mit Säulen und streng geometrischen Formen, Gipsarbeiten, Möbel und ein Raum komplett austapeziert mit oszillierenden Muschelschalen.

Im Child-Beale Wildlife Trust werden selten gewordene Haustierrassen gezüchtet. Gehege mit Warzenenten, schwarzscheckigen Schweinen, Rinder mit krummen Hörnern etc. Dazu eine Kunsthandwerker-Kolonie.

Weitere 3 km ab Basildon: in STREATLEY ein sehr bekannter Käse-Laden und eine Jugendherberge. Wells Stores in der Reading Road: einer der angesehensten Käse-Läden in ganz England, wo einem schon beim Betreten das Wasser im Mund zusammenläuft. In den Regalen liegen neunzig (!) Sorten von britischem Farmhaus-Käse, das vom Besitzer verfaßte Buch "Great British Cheese Book" avancierte unter den Gourmets zum Klassiker. Forschungsarbeiten richten sich auf verlorengegangene Rezepte von Käsesorten aus früheren Jahrhunderten.

STREATLEY JUGENDHERBERGE (Reading Road; Tel.o491/ 87 22 78): Kleines 56-Betten-Hostel in einem Einfamilienhaus aus dem vorigen Jahrhundert,- liegt an der Hauptstraße Reading-Oxford, fünfzig Meter von der Kneipe "The Bull".

Auf der A327 ca.8 km südlich von Reading nach ARBORFIELD für das REME MUSEUM. Reme wurde im Oktober 1942 gegründet zur Konstruktion von Kriegsgerät (Radar, Panzer etc.), eine einzige Gruppe von Ingenieuren als Keimzelle der technischen Kriegsführung. Gezeigt werden Schaubilder, lebensgroße Modelle usw.

HENLEY-ON-THAMES, 13 km nördlich via der A4155. Der Ort bringt selbst wenig, aber folgende zwei Abstecher:

Paar km westlich über Landstraßen zum Greys Court, einem Giebelhaus aus dem 16.Jh.. Eichenbalken in der Küche und ein gotisches Eingangsportal aus dem Mittelalter. Im Garten Rosenbeete und ein Zugrad, wo ein Esel aus einem 7o m tiefen Brunnen Wasser raufzog.

6 km nördlich der Stonor Park: Haus inmitten eines weiten Waldgebietes, war nach der Reformation jahrhundertelang Schlupfwinkel der katholischen Konspiration. E-förmiger Grundriß, Ziegelfassade mit Schiebefenster. Die Innenausstattung im neugotischen Stil des 18.Jh. (Spitzbogen, perspektivische Wandgemälde, ein Schlafgemach mit einem Bett in Muschelform). Im Park Teiche und Damhirsche.

3 km vor MAIDENHEAD liegt rechterhand das Courage Shire Horse Centre: Zuchtgestüt für schwerfällige Zug- und Ackergäule, die noch zur Jahrhundertwende das Straßenbild beherrschten. Die Tiere sind bis 2o Tonnen schwer. Durch Züchtung soll das Aussterben jener Rassen verhindert werden. Dazu eine Schmiede, wo die Gäule beschlagen werden, Pferdekarren, blinkende Geschirre etc.

★Maidenhead (48.ooo Einw.)

Liegt am rechten Themseufer, früher eine bedeutende Postkutschenstation der Linie London-Bath. Die Eisenbahnbrücke über die Themse wurde 1837 vom Star-Ingenieur Brunel konstruiert, damals ein technisches Glanzstück.

Viele Ausflügler von London kommen an schönen Tagen hier raus zum Wandern im Themse-Tal, zum Bootfahren und zum Fischen. Vor allem beliebt bei jungen Leuten.

Tourist INFO TI - in der Stadtbücherei, St.Ives Road, Tel.o628/ 78 11 1o. Book-a-bed-ahead.

Für im Schnitt 7 DM herzhaftes Mittagessen in der Kneipe JACK OF BOTH SIDES, 81 Queen Street.

Ausflüge

2 km am Themseufer stromaufwärts zum Aussichtspunkt BOULTER`S LOOK,- Uferwälder, Weideland und mitten durch das blaue Band des Themse-Flusses.

Gegenüberliegend auf dem anderen Themse-Ufer das <u>CLIVEDEN HOUSE</u>, erbaut um 185o. Wunderschöne Gärten von Capability Brown: Springbrunnen und ein Arrangement von Teichen, dazwischen kleine Tempel. Täglich geöffnet.

<u>CROOKHAM</u>, 4 km nördlich via der B4447 zur <u>Stanley Spencer Gallery</u>. Der Maler Stanley Spencer (1891-1959) ist in einem der Bürgerhäuser in der High Street geboren und war ein Leben lang mit seinem Geburtsort verbunden, malte häufig Szenen davon. In einer Kapelle sind seine naturalistischen Landschaftsgemälde und mehrere Portraits ausgestellt. Portraits fertigte Spencer nur an, um sich seinen Lebensunterhalt zu verdienen.

<u>WEITER AB MAIDENHEAD</u>: Rund 15 km bis Windsor. Insgesamt rund 6o km von Maidenhead <u>bis Central London</u>, zwei Drittel davon über die Stadtautobahn.

<u>Direkt zu den Kanalhäfen</u>: 1o km hinter Windsor beim Autobahnkreuz "West Drayton" abzweigen auf die A25 (Beschilderung "South") und London auf der Ringautobahn umfahren. Mit 3-4 Stunden bis Dover kalkulieren.

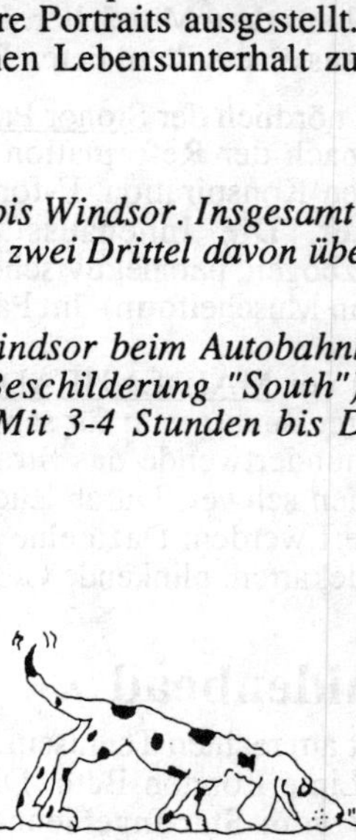

INDEX

PERSONEN-REGISTER